JN128855

世界の名言名句1001

1001 QUOTATIONS

Robert Arp

世界の名言名句1001

1001 QUOTATIONS
Robert Arp

ロバート・アープ 責任編集
大野晶子・高橋知子・寺尾まち子 訳

C ウィリアム・シェイクスピア。
歴史上、最も多く引用された作家のひとり。

三省堂

Japanese translation rights arranged with
QUARTO PUBLISHING PLC
through Japan UNI Agency, Inc., Tokyo

Printed in China

凡例

- 出典の書籍名は、邦訳があるものについてはその書籍名を記し、
邦訳がないものについては原書の直訳や内容に即した日本語に翻訳したものを記した。
- 掲載の名言名句については原則として本書の翻訳者のオリジナル翻訳とした。
ただし、広く一般に通用している日本語訳（定訳）がある場合はそれを使用した。

目次

序文 …… 6
はじめに …… 7
カテゴリー索引 …… 10

生と死 …… 20
愛と人間関係 …… 62
文学 …… 148
芸術と建築 …… 222
歴史 …… 286
政治と社会 …… 348
哲学 …… 434
宗教 …… 476
精神と心理学 …… 526
教育 …… 574
ビジネス …… 628
テクノロジー …… 690
科学と自然 …… 728
スポーツと余暇 …… 784
エンターテインメント …… 840
音楽 …… 900

人名索引 …… 946
執筆者一覧・訳者紹介 …… 958
出典一覧 …… 959

序文　ナイジェル・リース

生涯、心に留めておきたくなる名言・名句がある。私自身の大切な「座右の銘」を紹介しよう。私にはかつて、とても世話になった友人がいた。放送界からの引退を決めたその友人から、自分の後釜に座るべく職に応募してみたらどうかと勧められた私は、言われた通り応募し、採用された。それがきっかけで、ラジオとテレビのプレゼンターとしてキャリアを歩むことになったのだ。その恩に対する感謝の気持ちを忘れたことはない。その友人が亡くなり、葬儀が執り行われたとき、ある弔問客が、彼は常に「友情の手入れを怠らない」人だったと語った。サミュエル・ジョンソン博士の名言「人生を生きていくなかで、新しい知人をつくらずにいると、まもなく孤独になるだろう。友情は常に手入れをすることだ」からの引用だ。まさに彼にぴったりの言葉である。私にとってというだけでなく、どんな人への助言としても最高の言葉だろう。この名言は本書でも紹介されている。

過去 40 年にわたり、作家として放送人として名言・名句を研究してきたためか、ときおりこんな質問を投げかけられる――「一番お気に入りの名言は?」。とても選ぶことはできないが、嬉(うれ)しいことに本書には私の好きな名言・名句が数多く収録されている。この 1001 に上る名言・名句が、人生に行き詰まったとき、読者に何かいい対処法を教えてくれることだろう。幅広い視野を提供し、読者自身の考えをさらに深めてもらうために厳選された名言・名句の数々である。手厳しい訓戒からユーモラスでしゃれた言い回しに至るまで、その内容はさまざまだ。それぞれの名言・名句には解説文が付いており、その起源や意味についての有益な情報、そして出典や発言の機会に関する最新情報が提供されている。これはとてつもなくすばらしいコレクションであり、ここに含まれる豊富なコメントや助言が読者にインスピレーションを与え、役立つことを願ってやまない。まさしく「知恵の言葉」がたっぷり詰まった 1 冊である。

はじめに　ロバート・アープ

誰もが名言・名句を愛している――いや、取り憑かれていると言ってもいいかもしれない。e メールの末尾に記し、便箋に印字し、マグカップに焼き付け、大理石に彫り込み、建物の壁にスプレーペイントし、油性ペンで浴室の壁に書き、教室の机に刻みつけ、フェイスブックやツイッターに投稿し、広告板に貼りつける。人は名言・名句をさまざまな形で利用し、それに刺激される。自分の立場を正当化する、都合のいいように操る、笑い飛ばす、涙する、激怒する、まごつく、啓発される、追悼文に盛り込む、落ちこんだときも陽気なときもそれについてつくづく考える。身体にタトゥーで入れる人すらいる。なぜ人はそんなことをするのか？　なぜ名言・名句はここまで人の琴線に触れるのだろう？

1 つには、特定の状況に対する人々の反応が似通っているからだ。人はみな正義を称え、不正を糾弾し、皮肉に苦笑し、偉業を誇りに思い、悲劇に泣き崩れる。そして人は人生で同じような経験をする。子供をもうけ、愛する人を亡くし、恐怖を克服し、苦しみに耐え、恋に落ちる。そうした共通する経験は、言葉で表現して実感することができる。中国人もアフリカの格言に共感する――「持ち主を奴隷化する富は、富ではない」。オランダ人も、中国の格言をすんなり理解できる――「魚を与えれば、1 日食べていける。魚の取り方を教えれば、一生食べていける」。誰もが他人のあらゆる経験に共感できるわけではないが、この世には実に大勢の人間がいて、人生で実に多くのことを経験すると考えれば、誰かの言葉がある特定の瞬間に他の誰かに影響を与える可能性は十分にある。

博識な人物が特定の瞬間を絶妙に表現してくれるというのも、名言・名句が重宝される理由の 1 つだろう。そのときの感情にぴったりの表現を知ったり、何かの立場を納得のいく形で正当化されたりすると、「自分にはできない表現だ！」と人は感心するものだ。物事の核心を突く言葉を聞くと、人は大きな満足感に浸ることができる。20 世紀の舞台と映画界で活躍したマレーネ・ディートリヒはこう述べている。「私は名言が好き。だって、誰かが考えそうなことを、その誰かより賢い誰かがうんと威厳を持って絶妙に表現してくれるから」。

名言・名句を通じて追体験ができるというのも、人気の理由だ。ニール・アームストロングの「1 人の人間にとっては小さな一歩だが、人類にとっては偉大な飛躍である」という言葉には、1969 年 7 月 20 日、テレビの前に寄り集まって月を歩くアームストロングに見入っていた世界中の人々と同様、今日も極めて大きな感動を覚えることができる。名言・名句は歴史上の大きな出来事に感情移入させてくれるだけでなく、その出来事に関与した人々の気持ちを実感させてもくれる。たとえばエリザベス 1 世のこんな言葉だ。「私はか弱い肉体を持つ女です。でも国王の心と勇気を持っています」。

人がたびたび名言・名句に立ち返ろうとする最も大きな理由は、それが持つインスピレーションの力だろう。中年になって転職を余儀なくされた男なら、トーマス・フラーの「夜明け前が一番暗い」という言葉に出会い、この先にもっといい仕事が待っているはずだと勇気づけられるかもしれない。マラソンの 17 マイル地点で激しい筋肉の痛みに耐えかね、走るのを諦めかけた女性ランナーも、ペレの「厳しい戦いであればあるほど、勝ったときの喜びは大きい」という言葉に励まされ、最後まで頑張ることができるかもしれない。名言・名句は我々の気持ちを駆り立てるだけでなく、さらなる一歩を踏み出させてくれる――恐怖に立ち向かおう、他人の意見に同意しよう、態度を変えよう、と。

とにかく楽しいからという単純な理由で、誰かの言葉を引用することも多い。たとえばグルーチョ・マルクスの名言「これが私の主義だ。もし君が気に入らないというのなら……そうだね、主義を曲げることとしよう」は、実に愉快でウィットに富んでいる。初めてテレビ中継されたアカデミー賞授賞式の冒頭で、ボブ・ホープが口にした「テレビは映画の墓場だ」は、典型的なしゃれ名句だ。ティナ・フェイは聴衆を笑わせるだけでなく、「自信は10%の努力と90%の思い込み」という言葉で自分自身を笑い飛ばしてみせた。コメディアンではないものの、作曲家のジョアキーノ・ロッシーニは、「ワーグナーには愛すべき瞬間もあるが、短いながらも非常に不愉快なときもある」と、なかなか鋭いウィットを披露している。

言葉を操る名人も、大勢を笑わせてきた。オスカー・ワイルドは「私には才能しか申告するものがない」と言って税関職員をからかい、マーク・トウェインは「よい気候を求めるなら天国へ行け、仲間を求めるなら地獄へ行け」と見解を述べた。文学界の巨匠で、キリスト教の偉大な学者アウグスティヌスは、著書『告白』(397)の中で、若いとき、邪な女好きを直したいと思いながらも、神にしばしの猶予を求めたと述べている。「私に貞潔さと堅固さをお与えください。ですが、今すぐにではなく」。

たいていの人が、自分の文章を正当化するために他人の言葉を引用したり、プレゼンテーションの中で言い分を主張するために著名人の言葉を引き合いに出したりしたことがあるはずだ。自分の意見に近いからと、誰かの名言を持ち出すこともある。しかし人の言葉を引用する際にはある種の危険が伴うので、注意が必要だ。

まず第一に、名言・名句は正確に引用しなければならない。間違って引用されたことで有名な例は、枚挙に暇がない。たとえばハンフリー・ボガートが映画『カサブランカ』(1942)の中で「もう一度あの曲を弾いてくれ、サム」と言ったとされているが、実際の台詞は、ただ「あの曲を弾いてくれ」だった。風刺作家アンブローズ・ビアスが『悪魔の辞典』(1911)で皮肉交じりに「引用」の定義としたものは、かなり核心を突いている――「他人の言葉を間違って利用する行為」。これが成句や格言であれば問題はないのかもしれないが、誰かの言葉が医療雑誌の記事で何かの立場を支持するために使われたり、公序良俗の秩序に影響を与える議論を支持するために使われたり、宗教の勧誘に使われたりする場合は、正確な引用が肝要となる。

また、作者と出典を間違わないことも重要だ。P・T・バーナムは、「毎分のようにだまされやすい人間が生まれている」と口にしたことはないにもかかわらず、20世紀のほとんどの期間、彼が発言者だと思われていた。取るに足らない発言の作者が間違われたとしても、さほど問題にはならないかもしれない。しかし重大な引用文の作者に間違えられたがために、誰かのキャリアや生活が狂わされることもある。「注意が必要だ」とフランスの作家で政治家のアンドレ・マルローも警告している。「引用したがために、何かを台無しにしてしまう可能性がある」。

加えて、前後の文脈を無視して名言・名句を引用するのは避けなければならない。たいていの人が「金銭はすべての悪の根だ」という言葉を聞いたことがあるだろうが、聖パウロが新約聖書の中で述べた文章は次の通りだ。「金銭の欲は、すべての悪の根です。金銭を追い求めるうちに信仰から迷い出て、さまざまのひどい苦しみで突き刺された者もいます」この2つの文の意味は大きく異なっており、聖書研究者は、聖パウロは基本的に金銭そのものが悪を引き起こすのではなく、この世で生きていくのに必要ではない物を「愚かに、そして害をなす形で欲すること」が、身の破滅につながる誘惑となり、罠になると主張しているのだという点でおおむね一致している。

名言・名句を引用するに当たって留意すべき点はまだある。それについては、作家A・A・ミルンのコメントが的を射ている——「引用句は便利だ。自分で考える手間が省けるから」。同じく作家のドロシー・セイヤーズも、「人の言葉は簡単に引用できるので、自分の考えに代用できる」と語り、ラルフ・ウォルドー・エマーソンはシンプルに「引用句は大嫌いだ。君自身の考えを語ってみろ」と述べた。人間の知識は先人の考え——ピタゴラスの定理や熱力学の第2法則を始めとする、無数の理論的・実用的考え——を記憶することから来るのは事実だが、そうした考えを主観化し、理解し、把握し、批評し、提供された理由と証拠に基づいて、受け入れるか拒むかを決める必要がある。自分で頭を使って考えるべきなのだ。人が提唱する問題、考え、意見、立場について検討してこそ、完璧に理性的な大人だと言える。名言・名句は通常、誰かの主張の形を取っており、主張というのは証拠によって真実か否かを示されるものだ。その主張が真実だとする証拠があるなら受け入れ、間違いだとする証拠があるなら拒まなければならない。真実か否かを決めるだけの十分な証拠がなければ、判断を保留すべきだ。

名言・名句の定義は、時とともに変化する。引用句を表すquotationという英語は、中世ラテン語で「番号付け」を意味するquotationemから派生している。16世紀が終わる頃には、この言葉は「参照を与える、権限ある者として言及する」を意味するようになった。17世紀の終わりには、「他人の言葉をそっくりそのまま真似る、もしくは繰り返す」という意味になっていた。今日、オックスフォード英語辞典によれば、引用句というのは「何かの文章や演説から引用した言葉のまとまりで、元々の作者もしくは演説者以外の人間によって繰り返されたもの」と定義されており、ウェブスター辞典には「誰かが言ったか書いたかしたものを他の誰かが他の文章や演説の中で繰り返したもの」と定義されている。ウィキペディアには、引用句に関する解説として、「インスピレーションの源となり、読む者から哲学的思考を引き出すもの」という記述がある。

本書で紹介する名言・名句を選ぶ際に参考にしたのは、この最後の定義だ。歴史を通じて人々が開拓してきた特定分野に対する深い洞察を基に、1001の名言・名句を厳選して各ページで紹介し、それぞれの作者、出典、時代を明記した。その影響力の大きな言葉の内容と重要性について分析した見識豊かな解説付きである。アリストテレスや孔子からウィリアム・シェイクスピア、ニッコロ・マキャヴェリ、ヴォルテール、パブロ・ピカソ、ヴァージニア・ウルフ、そしてビル・ゲイツに至るまで、世界中の偉人たちの考えを紹介している。読者にインスピレーションを与える名言・名句もあれば、自身について、自身の考えについて、周囲について、読者が知る現実について、つくづく考えさせられる名言・名句もあるはずだ。最後に、イギリスの政治家ウィンストン・チャーチルの言葉を紹介しよう。「教育を受けていない者が名言・名句の本を読むのはいいことだ……名言・名句を記憶に刻み込めば、いい考えが生まれてくる。そしてその作者の作品が読みたくなり、さらに探したくなるだろう」。

カテゴリー索引

愛と人間関係

エンターテインメント

画会社ほどには整っていない。853
劇作家の望みは、自分の思い通りにすることだけだ。847
劇場とは、人々の問題に時間を割く場所であり、彼らが職を求めて訪ねれば、ドアのありかを指し示すような場所だ。863
この世は考える者にとっては喜劇で、感じる者にとっては悲劇だ。844
この世は舞台。男も女もみな役者にすぎない。842
これが私の主義だ。もし君が気に入らないというのなら……そうだね、主義を曲げることとしよう。876
自信は10%の努力と90%の思い込み。896
写真は真実だ。映画は秒速24回の真実だ。865
人生はクローズアップで見れば悲劇だが、ロングショットで見れば喜劇だ。879
すべてのいいアイデアは、悪いアイデアとしてスタートする。だから長い時間がかかってしまう。886
すべての規則に従っていたら、すべての楽しみを逃してしまう。887
成功の80%は、その場に現れること。880
性的魅力が私の売り物であり、商売道具なの。868
セックスとテレビ出演の機会は逃してはならない。881
大衆が欲する物を与えれば、大衆はむこうからやって来る。857
大衆が見たいのは銃と女の子だ。851
誰でも15分間なら有名になれる、そんな時代が来るだろう。871
ダンサーは舞台で十分裸にされている。彼らについてすでに与えられている以上のことを知る必要はない。891
(ダンサーの)肉体はその魂が光となって表出しただけのもの。850
ダンスシューズから足音が奪われるたびに、世界が静寂の空間になってしまうようだ。897
ダンスは詩で、それぞれの動きは言葉。847
テレビは、自宅リビングにいながら、家に招きたくない人物のもてなしを受けることのできる発明品だ。874
テレビは映画の墓場だ。860
道化師が釘で、そこにサーカスがぶら下がっているようなものだ。845
時々、映画を観ているとレイプされた気分になる。883
ドラマとは、退屈な部分がカットされた人生だ。863
ドラマを勘違いしていた。俳優が泣いたときがドラマなのだと思っていたが、実は観客が泣いたときがドラマなのだ。875
どんなパフォーマーでもアーティストでも、成功と同じくらい派手に失敗するのが本質的な事実だと思う。885
二流の他人ではなく、一流の自分自身を目指すべき。867
バイオレンスは、見るには最高のお楽しみだ。889
俳優に与えられた仕事―人の心に己の知識を教える―以上によいものを、私は知らない。873
パフォーマーの究極の罪は、観客を軽視することだ。879
バレエでは複雑なストーリーは語れない……同義語を踊りで伝えることはできない。870
パントマイムにしゃべらせるな。止まらなくなるから。885
ぴったりの靴を与えられた女の子は、世界を征服できる。882
人が悲劇を弄ぶのは、文明世界に真の悲劇など存在しないと信じているからだ。853
人は常軌を逸したものを好む。だからみんな私を放っておいてくれるだろう、私は狂った道化師だと言って。848
人を教育して楽しんでもらうことを期待するよりも、人を楽しませてそこからなにかを学んでくれることを期待したい。869
風刺文学は笑みを浮かべながら服の下に短剣を隠していた。雷電で修辞学だと見分けがつき、仮面で喜劇だとわかった。844
舞台芸術は、他では不可能な形で人々を1つにする。895
舞台人生では幸せを見つけられないかもしれないけれど、いったんその果実を味わったら、誰もそれを手放したいとは思わなくなる。852
舞台は、想像力を刺激するうえに判断力を否定しない世界へ誘ってくれるので、よりいっそう喜ばしい。899
僕は卓越と完璧を混同しないようにしている。卓越のレベルには手が届くが、完璧は神の業だ。890
前に出て、自身に拍手喝采を送ることができるビジネスは、映画だけだ。854
もしあなたが私の最悪のときにきちんと扱ってくれないなら、私の最高の瞬間を一緒に過ごす資格はない。866
役者はうまくすれば詩人となり、最低でもエンターテイナーだ。888
役者を苦しめるのは楽しいことではないが、それを楽しむ役者もいる。894
野心はV8エンジンを備えた夢だ。873
ユーモアの秘訣は驚きだ。842
私が成功したのは他のみんなが考えていることを口にしたからだ。892
私はライバルを作ってきたことを後悔していない。ライバルになるだけの度胸がない役者は、この業界を去るべきだ。869
我々がいるのは情報化時代ではなく、エンターテインメント時代だ。892

音楽

明日はもっと甘い声で歌おう。902
あなたなりの方法でバッハを弾き続けなさい。私は彼の方法で弾くから。930
あらゆる楽園が開かれる！　やわらかな音楽に耳を傾けつつ、ホオジロを食べながら死なせてくれ！914
おお、ハーモニーよ！　我らはそなたに歌い、聖なる詩でそなたに感謝の賛辞を贈る。908
音楽が恋の糧ならば、続けてくれ。906
音楽で表現する価値のあるものは、他の方法では表現できないというだけのことだ。925
音楽という気高い芸術は、神の言葉に次いで、この世で最もすばらしい宝である。904
音楽には境界線があると教わるが、芸術に境界線などない。932
音楽のない人生は間違っている。921
音楽は、それまで個人的に見知っていた出来事や人々や場所とはまったく違う世界を呼び覚ますことがある。945
音楽はあらゆる知恵と哲学以上の啓示だ。912
音楽は怒りを鎮める魔法だ。907
音楽は、人間が言葉で言えない事柄、しかも黙ってはいられない事柄を表現する。917
楽器の演奏は簡単だ。それなりの瞬間にそれなりのキーに触れるだけで、楽器が自ら演奏してくれるのだから。908
格好つけるくらいなら死んだほうがましだ。942
彼の音楽に対する耳はファン・ゴッホ並みだ。937
彼らが言った。「きみは青いギターを持っているが、物事をありのままには弾いていない」男が答えた。「ありのままの物事が、この青いギターにかかると変わるんだ」928
厳しい勝負が決したとき、祝賀の声が最高の医者となり、歌――詩歌女神の賢き娘たち――が、その手で触れて癒やしてくれる。902
金管楽器奏者にそそのかすような視線を向けてはならない。重要な合図を送るためにちらりと目をやるに留めること。926
芸術作品はルールを作るが、ルールは芸術作品を作らない。922
現実は美しいのと同じほどに醜い。私は、美しい朝について歌うのはスラム街について語るのと同じくらい重要だと考えている。932
交響曲は、世界のようにすべてを抱擁しなければならない。922
子供にモーツァルトを演奏させるのは音符の少なさゆえで、大人がモーツァルトを避けるのは音符の質の高さゆえだ。931
この歌が歌われ、過去のものになったそのときは、我がリュートよ、静まれ、もう終わったのだ。905
作曲家にまっ先に求められるのが死であることは、疑いの余地がない。934
詩篇と賛歌と霊的な歌によって語り合いなさい。903
正直なところ、音楽がなかったら頭がおかしくなっていたと思う。920
シンプルなメロディーと、バラエティに富んだリズムで。918
すばらしいピアノ演奏には、必ずひらめきがある。923
生命は生者のもの。死は死者のもの。人生は音楽のように、そして死は口にされない音符にしよう。929
セックスとドラッグとロックンロール。940
その歌に言葉はなく、歌は決して終わらない。924
他人の賞賛や非難など一切気にしない……自分自身の感性に従うのみだ。910
近くには私を惑わせたり不愉快にさせたりする者がいなかったので、私は独創的にならざるを得なかったのだ。912
とても悲しい曲――ショパン――は、その悲しみを楽しめばいい。944
何もかもが過去のものとなり、世界は滅びるだろうが、交響曲第9番だけは残るだろう。919
ピアニストを撃つな。彼は最善を尽くしているのだから。920
人からどうやって音楽を作っているのかと尋ねられる。僕は、音楽の中に足を踏み入れるだけだと答える。川に足を踏み入れて、流れに身を任せるようなものだ。943
人の心の暗闇に灯りをともす――それが芸術家の義務だ。916
ふくれっ面はやめよう、紳士諸君。音が悪くなる。939
ポップスは何もかもがオーケーだと言い、逆にロックンロールはオーケーじゃないと言うが、それはあなたが変えられる。944
みんなを楽しませただけなら残念だ。私はみんなをより善い人にしたいのだが。910
最も古く、最も忠実で、最も美しい音楽器官であ

科学と自然

教育

教育は母親の膝で始まる。幼い子供の耳に入る言葉すべてが、人格の形成につながる。603
教育は、本は読めるが読むに値する本がどれかわからぬ人を、大量に作り出した。614
教育は民主主義を守る天才だ。自由人が唯一認めるのは独裁者であり、自由人が唯一求めるは支配者だ。600
教育は裕福な人にとっては飾りであり、恵まれない人にとっては避難所である。580
教育を軽蔑するのは無学者だけである。586
教師は扉を開けてくれるが、中に入るのはあなた自身だ。583
教養は順境においては飾り、逆境においては避難所、老境においては蓄えである。581
公教育は国民全員を1つの型に当てはめて、一様にしようとする試みにほかならない。603
子供に疑いを持たぬよう教えた場合の悲劇を考えてみたまえ。610
子供は疑問符然として入学し、句点となって卒業する。620
魚を与えれば、1日食べていける。魚の取り方を教えれば、一生食べていける。577
自由にとって、教育は常備軍よりも頼りになる護衛だ。602
正直さや美徳の源は良質な教育にある。585
勝利した時よりも敗北した時のほうがはるかに多くのことを学べる。592
人生はあまりにも短く、術の道はあまりにも長い。580
政治の第1義は何か？　教育だ。第2義は？　教育だ。では第3義は？　教育だ。601
生徒の準備ができた時に、教師は現れる。604
世界を手に入れて、魂を失うな。叡智は金銀より尊い。625
浅学ほど危険なものはない。594
誰もが学びたいと望んでいるが、誰もその対価を払いたがらない。585
独創的な思想家であるよい教師は、大人数のクラスでも少人数のクラスでも一瞬のうちに聴衆の心をつかむ。604
人の言ったことを繰り返すには教育が必要だ。人の意見に反駁するには知力が必要だ。611
「暇になったら勉強する」と言ってはならない。暇な時間など決してないかもしれない。584
勉学によって得た知識に勝るものはない。知識は決して子から子へと受け継がせることはできない。594
勉強とは自らの無知を徐々に発見していくことである。619
本の中よりも森の中のほうがより多くの発見があるだろう。木や石は教師からは決して学べないことを教えてくれる。588
満足を得るために、人は自らの知力や芸術的な力を磨く機会を持たなくてはならない。612
無知は至福である。596
よき教師というのは、ただ子供を理解するにとどまらない。彼らは子供を認める。611
私は多くの過ちからあらゆることを学んできた。どうしても学べないのは、過ちを犯さずにいる方法だ。627
私は師から多くのことを学んだ、大学からさらに多くのことを学んだ、そして生徒から最も多くのことを学んだ。586
我々は学校のために学ぶのではない、人生のために学ぶのだ。584
我々は子供に解決すべき問題よりも、覚えるべき答えを与えすぎる。622

芸術と建築

アーチは眠らず。224
愛と芸術を求めるには、人生は短すぎる。261
あなたの家の重さはどのくらいだろうか？ 281
偉大な画家はみな、多かれ少なかれ印象派である。たいていは直感の問題なのだ。254
偉大な芸術は、自然の終わりから始まる。283
1枚の絵は千の言葉に値する。266
絵は神の影を描けたときに完成する。233
絵は見えるが聞こえない詩であり、詩は聞こえるが見えない絵である。229
絵画は俗人の聖書である。227
画家と詩人はどちらも等しく大胆に創作する自由を得ている。226
画家はみな絵筆を自らの魂に浸し、絵に本性を塗りこめる。243
教育なしの天賦の才からも、天賦の才のない教育からも、完璧な芸術家は生まれない。226
芸術以上にこの世から解放してくれるものはなく、芸術以上にこの世との確かな絆を築いてくれるものはない。235
芸術家の地位は低い。要するに、管なのだ。258
芸術家は楽しい人生に生まれついていない。無為に生きてはいけない。やるべき苦役があるのだから……。257
芸術家は常に時代遅れ。272
芸術とは美であり、細部の絶え間ない創作であり、言葉の選択であり、繊細な心遣いがされた演技である。236
芸術における簡潔さは重要かつ、洗練の極みである。言葉が簡潔な人は、饒舌な人を退屈に見せる。240
芸術に関して、人間は2種類しかいない。革命者と盗作者だ。246
芸術に趣味は関係ない。芸術は趣味に合うかどうかを試すためにあるわけではない。256
芸術について話してはいけない。芸術はやるものなのだ。273
芸術の技、表現の栄光、文学の陽光とは単純さである。239
芸術は鏡ではなくハンマーである。映すのではなく、形をつくる。264
芸術はこの世で唯一真剣なものである。そして芸術家は真剣ではない唯一の人間である。245
芸術は人間の精神機能であり、人生の混沌からの解放を目的としている。262
芸術は博物館という死んだ寺に集めてはならない。すべての場所に広げるべきなのだ。261
芸術は恥から生まれる。266
気高い人生には、気高い人たちが、気高い目的で使う、気高い建築が必要だ。276
健康的な感情、強烈な感情は、どれも味わいに欠ける。芸術家が人間になってそんなものを感じ始めたら、芸術家としては終わりだ。250
建築は永遠を志す。233
建築は空間の音楽、凍りついた音楽のようだ。234
建築は時代と場所を語りながら、不朽を求めるべきである。285
建築は職業の一番下ではなく、芸術の一番上にあるべきだ。245
古代の彫刻は慎み深さを教えてくれる。だが、ギリシャ人が慎み深いのに対し、我々はもったいぶっている。235
言葉で言えるなら、絵に描く必要はない。272
最高の彫刻家は曲がった木でわかる。231
詩はどこにでもあるが、紙に描くことは、見た目ほど簡単ではない。243
住宅は住むための機械である。264
衝撃を与えない絵なら、描く価値はない。274
真の芸術作品は、芸術家と鑑賞者の議論から始まらなければならない。274
人物を美しく見せるのは鮮やかな色ではなく、素描のうまさである。230
優れた芸術家は模倣し、偉大な芸術家は盗む。279
すべてにおいて完璧を目指す芸術家は、何事においても完璧になれない。237
装飾からの解放は、精神の強さのしるしである。251
装飾は建築の主要な部分で、美術の主題のようなものだ。238
素描とは勝手に歩く線にすぎない。255
抽象画は才能のない者が描き、節操のない者が売り、すっかり途方に暮れた者が買う。278
抽象的な感覚でよくなければ、具象画はよくない。280
デッサンは芸術の誠意だ。ごまかしが入りこむ余地はない。よいか悪いかだけだ。282
都市の建築は常にそこで暮らす人々の心理を組み立てたものに少し似ている。285
どんな芸術家も最初は素人だった。240
人間と同様に、家も誠実になれるが、やはり同様にまれである。268
花が太陽によって色づくように、人生は芸術によって色づく。244
美術館の絵は世界の何よりもおかしな意見を耳にしている。244
美は幸福の約束でしかない。234
より少ないことは、より豊かなこと。270
ラファエロのように描くのに4年かかったが、子供のように描くには一生かかるだろう。273
倫理と同様に、芸術はどこかに線を引くことで成立する。267
私が夢見ているのはバランスのよい芸術、純粋でのどかな芸術……質のよいひじ掛け椅子のようなものだ。253
私たちが建物をつくり、そのあと建物が私たちをつくります。269
私はあそこで描く。262
私は自然に従い、決して命じようとは思わない。芸術の第1の原則は、見たものを写すことだ。253
私は肖像画を描くたびに、友人を失う。248
私は大理石の中に天使を見て、自由にするために彫った。227

宗教

いわゆるキリスト教国はどこよりも文明が開け、進歩している……だが、宗教があるにもかかわらず、その要因は宗教にはない。514
勝てば、すべてを得られる。たとえ負けても、何も失わない。だから迷いなく、神は存在するというほうに賭けよ。497
金持ちが神の国に入るよりも、ラクダが針の穴を通るほうがまだ易しい。486
神が存在するかどうかはわからないが、存在しないとしたほうが神の評判のためにはいいだろう。513
神が存在するのは都合のいいことだ。都合がいいのだから、神は存在すると信じよう。486
「神がどこに行ったかだって？」と彼は叫んだ。「教えてやる。俺たちが神を殺したのだ――おまえたちと俺が。俺たちはみんな、神の殺害者なのだ」510
神にできる唯一の弁明は、神が存在しないということだけだ。503
神はいないと主張する人ほど、神の話ばかりしている人はいない。520
神は自分が持ち上げることができないほど重い石を作ることができるか？ 492
神は何でもできる。487
神は私を赦してくれるだろう。それが神の仕事だ。506
神を感じるのは心であって理性ではない。498
キリスト教徒を引っかいてみろ。そこにいるのは異端者――甘やかされた異端者だ。511
クレア：どうしてあなたは自分が神だとわかるの？ ガーニー伯爵：簡単だ。神に祈ると、私が自分に語りかけているのがわかるからだ。524
ここに入らんとする者は一切の希望を捨てよ！ 493
しかしながらすべての宗教は、人間の日常生活を支配する外力に対し人間の心が示す異様な反応にすぎない。508
死の陰の谷を行く時も、私は災いを恐れない。あなたが私とともにいてくださる。480
自分がいやだと思うことを、人にしてはならない。これがトーラーのすべてだ。あとは注釈だ。先へ進み、学びなさい。485
宗教が真に意味するのは単なる道徳ではなく、感情に訴える道徳である。507
宗教組織――世界最大の無限連鎖講。525
宗教は大衆のアヘンである。504
主よ、変えることができないものを受け入れる平静さと、変えることができるものを変える勇気と、この両者の違いを見極める知恵を私にお与えください。520
主よ、私をあなたの平和の道具としてください。憎しみのあるところに、愛の種を蒔かせてください。515
殉教者の血は教会の種である。489
親切は信仰の証だ。親切心を持たない者は信仰を持たない。489
すべてうまくいく、すべてうまくいく、あらゆる事がうまくいく。494
生は苦、老いは苦、病は苦、死は苦である。481
生は死に通じ、死は生に通ずる。483
尊敬の念をもって、すべての人に接しなさい。平等な目をもって、あらゆるものを見なさい。523
「だが、そうなったら人間はどうなる？」とやつに聞いてやった。「神もいない、来世もないとなったら？」508
力を捨てよ、知れ、私は神。478
天国は無限の達成感をともなう果てしのない願望――幸運であることへの願望、命あることへの願望だ。512
人間の思考の均一化を治せる苦い薬となれるのは、異端者だけだ。516
針の上で天使は何人踊れるか？ 496
人は行為を見て判断するが、神は真意をはかる。494
人はロボットのごとく生きている。機械のように有能だが、気づきがない。525
平然と残虐なふるまいをするのは道徳主義者の喜びだ。だから、彼らは地獄を創ったのだ。519
見知らぬ悪魔より馴染みの悪魔のほうがいい。495
無神論者とは、目に見えない証明の手段を持たない人のことだ。521
無神論者にとって最悪の瞬間は、心底ありがたく思っているのに、感謝する相手がいない時だ。507
無よりも、地獄のほうが耐えられる。503
もし雄牛や馬や獅子に手があれば……馬は神の姿を馬に似せて描き、雄牛は雄牛に似せて描くだろう。483
もし神が実際に人間に語りかけたとしても、人間にはそれが神の声だとは決してわからない。501
もし神が存在しないのならば、神を創造する必要がある。500
やってもだめだ――やらなくてもだめだ。502
よい気候を求めるなら天国へ行け、仲間を求めるなら地獄へ行け。513
よいことが起きれば、それは神の恩恵である。悪いことが起きれば、それは汝の仕業である。490
理知は自然の啓示である。499
災いの過ぎ去るまで、あなたの翼の陰を避けどころとします。478
私に貞潔さと堅固さをお与えください。ですが、今すぐにではなく。484
私は神の存在を信じている……ただし、私はそれを「自然」と綴る。523
私は森の泉から神の沈黙を飲んだ。516

スポーツと余暇

愛はこの世で一番大切だが、野球もなかなか捨てたものではない。825
一度に1万種類のキックを練習する男は怖くないが、1つのキックを1万回練習する男は恐ろしい。813
「隠居した余暇」は、その手入れの行き届いた庭が喜びだ。790
打たないシュートは100% 外れる。821
NFLは人生と同じく、愚か者であふれている。834
王族の気晴らしである狩りは、罪悪感を伴わない戦争のようなもの。791
オリンピックの一番の意義は、勝つことではなく参加することだ。799
勝ったときは何も言うな、負けたときはもっと言うな。820
勝った負けたではなく、試合をどう戦ったかだ。808
勝つという意欲も重要だが、覚悟を固めることは必須だ。833
神に祝福された余暇は我々にとって呪いだ。カインの呪いのように、さまよい歩くはめになる。792
気にかかることが多くて、立ち止まってじっくり見つめるだけの時間がないなら、人生とはいったい何なのか？ 799
厳しい戦いであればあるほど、勝ったときの喜びは大きい。830
逆境に遭うと心を破かれる人もいれば、記録を破る人もいる。815
口づけのように、怠惰は盗むと甘美になる。797
コーチとしてのリーダーシップとは、相手の心と魂に訴えかけ、信頼を勝ち取ることだ。827
これは単なる仕事だ。草は茂り、鳥は空を飛び、波は砂を洗う。それと同じように俺は人を殴る。818
困難を乗り越えるには、自分のスポーツを心から愛する必要がある。832
最下位はナイスガイだらけだ。808
サッカーは大衆のバレエだ。810
自身の魂の中ほど穏やかで煩わされることのない静養所はない。788
女性ならいつも周りにいるが、ワールドカップは4年に一度きりだ。835
人生で何度も何度も失敗してきた。だから私は成功した。829
辛抱が失敗を桁外れの成果に変える。837
好きなだけ何もしないでいる時間はいくらあっても足りない。824
ストライクを取られるたびに、次のホームランに近づいていった。805
スポーツのトレーニングは5つの「S」――スタミナ（stamina）、スピード（speed）、力（strength）、技能（skill）、そして気力（spirit）――だが、一番大切なのは気力だ。823
スポーツは、男たちが切望する流血の欠如によって生まれた原始的な喪失感を埋めるための、芝居じみたイベントだ。839
スポーツは人格を作らない、人格を照らし出すのだ。816
そこに山があるから。802
怠惰それ自体は決して悪の根源ではない。逆に、退屈さえしていなければ、真に天与の生活となる。794
たった10秒のために生涯をトレーニングに費やす。812
チャンピオンとは、立ち上がれないときに立ち上がる人間のことだ。815
銅メダルや銀メダルにこだわる者はいない。839
何もかもがコントロールできていたら、まだスピードが足りないということだ。838
2着になったときのことを覚えているのは妻と愛犬だけだ。826
ノックダウンされたかどうかではなく、そこから立ち上がるかどうかだ。809
発明は物ぐさや怠惰から生まれる。面倒を避けるために。817
鳩の翼が私にあれば、飛び去って宿を求める。787
人は常に仕事を求めるとは限らない。聖なる怠惰というものもある。795
人は1つの労働から次の労働に取りかかることでしか、くつろぐことができないようにできている。796
人はみな、人生においてある種の技能を与えられている。私はたまたま、人を叩きのめす技能を与えられたにすぎない。816
1人がスポーツマンシップを実践するほうが、それを100回教えるよりはるかに効果的だ。801
暇人の手許は悪魔の仕事場。786
ボクシングは、脳が揺さぶられ、金が奪われ、葬儀屋に名前がリストアップされる唯一のスポーツだ。829
本当は対戦相手と闘っているわけじゃない。自分自身と、自身の最高基準と闘っているのだ。そして限界に達したときこそ、本当の喜びだ。823
貧しい人には余暇が必要だという考えは、昔から金持ちに衝撃を与えてきた。806
みんな、もう終わったと思っているのですが……今終わりました。814
もし一年中が遊び回れる休日なら、遊びも仕事と同じくらい退屈になる。790
最も忙しい人が最も多くの時間を持つ。793
余暇なくして知恵はない。787
浪費するのを楽しんだ時間は、浪費された時間ではない。800
私が猫と戯れているとき、ひょっとすると猫のほうが私を相手に遊んでいるのではないだろうか。789
私に人間の倫理と義務を教えてくれたのはスポーツだ。811
私は、自分をこの世で最も幸せな男だと思っている。807
私は空を飛び、世界を旅し、ビジネスの中で冒険してきた。もっと身近な冒険もある……冒険は心と魂でするものだ。811
我々が征服するのは山ではなく自分自身だ。836

政治と社会

愛国心はならず者たちの最後の避難所である。380
悪が勝利するのに唯一必要なことは、善人が何もしないことである。382
あなたがこの世で見たいと願う変化に、あなたがなりなさい。397
あの乱心した司祭を排除してくれる者はおらぬのか？ 357
意味もない丘をめぐって争うネアンデルタール人だ。431
嘘をついて勝利するより、信条を貫いて敗北するほうがいい。408
多くを与えられた者は多くを求められる。412
革命とは未来と過去のはざまにある命を賭した戦いである。409
革命とは抑圧された人たちの祭りです。420
革命は熟して落ちるりんごではない。りんごが落ちるようにしなければならないのだ。419
かの国は富裕層や企業、銀行家、土地の投機家、労働搾取をする人たちが有利になるよう統治されています。394
神は小隊ではなく大隊に味方する。372
危機に際して賢者は橋を築き、愚者はダムを建設する。368
希望は決して沈黙しない。422
行儀のいい女性に歴史はまず作れない。424
国の偉大さの尺度となるのは、危機に際して慈悲心を保てる能力だ。422
権力は腐敗する、絶対的権力は必ずや腐敗する。392
この国では、時々提督を処刑したほうが後進が育ちやすくなる。376
思想は銃より強い。我らが敵に銃を持たせる気はない。ましてや、どうして思想を持たせなくてはならない？ 406
実際の政治は事実を無視することで成り立っている。393
自分のことに集中し、最善を尽くしてあるがままの姿で生きよう。387
市民の務めは声をあげ続けることだ。409
自由意志と決定論はカードゲームのようなものだ。配られたカードは決定論を示し、カードをどう切るかは自由意志を示す。405
自由主義は革命的な共同体に甚大な害をもたらす。統一をむしばみ、団結心をほころばせ、無関心を促し、不和を生み出す腐食剤だ。400
自由というものは一世代で潰える運命にある。412
自由のために死ぬ覚悟がないなら、己の辞書から「自由」という言葉を削除せよ。413
女性は論理的に考えるよりもむしろ感じるように創られている、という世にはびこる考えによって、どれほど多くの惨めさ、気苦労、悲しみに突き落とされているか、そのすべてをたどることは果てしのない仕事だろう。382
真実とは我々が考えていることだけでなく、なぜ、誰に、どういった状況でその考えを口にしたかをも含む。426
すべての動物は平等である。だが一部の動物は他よりもっと平等だ。404
すべての人を一時だますことはできる。何人かの人をだまし続けることもできる。だが、すべての人をだまし続けることはできない。388
正義と裁判はしばしば嘘をついて世界を分断させる。394
成功の秘訣は最大多数に逆らうことだ。405
政治とは可能なことをする技術だ。391
政治に最終決定という言葉はない。390
政治の世界で1週間は長い期間だ。418
政治の世界では、何か言ってもらいたいなら男性に頼みなさい、何かしてもらいたいなら女性に頼みなさい。418
政府は最良の状態であっても必要悪でしかなく、最悪の状態では耐えがたい悪だ。380
戦争とは他の手段をもってする政治の継続にすぎない。385
戦争は愛みたいなものだ、いつだって抜け道を見つけていく。401
そのような状態では勤労の余地はない。なぜなら勤労の成果が確実ではないからである。人間の生活は孤独で貧しく、つらく残忍で短い。369
確かに犯罪と犯罪者だけが、根本悪という難問を我々に突きつける。だが、本当に芯から腐っているのは偽善者だけだ。414
誰かを政治問題で悩ませたくないなら、1つの問題に2つの側面があるとは言うな。1つだけ教えてやればいい。もっといいのは、何も教えないことだ。407
男性は敵ではなく、女性と同じく犠牲者です。本当の敵は、女性自らの自己に対する過小評価なのです。419
賃金労働者が失うものといえば、自分をつないでいる鎖だけだ。386
つまり「正義」とは強者の利益になることにほかならない。352
敵が間違いを犯している時は邪魔をしてはならぬ。383
手に負えない病には荒療治が必要だ。362
統率力と学識は、切り離せない関係にある。415
名をなした者は全世界の人々の記憶に生き続ける。351
汝の隣人を愛せ、だが垣根は取り払うな。365
人間は生まれながらにして自由であるが、至るところで鎖につながれている。379
人間は生まれながらにして政治的な動物である。353
人間は財産や名誉を奪われない限り、不満を持たない。358
人間は動物すべてを合わせた以上の肉を消費し、胃に収めている。人間は最大の破壊者であり、必要からではなく虐待によってその度合いを強めている。374
人間は人間にとって狼である。366
肌の色、言語、信仰する宗教は問題ではありません。人間として互いに尊重しあうべきです。432
必要の前に法律はない。371
人が持てる力を放棄するのは、たいてい自分には力がないと思うからだ。429
人に従うことを知らない者は、よき指導者になり得ない。353
人は概して、財を使い尽くすように生まれついている。355
人は最後の王が最後の司祭の腸で絞殺されて初めて自由を得る。379
百戦百勝は善の善なるものに非ず。戦わずして人の兵を屈するは善の善なるものなり。350
文明人は傲慢さを捨て、謙虚な姿勢で自分たちも在来種であることを認識すべきだ。427
帽子が大きければ大きいほど、資産は少ない。366
法律は共有地からガチョウを盗んだ者を拘留し、ガチョウから共有地を盗んだ極悪人を野放しにする。367
他の人たちが簡素に生きられるように、簡素に生きよ。401
負け戦の次に最悪なのは、勝ち戦だ。384
貧しい人に食べ物を施すと、彼らは私を聖人と呼ぶ。どうして貧しいのかと問うと、彼らは私を社会主義者と呼ぶ。421
自ら戦ってでも勝ち得たいものがない人は……みじめな動物である。そういった人に自由になれる機会はない。390
民主主義はすべての人を奴隷にする。423
民主主義は理論的にはすばらしいが、実際的にはまやかしだ。396
無重力は偉大な平衡装置よ。425
目が見えぬ者たちの国では、片目の見える者が王になる。357
「目には目を」という考え方は、世界中の目をつぶしてしまう。424
目的は、目的を正当化するものがある限り正当化され得る。400
最も辛辣ないがみ合いは政党間ではなく、政党内に存在する。430
良薬口に苦し。忠言耳に逆らう。354
わが王国に、毎週日曜日の食卓に鶏肉を出せぬほど貧しき農民がいてはならぬ。361
わが臣民と私は双方が満足する合意に達した。臣民は言いたいことを言い、私はしたいことをすることができる。381
わが同胞であるアメリカ国民の皆さん、国があなたのために何をしてくれるかを問うのではなく、あなたが国のために何ができるのかを問うてください。410
わが友、ローマ人諸君、わが同胞よ、どうか耳を貸してくれ。361
わが亡きあとに洪水よ来たれ。374
私が思うに、耳に届く笑い声ほど狭量で粗野なものはない。373
私がきみたちに与えられるのは、飢えと渇きと強行軍と戦闘、そして死だけだ。国を愛する者よ、私について来るがいい。387
私が席を譲らなかったのは疲れていたからだと人は言いますが、そうではありません……いえ、そう、私は疲れきっていました、屈することに疲れていたのです。428
私たちにとって最高の誉れは決して倒れないことではなく、倒れてもそのたびに起きあがることだ。377
私に提供できるのは血と労苦と涙と汗だけだ。403
私には夢がある。それは、いつの日か、私の4人の幼い子供たちが肌の色によってではなく、人格そのものによって評価される国に住むという夢である。416
私はか弱い肉体を持つ女です。でも国王の心と勇気を持っています。358
私は公共の意志ではなく公共の福利に基づいて国を治める。364
私はもう疲れた……私の心は病んで悲しみに暮れ

ている。今この瞬間から、私は永遠に二度と戦うことはない。391
私も大衆も知っている、どんな生徒も、悪をなされた人はその報復として悪をなすことを学ぶものだ。402
我々が恐れるべきはただ1つ、恐れそのものだ。398
我々は常にどちらか一方を支持しなければならない。中立は抑圧者を支援するだけで、被抑圧者の助けには決してならない。426

精神と心理学

あなたの同意なしに、誰もあなたに劣等感を抱かせることはできない。565
過ちを指摘し訓戒してくれる人に会ったならば、秘宝のありかを教えてくれる人につき従うように、その賢人につき従え。529
偉人は皆同じように考える。540
1度で成功しなければ、何度も何度も繰り返し挑戦しなさい。547
幼子だった時、私は幼子のように話し、幼子のように思い、幼子のように考えていた。成人した今、幼子のことを捨てた。534
愚かであること、利己的であること、健康であること、それが幸せのための3つの条件だ。だが愚かでなければ、すべてが失われる。549
過去にとらわれてはいけない、未来を夢見てはいけない、今この瞬間に集中しなさい。530
希望は埃ひとつ立てない。562
希望は人の内に永遠に湧きあがる。544
恐怖に基づいて決断してはいけません。希望と可能性に基づいて決断してください。起きるはずのないことではなく、起きるはずのことに基づいて決断してください。572
議論で権威を盾にする人が用いているのは、知力ではなく記憶力だ。538
賢明な人は頭がよく現実的すぎるがゆえ、常になぜそれができないのかを的確に見抜いている。いつも限界を把握している。558
心というのは胃のようなものだ。食べるものが変わると刺激を受け、種類の豊富さが新たな食欲をかき立てる。535
心の振り子は善と悪ではなく、意識と無意識の間を行き来する。566
孤独はすばらしいが、孤独はすばらしいと言ってくれる人が必要だ。548
最悪の困難は、したいことを自由にできるようになった時に始まる。553
時間厳守は退屈な者たちの美徳だ。570
舌は誓ったが、心は誓っていない。530
実のところ、私たちが運命と呼ぶものは気質である。その気質は変えることができる。560
自分はできると信じなさい。そうすれば目標は半ば達成される。557
状況が苦しくなると、タフな奴が活躍する。563
人生で起きることをそのまま受け入れなさい。私を信じて。人生は常に正しいところにある。555
成功者とはよく生き、よく笑い、よく愛した人のことだ。556
精神生活を持たない人は、環境の奴隷である。552
善と悪の境界線はすべての人の心の中にある。568
想像力は知識より大切だ。559
沈黙は愚者の美徳である。543
ツバメ1羽で夏にはならない。1日の晴天もしかりだ。同様に、幸せな1日やつかの間の幸せで、人が完全に幸せになれるわけではない。533
天才は過ちを犯さない。天才の過ちは意図したものであり、発見への入口である。557
友のために為すこと、友のために耐えること、それらすべてが喜びだ。愛が喜びの主たる要因なのだから。537
何よりもまず生まれてこないことが一番だ。531
ナンセンスは脳細胞を目覚めさせる。570
人間は宿である。毎朝、新たな訪れがある。喜び、憂鬱、卑しさ、一瞬の気づきが予期せぬ客としてやって来る。そのすべてを歓迎し、もてなしなさい。538
眠りを作り出した者に祝福あれ。540
能動的な忘却者でいるよりひどい苦痛をともなうのはただ1つ、無気力な回顧者でいることだ。571
脳とは満たされるべき器ではなく、燃やされるべき炎である。535
否定された現実は、舞い戻ってその人につきまとう。569
人には困難が必要である。困難は健康のために不可欠だ。556
人の心に観念をもたらすのは経験だけである。544
人の心に宿る良心ほど、恐ろしい目撃者や手厳しい告発人はいない。534
人の心は何でもできる――すべての過去も、すべての未来も、すべてその中にあるからだ。555
人は一度殺人に手を染め出すと、じきに窃盗をなんとも思わなくなる。窃盗を始めたら、次に飲酒や安息日違反をするようになり、さらにそこから無礼を働くようになる。547
人は自分に苦しみを与えたものを、実に簡単に忘れてしまう。561
人はただ自分自身でいることに満足し、他人と比べたり競ったりしなければ、すべての人から尊重される。528
人は誰しも自分の視野の限界を、世界の限界だと思っている。546
人は誰1人として孤立した島ではない。543
人は皆、自分独自の悟りへの道を歩まなければならない。528
皮肉なことに、私たちは肉体ではなく魂と一体となった時に、物質界で最も力を発揮するのです。573
本当に幸せな人とは、遠回りをしている間も景色を楽しめる人のことだ。564
目は心の鏡である。539
勇者は、もし頭がよければ2000回だって死ぬだろう。ただそれを口にしないだけだ。558
立派な行為かそうでないかは、礼儀正しさゆえかただ従っているだけかで決まる。532
我が務めは自分を改造することではなく、神が創りたもうたものを最大限に生かすことだ。550
私は正義を愛し、不公正を憎む。それゆえ、私は追放の身で死ぬのだ。537
私は誰の意見にも与しない。私には私の意見がある。551

生と死

あの穏やかな夜の中へおとなしく流されてはいけない。53
一貫性など、偉大な魂とは何も関係ない。36
今から20年後、あなたはやったことより、やらなかったことを後悔するでしょう。60
美しきものは永遠の喜び。35
己に誠実であれ。26
数えられることすべてが重要なわけではなく、重要なことすべてが数えられるわけでもない。58
傷を隠すな。その傷がいまのあなたをつくっているのだから。55
昨日はもう過ぎた。明日はまだ来ない。私たちにあるのは今日だけ。さあ、始めましょう。59
キャンディーはダンディー、でも酒肴のほうが即効。46
幸運は勇者に味方する。23
甲の薬は乙の毒。24
子供は大人の父である。34
事をなすときは、世界中に見られているかのように行いなさい。33
こんなふうに世界は終わる。爆発ではなく、すすり泣きで。46
棍棒を持って、穏やかに話せ。43
幸せに生きることこそが最大の復讐。29
地獄の真っただ中にいるのなら、そのまま突き進め。50
死と税金以外に確かなものは何もない。30
死はみなに等しく訪れ、その訪れでみなを等しくする。28
事物がばらばらになり、中心は持ちこたえられない。45
自分にはできないと思うことをやる。56
主はその後のヨブを以前にも増して祝福された。22
障害だと思ったものが大きな幸運に変わることは、人生でよく起こります。61
人生とは、忙しくあれこれ計画しているときに、突然何かが起こるもの。60
人生は果敢な冒険か、無のどちらかだ。52
人生は勇気に比例して縮小もすれば拡大もする。50
その日を摘め。24
退屈で死ぬより情熱で死にたい。39
立って待つだけの者も奉仕しているのだ。29
卵を割らずにオムレツは作れない。32
月日は百代の過客にして、行かふ年も又旅人也。30
時は過去の美しさを奪う意地悪な追いはぎである。26
時計をすべて止めろ、電話を切れ。49
努力し、求め、探し、屈服することはない。37
何であれ、よい人間であるよう努力しなさい。41
人間は多くの真実には耐えられない。48
人間は生涯に1度はキリストと共にエマオへ歩むものだ。40
人間は成長するために、本来の自分を変える必要はない。61
人をつくるのは環境ではなく、品性である。40
放浪する者すべてが迷う者ではない。54
向こう見ずに生き、若くして死に、美しい亡骸を残す。45
もう一度だけやってみよう。死ぬのはとても簡単で、難しいのは生き続けることなのだから。43
物事をスタートさせるには、話すのをやめて、とにかくやり始めること。58
森の中で道が2つに分かれていた。そして、私は――私は人があまり通っていない道を選んだ。それですべてが変わったのだ。44
夜明け前が一番暗い。28
私が「死」のために立ち止まれなかったので、「死」がやさしく私のために立ち止まってくれた。39

テクノロジー

家を建てているときに釘が折れたら、家を建てるのをやめる？　それとも釘を交換する？ 700
（インターネットは）遠くから鑑賞する彫刻ではなく、粘土のようであるべきだ。724
臆病者は家でくつろぎながら霧の中を山に向かって飛ぶパイロットを批判する。だが私にしてみればベッドより山腹で死ぬほうがよほどいい。710
お楽しみはこれからだ。704
お願いです、どんなにテクノロジーが進歩しようと、本を見捨てないでください。727
覚えておくべきは、インターネットは新しい生活の形ではないということ。新しいアクティビティにすぎない。720
科学技術とは、それを体験しないですむよう世界を整えるコツだ。714
科学技術に拘束され、鎖でつながれている場所はどこでも、人間はそれを熱烈に支持するか、否定するかのどちらかだ。713
科学技術の進歩は、より効果的に後退する手段を我々に与えたにすぎない。709
科学技術は2種類の人間に支配されている――自分が扱えないものを理解している人間と、自分が理解できないことを扱う人間だ。718
賢い人たちが働く部屋のドアの鍵は開いている。726
クレイジーな人たちへ――はみ出し者、反逆児、トラブルメーカー、四角い穴に丸い杭を打つ人たち、物事を違う目で見る人たち。723
錆び付いたモンキーレンチを手にした決意の固い人間のほうが、機械工場のあらゆる道具を持つ怠け者より多くを達成する。718
自分の持っている道具が金槌だけだと、すべての問題が釘に見えてしまう。717
十分に発達した科学技術は、魔法と見分けがつかない。716
真の創造者は必要性だ。必要は発明の母である。692
戦争にとっての火薬と同じものを、印刷機は人の心に与えてきた。699
創作とは無からではなく混沌から生まれるものだと、謙虚に認めざるを得ない。697
大統領に就任したときは、ワールド・ワイド・ウェブなるものを一度でも耳にしたことがあるのは精力的な物理学者だけだった……それが今では、私の猫ですら自分のページを持っている。721
中世に人間にとって最悪のものが2つ発明された――恋愛と火薬だ。702
テクノロジーは有用な召使いだが、主人にしたら危険だ。702
天才とは1%のひらめきと99%の努力である。707
天才は、一番仕事をしていないとき、一番多くを成し遂げる。694
21世紀には、古代文明における奴隷の仕事をロボットが代行している。709
人間は道具を使う動物である。道具なしでは無であり、道具があるとすべてである。698
発明は、人の秘めた願いを映し出す。715
人々に何が欲しいかを尋ねたら、みんな、もっと速い馬が欲しいと答えただろう。703
普通の人たち50人分の仕事は機械1台でこなせるだろうが、優秀な人材1人分の仕事をこなせる機械はない。701
下手な職人は道具のせいにする。695
ライト兄弟は、不可能という名の煙幕を飛び抜けた。711
私に支点を与えよ。そうすれば地球を動かしてみせよう。693
私は失敗したことがない。1万通りのうまくいかない方法を見つけただけだ。700
我々は原子爆弾を獲得し、それを使用した。713
我々はテクノロジーを前にお手上げ状態だ。とにかく機能してくれるものさえあればいいというのに。725

哲学

あたうる限り最善の世界で、万事しかるべく最善である。452
あらゆる真実は3つの段階を経ている。第1に、嘲笑の的になる。第2に、断固として反対される。第3に、自明の理として受け入れられる。457
生きるべきか死ぬべきか、それが問題だ。446
今あなたをみじめにしているものも、いつかは消え去るという見込みに、慰めを見いだすことができる。442
大いなる知恵は寛大であり、浅はかな知恵は争いを好む。440
語り得ぬものについては、沈黙しなければならない。468
考える権利を保持しなさい。なぜなら、たとえ考えを誤ったとしても、何も考えないよりはましだからだ。442
吟味されざる生に、生きる価値はない。438
言語構造は思考だけでなく、現実そのものも決定する。474
賢者は自らの信念を証拠と調和させる。455
時間――人が常に潰そうとするものであるが、結局は人を殺すもの。464
事実はしばしば、攻撃における脅威の武器になる。事実を武器にすれば嘘をつくことも、さらには殺人を犯すこともできる。470
自分のあらゆる行いが、普遍的な法則になるかのように生きよ。456
人生とは、不十分な前提から十分な結論を引き出す技術である。465
人生には数えきれないほどの苦しみがある。おそらく、唯一避けることのできない苦しみは、苦しみを避けようとすることから生じる苦しみだ。474
人生はうろつきまわる影法師、哀れな役者にすぎぬ。舞台の上で大仰に見栄を切っても、芝居が終われば、もう何も聞こえぬ。447
真理は哲学の対象だが、必ずしも哲学者の対象とは限らない。463
千里の道も一歩から。436
存在物は無用に増やすべきではない。445
魂は政治解剖の成果であり道具である。魂は肉体の監獄だ。473
知恵が深まれば悩みも深まり、知識が増せば痛みも増す。439
哲学者がまだ述べていないことで、不条理なものは何1つない。440
哲学者に任せてもらいたいことが1つだけある……哲学者は他の哲学者と意見を戦わせる。465
哲学において、重要なのは目標の達成ではない。重要なのはその過程で発見するさまざまな事象だ。469
哲学は過去の悪や未来の悪にはたやすく打ち勝つが、現在の悪は哲学を凌駕する。450
哲学は思慮深さにほかならない。451
哲学は神学の侍女である。445
何度もつかれる嘘は真実になる。467
人間は現在の自分を拒絶する唯一の生き物である。471
人間は自由の刑に処せられている。470
人間は万物の尺度である。437
人と人の違いは、人と獣の違いより大きい。451
人は生まれながらにして自由だとすれば、その人は自由でいる限り、善悪の概念を持たない。450
人は自分が食べたものそのものである。458
人はその人の思考そのものである。464
美は見る人の目の中にある。461
不動で不変な権威など存在しない。だが、相互的かつ一時的で、そして何よりも自発的な権威と従属の交替は何度も繰り返される。461
満足な豚であるより不満足な人間であるほうがいい。同様に、満足な愚者であるより不満足なソクラテスであるほうがいい。460
物事があるがままであってほしいなら、物事が変わらなければならない。472
物事は必ずしも見かけ通りとは限らない。441
理性的なものはすべて現実的であり、現実的であるものはすべて理性的である。458
私には何かを教えることはできない。できるのは、考えさせることだけだ。436
私は自分が何も知らないということを知っている。438
我思う、ゆえに我あり。448
我々は知識と観念以外に何を知覚するのか？ 453
我々は人の死ではなく、誕生を嘆くべきだ。454
我々を殺さないものが、我々を強くする。463

ビジネス

あなたが金持ちの場合、金持ちのままでいられないのは愚かな証拠だ。あなたが貧しい場合、金持ちになるにはよほど頭がよくなければならない。687
あなたの顧客の中で、一番不満を持っている客こそ、あなたにとって一番の学習源なのだ。684
アメリカ人の一番の関心事は、ビジネスだ。657
以前は戦争が大金を生んだ、戦争がビジネスだった。しかし大金を生むのがビジネスだけになった今、ビジネスこそが戦争だ！ 652
急ぎは失敗の母である。631
1ペニーの節約は、1ペニーの稼ぎ。639
大いなる富は、大いなる奴隷状態だ。636
お金持ちの時もあったし、貧乏の時もあったけれど、お金持ちの時のほうがよかった。664
男は仕事のために家族を犠牲にしてはならない。670
会社には罪に問われるべき肉体もなければ、地獄に堕とされるべき魂もない。646
会社の良し悪しは人材で決まる。678
買い手に必要なのは100の目で、売り手に必要なのは1つの目。640
金しか生まないビジネスは粗悪なビジネスだ。655
金は臭わない。638
金を稼ぐのはアートだ、働くこともアートだ。ビジネスの成功は最高のアートだ。674
彼が富を所有しているのではなく、富が彼を所有している。634
寛大さはまさに最高の投資だ。688
企業が商売をするのは福祉のためではなく、金を儲けるためだ。688
きみたちの理解できる人間だけを採用したら、きみたち以上には出ないんだよ。677
客は常に正しい。653
金銭の欲は、すべての悪の根だ。637
経営陣は無能のレベルまで昇進する。672

最高の頭脳を持つ者は政府内にはいない。いれば民間企業がとっくに雇っている。677
仕事仲間の2人が常に合意するなら、片方は必要ない。659
仕事の欠如を恐れるな。求めに応じられるだけの資質を備えた人間なら、仕事にあぶれることはない。647
仕事の話以外はするな、そしてその仕事をさっさと片づけろ。639
仕事の量は、完成のために与えられた時間を満たすまで膨らんでいく。668
実務に煩わされない人は、知恵ある者となる。635
自分の仕事と呼ぶものに絶え間なく身を投じてしまえば、他の数多くの物事を絶え間なく無視することになる。653
社会が大切にするのは利益を生む個人だけだ。673
自由企業はビジネスのために正当化することはできない。正当化できるのは、社会のためになる場合のみだ。668
商売？　極めて単純だ。他人の金のことだから。652
食事をするなら親戚と、仕事をするなら他人と。634
食事をするのは笑うため。酒は人生を楽しむため。銀はすべてに応えてくれる。632
仁者は難きを先にし獲るを後にす、仁と謂うべし。631
人生はゲームだ……点数は金で稼ぐ。676
政治はビジネスの車輪の潤滑油だ。669
製造過程においては各製品の差をなくそうと努力する。だが人間が相手のときは、差こそがすべてだ。686
小さいことはすばらしい。674
賃金が支払われる仕事はすべて精神を奪い、堕落させる。632
できれば誠実な方法で、あるいはそうでなくとも、とにかく金を稼げ。635
手の中の1羽の鳥は藪の中の2羽に値する。638
時は金なり。645
取り引きのルールを教えよう。「相手をだますこと。相手もあなたをだますだろうから」これこそが商売の真の教訓だ。650
努力する前に成功を見つけられる場所は辞書の中だけだ。660
何事をもうちばにかまへて、人の跡につきて利を得る事かたし。642
判断がすべて経営幹部にのみ集中している会社は発展しない。681
ビジネスに基づく友情のほうが、友情に基づくビジネスよりもいい。663
ビジネスの世界では、いつもフロントガラスよりバックミラーのほうがよく見える。683
ビジネスの世界には、能なしの成功者が大勢いる。654
ビジネスの秘訣は、誰も知らないことを知ることだ。679
ビジネスを1つ成功させられるなら、どんなビジネスでも成功できる。685
ビジネスを回さなければビジネスから弾き出されてしまう。665
人に順応してばかりいたら、ビジネスにおいて持続する本物の成功、すなわち「豊かになること」はできない。667
人に何かをさせるための唯一の方法は、人が望むものを差し出すことだ。661
100人のビジネスマンがすると決めたことは、何であれ合法とされてしまう。676
ボスは1人だけ。客だ。客は他の店で買い物をすることで、会社の会長以下全員をクビにできる。682
持ち主を奴隷化する富は、富ではない。641
物事を正しく成し遂げたいなら、自分ですることだ。649
喜びは商売にとって盗っ人だ。643
ライバルに先駆けて仕事の問題点を見つけられる者こそが成功者となる。669
理解しないでいることに対して給料を支払われる人間に、何かを理解させようとするのは難しい。660
理事が大勢いると会社を強くすることはできない……自分自身で決断できる環境でなければならない。681
私の知る限り、この世には、凡人の集団的知性を過小評価したために金を失った者はいない。656
私の人生の鉄則は、仕事を喜びとし、喜びを仕事にすることだ。648
私はお金を信じている。稼いだお金はすべて使うの！666
我々が夕食にありつけるのは、肉屋や酒屋やパン屋の善意のおかげではなく、彼らが利益を追求したおかげだ。645

文学

アキレウスはホメロスの手によってのみ存在する。この世から文学が消えたら、栄光も消えてしまうだろう。172
あの王妃は大げさに誓いすぎているように思う。153
あらゆるものに縛られた怠惰な青春よ、あまりに繊細だったせいで、ぼくは人生をふいにした。182
いかれていて、不良で、近づくと危険。169
美しさとは神秘的で恐ろしくもある。神と悪魔が戦っている戦場とは、人間の心だ。184
大いなる書物は、大いなる悪。150
書くことは、正しく扱えば……会話の別名にすぎない。163
書く病にかからぬよう予防が必要だ。書くことは危険で、伝染しやすい病だから。152
完璧な詩などあり得ない。そんなものが書かれたら、世界は終わりを迎えるだろう。207
機知は創作し、インスピレーションは浮き上がらせる。212
教養を見せつけたければ気楽に書けばいいが、気楽に書いたものは読みづらい。163
霧と豊かな実りの季節よ！171
決して読まないのに多くの本を所有したがるのは、寝ている間も蠟燭をつけておきたがる子供のようなものだ。156
賢者が勝る芸術の中で、造物主の第一の傑作は見事な文章である。161
賢明で適切な引用をするには、賢明な読者になることである。183
古典とは言うべきことを言い、決して読み終わらない本である。210
この世のあらゆる人間の中で、吟遊詩人こそが栄誉と尊敬を得るべき者である。なぜなら詩神に歌うことを教えられ、愛されているのだから。150
これはすべての文学の美の1つだ。あなたの切望は誰もが持っているものであり、あなたは孤独でもなければ、孤立もしていないとわかる。197
酒を嗜まない者に文学は語れない。217
作家は菓子職人でも、化粧品屋でも、芸人でもない。良心と責務との契約書に署名した者である。185
作家は詩人の正確さと科学者の想像力を持つべきである。208
作家はみな自分の人生がある意味では手本であり、普遍的なものになると期待し、図々しくも思い込んでいる。214
シェイクスピアは一時代の人にあらず、万代の人である。157
4月のよく晴れた寒い日で、時計が13時の鐘を鳴らした。200
辞書とは何と安らげるものか！187
詩人にとって最大の悲劇は、誤解されて称賛されることだ。190
思想には散文を、想像には韻文を。181
知っていることを書け。そうすれば、自由な時間が多くなる。213
詩とは人間が自らの驚きを探る言語である。201
詩は完成されず、放置されるのみ。194
詩は人生の首根っこをつかむようなもの。206
書籍の収集は恋愛の次に爽快な娯楽である。197
書物は決して死んでいるのではなく、それを生み出した精神と同じくらい生き生きとした生命力を内包している。159
人生はそれ自体が引用だ。215
新聞を読まない人は、読む人より真実に近い。168
新聞を読むということは、価値あるものを読むのをやめることである。192
想像力あふれる物語は、想像力のない人々を混乱させる。217
創造力は使い切れません。使えば使うほど、あふれてくるのです。211
そっと歩んでください、夢の上なのだから。187
その日は、とても散歩などできそうになかった。176
それは最良の時代でもあり、最悪の時代でもあった。179
それは白痴が語る物語で、響きと怒りは騒がしいが、何の意味もない。154
誰もが自分の中に1冊の本を抱えているが、たいていは外に出さないほうがいい。221
テクストの外には何も存在しない。206
読書ほど安価な娯楽はなく、長く続く快楽はありません。162
独創的なアイデアは集団からは湧きません。個から湧くのです。205
何度も挑んだ。何度も失敗した。かまわない。また挑め。また失敗しろ。次はもっとうまく失敗しろ。213
庭と図書館があれば、必要なものはすべてそろっている。151
バラはバラであってバラである。192
ヒーローを連れておいで。私が悲劇を書いてあげよう。198
1人の心が壊れるのを止めることができれば、私の人生は無駄ではないのでしょう。180
美は真実なり、真実は美なり、この世で知ることはそれだけであり、知るべきことはそれだけである。170
風刺とは本人以外のすべての人々の顔が映る鏡のようなものである。161
文学とは自らに語りかける人間性である。219
文学は新しくあり続けるニュースである。196
文学は贅沢、小説は必需品。188
文学は日常を無視するのに最も望ましい方法である。196
文芸における同じ好みほど、美しい友情の礎として確実なものはない。**195**
ペンは剣より強し。**174**
ペンは魂の舌である。**154**
ぼくは、ぼくを祝福する。**178**
本がうまく書けていると、決まって短すぎるように感じる。**166**
本は完璧な娯楽だ。コマーシャルもないし、電源もいらないし、1ドルで何時間も楽しめる。**220**
本は文明を伝える。本がなければ、歴史と文学は沈黙し、科学は無能になり、思考と推測は停滞する。**210**
本は私たちの中にある凍りついた海を割る斧でなければならない。**188**
本を与えてくださった神に感謝いたします。本は遠く離れた人々やすでに亡くなった人々の声であり、私たちに過ぎ去った時代の崇高な人生を与えてくれるものです。**173**
本を所有することが、読むことの代わりになっている。**209**
迷ったら、男に銃を持たせてドアを通せ。**202**
夢と本は別々の世界であり、本は純粋ですばらしい、充実した世界。**167**
よき書物を読むことは、過去の優れた人々と会話するようなものである。**159**
読むことで人は豊かになり、話すことで準備ができ、書くことで厳正になる。**158**
読んだものをおもしろがること——それが楽しい引用の大いなる源泉となる。**194**
良書が非常に少ないのは、書けるほど何かを知っている人が非常に少ないからだ。**178**
歴史を書くことで真実にはたどり着けない。それができるのは小説家だけだ。**214**
ロンドンに飽きてしまった者は、人生に飽きてしまった者だ。**165**
私たちは自分から文学を洗い落とさなければならない。何よりも人に、人間になりたいのだから。**191**
私には才能しか申告するものがない。**184**
私のことはイシュメールと呼んでくれ。**176**
私の中で燃え盛る炎をあなたが知ってくれたら、私は分別で消そうとするでしょう。**171**
私は書きたかったものを書いているだけ。私にとっておもしろいものを書いています。完全に自分のために。**219**
私は雲のように、ひとりさまよい歩いた。**167**
私は次から次へと話したが、聞き手が覚えるのは予想した言葉だけ。物語を左右するのは声ではない。耳なのだ。**207**
私は問題を解決するために来たのではない。歌うために、あなたに一緒に歌ってもらうために来たのだ。**199**
悪い人間は優れた詩人になれない。**205**

歴史

イギリスは各員がその義務を果たすことを期待する。**306**
行け、流れ星をつかまえろ。マンドレークの根を孕ませろ。過ぎ去った年月がどこへ行ったのか、誰が悪魔の足を裂いたのか、教えてくれ。**303**
1日は去ったが、まだ太陽は見ず。いま命あるも、わが人生は終わる。**302**
今の時代は深刻で災いばかりだが、いつの時代も本質的には似たようなものだ。人生がある限り、危険はつきものなのだ。**321**
生まれる以前に起きたことを無視するのは、子供のままでいるようなものだ。**294**
裏切りは終わった。裏切り者はもう必要ない。**303**
同じ川に2度は入れない。**288**
隠しごとをしてはならない。時がすべてを見聞きし、すべてが明らかになる。**290**
過去がもはや未来を照らさなくなったら、精神は闇の中を進むだろう。**315**
過去に価値があったことは決してなくならない。人間が気づいた真実や善は決して死なず、この先も死ぬことはあり得ない。**314**
過去にしがみつくことが問いで、変化を抱擁することが答えなのです。**347**
過去について正しい情報を与えられた者は、決して陰鬱な気分になったり、現在を悲観したりしないだろう。**316**
過去によって未来をもくろんではならない。**306**
過去は異国の地だ。過去はそこで別のことをする。**339**
過去は生命に満ち、私たちをいら立たせ、挑発し、侮辱し、その過去を破壊するか書き直すかしたいと思わせる。**343**
過去は葬儀のように過ぎ去り、未来は招かれざる客のようにやって来る。**327**
過去ほど常に変化しているものはない。なぜなら、我々の生活に影響を及ぼす過去にあるのは、実際に起きたことではなく、人が起きたと信じていることだからだ。**335**
過去を記憶できない者は、過去を繰り返す運命にある。**325**
かつて進歩は喜ばしいものだったかもしれないが、あまりにも長い間進み続けてしまった。**341**
神でさえ、過去は変えられない。**291**
来た、見た、勝った。**294**
きょう起こっていることを理解したいときや、明日何が起こるのかを決定したいときには、過去を振り返る。**299**
空想が欠けているせいで、私の歴史書はいくぶんおもしろみに欠けるのではないかと心配だ。**290**
軍隊の進軍は腹次第。**310**
現在から利益を得るために過去から学び、将来よい暮らしをするために現在から学ぶこと。**314**
現在は過去にあった以上のものをいっさい含んでいない。そして結果の中に見られるものは、すでに原因の中にあったものである。**326**
現在をけなして過去を称賛したら、老いの兆候だ。**319**
高潔は私たちの日々を広げる。過去を楽しめる人は、人生を2倍生きている。**297**
言葉もなく、記述もなく、書物もなければ歴史は存在しない。人間性という概念は存在し得ない。**327**
最良の未来の予言者は過去である。**312**
時間のあらゆる瞬間は、永遠の一部である。**297**
死人に囲まれている日々は過ぎ、まわりには寛いだ視線が向けられ、老人たちの強い心がある。**308**
人類の歴史はますます教育と大惨事の競い合いになっている。**331**
人類は何を生み出したかではなく、何を破壊したかで記憶される。**347**
過ぎ去ったことだけが永遠に残る。現在はすぐに刈りとられる草にしかすぎない。過去は石であり、永遠に立っている。**324**
優れた者は自らの品性を高めるために、昔のことわざや過去の行いに通じている。**288**
すべてのものは最後には海へ帰ってゆく……始まりであるとともに終わりである海へ。**339**
世界は過去にうんざりしている。ああ、それが死ぬか、休むかすればいいのに！**312**
全能の神よ、私の偉業を見よ、そして絶望せよ。**309**
祖国のために死すは甘美にして名誉なり。**330**
他者が強大になる原因をつくった者は、自らを滅ぼす。**301**
男性の女性解放に対する反対の歴史は、おそらく女性解放そのものの話よりも興味深いでしょう。**332**
天さえ、過去には力をふるえない。それでも、過去がずっと、ずっとあったから、私の時間があるのだ。**304**
道徳的な世界を理解しているつもりはないし、アーチは長い……。だが見たところ、アーチは正義の方へ曲がっているようだ。**318**
時、事物を貪るもの。**296**
時の求めに応じ、奇跡のようにすばらしいこともあれば、浮かれ騒ぐ陽気な男になることもあり、ときには悲しく厳粛で——すべての季節に向く人なのだ。**302**
時は私たちを飛び越えていくが、その影は残る。**320**
人は歴史の教訓からさほど多くを学ばないということは、歴史が教えるべき最も重要な教訓だ。**340**
人を破滅させるのに最も効果的な方法は、その人の歴史解釈を否定し、抹消することだ。**336**
ヒューストン、問題が発生した。**343**
振り返り、過ぎ去った危機にほほ笑もう！**308**
短い間に生物の世代は移り変わり、走者のように命の聖火をリレーする。**293**
自らの過去を断ち切り、1人で立つのはとても勇気のいることです。**344**
皆殺しだ。神が見分けるだろう。**300**
有利な過去はすべて、結果で判断される。**292**
歴史が善人の善行を記録すれば、思慮深い聞き手は善行をまねするだろう。**298**
歴史とは……人類の犯罪、愚行、災難の記録にすぎない。**305**
歴史は英雄を、恋人のように理想の光で包みがちだ。**313**
歴史は繰り返さないが、韻を踏む。**321**
歴史は繰り返す。1度目は悲劇として、2度目は喜劇として。**316**
歴史は合意された嘘のかたまり。**313**
歴史は勝者によって書かれる。**335**
歴史を集約すれば、さほど善人ではない人の関わる論争において自由は固く擁護されてきたと言えよう。**338**
ローマの人々の首が1つならいいのに。**296**
若い頃に学ばなかった者は過去を失い、未来のために死ぬ。**291**
私たち2人は家の切り盛りをした、過去と私……私が家事をしている間、過去はあたりをさまよい、決して私を1人にはしてくれなかった。**328**
私の愛国心は十分ではないとわかっています。誰に対しても恨みや憎しみを抱いてはならないのです。**329**
我々が抱く幸福のイメージは歴史の問題である過去のイメージと固く結びつけられている。**334**
我々が目撃しているであろうものは冷戦の終わりだけではなく歴史の終わりでもある。**345**
我々は皆、溝に落ちているが、星を仰いでいる者もいる。**323**
我々は未来に借金を負わせることでしか、過去に負うている借金を返すことができない。**334**

LIFE & DEATH

生と死

⊂ 1940 年のドイツ空軍による空襲で燃えるロンドン

主はその後のヨブを以前にも増して祝福された。

ヨブ記
42 章
紀元前 700 頃

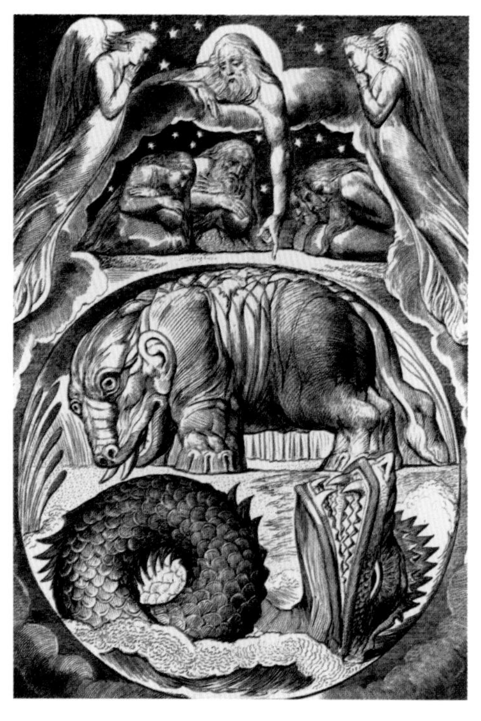

∩ ウイリアム・ブレイクが描いた旧約聖書の挿絵のベヘモットとレビヤタン

この旧約聖書の重要な一節は、敬虔（けいけん）なキリスト教信者は天国のみならず現世でも報われると請けあっている。

神が品行のよい模範としてヨブの名を挙げると、サタンはヨブが善良なのはよい暮らしを送っているからだと言いだした。ヨブは金持ちで、従順な妻と子供たちがいる。もし神がヨブの幸福を根こそぎ奪ったら、本性が現れるに違いないと言うのだ。サタンはヨブの信仰を試すことを神に許されると、ヨブを皮膚病で苦しめた。するとヨブの3人の友人たちは、災いに見舞われたのはヨブが罪を犯したからに違いないと言う（現在〈ヨブの慰安者〉という言葉は、慰めたつもりでかえって状況を悪化させる人を表現するときに使われている）。

だが、ヨブは信仰を曲げなかった。「主は与え、主は奪う。主の御名はほめたたえられよ」と述べ、私たちは神からよいものを与えられたのだから、悪いものを受け取る覚悟もしなければならないという信念を強く抱き続けたのだ。そして、こんな目にあうことは何もしておらず、いずれすべて解決すると信じ、実際にその通りになった。やがて試練は終わり、神はヨブの辛抱に十分に報いた。
JP

幸運は勇者に味方する。

エンニウス
「年代記」断片 257
紀元前 200 頃

5 世紀のローマの歴史学者マクロビウスによると、この言葉が最初に使われたのは詩人エンニウスの作品の一節(現存しない)で、ラテン語で Audentis Fortuna iuvat (アウデンティース・フォルトゥーナ・ユウァト)と記されていた。

ウェルギリウスも「アエネイス」(紀元前 19) 第 10 巻 284 行でまったく同じ言葉を使っている。しかしながら、たとえマクロビウスの説が正しくても、ウェルギリウスが盗作したというわけではない。おそらく、この言葉は当時の読者や聴衆にとってなじみ深く、高く評価された引喩だったにちがいない。そもそも 1 万行近くある叙事詩でわずか 1 行が同じだっただけで模倣だとは言えないだろう。

この 2 作品以降、この言葉はそのまま、あるいは「勇者 bold」を「勇気ある人 brave」に置きかえた形で、さまざまな作品に繰り返し登場している。そして多くの家庭や組織の標語として用いられてきた。もちろん、そのまま文字通りの訓告として捉えることもできるが、両義的であり、誤りに導く言葉だとも解釈できる。すなわち、多くの行動は成功した場合のみ勇敢だと考えられる。失敗に終わった行動は勇気の有無にかかわらず、愚かだと判断されるのだ。*JP*

∩13 世紀の写本『カルミナ・ブラーナ』に描かれた運命の女神の紡ぎ車(ロタ・フォルトゥーナ)

甲の薬は乙の毒。

ルクレティウス
『物の本質について』
紀元前100頃

好みは人それぞれであり、合理的な一般論はないという考え方は、文明が発達する以前から存在したに違いない。おそらく古代ローマの詩人ルクレティウスより前の時代からあったのだろうが、古典の例として挙げられるのはルクレティウスの言葉であり、それももっともである。考え自体は平凡かもしれないが、これこそ詩人アレグザンダー・ポープが「いくども考えられながら、巧みに表現されなかったもの」と定義している真の機知そのものだからだ。

この言葉はもとのラテン語では quod ali cibus est aliis fuat acre venenum（ある人にとっての食物は、ある人にとっては苦い毒である）と記されていた。その後、この格言はローマ帝国内のおそらくすべての言語に浸透していった。英語で使われている最古の記録は作曲家トマス・ホワイソーンの自伝（1576頃）である。17世紀初頭になると、この言葉はどうやら陳腐な格言に成り下がってしまったらしい。1604年、劇作家トマス・ミドルトンはこの言葉を「あの虫食いだらけの古びた格言」と呼んでいる。

同様の意味を表すラテン語の言葉に de gustibus non est disputandum がある。大まかに訳せば「蓼(たで)食う虫も好き好き」だ。*JP*

その日を摘め。

ホラティウス
『歌集』
紀元前13

ラテン語の格言の多くは他の言語への翻訳がたやすい。だが、なかには不可解で、正確な意味がつかみにくいため、翻訳が難しいものもある。「我アルカディアにもあり」はまさにこの典型的な例である。いったい、これはどういう意味なのか？誰にもわからない。

それ以外にも、他言語では不可能なほどわずかな単語に多くの意味が含まれているせいで翻訳が難しい場合もある。「カルペ・ディエム」は文字通りに翻訳すれば「その日を摘め」という意味であり、この訳し方で知られてはいるが、これでは奥に隠れた意味が伝わらない。これはイザヤ書22章や箴言(しんげん)23章やコリントの信徒への手紙1の15章など、聖書で繰り返されている「食らえ、飲め、明日は死ぬのだから」という言葉に近い意味なのだ。

根底にあるのは、結果やまだ起こっていない未来を心配するのではなく、いまこの瞬間を楽しむべきだという考えだ。実存主義の先駆けのように感じる人もいるだろう。だが、ホラティウスは常識的かつ標準的な考えを持っていた詩人であり、それほどたいそうな思想で書いたわけではない。*JP*

⊃ 自宅で訪問者を迎える詩人ホラティウス。

時は過去の美しさを奪う意地悪な追いはぎである。

ラファエロ
推定・伝聞
1519

レオナルド・ダ・ビンチやミケランジェロと並び称される盛期ルネサンスの偉大な画家ラファエロ・サンツィオは1483年にイタリアのウルビーノで生まれた。非常に多作で、300枚の聖母像ですら多くの作品の一部でしかないが、残念ながらその生涯は短かった。37歳の誕生日である1520年4月6日に死去したが、それは当時でさえまだ若かった。

上記の言葉はこう続く。「肉はたるんでしわが寄り、歯は抜けおちて真っ赤な歯茎だけが残る」。まだ若いときに肉体の衰え、さらには無常をこれほど強く意識していたことに驚くかもしれないが、ラファエロは画家として人体に対する意識が高く、肉体の劣化がすっかり定着してから初めて気づく一般の人々より、はるかに早く衰えに気づくことができたのだろう。

しかしながら、若いうちからそうした感覚を強く持っていたことは、さほど驚くにあたらない。イギリスのヴィクトリア朝時代の詩人マシュー・アーノルドは26歳で強烈かつ悲観的な「老いること」という詩を書いている。*JP*

己に誠実であれ。

ウィリアム・シェイクスピア
『ハムレット』
1601頃

この言葉の直前には「何よりも肝心なのは」という台詞がある。つまり、この言葉は非常に重要で、ポローニアスが息子レアティーズに語った30行にも及ぶ長い話の締めくくりなのだ。この話には、やはり有名な台詞「誰にでも耳を傾けよ。だが、誰にでも口を開いてはならない」や「金は借りても貸してもいけない」といった思慮深い助言が多く含まれている。

すばらしい助言を口にしているのなら、なぜポローニアスは耐えがたいほどうんざりする老人として演じられることが多いのだろうか。そこが『ハムレット』の問題の核心なのかもしれない。ある少年が言ったとされるように、『ハムレット』は格言に満ちあふれているのだ。

上記の言葉の意味は明らかで、『ハムレット』の他の台詞のように曖昧ではない。人間は肉体的にも精神的にも倫理的にも自分が納得できないことはすべきではないということだ。

そのためには、自分が納得できないことから逃げられるうちに自らの違和感に気づくことが必要だ。それゆえ、古代ギリシャの神殿に刻まれた格言のように「汝（なんじ）自身を知る」ことが重要なのだ。*JP*

⊃ エリザベス朝時代の劇場で演じられている『ハムレット』。

PLAY
HAMLET
ACT I

死は
みなに等しく訪れ、
その訪れで
みなを等しくする。

ジョン・ダン
説教
1621

イギリスの形而上詩人ジョン・ダンは若い頃は活力に満ちたカトリック教徒だったが、のちに英国国教会に改宗し、敬虔な司祭として国王ジェイムズ1世に仕えた。

1621年から主席司祭を務めたロンドンのセント・ポール大聖堂で行われた説教で伝えられたこの言葉は、教会区民が逃れられない運命を受け入れ、死は人間がみな通る道なのだと納得できるよう手助けすることを意図したものであるのは間違いない。このように自らを厳しく律する精神は言葉遊びとは相容れないと感じるかもしれないが、若き日のダンは1609年に書いた「死よ驕るなかれ」という詩を、「そこにもはや死はない。死よ、汝こそが死ぬのだ」という挑戦的な言葉で締めくくっている（これは新約聖書コリントの信徒への手紙1の15章「最後の敵として、死が滅ぼされます」を暗に指している）。

その一方で、アブラハムの宗教（ユダヤ教、キリスト教、イスラム教）を心から信じている人にとって、そこに矛盾はない。なぜなら、神が永遠の命を約束するということは、死は現世における人間の存在以上に一時的なものだからだ。死は悲観論者が恐れるような終着点ではなく、天国の至福に至るための道筋でしかないのだ。*JP*

夜明け前が
一番暗い。

トーマス・フラー
『ピスガから眺めるパレスチナ』
1650

トーマス・フラーはイギリスの聖職者であり、歴史家であり、多作の作家だった。上記の書名にあるピスガとは聖地を見晴らす高い山の名前である。

この言葉で表現されている考え方は格言のようになっているが、この書籍以前に表現された記録はない。フラーによって創られた言葉なのか、すでに存在していた表現をフラーが使っただけなのかは不明である（1850年代にアイルランドの作詞家サミュエル・ラヴァーがこの言葉は数百年前からアイルランドで使われていたと主張したが、裏付けとなる証拠はない）。

この書籍以降でこの表現が使われた中で最も有名なのがローマン・ポーリングとラルフ・バスが書いたポピュラーソング「愛する君に」で、1959年にシュレルズが、1967年にはママス＆パパスが歌ってヒットした。この曲では「一番暗い時間は夜明け前」という表現になっている。

この言葉の正しさを証明する科学的根拠はなく、夜明け前は必ずしも一番暗いわけではない。だからといって、この言葉の比喩としての意味は損なわれない。何もかもが絶望的に思えるときに、重大な問題が改善し始めることは多いのだから。
JP

幸せに生きることこそが最大の復讐（ふくしゅう）。

ジョージ・ハーバート
『賢者の矢』
1651

ジョージ・ハーバートは影響力の大きな形而上（けいじじょう）詩人であり宗教詩人だっただけでなく、日頃から慣用表現を集めていた。この分野で1640年に初めて出版されたのが『G・H氏が選ぶ奇妙な格言』だった。上記の言葉が初めて活字となったのは、その12年後に拡大版として作られた『賢者の矢』である。

この言葉の基本的な意味は、動転したり傷ついたりしたことを知られて、敵を喜ばせてはならないし、どんなにひどい屈辱を受けても、敵意や悪意などでは決して貶（おとし）められないかのように、平気な顔をしていなければならないということだ。

俳優のロブ・ロウは若い頃、ハリウッドのお騒がせスターだった。『アウトサイダー』(1983)に出演した頃には、ロウはいつか自滅し、間違いなく俳優の仕事を失い、おそらく健康も害すだろうと言われていた。だが、ロウは行いを改め、結婚して、子供をもうけ、30年後「ハフィントンポスト」にこう語った。自分を中傷した人々を満足させるものかと思うことで、まともになれた。「幸せに生きることが最大の復讐」だと。*JP*

立って待つだけの者も奉仕しているのだ。

ジョン・ミルトン
「失明によせて」
1673

「私の光は使い果たされたと思うとき」で始まるミルトンの名作詩「失明によせて」の締めくくりの言葉である。

1652年に視力を失ったとき——医師から警告されていたのに、勧められた予防策をまったく取らなかった——ミルトンは仕事ができなくなることを恐れながらも、この詩において、彼が神の意思と呼ぶものへの服従を表現している。病気になっても運命を嘆いてはいないのだ。この詩におけるミルトンの思考のもとになっている神学理論は、神は全知全能であり、神が計画も認めもしていないことで、人間にできることはないという考えだ。したがって、不平を言うべきことではない。なぜなら、人間の私たちには大きな意図の全体、あるいは一部さえ見えなくとも、すべては全体像の一部なのだから。

しかしながら結果として、その後の15年間はミルトンの生涯で最も実りが多い時代となった。その間に英語で書かれた名作叙事詩の1つである『失楽園』(全12巻、1万行超)、その続編である『復楽園』(全4巻、約2千行)、劇詩『闘士サムソン』を著したのである。*JP*

月日は百代の過客にして、行かふ年も又旅人也。

松尾芭蕉
『おくのほそ道』
1689

英語では *The Narrow Road to the Deep North* などと訳されている松尾芭蕉の『おくのほそ道』は散文と俳句から成り、江戸時代初期に寒く寂しく、危険ですらあった場所を俳人が旅した話を伝えている。芭蕉は放浪する旅人と僧侶の役割を担い、実際の土地と精神の歴史に踏み入っている。厳しく管理されていた当時の社会ではほとんど認知されていなかった個人の自由を表現しているのだ。

『おくのほそ道』は日本の古典文学の名作であり、1989年には『おくのほそ道』紀行300年が祝われ、数百万人のファンが芭蕉の旅を再現した。

この作品の最大の魅力は紀行と精神の探索の合体、そして人生に対する隠喩的な随想にある。芭蕉はこう言っている。旅人が訪れた土地を歩くのと同じように、私たちは人生の年月を歩んでいる。わずかなあいだ足を止め、人々と出会い、永遠には続かない友情を築き、つかのまだけ存在して去るのだと。人生とはこの世の片隅を一時的に探査するだけのものなのだ。**MT**

死と税金以外に確かなものは何もない。

クリストファー・ブロック
笑劇「プレストンの靴直し」
1716 頃

この言葉の作者はよく間違われ、しばしばベンジャミン・フランクリンの言葉だとされ、ときにはマーク・トウェインの言葉だとされることもある。だが、最も早くこの有名な言葉が用いられたのはブロックが書いた笑劇である。その笑劇で、靴屋は自分が治安判事だと思いこまされる。そして目の前に連れてこられた原告が「私は確かに……」と証言を始めると、酔っぱらった靴屋はすぐさま言葉をさえぎり、「嘘つきめ。確かなはずないだろう」と言ったあと、上記の言葉を付け加えるのだ。

今日ではこの台詞は政府を皮肉るときに引用されることが多いが、最初は不確かなことに強調が置かれていた。判事、すなわち靴屋には何も確かなことはなく、自らの正体も正気も確かではない。つまりこの台詞の焦点は皮肉ではなく哲学なのだ。

1715年に起きたジャコバイトの反乱の翌年、「プレストンの靴直し」という題名の演劇が2つ作られた。どちらも似た内容で、シェイクスピアの『じゃじゃ馬ならし』を下敷きにしている。チャールズ・ジョンスンの政治風刺劇のほうが有名で、優れているというのがもっぱらの評判ではあるが、この世にこの言葉を与えたのはブロックの演劇である。**LW**

⊃ ヨースト・アマンによる靴屋の版画(1539 頃 -91)。

卵を割らずにオムレツは作れない。

フランスの格言
作者不詳
1740頃

もとはフランス語であるこの格言を最初に有名にしたのは、フランスのヴァンデの反乱で王党派を率いて共和国側と戦った軍人フランソワ＝アタナス・シャレット・ド・ラ・コントリだった。ヴァンデの反乱では何万もの人が虐殺された。1796年、シャレットは戦いに負けて裁判にかけられると、戦死者を出したことは認めたが、上記の言葉を用いて自らの行動を正当化した（その後、有罪となり銃殺刑に処せられた）。

この言葉が暗に示しているのは、成功には必ず犠牲が付きものだということだ。この格言は政治やビジネスや軍事の場で、選択した行動によって起こる痛ましい副作用、すなわち「付帯的損害」について釈明するときによく使われるが、それでもなお最終的な結果は有益なのだとも伝えている。

しかしながら、この格言は卵を割るという行為と、はるかに道義的な問題がありそうなこと、たとえば無人飛行機で人々を殺傷するといった行為を同等に扱っているという仮定の時点で根本的な欠陥がある。後者の場合、君主を守るにしろ新政府を樹立するにしろ、その目的が方法を正当化できることはないだろう。*LW*

∩スペインの画家ディエゴ・ベラスケスが1618年に描いた絵画「卵を料理する老婆と少年」（部分）。

事をなすときは、世界中に見られているかのように行いなさい。

トーマス・ジェファーソン
ピーター・カーへの手紙
1785

「事をなすときは、たとえ自分しか知らないことでも、世界中が見ていたら自分はどんなふうに行うだろうかと自問し、その通りに行いなさい」これはトーマス・ジェファーソンがパリから甥ピーター・カーに記した助言である。

フランスで、ジェファーソンは末娘のルーシーが百日咳で死んだことを知る。すると、上の娘のメアリーを守る最善策はフランスに呼びよせることだと主張し、信頼できる人物が同行することを求めた。

選ばれたのは14歳の奴隷、サリー・ヘミングスだった。当時、ジェファーソンは44歳。サリーの到着後まもなく、ジェファーソンは彼女と関係を持ち始めた。上記の言葉は一見すると、イエス・キリストの「己の欲する所を人に施せ」に似た助言のように思えるかもしれない。だが、ジェファーソンの私的なふるまいを鑑みると、証拠を隠すための助言とも読める。もしかしたら、ここでいう「その通りに行いなさい」とは、いわゆる「11番目の戒律」である「汝、捕まることなかれ」を破らないように対策を講じろという暗号なのかもしれない。
LW

∩第3代アメリカ合衆国大統領トーマス・ジェファーソン。この言葉の解釈は1つではない。

子供は大人の父である。

ウィリアム・ワーズワース
「わが心は躍る」
1802

長年の友人だったサミュエル・テイラー・コールリッジの死を悼み、ワーズワースがその甥に宛てた肉筆の悔やみ状。

イギリスの詩人ワーズワースは1802年に「わが心は躍る」を書き、5年後に2巻から成る『詩集』に収録されて初めて出版された。この詩は別名「虹」としても知られている。

この単純な9行の抒情詩の要点は、幼い頃ワーズワースは虹が好きで、大人になっても変わらずに好きで、生きている限り好きでありたいというものだ。幼い頃に好きなものが――この詩の場合は自然の驚異――成人してからの好みを左右すると示唆しているのだ。

独創的な考えではないかもしれないが、上記の言葉は逆説の見本として広く使われている。読んだ者は一瞬「不合理だ。逆だろう。明らかに、大人が子供の父だ」と思うかもしれない。だが、すぐに本当の意味を理解する。

やはりイギリスの詩人であるジェラード・マンリー・ホプキンスはのちに8行の詩を書いてワーズワースの詩に応えた。

「『子供は大人の父である』

そんなことがあり得るだろうか。言葉はでたらめである」

だが、ホプキンスが冗談でそう書いたのは明らかだ。彼は「わが心は躍る」の本当の意味をよく理解していたのだから。*LW*

美しきものは永遠の喜び。

ジョン・キーツ
『エンディミオン』
1818

イギリスの詩人キーツがギリシャ神話の月の女神セレネと愛しあった羊飼いをテーマにして書いた、押韻(おういん)2行連句の長大なロマン主義詩の冒頭である。このあと、詩はこう続く。
「その美しさは日ごとに増し、決して色あせない」。

最初に刊行されたとき、『エンディミオン』は酷評された。認める評論家はほとんどなく、激しく批判されたのだ。だが、キーツは詩作を続け、1820年に刊行された詩集には英語で書かれたオードの名作とされる作品が数篇(すうへん)含まれた。キーツは1821年に25歳で死去し、その後『エンディミオン』の評価は高まった。芸術の大失敗ではなく、大詩人となる過程の未熟な作品と見なされたのだ。

それでも、この冒頭の言葉を理解するのは難しい。文学において、この言葉は非常に有名だが、多くの人々が何の根拠もない主張だと考えている。それが真実だとは限らないと。この言葉は記憶について言及しているのだとも解釈できる。過去は決して終わらない。思い出す限り、また存在するのだと。ただし、キーツはそう言っていないが。
JE

∩ ローマへ同行した友人ジョセフ・セヴァーンが描いたキーツ(1821-23)。

一貫性など、偉大な魂とは何も関係ない。

ラルフ・ウォルドー・エマーソン
エッセー
1841

∩ マサチューセッツ州コンコードで、集まった人々に哲学の講義をするエマーソンの絵。

上記の言葉は『自己信頼』というエッセーから取ったもので、その中でエマーソンは自分の存在や経験を系統立てようとすると、思想や創造（「精神」）が抑制されてしまうと主張している。現実ではすべてに当てはまることなどなく、包括的な理論をつくりだそうとするのは無意味だと。

この考えについては、のちにウォルト・ホイットマンも「ぼく自身の歌」（1855）で近いことを述べている。

「ぼくは矛盾しているだろうか？
いいだろう、それならぼくは矛盾している。
（ぼくは大きく、ぼくの中に大勢が存在しているのだ）」

ここでもまた、精神が満ちたりた人生とは、いつでもあらゆる考えが新たに精査される人生だとほのめかされている。

理想的な世界では、偏見も、偏向も、固定観念も、常識的な通念もない。エマーソンはこうも書いている。「ばかげた一貫性など、小さな心が生みだすお化けであって、器の小さい政治家や哲学者や聖職者が崇（あが）めるものだ」。こうしたエマーソンが嫌悪する人々への当てこすりには根拠がないものの、基本的な主張は揺るがない。一貫性は精神を冗長にする恐れがあるということだ。*JP*

努力し、求め、探し、屈服することはない。

アルフレッド・テニスン
「ユリシーズ」
1842

1842年、未来の桂冠(けいかん)詩人、アルフレッド・テニスンは約10年ぶりに3冊目の詩集を出版した。1833年に刊行された詩集は酷評されたが、1842年の詩集の刊行により、テニスンはイギリス文学において最も愛される詩人の1人という地位を確立した。

「ユリシーズ」で、オデュッセウス王(ユリシーズ)は安穏で退屈な場から勝利した人生を振り返っている。長い旅(オデュッセイ)から戻って、イタケーの王となった、かつては若く英雄だった男は昔の冒険を、人生を生きる価値のあるものにした苦闘を懐かしんでいるのだ。

「ユリシーズ」を単独で締めくくる上記の言葉は、どれほど困難でも、忍耐強く不屈であれと呼びかけている。2012年、この言葉はロンドン・オリンピックの選手村の入口で世界中の選手たちを迎えて鼓舞した。テニスンがこの言葉を用いて言及したのは、老いを目前にしての勇気についてであるのは間違いない。だが、この言葉の意味は拡大され、人間の精神への呼びかけや、逆境においても諦めるなという訴えとなったのだ。**MT**

∩ジョン・エヴァレット・ミレーが1880年に描いた71歳のアルフレッド・テニスン。

退屈で死ぬより情熱で死にたい。

エミール・ゾラ
『ボヌール・デ・ダム百貨店』
1883

『ボヌール・デ・ダム百貨店』は、『ナナ』(1880)、『ジェルミナール』(1885)、『獣人』(1890) 等が含まれるゾラの〈ルーゴン=マッカール叢書(そうしょ)〉全20巻中の第11巻である。

主要登場人物であるオクターヴ・ムーレは婦人服店を経営している。ムーレは女嫌いの女たらしで、物理的な利益を引き出す目的で女たちに言い寄っている。ムーレは友人に言い寄り方を説明するよう頼まれると、報いられることのない恋人たちは大胆な引き延ばし作戦をする見あげた戦士たちだとほめ称(たた)えた。そして、友人がそんなことをしても諦められないだろうと言うと、ムーレは人間はみな死ぬのだから、避けられない死を黙って待つより、情熱的に行動すべきだと言うのだ。

ムーレは当然ながら従業員であるドゥニーズ・ボーデュにも言い寄る。だが、ことごとく求愛を拒まれることで、ムーレの気持ちは燃えあがり、女たちへの侮蔑は1人の女性に対する本物の愛情に代わっていく。ゾラはふたりの結婚という結末をドゥニーズの勝利として描いている。ムーレはドゥニーズを征服できると思っていたが、実はドゥニーズがムーレを征服したのだ。 *LW*

C エドゥアール・マネが描いたエミール・ゾラの肖像画。

私が「死」のために立ち止まれなかったので、「死」がやさしく私のために立ち止まってくれた。

エミリー・ディキンソン
『詩集』
1890

ディキンソンの詩の語り手は立ち止まれなかったし、私たちも立ち止まれない。生きているということは、死しか止められないある種の動きなのだ。この言葉が見事なのは、予想を裏切っているからだ。つまり、死は私たちがその前で立ちすくんでいるドアをノックするのではなく、私たちを回し車から降ろして休ませてくれるものなのだ。

不死を信じている場合もあるかもしれないが、私たちにとって確かなのは死は親切であり残酷であるということだ。死は私たちが進まざるを得ない道から降ろしてくれる。永遠の苦しみが耐えがたいことを考えれば、これは親切な行為である。その反面、私たちは知りあいや愛する人々すべてを失い、ばらばらになり、死によってもたらされる3つの未来のいずれか、すなわち天国か断罪か無を突きつけられるのを恐れている。また、死は永遠の行いというより、日常の経験に近い。1日は小さな死である眠りで終わるし、精力的に行動したあとには、終着地を暗示する休養を取る。

この詩はエミリー・ディキンソンの死後に出版された。死がディキンソンに訪れたのは1886年、55歳のときだ。ディキンソンはまだ生の真っただ中にいたときに、「偉大な暗闇」を予見していたのだ。 *LW*

人をつくるのは環境ではなく、品性である。

ブッカー・T・ワシントン
「民主主義と教育」
1896

ニューヨーク市ブルックリンで行われた講演で、アフリカ系アメリカ人の人権運動家であるブッカー・T・ワシントンはアメリカ南部における黒人に対する不正や差別は、アメリカ全土のあらゆる人種の人々にとって有害であり、すべてのアメリカ人が結束して対抗すべきだと主張した。

犯罪は被害者だけでなく、加害者をも傷つけると聴衆に訴えたのだ。

「肉体の死はある郡でリンチされた黒人１人に訪れますが、道徳の死、すなわち精神の死はリンチに関わった数千人の人々に訪れるのです」。

また、一般的な黒人についてはこう述べている。「私たちは……忍耐強く謙虚です……。私たちは働くことも待つこともできます。この国には私たちがなすべきことがたくさんあります……。もし、他の人々がつまらない人間なら、私たちは偉大になればいい。他の人々が卑劣なら、私たちは善良になればいい。他の人々が私たちを押しさげようとするなら、私たちは彼らを押し上げればいい」。このあとに上記の言葉が続くのだ。人々を奮い立たせるこの言葉は、人間の精神は弾圧ではくじけないと伝えている。持たざる者は剝奪されればされるほど善良になり、いつか納得のいく最終的な解放がなされたら、さらに寛大になるだろうと。 ***MT***

人間は生涯に1度はキリストと共にエマオへ歩むものだ。

オスカー・ワイルド
『獄中記』
1897

ワイルドは収監されているあいだに『獄中記』を書いた。出版されたのはワイルドの死から５年後の1905年である。本書はアルフレッド・ダグラス卿（きょう）への公開書簡の形を取っている。ワイルドはダグラスとの関係が原因で逮捕されて有罪判決を下されたのだ。

本書の美点はワイルドが自らを成功に導いた言葉遊びを捨て——たとえば、「真実はめったに純粋ではなく、決して単純ではない」といった警句——理性的かつ誠実に自らの深い心情について語っているところである。

上記の言葉が言及しているのは、新約聖書のルカによる福音書に記された話だ。２人の男がエルサレムから歩いていると、見知らぬ男が加わり、最近になって起こったことについて尋ねた。２人はイエスが磔（はりつけ）にされたことを教えた。すると、男はそれは旧約聖書で預言されたことだと答えた。そして不思議なことに、男の姿は消えた。その直後、２人は自分たちが話していたのは復活したキリストだと気づいた。ワイルドは誰もが「一度は」真実に気づくが、それは真実が手をすり抜けたあとかもしれないと示唆しているのだろう。 ***JP***

何であれ、よい人間であるよう努力しなさい。

ウィリアム・メイクピース・サッカレー
推定・伝聞
1897

上記の言葉は「ハーパー」誌の文芸担当編集者ローレンス・ハットンの自叙伝『少年と4匹の犬』に記されている。ハットンは子供だった1850年代に、講演旅行でアメリカをまわっていた『虚栄の市』の著者サッカレーと出会った。ハットン少年はサッカレーに大きくなったら何になりたいかと尋ねられ、「農民です」と答えた。するとサッカレーは（おそらく農民について言えることがあまりなかったのだろう）当意即妙に、上記の言葉を返したのだ。

1904年、ハットンの本の抜粋が「ボストン・ヘラルド」紙に連載されたとき、編集者はもとの本にあった「努力」という言葉を削除した。それ以来、この言葉は「努力」という言葉なしで引用されることが多くなった。また、しばしば誤って、他の著名な人物の名言集の中に入れられている。最も有名なのがエイブラハム・リンカーンだ。16世紀のアメリカ大統領がこの言葉を口にしたという説得力のある証拠はないものの、結局リンカーンのことはたいていの人が知っている一方で、サッカレーはあまり知られておらず、ハットンは今日ではまったく知られていない。格言は往々にして、そんなものなのだ。すでに有名な格言を持つ人物の言葉とされるのである。*LW*

∩『マクライス肖像画集』(1898)に収録されたイギリス人小説家ウィリアム・メイクピース・サッカレーの素描。

CONGRESSIONAL
VAUDEVILLE
THE BIG STICK
PRESIDE
OVERTURE
PRESIDENT'S MESSAGE
Root
OVERTURE
Taft
IDENTS
MES AGE

棍棒（こんぼう）を持って、穏やかに話せ。

セオドア・ルーズベルト
ヘンリー・L・スプレイグへの手紙
1900

史上最年少であり、議会名誉勲章を授与された唯一のアメリカ大統領であるセオドア・〈テディ〉・ルーズベルトには実行力があった。第26代大統領は強力なトラストを解体し、政府による規制を設け、「棍棒外交」の時代を招いて、アメリカの内外政策を急激に変えた。

のちにキャッチフレーズとなるこの言葉をルーズベルトが初めて使ったのは、1900年1月26日付のこの手紙で、この言葉は「西アフリカの格言」だと記している。ルーズベルトが用いていたのは省略形であり、完全な格言は「棍棒を持って、穏やかに話せ。それで言い分は通る」だ。

ルーズベルトが公の場でこの言葉を初めて発したのは、1901年9月2日のミネソタ州フェアだった。当時、ルーズベルトは副大統領だったが、11日後にウイリアム・マッキンリー大統領が暗殺された。大統領職を引き継いだルーズベルトはホワイトハウスで、格言を実際にやってみせることができたのだ。ルーズベルトが使った棍棒は世界最大の海軍である、アメリカ海軍だった。その主な成果の1つがパナマ運河の建設で、穏やかな声により1906年にノーベル平和賞を受賞した。MT

C 棍棒を持つルーズベルトを描いた当時の漫画。

もう一度だけやってみよう。死ぬのはとても簡単で、難しいのは生き続けることなのだから。

ロバート・W・サーヴィス
「いくじなし」
1912

イギリス生まれのカナダの詩人、ロバート・サーヴィスはカナダ北西部の厳しい環境や人々を描いた詩で名声を得た。サーヴィスは銀行に勤めた後、クロンダイク・ゴールドラッシュ後のバンクーバー島の農場で働いた。その作品は賞賛され、「ユーコンの詩人」と呼ばれた。

上記の言葉で締めくくられる「いくじなし」は人生が私たちに投げかけてくる苦労に立ち向かう難しさについて書き、圧倒されるほどの困難に直面しても負けてはいけないと訴える詩である。一般的には1911年のオーストラリア南極探検隊を率いた地質学者ダグラス・モーソンの言葉だと勘違いされている。1912年後半、モーソンは2人の仲間と共にソリで南極大陸の内陸部へ向かい、悲劇に見舞われた。モーソンだけが生き残り、1913年12月にやっと救出されたのだ。

おそらく、単に生き残るだけでも、どれだけの苦難が必要なのかは、モーソンが誰よりも理解しているに違いない。私たちはみな死から逃れられず、年齢による衰えは容赦ない。避けられない運命に直面する辛さ、絶望、悲しみに耐えるのは、たとえ死しか他に選択がない場合であっても、はるかに険しい道なのだろう。MT

森の中で道が2つに分かれていた。そして、私は——私は人があまり通っていない道を選んだ。それですべてが変わったのだ。

ロバート・フロスト
「選ばれざる道」
1916

∩ロバート・フロストは詩的語法を使わず、自然な話し言葉のリズムを用いた詩の大家だった。

広告、歌、挿話のタイトル、それにビデオゲームが、この一節の全体もしくは一部を引用している。この詩は英語圏でとてもよく知られているが、その意味を誤解している読者は多い。ありふれた解釈は意気揚々とした自己主張に対する賛歌だ。そう解釈するのも無理はないが、問題となっている主題に明らかな矛盾がある場合、特定の読み方をする大多数の解釈にはある種の皮肉が含まれている。

実は、もとになっている詩では、どちらの道も似かよっている。どちらの道も人が通った跡は同じ程度だったのだ。つまり、この詩が伝えているのは、私たちは選択しなければならず、あとになってから、その選択を正当化する話を作りあげるということだ。だが、分かれ道という象徴、そして一方の道を選ぶという印象は心に強く響く。

私たちの神経は分岐点が多い道のように枝分かれしている。私たちは自ら選んだ道において唯一無二の存在であり、経験や生理機能の制約で定められた方法で反応せざるを得ない。私たちは自ら意識して選択する場合もあれば、状況によって残酷に選択を左右される場合もある。二手に分かれた道という象徴は、1つの細胞が最初に2つに分かれるようなもので、とても重要なのだ。*LW*

向こう見ずに生き、若くして死に、美しい亡骸を残す。

アイリーン・L・ルース
オスカー・B・ルースへの手紙
1920

この言葉には多くの変形が存在するが、この形で最初に使われたのは離婚訴訟について報じたカリフォルニアの新聞で引用されたアイリーン・ルースの手紙である。大胆かつ軽率な「夫に煩わされるなんて耐えられない。私は向こう見ずに生きて、若くして死に、美しい亡骸になる」という妻の主張を根拠に、夫は離婚を認められたのだ。

この言葉からは、しきたりから逃れようとする若者の苦闘が伝わってくるが、離婚訴訟の結果を考えると、とても皮肉だ。若者が死という概念をもてあそぶのは、年長者より死がずっと遠くにあるからだろう。だが、イギリスのテレビドラマ「ジ・オフィス」(2001)で、リッキー・ジャーヴェイスは現代的なひねりをきかせている。「ときにはとんでもなく向こう見ずに生きるのもいい。だが、若くして死ぬ？　死ぬのは年寄になってからだ！」

「向こう見ずに生きる」は若者の呪文であり、「若くして死ぬ」は不安な年代の焦りを反映している。また、遺体の見栄えを気にするのは、容姿が重要な年代だからだろう。

反抗してもいいが、重要なのは生き永らえることで、どう見えてもかまわないはずなのだ。 *LW*

事物がばらばらになり、中心は持ちこたえられない。

W・B・イエーツ
「再臨」
1920

「再臨」には多くの改訂版があるが、上記の部分は変わっていない。詩はこう続く。「まったくの無秩序が世界中に解き放たれる。血にくすんだ潮が解き放たれ、至るところで無垢の儀礼が水に呑まれる。最良の者たちはことごとく信念を失い、最悪の者たちは激しい情熱に満ちている」。

イエーツがこの詩を書き始めたのは1919年1月だ。その頃、故国アイルランドは1916年のイースター蜂起と第一次世界大戦(1914-18)の余波で、混乱していた。権威の尊重、伝統の遵守、階級が支配する古い社会組織の結束は永遠に失われ、公益という意識もなくなり、怒りと絶望だけが残っていた。イエーツ自身も詩人として重要な転機を迎え、この詩がアメリカ超越主義の雑誌「ダイアル」に初めて掲載され、その後詩集『マイケル・ロバーツと踊り子』(1921)に収録された。

ナイジェリアの作家チヌア・アチェベは西アフリカにおける植民地主義の崩壊について書き、1958年に出版された小説のタイトルに上記の最初の言葉 *Things fall apart*（事物がばらばらになり）を付けた（邦題は『崩れゆく絆』）。そこでは、あらゆる崩壊の中で最も根本的な問題は個人の継続性の崩壊だと述べられている。 *LW*

こんなふうに世界は終わる。爆発ではなく、すすり泣きで。

T・S・エリオット
「空ろな人間たち」
1925

上記の一節が含まれる詩「空ろな人間たち」は「荒地」の3年後に発表され、ときにはその結びのような作品だと見なされる。

だが、「空ろな人間たち」は「荒地」より寒々としている。「荒地」は陽気で前向きな詩というわけではないが、冒頭の「4月は残酷な月。不毛の土地からリラが芽ばえ」というくだりが再生の可能性を感じさせるのに対し「空ろな人間たち」にはそういった楽観的な要素はない。「形のない姿」や「色のない影」に注目し、「言葉を交わそうとはしない」のだ。わずかな言葉の多くが意図的に繰り返され、葬送歌を思わせる呪文のようになっている。

そう、この500語に満たない詩にはエリオットにとって重要な問題が詰めこまれている。この作品を、リー・オーサーの言う「非現実的な自己陶酔」を拒絶する詩と受け止める読者もいるだろう。だがその一方で、エリオットの詩に漂う圧倒的な空虚感が第一次世界大戦後の絶望を見事に表現していることは認めながらも、ある意味では美辞麗句を連ねた19世紀の多くの詩と同じくらい自己中心的で、寛容さに欠ける詩だと感じる読者もいるだろう。*JP*

キャンディーはダンディー、でも酒肴（しゅこう）のほうが即効。

オグデン・ナッシュ
「座を和ませるには」
1931

軽妙な詩の名人で、6歳から押韻について考えていたというオグデン・ナッシュは20世紀のアメリカで最も愛された詩人の1人である。1971年に死去すると、「ニューヨーク・タイムズ」紙は、ナッシュは「型にはまらない韻を踏んだとぼけた味わいの詩で、アメリカで最も有名な滑稽詩の作者となった」と評した。若い頃のナッシュは教師や「ニューヨーカー」誌の常任寄稿者など、さまざまな仕事に就いた。1931年に第一詩集『ハード・ラインズ』を出版し、パーティーでのふるまい方を指南する本作も収録された。この詩集はたちまち評判となり、ナッシュは喜劇やラジオ番組のゲストに呼ばれ、人気者になった。また、アメリカやイギリスの大学を講義をしてまわった。歌劇の脚本家S・J・ペレルマンと作曲家クルト・ヴァイルとともにミュージカル『ヴィーナスの接吻』も制作した。そこには「座して働く人々は、立って働く人々より稼ぎがいい」や「かつては進行中でよかったのだろうが、いまでも進行中ではあまりにも長すぎる」など、ナッシュの見事な人生観察が込められている。*IHS*

⊃ 1952年、仕事をする詩人オグデン・ナッシュ。

人間は多くの真実には耐えられない。

T・S・エリオット
「バーント・ノートン」
1935

∩1959年、暗い詩が少なくないにもかかわらず、自著の詩集を見てうれしそうな顔をするT・S・エリオット。

この言葉は生と死に立ち向かう私たちの気持ちを鼓舞すると同時にやわらげてくれる。真実は恐れながらのぞきこむ深淵（しんえん）であり、私たちは自分が相対する大罪から――私たちの前後に永遠に広がっている空虚さから――目を背けずにはいられない。さもなければ、自分たちが粉々に壊れてしまうからだ。政治においても、私たちは忌まわしい事実より、嘘（うそ）や、半分だけの真実や、国が保証するプロパガンダや、希望的観測を好む。

人間には欠点があり、真実という重荷を背負おうとしないと指摘するとき、エリオットは詩の中で、鳥に3度「行きなさい！」と言わせている。私たちは真実に耐えられず、真実は私たちに耐えることを期待していない。私たちは倒れたり、逃げたりするだろうが、それは無力だからではない。それは私たち人間がどんなものなのか、認識しただけなのだ。私たちは不完全で、堕落しており、動揺し、常に物語などのささいな慰めで自らが壊れないよう保っている存在だと。

上記の一節は悲観的で、虚無的と言ってもよいほど消極的に思える。だが、エリオットは敬虔（けいけん）なキリスト教徒で、人生が永遠に続くことを信じていた。これは肩にそっと手を置いているような言葉なのだ。*LW*

時計をすべて止めろ、電話を切れ。

W・H・オーデン
「葬送ブルース」
1938

イギリス生まれの人気詩人、オーデンが書いた感動的な詩の冒頭である。この作品は当初は痛烈な風刺として書かれたが、それがスポーツで起こった惨事の犠牲者への追悼文となり、近年では悲痛な思いを伝える弔辞として読まれている。

最初、オーデンはクリストファー・イシャーウッドとともに創った1936年の風刺詩劇「F6登攀（とうはん）」で死んだ政治家をからかう5連の詩として本作を書いた。そして1938年に1つの連が削られ、ベンジャミン・ブリテンが曲を付けたものがナイトクラブのショーの台本となった。同年、この詩は有名な名詩選集に収録され、1940年にはオーデンの詩集『もうひとつの時代』でも「ミス・ヘドリ・アンダーソンのための4つのナイトクラブの歌」の1つとして取り上げられた。また、オーデンのその他の多くの詩集にも収録されている。この詩は1985年のベルギーのヘイゼル・スタジアムの悲劇で死亡したサッカーファンを追悼する記念碑に刻まれた。これにより、この詩に哀悼の調子が加わり、その後マイク・ニューウェル監督の『フォー・ウエディング』(1994)で使われたことによって、その調子がさらに強調された。この映画の主要な登場人物の葬儀で朗読されて以来、しばしば弔辞で読まれるようになったのだ。*IHS*

∩イギリス生まれのW・H・オーデン、1946年に帰化したアメリカの自宅近くの桟橋で。

人生は
勇気に比例して
縮小もすれば
拡大もする。

アナイス・ニン
『アナイス・ニンの日記』
1939

フランス生まれのキューバ人でアメリカへ移住し、複数の分野で約30の著作を残した作家、アナイス・ニンが成功をつかむのは、たやすくもなければ、早くもなかった。60年以上苦闘したあと、1966年に出版した全7巻のフェミニストとしての日記によって、やっと賞賛を得たのだ。その後、『デルタ・オブ・ヴィーナス』、『小鳥たち』、『ヘンリー&ジューン』、『インセスト　アナイス・ニンの愛の日記』等の作品によって、ニンは性愛小説の代名詞となった。

日記に詳細に記された情熱的で奔放なライフスタイルにより、ニンは1960年代後半から1970年代にかけて多くの若い女性たちから熱狂的に支持された。だが、文学者としての地位は確立されなかった。評論家の中にはニンの露骨さを激しく批判する者もいれば、少数ではあるが、ニンの作品は未熟だと見る者もいたのだ。

しかしながら、ニンを激しく批判する人であっても、ニンがある種の先駆者であり、ずっと男性作家だけの分野だった、肉体的な魅力をあからさまに書くことを始めた女性たちの1人であることは否定できないだろう。ニンはたとえ文学的には認められなくとも、歴史にとって重要な人物なのだ。 **MT**

地獄の真っただ中に
いるのなら、
そのまま突き進め。

ウィンストン・チャーチル
推定・伝聞
1940 頃

チャーチルの発言である証拠は何もないが、この言葉を発したとされる人物の中で、戦時中にイギリス首相を務めたチャーチルが最も有名であり、彼の発言としたほうが誰よりも通りやすい。ロンドン大空襲の際にチャーチルが言いそうな言葉である。なお、チャーチルの次にこの言葉の発言者として頻繁に名前が挙がるのは、アメリカの自己啓発本の著者ダグラス・ブロックだ。ブロック版の言葉は、「地獄の真っただ中にいる」と言う人々に対する最良の助言は「立ち止まるな！」だというものだ。

もちろん、この考え自体は大昔からある。最も有名で(最良)の表現は、シェイクスピアの『マクベス』で、自ら種をまいた悩みに苦しむ悲劇の英雄がもう引き返すことはできないと覚悟を決める場面だ。

「血だまりに、ここまで踏みこんでしまったのなら、渡りきることだ。進むも帰るも困難だ」

だが、この台詞は正確に引用するのが難しい。チャーチルの言葉であろうがなかろうが、チャーチルが言いそうな言葉であろうがなかろうが、上記の言葉のほうがずっと覚えやすいではないか。 **MT**

⊃ 1940年の大空襲で燃えるロンドン。

人生は
果敢な冒険か、
無のどちらかだ。

ヘレン・ケラー
『信念を持って』
1940

∩1946年頃、秘書兼付添者ポリー・トムソンとともに政治集会に出席したヘレン・ケラー（左）。

ヘレン・ケラーは1歳7か月で聴力と視力を失った。そうした障害を抱えた身では満足な人生は送れないと考える人が多かった時代、ケラーはそんな常識をものともしなかった。家庭教師アン・M・サリバンの助力を得て、読み書きと話すことを習得した。そして1904年、24歳で視聴覚障害者として初めて学士号を取得し、マサチューセッツ州のラドクリフ・カレッジを優等で卒業した。

ケラーはたとえ自らについて書いたり、自らの人生について公の場で語ったりしなくても、十分に刺激的な人生を送っただろう。だが、ケラーは10冊を超える著書や多くの寄稿がある多作の作家であるのみならず、世界的に有名な講演者であり、活動家であり、障害者の代弁者だった。

信仰心に篤(あつ)い女性として、ケラーは著書『信念を持って』で、危険を避けても危険を求めるより安全なわけではなく、災いにあったときは及び腰でも勇敢でも変わらないと述べている。ケラーが圧倒されるほどの障害に勇気を持って立ち向かったのは、信仰ゆえだった。だが、宗教にかかわらず、苦難を克服したことで、ケラーは世界中を鼓舞したのだ。**MT**

あの穏やかな夜の中へおとなしく流されてはいけない。

ディラン・トマス
「ボッテーガ・オスクーラ」誌
1951

ディラン・トマスの最も有名な詩の冒頭で、1947年に家族とともにフィレンツェに滞在していたときに書かれた。初出はイタリアの文芸誌「ボッテーガ・オスクーラ」で、その後トマスの父が死去した1952年に詩集『田舎の眠りの中で』に収められた。

フランスで一般的なヴィラネルという詩形で、5つの三行連と締めくくりの四行連から成っている。締めくくりの「怒れ、怒れ、死にゆく光に向かって」は年老いて視力を失った父のことをうたっているという解釈もある。

この一節はウェールズの画家セリ・リチャーズが1950年代に描いた3枚の絵をはじめとして、音楽、映画、演劇などさまざまな文化で無数に引用されている。1989年にはロックミュージシャンのジョン・ケイルがアルバム「ワーズ・フォー・ザ・ダイイング」で歌っている。また、2007年にイギリスBBCで放送されたSFドラマシリーズ「ドクター・フー」では、時空を旅する主人公が劇作家ウィリアム・シェイクスピアに「誰かが作った」ものだから、その台詞は使わないようにと警告している。また、SF映画『インターステラー』(2014)でも、マイケル・ケインが演じる人物が引用している。*ME*

∩ ウェールズ人のディラン・トマスはイギリス詩の大家であり、人気アナウンサーでもあった。

放浪する者すべてが迷う者ではない。

J・R・R・トールキン
『指輪物語』
1954

∩映画『ロード・オブ・ザ・リング／旅の仲間』（2001）のフロド役のイライジャ・ウッド（左）とアラゴルン役のヴィゴ・モーテンセン。

上記の言葉は「金はすべて光るとは限らない」という一節から始まる詩の2行目である。これはストライダー、すなわち王（アラゴルン）でもあるレンジャーについて、貧しい身なりをしているが、実は偉大な存在だと述べている。この詩はアラゴルンの身分を証明する手段であり、ある種の通過儀礼の詩でもあるのだ。

アラゴルンの長旅は心に抱えるものを持つ者には必要な旅だった。彼の目的はどこに行き着こうとも、良きものを邪悪なものから守ることなのだ。荒々しい放浪者の身なりにもかかわらず、この言葉は部外者から正当な王の後継者へのアラゴルンの変遷をも表している。

その後、この一節は1960年代のヒッピーの反体制文化であるフラワーパワーの擁護に使われた。また新入生、刺激を求める人々、さらには家を借りる人たちなど、定まった場所に落ち着きたくない人々によっても利用されている。

芸術はどんな解釈も再評価も自由だが、もとの作品の意味が茶化されて失われる限界がある。保守的なカトリック教徒で伝統を大切にしたトールキンはこの状況に納得しないだろう。*LW*

傷を隠すな。その傷がいまのあなたをつくっているのだから。

フランク・シナトラ
推定・伝聞
1960 頃

フランク・シナトラは愚か者に容赦なく、ときに冷淡な性格の持ち主として有名だが、ラブソングの名曲を歌うときに見せる優しさは私生活でも発揮されていた。率直で偏見がなく、芸能界における人種差別撤廃に大いに貢献したが、犯罪組織に関わった過去があり、その関係を断ち切れていないという疑いがあった。そうした疑いに加えて、突然暴力的になる——とりわけ、しつこい記者やパパラッチに対して——という評判が付いてまわったのは、過去について噂(うわさ)を否定できない面があったのだろう。

上記の言葉については、肉体的な傷でも当てはまった。シナトラの顔には鉗子分娩(かんしぶんべん)で生まれた際にできた傷があった。母親の命が危なかったため、病院のスタッフは新生児を横向きにして寝かせ、祖母が水道の蛇口の下で、孫を蘇生させた。シナトラの顔の左側には口のはしから傷が走っており、10 代のときのあだ名は「スカーフェイス(傷のある顔)」だった。シナトラは 10 代の若者たちのアイドルとして活躍していた 1940 年代には傷を隠そうとしていたが、1960 年代には、怪しげな面がある過去と同じように、傷もいまの自分をつくっている要素だと認めたのだ。 ***ME***

∩ シナトラは顔の左側にある傷を長年隠していたが、のちにファンはその傷を許してくれるだろうと判断した。

自分にはできないと思うことをやる。

エレノア・ルーズベルト
『生きる姿勢について』
1960

◎1958年、74歳のエレノア・ルーズベルト。

◎1956年にシカゴで開かれた民主党大会で演説するエレノア・ルーズベルト。

成功した自己啓発本『生きる姿勢について：女性の愛と幸福を考える』の「恐怖――大いなる敵」という章で、エレノア・ルーズベルトは幼い頃に世の中について感じていた恐怖について語っている。ルーズベルトの恐怖を克服する方法は不安なことを成し遂げることだった。「危険は恐怖をとらえることでなく、恐怖と相対することに潜んでいる。途中で失敗したら、自信をなくしてしまうだろう。毎回、成功しなければならないのだ」このあと、ルーズベルトは上記の言葉で、この一節を締めくくっている。

この内なる悪魔を倒すという考えは決して新しくはない。ラルフ・ウォルドー・エマーソンも同様の助言をしている1人で、1841年のエッセー「英雄とは」で、「常に不安に思うことをするべきである」と書いている(これに対して、社会運動家のジェーン・アダムズは「不安に思うことをすれば、人生は恐怖に左右される。自分が信じることをするなら、不安にならないほうがはるかにいい！」と、のちに述べている)。1997年、メアリー・シュミッチは「シカゴ・トリビューン」紙のコラムに「毎日1つ、自分が恐れていることをすべきだ」と書いたが、この言葉は1999年にバズ・ラーマンがヒットさせたシングル曲「誰もが自由」の歌詞に使われた。*IHS*

1956
DEMOCRATIC
NATIONAL
CONVENTION

数えられることすべてが重要なわけではなく、重要なことすべてが数えられるわけでもない。

W・B・キャメロン
『ふだん着の社会学』
1963

この有名な言葉はアルベルト・アインシュタインのものとして誤って紹介されることが多いが、実際に最初にこう述べたのはアメリカ人学者ウィリアム・ブルース・キャメロンで、専門である社会学の限界について語ったものである。

だが、この言葉はもっと幅広く通用し、とりわけ、価値があることはすべて計測できなければならず、グラフや図表の分析で豊かにできない活動はないという風潮だった1980年代以降には、なおさら当てはまった。

私たちは自分たちがどのくらい所有しているかを知るのが好きだ。資産であれ、野球のバットであれ、所有の正確な数字は自分が住む世界や、その中での自分の立場について示してくれると考えている。

その一方で、人生は数えられるものだけでなく、暮らしは数字だけではないこともわかっている。私たちは自らの満足にどのくらいの値が付けられるだろうか？　子供はどのくらいの幸せを与えてくれるだろうか？　数えられたり計測できたりするものだけに価値を与えたら、私たち自身の価値は下がり、存在ごとなくなってしまうだろう。 *MT*

物事をスタートさせるには、話すのをやめて、とにかくやり始めること。

ウォルト・ディズニー
推定・伝聞
1963

ビジネス界について言えば、ウォルト・ディズニーは自動車会社経営者のヘンリー・フォードと並んで、引用される名言が多い。人生、仕事、そして商売に関して、数えきれないほど宝石のような言葉を残しているのだ。実際にはディズニーが発言していないものまで、ディズニーの言葉とされていることも多い。誰のものともわからない言葉より、発言者がはっきりしている言葉のほうが効果的だからだ。上記の言葉はとても有名だが、例によって裏付けとなる根拠がない。だが、ディズニーのものであろうとなかろうと、この言葉はディズニーの人生で語られてきた生真面目な言葉にとても近い。

この言葉にはディズニーの積極的な生き方がこめられている。ディズニーは19歳で会社を起こし、27歳でミッキーマウスを生みだした。ディズニーの映画界での成功は行動と、たゆみない推進と、発明で築かれた。かつて、ディズニーはこう語っている。「ここまできたら……いつまでも過去を振り返るのはよしましょう。私たちは前へ進み、新しいドアを開け、新しいことをやり続けます。なぜなら、私たちには好奇心があるから……好奇心こそが新しい道へと導いてくれるのです」。 *IHS*

昨日はもう過ぎた。明日はまだ来ない。私たちにあるのは今日だけ。さあ、始めましょう。

マザー・テレサ
推定・伝聞
1977

マザー・テレサは1910年に現在のマケドニアのスコピエで、本名アグネス・ゴンジャ・ボヤジュとして生まれた。修道女であり、神の愛の宣教者会の創立者であり、20世紀を代表する宗教者として広く尊敬されている。神の愛の宣教者会はインドの病気の人々や死にゆく人々に尽くし、マザー・テレサはこの生涯にわたる活動に対して、1979年にノーベル平和賞を受賞した。

しばしば引用される上記の呼びかけは、1977年にオランダのロッテルダムで行われた討論会で、ある司祭にローマカトリック教会の未来について意見を求められたときの答えがもとになっている。マザー・テレサは神の愛の宣教者会の条項を引用し、「未来のことは神の計画におまかせします――なぜなら、昨日はもう過ぎ、明日はまだ来ていないので、神を愛しお仕えしていることを知っていただくには今日しかないからです」と答えたのだ。よく引きあいに出される上記の形は宗教に関する部分が省かれ、命令文が付け足されている。ローマカトリック教会の未来について述べた言葉というより、私たちは現在にしか生きられないことを指摘する意味あいが強い。行動したければ、今日始めるべきである。明日はどうなるかわからないのだから。MT

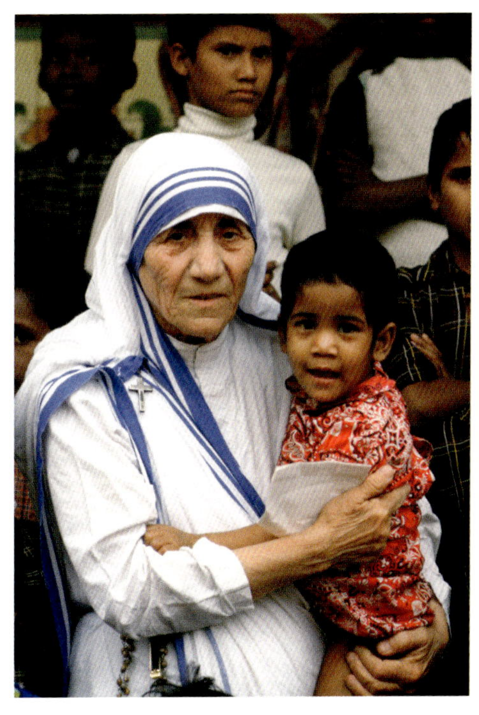

∩ 子どもたちと写真を撮るマザー・テレサ。2003年、慈善活動が評価されて「コルカタの聖テレサ」として列福された。

人生とは、忙しくあれこれ計画しているときに、突然何かが起こるもの。

ジョン・レノン
「ビューティフル・ボーイ」
1980

「ビューティフル・ボーイ」はジョン・レノンが1980年12月8日に殺害されるわずか3週間前に発売されたオノ・ヨーコとの共作アルバム『ダブル・ファンタジー』に収録された、息子ショーンに捧(ささ)げられた名曲である。この曲は悪夢を見た5歳の息子を慰める言葉から始まる、親としての愛情があふれる喜びの歌であり、レノンの早すぎる非業の死を考えると、なおさら痛ましい。

『ダブル・ファンタジー』は世界中で大ヒットし、1981年度グラミー賞の最優秀アルバム賞を受賞した。また1982年、イギリスの長寿ラジオ番組「デザート・アイランド・ディスクス」にゲスト出演したポール・マッカートニーは最も好きな曲に「ビューティフル・ボーイ」を選び、2007年にやはり同番組に出演したオノ・ヨーコも、唯一選んだレノンの曲として、この曲を選んでいる。

この曲で最も引用される「人生とは、忙しくあれこれ計画しているときに、突然何かが起きるもの」という言葉は、実は何年も前に創られ、引用されたものだった。1957年1月の「リーダーズ・ダイジェスト」誌の記事で取りあげられ、ジャーナリストであるアレン・サンダースの言葉とされている。**ME**

今から20年後、あなたはやったことより、やらなかったことを後悔するでしょう。

H・ジャクソン・ブラウン・ジュニア
『追伸、愛しています』
1990

自らの人生を振り返ったとき、一番覚えていることは何だろうか。うれしかったこと？　成功したこと？　それとも躊躇(ちゅうちょ)して逃した機会？　年齢と経験が教えてくれる答えは、逃した機会だ。

上記の言葉はマーク・トウェインのものだと広く信じられているが、トウェインの既知の作品のいずれにも記されていない。初めて活字となったのは、作家H・ジャクソン・ブラウン・ジュニアが著した、心を奮い立たせる言葉を集めた本『追伸、愛しています』である。翌年、ブラウンは自己啓発本『幸せのシンプルルール511』で大成功を収めるが、この本は母親から授けられた金言を記したものである。

後悔は一生残り、取らなかった行動は失敗よりも私たちをしつこく悩ませる。私たちは節約のために、旅行をやめるのだろうか？　独立するのではなく、安定はしているがストレスの多い職場にとどまるのだろうか？　ブラウンの母の金言は、失敗に対する恐れは失敗そのものより私たちを悩ませると示唆している。冒険は安全ではないが、たとえ失敗したとしても、機会を逃すよりは満足できるだろう。**MT**

人間は成長するために、本来の自分を変える必要はない。

シドニー・ポワチエ
『人間の度量——魂の自伝』
2000

アメリカの大衆文化において、シドニー・ポワチエほど敬愛される人物はそう多くない。尊敬を集める象徴的な存在となったのは、映画で演じた役柄だけでなく、スクリーン以外での行動や品格やカリスマ性があってのことだろう。

ポワチエは舞台で俳優人生を開始し、『復讐鬼(ふくしゅうき)』(1950) で映画に進出したが、人気が出たのは『暴力教室』(1955) で才能はあるが反抗的な生徒役で威勢のいい演技を見せた。その後『手錠のままの脱獄』(1958) でトニー・カーティス演じる白人の囚人と手錠でつながれた脱獄囚を演じて称賛され、1963年には『野のユリ』でアフリカ系アメリカ人として初めてアカデミー主演男優賞を受賞した。

その後も『駆逐艦ベッドフォード作戦』(1965)、『招かれざる客』、『いつも心に太陽を』(ともに1967) で主要な役を演じた。そして1967年の『夜の大捜査線』ではロッド・スタイガーとともに、アメリカの人種や社会に対して異なる見方を持つ2人の警察官が犯罪者を追う説得力のある映画を創りあげた。ポワチエはまた『スター・クレージー』(1980) 等、数本の映画を監督している。

ポワチエはアメリカ公民権運動の中心的な人物でもあり、自伝に記された上記の言葉は生涯変わらず信念を貫いたことを証明している。**IHS**

障害だと思ったものが大きな幸運に変わることは、人生でよく起こります。

ルース・ベイダー・ギンズバーグ
「メイカーズ」インタビュー
2012

ルース・ベイダー・ギンズバーグはアメリカ最高裁判所の判事を務めた2人目の女性である。ハーバード大学のロースクールに入り、コロンビア大学のロースクールに移って卒業、コロンビア大学とラトガース大学で教授を務めたあと、アメリカ自由人権協会の弁護士となり、ジミー・カーター大統領に任命されてコロンビア特別区巡回区連邦控訴裁判所の判事となって、その後1993年にアメリカ合衆国最高裁判事に任命された。

1959年にロースクールを卒業したとき、ギンズバーグは成績優秀だったにもかかわらず、希望した職に就けなかった。ニューヨークの有名な大手法律事務所に、女性を——しかも、黒人の女性を——すでに1人雇っているから、これ以上「進歩的」であることを世界に示す必要はないという理由だけで、就職を断られたのだ。

だが、それがギンズバーグにとって幸運となった。もし、あのとき弁護士になっていたら、おそらく共同経営者であるパートナー弁護士に出世しただけで引退しただろうと、キンズバーグは話す。だが、当時は挫折と思っていたことにより、ギンズバーグは違う道を歩み、それでアメリカ合衆国最高裁判所の判事になれたのだ。**MT**

LOVE & RELATIONSHIPS

愛と人間関係

C ジークムント・フロイトの精神分析学は
人間関係の奥底にある無意識な衝動を明らかにしようとした。

大水も愛を消すことはできない。洪水も それを押し流すことはできない。

未詳
雅歌
紀元前1000頃

∩ ロシアのソロモン王の像。
歴史的には、ソロモンが雅歌の作者とされている。

雅歌は旧約聖書の一書で、愛の詩が集められている。美しく感覚的な愛の詩はユダヤ教とキリスト教の社会両方で、人間に対する神の愛の隠喩として解釈されている。

敬虔（けいけん）な信者の集まりである宗教的な社会には崇拝する対象への決して消えることのない愛があり、不信心な人々から悪意や残酷な言葉を洪水のように投げつけられても、その愛は炎のように輝いている。洪水のような力や迫害、潤沢な物質の提供、そして長寿を得られる機会さえも、この永遠の愛の輝きの前では色あせる。さらに言えば、本物の信者であれば苦しみも試練も受け入れるだろう。受け入れることで、愛が試練の嵐に耐え、決してたじろがないことを証明できるからだ。

だが、この詩が表現しているのがどんな愛なのかについては異論もあった。雅歌にはさまざまな解釈が存在する。男女の肉体的な愛の詩だという読み方もあり、有名なところでは、フランスの神学者でありプロテスタントの宗教改革指導者であるジャン・カルヴァンが神の愛の現れとして擁護している。***LW***

無知な者も黙っていれば
知恵があると思われ、
唇を閉じれば
聡明だと思われる。

旧約聖書
箴言(しんげん)
紀元前700頃

旧約聖書の20番目の書、箴言の17章28節にある上記の言葉は一般的な考え方であり、少しずつ異なった表現をよく見かける。おそらく最も有名なのが「しゃべり続けて疑いを晴らすより、黙り続けて蔑みを受けよ」という言葉で、アメリカ大統領エイブラハム・リンカーンの言葉だとされている。また「深い川は静かに流れる」や「空き樽(だる)は音が高い」といった言葉もあり、どちらも多くの言語に似たような形が存在する。

箴言はエルサレムに初めて神殿を築き、アブラハムの3宗教(ユダヤ教、キリスト教、イスラム教)すべてで尊敬される紀元前10世紀のイスラエル王ソロモンが作者とされている。だが、箴言に記されている格言をソロモンが実際に口にした、あるいは記したという証拠はない。それどころか、現在と同じ形の箴言が初めて登場したのは、ソロモンの死から約300年後なのだ。知恵文学(箴言など、金言を集めた文書の総称)は古代アジアでとても人気があったが、当時はタイトルに個人名があっても、必ずしも作者とは限らなかったのだ。
JP

∩仏教を起源とする三猿は、
悪いことは、見ざる、聞かざる、言わざるという英知を示している。

親切な行いは どんなに小さくても、 決して 無駄にはならない。

イソップ
『イソップ物語』
紀元前600頃

作品が何も残っていないにもかかわらず、イソップは『イソップ物語』の作者だと広く考えられている。上記の言葉が記されている物語では、ライオンに捕まったネズミがいつか恩返しをするから命を助けてほしいと頼む。つまり、この格言は相互利益、すなわち「黄金律」について語っているのだ。この「人にされたいと思うことをせよ」という黄金律は、私たちのすべての道徳規範の土台となっているようだ。

弱者が強者に対してもできることがあるのは、「弱」と「強」が比較にすぎない言葉だからであり、行動においては「小さい」ことも「大きい」ことも重要ではない。行いそのものだけが——具体的にいえば、動機が恨みだろうが思いやりだろうが、何かをするという行動だけが——重要なのだ。

この言葉で大切なことは2つ。第一に、この原理を知っても結果は保証されない。道徳的であろうと口にする人は、口にしない人より道徳的にふるまえるわけではなく、より不道徳な場合もあり得る。第二に、倫理規範の中にはあまりにも偏狭で厳格なため、まったく思いやりがないものもある。その場合は規範など持たず、ただ親切心に導かれたほうがいい。*LW*

言葉による慈しみは 自信を生む。 考えによる慈しみは 心の深みを生む。 行いによる慈しみは 愛を生む。

老子
推定・伝聞
紀元前550頃

老子は古代中国の哲学者で、『道徳経』の作者として広く影響を及ぼしている(ただし、多くの古代の書と同様に、『道徳経』は複数の人物によって執筆されたとも言われている)。したがって、老子は道教の創始者の1人とされている。

「道」とは倫理規範である。上記の言葉は3つの形の慈しみの利益について説いている。これは『道徳経』で繰り返される問題で、君子や聖人はみなを——親切な人も不親切な人も等しく——慈しむことで「慈しみという本物の徳」を示していると述べている。また『道徳経』の別の箇所では、慈しみは三宝の1つとされている(残りの2つは倹約と謙虚)。

上記の言葉は『道徳経』には記されていないが、老子の言葉とされるからこそ、重みがあり胸に響く。たとえ、老子が口にしたり書いたりした本物の言葉でなかったとしても、この言葉は道教の重要な思想を簡潔にまとめている。*JE*

⊃ 釈迦牟尼(しゃかむに)と老子(中央)と孔子の絵(年代不詳)。

己に如かざる者を友とすることなかれ。

孔子
『論語』
紀元前 500 頃

∩ 孔子の実像だと証明されている肖像画は存在せず、これは後世の芸術家がイメージで描いた、あまたある肖像画の１枚である。

孔子は中国で最も有名な教師であり、哲学者であり、政治思想家だった。『論語』の学而第１の8に記されている上記の言葉は、自分が扱われたい方法で他者を扱えとする「黄金律」としてたびたび言及される、儒教で最も重要な規範を反映している。理想的な友人とは自分と同等の存在だと説くことで、孔子は友人を同等の存在と見なし、自分が扱われたいように相手を扱うよう促している。同等であることは、孔子にとって非常に重要なのだ。孔子の他の格言も見てみよう。「徳ある人を見たら、その人に並ぶことを目指せ。徳なき人を見たら、わが身を振り返り自省せよ」。この言葉は、自分が付きあう人々は人生に大きな役割を果たす存在であり、周囲の人々の言動から影響を受けることは避けられないため、尊敬し、学びを得られる人々に囲まれることが重要だという孔子の考えを表している。上記の言葉は、私たちは周囲の人々から学ぶべきであり、自分を成長させてくれる人々とだけ付きあい、そうではない人々を避けてよりよい人間になるべきであるという儒教の中心的な教義を伝えている。*TH*

真の友とは 2つの肉体に宿る 1つの魂である。

アリストテレス
推定・伝聞
紀元前 335 頃

友情は実用と快楽と善に基づき、3つに分類されると、アリストテレスは考えていた。友情は人間の成長にとって非常に重要で、私たちの倫理を形づくるものであり、最良の友人は自分よりわずかに優れているが、とてもよく似ていて、学びと導きを得られる人々だと信じていたのだ。

上記の言葉はディオゲネス・ラエルティオスの『ギリシア哲学者列伝』に記されている。ラエルティオスはアリストレスの時代から約500年後の著述家であり、本書の正確性はかなり疑わしい。それでも、この言葉には本物らしい雰囲気がある。アリストテレスがいかにも言いそうなことで、現存する多くの著作に見られる世界観が反映されているからだ。

この言葉は、友人とは考え方を変えることで互いを高められるが、本質的には同じ倫理、姿勢、価値観を持つとてもよく似た者同士だと示唆している。ときには意見が異なり、互いの考えに異議を唱えることもあるが、深刻な諍い(いさか)に発展することはめったになく、優先することも同じなのだ。
TH

15 世紀の芸術家が描いた、ギリシャの哲学者・科学者アリストテレスのイメージ。

敵の敵は友。

カウティリヤ
『実利論』
紀元前 300 頃

ヴィシュヌグプタあるいはチャーナキヤという名でも知られるカウティリヤはインドの教育者、経済学者、哲学者であり、マウリヤ朝の王チャンドラグプタの助言者でもあった。帝国を治めるための実践的な書である『実利論』の著者として知られている。『実利論』はサンクスリット語で書かれた政治学と経済学の先駆的な書で、グプタ朝が終わった6世紀頃に紛失され、1915年に再発見された。

上記の言葉はカウティリヤの著作の鍵となる考えである。カウティリヤは『実利論』の第6巻で、こんなふうに自らの考えを説明している。「敵の近くに位置するが、敵がいることで征服者に近づかない王は、征服者の友である」。

共通の敵を持つ相手と結束するという原則は歴史上の現実的な政治家たちに採用されており、その多くがこの言葉を自らの行動の擁護に使っている。第二次世界大戦中、ナチス・ドイツに対抗してソ連と同盟を組むことの道義について尋ねられた際、ウィンストン・チャーチルはこう答えたと伝えられている。「もしヒトラーが地獄に侵攻したら、私は下院において悪魔に対して少なくとも好意的な発言をするだろう」。 *JE*

友たる者はその徳を友とするなり。以て挟むことあるべからず。

孟子（もうし）
『孟子』萬章（ばんしょう）章句・下
紀元前 300 頃

孔子に次いで重要な古代中国の哲学者である孟子は自らの名前がついた哲学問答集の1篇（ぺん）で、問答の相手である萬章に「敢（あ）えて友を問う」と尋ねられ、上記のように答えた。

この言葉は対等であることは重要であり、自分が友人より優れていると思えば、友人との関係すべてを脅かすと注意している。私たちは相手の長所ゆえに友人を選び、友人とともに時間を過ごしたいと思うべきだと警告しているのだ。友人の地位や富ではなく、徳に惹（ひ）かれるべきだと。縁故や影響力で自分を助けてくれるという理由で友人を選んではいけない。知りあいであることを自慢したいとか、友人が自分の門戸を開いてくれたり、表面的な意味で自分の人生を向上させてくれそうだという理由で選ぶべきではないのだ。そうした欲で友人を選べば、本物の友情には育たず、周囲の人々を傷つけ、遅かれ早かれ、誤った理由で友人になろうとした人々の怒りを買うだろう。 *TH*

友人の家で3日たっても疎んじられない客はいない。

プラウトゥス
「ほら吹き軍人」
紀元前 200 頃

ティトゥス・マッキウス・プラウトゥスは古代ローマの喜劇作家である。初期の作品は紀元前205年頃から紀元前184年頃にかけて創られた。「ほら吹き軍人」は最も有名な作品の1つである。

プラウトゥスの作品に共通するテーマは主従関係と真の友情の意味だ。上記の言葉は友人関係を壊さないようにするには、友情につけこまないことだと伝えている。

プラウトゥスが友情を壊れやすいつながりだと考えているのは明らかだ。何らかの便宜にしろ、金にしろ、他の何かにしろ、たとえ友人が並々ならぬ好意を示してくれたにしても、受け取る側はその寛大さに限度があることを頭に入れておかなければならない。贈り手側から多大なもてなしや贈り物をしたことを受け手に伝えるのは決して簡単ではない。互いに対等で尊敬しあっている非常に強い友情でも、限度を超えたときには、その友情が試されることを肝に銘じておくべきだろう。
TH

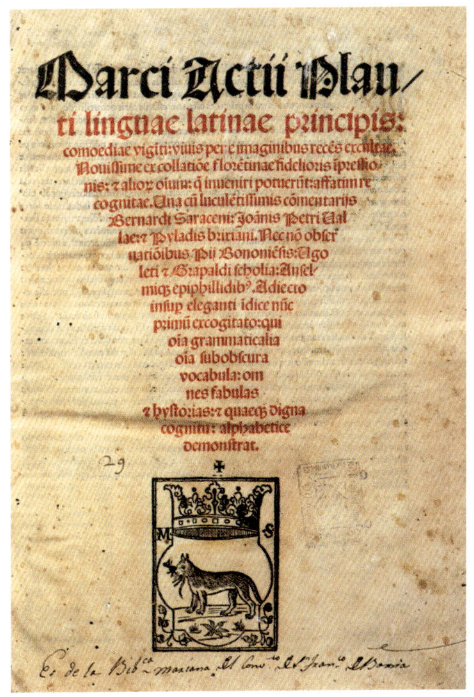
Marci Actii Plau/
ti linguae latinae principis:
comoediae viginti: viuis per e imaginibus recẽs excultae.
Nouissime ex collatiõe florẽtinae fidelioris ĩpressio/
nis: & aliorũ oĩum: q̃ inueniri potuerũt: affatim re
cognitae. Una cũ luculẽtissimis cõmentariis
Bernardi Saraceni: Joãnis Petri Val
lae: & Pyladis brixiani. Nec nõ obser
uatiõibus Pii Bononiẽsis: Ago
leti & Grapaldi scholia: Ansel
miq; epiphillidib'. Adiecto
insup eleganti idice nũc
primũ excogitato: qui
oĩa grammaticalia
oĩa subobscura
vocabula: om
nes fabulas
& hystorias: & quaeq; digna
cognitu: alphabetice
demonstrat.

∩ プラウトゥスの喜劇の1518年版の扉。
彼の作品はその後の喜劇のひな形となった。

1つのものを1人は好きになり1人は嫌いになる、これこそまさに真の友情である。

サルスティウス
『カティリナの陰謀』
紀元前 50 頃

〇15 世紀の『ニュルンベルク年代記』に載っている、ミヒャエル・ヴォルゲムートの着色木版画に描かれたローマの著述家サルスティウス。

サルスティウスはローマの歴史家であり政治家で、貴族政治に批判的で、ユリウス・カエサルを支持した。上記の言葉は友情に対するサルスティウスの悲観的な見方を示している。サルスティウスは紀元前 5 世紀のギリシャの歴史家ツキディデスに多大な影響を受け、真の友情は正直さと公正さに拠(よ)ると固く信じていた。本物の友情は相手の見方に同意して友人を喜ばせるだけのものではないと思っていたのだ。友人が自分とは異なる意見を口にしたとき、黙っていることを選ぶものではないと。真の友情とは互いの見方を尊重しあい、意見が異なってもその関係に影響させないものなのだ。サルスティウスの考える真の友情とはともに新しい経験をすることであり、1つのものを「1人は好きになり、1人は嫌いになる」友人同士であれば、新しい冒険に乗りだしたり、これまでは見過ごしたり軽視したりしてきたことを試してみるよう勧めあえる。仲のよい友人同士はしばしば「うりふたつ」と表現されるが、上記の言葉からはサルスティウスが親友とはそっくりな者同士ではなく、異なる興味や情熱を持っている者同士で、その違いこそが友情を強めると考えていたことが伝わってくる。*TM*

繁栄は友をつくり、逆境は友を試す。

ププリリウス・シュルス
『金言集』
紀元前50頃

ププリリウス・シュルスはアッシリア人のラテン語格言作家である。奴隷としてイタリアへ連れてこられたが、機知と創造力で主人に気に入られ、ついには解放されて教育を施されたと伝えられている。

上記の格言は、大成功を収めた人は人気も高まるかもしれないが、正当な理由でない場合もあると指摘している。新しい友人が大勢できるかもしれないが、そうやって称賛する人々は華々しさや物質的な利益を求めて近づいてきたのかもしれない。また、この言葉は繁栄しているときにできた友人は必ずしも本物の友人だとはいえず、本物の友情かどうかが試されるのは苦難のときだとも警告している。本物の友人だけがよいときも悪いときも離れないのだ。

シュルスは苦難のときは友人に見捨てられることも多く、あまり友人に頼りすぎるべきではないとも、この言葉でほのめかしている。そしておそらくは最も辛い時期こそ、人間として成長できるうえに、本当に信頼できる友人を見極められる時であり、人生をよりよくできるとも伝えたいのだろう。誰かに頼りすぎるのは決してよいことではないと言いたいのだ。*TH*

愛は すべてを征服する。愛に屈服せよ。

ウェルギリウス
『牧歌』
紀元前37

愛の力は昔から認められていた。ローマの詩人ウェルギリウスは一連の田園詩で、それを見事に表現した。この言葉は後世の芸術作品に繰り返し登場している。たとえば、14世紀のイギリスの詩人ジェフリー・チョーサーの『カンタベリー物語』で、登場人物の修道院長はamor vincit omnia（ラテン語で「愛はすべてを征服する」の意）と刻まれたブローチを着けている。また、17世紀のミラノの画家カラバッジョは「勝ち誇るアモル」としても知られる絵画に「愛はすべてを征服する」というタイトルを付け〔訳注：日本では『愛の勝利』と訳されることが多い〕、20世紀の詩人エドガー・バウアーズは『カンタベリー物語』の修道院長のブローチに刻まれていたのと同じamor vincit omniaという題名の詩を書いている。

ウェルギリウスが伝えたかったのは、愛に屈服するのは必ずしも簡単ではなく、ときとして悲しみや苦しみをもたらすが、愛には苦しみに耐えるだけの価値があるということだ。このあと『牧歌』は本物の愛を探す途中で辛い思いをしても、本物の愛が見つかれば、その力は計り知れないと伝えている。本物の愛を見つけるのは難しい。私たちが進んで屈服するものなのだから。*TH*

A. Aurelij Propertij Nautae Monobiblos Liber
Ad Cynthiam primus.

CYNTHIA PRIMA SV
IS MISERVM ME CE
PIT OCELLIS
Contactum nullis ante cupidinibus.
Tum mihi constantis deiecit lumina fastus
Et caput impositis pressit amor pedibus.
Donec me docuit castas odisse puellas
Improbus; et nullo uiuere consilio.
Et mihi iam toto furor hic non deffiat anno;
Quom tamen aduersos cogor habere deos.
Mimalion nullos fugiendo tulle labores
Saeuitiam durae contudit Iasidos.
Nam modo partheniis amans errabat in antris:
Ibat et hirsutas ille uidere feras.
Ille etiam psilli percussus pondere rami:
Saucius archadiis rupibus ingemuit.

離れていることで、愛しさが募る。

セクストゥス・プロペルティウス
『エレギア集』
紀元前24頃

アウグゥストゥス時代の詩人、セクストゥス・プロペルティウスは、この言葉の引用元であるエレギア詩で名を高めた。『エレギア集』でうたわれているのは、その多くがキュンティアという年上の女性との苦しい恋愛だ。キュンティアの素性は不明だが、高級娼婦(しょうふ)か既婚者だったと考えられている。キュンティアの節操のなさは次第にプロペルティウスを疲弊させた。プロペルティウスは愛という「重荷」から解き放たれる過程や、あまりにも彼女と過ごしすぎた悪影響から抜けだそうとする姿をこううたっている。「絶えず存在することは、そばにいる男を零落させる」。それでもキュンティアの死後、プロペルティウスはその不在を嘆き、遠く離れたことで情熱を燃えあがらせたのだ。

人は情を通じた相手に理解されたいと願い、物理的な近さを求める一方で、相手の依存心に圧倒されることは望まない。個であることを失えば、その心地よさは減る。したがって、この昔の言葉は真実の一部しか伝えていない。離れることで情熱が燃えあがるのか、冷めるのかは、その愛の深さによるのだ。 *LW*

⊂ 彩飾された『エレギア集』第1巻の冒頭。

友のために自分の命を捨てること、これ以上に大きな愛はない。

イエス・キリスト
ヨハネによる福音書
30

信者にキリスト(「油を注がれた者」あるいは「救世主」という意味)という称号を与えられたイエスは弟子たちに教えを授けているときにこの言葉を発し、その直後に裏切られて死に追いやられた。イエスは「私があなたがたを愛したように、互いに愛し合いなさい」とも命じ、その命令に従えば、イエスの友になれると述べている。この言葉に触発されて、軍人と民間人のどちらにおいても、数え切れないほどの英雄的行為と自己犠牲が生まれた。また、ジェイソン・ブラードの「ノー・グレイター・ラブ」シリーズのアメリカ人兵士から、モルモン教の設立者ジョセフ・スミスの殺害を描いたケイシー・チャイルズの絵画まで、多くの芸術作品がこの言葉に触発されて誕生している。

上記の言葉で、イエスは教えを授けるとともに、十字架に架けられて自らが死ぬことを予示している。キリスト教徒はイエスが神の子であり、世界への愛ゆえに、自分を信頼する人々を罪から救うために、自ら進んで犠牲になって磔刑(たっけい)に処されることを選んだと信じている。こうした贖罪(しょくざい)の仕組みは信者にとっても謎だが、宗教にとって謎は重要な要素で、だからこそ贖罪という主題はキリスト教の歴史でずっと伝えられているのだ。 *JF*

愛は忍耐強い。愛は情け深い。ねたまない。愛は自慢せず、高ぶらない。

聖パウロ
コリントの信徒への手紙1
50頃

聖パウロがもとはギリシャ語で書いたコリントの信徒への手紙1は、結婚式で読み上げられることが多いが、それは主題が愛だからである。しかしながら、聖パウロがここで言及している愛とはふたりのあいだの愛ではなく、ある集まりの人々の無私の愛である。たとえば、英語には「愛」を表す言葉が「ラブ」しかないため、さまざまな意味が含まれることになるが、ギリシャ語には「愛」を表す言葉がいくつかある。新約聖書において、ギリシャ語の「アガペー」(人間に対するイエスの愛や、イエスに倣ったキリスト教徒の愛など、無条件の愛のこと)は最高の愛の形だと定義されている。

手紙の冒頭で、パウロは教会の規律について語っている。だが、そのあと突然、霊感を受けた言葉で「アガペー」を賛美している。もし教会の信者たちがこの種の愛だけを——「最高の道」だけを——身につけることができたら、信者たちを正す必要はなくなる。自ら、正しい道を見つけられるからだ。300年後、聖アウグスティヌスは同じことをこう記している。「愛せ、そして欲するまま行え」と。*JF*

C ピエトロ・ペルジーノ作とされる『聖母マリアの結婚』(1500頃)。

傷つけた相手を憎むのも人間の性(さが)である。

タキトゥス
『アグリコラ』
98

帝政ローマの傑出した歴史家、プブリウス・コルネリウス・タキトゥスはローマ皇帝の権力はあまりにも強すぎると考え、腐敗についての懸念を公に口にしていた。だが、この言葉はローマ軍を率いてブリタニアを征服した司令官である義父アグリコラの伝記に記されたものである。タキトゥスはとりわけウェールズとスコットランドに対するアグリコラの容赦ない攻撃に感嘆しながらも、それに伴う堕落した行為を嫌悪していた。タキトゥスは批判した皇帝たちにしばしば疎んじられ、アグリコラに敗れた人々がどれほどの怒りに襲われるかわかっていたし、怒りが物事に対処する手段であることも理解していた。怒りは不当だと思う行為に対する復讐(ふくしゅう)心を駆り立てる一方で、戦場の兵士たちを勇気づけ、自分たちの行為を正当化させる。タキトゥスはたとえ権力を握っている皇帝や勇敢な兵士たちでさえ、ときには自分の目的に疑問を抱き、罪悪感を覚えることがあると考えていた。タキトゥスは義父が征服した地での殺戮(さつりく)や政府高官に浸透していた腐敗を長年目にしたことから、多くの勝者は敗北者を憎むことで罪悪感から目をそらし、自らの行動を正当化することができるという結論に達したのだ。*TH*

私が変わると変わり、うなずくとうなずく友はいらない。それなら影のほうがずっとうまい。

プルタルコス
推定・伝聞
100 頃

プルタルコスはギリシャの歴史家であり伝記作者で、政務官も務めていた。仕事に貴賤はないと考え、もったいぶった態度を取らず、友人に対して誠実で、過度なほめ言葉を嫌う人物として知られていた。また、堕落を批判し、徳の重要性を信じ、ギリシャやローマの有名な為政者を批判することを恐れないことでも有名だった――そうした為政者の多くを強欲で自己中心的だと考えていたのだ。上記の言葉は本音で話し、自らの考えを述べることを怖がらず、社会的な利益ではなく、正しいことを行いたいという思いで、自らが欲するままに行動する人物だけを友にしたいというプルタルコスの願いを反映している――最も有力な人物が往々にして最も堕落していた時代に。プルタルコスは自らの影以上に自分のまねをしたり同意したりできる者はいないと指摘し、友人にはそれ以上のことを求めている。プルタルコスが求めているのは単なる友情ではなく、よいときも悪いときも正直で、心から気にかけてくれるからこそ反論したり正したりしてくれる相手なのだ。そんな人物が、自分の存在する社会にはあまりにも少ないと、プルタルコスが考えていたのは明らかである。*TH*

終えることのできる友情は本物ではなかった。

聖ヒエロニムス
推定・伝聞
380 頃

聖ヒエロニムスは347年にアドリア海沿岸の小さな町ストリドン、現在のボスニア・ヘルツェゴビナのあたりで生まれた。父は敬虔(けいけん)なキリスト教徒で、自宅で息子に教えを授けた。ヒエロニムスはまた有名な異教徒の文法学者ドナトゥスやキリスト教徒の修辞学者ウィクトリヌスの教えを受けた。そして長年の旅のあと、世俗との縁を断ち切って、自らのすべてを神に捧(ささ)げた。

ヒエロニムスは友情と友人に抱くべき信頼の重要性を固く信じていた。ヒエロニムスの言葉を分析する際には、「終わる」という言葉ではなく、「終えることのできる」という言葉を使っている点に注目すべきである。この言葉から、ヒエロニムスが移ろいやすくはかない友情について、極端な波がある荒々しい関係はとても脆いと思っていることが伝わってくる。友情が壊れ、友人が離れていくことが心配なら、おそらくその友情は期待しているほど本物ではない。真の友人であれば、つまらない口論で関係が壊れたり、ささいな意見の相違で袂(たもと)を分かったりすることなど考えない。いつも薄氷を踏む思いで友人と過ごし、正直になれないのであれば、その友情は壊れる運命なのだ。*TH*

愛は売り買いされるものではなく、愛情に値札は付いていない。

聖ヒエロニムス
推定・伝聞
380頃

聖ヒエロニムスは聖書をヘブライ語からラテン語へ翻訳したことで最も知られている――ウルガタと呼ばれる聖書である。ヒエロニムスの最も偉大な功績はラテン語訳の新約聖書の統合版を作ったことだと考えている人が多く、この功績によってヒエロニムスの言葉は非常に尊重された。

ヒエロニムスは教会に関連する主題に焦点を当てた著作が多く、キリスト教徒に非常に尊敬され、信頼された。正直であることに重きを置き、お世辞で他人を説得しようとする者を嫌った。そしてさまざまな機会に、この手の考えを表明している。上記の他には「飾らない美しさが、最高の飾り」、「物事にはすべて刺激的な真実の風味が必要である」といった言葉がある。

ヒエロニムスは正直さとともに、真実を隠したがる人々の欺瞞(ぎまん)や惑わしを見抜く能力も重視していた。だが、愛はお世辞や他の方法で買うものではないと述べているだけでなく、本物の愛情は無償で与えるべきだとも語っている。ヒエロニムスは他人の愛情を買おうとするなと警告しているだけでなく、愛情は買う必要のないものだとも伝えているに違いない。 *TH*

慣れすぎは侮りのもと。

格言
不詳
400頃

この格言の出所は不明だが、概念はイソップ(紀元前600頃)が作者とされる寓話(ぐうわ)「キツネとライオン」に関連づけられることがある。キツネは最初ライオンを恐れるが、最後は自信がついて百獣の王に近づくという物語だ。

この寓話がもともと伝えていたのは、誰かもしくは何かに慣れることで、人は当初の恐怖を克服できるということだけだった。侮りについては何も触れていなかったのだ。キツネはライオンを会話に引きこみ、ライオンも答えた。そしてライオンはキツネを襲わなかったという話だ。侮りという要素を加えたのは、ジェフリーズ・テイラーが著した『韻文版イソップ物語』(1820)である。テイラーはライオンが礼儀を教えるためにキツネを川に投げこんだという結末に変えて、格言と物語を結びつけたのだ。

ただし、この格言が初めて記録されたのは4世紀のヒッポのアウグスティヌスが書いた『天国への階段』だが、アウグスティヌスはこの言葉を「よく知られた格言」と記している。

また、ジェフリー・チョーサー『カンタベリー物語』(1387)の「メリベ物語」にも同様の格言が出てくる。「『慣れすぎは侮りを生む』と言いますから、謙虚に辛抱いたしましょう」。 *LW*

千人の友がいても不要な友などいないが、1人の敵がいれば、至る所で出会うだろう。

アリー・イブン=アリ=タービブ
『アブー・ダーウードのスナンの書』
660頃

『アブー・ダーウードのスナンの書』はアブー・ダーウードが編纂した、ハディース六書の1つ。ハディースとは預言者ムハンマドの言行を逐語的にまとめたものである。この言葉を発したとされるアリー・イブン=アリ=タービブはムハンマドのいとこであり、義理の息子だった。アリー・イブン=アリ=タービブの言葉は、本物の友人はとても大切であり、どんな友人も疎遠になったり怒らせたりすべきではないと伝えている。また、この言葉は敵をつくることへの警告でもある。私たちは誰かと不和になると、顔を合わせるのがいやになり、結果として、その人物がどこにでもいるような気がしてくる。相手を避けることはできず、また会うのがいやだからなのか、敵対する原因となった自らの言動を後悔しているからなのか、相手のことが頭から離れなくなるのだ。

現在、アリー・イブン=アリ=タービブはスンニ派にとってもシーア派にとっても重要人物となっている。本物の敬虔（けいけん）なムスリムであり、イスラム教のために尽くし、預言者ムハンマドの教えを広めてコーランに従って統治するという望みだけで動いたと考えられている。*TH*

知恵より優れているのは？女だ。それでは、よい女より優れているのは？何もない。

ジェフリー・チョーサー
『カンタベリー物語』
1387頃

この言葉が引用された「メリベ物語」では、主人公メリベウスが留守をしていた日に、3人の暴漢が家に押し入り、妻のディム・プルデンスを殴り、娘に死ぬほどのけがを負わせる。物語の大半を占めるのは、このあとどんな行動を取り、どうやってふさわしい報復をするかについて話しあうメリベウスと妻プルデンスの会話だ。プルデンスは慎重になるよう助言し、もっと激しい意見を持つ夫を諌（いさ）め、聖書やその他の博識な人物の言葉を数多く引用して、自説の正しさを裏付ける。

「メリベ物語」の欠点は『カンタベリー物語』の他の話と異なり、非常に長いことである。たいていは冗長だと考えられ、現代版では要約されているか、もしくは丸ごと省略されていることが多い。出所である物語はそんな調子だが、この言葉が名言であることに変わりはなく、格言集の多くに掲載されている。チョーサーは、いわゆる「結婚グループ」と呼ばれる作品群で、女性に対するさらにおもしろい見方を披露している。そこには「学僧の話」、「郷士の話」、「貿易商人の話」、「バースの女房の話」といった作品が含まれる。*TH*

⊃ 15世紀初頭の『カンタベリー物語』エルズミア彩飾写本に描かれた、馬に乗ったジェフリー・チョーサー。

Of prouerbes than ye han herd bifore
Comprehended in this litel tretys heere
To enforce with theffect of my mateere
And though I nat the same wordes
As ye han herd yet to yow alle I pre
Blameth me nat for as in my senten
Shul ye nowher fynden difference
ffro the sentence of this tretys lyte
After the which this murye tale I
And therfore herkneth what þt I sha
And lat me tellen al my tale I prey

Explicit

Heere bigynneth Chaucers

yong man called Me
cop on his wyf that
which that called was Sa
he for his desport is
his wyf and eek his doghter hath he
the dores weren faste yshette thre o
and setten laddres to the walles of
been entred and betten his wyf
fyue mortal woundes in fyue sond
hir feet in hir handes in hir erys
and leften hir for deed and wenten
tornes was in to his hous and sa
was man rentynge his clothes ga

愛とは自由な魂のようなもの。

ジェフリー・チョーサー
『カンタベリー物語』
1387頃

この言葉からは、チョーサーが愛はそれ自体が力強く、支配したり抑えたりすることができるものでもなければ、すべきでもない力そのものだと考えていたことが伝わってくる。この言葉をより深く理解するためには、文脈で考えることが重要である。このあと、文章はこう続く。「女性は本来自由を欲し、奴隷のように縛られるのを望まない。本当のことを言えば、男性もそうだ」。チョーサーは男も女も支配されたり縛られたりすることを望まず、自由でいることを望んでいると認めながら、愛が成立しないものだとは言っていない。『カンタベリー物語』で、結婚という制度の中で生きる人々の社会的慣習について考察したのである。

チョーサーの愛に対する見方が何であれ、彼が結婚に対して懐疑的な意見を口にしたのは、結婚が第一に経済状況を向上させるための契約だった時代のことであるのを覚えておくべきだろう。そうであれば、チョーサーが本当の愛が見いだせるのは、結婚以外の場所だと考えても不思議ではない。**TH**

愛されるより恐れられるほうが……安全である。

ニッコロ・マキャヴェリ
『君主論』
1513

ニッコロ・マキャヴェリの名にはもっぱら悪いイメージが付いている。マキャヴェリアンは悪辣な策士を指し、ニッコロという名の省略形を用いた「オールド・ニック」という言葉は悪魔を意味している。だが、『君主論』を読んだ多くの人が、マキャヴェリは邪悪な工作者ではなく、目にした言動を記録した現実主義の人物だという見方をしている。

上記の言葉は要点を述べたものである。たいてい上記の言葉だけが引用されるが、問題の箇所の全文は次のように記されている。「……ここで問題が生じる。恐れられるより愛されるほうがいいのか、それとも愛されるより恐れられるほうがいいのだろうか。両方を望むべきだという答えになるかもしれないが、1人の人間に両方を望むのは難しく、どちらかを断念すべきなら、愛されるより恐れられるほうがはるかに安全である」

つまり、これは独裁政治を無条件に推奨しているわけではない。それどころか、マキャヴェリは愛されるのはよいことだと率直に認めている。しかしながら、愛は他人に利用されやすく、愛を与える者は無防備であったり傷つきやすくあったりしてはならないのだ。**JP**

⊃ サンティ・ディ・ティートが描いた16世紀のマキャヴェリの肖像画

神に話しかけるときはスペイン語、女にはイタリア語、男にはフランス語、そして馬には——ドイツ語で話す。

カール５世
推定・伝聞
1530頃

この言葉を最初に発した人物については議論が残るものの、神聖ローマ皇帝カール５世だと信じられている。この言葉にはスペイン語は神の言葉、イタリア語は愛の言葉、フランス語は外交の言葉という旧来の考えが表れている。カール５世が加えたのは、外国人の耳には荒々しく喉の奥で発しているように聞こえるドイツ語は命令するのにふさわしいと示唆している点だろう。ドイツ語は昔から粗野だと思われていたが、カール５世が動物を持ちだしたのはわざとドイツ人を侮辱したからに違いない。

この言葉からはヨーロッパの各言語が歴史的にどう見られていたのか、そして昔ほどではないにしろ、現在でもどういう印象が持たれているのかがわかる。ドイツ人に対する侮辱はさておき、この言葉からはカール５世がスペイン語圏を非常に重視していたことが伝わってくる。中南米のスペイン語圏は権力と富の源であり、その重要性は治世を通じて増していき、コンキスタドールによるインカ帝国とアステカ帝国の征服を認めたのだ。*TH*

∩16世紀中期、世界最高の権力を握っていた男を描いた、ティツィアーノ「カール５世騎馬像」（1548頃）。

恋において、仕草は言葉など比較にならないほど魅力的で、効果的で、価値がある。

フランソワ・ラブレー
『ガルガンチュアとパンタグリュエル』
1532 頃

フランソワ・ラブレーは艶笑的な冗談や歌で最もよく知られているが、上記の言葉はラブレーには柔和な面があったことを示唆している。美しい言葉をつぶやくことは簡単だが、仕草のほうがはるかに重要で、多くのことを意味すると考えていたことが伝わってくるからだ。

おそらく、ここでラブレーが言及しているのは月並みとまでは言わないにしても、恋をしている人々がすらすらと口にする平凡な言葉のことで、ただ口にするだけなら、何の意味もないと言っているのだろう。愛を告白したいと考えている人々は自由に使える言葉がたくさん載っている指南書が欲しいと思うだろうが、特定の人に向けた仕草はより考えることが必要になるので、それゆえに価値も増す。

5巻から成る小説『ガルガンチュアとパンタグリュエル』は多くの人々に猥褻（わいせつ）だと考えられ、パリにあるソルボンヌ大学の聖職者によって禁書とされたものの、大きな成功を収めた。人間の感情をとらえ、人間性を見事に分析できているからだろう。『ガルガンチュアとパンタグリュエル』以降、ラブレーは11年間何も書かず、現在でも本作が彼の最高傑作だと考えられている。 *TH*

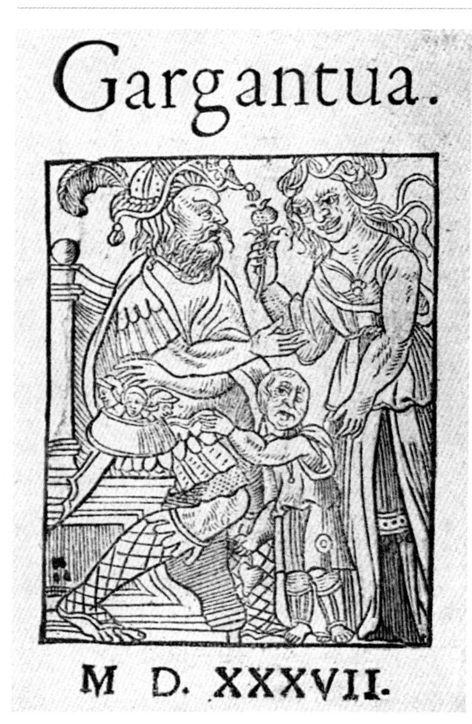

∩ ラブレーの第一之書『ガルガンチュア物語』1537 年版の口絵の版画。

結婚とは ベッドに裸の脚が 4本並ぶだけの ものではない。

ジョン・ヘイウッド
『役に立つ格言集』
1549 頃

この格言は、うまくいく結婚には肉欲と体の相性以上のものが必要だと言っている。16 世紀には同じ問題に関する格言が他にもあった。「慌てて結婚して、ゆっくり後悔しろ」は結婚の肉体的な側面を重視しすぎることへの警告という点が上記の言葉と同じだが、「耳の聞こえない夫と目の見えない妻は必ず幸せな夫婦になる」という格言は、やや差別的ではあるものの、男女がうまくいくための状況をユーモラスに伝えている。

ヘイウッドは短い作品を多く創りだした劇作家であり、イングランド王ヘンリー 8 世の宮廷では作曲家としても活躍した。ヘンリー 8 世がローマ・カトリック教会から離脱したあとも忠実にカトリック教徒としてとどまり、おそらくは迫害から逃れて、かなり重大なことだったのだろうが、1558 年のエリザベス 1 世の即位後にまもなく、ベルギーへ移住した。そして少なくとも 1575 年までは長生きして、当地で死去した。

ヘイウッドが格言を集めて記録した『役に立つ格言集』の中には「ローマは 1 日にしてならず」のように今日でもよく使われている言葉もある。*TH*

恋愛と戦争では 手段を選ばない。

ジョン・リリー
『ユーフュイーズ』
1578

イギリスの詩人であり劇作家であり政治家だったジョン・リリーは、今日では教訓物語『ユーフュイーズ』で最も知られている。「ユーフュイーズ」とは「優雅で機知に富んだ」という意味のギリシャ語から派生した言葉である。上記の格言はリリーの言葉とされているが、彼が書いたのは今日知られている言葉とは異なっていた。リリーが実際に書いたのは「公正なルールは恋愛と戦争には適用されない」である。世界共通の原則となった上記の言葉は、その後何世紀もかけて変化してきたのだろう。

この格言が現在親しまれている形で初めて登場したのは、若い学生の暮らしを描いたフランシス・エドワード・スメドレーの小説『フランク・フェアリー』(1850) だった。ここでは、愛する人を守ったり、憎んでいる相手に復讐(ふくしゅう)したりする場合、その手段に限界はないという考えを伝えている。だが、本物の愛はどんな犠牲も正当化できるかもしれないが、戦争に勝つためには何でもすべきだというのは問題があると評論家は指摘している。よからぬ言動を正当化するために、この格言がよく使われることも同様である。*TH*

⊃ 愛と戦争における公正さはアーネスト・ヘミングウェイの小説を映画化した『誰(た)が為に鐘は鳴る』(1943) のテーマである。

鐘を鳴らせ！
哀悼を広めろ。
愛は死んだのだ！

フィリップ・シドニー
「哀悼歌」
1582

シドニーはイングランドの詩人であり、学者であり、軍人である。作品の多くは暗く陰鬱だが、それは戦場で目にしたものの影響だろう。その1つが「アストロフェルとステラ」いう名のソネット集で、アストロフェルという男がステラという女に寄せる愛に焦点を当てている。アストロフェルはシドニー自身、ステラはペネロピー・ドゥヴルーという女性がモデルだと考えられている。

この他にやはりアストロフェルとステラについて書いた「哀悼歌」という詩があり、この作品の中でアストロフェルはステラが他の男と結婚することを嘆いている。この詩は上記の言葉から始まり、暗い葬儀の情景が続く。近所の人々は泣きむせび、30日間のミサ（煉獄(れんごく)にいる魂のための祈り）が行われ、恋人の「心臓」は墓へと変わる。だが、その後シドニーは結婚が強制されたものだと知るので、愛の喪失をうたっているわけではない。シドニーは「愛は死んだのではなく、眠っているだけ。対になるものがない彼女の心の中で……」と書いている。「愛は死んだのだ！」という言葉は愛を暗く悲観的にとらえているが、最後にはおそらく愛は死んでいないと語っている。つまり、シドニーはいつかペネロピーへの愛が報われるかもしれないと希望を捨てずにいるのだ。*TH*

バラと呼ばれる花は、
他の名前で呼んでも、
甘く香ることでしょう。

ウィリアム・シェイクスピア
『ロミオとジュリエット』
1594頃

ウィリアム・シェイクスピアの有名な悲劇において、ロミオとジュリエットは仮面舞踏会で恋に落ちる。だが、2人は激しく対立するモンタギュー家の息子とキャピュレット家の娘であり、その恋は秘密にせざるを得なかった。

演劇『ロミオとジュリエット』第2幕に出てくるこの言葉は、ジュリエットがロミオが敵対する家の息子であろうがなかろうが自分には関係ないと言う台詞の一部である。ジュリエットは名前の違いを無視して「名前って何？」と尋ね、すぐに自らこう答える。「バラと呼ばれる花は、他の名前で呼んでも、甘く香ることでしょう」。

ジュリエットはさらにロミオは他の名前になっても彼のまま変わらないと続け、ロミオに名前を捨てて、ジュリエットを受け取るようにと願う。つまり、ジュリエットは家柄やレッテルは人間の本質に関係なく、バラはどんな名前だろうがその姿は変わらないと話しているのだ。この主張は他者に貼られたレッテルに関係なく、本質を見て愛しあう人々を擁護しているのである。*JE*

⊃ 薄幸な恋人たちを描いたクロード・ジャッカンの「別れのキス」。

真の愛の道は決して平坦ではない。

ウィリアム・シェイクスピア
『夏の夜の夢』
1595 頃

喜劇『夏の夜の夢』のライサンダーとハーミアの関係は冒頭から波乱含みであり、この言葉は予想がつかず不安定な2人の間柄の本質を簡潔に言い表している。ハーミアの父イジーアスは、娘はライサンダーではなく別の求婚者であるディミートリアスと結婚すべきだと宣言しており、このライサンダーの台詞がディミートリアスというライバルの存在を示唆しているのは簡単に想像できる。もし父の命令に従わなければ、ハーミアはアテネの法律によって、死刑か修道院へ送られることになる。ライサンダーはハーミアを慰めるためにこの言葉を発し、愛の行方を道になぞらえたのだ。ハーミアは一度ならず口を挟もうとするが、ライサンダーは高圧的な友人たちや身分、年の差など、2人の関係が順調に進むのを妨げる恐れがある状況を次々と挙げていく。

ライサンダーの言葉は、そうした障害は愛し合う人々の多くが経験する、道のでこぼこに過ぎず、障害があるからといって2人の愛が本物でないわけではないと言って、ハーミアを安心させる。ライサンダーはたった1つの台詞で、2人には乗り越えなければならない困難があることを認めるだけでなく、2人の愛は決して負けないとハーミアに伝えているのだ。*TH*

高潔な心は高潔な行いでわかる。人間の品性は何よりもその物腰に見えるからだ。

エドマンド・スペンサー
『妖精の女王』
1596

中世の騎士道は叙事詩『妖精の女王』が生まれる1世紀ほど前に廃れていたが、スペンサーはアーサー王伝説を用いて、16世紀後期の貴族の寓話（ぐうわ）を創りあげた。礼節は騎士道にとって重要な美徳であり、正しいふるまいは当然「高潔(gentle)」な心を持っている証拠として判断された。スペンサーの時代には一般に「gentle（高潔)」という言葉は「noble（高貴)」と等しく使われていた。本物の礼儀正しさは貴族にしか期待できないという意味が込められていたからだ。だが、スペンサーは本物の礼儀正しさが「すべての言動」に現れている仲間に面目をつぶされる、無礼な騎士の姿も描いている。

スペンサーは言葉による礼儀についても、たびたび言及している。言葉を使って慰めること自体が、高潔な心による高潔な行いなのだ。したがって、上記の言葉は「行動は言葉より雄弁」という、よく耳にする格言とは違う。よいふるまいは、他者へのよい心がけから生まれるという意味なのだ。スペンサーはエリザベス1世時代の貴族たちが、よく思われたいがために善を行っている姿を描写している。そうしたふるまいはすべて自分のためであり、本物の他者への親切とは見なされない。*TJ*

真の恋をする者は、みな一目で恋をする。

クリストファー・マーロウ
『ヒーローとリアンダー』
1598

ギリシャ神話の悲運の恋人たち、ヘーローとレアンドロス（ヒーローとリアンダーは英語読み）は、初めて会って数秒で2人のあいだの相性がわかるという昔ながらの通念の好例である。上記の言葉はウィリアム・シェイクスピアが作者だとされることが多いが、実際にはクリストファー・マーロウの叙事詩から引用されている。この詩は1593年にマーロウが死んだあと、詩人仲間の劇作家ジョージ・チャップマンによって完成された。

マーロウは29歳のときに居酒屋でけんかをして殺された。シェイクスピアはマーロウに多大な影響を受け、『お気に召すまま』の女羊飼いフィービーにマーロウの言葉を言わせて敬意を表している。フィービーはこう言うのだ。「亡き先達よ、やっとあなたの名文句がすばらしいとわかったわ。『真の恋をする者は、みな一目で恋をする』」。

シェイクスピアはまた『お気に召すまま』のもう1人の登場人物、道化のタッチストーンを通して、マーロウの死について触れている。マーロウが厳格で狭量な教会に逆らったせいで殺されたと考えていたのかもしれない。**LW**

逆境は思わぬ仲間をつくる。

ヨーロッパの格言
不詳
1600頃

この格言は、非常に辛（つら）い状況にあるときに、通常であればつながりを持たない人々が結束することが多いと伝えている。これは助言ではなく観察結果である。なぜなら、そうした人々は逆境を乗り越えれば、すぐにまた道を分かつかもしれないことも、この言葉から伝わってくるからだ。

誕生してから数世紀のあいだに、この格言にはさまざまな形が派生し、「政治は思わぬ仲間をつくる」という言葉も生まれたが、要点は変わらない。また、この格言は最悪の時期であっても、逆境の建設的な面に目を向けるべきだとも伝えている。逆境があったからこそ、会えた人もいるということだ。また、辛さを分かちあった人々は往々にして、また逆境にあったときに助けてくれるものである。辛い経験をしたからこそ共感が生まれるのだ。

おそらく、この格言の変形で最も有名なのは、シェイクスピア最後の戯曲として知られる『テンペスト』の台詞だろう。道化のトリンキュローが嵐にあって怪物キャリバンの服に隠れる場面で、「窮すれば、思わぬ者と仲間になる」という台詞が使われ、この場面に滑稽さを加えているのだ。**TH**

すべてを愛し、わずかな人を信じ、誰も不当に扱わないこと。

ウィリアム・シェイクスピア
『終わりよければすべてよし』
1605

シェイクスピアの「問題劇」の１つ、『終わりよければすべてよし』の冒頭で、ジョージ・バーナード・ショーが「最も美しい老婦人役」と称したロシリオン伯爵夫人が発する台詞である。E・K・チェンバーズが1930年にまとめた年代記によれば、『終わりよければすべてよし』はシェイクスピアの25作目の戯曲で、『トロイラスとクレシダ』と『尺には尺を』のあいだに位置する。これは第１幕の最初の場面でロシリオン伯爵夫人が息子バートラムに向けて語った台詞で、舞台は当時スペイン領で、現在はフランス領のロシリオンである（フランス語読みではルシヨン）。若き伯爵バートラムはフランスの宮廷に行き、国王の従者として仕えるつもりで母親に別れの挨拶にきた。バートラムがフランスに発つと聞き、母親は教訓を与える。疑うことを知らない臣下にどんなことが待ち受けているのか、貴族なら誰でもわかったからだ。フランス宮廷は好奇心をそそる刺激的な場所だが、危険でもあった。1589年から1610年までのフランス国王はアンリ４世。アンリ４世自身は善良だったかもしれないが、1572年のサン・バルテルミの虐殺のときに、ナバラ国王として数千人のプロテスタント信者とともに殺されかけており、統治者としての策謀にも長けていた。*IHS*

最後に笑う者が最も笑う。

未詳
「クリスマスの王子」
1608

この格言はチューダー朝時代のイングランドが始まりだが、その由来は想像とは異なり、シェイクスピアとはまったく関係ない。この格言が最初に活字になったのは、17世紀初頭にイングランドのケンブリッジで初めて上演された演劇「クリスマスの王子」で、実際の台詞は次の通り。

「友人はずっと笑い続けた。最後まで、一番よく笑った」

この格言の目的は、あまりにも早く勝利を宣言したり、結果を予測したりすることへの警告である。完全に満足できるのは確かな結果が判明したときだけであり、それが待てない人、あまりにも行動を急ぎすぎる人は、あとで早く反応しすぎたことに気づき、当惑することになるということだ。

また、この格言はチューダー朝時代のイングランドの社会通念も反映している。すなわち、正義が下されるのを辛抱強く待つ覚悟を決め、ある状況の結果が出るのを穏やかに待っている人が常に最も満足するという考えで、一般に「最後の笑い」と呼ばれていた。格言はうぬぼれないよう警告し、辛抱すれば報われることを伝えている。それが17世紀に強く信じられていた認識なのだ。*TH*

きみを夏の日と比べようか。

ウィリアム・シェイクスピア
『ソネット集』
1609

この冒頭の1行はシェイクスピアの154篇のソネットの中でおそらく最も有名なソネット18番でも、最もよく引用される言葉だろう。このあと比較が続き、夏の日は負ける。比べられている人物のほうが、夏の日より「すてきで、穏やか」なのだ。ソネットはこんなふうに締めくくられる。
「人間が息をしているかぎり、目が見えるかぎり、
この詩は生き続け、きみに命を与え続ける」

シェイクスピアは、比較されている人物はこの詩によって永遠の命を得られると言っている。作家や芸術家は、自分たちの作品ははかなく消えるのではなく、一瞬を永遠に変えられると考えているのだ。

ソネット18番には少なくとも2つの疑問がある。1つは10行目のNor lose possession of the fair thou ow'st（きみのいまの美しさが失われることもない）のow'stはownest（所有している）とowest（借りている）のどちらの短縮形なのだろうか？それとも両方を意図したものなのだろうか？

また、もう1つの永遠の謎は、このソネットで称えている相手が男か女かという問題である。どちらか一方かもしれないが、両方もあり得る。さまざまな読み方ができることが、文を詩に変える要素の1つなのだから。*JP*

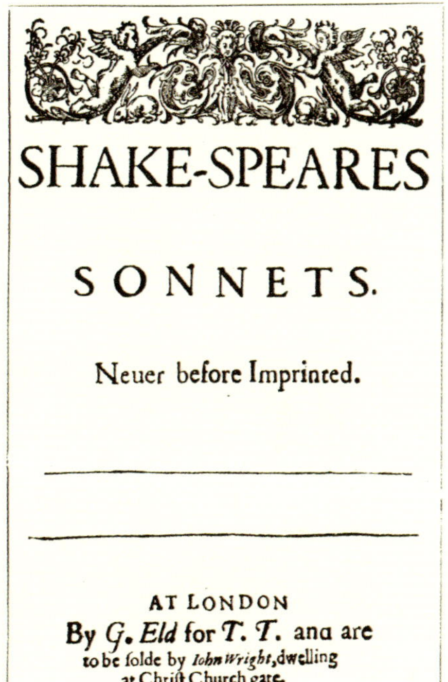
SHAKE-SPEARES

SONNETS.

Neuer before Imprinted.

AT LONDON
By *G.* *Eld* for *T. T.* and are
to be solde by *Iohn Wright*, dwelling
at Christ Church gate.
1609.

∩ シェイクスピア1609年版『ソネット集』の扉。

愛に勝る至福はなく、嫉妬に勝る罰はない。

フェリクス・ロペ・デ・ベガ
「ラ・ドロテア」
1632

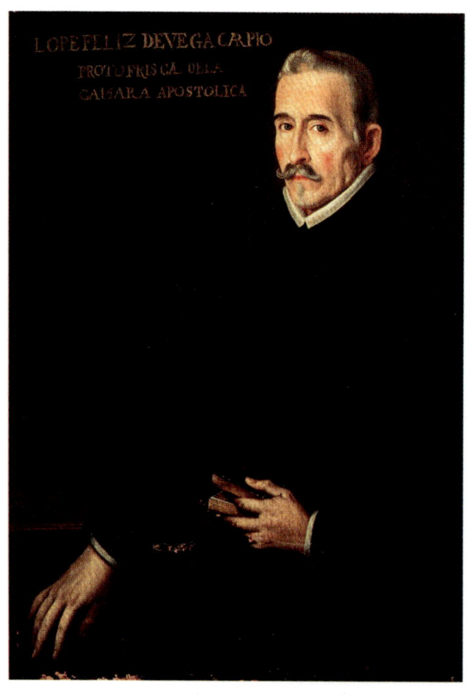

∩フェリクス・ロペ・デ・ベガは スペイン黄金期の最も偉大な劇作家だった。

フェリクス・ロペ・デ・ベガ・イ・カルピオはスペインの劇作家であると言うだけでは、その作品の桁はずれの多さがまったく伝わらないだろう。後世の誇張はあるものの、ベガは世界史上最も多くの作品を書いた作家として知られている。彼は1800の戯曲を書いたが、その大半は標準的な長さで、1日で書きあげて上演までこぎつけた作品もあったと言われている。現存するのは、約50作である。また、戯曲以外の21巻の大作もあり、詩や散文も含まれていた。

「ラ・ドロテア」は評価されているものの、観る側がとまどう作品ではあった。会話劇の形は取っているものの、演劇というよりは、ベガが人生で出会った2人の女性、そして同時代の劇作家ルイス・デ・ゴンゴラとの諍い(いさかい)を描く、あからさまな自伝だからだ。ストーリーの中心は詩人フェルナンドに対するドロテアの愛である。2人の絆(きずな)は強かったが、嫉妬が原因で別れる。フェルナンドが去ったあと、ドロテアは自殺未遂を起こし、もう1人の男ドン・ベラと出会う。フェルナンドがドロテアのもとに戻ったとき、そこにはドン・ベラがおり、フェルナンドは彼を殺すのだ。**TH**

愛することは大きな苦しみ、
恋しさが募る苦しみ。
けれども、どんな苦しみより苦しいのは
愛しても実らない愛。

エイブラハム・カウリー
「アナクレオン風の詩」
1633

アナクレオン（紀元前582頃-485）は古代ギリシャの抒情詩人で、軽薄なものから深みのあるものまで幅広い主題の詩を書いた。作品はほとんど現存していないが、他の言語を使う後年の詩人たちがその独特な作風を自らの作品に取り入れて模倣した。

アナクレオンをまねた有名詩人の１人がイギリスの詩人エイブラハム・カウリーで、自作の詩を新しく発掘された本物のアナクレオンの詩の翻訳であるかのように見せかけた。上記の一節が含まれる作品もその１つである。もちろん、本物の翻訳であるはずがなく、だまされる人もいなかった。といっても、文学上の思いつきであり、詐欺を意図したものではなかったが。

実際、カウリーの作品の大半は他の詩人の作風を借りたものだった。「ピンダロス風頌歌」はギリシャのもう１人の偉大な詩人ピンダロス、『詩の花』は『妖精の女王』のエドマンド・スペンサーの作風で、「私を支配する愛しい人」はジョン・ダンの形而上学的な作風である。こうした自意識の強い気取りはカウリーの時代には人気があったが、その後は廃れた。現在、最も評価されているカウリーの詩は「クラショー氏の死に寄せて」で、この詩ばかりは感情が技巧に勝っている。*TH*

∩エイブラハム・カウリー（1633）の
若い外見に注目する版画のキャプション。

恋が狂気でないなら、そもそもそれは恋ではない。

ペドロ・カルデロン・デ・ラ・バルカ
「げに恐ろしき怪物、嫉妬」
1637 頃

∩ スペインの劇作家・聖職者のペドロ・カルデロン・デ・ラ・バルカを描いた、日付のない肖像画。
手にした本はカルデロンが文人だったことを示している。

カルデロンは非常に多作なスペインの劇作家で、中心的な形式は3つ、一般の観客用の喜劇と悲劇、教会上演用の宗教的な作品だった。この3つの形式の中でさまざまなテーマが繰り返され、最も主要なテーマが主要動機となった。中でも最も印象的なのが人生は夢にすぎないというテーマと、恋愛関係すべてが狂気ではないとしても、同じように思われるのも無理はないという、たびたび繰り返されたテーマだった。

上記の言葉が引用された作品はかなり教訓的で、嫉妬は恋する人々が経験する否定的な感情の中で最も有害だと伝えている。ウィリアム・シェイクスピアは『オセロー』で嫉妬を「緑色の目をした怪物で、人の心を餌食にしてもてあそぶ」と言っている。恋人の一方が相手を疑い始めたら、もう安心させることはできない。男が自分に対して誠実かと女に尋ねることはできる。だが、たとえ誠実だという答えが返ってきても、いったん疑い始めたら、何を言われても信じられない。そして女は信じられていないことに気づいたら、どちらにしても疑われるのであれば、本当に罪を犯したほうがましだと考えるかもしれない。*JP*

美しい水仙よ、私たちは涙する。きみがそれほど急ぐのを目にして。

ロバート・ヘリック
「水仙に寄せて」
1648

17 世紀のイギリスの王党派詩人であるロバート・ヘリックは、この言葉から始まる有名な詩で、水仙の花をはかなさの比喩として使っている。2 番目と最後の連で、ヘリックはこううたっている。

「私たちも、きみと同じように、あまり時間がない。
春と同じように、短いのだ」

ここでの春は若い時期を指し、水仙と同じように、あっという間に来てはすぐに去ってしまうと言っている。こうした感傷は目新しくはないものの、ここではとても優雅に語られている。もし、この詩が死についてうたっていることを――いずれ死ぬことは誰もが知っていることであり、何の深みもないという理由で――批判するとしたら、世界中の文学作品の中でもとりわけ人気があり、頻繁に引用されている作品も否定することになる。

ヘリックはとても有名な「乙女よ、時を逃すなかれ」の次の一節が訴えるテーマにしばしば戻っているのだ。

「バラの蕾(つぼみ)は摘めるうちに摘んでおいで
時は過ぎ去っていく
きょうはほほ笑んでいる花も
明日は枯れていくのだから」 *TH*

∩ 王党派詩人ロバート・ヘリック（A・S・ハートリックによる挿絵の細部）。

如才なさとは、敵をつくらずに主張する技である。

アイザック・ニュートン
推定・伝聞
1650 頃

∩ ゴッドフリー・ネラーが描いた1702年の肖像画から彫られたアイザック・ニュートンの版画

イギリスの物理学者であり、数学者、天文学者、哲学者、神学者であったアイザック・ニュートンは多くのことを成し遂げた。初めて天体望遠鏡を制作し、音速について幅広い研究を行ったが、とても信心深かったことを知らない人は多い。実はニュートンは科学や数学についてより、聖書解釈学または宗教全般についての著作が多いのだ。

上記の言葉は慎重さに関するニュートンの信条、すなわち他者を怒らせたりいら立たせたりせずに意見を表明すべきだという考えを反映している。如才なさについては、昔からさまざまな形で力説されてきた。その1つが聖書のこの言葉である。「柔らかな応答は憤りを鎮め、傷つける言葉は怒りをあおる」。

ニュートンは誰かと関係を築くときには、穏やかに接して、上手に意思の疎通をすることが重要だと固く信じていた。如才なく主張すれば、相手も口を開いてくれるので、他の人から学ぶ機会を得られるし、他の人の見方も理解できると考えていたのだ。こうした考えはニュートンの他の言葉にも表れており、私たちに他者から学ぶ重要性を思い出させてくれる。「私が遠くを見ることができたのは、巨人たちの肩に乗っていたからだ」。 *TH*

人間は友人を愛すれば愛するほど、追従は言わなくなる。本当の愛は欠点を仮借しない場合に表れてくる。

モリエール
『人間ぎらい』
1666

芸名のモリエールで知られる、劇作家ジャン＝バプティスト・ポクランは初期の西洋文学において喜劇の名手だった。この言葉は、ときに残酷でも正直であることが重要であり、追従や世辞を言うことが本当の友情ではないと強調している。

モリエールがここで示唆しているのは、互いに心から気にかけていない人々は、自分の望みを通すために追従を言うことが多く、その追従が本心であることはめったにないということだ。だが、本物の友人は常に正直で、愛する友人の欠点や失敗に目をつぶらない。ほめるときは心の底からほめ、批判するときはよかれと思って言っているのだ。

友人は互いにとって最善のことを望むし、欠点は親しい者にしかわからないことも多い。また友人であれば、真の友人の批判はけなすためではなく、本気で気にかけてくれるからだとわかるはずである。批判を受け入れるのはたやすくないが、それが真の友情の証（あかし）であることは一筋の希望であり、お互いに本物の愛情を抱いている真の友人だけが正直にほめ、批判してくれる。それが絆（きずな）を強めるのだ。*TH*

∩ モリエールの初期の作品『人間ぎらい』。
G・スタールの素描をもとにした1870年の版画。

時が暴かない秘密はない。

ジャン・ラシーヌ
『ブリタニキュス』
1669

ジャン・ラシーヌの戯曲『ブリタニキュス』の台詞で、この5幕の悲劇は1669年にフランスで初めて上演され、その翌年に出版された。ローマ帝国を舞台にした政治劇で、支配欲が旺盛で、高圧的で、殺人も厭（いと）わない母親アグリッピナの力で皇帝となったネロの策略がストーリーの中心である。ネロは異母弟ブリタニキュスが皇帝の座を奪うつもりではないかと恐れながら、その一方でブリタニキュスの婚約者に夢中になる。そして母の支配から逃れて権力を握り始めると、怪物のような本性を現し始めた。ラシーヌはその怪物の誕生に焦点を当てている。

この悲劇は刺激的でおもしろいが、同時に私たちにこう生きてはいけないと教えてくれる。殺人、誘拐、策略、性欲、欲望、ねたみ、近親相姦――『ブリタニキュス』には、あらゆる悪徳が含まれている。その一方で、秘密を守ることについて、こんな慎重な言葉も言わせているのだ。それも逆説的に、不誠実で、煽動（せんどう）しながら黙って見ているナルシスに。ラシーヌはナルシスを通して、汚くてずるい秘密はどれほど隠そうとしても、必ず発覚するものだと伝えているのだ。*TH*

∩ パリのルーブル美術館の外の台座に立っているジャン・ラシーヌの像。

本物の友情は決して穏やかではありません。

セヴィニエ侯爵夫人マリー・ド・ラビュタン=シャンタル
手紙
1675

フランスの貴族であるマリー・ド・ラビュタン＝シャンタルはさまざまな人に宛てた長く詳細な千通以上の手紙で知られ、とりわけ有名なのが娘のフランソワーズ・マルグリットに送ったものである。マリーは24歳のときに夫が他の女性をめぐる決闘で死亡すると、その後は再婚せずに残りの生涯の多くを「美文」に捧げた。

膨大な数の手紙は悲しみに沈むマリーを慰めただろうが、同時に商業的な価値も生むようになった。手紙は複写されて広く回覧されたが、それは醜聞が記されていたからではなく、もっともな助言にあふれ（当時としてはさらに重要だったことに）うまく書かれていたからだ。マリーは文通を始めるとすぐに、自分の手紙が半ば公の文書になっていることに気づき、手紙を送る相手と後代の人々の両方を意識して書くようになった。

したがって、上記の言葉は手紙を宛てた相手だけでなく、世の中全体に向けて書いている。マリーは本物の友情とは決してたやすいものではなく、争いや不安がないわけではないと伝えたかったのだ。その考えは普遍的で、友情について語ったことは本物の愛にもあてはまる。シェイクスピアが『夏の夜の夢』（1595頃）で「真の愛の道は決して平坦ではない」と言ったように。*TH*

恋心を抱いているときに隠そうとしても長くはごまかせず、恋心がないときに抱いているふりをしても長くはごまかせない。

ラ・ロシュフコー公爵
『箴言集（しんげんしゅう）』
1678

ラ・ロシュフコー公爵フランソワ6世はフランスの貴族で、軍人として国のために戦って殊勲を立てたが、重傷を負ったために戦場から身を引き、作家として新しい人生を歩み始めた。

第2の人生の評判は上記の言葉が引用された本によるところが大きい。人間性や人間の境遇に関して、かなりの皮肉が含まれる格言を多く集めた『箴言集』である。

ラ・ロシュフコーの格言は幅広い問題について言及しており、多くの人々に引用されている――会食後にスピーチをする人々が決まって頼る本なのだ。だが、ドロシー・パーカーは「深夜考」（1939）という短編小説で、厳しい格言はうんざりだという筋の通った見方を口にする主人公を創りだした。この主人公は「仲介者なしに」ラ・ロシュフコーの格言集を実際に読んだ人が――つまり『箴言集』を引用した誰かの本を読んだのではなく、『箴言集』を実際に読んだ人が――どのくらいいるだろうかと考える。

上記の言葉は、恋心を抱いていることは――あるいは、抱いていないことは――一目瞭然だと述べている。その通りなら、世界中の恋愛に役立つだろう。*JP*

友情は世界中の心を結ぶ黄金の糸。

ジョン・イーヴリン
『ゴドルフィン夫人の生涯』
1680

∩ ジョン・イーヴリンはサミュエル・ピープスとともに17世紀イングランドの著名な日記作者だった。

ジョン・イーヴリンは1660年の王政復古後のイングランドの公務員だった。現在では日記作者として知られる。日記が出版されたのは1818年だが、当時の史料として非常に貴重である。

イーヴリンは友情に恵まれていたらしく、2人の人物ととくに固い絆で結ばれていた。1人はやはり同時代の日記作者として有名なサミュエル・ピープスである。2人が出会ったのはチャールズ2世が第二次英蘭（えいらん）戦争（1665-67）を始めた頃で、イーヴリンは負傷兵のための委員会で働き、ピープスは海軍の将校として務めていた。1703年にピープスが死去するまで、2人の交友は続いた。イーヴリンが強い絆で結ばれたもう1人の人物は1670頃に出会った王室の女官マーガレット・ブラッグだった。マーガレットはイーヴリンより32歳下で、イーヴリンは父親のような愛情を抱いていたのだろう。1675年、マーガレットは未来のイングランド大蔵卿（きょう）であるシドニー・ゴドルフィンとひそかに結婚した。そして1678年に出産で命を落とすと、イーヴリンはマーガレットの伝記を書く決意を固める。上記の言葉を引用したのは、情感あふれるその伝記である（初めて出版されたのは1847年）。*TH*

恋は 秘密でなくなったとき、楽しみでなくなる。

アフラ・ベーン
『求婚者の心得』
1686

アフラ・ベーンはイギリス初の女性職業作家として知られる。戯曲と、わずかな詩が付いた散文小説を数作著している。著作の1つである『オルノーコ』は奴隷、人種、性別をテーマとしており、ベーンはフェミニストの草分けとして、そうした問題に関心を抱き続けた。

『求婚者の心得』は詩と散文で求婚者に礼儀作法を教える、小品ながら楽しい本である。愛する人がいないときの果てしなく長く思える時間のつぶし方を提案したり、自分が離れているときに男性の欲望が誘惑に負けてしまうのではないかと心配する女性たちを慰めたりしている。そして朝は「心地よい夢想」にひたるべきだが、最も危険な時刻は午後5時から6時で、愛する人は「とても危険な訪問」を受け、恋敵となる相手と出会っているかもしれないと言うのだ。

礼儀作法の本の中には、規則が多すぎて、魅力を損なっているものがある。ベーンはそんな過ちは犯していない。文体は常に軽妙で、意見には必ずやわらかな皮肉が織り交ぜられている。*JP*

∩ バロック時代の肖像画家ピーター・レリーが描いたアフラ・ベーン(1670頃)。

歳月によって、友情の絆(きずな)は強まるが、愛情の絆は弱くなる。

ジャン・ド・ラ・ブリュイエール
『人さまざま』
1688

∩ ニコラ・ド・ラルジリエール作とされるジャン・ド・ラ・ブリュイエールの肖像画。

⊃ 植物学について講義するテオプラストス。

この言葉の引用元であるフランス文学の傑作は、名目上は古代ギリシャの哲学者テオプラストスの本の翻訳である。だが、ラ・ブリュイエールは古典学者というだけでなく、辛辣な風刺作者でもあった。彼の本当の標的は紀元前のアテネの人々ではなく、同時代の金も力もある人々だったのだ。

『人さまざま』の独特で不変の魅力は、テオプラストスの悪行に関する一般的な観察から始まり、その後にフランス人の生活で具体的な例を挙げるという点である。ラ・ブリュイエールはルイ2世ド・ブルボンに仕えていたので、例として挙げて嘲笑した悪行——強欲、腐敗、偽善、へつらい、粗野なふるまい——の多くは王族や大臣たちのものだった。

ラ・ブリュイエールは描写した悪徳はどれも特定の人物のものではないと慎重に否定したが、読者は著者が標的にした人物を特定できると考えた。それで本書はベストセラーとなったのだ。

読者の推測が当たっていたにしろ外れていたにしろ、嘲笑されたと感じた人々のあいだに、ラ・ブリュイエールは多くの敵をつくったのである。

TH

天国には愛が憎しみに変わったような怒りはなく、地獄にも蔑まれた女ほどの憤怒はない。

ウィリアム・コングリーヴ
「喪に服する花嫁」
1697

∩イタリア人画家フェデリーコ・ファルッフィーニ作「ハーレムの復讐」(1854)。
手にしたナイフに注目。

よく知られているのは「蔑まれた女ほどの憤怒は地獄にもない」という格言だが、そのもとになっているのが上記の言葉である。イギリス王政復古時代の劇作家ウイリアム・コングリーヴの「喪に服する花嫁」の第3幕の終わりで、王妃ザラが劇的に発する台詞の一部だ。ザラは自分が恋をしていた、有力な王の息子アルフォンソが父の望みに反して他の女アルメリアとひそかに結婚したことを耳にした。タイトルの「喪に服する花嫁」というのはアルメリアを指している。アルメリアと夫は船の難破で離ればなれになる。芝居のあらすじは複雑で、登場人物の3人全員がアルフォンソの父を恐れて、本当の気持ちを隠している。ザラ自身も愛する人を守るためにアルフォンソの父に惹(ひ)かれているふりをして心を偽ってきたのに、それがすべて無駄になった。それでなおさら激怒したのだ。

ザラの自殺で終わる「喪に服する花嫁」はコングリーヴ唯一の悲劇である。コングリーヴは「老独身者」、「愛には愛を」、「二枚舌の男」、「世の習い」等の喜劇で有名である。*JP*

過つは人の常、許すは神の業。

アレキサンダー・ポープ
『批評論』
1711

この言葉の引用元であるポープの『批評論』は押韻2行連で、よい作品の条件について語り、悪い作品を風刺している。ホラティウスの『詩論』の影響を受けて書かれた作品だ。

ここでは気楽そうに聞こえる言葉だが、根底にある考えは神学者や知識人たちが少なくとも2000年はかけて考えてきたことである。つまり、一神教の神の力についてであり、未来を含めたすべてを知っていて、何でもできる存在のことだ。謎は信仰にとって重要な要素ではあるものの——人間の理解を超え、ただ信じるしかないことは必要だ——神が全能であることから派生する問題について、知識人たちが仮説を立てることは止められない。とりわけ、この最も重要な問題については。神が有能で、災いを予測できて防ぐことができるなら、なぜ神は防がないのだろうか？

文学者の中には、この問題を考えて混乱した者もいる。たとえば、ジョン・ミルトンは明らかに神より悪魔に（あくまでも芸術的な面でだが）魅力を感じてしまったようだ。他の者はポープに近い。たとえば、ドイツの詩人ハインリヒ・ハイネはこう言ったと伝えられている。「神は私を許してくれるはずだ。それが神の仕事なのだから」。*TH*

∩18世紀のデンマークの画家ヘンドリック・ロックの絵画で、罪深い女を許すイエス。

友人を笑って友人が怒れば、なおさらけっこう、さらに笑える。

アレキサンダー・ポープ
『風刺への結びとして』
1738

この不可解な言葉は、直前にあった言葉を紹介することで、ある程度は理解できるかもしれない。直前の言葉は「愚か者を怒らせたくなければ笑ってはいけないし、敵も笑ってはいけない。笑っても、敵はこちらに親しみを抱かず、状況が悪化するだけだから」という主旨だ。したがって、愚か者と敵を笑ってはいけないとなると、知りあいの中で笑ってもいいのは友人だけになる。

だが、愛する人々を笑うことは正しいのだろうか？　ポープの考え方は——あるいは、この詩から読み取れる考え方は——真の友人なら私たちが信頼できる人物であることに自信を持っているので、私たちが笑っても気楽に許してくれるというものだ。逆に言えば、笑われて怒るような友人は本物とは言えず、笑うことは相手の本音をあぶりだすのに有効な手段だということだ。

だが、上記の言葉は違う解釈もできる。最初に笑ったときに友人が困惑したことで、さらに笑えるという意味にも取れるのだ。他の人の困惑を喜ぶことをドイツ語で「シャーデンフロイデ」(他人の不幸を喜ぶ気持ち)という。

上記の言葉はもとの文脈から離れたせいで、意味が完全には理解できないものの、一般に広く知られるようになった言葉の一例と言えるだろう。**TH**

寛容である前に公正であれ。

イライザ・ヘイウッド
「フィメール・スペクテーター」誌
1738

イライザ・ヘイウッド(旧姓ファウラー)はイギリスの女優であり、多作の詩人、劇作家、実話小説(当時の有名人をたやすく見破れる偽名で描いた小説)作家でもあった。写実小説も著し、最も有名なのが『過ぎたる愛』(1720)で、女たらしが自らの行いを改めて道徳を学ぶ恋愛小説である。

ヘイウッドは1744年4月から1746年5月まで、女性が執筆したイギリス初の雑誌「フィメール・スペクテーター」を刊行した。結婚における不公正に焦点を当てた先駆的なフェミニストの雑誌である。本誌は育児や教育、もっと気楽なところではエチケットについても扱っていた。ヘイウッドは4つの筆名で寄稿し、記事は読者の手紙を基にしているとあった。これもまた革新的な取り組みである。ヘイウッドは社会には女性に不公平なことが多く存在していると感じ、必ずしも不公平のままでいる必要はないことに気づくよう読者を鼓舞した。

ヘイウッドは上記の言葉を「古い格言」だと記していた。これが最初に記録された形であり、それでヘイウッドの言葉とされているのである。**LW**

人生を生きていくなかで、新しい知人をつくらずにいると、まもなく孤独になるだろう。友情は常に手入れをすることだ。

サミュエル・ジョンソン
推定・伝聞
1755

ジェイムズ・ボズウェルの『サミュエル・ジョンソン伝』(1791)に出てくる言葉である。ボズウェルは詩人であり、小説家、評論家、そして包括的な英語辞典を初めて編纂した人物でもあるサミュエル・ジョンソンの機知と知恵を記録することに人生を捧(ささ)げた。

ジョンソンはあらゆることに対して鋭い見解を持っていたが、感心なことに自らの間違いは進んで認めた。ある女性にどうして「繋(つなぎ)」を誤って「馬の膝」だと定義したのかと尋ねられ(正しくは球節と蹄(ひづめ)のあいだの部分)、ジョンソンはこう答えた。「無知だからですよ、マダム」。

ジョンソンは上記の言葉で、いかにも彼らしい型にはまらない見方を披露している。たいていは若い頃にできた少数の友人がいれば、生涯付きあっていけるという意見のほうがはるかに一般的だろう。だが、ジョンソンはこの月並みな意見とは逆で、まったく新しい角度の提案をしている。私たちは死別、貧困、身体が動かない、地理的に離れた等の何らかの理由で、昔からの親しい人々と疎遠になってしまう恐れがある。それだけでなく、ジョンソンは友情は決して盤石ではないと言っている。他のものと同様に、友情も腐食するものであり、定期的な手入れが必要なのだ。 **TH**

偏見はドアから追い出しても、窓から戻ってくる。

フリードリヒ大王
ヴォルテールへの手紙
1771

プロイセン第3代国王であるフリードリヒ大王とフランスの哲学者ヴォルテールの文通は40年続いた。1736年、フリードリヒは24歳のときに初めてヴォルテール(42歳)に手紙を書き、「あなたの著作の数えきれないほどの美点」について言及し、「あなたが教えを授ける価値があると思う」人々の中に加えてほしいと頼んだのだ。

プロイセンを強力な大国にした、極めて有能な軍事司令官であるフリードリヒ大王が、官能的な彫像が多く立つ庭を築き、宮廷で文学愛好家に囲まれ、ヴォルテールの称賛を求めた若者と同じ人物だとはとうてい信じがたい。だが、戦場で将校たちと苦労を分かちあって感嘆され、安全な場所から支配していると非難されることがなかったフリードリヒは、フランスのものすべてに憧れて育ち、ルイ14世の華美な宮廷をまねた。国民の「作法と倫理」を教化し、政治的及び社会的寛容さを奨励したいと考えていたのだ。

ヴォルテールへの手紙で、フリードリヒは自分が直面した偏見について文句を言い、周囲に対する不満をもらしている。そして当然ながら共感を得たようで、のちにアルベルト・アインシュタインはこう述べたと伝えられている。「偏見を砕くのは原子を砕くより難しい」。 **TH**

私は困難の中でほほえむことができ、苦しみから力を集め、非難から勇気を育てられる人が好きだ。

トマス・ペイン
「アメリカの危機」
1776

∩急進的な革命請負人ペインを描いた
アイザック・クルックシャンクの漫画「誰か、私を雇わないかね」(1792)。

トマス・ペインの一連の小論文「アメリカの危機」第1集から引用されたこの言葉は、独立戦争(1775-83)で大陸軍がニュージャージーからデラウェア川まで後退したときに、アメリカ人に向かって呼びかけたものだ。兵士たちは疲れ、食糧にも欠いていたが、ペインは兵士たちの整然とした退却を称(たた)えた。そして、さらに「夏の兵士たち(夏の軍務の厳しさを嫌って脱走した兵士たち)」や「陽光の愛国者(都合がいいときだけの愛国者)」はいるかもしれないが、「ささいな問題」ではなく、深刻な窮地に追いやられたときこそ、本物の兵士は不屈の精神を発揮するものだと続けた。「戦局が難しいほど、勝利は輝く」と。そして「小さな志」はしぼみ、たやすく得られるものには価値がないと繰り返した。

その後、ペインの信念は試されることになる。イギリスからのアメリカ独立を擁護した小冊子『コモンセンス』(1776)により、ペインは「アメリカ独立の父」と呼ばれるようになったが、批判する人々もおり、その後独立戦争の財源に関する発言が議論を呼び、政府高官にはなれなかった。ペインは決して信念を捨てなかったが、キリスト教を率直に批判したため、友人たちに排斥され、その多くに見捨てられて死去した。*TH*

誰でもほめる人は、誰もほめていない。

サミュエル・ジョンソン
『詩人列伝』
1779

サミュエル・ジョンソンの上記の言葉――すべてをほめたら、何の価値もない――は、評論家共通のモットーとすべきである。ジョンソン自身も評論家として強い主張を持っていた。ジョンソンの『詩人列伝』には50人を超える詩人の評論が載っているが、その多くは18世紀に生きていた。本書は1740年から登場し始めた詩人を集め、それをジョンソンが注目すべき詩人の序列で整理したものだ。

また、『シェイクスピア全集』(1765)の序文の冒頭では、称賛の言葉を全員にふりまくのではなく、優れた人だけほめるべきだという考えを明らかにしている。「死者だからといって根拠なく称賛したり、昔の人だからといって優れた人だけにふさわしい栄誉を与えたりしているのは、真実には何も加えられないのに、逆説的な異論から卓越さを期待する人々や、慰めのような方便に落胆するあまり、現在では無理なことを後代の人々に期待して、いまはまだねたみから無視されているが、いずれ時がたてば注目されるはずだと勝手な希望を抱く人々である」。**IHS**

∩1764年、ジョンソン(右)は文学クラブ設立に協力。話している相手は、同クラブ会員で詩人のオリヴァー・ゴールドスミス(左)。

あなたの体は崇拝されるよう自然が願った教会なのです。

マルキ・ド・サド
『ジュリエット物語あるいは悪徳の栄え』
1797

この言葉はマルキ・ド・サド、ドナスィヤン・アルフォンソ・フランソワの道徳的に逆転した哲学を簡潔に言い表している。サドは6歳のときに伯父のもとで教育され、その堕落した修道院長に性を教えられた。そして10歳のとき、イエズス会の学校で鞭(むち)打ちを経験する。

サドは裕福な治安判事の娘に求婚するが、治安判事は妹より器量が悪い上の娘と結婚させる。娼婦たちを鞭で打ったり、自らの小児性愛を満足させるために地元の子供たちを誘拐したりするサドの行為に当局が辛抱できなくなると、サドは妻の妹とイタリアへ逃げた。そんなサドを妻は許したが、義母であるマダム・ド・モントルイユは許さなかった。ルイ15世に願い出ると、その勅令で、サドは裁判なしで収監され、30年近く監獄で過ごしたのだ。

収監されたことで、サドに書く時間ができた。上記の言葉は、13歳の主人公ジュリエットを誘惑して堕落させた女子修道院長マダム・デルベーヌの言葉である。ジュリエットは悪徳と強盗と殺人だらけの人生で得た富と幸せを満喫するが、妹のジュスティーヌは高潔に生きていこうとしてひどく苦しむのだ。 ***LW***

(結婚とは)愛の墓場である。

ジャコモ・カサノヴァ
『カサノヴァ回想録』
1797頃

ジャコモ・カサノヴァはベネチアの冒険家であり、いくつもの筆名で著作や翻訳を行った作家でもあり、人生の最後に最も有名な作品『カサノヴァ回想録』をフランス語で書いた。冒険に満ちた話が記録されており、カサノヴァが悪名高い賭博師であり、兵士であり、大の旅行好きであり、語学が堪能で、ときにはベネチアのスパイとして働き、魔術を使い、悪行で刑務所に放りこまれた人物であることがわかる。

そして何よりも回想録で多くの恋愛について告白したことで、人々の記憶に残っている。
「私の人生において、一番の務めは常に自らの五感を満たすことだった……私は女性のために生まれてきたのであり、女性を心から愛している」。

上記の言葉はカサノヴァの結婚に対する考えを示している。ただし、カサノヴァはキリスト教徒として生き、キリスト教徒として死んだのであり、誘惑した女性には常に礼儀正しかったことは覚えておくべきだろう。彼は優しく親切で、決して乱暴ではなかった。その点ではカサノヴァのふるまいは当時の貴族の大半と違っていた。当時の貴族は身勝手で軽い情事にふけり、結婚は経済的な利益や社会的な地位を向上させるためのものだと考えていたのだ。 ***TH***

親族は運命が選び、友人は己が選ぶ。

ジャック・ドリル
「憐憫」
1803 頃

　この言葉は「友人は選べるが、家族は選べない」という考えを伝えている。これがフランスの詩人ジャック・ドリル自身の本当の心情だったのかどうかはわからない。だが、ドリルの人生がそれほど幸せでなかったのは確かだ。ドリルはフランス中部のクレルモン＝フェラン近くで庶子として生まれたが、とても優れた古典の学者、翻訳者、教師となった。16 歳のときには若すぎるという理由でアカデミー・フランセーズへの入会を認められなかったものの、翻訳者として非常に尊敬され、「フランスのウェルギリウス」と呼ばれた。だが、孤独な人生だったらしく、スイスとドイツに家をかまえ、ほぼ失明した状態でパリで死去した。

　現在、ドリルは自作の詩より翻訳で知られている。上記の言葉の引用元は「憐憫」という自作の詩で、ドリル自身の孤独を思わせるやや悲しげな言葉がいくつか並んでいる。たとえば、「最も甘いのは、種子が自然にまかれてできた果物」や「本当の喜びは自分で見つけたもの」といった言葉である。*TH*

∩ フランスの肖像画家アンリ＝ピエール・ダンルーが1802 年に描いたジャック・ドリルと妻。

愛は死ぬと言う者は罪深い。他の情熱はすべて人生から消え去る。他の情熱など、すべて虚飾にすぎないが。

ロバート・サウジー
『ケハマの呪い』
1810

イギリスの詩人ロバート・サウジーは1802年に叙事詩『ケハマの呪い』を書き始めたが、書き終えたのは1810年だった。12巻から成る『ケハマの呪い』はケハマと呼ばれる邪悪な聖職者の物語である。本作はヒンズー教の神話とゾロアスター教の影響を受けている一方で、サウジーが生きていた時代のイギリスのインドに対する商業的関心も反映している。この詩では、悪は善の形を取るということが繰り返し言及されている。そして上記の言葉では、サウジーは「愛は死ぬ」という考え(ここでは「罪」だと表現されている)に反論しているのだ。

サウジーは同時代のサミュエル・テイラー・コールリッジやウイリアム・ワーズワースほど成功も名声も得なかったが、生涯にわたって詩と散文を書き続け、散文はより高い評価を得た。サウジーは度量のある人物で、自分の家族のみならず、詩人仲間であるロバート・ローウェルの未亡人や、コールリッジの未亡人や遺族をも養った。

いかにも公正な見解を持つ人らしく、サウジーはこう述べている。「互いの価値を確信している者同士の友情は、距離や時間が離れていることで薄れるものではない」。*TH*

財産がある独身男なら、妻を求めているに違いないというのが世間一般の相場である。

ジェイン・オースティン
『高慢と偏見』
1813

世界の文学の中でも最も有名な書き出しの1つである。この箇所だけを取り出すと、格別に記憶に残る言葉ではないが、小説全体の文脈に置くと、オースティンがこの言葉に中心となるテーマ――自分にふさわしい生涯の伴侶探し――と皮肉っぽい調子の両方をこめているのが明らかである。

実際、読み進まなくても、ある種の抜け目なさがすぐに感じられる。人はどれほど筋が通った意見であれ、異論はないだろうと言われたら、反発するものだ。かくして読者は冒頭から、その言葉に反論したくなるようさり気なく仕向けられているのだ。そしていったん疑いを抱けば、次の言葉を額面通りに受け取るのは難しくなる。それどころか、異論が湧き起こるのだ。金持ちの男が、なぜそのお金を使う他人を必要とするのだろうか？もちろん、そうした可能性もあるが、必ずしもそうだとは言いきれないはずだ、と。

結局、社会的に有利な結婚を期待して、男を追いかけるのは女のほうなのだ。ミセス・ベネットは5人の娘、ジェイン、エリザベス、メアリー、キティ、リディアの夫を見つけるのに躍起になるのである。*JP*

⊃ 1883年版『高慢と偏見』の表紙。

PRIDE AND PREJUDICE

BY JANE AUSTEN

871

GEORGE ROUTLEDGE & SONS.

友情は雨宿りの木。

サミュエル・テイラー・コールリッジ
「若さと老い」
1816

**∩1814年、42歳のときの
サミュエル・テイラー・コールリッジの肖像画。**

このさまざまな長さの連から成る複雑な押韻構成の49行の詩が訴えているのは、避けることのできない時の経過の悲しみである。ここでは時の移ろいを多くの比喩で表現している。その中で最も衝撃的なのが、朝露(若さ)が夕方になると後悔の涙(老い)に変わるというものだろう。

上記の言葉は一般的には、友人は逆境から私たちを守ってくれるという意味で解釈されるが、この詩の文脈では別の解釈もできる。友情という木は私たちを危害から守ってくれるだけでなく、老化の過程を隠してくれるという解釈だ。

この詩では「人生とは思考でしかない」と考えることで慰めを得ようとしている——コールリッジはシェイクスピアの作品に傾倒しており、この言葉は『ハムレット』の「人生にはよいも悪いもなく、すべては考え次第」という言葉を思い出させる。この考え方を基にして、コールリッジは「若さと私はいまだ同居人」だと考えようとしている。だが、この「同居人」という言葉で、私たちは「若さ」は肉体を間借りしているだけで、遅かれ早かれ老いに追い出されるという避けられない事実を思い出す。老いとは偽装した若さでしかないという示唆で詩は終わるが、それが願望でしかないのは明らかである。*JP*

愛において、唯一の勝利は逃げることである。

ナポレオン・ボナパルト
『聖ヘレナにおけるナポレオン回想録』
1820

複数の解釈がある言葉である。1つは恋に落ちると、その体験で得るものと同じくらい失うものがあるという冷笑的な前提から、関係ができる前に逃げ、男女関係のもつれを避けたほうがいいという解釈だ。もう1つは愛する人に対しては無関心を装うのが唯一の成功法則だという解釈である。過度な熱意を見せることほど、相手に嫌気を起こさせるものはないという意味だ。

後者の解釈は他の言葉でもよく伝えられており、こちらのほうが可能性が高そうだ。たとえば「愛とは獲物に狩人を追わせるものである」という言葉は古くから伝えられている。

この洞察がどのくらいナポレオンの実体験に基づいているのかは知りようがないが、ナポレオンは決して恋愛と無縁ではなかった。ナポレオンは2度結婚した。1度目はジョゼフィーヌ・ド・ボアルネで、彼女と離婚したあと、オーストリア皇女マリー＝ルイーズと再婚したのだ。そして、結婚している最中にもポーリーヌ・フーレス、エレオノール・ドニュエル・ド・ラ・プレニュ、アルビーヌ・ド・モントロン、マリア・ヴァレフスカなど、多くの愛人がいた。JP

∩ジャン・オーギュスト・ドミニク・アングルが描いた、フランス第1統領時（1804）のナポレオン・ボナパルト。

愛されるために愛するのは人間的だが、愛するために愛するのは天使的である。

アルフォンス・ド・ラマルティーヌ
『若き日の夢　グラツィエッラ』
1849

アルフォンス・ド・ラマルティーヌはまず何よりも詩人として活躍した。最も名高い作品が『瞑想詩集』(1820)である。そして高名な歴史家でもあり、ジロンド党(フランス革命時の君主制反対者の集まり)に関する研究書が人気を博した。また政治家としては、1848年の短い期間、フランスの第二共和政を率いた。

上記の言葉はイタリアの漁師の孫娘と著者の恋愛をもとにした小説から引用されている。2人の関係はラマルティーヌがフランスに帰国したことで終わった。2人は手紙のやり取りを続けたが、しばらくしてラマルティーヌはグラツィエッラが16歳で死んだことを知り、小説はグラツィエッラの思い出に捧げる詩「最初の後悔」で終わる。

最初『若き日の夢　グラツィエッラ』は事実と虚構を織り交ぜた『秘密の中編小説集』に収録されたが、『若き日の夢　グラツィエッラ』だけで出版されると、演劇で1度、映画で3度脚色されることになった。最も新しい作品は1955年にジョルジオ・ビアンキが監督し、マリア・フィオーレがグラツィエッラ、ジャン＝ピエール・モッキーがフランス人のアルフォンスを演じた映画である。*JP*

C アンリ・ドケーヌが描いたラマルティーヌの肖像画(1839)。

私たちは愛を超える愛で愛しあった。

エドガー・アラン・ポー
「アナベル・リー」
1849

「アナベル・リー」は1849年にポーが死去するまえに完成させた最後の詩である。6連から成り、そのうち3連は6行、1連は7行、2連は8行で、押韻構成は連によって少しずつ異なっている。

この詩はポーがこだわっていたテーマに戻っている。すなわち、死んだ女に対する男の愛だ。この詩は5年間結核と闘って1847年に死去した妻ヴァージニアを偲んで書いたと考えられている。だが、これ以前の作品に比べて、それほど悲観的ではない。たとえば「大鴉」では、恋人は死によって永遠に引き裂かれるが、この詩ではこう書かれている。

「天上の天使たちも、海底の悪魔たちも、私の魂を、美しいアナベル・リーの魂から引き離せない」

「アナベル・リー」は数々の作品に着想を与え、引用されている。たとえば、ジョーン・バエズやスティーヴィー・ニックスといった歌手たちは音楽の背景としてこの詩を使い、2009年にはマイケル・リシが長編映画を監督している。

クリント・イーストウッドの監督デビュー作である映画『恐怖のメロディ』(1971)では、永遠に一緒にいることがはらむ危険性が強調されている。この映画では狂気に駆られてポーの詩を引用する女が、DJを殺そうとするのだ。*JP*

最も親しい友とは、
最悪の部分を見せる相手ではなく、
最良の部分を見せる相手である。

ナサニエル・ホーソーン
メモ
1850 頃

∩ アメリカの作家ナサニエル・ホーソーンが訪問カードとして使用していた写真。

ナサニエル・ホーソーンは「暗黒ロマン主義」で知られるアメリカの小説家である。イギリスから移民としてやってきた最初の清教徒の子孫だった。その生い立ちを考えると、ホーソーンの作品の核心が倫理的なテーマや、罪や罪悪感や悪行に関する寓話(ぐうわ)であるのももっともである。そして後年に書いたより深い精神的なテーマは、ヘンリー・ジェイムズやD・H・ローレンスに称賛された。

上記の友人に関する言葉はホーソーンの実際の作品ではなく、エッセーや短編小説を書くためのメモに記されていた。発見したのは息子ジュリアンで、『伝記——ナサニエル・ホーソーンと妻』(1884)の第1巻で言及されている。メモの言葉はとても真剣である。ホーソーンは親しい友人とは自分の過失をこっそり教えて許してもらう存在ではなく、最もよいところを見せる存在だと言いたかったのだろう。ホーソーンの友人であり、同年代だったラルフ・ウォルドー・エマーソンはこう言っている。「一緒にばかなまねができるのは、昔からの友人のありがたいところだ」。また、ドイツ人哲学者のフリードリヒ・ニーチェは「愛は盲目。友情は目を閉じる」と語っている。ホーソーンの友情に関する言葉は2人の言葉への反論なのだろうか？ *TH*

愛して失っても、まったく愛さないよりいい。

アルフレッド・テニスン
『イン・メモリアム』
1850

この言葉は恋愛の終わりではなく、死別について語ったものである。この詩で追悼されているアーサー・ヘンリー・ハラムはテニスンと同時代の詩人で、1833年に父親とウィーンにいるときに、脳卒中で22歳で死去した。テニスンとハラムは1829年にケンブリッジ大学で知りあうと、すぐに親しくなった。そしてリンカンシャーのテニスンの家でクリスマスを過ごしたとき、ハラムは18歳だったテニスンの妹エミリーと恋に落ちた。牧師だったエミリーの父に反対され、ハラムは家への出入りを禁止されたが、その父が死去すると、2人の仲は復活した。ハラムの死に対する悲しみようから察するところ、ハラムは知りあいの誰からもとても愛されていたらしい。テニスンは17年かけて友人を追悼する133連の詩を完成させている。

上記の言葉は絶望的なときにも楽観的でいるよう教えてくれる。テニスンは愛した人と知りあわなければよかったと思うのではなく、愛そのものを価値のある有益なものと見なし、そのあと失うことになっても、その価値は失われないと考えているのだ。ハラムの死はのちのテニスンの詩に物悲しさや郷愁を与えたと考えられている。*JF*

∩1864年、ジョージ・フレデリック・ワッツが描いたアルフレッド・テニスンの肖像画（油彩、カンヴァス）。

あなたをどんなふうに愛しているか？数えあげてみましょうか。

エリザベス・バレット・ブラウニング
『ポルトガル語からのソネット』「ソネット 43 番」
1850

『ポルトガル語からのソネット』は44の愛のソネットを集めた有名な詩集で、「ソネット43番」は英語で書かれた有名な詩の1つである。作者はヴィクトリア朝時代の著名な詩人エリザベス・バレット・ブラウニングで、引用された部分は詩の冒頭だ。「ソネット43番」は個人的な内容のため、バレット・ブラウニングは当初は出版に乗り気ではなかった。だが、夫のロバート・ブラウニングに説得され、出版に踏み切ったのだ。

冒頭で上記の質問を発したあと、バレット・ブラウニングは問題の人物、すなわち夫をどんなふうに愛しているか挙げていく。「数えあげる」という言葉は愛を描写するには無神経だと指摘する評論家もいる。だが、冒頭の質問はバレット・ブラウニングの愛に対する疑いを示唆しているわけではなく、その後に詳しく挙げられている答えは彼女の愛情を表している。バレット・ブラウニングは父親の反対を押し切って結婚した。夫に出会うまでの作品はあまり評価されていなかったが、『ポルトガル語からのソネット』は成功を収めた。夫が幸せを運んできたのだ。 *TH*

2人はとても愛し合っていた。女は娼婦で、男は泥棒だった。

ハインリヒ・ハイネ
『新詩集』
1852

詩「女」の一節である。わずか16行の詩だが、その短さの中で非常に多くのことを表現している。この詩で語られているのは、犯罪を生業としている男が盗みで逮捕されて終わりを迎える、ある恋の物語だ。男は牢屋から女に手紙を書き、面会にきてほしいと頼むが、女は冷たく無視する。そして、男が処刑されても同情を示さない。ただ赤ワインを飲んで、男の運命を笑うだけだ。

ハインリヒ・ハイネは1797年にドイツのデュッセルドルフで生まれ、ボン大学とゲッティンゲン大学で学び、1831年にフランスのパリへ移って、死ぬまでの25年間を過ごした。もっぱら芸術と急進的な政治に打ちこんでいたが、恋愛に無縁な人生ではなかった。最も重要だった恋愛はクレッサンス・ユージェニー・ミラーとのもので、ハイネは彼女を「マチルド」という愛称で呼んでいた。マチルドはハイネの半分ほどの年齢のフランス人店員で、無学でドイツ語が話せず、知的な関心もなかった。だが、2人は結婚し、1856年にハイネが58歳で死去するまで、一緒に満ちたりた暮らしを送ったようである。 *JP*

C エリザベス・バレット・ブラウニングのカラーリトグラフの肖像画（1840）。

何よりも、本当の自分ではない姿を人に見せてはならない。

ロバート・E・リー
ジョージ・ワシントン・カスティス・リーへの手紙
1852

∩ アメリカ南北戦争後、1865 年ヴァージニア州リッチモンドで自宅のポーチに立つロバート・E・リーの肖像写真（マシュー・B・ブレイディ撮影）。

ロバート・E・リーはアメリカ南北戦争で北ヴァージニアの南軍を指揮した軍人だった。この言葉は1861年の南北戦争勃発前に書いた手紙から引用したものである。1852年4月、リーはヴァージニア州アーリントンの自宅で手紙を書いた。宛先は19歳の長男のジョージ・ワシントン・カスティスで、ニューヨーク州ウエストポイントにある陸軍士官学校で学んでいた。

リーもこの学校、通称ウエストポイントで学び、第2位の成績で卒業していた。リーは息子への手紙で身の処し方について助言し、こうも記している。「世の中に対して率直になれるよう勉強しなければならない。率直さは誠実と勇気の子供だ。どんなときも本気でやることだけを口にして、正しくあることを当然だと思いなさい……友人をつくったり、なくしたりしないために、間違ったことをしてはならない。そんなことをさせる友人は安値で買える。同級生には親切に、けれども断固たる態度で接しなさい。いつか、こうしたやり方を身に着けてよかったと思うようになるだろう」。

同年9月、リーはウエストポイントの校長に任命された。そして息子に与えた助言は実を結んだ。1854年、カスティスは主席で陸軍士官学校を卒業し、南軍でも出世した。*CK*

愛には中間がない。壊すか、救うかのどちらかだ。

ヴィクトル・ユゴー
『レ・ミゼラブル』
1862

19世紀フランスのロマン主義の詩人、劇作家、小説家であるヴィクトル・ユゴーの『レ・ミゼラブル』の一節である。本作はユゴーの歴史小説の大作であり、フランス革命期のパリを舞台に、脱獄囚ジャン・ヴァルジャンの物語を中心に据えている。テーマは愛、思いやり、正義、贖罪(しょくざい)、許し。ユゴーはフランス社会で目にしてきた、罪のない人々を物乞いや犯罪者や娼婦に変える社会の不公平さ、貧困、硬直した階級制度を激しく批判していた。本作は大きな政治的、歴史的事件の中で展開する人々の人生を描いている。

盗みの常習犯から尊敬される市民となったジャン・ヴァルジャンの変容は、愛と思いやりを信じるユゴーの考えをよく表している。本書では繰り返し、愛が愛を生み、思いやりが思いやりを生む。ジャン・ヴァルジャンはミリエルの親切があったからこそ贖罪の道を歩み、他者を愛することを知ったからこそ、成功できたのだ。上記の言葉は永遠に続く自然のサイクルと、人間の人生のサイクルにおける至上の愛を思い起こさせる。このメッセージは読者にしっかり伝わった。1885年にユゴーが死去すると、200万の人々がその死を悼んでパリの道に出たのだ。*TH*

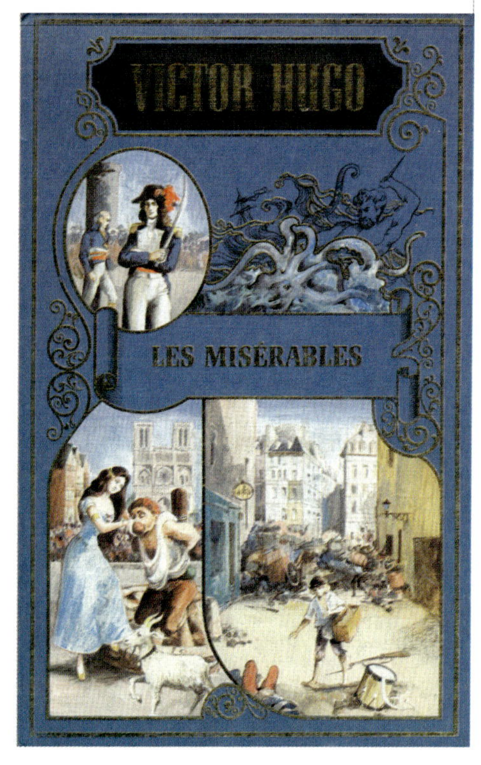

∩ 不朽の人気を誇るヴィクトル・ユゴーの『レ・ミゼラブル』は数多く映画化、テレビドラマ化、舞台化がされている。

頑(かたく)なにならない心を持ち、疲れを知らない気性を持ち、人を傷つけない感覚を持っている。

チャールズ・ディケンズ
『我らが共通の友』
1865

ディケンズが最後に完成させた小説から引用したこの言葉は、貧しさや孤独など多くの苦労に耐えているリジー・ヘクサムの性格を称賛したものである。テムズ川で見つけた死体から金品を奪って生計を立てているボート屋の娘であるリジーは自らの将来を犠牲にして、弟の面倒を見ている。父親が殺人の濡(ぬ)れ衣(ぎぬ)を着て死亡し、リジーも弟の乱暴な教師に言い寄られる。リジーにはひそかに恋している相手がいたが、上流階級の男であり、とても成就しそうになかった。

こうした状況であれば、リジーは度重なる落胆に頑なになり、反抗的になったり、冷笑的になったりしてもおかしくない。あるいは癇癪(かんしゃく)を起こし、怒ったり恨んだり、他者を気遣うことをやめても無理はない。だが、リジーは決して意気消沈せず、寛大な心を持ち続けたことで、ついには正当な幸せをつかむ。リジーの善良さは他の人々の善良さを引き出している。現実の人生ではときおり見られる皮肉とは対称的である。*TJ*

C ロンドンのディケンズ博物館のステンドグラス。

冗談に対する感覚の違いは、情愛にとって大きな重荷である。

ジョージ・エリオット
『ダニエル・デロンダ』
1876

『ダニエル・デロンダ』はイギリス人作家メアリー・アン・エヴァンズがジョージ・エリオットという筆名で著した小説である。エヴァンズ最後の作品であり、ヴィクトリア朝当時を舞台にした唯一の作品であり、倫理的な見解と社会風刺を結合させている。エヴァンズは子供の頃から好奇心旺盛な読書家で、20代になると、裕福な製造業者であり、哲学者であり、自由思想家でもあったチャールズ・ブレイの影響を受けた。そしてジャーナリスト兼編集者として働いたが、小説を書き始めると、それまで書評で批判してきた同時代の女性作家たちの「軽薄な構想」と区別するために、ジョージ・エリオットという筆名を用いた。

ジョージ・エリオットは7冊の本を書いたが、『ダニエル・デロンダ』は最も衝撃的で物議をかもした作品だった。本作の背景となっているのは、19世紀のイギリスやヨーロッパの社会におけるユダヤ人の地位に対する考察である。上記の言葉はダニエル・デロンダとサー・ヒューゴ・マリンジャーとの会話から引用されている。サー・ヒューゴの結婚に対する姿勢は薄っぺらで、真剣に考えているダニエルにはおもしろいと思えない冗談を言う。エリオットは余談として、冗談に関する鋭い見方をしているのだ。*TH*

幸せな家庭はみな似ているが、不幸な家庭はそれぞれ違う形で不幸である。

レフ・トルストイ
『アンナ・カレーニナ』
1877

∩映画『アンナ・カレニナ』(1948)のキーロン・ムーアとヴィヴィアン・リー。

⊃1887年、レフ・トルストイと妻と家族。

この言葉はレフ・トルストイの長編小説の冒頭の1行で、成功の本質に関する疑問を投げかけている。心理学者、人類学者、経済学者がこぞって、この問題について考えているのだ。「アンナ・カレーニナの法則」は、ある特定の環境——たとえば、幸せな家庭とか、人間が住める惑星など——を生じさせるには、いくつもの条件をすべて満たさなければならないという状態を示している。不完全な要素を避けていると、物事は壊れやすくなるのだ。

アリストテレスは家庭のみならず、すべての「人間はよいときには同じだが、悪いときはさまざまである」と述べている。不幸へ続く道は広く多様だが、幸福に続く道は険しくてせまい。これはキリスト教の精神の真髄である。そしてトルストイは自身の家庭でも、虚構の作品においても、その条件を完全には満たさなかった。多くの関係において幸福は最も危険な領域、性で失敗する。私たちは連帯や協力といった行動に幸福を見いだすが、不安や退屈だと幸福を見失う。私たちはある基準に合わせてぴったり重なりあうロシアのマトリョーシカではない。自分自身に合わせて正しい方向へ飛んでいく渡り鳥に似ているのだ。*LW*

結婚は人生に似ている……戦場であって、バラ園ではない。

ロバート・ルイス・スティーヴンソン
『若い人々のために』
1881

『誘拐されて』(1886)、『宝島』(1883)、『ジキル博士とハイド氏』(1886)の著者によるエッセー集『若い人々のために』には、男女の戦いに関する簡潔な名言が多く、中でも有名なのがこの言葉だ。

スティーヴンソンは結婚というテーマについて気楽そうに語っているが、決してふざけてはいない。同年代の人々の中にある結婚への躊躇(ちゅうちょ)に注目し、そのためらいを擁護する理由を提示している。そして人はなぜ結婚するのだろうかと疑問を投げかけ、「愛のため」という答えを即座に否定している。なぜなら、スティーヴンソンは愛を取るに足らない好み程度の要素だと考えているからだ。男と女は互いを「選ぶ」かもしれないが、他の状況では違う相手を選ぶかもしれないし、誰も選ばずに独身のままで満足するかもしれない。

スティーヴンソンは結婚は予測においても現実においても「恐るべきもの」だと表現した。そして結婚は必ず失敗するわけではないが、結婚がうまくいくためには努力を続ける必要があると主張している。また、こうも述べている。「読者はここに記したことをいつかおもしろがってくれるだろう。この意見に反対ならなおさらだ。少なくとも、ここに書いたことに害はない。誰も私の助言になど従わないだろうから」。*JP*

恋ははしかのようなもの。1度はかからなければならない。

ジェローム・K・ジェローム
『閑人閑想』
1886

『閑人閑想』はジェローム・K・ジェロームのユーモラスなエッセー集である。著者の2作目として出版された作品で、名声を高めるのに寄与した。いかにもユーモラスな本らしく、閑暇なときのお伴への献辞が記されている——好意を抱いている人間ではなく、パイプに対して。本書は著者の人気小説『ボートの三人男』(1889)と同じく軽妙な調子で書かれているが、評判はそこまで届かなかった。恋愛の経験とはしかの罹患(りかん)を比べるのは、いかにもジェロームらしい軽い語り口である。ジェロームは子供のときにかかると比較的軽くてすむが、大人になってからだと重くなる病気と対比させることで、恋愛は若いときにすると容易だが、年をとってから経験すると複雑な問題になるとほのめかしているのだ。

ジェローム・K・ジェロームは1859年にイギリス、スタッフォードシャーのウォルソールで生まれたが、早くに両親を亡くしたせいで学校をやめることを余儀なくされた。俳優、ジャーナリスト、教師といった職に就いたがうまくいかず、『閑人閑想』を著した。そして1888年にジョージアナ・マリスと結婚し、まもなく『ボートの三人男』を刊行した。テムズ川へ行った新婚旅行に着想を得て書かれた作品である。*TH*

これは手紙ではありません。少しの間、あなたを抱きしめている腕なのです。

キャサリン・マンスフィールド
レスリー・ボーシャンへの手紙
1915

キャサリン・マンスフィールドはニュージーランドのウェリントンで生まれた。15歳のときに故国を出て、イギリスで暮らす。1903年から1906年にかけてヨーロッパを旅行し、キャサリン・マンスフィールドの筆名で短編小説を書き始めた。一時ニュージーランドに帰国したが、田舎であることを嫌い、2年後にロンドンへ戻った。

マンスフィールドはいくつかの文学グループに入り、その中にはヴァージニア・ウルフやD・H・ローレンスもいた。そうしたグループの1つがレディ・オットリン・モレルがロンドンの自宅と田舎の別荘で主催していた文学サロンで、あらゆる階級の知識人が参加していた。モレルがとりわけ興味を抱いていたのが若い芸術家や作家の作品で、長文の手紙を多く書き送り、マンスフィールドにも作品の感想を送っていた。そして、マンスフィールドについてはこう書いている。「彼女と一緒にいると、とても興奮します……彼女はいんちきなどではありません――ただの山師とは違うわ」。

上記の言葉はマンスフィールドが愛する弟レスリーに宛てた手紙の一部である。レスリーは兵士としてドイツの西部戦線に送られ、この年に戦死した。この切々とした手紙で、言葉は2人の物理的な距離を縮めているのだ。*TH*

∩ キャサリン・マンスフィールド（写真）。
ヴァージニア・ウルフに、
「私が嫉妬する唯一の作品を書いた」と評された。

私にとって、愛とはナイフであるあなたを、私の中でひねるようなもの。

フランツ・カフカ
ミレナ・イェセンスカーへの手紙
1920

∩1922年、プラハで写真を撮るために、粋な格好でポーズをとるカフカ。

フランツ・カフカはチェコのプラハ在住のユダヤ人家庭に生まれたドイツ語作家である。孤独な子供時代を過ごし、父親に抑圧されていた。ユダヤ教会堂へはめったに行かず、10代の頃は無神論者だと主張していた。1907年から保険業界で働き始め、いくつかの会社で昇進したが、執筆に充てる時間が少なくなったことに不満を抱いていた。

カフカは内気で繊細ながら自信に欠けていたので、作品の多くは疎外感や心の葛藤に焦点が当たっている。愛を「私の中でひねるナイフのようなもの」と表現していることで、カフカが愛を受け入れがたい痛みを伴う感情として捉えているのがわかる。カフカにとって、本に対する姿勢も同様に不安に満ちていた。子供の頃から親しかったオスカー・ポラックに、「自分たちを傷つけ、突き刺してくる」本だけを読むべきだと主張している。「本は心の中で凍りついた海を割る斧(おの)でなければならない」というのだ。カフカはスキゾイドパーソナリティ障害だったと言われている。1913年の日記に「頭の中の巨大な世界」が「自分の中で裂けている」と、苦しそうに書いているからだ。『変身』(1915)はカフカが病んでいた証拠として引きあいに出される作品の1つである。*TH*

恋の悲劇は無関心である。

ウィリアム・サマセット・モーム
『木の葉のそよぎ』
1921

短編集『木の葉のそよぎ』収録の恋愛小説「赤毛」の一節である。ウィリアム・サマセット・モームが、不満はないものの情熱をかき立てられない恋人を持つのは最悪の恋愛であると考えていたのは明らかだ。モームによれば、無関心はどんな恋愛にとっても終焉（しゅうえん）の兆しであり、「死」や「別離」より悪い。

これはモーム自身の経験から語っているのだろう。モームは同性愛者だったが、シリー・ウェルカムと結婚して娘1人をもうけ、1929年に離婚した。シリーは夫と秘書フレデリック・ジェラルド・ハックストンとの関係が原因だったと述べている。実際、ハックストンはモームの愛人だった。同性愛者のモームが異性愛者の女性と結婚したのであれば、結婚生活に無関心になるのは当然だろう。モームとハックストンの関係は情熱的で、心が乱されるものでさえあったが、モームにとっては無関心よりましだった。モームの印象深い言葉の中には、無関心と一方的な愛の経験から発せられたものがある。「私が愛してきた人々の多くは、ほとんどあるいはまったく私に関心を抱いていなかった」。*TH*

∩ 劇作家であり小説家だったウィリアム・サマセット・モームは当時の最も有名な作家の1人だった。

退屈な人間とは、どんな調子かと尋ねられて、語り始める人のことだ。

バート・レストン・テイラー
『人類というもの』
1922

バート・レストン・テイラーには退屈な人にかまけている暇がなかった。「退屈な人」あるいは「退屈だ」という言葉は、エッセーや戯詩や雑文を収録した遺作集『人類というもの』に頻繁に出てくる。上記の言葉のおもしろさは、退屈な人はこの自己認識に関する基本的な試験に受からないという理解に基づいている。

テイラーは決して退屈な人ではなかった。古典から政治、ゴルフ、自然史まで、あらゆることに関心を抱いていた。だが、一番の興味はよい文章を書くことだった。音楽家として成功できるほどの才能はないと自覚していたが、言葉を生み出して物語を創ることはでき、その世界で仕事を得た。テイラーは自分が読んだり編集したりする作家の作品を批評するように、自らの作品も批評的な目で見た。その評論は上品でユーモアのある語り口であっても、非常に鋭かった。「人を退屈させるこつは、すべてを語ることである」とヴォルテールは述べている。テイラーが支持しているのは、この格言だろう。主要な言葉だけを引用すればこういうことだ。ストーリーに語らせること。テイラーは人間嫌いではなかったが、己の愚かさに気づかないことは嫌っていた。それがテイラーの特質であり、この言葉が魅力的な理由である。 **LW**

愛のない人生は、花も実もない木のようなものである。

ハリール・ジブラーン
『預言者』
1923

ハリール・ジブラーンはシェイクスピアと老子に続き、世界で3番目に売れている詩人である。ジブラーンの詩は40言語に翻訳されている——どちらかというと、自分を画家だと考えている人物にしては、悪くない売れ行きだろう。

ジブラーンは1883年1月6日にレバノンで生まれ、ベイルートとパリとボストンで教育を受け、いかにも画家らしいイメージを作品に用いて、人生と愛と精神についての哲学を伝えた。東方教会、イスラム教、仏教、アメリカの先験主義、そしてレバノンの民間伝承の教えを合わせて、自らの普遍的な「人類への賛美歌」を創りあげたのだ。最も有名な作品であり、1冊の本ほどの長さがある散文体の詩から引用された上記の言葉は、愛が人生を豊かにすると言っている。これは文字通りに出産という意味でも解釈できるし、比喩として創造性や生産性を育てるためには愛が必要だと言っているのだと解釈もできる。文体においても哲学においてもロマン主義だったジブラーンは「美のない愛」は香りのない花であり、種のない果実だと主張し続けた。 **EP**

⊃ 13歳くらいのハリール・ジブラーン。

解答の出せない大きな問題は、「女性が何を求めているか」だ。

ジークムント・フロイト
公妃マリー・ボナパルトへの手紙
1925

不感症について相談されていたマリー・ボナパルトへ、フロイトが送った手紙に記された言葉である。マリー・ボナパルトは性的に進んだ女性だったにもかかわらず、絶頂に達することができず、すでに長年この問題について真剣に研究を行っていた。その後、ボナパルトはフロイトの著作をフランス語に翻訳し、精神分析学者としても活動した。

フロイトは女性を理解できないことに本気でいら立っていた。論文「解剖学的な性差の若干の心的帰結」(1925)にこう記している。「女は変化を拒み、無抵抗で受け入れ、自分では何も加えない」。ユニバーシティ・ヘルス・ネットワークのウィメンズヘルス科長ドナ・スチュワートはこう指摘する。「フロイトはあの時代の男性でした。女性解放運動に反対で、女性の人生は生殖機能に支配されていると考えていました」。

フロイトは女性は従属的であるべきだと考えていた(長年連れ添った妻マーサを優れた主婦だと評していた)。したがって、フロイトの見方を覆そうとする女性だけが理解できなかったのかもしれない。*TH*

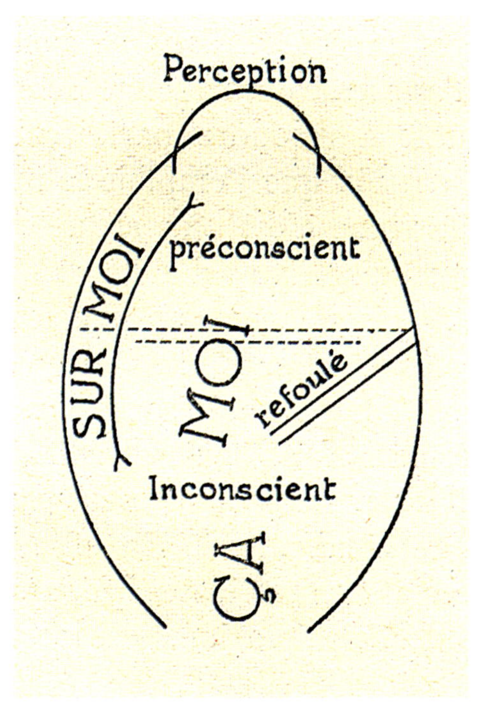

∩ ジークムント・フロイトの心的装置の図。

⊂ 「ヴュ」誌1932年7月20日号の表紙を飾ったジークムント・フロイトの写真。

青春の最深の定義は、まだ悲劇に触れたことのない生命である。

アルフレッド・ノース・ホワイトヘッド
『観念の冒険』
1933

文明の発展を主題とした、アルフレッド・ノース・ホワイトヘッド最後の哲学に関する大作に記された言葉である。「平安」というタイトルの章で、ホワイトヘッドはこうして「青春」の定義を明確に提示しただけでなく、青春という人生の段階全体についても熟考している。まず「青春は数奇でありすぎて、幸福な時期とは呼べまい」と述べ、「青春は、その記憶に生きる方が青春それ自身よりもよい」と結論づけているのだ。彼はまた若者が成熟するまでの重要な過程についても考察している。

今日でもホワイトヘッドの哲学は教育とエコロジーの分野に大きな影響を与えている。ホワイトヘッドは「プロセス哲学」と呼ばれる考え方を提唱した。世界は「相互に関係し合っているプロセスの網で、私たちはその不可欠な部分であり、私たちの選択や行動はすべて周囲の世界に影響を与える」というものだ。ホワイトヘッドの教育に対する信念も、この基本的な考えから生まれている。

ホワイトヘッドが発した言葉に「知識は魚と同様に日持ちしない」というものがある。無関係な情報のかけらを集め、生徒に無批判なおうむ返しをさせる「多分野教育」は避け、全般的な原則を提示し、世の中のさまざまな側面を関連づけさせる「分野横断教育」を施すべきなのだ。 *TH*

淑女が心変わりすることを選んでも、紳士はそれをまさしく淑女の特権だと考え、問いつめたりはしない。

ノエル・ラングレー
『グリーン・ジンジャーの土地』
1937

この言葉の引用元は1935年にイギリスに移住した南アフリカの作家ノエル・ラングレーの3作目の小説である。ラングレーが書いた最初の2冊は大人向けの風変わりな喜劇だった。古代ローマが舞台の『クジャクを檻に閉じこめて』(1935)とイギリスの舞台人を描いた『背後のイルカ』(1936)である。『グリーン・ジンジャーの土地』はアラジンの息子であり、中国の未来の皇帝であるアブ・アリを描いた、不思議な子供向けの物語だ。

この作品の成功により、ラングレーはMGM映画スタジオに雇われ、ビバリーヒルズへ行き、L・フランク・ボームの小説『オズの魔法使い』(1900)の脚本を書くことになった。ラングレーは完成した映画には不満だったものの——脚本の大部分を変更され、書き直された部分があったからだ——カリフォルニアは気に入り、残りの生涯を過ごすことになった。そしてハリウッドに関する愉快な小説『まやかし』(1941)を書き、1961年にアメリカの市民権を取った。

女性とは心変わりをするものであり、気持ちを変える自由を持つという考えを示したのは、上記の言葉が初めてではない。当時の性差別主義者の典型的な考え方だったからだ。だが、ラングレーの表現は巧みで、とても印象深い。 *JP*

経験は、愛とは互いに見つめ合うことではなく、ともに同じ方向を見つめることだと教えてくれる。

アントワーヌ・ド・サン=テグジュペリ
『人間の土地』
1939

一見、この言葉は男女の愛について語っているように思える。だが、実際には仲間意識や、同じ状況に陥った者が共通の目標を抱くことについての意味合いが強い。アントワーヌ・ド・サン＝テグジュペリは作家であり、詩人であり、ジャーナリストであり、貴族であった。また、パイロットの先駆けでもあり、著作の多くは飛行がテーマだ。『人間の土地』は友情、死、ヒロイズム、真実の追究など多くのテーマについて書かれた哲学的な回想録である。本書の中心となる出来事は、1935年に著者と航空機関士アンドレ・プレヴォがリビアのサハラ砂漠で事故にあい、2人とも脱水で死にかけたことだ。

サン＝テグジュペリを語るとき、中編小説『星の王子さま』(1943)に触れないわけにはいかないだろう。本書は著者のものと似たような墜落事故から始まり、作中のパイロットは砂漠で孤立するが、最後はサン＝テグジュペリの弟が15歳で死んだときを思わせる描写で終わっている。本書で星の王子さまはいろいろなものを見つめるが、上記の言葉が言及しているような見つめ方ではない。これは航空機関士とともにサハラ砂漠で孤立したパイロットとしての体験から浮かんだ言葉なのだろう。*TH*

∩ アントワーヌ・ド・サン=テグジュペリが描いた『星の王子さま』(1943)の水彩画の挿絵。

地獄とは他人のことだ。

ジャン=ポール・サルトル
「出口なし」
1944

◎1961年、アルジェリアで戦っているフランス軍に対する抗議集会で演説の準備をするジャン=ポール・サルトル。

この言葉はありきたりで厭世的(えんせい)な第一印象を与えるが、実存主義の中心となる考えを表している。サルトルはときおり自分は実存主義者ではないと否定し、のちに自らの哲学を大きく変えた。だが、そうした拒絶と見直しこそ、世界に大きな影響を与えた1943年の『存在と無』に記されている、人間関係に対するサルトルの初期の理論を具現しているのだ。サルトルは『存在と無』において、人間は自らの選択の結果としての自己に責任を負うという意味において、根本的に自由に性格づけられるものだと主張している。私たちは常に未来において異なる選択をすることが可能であるのだから、個性は過去にしたことで決めつけられるべきではないということだ。だが、この私たちは自分たちの個性を築き続けることが可能だという非常に明確な自由は、常に他者が存在するだけで打ち消される。なぜなら、他者は私たちが過去にしたことを覚えていて、それで未来の私たちの姿を受け入れることを制限するからだ。

サルトルはこうして互いに客観化することは打ち消しがたく、避けられないことだと考えていた。しかしながら、こうした思考の要素は「学習性無力感」から生じたものであり、矯正できる心理的問題かもしれない。*TJ*

人間関係では、優しさと嘘（うそ）は千の真実に値する。

グレアム・グリーン
『事件の核心』
1948

グレアム・グリーンは多くの人に20世紀最高の作家だと考えられている。グリーンの作品の多くはカトリックがテーマの小説で、倫理や政治の問題を扱い、複雑かつ相反する性質を持つ人間関係について意見を述べている。上記の言葉もその一例である。グリーンはよく真実の問題に触れているが、どうやら真実には重きを置いてないようである。この『事件の核心』では、優しくあることは正直であるより重要であり、正直になることが相手の感情を害す場合はなおさらだと言っている。

グリーンはかつて善悪の間で葛藤する小説ばかりを書き、欠点のある人物ばかり登場させると批判されたとき、純粋な信仰と善については書けないと答えた。作品に漂う陰鬱な現実主義はおそらくグリーン自身の体験によるものだろう。グリーンは子供の頃に鬱に苦しみ、宗教的な葛藤もあって、結婚したときにカトリックに改宗した。そしてイギリスのM16の諜報員（ちょうほういん）として各地を旅したので、作品はメキシコ、アルゼンチン、カメルーン、コンゴ等の国を舞台にしている。「グリーンランド（グレアム・グリーンの世界）」という言葉は、刺激的だが、侘（わび）しい生涯を表すために造られたのだ。*TH*

∩1954年、「ピクチャー・ポスト」誌に掲載された、ロンドンの自宅でのグレアム・グリーン。

誰にも何も期待しなければ、落胆することはない。

シルヴィア・プラス
『ベル・ジャー』
1963

∩ くつろいだ様子で仕事をしているように見えるが、プラスは内なる混迷から抜け出せなかった。

シルヴィア・プラスは人生に対する殺伐とした見方で知られているが、それがはっきり示されているのが、この『ベル・ジャー』の言葉である。プラスが死去する前に書かれ、生前に刊行された唯一の小説であり、じわじわと正気を失っていく女性が痛切に描かれている。上記の言葉で、プラスはいつも親しい人々に落胆していたことを認めている。また、プラスは心の奥深くにあった感情を吐露する「告白詩」も多く書いていた。

プラスは子供の頃から鬱病だったが、大学3年生で「マドモアゼル」誌のゲスト編集者をしていたときに、重大な出来事が起こった。「マドモアゼル」誌はプラスが憧れ、「人生そのものより生き生きしている」と表現していたウェールズの詩人ディラン・トマスとの会合を持ったが、プラスは同席できず、ひどく打ちのめされたのだ。プラスはトマスと会えることを期待して宿泊していたホテルの外で待ったが、実はトマスはもう帰ったあとだった。数日後、プラスは自ら足を切った。それが初めての自殺未遂だったようだ。プラスは1956年に詩人のテッド・ヒューズと結婚したが、ヒューズは浮気をして、プラスと2人の子供たちを残して去っていった。そして1963年の厳しい冬、プラスは自殺した。*TH*

女は母親を嫌う男と結婚すべきでないことは、嫌というほどわかっている。

マーサ・ゲルホーン
サンディ・ゲルホーンへの手紙
1969

母親は昔から子供の養育者と考えられている。子供の人生に多大な影響を与え、個性や性格を形づくる存在であり、マーサ・ゲルホーンが養子サンディ・ゲルホーンに宛てた手紙に書いた辛辣な言葉には、もっともな理由があると思われる。

ゲルホーンは問題の多かったアメリカ人作家アーネスト・ヘミングウェイの3番目の妻で、ヘミングウェイは実際に母親に対する深い憎しみを告白している。狩りや釣りを教えてくれようとした父親と一緒に広い外の世界に出ることを許さず、家でチェロを習うことを強制した母親を恨んでいたのだ。ゲルホーンと出会ったとき、ヘミングウェイは鬱病の治療を受けていた。最も辛い時期だったのである。ゲルホーンはヘミングウェイの不調は母親との関係が原因だと確信していた。

だが、ヘミングウェイによると、ゲルホーンも理想的な妻ではなかった。ジャーナリストとしての仕事で妻がたびたび留守をすることに、ヘミングウェイは不満を抱いていた。ゲルホーンは20世紀の偉大な戦争記者の1人で、第二次世界大戦を取材していたのだ。1945年、ヘミングウェイは他の女性と浮気をして、ゲルホーンと別れた。これで、非常に厳しい彼女の言葉の説明がつくのではないだろうか？ **TH**

きみは台無しにされちまう、ママとパパに。ママたちに悪気はないかもしれないが、そうなるんだ。2人の欠点を受け継がされて、きみだけの欠点もおまけに付けられて。

フィリップ・ラーキン
「これこそ韻文であれ」
1971

控えめな図書館司書のものとは思えない言葉に聞こえるかもしれないが、この最も有名になった詩で茶化すような毒舌が飛び出すずっと以前から、フィリップ・ラーキンの中では険悪な不満がふつふつと沸きあがっていた。この詩は「ニュー・ヒューマニスト」誌1971年8月号に初めて掲載されたあと、ラーキン最後の詩集『高窓』(1974)に収録された。

罵倒語が多く、伝承童謡のように単純なこの詩は不機嫌な10代の若者にとっては退屈なイギリス文学の授業を活気づけるのに今も最適だが、両親の欠点を荒々しく記し、子供は持つなと陰鬱に命じたとき、ラーキンは50歳近かった。

ラーキンは将来有望な学位を取り、小説家になる大志を抱いてオックスフォード大学を卒業したが、図書館司書となり、独身のまま、労働者階級が住むイングランド北東部ハルの郊外で暮らした。イギリスの無産階級へのこだわりに対する明確な考えは、侮辱の言葉をちらつかせながら、穏当な作品にも広がっている。「私にとっての欠乏はワーズワースにとっての水仙なのだ」と、ラーキンは『執筆への求め』(1983)で説明している。 **EP**

HAIR PEACE.
BED PEACE

愛と平和を訴えるのは最も乱暴な人間なのさ。

ジョン・レノン
「プレイボーイ」誌
1980

死去する2カ月前の「プレイボーイ」誌のインタビューで発したこの有名な答えで、ジョン・レノンは過去の罪を償い、社会に対する借りを返すという善行について思いをめぐらせていた。つまり罪深いほど、聖人として偉大になれると。

アルバム「サージェント・ペパーズ・ロンリー・ハーツ・クラブ・バンド」(1967)収録の「ゲッティング・ベター」の「彼女には辛く当たっていた/殴ったし、彼女を愛するものから引き離しもした」という歌詞は自分のことだと、レノンは話した。「ぼくは暴力をふるっていた。気持ちをうまく表現できなくて殴ったんだ……だから、いつも平和について語っている。愛と平和を訴えるのは最も乱暴な人間なのさ」。

後年になって、レノンは実際に愛と平和の擁護者となった。その最たるものが、1969年にアムステルダムのヒルトン・ホテルでオノ・ヨーコと行った1週間の「ベッドイン」である。

12月10日、「フィラデルフィア・インクワイアラー」紙はレノンが「愛がみんなを救うと本気で思っていた」と報じた。その2日前、レノンは狂気に駆られた犯人に銃殺されたのだ。*JP*

ビターアーモンドのにおいがすると、この恋も報われなかったのだと思ってしまうが、これぱかりはどうしようもなかった。

ガブリエル・ガルシア=マルケス
『コレラの時代の愛』
1985

小説『コレラの時代の愛』の書き出しである上記の文は、病んでいた友人が死亡して呼ばれた老医師フベナル・ウルビーノの反応を描いている。ウルビーノは友人が自殺をしたことに気づくが——「ビターアーモンドのにおい」は、ビターアーモンドに含有されているシアン化合物を指している——死因を公にするつもりはない。現場にいた若い医師は人体に対するシアン化合物の影響を確認できないことに落胆するが、ウルビーノはこれからも恋愛が原因で自殺した人々の体を調べる機会はいくらでもあるとさとす。

ウルビーノは友人の自殺に気づいたあと帰宅するが、まもなく転落事故で死亡する。そこで小説は若き日のウルビーノ医師が美しいフェルミーナと結婚した50年前に戻る。この作品にはさまざまな愛の形——むなしさ、報われない気持ち、若さ、不変など——があふれているが、ガブリエル・ガルシア=マルケスは最悪の時期にも愛を見つけることはできると希望を抱かせてくれる。フェルミーナは初恋の相手フロレンティーノと結ばれ、70代の2人は残りの人生をともに過ごすのだ。*TH*

⊂ 1969年、オランダでベッドの中にいる新婚のジョンとヨーコ。

セックスがなくても誰も死なない。死ぬのは愛を失ったとき。

マーガレット・アトウッド
『侍女の物語』
1985

∩1988年、数々の賞を受賞した作家マーガレット・アトウッド。

カナダの作家であり、環境保護論者であり、フェミニストであるマーガレット・アトウッドは父権社会に支配される女性登場人物を描くことが多い。『侍女の物語』は起こり得る筋書きであり、サイエンス・フィクションではなく「思索的フィクション」だと、アトウッドは主張する。ただし、本作の舞台は未来で、奇妙な宗教団体に支配され、女性が本を読むことを禁じられているギレアデというディストピアの話ではあるが。

語り手はオブフレッドという登場人物で、宗教団体の支配者階級の子供を産むために、「侍女」として仕えている。本作が描いているのは確かな関係を築くことを禁じられ、セックスが生殖だけの道具となっている社会である。オブフレッドのおばは「愛は問題ではない」と主張するが、オブフレッドにとって、愛こそが最も重要なのだ。オブフレッドは家族を恋しがっているだけでなく、ギレアデには愛がないとも語っている。「ここには愛せる人がいない。私が愛せた人はみな死んだか、他の場所へ行ってしまった」。そして、さらに司令官がギレアデの体制を正当化しようとして「私たちは何を見過ごしたのだろうか」と尋ねると、オブフレッドはひと言で答える。「愛よ」と。

TH

間違いなく言えるのは、愛は至るところにあるということ。

オプラ・ウィンフリー
『確かにわかること』
2014

オプラ・ウィンフリーはいくつかの評価によって、世界で最も影響力のある女性とされている。確かなのは、トークショーの司会者であり、女優、プロデューサー、慈善家、メディアオーナーでもあるこのアフリカ系アメリカ人は、政治家と一般市民の耳を持つ力強い女性だということだ。ウィンフリーは多数の賞を受賞した「オプラ・ウィンフリー・ショー」に逆境を乗り越えた人々の感動的な話を取り入れるなどして、トークショーに革命を起こした。そしてウィンフリー自身の出世話も他の人々に刺激を与えている。彼女は貧しい家庭に生まれ、懸命に働いて億万長者になった。ウィンフリーは成功した秘訣（ひけつ）を著書『確かにわかること』で伝え、愛と幸せに対する見方も語っている。

ウィンフリーが上記の言葉で語っているのは、恋愛だけでなく、さまざま形の愛についてである。恋愛となると、多くの女性は恋人がいないと不完全であるかのように誤った思い込みをしがちだとウィンフリーは記している。恋人になる相手はこういう人で、恋愛関係はこうあるべきだという先入観を抱いているとも。だが、愛にはさまざまな形があると彼女は断言する。女性に必要なのは、あらゆる可能性を受け入れることだけなのだ。 *CK*

∩2010年、オーストラリアのシドニーで「オプラ・ウィンフリー・ショー」収録前の記者会見で話をするオプラ・ウィンフリー。

LITERATURE

C ベルリンで『ゴドーを待ちながら』(1953)の演出をする
サミュエル・ベケット(左)。

この世のあらゆる人間の中で、吟遊詩人こそが栄誉と尊敬を得るべき者である。なぜなら詩神(ムーサ)に歌うことを教えられ、愛されているのだから。

ホメロス
『オデュッセイア』
紀元前800頃

ホメロスの『オデュッセイア』は『イリアス』のあとに書かれた、西洋文学で2番目に古い作品であり、人間の芸術の要である。この叙事詩ではオデュッセウスと戦士たちが10年にわたってトロイア戦争で戦ったあと、故国イタケーへ帰国する話が語られている。

オデュッセウス一行はスケリア島に着き、パイアーケス人の王であるアルキノオスに歓待される。オデュッセウスはアルキノオスにもてなされながら、デーモドコスの歌を聴き、感激のあまり涙を流して、思わず衣服で顔を隠す。そして歌にとても感動したこと、デーモドコスはムーサに本物の才能を授けられたに違いないことを伝え、デーモドコスに食事を与えるのだ。

ギリシャ神話では、9柱のムーサ(カリオペー、クレイオー、エラトー、エウテルペー、ポリュムニアー、メルポメネー、テルプシコラー、タレイア、ウーラニアー)は創作と着想の源だとされていた。そして人間が芸術の美、悲劇、着想を感じられるのは吟遊詩人の歌を通じてのみだとホメロスは述べている。ムーサが吟遊詩人に授け、吟遊詩人が私たちに授けてくれた、その感性があるからこそ、私たちは芸術家を心から愛するのだ。***MT***

大いなる書物は、大いなる悪。

キュレネのカリマコス
断片465
紀元前250頃

カリマコスはキュレネの名家に生まれた詩人、学者である。キュレネは現在のリビアのシャハト近くで、当時は古代ギリシャ帝国の一部だった。カリマコスはアテネで教育を受け、生涯のほとんどをエジプトのアレクサンドリア図書館の学者として過ごした。

カリマコスの作品と教えは数百年間ギリシャとローマの詩人に影響を与え続けた。アレクサンドリアにいたあいだ、カリマコスは図書館の蔵書を残らず調べ、世界最古の図書目録あるいは書誌と広く考えられている「ピナケス」を作成した。

上記の言葉は意外なほど文字通りの意味である。カリマコスは書物の文化的な重要性ではなく、単に大きさのことに言及したのだ。つまり「大きな書物は災いだ」という意味であり、カリマコスから見れば必要以上に長い作品を批判しているのだ。カリマコスはホメロスの『オデュッセイア』のような叙事詩が好きではなく、簡潔でしっかりした構成の洗練された表現を好んだ。自らは夢に出てきた芸術の神アポローンに教えを授けられたとして、詩の弟子たちに簡潔に要領よく書くよう指導している。***MT***

庭と図書館があれば、必要なものはすべてそろっている。

キケロ
『予言について』
紀元前 44

マルクス・トゥッリウス・キケロはローマの裕福な家庭に生まれた。古代社会の貴族では最も下位にあたる騎士階級の家柄で、政治家、執政官、弁護士などを務めた。また、哲学者であり、雄弁家としても高い評価を得ていた。14 世紀にペトラルカによって手紙が再発見されたことにより、世界や都市の問題に対するキケロの考え方はヨーロッパのルネサンスに影響を与えた。キケロの著作の多くは初期の教会によって大切に保存され、キケロ自身も立派な人物として称(たた)えられた。

そうした著作の中でも、全 2 巻の哲学に関する論説『予言について』はとても重要である。当時のローマの宗教について詳しく記されている数少ない書の 1 つだからだ。弟クウィントゥスとの対話形式であり、第 1 巻はクウィントゥスが予言を擁護しているが、第 2 巻ではマルクス・トゥッリウス・キケロが哲学的な立場から反論している。

上記の言葉はつまらない問題に阻害されずに、人生にとって重要なことを見極め、幸せでよい人生を送る妨げにしかならない無駄な行いや所有は避けるべきだと強調している。*IHS*

∩ フォルム・ロマヌムで市民に対して弁論を行うキケロの挿絵。

書く病にかからぬよう予防が必要だ。書くことは危険で、伝染しやすい病だから。

ピエール・アベラール
エロイーズへの手紙
1125

∩ 中世フランスの学者であり、
優秀な弟子エロイーズとの恋愛で有名なピエール・アベラール。

1115年パリ、エロイーズとだけ知られている女が、高名な論理学者であり哲学者であったピエール・アベラールの弟子となった。2人は恋に落ち、1616年に書簡集が刊行されると、その恋愛は伝説となった。手紙には2人の苦しい関係が詳細に綴（つづ）られている。互いへの心酔、秘密の恋、結婚。エロイーズの執念深い叔父によるアベラールの去勢。2人の別離と、聖職に就いたこと（アベラールは修道士に、エロイーズは修道女になった）。そして10年以上たってからの文通による再会。

エロイーズとアベラールがともに存在していたことはほとんど秘密にされており、手紙とアベラールの自伝『わが不幸の物語』が残っていなければ、2人の関係は知られていなかったろう。

今日では上記の言葉は、情欲を覚えている恋しい相手が遠く離れているときに手紙を書く危険性に対する警告というより、書くという行為自体の誘惑について言及したものだと理解されている。どんな主題であれ、何かを書くときは、1人だけで思考に臨むものであり、無害な記憶も動揺も空想も、不健康な先入観あるいは妄執にさえ変わる可能性があるのだ。**MT**

あの王妃は大げさに誓いすぎているように思う。

ウィリアム・シェイクスピア
『ハムレット』
1600頃

あらゆる言語で書かれた戯曲の中で最も偉大な作品とも評されるイギリスの悲劇において、タイトルとなっている主人公ハムレットは、父親であるデンマーク国王は叔父のクローディアスに殺されたのではないかと疑っている。父が死んだわずか2カ月後に、クローディアスは王位に就き、ハムレットの母ガートルードと結婚したのだ。ハムレットはクローディアスの罪を暴くために、実際に起きたと考えている一連の出来事を再現した芝居を役者一行に演じさせる。

ハムレットは芝居が上演されている間、クローディアスが罪悪感を見せないかとずっと観察していた。「ゴンザーゴ殺し」という劇中劇が進んでいくと、登場人物の1人が、たとえ夫が死んでも自分は再婚しないと話す。このとき、ハムレットはガートルードに芝居をどう思うかと尋ね、彼女はこう答えるのだ。「あの王妃は大げさに誓いすぎているように思う」と。ハムレットは母がクローディアスと共謀したのではないかと疑い、その言葉により母との関係がさらに悪化する。そして、まもなくクローディアスは気分を害し、芝居の途中で出ていく。ハムレットの最悪の不安は立証され、その先の道は決まった。国王である父を殺して玉座を不当に奪った継父を殺すのだ。 *JE*

⌒18世紀の戯曲『ハムレット』で、ハムレットが母親と対峙(たいじ)する場面。

それは
白痴が語る物語で、
響きと怒りは騒がしいが、
何の意味もない。

ウィリアム・シェイクスピア
『マクベス』
1606 頃

この野望によって起こる悲劇で、3人の魔女は中世の将軍マクベスに、スコットランド国王になる運命だと告げる。マクベスはなりゆきに任せることに決めるが(「運が私を王にするなら、運に任せればいい」)、マクベス夫人は事を急ぐよう夫をそそのかす。そこで、マクベスは国王ダンカンを殺して玉座を空けさせ、自らが王の座に就く。その後も、陰謀を企てたマクベス夫妻は自分たちが得たものを守るために、さらに罪を重ねる。魔女たちはもう1人の将軍バンクォーの子孫がマクベスの跡を継ぐと予言していた。それでマクベスはバンクォーを殺し、その子供たちも皆殺しにしようとするが、1人の子供に逃げられるのだ。

その後まもなく、マクベスの敵が兵を集めて攻めてくる。マクベス夫人は正気を失い、死んだという報告がマクベスにもたらされる。上記の台詞はその知らせに対するマクベスの反応の一部である。「それ」というのは人生そのものであり、人生を軽んじるようになるにつれて、マクベスの世界は崩れていった。

1929年、ウイリアム・フォークナーはアメリカ南部を描いた小説のタイトルに、この台詞の一部を借用した。『響きと怒り』である。**JE**

ペンは
魂の舌である。

ミゲル・デ・セルバンテス
『ドン・キホーテ』
1615

スペインの貧しい郷士が物語で読んだ騎士道に夢中になり、自らにドン・キホーテという高貴な名を付けて、世の中を夢のような場所にするために旅に出る。そして、スペイン中を放浪し、たびたびだまされる道連れ、サンチョ・パンサと話しながら人生について思いをめぐらせる。

上記の言葉はこの名作の後編16章に登場する。ミュンヒハウゼン男爵やウォルター・ミティと同じく、ドン・キホーテもほら吹きで、旅をしながら自らの経歴を創りあげる。ドン・キホーテのひどい空想の一部はセルバンテス自身のものであり、物語の途中であらゆるテーマについて長々と語っている。

ドン・キホーテは貴族と話しているときに、上記の言葉を発する。貴族の息子は勉学のために家を離れているが、父親によれば、詩を読んでばかりで他の勉強をしていないというのだ。ドン・キホーテの返事からは文学への愛とともに、比喩のない明確で直接的な言葉では何も表現できないことが伝わってくる。イメージはやや支離滅裂だが、言葉はとても力強い。**IHS**

⊃ ギュスターヴ・ドレが描いた1863年版『ドン・キホーテ』の挿絵。

決して読まないのに多くの本を所有したがるのは、寝ている間も蠟燭（ろうそく）をつけておきたがる子供のようなものだ。

ヘンリー・ピーチャム
『完全なるジェントルマン』
1622

THE
Compleat Gentleman
Fashioning him absolute in the most necessary & commendable Qualities concerning Minde or Bodie that may be required in a Noble Gentleman.
By
Henry Peacham,
Mr. of Arts
Sometime of Trinity Coll: in Cambridge.
—inutilis olim
Ne videar vixisse.—
The second Impression much Inlarged
Anno 1634.

Imprinted at London for Francis Constable and are to bee sold at his shoppe in paules Church yeard at ye crane

∩ 人気を博し、当時絶大な影響力を誇っていた本書の初期の復刻版の口絵。

この言葉の引用元である本書は、礼儀正しく成熟した社交界の一員になることを目指していた当時の若者が、読むことを求められた手引きである。旅行から、読むべき本や、まわりの人々全員が楽しい時間を過ごせるように気楽な雰囲気を保つための話題まで、あらゆることに関する実践的な助言が記されていた。

もともとピーチャムがこの手引きを書いたのは、アランデル伯爵の援助を受けるために、その息子が上流社会に受け入れられて安心して過ごせるための助言をまとめたのがきっかけだった。その後、本書は出版されて好評を博し、ピーチャムは名声と富を、イギリスの若い男性たちは自らを成長させるための実践的な手引きを得た。

当時の人文主義者たちと同様に、ピーチャムも理性によって成長することができると考えていた。しかしながらエチケットに関しては、見せかけと本物をはっきり区別していた。見せかけの礼儀を嘆き、紳士の礼儀正しさは自然で、さりげなくあるべきだと考えていたのだ。それどころか、よいふるまいは第2の天性のようであるべきだと考えていたのである。**MT**

シェイクスピアは一時代の人にあらず、万代の人である。

ベン・ジョンソン
「敬愛する作家を記念して」
1623

ベン・ジョンソンとウィリアム・シェイクスピアは16世紀後期から17世紀初頭にかけて、イギリスで肩を並べていた劇作家だった。当時2人は同じくらい人気があり、興行成績ではジョンソンのほうが勝っていたほどだった。だが、後世の人々はシェイクスピアのほうを好み、その作品の大半が今でも定期的に上演されるの対し、ジョンソンの戯曲は「錬金術師」と「ヴォルポーネ」の2作以外は図書館に並んでいるだけである。

2人は個人的に互いを知っていたらしく、シェイクスピアがジョンソンについて語った記述はないものの、ジョンソンはシェイクスピアについてたびたび語っている。シェイクスピアに「エイヴォン川の白鳥」というあだ名を付けたのはジョンソンで、シェイクスピアは「1つの台詞も書き直さない」という俳優たちの証言を伝えたのもジョンソンだった。ジョンソンはそのあと「シェイクスピアだって千個の台詞を書き直したに違いない」と付け足しているが、他でシェイクスピアを「偶像視するほど」好きだと告白しているのを見ると、シェイクスピアに相反する感情を抱いていたのは明白である。だが、上記の言葉では、ジョンソンは嫉妬心を退けて、シェイクスピアをはっきりと、そして予言めいた言葉で称賛している。**MT**

∩1617年頃に描かれたベン・ジョンソンの肖像画。

読むことで人は豊かになり、話すことで準備ができ、書くことで厳正になる。

フランシス・ベーコン
『随筆集』
1625

∩ フランドルの画家ポール・ヴァン・ソマーが描いたイギリスの哲学者フランシス・ベーコンの肖像画（1617）。

フランシス・ベーコンはイギリスの偉大な哲学者、弁護士、政治家であり、科学者でもあり、雪を使って肉を冷凍しようと試み、肺炎になって死去したと伝えられている。

ベーコンが「学習について」という随筆で、読み書きの能力の主な使い方について表明した考えはよく引用されている。人は他者と話すことで自分の考えの妥当性を検証できるし、そうすべきだという考え方だ。上記の「厳正になる」という言葉は、よく考え抜いて、的確な言葉を選ぶことを意味している。頭で考えているとき、その意味はあまりにも明確で、その考えを口にしたとき、自分の意図と違っていても、他人に指摘されないとわからない。

たとえば、「増大した銃規制の必要性を残念に思う」という発言は、全米ライフル協会の目的を支持しているのだろうか？　それとも、反対しているのだろうか？　そうした考えを口にしたり、出版したりする前に文字にすれば、その意味がきちんと伝わっているのか、あるいは例に挙げた言葉のように（故意に曖昧にしたにしろ、たまたま明確な意味が抜け落ちたにしろ）きちんと伝わっていないのかが、わかるはずである。*JP*

よき書物を読むことは、過去の優れた人々と会話するようなものである。

ルネ・デカルト
『方法序説』
1637

フランスの哲学者ルネ・デカルトは合理主義哲学の発展に大きな影響を及ぼし、今もなお合理主義哲学と強く結び付けられているため、合理主義哲学はしばしばデカルト哲学として知られ、その信奉者はデカルト主義者と呼ばれている。

デカルトは「我思う、ゆえに我あり」という命題で知られている。自分は存在しないのではないかと疑っている人間は、自分は存在しないのではないかと思っている事実により、存在していることが証明されるという意味である。21世紀になると、この言葉はその意味に賛成するか否かにかかわらず引用され、ときには「我思う、ゆえに我ありと思う」などともじられている。

デカルトの『方法序説』は、私たちが真実だと知っており、疑う必要がないことだけについて述べることを意図している。上記の言葉は独断的ではないものの、「会話」という言葉が適切かどうかは疑問だ。生きている読者は死んだ著者から学ぶことはできるが、相互に利益があると想像するのは難しい。格言は必ずしも巧妙なわけではない。覚えやすいだけの言葉もあるのだ。それでも過去の作家たちが、より古い作品の著者たちに応えているように見えることは少なくない。*JP*

書物は決して死んでいるのではなく、それを生み出した精神と同じくらい生き生きとした生命力を内包している。

ジョン・ミルトン
『アレオパジティカ』
1644

『アレオパジティカ』は言論の自由を守ろうとする、あらゆる言語で書かれた書物の中で、最も雄弁で怒りに満ちたものの1つである。ミルトンは紀元前5世紀のアテネの雄弁家イソクラテスが同じ主題について書いた作品と同じタイトルを付けた（アレオパゴス会議とは古代アテネの野外評議所である）。

ミルトンはピューリタン革命（1642-51）では国王チャールズ1世が率いる王党派と対立する議会を支持していた。だが、のちに『失楽園』を書くことになるこの詩人は、印刷の規制に関する条例が議会を通過すると黙っていられなくなった。これは1643年検閲条例とも呼ばれ、著者は作品を出版する前に政府の許可を得なければならないという条例だった。その結果、『アレオパジティカ』はミルトンが反対する検閲を無視して、無許可のパンフレットとして出版された。

上記の言葉の中心的な考えは、古代ローマの詩人ホラティウスが『歌集』第3巻30歌で「私はすべて死ぬわけではない」と表現したことと同じである。つまり、ミルトンの本は正式には出版されなかったが、もしも出版されれば、作品を通して未来の世代に知られることで生き永らえるという意味である。*JP*

The KING of BROBDINGNAG, and GULLIVER.

—Vide. Swift's Gulliver: Voyage to Brobding

風刺とは本人以外のすべての人々の顔が映る鏡のようなものである。

ジョナサン・スウィフト
『桶物語』
1704

あらゆるものを幅広く風刺する「桶物語」の序文として書かれた「書物戦争」から引用した言葉である。近代の知識がそれまでの知恵をしのいだ結果、昔の作家の機知は流行遅れとなったのか否かという激しい論争にスウィフトが寄せた序文である。

スウィフトは図書館における古代と近代という2つの勢力に分かれた書物の戦いを描き、賢明にも決着をつけないまま終えている(ただし、古代の書物を蜜を集めて創作するハチにたとえ、近代の書物を獲物を殺して食らうクモにたとえた余談に、個人的な見方が表れているが)。

スウィフトは自分が得意な分野を決めようとしなかったが、この作品では非常に重要な特徴が明確になっている。それは1970年代に見いだされた新しい表現で、イギリスの抽象画家ハワード・ホジキンは肖像画に描かれた人物は自分だと認識できるのかと質問されて、こう答えたと伝えられている。「いいえ、でも本人の友人にはわかります」。*JP*

C スウィフトの『ガリバー旅行記』をもとにした1803年のイラスト。

賢者が勝る芸術の中で、造物主の第一の傑作は見事な文章である。

バッキンガム=ノーマンビー公ジョン・シェフィールド
「詩に関する随想」
1723

押韻2行連から成るこの詩は初めて出版された際に人気を博した。よい文章を主題にした多くの作品と異なり、才能が劣る人物を皮肉っていないからだ。バッキンガム=ノーマンビー公は、そうした皮肉は作者不明で広まった「風刺に関する随想」に記した。多くの人がこの「風刺に関する随想」はジョン・ドライデンの作品だと思いこみ、ドライデンはそのせいでロチェスター伯爵の刺客に襲われた。「風刺に関する随想」にはロチェスター伯爵に対する批判が記されていたのだ。

だが、「詩に関する随想」を読んでも、文章がうまくなる方法はわからない。見習うべき文体の作家を紹介してはいるが、ホメロス、ホラティウス、ウェルギリウス、ジョン・ミルトンといったおなじみの面々であり、意外性がないからだ。

フランスの評論家エミール・ルグイとルイ・カザミヤンは『イギリス文学史』で、バッキンガム=ノーマンビー公の詩を「限られた視野で常識的な考えを明確に、如才なく説明しているだけの平均的な作品」と評している。これは妥当な評価だろう。この詩に書かれているのは三文詩人を世界的な作家に変えるような教えではなく、読者を怒らせたり退屈させたりしない方法、すなわち文章を書くときの作法にすぎないのだから。*JP*

読書ほど安価な娯楽はなく、長く続く快楽はありません。

メアリー・ウォートリー・モンタギュー
ビュート伯爵夫人への手紙
1753

∩ ベネチアの画家バルトロメオ・ナザーリが描いた、18 世紀のメアリー・ウォートリー・モンタギューの肖像画。

メアリー・ウォートリー・モンタギューはイギリス人貴族としては風変わりな女性で、著述家としても有名である。顔には幼い頃に患った天然痘の痕があり、のちにモンタギューはトルコで成功しているのを目にした天然痘の予防接種をイギリスに導入することに貢献した。

モンタギューを最初に有名にしたのは、ウェルギリウスの『牧歌』の設定をロンドンにした翻案だった。その後、モンタギューは戯曲「単純さ」等のオリジナルの作品やエッセーを多数書いた。エッセーの中で最も優れていた作品には急進的なフェミニズムが表れている。モンタギューは一時アレキサンダー・ポープと協力し、ジョナサン・スウィフトをこきおろしたが、その後2人は仲たがいして、ポープは『愚物列伝』の風刺詩でモンタギューを攻撃した。

また、モンタギューがイタリアのブレシアからビュート伯爵夫人となった娘のメアリーに宛てた手紙も重要で、その多くにはシンプルな生活や読書などの娯楽に関する優雅な内容が記されていた。しかしながら、モンタギューが不変の名声を得たのは、夫のエドワードがイギリス大使だった頃に数年間暮らした、当時のコンスタンティノープルについて書いた52通の手紙である。*JP*

書くことは、正しく扱えば……会話の別名にすぎない。

ローレンス・スターン
『トリストラム・シャンディ』
1759

有名な言葉だが、この名言が言及しているのが書くこと全般についてなのか、あるいはこの言葉の引用元である作品だけのことなのかははっきりしない。『トリストラム・シャンディ』はタイトルになっているトリストラム・シャンディの自伝という形を取っているものの、語り手は途中で小さな事柄に注意を奪われては脱線ばかりしているので、なかなか話が進まない――トリストラムが読者に自身の誕生について語るのは、3巻目に入ってからである。

1つの見方をすれば、この構造はスターンが念入りに創りあげた冗談である。そして、別の見方をすれば、これは一般的にこれまでの文学や芸術で扱われてきたものより、実際の人生をより正確に反映している――気を散らすことが非常に多く、想像は多様で、ひたむきなどというものは野望ではなく夢なのだ。

上記の言葉は一般的に、読みやすい散文を書きたいと思っている人は「話すように書く」べきだと主張するときに使われる。これは会話で使っている以上の気取った言葉を使わせないという点においてはもっともな助言だが、普段の会話には不要な繰り返しやつなぎ語が多く、よい散文を書くには編集が必要だという反論も多いだろう。*JP*

教養を見せつけたければ気楽に書けばいいが、気楽に書いたものは読みづらい。

リチャード・ブリンズリー・シェリダン
「クレイオの文句あるいは消えた絵画」
1771

私たちは情報を知らせるため、楽しませるため、記録するため、そして通信するために書く。言語という象徴的表現によって、距離や時間が離れていても意思の疎通が図れるのだ。歴史的に、書くことは教育を受けた豊かな人々だけに許された道具だった。そして読み書きの能力が社会的な目印となると、複雑な構成の文章を楽々と書ける能力がエリートの証明になった。だが同時に、難解な散文は読みづらくなってしまった。

死後に刊行された詩集で、シェリダンは表現するためではなく、感心させるために文章を書く人々を批判している。この詩を書いたとき、シェリダンはまだ20歳そこそこであり、自分の評判を高めることで頭がいっぱいだったに違いない。向上心のある劇作家として、シェリダンは効果的な表現や経験の抜粋を芸術に組みこむことが重要だと考えていた。上記の言葉で、シェリダンは自らを複雑な文章が書ける人物だとしながらも、同時にそんなことをしても逆効果だと嘆いている。

今日では、シェリダンの言葉は大学人や知識人など、ほとんど隠すことなく自慢を書き連ねている人々に対する忠告として役に立つかもしれない。自画自賛はやめて、さっさと要点を書け！ *MT*

PARTINGTON & C°
DAILY NEWS
STANDARD

ロンドンに飽きてしまった者は、人生に飽きてしまった者だ。

サミュエル・ジョンソン
推定・伝聞
1791

これはイギリスの首都に対するドクター・ジョンソンの最終的な見方だったのかもしれないが、彼の最初の見方ではなく、おそらく唯一の見方でもない。ジョンソンは初めて出版した詩であり、古代ローマの詩人ユウェナリスの風刺詩の模倣であった「ロンドン」(1738)で、悪党やならず者、泥棒、強欲な弁護士などの巣窟である危険な都会から逃げ出して田舎へ移った人物(おそらく友人の詩人リチャード・サヴェージのことだろう)への称賛を詳細に書いている。それから長年がすぎ、ジョンソンはその詩について後悔した。形式については古典の模倣を嫌うようになっていたし、内容については「ロンドンには人生が与えられるものすべてがある」と語っていたのだ。

上記の言葉はジェイムズ・ボズウェルの『サミュエル・ジョンソン伝』(1791)に記録されている。1777年9月20日、2人はボズウェルのロンドン好きは、ときおりスコットランドからジョンソンを訪ねてくるだけでなく、ずっとロンドンに住み続けても変わらないだろうかと話しあった。また、あるときジョンソンはボズウェルにこう言った。「今すわっている場所(フリート街近くの家)の半径16km以内のほうが、世界の残りの地域より学ぶべきことや科学が多い」。*JP*

∩影響力の大きかったイギリス人画家ジョシュア・レノルズが描いたサミュエル・ジョンソンの肖像画(1757)。

⊂19世紀のセントラル・ロンドン。

本がうまく書けていると、決まって短すぎるように感じる。

ジェイン・オースティン
「キャサリン、あるいは東屋」
1791

∩ジェイン・オースティンは
偉大な作家になるのに波乱の人生が必要ないことを証明した。

文学のみならず、あらゆる形の芸術について、多くの人々が同様の感想を述べている。交響曲がもっと長ければいいのにとか、美術館の名画のまえから動きたくなかったなどというように。

オースティンは早くから書き始め、10代でユーモラスな短編小説をいくつか書きあげたが、16歳のときに書いたのがこの未完の短編小説である。「キャサリン、あるいは東屋」は軽快な作品ではあるが、オースティンが大人になってから書いた作品で追求した、真実味のある作風やテーマも垣間見られる。

オースティンは作品の大半を匿名で出版しており、あまり世間に名が知られぬまま死去した。生前はほとんど評価されることなく知名度もなかったが、現在は広く知られている。作品の魅力は世界中に広がり、多くのファンが作品を毎年読み返しては、ほとんど暗記している物語が新しい映画やテレビドラマになるのを心待ちにしている。オースティンは41歳の若さで、数冊の作品と魔法のような世界を遺して死去した。だが、読者にとって、オースティンの遺産は力強く不朽であり、「もっと長くて読み終わらなければいいのに」と思うものなのだ。 **MT**

夢と本は別々の世界であり、本は純粋ですばらしい、充実した世界。

ウィリアム・ワーズワース
「ひとりごと」
1806

この一節を引用した詩「ひとりごと」で、ワーズワースは仲のよいふりをしたおしゃべりや、社会的な成功で得られる栄誉や、産業の発展を拒絶している。忙しい日常を送って気を紛らわす必要はないと思っているのだ。それよりも自然の中で見いだした美や冒険が、文学の中の想像の世界と相まって、また子供のような喜びと驚きを得られるようになることを求めているのである。

ワーズワースはロマン主義の時代の先駆けであり、孤独、内省、想像力をうたったオードはロマン主義の創造的個人主義を反映している。啓蒙主義は理性と理解を人間の努力で高みまで押し上げたが、ロマン主義は先人への反動で、情熱と畏怖へ回帰した。確かにこれにはロマン主義らしい芸術や文学にある、見るからに劇的な象徴や物語も含まれるだろうが、暖炉の前でひとりで黙想することも同様に含まれる。自己の深まりはひとりで黙想することで生じる。それは私たちの旅を、過去の偉大な芸術家たちの中に見いだした創造的な深みと結び付けてくれるのだ。*JD*

私は雲のように、ひとりさまよい歩いた。

ウィリアム・ワーズワース
『二巻本詩集』
1807

ワーズワースがイングランドの湖水地方を妹のドロシーと散歩した時にできた詩の冒頭である。

「黄金色に輝く、たくさんの水仙を見た。
湖の畔、木々の下、
風にそよめき、踊っていた」

ロマン主義の詩でもとりわけ忘れられない光景であり、ワーズワースの詩の中でも最も愛されている。だが、出版当時は、そうした見方は少なかった。ワーズワースの親友で『抒情(じょじょう)民謡集』(1798)の共著者でもあるサミュエル・テイラー・コールリッジは「大げさ」だと異議を唱え、バイロンは「幼稚」とまで言ったのだ。

それでも、この詩はワーズワースの哲学全般や芸術についての信条を見せてくれる貴重なものである。ワーズワースにとって、水仙は実際に目にした時も、あとで思い出した時も同じくらい美しかったのだ。詩の最後は次の通り。

「ぼんやりと物思いに耽(ふけ)り
長椅子で横になっていると
心の目の前で、あの光景がきらめく。
ひとりでいる無上の喜びだ」

ワーズワースは「静穏の中で甦った感情」に突き動かされて、この詩を書いたという。これこそ、ワーズワースが伝えようとしたことなのだ。*JP*

新聞を読まない人は、読む人より真実に近い。

トーマス・ジェファーソン
ジョン・ノヴェルへの手紙
1807

∩ パリのカフェ・モミュスで新聞を独占している男を描いた1825年のフランスの版画。

「ボルチモア・ホイッグ」紙の未来の編集発行人から「非常に有益である新聞が取るべき手法」について尋ねられ、ジェファーソンがホワイトハウスから送った返信の一部である。

ジェファーソンはまずどんな出版物も報道する範囲を「事実と健全な主義のみ」に限定することで自主規制すべきだという主張から始めている。だが、これはあくまでも理想にすぎないと認め、こう続けた。「しかしながら、そんな新聞を読んでくれる人は少ないだろう。それが悲しい現実だ……。いまや新聞に載っていることは何も信じられない。真実はあの汚れた媒体に載っただけで疑わしくなる……何も読んでいない者のほうがすばらしい事実を知っているし、詳細はすべて偽りなのだ」。

この言葉から、アメリカ合衆国第3代大統領は第4階級、すなわち新聞界が嫌いだったのだとわかる。だが、ジェファーソンは検閲も好きではなかった。それどころか、1787年にバージニアの政治家エドワード・キャリントンに宛てた手紙でこう断言している。「新聞なしの政府か、政府なしの新聞か、どちらか選べと言われたら、一瞬のためらいもなく政府なしの新聞を選ぶだろう」。*JP*

いかれていて、不良で、近づくと危険。

キャロライン・ラム
日記
1812

キャロライン・ラムは18世紀イングランドの小説家だが、今日ではロマン主義の詩人バイロン卿(きょう)との短くも醜聞となった恋愛でよく知られている。1812年にバイロンと出会ったとき、キャロラインは結婚して7年たっていた。バイロンは長詩『チャイルド・ハロルドの巡礼』の最初の2篇(へん)を出版し、有名になったばかりだった。他の多くの女性たちと同じく、キャロラインも主人公の情熱と精力的な姿に夢中になり、チャイルド・ハロルドに対する賛辞をバイロンへ送った。そして舞踏会でバイロンに初めて会ったあと、キャロラインは日記に、バイロンについて上記のように評したのだ。

キャロラインがこの言葉を創ったのは、バイロンが2人の情事を終わらせたあとかもしれないが、それでもバイロンが危険な男だという点については、キャロラインの考えは正しかった。バイロンとの情事で社交界におけるキャロラインの評判に傷が付いたのだ。バイロンはまだ24歳だったというのに、その浪費癖のある暮らしぶりは自らが創りあげたチャイルド・ハロルドの生活をそのまま映していた。バイロンの「いかれていて、不良な」評判はキャロラインと出会う前からだったが、その後ドン・ファン伝説を詩に書いたことで、厭世(えんせい)的なアンチヒーローのイメージが強くなった。*TJ*

∩イギリスの肖像画家トーマス・フィリップスが描いた、日付けのないキャロライン・ラムの油彩画。

美は真実なり、真実は美なり、この世で知ることはそれだけであり、知るべきことはそれだけである。

ジョン・キーツ
「ギリシャの壺（つぼ）のオード」
1820

○19 世紀のキーツ詩集の表紙。

古い陶器に描かれた絵に触発されてキーツが想像をめぐらせた有名な詩の締めくくりの言葉である。この詩で描写されているのは誰なのか？その者たちはどこへ行こうとしているのか？　どんな音楽を聴いているのか？

T・S・エリオットはこの言葉は美しい詩を台なしにしていると考えていた。確かに、この言葉の意味は不明だ。美も真実も主観的であり、知的な説得力のある意味合いで「知る」ことはできないと。そして、この言葉に引用符が付いていることで、問題はさらに複雑になる――この言葉は、誰あるいは何が、誰に向けて語りかけている言葉なのだろうか？　詩人が壺に語りかけているのか、壺が詩人に語りかけているのか、それとも詩人あるいは壺が読者に語りかけているのだろうか？

もし「ギリシャの壺のオード」に何らかの「メッセージ」があるとしたら、偉大な芸術は作品自体に含まれていない事柄に心をさまよわせるべきものであり、芸術は自己完結するものだが、広い世界を匂わせるものだということかもしれない。つまり、芸術を鑑賞する者は納得できる答えがないことを不安に思ってはならないということだ。至福は知らないことにあるのかもしれない。謎はとても魅惑的なものなのだから。*LW*

霧と豊かな実りの季節よ！

ジョン・キーツ
「秋に寄せて」
1820

キーツの『1820年詩集』に収録された詩の冒頭であるこの言葉は、本書の他の名言とは異なっている。教えや警句といったものが含まれておらず、秋の描写でしかないからだ。しかしながら、この言葉はとても鮮やかで忘れがたく、頻繁に口にされ、英語圏の多くの人々にとても親しまれている。

キーツは夕方にイギリスの田舎を散歩したあと、この「秋に寄せて」を書いた。11行3連の詩であり、押韻構成はababcdedcceもしくはababcdecddeで、鮮やかな心象とオノマトペを見事に使っている。第1の連では、収穫の季節を描写している。そして第2連と第3連の冒頭では、秋を擬人化して頓呼法で直接呼びかけている（「豊かな作物に囲まれたおまえを見なかった者がいるだろうか？」）。そして詩はさらに鮮明な自然の美しさと恵み深さを描写して終わるのだ。

もし「秋に寄せて」に欠点があるとしたら、知的な要素がないところだろう。言葉は単なる描写でしかなく、キーツには目にしたものを解釈するつもりがなく、大きな結論を描いていない。しかしながら、大半の人々はそうした批判は無作法かつ無意味で、レンブラントと違うと言ってピカソを責めるようなものだと考えている。この詩は情緒的であるからこそ、英語圏で人気があるのだ。*MT*

私の中で燃え盛る炎をあなたが知ってくれたら、私は分別で消そうとするでしょう。

アレクサンドル・プーシキン
『エヴゲーニイ・オネーギン』
1825

ロシアの偉大な詩人であり、ロシア文学の祖であるアレクサンドル・プーシキンは、まだ若いうちにロシア文学界での地位を築いた。15歳で第1詩集を出版して人気を博し、20代半ばには評論家に称賛される詩人となっていた。

1825年から1832年にかけて続き物として初めて刊行された韻文小説『エヴゲーニイ・オネーギン』は、主人公であるエヴゲーニイ・オネーギンとタチヤーナ・ラーリナの恋愛を描いている。最初に出会ったとき、若く内気で感受性の強いタチヤーナはひと目で貴族オネーギンに恋をするが、オネーギンはその思いに応えない。数年後に2人が再会したとき、タチヤーナはすでに結婚し、落ち着きと自信に満ちた女性になっており、今度はオネーギンのほうが彼女に見込みのない恋をする。オネーギンは思いを打ち明けるが、かつて自分がタチヤーナの思いを拒んだように、今度はタチヤーナに拒絶されて絶望する。

オネーギンは最初に手紙で愛を告白するが、タチヤーナから返事はなかった。その後も、オネーギンは何通も手紙を書くが、タチヤーナは無視する。エヴゲーニイ・オネーギンの悲劇は、自らの運命を前もって予測して行動できない人間の悲劇なのだ。*MT*

アキレウスは
ホメロスの手によってのみ存在する。
この世から文学が消えたら、
栄光も消えてしまうだろう。

フランソワ=ルネ・ド・シャトーブリアン
『ナチェズ族』
1826

∩ ジャック=ルイ・ダヴィッドの弟子、アン=ルイ・ジローデ・ルーシーが描いた19世紀のシャトーブリアンの肖像画。

シャトーブリアンの凝った詩的散文体と自然界の美に対する崇拝は、フランス文学にロマン主義をもたらした。シャトーブリアンは貴族で、1791年にアメリカへ渡って、フランス革命の時期を過ごした。そしてアメリカ滞在中は都市へも未開の土地へも行き、けがをして回復するまでの1カ月はネイティブ・アメリカンと過ごしたと言われている。

北米の自然の美しさはシャトーブリアンの創造力を刺激した。1792年にフランスに帰国しても、アメリカでの経験はシャトーブリアンの中にとどまり、その後アメリカの未開の土地を舞台にした小説数冊が生まれた。その中の1冊である『ナチェズ族』の序文で、シャトーブリアンは書くことや文体、語り手、そして事実とフィクションが交わる点の見極めの重要性について考察している。ユリウス・カエサルが有名になったのは、どのくらいがカエサル自身が書いたものによるもので、どのくらいが他の者がカエサルについて書いたものによるのだろうか？　詩人ホメロスが書いたこと以外で、私たちは架空の存在であるアキレウスについて、何を知っているのだろうか？　個人的な経験や書かれたもので見つけたこと以外で、私たちは何を知っているのだろうか？ *MT*

本を与えてくださった神に感謝いたします。本は遠く離れた人々やすでに亡くなった人々の声であり、私たちに過ぎ去った時代の崇高な人生を与えてくれるものです。

ウィリアム・エラリー・チャニング
『自己修養論』
1838

ウィリアム・エラリー・チャニングはアメリカの聖職者で、のちに「ユニテリアン主義の使徒」として知られるようになった。この世の最大の悪だと考えていた奴隷制、飲酒、貧困、戦争をなくすために生涯をかけて活動した人物である。

上記の言葉は修養と教育の本質に関する講演から取ったものである。チャニングはその講演で、一般の労働者は貧しさから、自分たちの取引や商売に必要なことしか知らないと話している。そして、仕事と家族を抱える平均的な善意ある人々が、裕福な人々や学ぶ時間や手段を持っている人々と同じように教養を得るにはどうしたらいいだろうかと尋ねている。

チャニングの考え方では、その答えは本にある。本を読むことで、人々は想像力を働かせて楽しんだり、見識を得たり、数世代にわたって伝えられてきた言葉の機知を知ることができる。誰もが本を読むことができれば、貧困や身分の低さといった壁を壊して、知識を得られるのだ。本は読む者すべてに修養や教育を与え、読み書きができてページをめくる意志がある者なら、誰でも啓蒙できるのだ。MT

∩ チャニングは社会改革のために戦った19世紀の偉大なアメリカ人である。

ペンは剣より強し。

エドワード・ブルワー＝リットン
『リシュリュー』
1839

∩1873年の版画をもとにしたエドワード・ブルワー＝リットンの肖像画。

⊃ 1960年代の多くの抗議活動で使われた文句で、言葉の力を訴える著述家グロリア・スタイネム。

エドワード・ブルワー＝リットンはイギリスの政治家、詩人、小説家、劇作家、評論家である。上記の言葉はフランスのルイ13世とルイ14世の治世で大きな影響力を持っていた枢機卿(すうききょう)を描いた戯曲の台詞である。

この言葉が主張する考え方は平凡で、さまざまな言語で格言となっている。最も古い記録は紀元前7世紀のアッシリアだ。その後も古代ギリシャの劇詩や聖書などで、数多く記録されている。もちろん、すべてがまったく同じ表現ではなく、「ペン」と「剣」が「舌」と「刃」あるいは「精神」と「マシンガン」に変わってはいるが、暴力は知力にかなわないという考え方は常に同じである。

ロバート・バートンの『憂鬱の解剖』(1621)にも「それゆえに、ペンが剣よりもどれほど残酷かは明白である」という似た言葉があるが、ブルワー＝リットンの台詞のほうが引用しやすい。なぜなら、バートンの言葉は「どれほど残酷なのか？」という言葉が返ってくる可能性があるが、ブルワー＝リットンの台詞は断定だからである。「ペンは剣より強し」という考えは、おそらく正しいのだろう。あるいは、そうあって欲しいという願望なのかもしれない。それは作家にとって、自らの存在価値を正当化するものなのだから。**LW**

We
Shall
overcome

その日は、とても散歩などできそうになかった。

シャーロット・ブロンテ
『ジェイン・エア』
1847

シャーロット・ブロンテの『ジェイン・エア』は商業的に成功した、斬新かつ画期的な小説である。ブロンテは天賦の才と実力があったにもかかわらず、「カラー・ベル」という男の筆名で著書を出版せざるを得なかった。終始、女性の視線で書かれている『ジェイン・エア』は出版当初は物議を醸した。男の世話や庇護を受けずに自力で世の中を渡っていくことを主張する女性の物語だからだ。

ブロンテは自らの個人的な体験を多く用いて、本書に説得力のあるリアリズムを与えている。『ジェイン・エア』は語り手である主人公が家の中にいるしかない状況から始まる。ジェインの散歩を阻むのは風と寒さではあるものの、そうした制限は文化の足かせを象徴している。ジェインは作者と同様に、階級や性別や家族という制約を乗り越え、社会が女性に与えた狭量な定義を脱するために苦闘しなければならない。愛を見つけ、本当の自主性を保持するために、ジェインは辛い選択をするのだ。だが、最後にジェインは成功する。男からの求婚を承諾するのではなく、自らが結婚を決めることで。**MT**

私のことはイシュメールと呼んでくれ。

ハーマン・メルヴィル
『白鯨』
1851

「私のことはイシュメールと呼んでくれ」は有名な書きだしの言葉であり、今日の英語圏でも使われ続けている。たとえば、ロン・ハワード監督の映画『白鯨との闘い』(2015)に対する「バラエティ」紙の映画評は、「私のことは平凡と呼んでくれ」という言葉で始まっている。

メルヴィルは作品の語り手に曖昧な印象を与えている。語り手は、自分の名前はイシュメールだとは言っていない。「呼んでくれ」と言っているだけなのだ。語り手は、私たちが期待しているような偏りのない人物なのだろうか？　つまり、信頼できるのだろうか、できないのだろうか？

事実と虚構の間の曖昧な領域である神話はメルヴィルの大作の中心で、それとともに18世紀の階級の解体と、捕鯨船での生活のドキュメンタリー風の話が描かれている。本書の主題の1つは、現実と真実の見極めの理解とその難しさだ。タイトルになっている白鯨、モービー・ディックを仕留めることに取り憑かれている船長エイハブは実際より誇張されている。メルヴィルは散文や詩や歌からシェイクスピアのト書きや傍白までを使って、自らの世界をふくらませているのだ。**IHS**

⊃ 1956年版『白鯨』の捕鯨の場面の挿絵。

良書が非常に少ないのは、書けるほど何かを知っている人が非常に少ないからだ。

ウォルター・バジョット
『人間シェイクスピア』
1853

ウォルター・バジョットは19世紀イギリスの銀行家であり、ジャーナリストであり、文学者だった。アメリカ大統領ウッドロウ・ウィルソンはかつて、バジョットを「彼の世代の考えを明確に表現した」と評した。バジョットは17年間「エコノミスト」紙を編集し、政策立案に対する出版物の影響力を強め、取り扱う分野を政治と社会問題まで広げた。政府の政策、経済、文学と広範囲の記事を書いたのだ。

バジョットはこの随筆で、一流の想像力はすばらしい経験から生まれるべきで、すばらしい経験は好奇心と世の中を知りたいという熱意から生まれなければならないと述べている。あまりにも多くの作家が読み、書き、校正することばかりを繰り返し、他のことをほとんどしていないと言うのだ。世の中について知らないことが多すぎ、人生において試そうとすることが少なすぎると。

優れた作家は物事を経験することを犠牲にしてはならないとバジョットは考えていた。学習すれば技術は身につくが、そうした技術は知恵ではなく、ましてや洞察力でもない。バジョットにとって、書く能力も大切ではあるが、伝えたいことがあること、体験や理解から生まれたことがあることは、まったく別物なのだ。**MT**

ぼくは、ぼくを祝福する。

ウォルト・ホイットマン
『草の葉』
1855

詩集『草の葉』に収録された「ぼく自身の歌」の一節である。この詩で、ホイットマンは誰よりも深く知っている対象について、徹底的に描写している――ぼく自身だ。だが、この詩が探求しているのはナルシシズムではなく、人間性である。ホイットマンが自身について書くのは、常にすべての人のためであり、啓発するためなのだ。

『草の葉』はある意味ではホイットマンにとって一生の仕事だった。何度も改訂し、最終版が出たのは1892年、ホイットマンが死去した年である。ホイットマンは格式ばった連や韻文といった一般的な詩の決まりごとを避けているが、「ぼく自身の歌」はリズミカルな音楽のようで、詠唱に近い。今でこそホイットマンは「自由詩の父」と呼ばれているものの、最初に『草の葉』を出版したときは大騒ぎになった。ただし、人々を狼狽(ろうばい)させたのは詩の形式ではなく内容だった。保守的な評論家はすぐに、ときおり詩に出てくる官能的なイメージを破廉恥だと非難したのだ。

ロマン主義の情感の魅力と、突き抜けた楽観主義と自己信頼が融合した「ぼく自身の歌」はアメリカ詩の礎となった。この詩で暴かれた「自身」とは、国であり、国民であり、人間であり、自然全体なのだ。**MT**

それは最良の時代でもあり、最悪の時代でもあった。

チャールズ・ディケンズ
『二都物語』
1859

歴史上最も売れた小説の書きだしである。この小説は1789年のフランス革命後が舞台で、当時のパリの人々は非常に不安で、危険な未来に直面していた。フランス革命は腐敗した不公平な旧体制を倒して、自由と平等と友愛の世の中をつくるという称賛に値する動機で始まった。だが、自由という夢はまもなく恐怖政治の悪夢に変わり、それは『二都物語』の最初の読者にとってはまだ生々しい記憶として残るものだった。数千人がギロチンにかけられて処刑されたのだ。国王ルイ16世と王妃マリー・アントワネットなど、初期の頃に処刑された人々の中には必要な粛清だと受け止められた人々もいたが、まもなく人々が無差別に逮捕されるようになり、多くの人が無実の罪で処刑された。

上記の言葉の真意は、読み進んでいくうちに明らかになっていく。上記の文章はこう続く。「……要するに、この時代は現代にとてもよく似ていたのだ」。ディケンズは私たちが常に最悪であり最良である時代を同時に生きていることを、状況は常に悪党も天使もどちらも育てるものなのだと知っていたのだ。**LW**

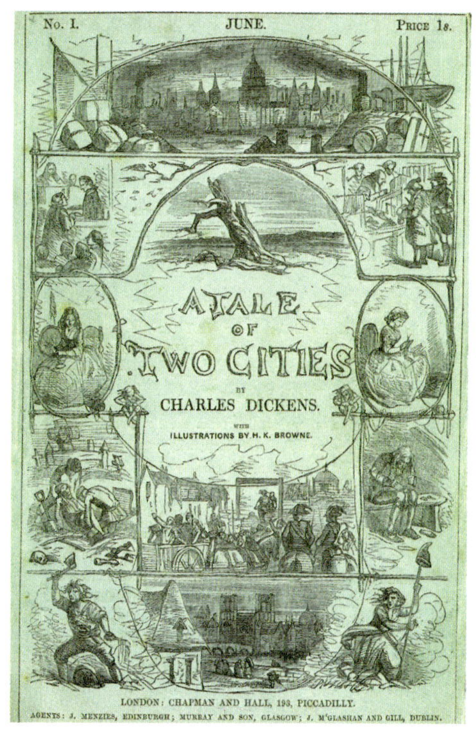

∩『二都物語』は当初は続き物として刊行された。この版画は初版第1部の表紙である。

1人の心が壊れるのを止めることができれば、私の人生は無駄ではないのでしょう。

エミリー・ディキンソン
無題の詩
1865

∩ アメリカの詩人エミリー・エリザベス・ディキンソン（1846 頃）。

エミリー・ディキンソンは静かに熟考して人生の大半を過ごした。個人的な付き合いは親しい家族や友人に限られていた。しかしながら、その引きこもった暮らしの中で、ディキンソンはアメリカ文化において影響力のある忘れがたい部分となった詩を創りあげたのだ。

ディキンソンは詩を出版して、ごく親しい人たち以外に読んでもらう努力をほとんどしておらず、有名になったのは死後に1800近い無題の詩が出版されてからだった。句読点や大文字の使用や構造の制約といった約束事を避けているディキンソンの詩は、表面上は単純でありながら、痛切で鋭く、非常に複雑だった。また、作品のテーマは宗教、自然、人生、愛、それぞれの個性、死など多岐にわたる。

上記の言葉で、ディキンソンは他者の役に立つことで、人生の価値は決まると訴えている。1人の人間を心痛から救ったり、誰かの苦しみをやわらげたりできたら、私たちの人生には生きる価値があるのだ。隠遁（いんとん）者として有名な詩人にとって、社会的な性質や互いに助け合える能力によって認められるというのは、非常に大きな発見だったに違いない。*MT*

思想には散文を、想像には韻文を。

ヘンリック・イプセン
ハイベルク夫人への韻文による手紙
1871

この書簡は、ノルウェー人劇作家ヘンリック・イプセンの問題作をコペンハーゲンで上演する際に尽力したデンマークの人気女優ルイーセ・ハイベルクに宛てたものである。ハイベルクはイプセンの作品で新しい女性を演じるには年をとりすぎているのが残念だと語っていた（ハイベルクは1812年生まれで、イプセンが最初の作品「カティリーナ」を完成させたときには38歳だった）。イプセンはハイベルクの支援に感謝し、彼女を「豊かで自由な」内面をすばらしい芸術に変えた女性だと評した。

上記の手紙にある「思想」とは、社会における女性の地位向上であり、イプセンはこのテーマで戯曲を書いており、中でも有名なのが「社会の柱」（1877）と「人形の家」（1879）である。イプセンは法律文書や科学的な理論と同様に、自分の考えのような政治に関する革新的な思想も、隠喩や直喩やその他の修飾語を使わずに、はっきりと簡明に散文で書くことが最も望ましいと主張している。さもないと、述べられている内容から読者の気がそれたり、論点が曖昧になってしまうからだ。

このルールの例外を見つけるのは難しく、作者が持論を述べたがるせいで魅力が減った詩の例を挙げるのはたやすい。*MT*

∩ ノルウェー人劇作家ヘンリック・イプセン（1892）。

あらゆるものに縛られた
怠惰な青春よ、
あまりに繊細だったせいで、
ぼくは人生をふいにした。

アルチュール・ランボー
「最高の塔（とう）の歌」
1872

∩ ランボーが最も有名だった時代にフランスの雑誌の表紙に載った風刺漫画。

フランスの詩人アルチュール・ランボーは頻繁にアブサンを飲み、故意に「感覚の乱れ」を引き起こして詩作する方法を生み出した。この方法により、幻覚的で、しばしば解読できない詩が多く生まれたが、その特徴は彼が同時代に創った短く単純な作品とまったく対照的だった。たとえば、上記の言葉の引用元である詩は、とても意味がわかりやすい。

ランボーはわずか1年で詩人として名を立てることに失望し、「最高の塔の歌」を書いて、世の中にうんざりしている苦々しい気持ちを表現した。上記の言葉が自らの放蕩（ほうとう）について語っているのは明らかである。しかしながら、それ以上に重要なのは、怠惰な青春と繊細すぎる性格がそうした熱狂的で無秩序な行動を生み、最後には無垢（むく）だった頃の青春時代を取り戻したいと願うことになったという皮肉である。その後まもなくランボーは放浪に疲れて、詩作自体をやめてしまう。だが、ランボーの強い感受性はありのままの体験をこの数行に反映させ、若者の無謀さと憧れと後悔を的確に表現している。***TJ***

賢明で適切な引用をするには、賢明な読者になることである。

エイモス・ブロンソン・オルコット
『談話集』
1877

談話集とは文学のサブジャンルであり、回顧録の一種で、著名人が非公式な場（食事のときが多い）で即興で話した言葉を著者が記録したものである。この形式の始まりはドイツの宗教改革者マルティン・ルターの時代までさかのぼり、1566年にルターの言葉が集められて出版された。この他にもジョン・ミルトン、サミュエル・ジョンソン、ヨハン・ヴォルフガング・フォン・ゲーテ、ナポレオン・ボナパルト、ルートヴィヒ・ヴァン・ベートーベン、ジョージ・バーナード・ショー、アドルフ・ヒトラーなどの談話集がある。

エイモス・ブロンソン・オルコットは超越主義者で、ラルフ・ウォルドー・エマーソンの友人だった。教育者であるオルコットは体罰に反対で、ユートピア的な社会をつくれると信じ、マサチューセッツ州の小さな共同体、フラワーランズで実践しようとした。その試みは失敗したが、人間を成長させたいというオルコットの思いは普遍的なよりよい教育制度を求める運動で継続された。それは字が読めるだけでは十分ではなく、学ぶのに最適な機会と手段が必要だという考え方だった。この考え方は型破りで、危険だとさえ考えられた。オルコットの二女であるルイーザ・メイは小説『若草物語』（1868）で自らの子供時代を振り返っている。IHS

∩児童文学作家ルイーザ・メイ・オルコットの父であり、アメリカ人教師、超越主義者であるエイモス・オルコットの木版画（1875）。

美しさとは神秘的で恐ろしくもある。神と悪魔が戦っている戦場とは、人間の心だ。

フョードル・ドストエフスキー
『カラマーゾフの兄弟』
1880

連載小説だった『カラマーゾフの兄弟』は多くのテーマを描く長大な作品である。同時に、疑いや自由意思の本質、道徳、人間としての苦しみ、罪の贖(つぐな)い、家族の役割に直面する運命を哲学的に探る小説でもある。また父と息子たち、父親殺しのドラマでもある。本書はフョードル・ドストエフスキーの晩年に書かれ、著者の有終の美を飾る作品であり、史上最高の傑作の１つである。

上記の言葉は直情的な長男ドミートリイが酔って、温厚な三男のアリョーシャに、胸の内にある好色な衝動を告白する場面で語られている。ドミートリイは自分が単なる肉欲だけで誘導されている虫けらと変わらない、と嘆くのだ。

ドミートリイにとって、美しさとは、少なくとも男には理解できないものなのだ。男は美しさを理解できないせいで、正反対のものを追いかけてしまう。つまり、貞淑な処女が必要なのに、身持ちの悪い女を求めてしまうのだ。そのせいで、どれほど立派な男でも、聖母マリアの完璧さを求めながら、ソドムで淫らな肉欲に耽(ふけ)ることを欲してしまうと、ドミートリイは信じている。ドミートリイ・カラマーゾフのような男の心では、本能的な衝動と神々しい大志の戦いが繰り広げられ、その戦いは死ぬまで終わらない。*MT*

私には才能しか申告するものがない。

オスカー・ワイルド
推定・伝聞
1882

1882年1月2日、アイルランドの詩人、劇作家のオスカー・ワイルドはニューヨークに着いたが、船が翌朝まで検疫を受けていたので、大勢集まった記者たちの前で話すことについて準備する時間がたっぷりあった。ワイルドの伝記を書いたアーサー・ランサムは、上記の言葉は税関職員に対する返事だと言っているが、ワイルドが発した言葉として引用していない。

それでも、この言葉にはいかにもワイルドらしい自信とタイミングが感じられ、本物らしく聞こえる。このときワイルドは自身の美学を売りこんで名を上げようとしていた。名声であれ悪名であれ、有名になるためにメディアを操作するという点では、数十年も先を行っていたのだ。この作戦はしばらく成功していたが、ワイルドは次第にそうした外向性によって転落することになる。

この言葉は、ワイルドに自分の考えを伝えられる能力があったことを証明している。ワイルドがこうした独創的な言いまわしで考えを表明し続けなければ、ワイルド自身が退屈してしまい、私たちを刺激して楽しませてくれることもなかったろう。その後、この言葉はワイルドの名言の１つとして知られるようになった。*LW*

作家は菓子職人でも、化粧品屋でも、芸人でもない。良心と責務との契約書に署名した者である。

アントン・チェーホフ
M・V・キセレワへの手紙
1887

医師としての教育を受けたチェーホフは最初は劇作家として有名になり、のちに短編小説が広く評価されて作家として名を上げた。今日では、史上最も重要な劇作家であり短編小説の名手としてその名が残っている。まだ若い医師だったチェーホフは当初は副収入を得るために執筆を始め、作品の多くが短い喜劇だった。その後、より真剣なテーマに目を向けるようになる。チェーホフの作品は複雑なあらすじなしに人間を描写し、ささやかな出来事を通して、登場人物の情熱や動機や無意識な欲望を描いていることが多い。

娯楽？　気晴らし？　楽しみ？　現実逃避？　チェーホフにとって、書くことはそんな手軽なものではなかった。書くことは内省であり、発見であり、処置することでさえあった。作家には現実を理解して、揺らぐことのない正直さで、それを提示する責務がある。願望のこもったレンズで、作家が見た世界を歪めてはならない。真実がどれほど辛(つら)く、心をかき乱すものであっても、作品は真実を避けてはならないのだ。医師が患者を診察し、科学者が自らの発見について説明するのと同じように、作家は人間の状況を見つめなければならない。それができなければ、作家の本質を裏切ることになる。*MT*

↑44歳で結核で死去する3年前の1901年に撮影され、デジタル処理でカラー化されたアントン・チェーホフの肖像写真。

辞書とは何と安らげるものか！

ルイス・キャロル
『シルヴィーとブルーノ』
1893

『シルヴィーとブルーノ』(1889)の続編、『シルヴィーとブルーノ・完結編』はルイス・キャロルにとって生涯最後に出版された小説だった。ストーリーは遊び心のある子供たちの場面になったり、大人たちの社会問題について論評している場面になったりしながら、平行した2つの世界を交互にのぞき、いつしか登場人物の特徴を受け入れ、現実と架空の世界の境界が不鮮明になっていく——著者が最も有名な作品『不思議の国のアリス』(1865)と『鏡の国のアリス』(1871)で行ったことと同じである。

上記の言葉は、不器用で本好きな登場人物、別乃(べつの)教授が発したものだ。シルヴィーによれば晩餐(ばんさん)会の間、別乃教授はほとんど眠っていて、これしか言わなかった。移動する現実、奇妙な詩、ばらばらの筋、文化批判の中で、キャロルは私たちが何かを理解するときに、安定と参照と典拠を求めていることに気づかせる。その言葉が本当に信用できるかどうかは、また別の問題なのだ。晩餐会が終わると、別乃教授はこれまで暗誦(あんしょう)したことがなく、今後も2度としないだろうという「ブタのしっぽ」という奇妙な詩を暗誦する。 *JD*

⊂ キャロルの『不思議の国のアリス』(1865)の挿絵。

そっと歩んでください、夢の上なのだから。

Y・B・イエーツ
『葦間(あしま)の風』
1899

上記の詩集に収録されている37篇(へん)の詩の1つ「エイ、天の衣をもとむ」の締めくくりの一節である。イエーツが片思いをしていた女優であり、アイルランド独立論者であったモード・ゴンに宛てた詩だと考えられている。一見、この詩は比較的ありふれたテーマのように感じられ——男が恋する相手の情けを求めている詩だ——覚えやすくて、音調も心地よく、よく引用される。

だが、じっくり読むと、不明確な点が出てくる。この8行から成る詩はこう始まる。

「もし、僕に刺繍(ししゅう)した天の衣があれば……」

この衣というのは文字通り(この世のすべての布)の意味なのだろうか？　それとも、比喩(詩人の表現力)なのだろうか？

そのあと、イエーツはこう書いている。

「……でも貧しいので、僕には夢しかない。
だから、貴女の足もとに僕の夢を広げました」

この「貧しい」とはどういう意味だろうか？　物質的に貧しいせいで、愛する女性の足もとに高価な布ではなく、夢しか広げられないという意味だろうか？　それとも、詩人としての自分の能力を疑っているという意味だろうか？　もし後者なら、イエーツは謙虚なのだろうか？　それとも、ただの見せかけなのだろうか？ *LW*

文学は贅沢、小説は必需品。

G・K・チェスタトン
「三文小説弁護」
1901

チェスタトンはエッセー「三文小説弁護」で、以前の教養人は「大衆」文学を単に無視していただけだったが、今では見下して距離を置くことを誇るようになったと述べている。だが、そうした高みから見下ろしていると、創作芸術の核となっているものを見失ってしまう。「架空の人物が制約のない役柄を演じる、ある意味では理想的な世界に対する純粋な要求こそ、優れた芸術の規則よりずっと深くて古く、はるかに重要なのだ」とチェスタトンは主張するのである。「三文小説」は高尚な文学のしばしば不自然な基準には達していないかもしれないが、その重要性は軽んじるべきではなく、「三文小説」こそ「激しく燃える想像力の真ん中」にあるのだ。

チェスタトンはこのエッセーを通して、逆説的ではあるが、問題の本質を明らかにしようとしている。ある時代の基準となる文学に及ばない物語でも、特定の作品をしのぐ構想を具現化しているのかもしれない。それは創作の探求において必要な表現なのだ。人間の切望を「高尚」な文学として凝縮した作品が私たちに名作を与えてくれる一方で、そうした作品の源はとても通俗的で一般的だが活力に満ちたものなのだ。*JD*

本は私たちの中にある凍りついた海を割る斧でなければならない。

フランツ・カフカ
オスカー・ポラックへの手紙
1904

チェコで生まれたドイツ語作家フランツ・カフカはその死後に初めて、文学史上で有数の独創的で想像力豊かな作家だと評価された。短編小説の一部は1924年の死去以前に刊行されていたが、カフカは自作について相反する考えを抱いており、親しい友人のマックス・ブロートに自分が書いたものはすべて焼却するようにと指示していた。だが、ブロートはその指示を無視した。

カフカの初期の作品に対する疑問は、学生時代の友人オスカー・ポラックへの手紙に記されている。1904年に書いたこの手紙には、カフカの文学に対する大志がよく表れている。カフカはドイツの詩人クリスティアン・フリードリヒ・ヘッベルの1800ページに及ぶ日記を読み終えたところで、その内容と「格闘」しているときに、自分の良心との戦いに似ていることに気づいたのだ。この絶え間ない戦いはすでに刊行されていたカフカの作品の多くに繰り返し出てくるテーマだったが、この斧と海という比喩はフロイトの新しい理念である無意識という深層心理を反映している。そういう観点に立てば、この比喩はシュールレアリスムの到来を先取りしていると見ることもできる。*TJ*

⊃ フランツ・カフカがつけていた日記の文字とスケッチ。

nen Leiter möchte einmal jene Sohlen zur Verfügung stehn. Es ist das natürlich nicht alles und eine solche Anfrage bringt mich nicht zum Reden. Aber jeden Tag soll zumindest eine Zeile gegen mich gerichtet werden wie man die Fernrohre jetzt gegen den Kometen richtet. Und wenn ich dann einmal vor jenem Satze erscheinen würde, hergelockt von jenem Satze, so wie ich z. B. letzte Weihnachten gewesen bin und wo ich so weit war, dass ich mich nur noch gerade fangen konnte und wo ich wirklich auf der letzten Stufe meiner Leiter schien, die aber ruhig auf dem Boden stand und an der Wand. Aber was für ein Boden, was für eine Wand! Und doch fiel jene Leiter nicht, so drückten sie meine Füsse an den Boden, so hoben sie meine Füsse an die Wand.

詩人にとって最大の悲劇は、誤解されて称賛されることだ。

ジャン・コクトー
『雄鶏(おんどり)とアルルカン』
1918

∩ ロンドンのノートルダム・ド・フランス教会で壁画を描くジャン・コクトー。

私たちはなぜ芸術を生み出すのか？　数々の理由があるが、何よりも自らを表現し、人間に共通するテーマをめぐって、互いにつながりたいと思うからである。コクトーは詩、文学、演劇、映画など多くの分野で傑出した芸術家だった。コクトーはしばしば、詩は作者自身の解説がなくても、作品のみで語ることができる芸術だと語っている。「植物が園芸について語れないように、芸術家は作品について語れないのだ」と。それでも、言葉で説明できない芸術には、理解されたいという強い願望が込められている。コクトーは他ではこう書いている。「詩人は称賛は求めない。信じられたいだけだ」。

デンマークの実存主義哲学者セーレン・キルケゴールも似たことを言っている。「詩人とは何か？心に深い苦悩を隠しているのに、口があまりにも巧みなせいで、ため息やうなり声をもらしても、美しい音楽に聞こえてしまう不幸な人間である……。それゆえに、私は詩人になって人間に誤解されるくらいなら、アマー島（デンマーク）で豚飼いになって豚に理解されたほうがいい」。コクトーも誤解されて称賛されるなら、キルケゴールとともにアマー島に行くことを望むだろう。*JD*

私たちは自分から文学を洗い落とさなければならない。何よりも人に、人間になりたいのだから。

アントナン・アルトー
『作品と人間』
1922

フランスの演劇プロデューサーであるアルトーはサミュエル・ベケットからエドワード・オルビーまで、のちの多くの劇作家に影響を及ぼした演劇理論である残酷演劇の発展に寄与した人物である。アルトーは「演劇」という言葉を、舞台で演じる作品という意味だけで使っていない。あらゆる知的かつ精神的な覚醒を意味しているのだ。同様に「残酷」という言葉も従来の無情という意味ではなく、受け手にこれまでの前提を再評価させる容赦ない刺激のことなのだ。

上記の言葉はアルトーの考えの核となるものである。この言葉において、文学は重要なものではなく、私たちから切り離せるものであり、それどころか自己を実現するためには捨てるべきものだという前提が暗黙のうちにある。確かに、その通りかもしれない——小説に入り込みすぎて、実際の経験を想像上の人物を通してしか分析できない人が現れるかもしれないからだ。しかしながら、文学がなければ、私たちは以前とは違う「人間」になれるという考え方は、文化が野蛮さを取り除くという一般的に信じられている考えに真っ向から反発するものなのだ。*JP*

∩ アベル・ガンス監督の映画『ナポレオン』(1927)でフランス革命指導者ジャン=ポール・マラー役を演じるアントナン・アルトー。

バラは
バラであって
バラである。

ガートルード・スタイン
『地理と戯曲抄』
1922

ガートルード・スタインの作品に頻繁に出てくるこの一節は、1913年に書かれ、『地理と戯曲抄』に収録された「聖なるエミリー」という詩で初めて使われた。この言いまわしが頻繁に使われたのは循環性や類似性や相関性を示し、バラという名詞を愛でたり、呼びかけたりするためである。

別の詩「世界はまるい」では、ローズという少女が自分の名前とアイデンティティについて考えている——違う名で呼ばれても、彼女はまだ彼女のままなのだろうか？　また「メランクサのごとく美しい」という詩では、バラは文明の始まりを指している。そしてユリシーズ・S・グラント、ウィルバー・ライト、ジョージ・ワシントン、ヘンリー・ジェイムズを研究した『アメリカの4人』(1947)ではこう書いている。「私は愚かではない。日常生活で『～は～であって、～である』などと言わないのはわかっている。だが、ここ100年の英語詩において、この一節で初めてバラは赤いと言えたと思っている」。

かつて「バラ」という言葉はバラという花の概念を伝えていたが、あまりに濫用したことで、「バラ」は自然をうたう詩によく出てくる言葉、すなわちもとの意味を失ってしまった。スタインはもとの意味を取り戻そうとしたのだ。*JD*

新聞を読むということは、価値あるものを読むのをやめることである。

アレイスター・クロウリー
『孤独の魂』
1929

オカルティストの著述家アレイスター・クロウリーは、自らが創設した宗教セレマの中心となる哲学「汝(なんじ)の意思することを行えば、それが法のすべてとなる」をつくり上げた。そして従来の倫理観を無視して、世界は自己完成と自己決定と自己実現の時代に入ったと宣言した。この大きな目的を追究する中で、クロウリーはニュースメディアと、クロウリーの思想や言動を特徴づけようとする行為を軽蔑した。新聞は「知性の発揮」が必要な真剣な記事を書いているのではなく、「おしゃべりの缶詰」でしかないと見なしたのだ。クロウリーは事象は背景と相関関係でのみ理解できるものであり、新聞はまったくあてにならないし、さらには発行部数を伸ばすために、誇張した表現になったり誤報を流したりする場合があると考えていた。クロウリーの放埓(ほうらつ)な暮らしに関するイギリスの新聞の酷評は、彼のきわどい立場を悪化させただけだった。人気のある新聞がクロウリーを「世界で最も邪悪な男」と評したのだ。そして1930年代になると、クロウリーは自分を中傷したと考える複数の新聞社と法廷闘争を繰り広げた。*JD*

⊃ 1921年、イギリスの著述家でオカルティストのアレイスター・クロウリー。

詩は完成されず、放置されるのみ。

ポール・ヴァレリー
『海辺の墓地について』
1930

フランスの詩人であり哲学者であるポール・ヴァレリーは自作の詩「海辺の墓地」(1920)の再検証において上記のように述べた。ヴァレリーは詩が完成するときには必ず「倦怠(けんたい)、満足、終わらせる必然性、死」といった「偶発的」要素が絡んでいると考えていた。また、本当の意味での「仕上げ」が無理なことを考えると、詩人が完璧主義だからこそ、詩は放置されるのだとも語っている。

ヴァレリーは芸術的な作品に、自然で明白な終わりはないと考えていた。目的は「作者個人の表現を完成させる」ことであっても、詩人が締めくくりを完全に支配しているわけではなく、自作の詩を振り返って改善や修正をしたいと思わずにいられる詩人は非常に少ないのだ。

ヴァレリーは完成と放置の間にある緊張を、詩作における詩人の成長の過程に関連づけてこう書いた。「誰、もしくは何が詩を完成させるのかについて言えば、心の中でいくつも言葉を変化させる中で、舞台に上げられるのは1つだけなのだ」。詩人が創作した作品は芸術的な技巧を用いた、より大きなものの証(あかし)なのだ。ヴァレリーにとって、作品は終わらない旅路における人間としての表現なのである。芸術家の作品は「すばらしく崇高に整えられた人間の本質と運命の表現」なのだ。*JD*

読んだものをおもしろがること——それが楽しい引用の大いなる源泉となる。

C・E・モンタギュー
『作家の覚書』
1930

チャールズ・エドワード・モンタギューはイギリスのジャーナリストであり、戦争、メディア、文学批評に関する著述家でもある。モンタギューは世の中の多くの問題について幻滅しながらも、読書については物事を習得し、正しく認識できるようになるものとして肯定的に書いている。「どんな気分のときも、繰り返し読んでいるうちに喜びが増していき、読んだ内容は体の一部となって、あなたとともに新しい経験をすることになる」。

モンタギューは「マンチェスター・ガーディアン」紙の主任論説委員を務め、当初はイギリスの第一次世界大戦への参戦を批判していた。だが、ドイツの軍国主義を打倒する必要があるという信念から、ついには諜報(ちょうほう)活動に従事するようになり、武装して、戦場を訪れる要人を護衛した。『幻滅』(1922)や『粗暴な正義』(1926)などの著作に記された戦争のむごたらしい現実は、冷ややかに受け止められた。だが、モンタギューは他の著作では気持ちが高揚するテーマを扱い、文学は結局のところ着想の源であるという楽観的な哲学を示した。「それぞれの言葉の想像力をかき立てる価値や美点、すなわち心の中の感動的な泉やさまざまなことを教えてくれる洞察という個々の力が、心から楽しめる宝となるのだ」。*JD*

文芸における同じ好みほど、美しい友情の礎として確実なものはない。

P・G・ウッドハウス
「スープの中のストリキニーネ」
1932

このウッドハウスの短編小説の一節を読むだけでは、好みが共通する親友同士の話だと思うかもしれない。だが、前後の文脈がわかると、イギリスのユーモア小説家の洞察力や、滑稽な登場人物たちや、鋭い言葉遊びが伝わってくる。主要な登場人物であるシリルとエミーリヤは知らない者同士だったが、「白髪鬼」という芝居で、たまたま隣り合った席になる。シリルはひと目惚(ぼ)れをするが、彼女に話しかけることができたのは最初の幕間だった。エミーリヤが芝居に夢中になってシリルの右脚をつかんでいることに気づいて、それをきっかけにしたのだ。エミーリヤが気まずそうにシリルの「脚の肉のひとつかみ」を放すと、2人はともにミステリーの芝居や小説が好きなことについて考えをめぐらせる。語り手が上記の言葉を放つのは、この場面である。

ウッドハウスは多作な売れっ子の作家だった。エリート意識で自分のことを「芸術家」と思ったことはなく、作品はさまざまな状況での人間関係をユーモラスに探っている。ウッドハウスが同じ好みのうえに成り立つ友情について語っている言葉は、美に対する直観的で高尚な理解というより、ごく単純なことでも、共通点があれば互いの人生が共鳴し合えることがあるという意味なのだ。*JD*

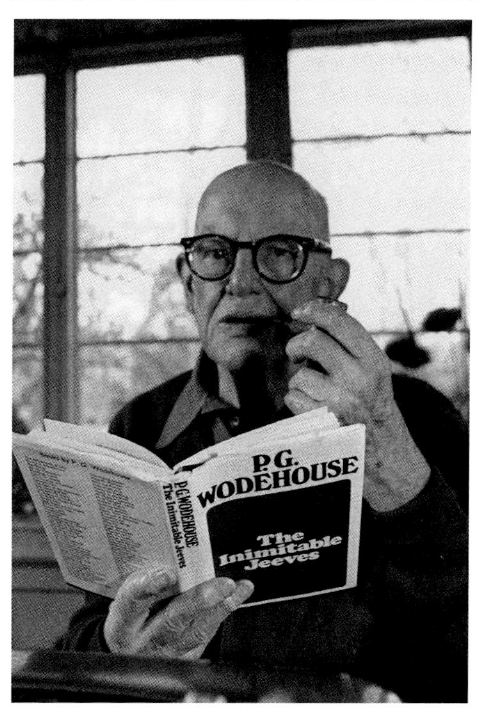

⋒1974年、イギリス女王エリザベス2世にナイトに叙される直前のP・G・ウッドハウス。移住先のニューヨーク州の自宅で。

文学は新しくあり続けるニュースである。

エズラ・パウンド
『詩学入門』
1934

時代が進むにつれて、私たちは数えきれないほどの情報源から入った山のような情報に埋もれるようになった。技術の大きな進歩によって事実や意見や報道を簡単に入手できるようになり、しばしばあらゆる雑音の中から、本当に意味のあるメッセージを見つけられるよう奮闘するようになったのだ。アメリカの詩人、評論家のエズラ・パウンドの「文学は新しくあり続ける」という考えにおいて、文学は単なる一時的な好奇心による騒音を乗り越え、時間と場所を超越して感銘や反響が残るものであることを前提としている。

パウンドが政治論争や社会批判に関わっていたのは有名で、とりわけアメリカからイタリアへ移り住んだ第二次世界大戦中は精力的に活動していた。パウンドの反ユダヤ主義はアメリカ全体、特にフランクリン・D・ルーズベルト大統領に対する非難と相まって、彼の手紙や文書やイタリアでのラジオ放送などに散りばめられ、ついには戦後に反逆罪で告発された。しかしながら、パウンドはイタリア在住中も、その後アメリカのセント・エリザベス病院に収容されていた期間も、詩「キャントーズ(詩篇)」を書き続けた。時の試練に堪える偉大な文学である。*JD*

文学は日常を無視するのに最も望ましい方法である。

フェルナンド・ペソア
『不安の書』
1935

ポルトガルで多大な影響力を持つ20世紀の作家、フェルナンド・ペソアは著述家、評論家、翻訳家、精神主義者だった。ペソアの詩と散文は世俗的な制約や欲望といった見せかけを超えて広がる、孤独で独創的な世界へ私たちを逃避させてくれる。ペソアはこう述べている。「音楽は癒やし、視覚的な芸術は活力を与え、パフォーマンスの芸術(演劇やダンスなど)は人を楽しませる。だが、文学は日常を眠らせることで、人を日常から切り離すのだ」。この文学という夢はペソアの著作に表れている。ペソアは、自らのアイデンティティの制約を乗り越える旅路へと誘ってくれるのだ。

また、ペソアは自ら「ヘテロニム(別名仮想人格)」と呼んだ、全部で70を超える別人格の筆名を使うことで、現実の人生にある限界を超えた。このヘテロニムにはそれぞれ別の背景、文体、人格があるのだ。なお、ペソアは著者として作品から距離を置く場合は、本名を「オーソニム(本当の人格)」として使って書いている。架空の日記『不安の書』はセミヘテロニム「ベルナルド・ソアレス」の名前で書かれ、1935年にペソアが死去したあと編纂された。現代ポルトガルの偉大な4人の詩人はすべてフェルナンド・ペソアであるというのは、文学界でよく耳にする軽口である。*JD*

書籍の収集は恋愛の次に爽快な娯楽である。

A・S・W・ローゼンバック
『書痴の祭日』
1936

エイブラハム・サイモン・ウルフ・ローゼンバックは学者であり、フィラデルフィアを基盤とする書籍取扱い業者だった。この本の一見地味に思えるタイトルでは、ローゼンバックの高度な書籍の取り扱いはまったく伝わらない。20世紀初頭、ローゼンバックは文学の名作の収集に尽力した。ロサンゼルスのハンティントン・ライブラリーやワシントンD. C.のフォルジャー・シェイクスピア・ライブラリーなどが稀少（きしょう）写本を収集するのを助けたのだ。

ローゼンバックにとって、書籍の収集は職業であり娯楽でもあった。イギリスの古いオリジナル写本を確保するローゼンバックの能力や、収集という「娯楽」に対する猛烈な態度から、イギリス人はローゼンバックを「侵略者」と呼んでいた。だが、ローゼンバックは単なる金持ちコレクターのための抜け目ない競争好きな仲介業者ではなく、収集を助けた書物に対して深い見識を持ち合わせていた。ローゼンバック自身のエッセー集『書痴の祝日』には「書籍と写本をめぐる冒険」という副題が付いており、文学への投資を人間にとって価値のある（経済的な）行いだと称賛し、推奨している。恋愛と成功は場合によってはどちらも追求できることを世界に示したのだ。*JD*

これはすべての文学の美の1つだ。あなたの切望は誰もが持っているものであり、あなたは孤独でもなければ、孤立もしていないとわかる。

F・スコット・フィッツジェラルド
推定・伝聞
1938

この言葉はフィッツジェラルドの愛人で、ハリウッドのゴシップライターだったシーラ・グレアムの自叙伝『愛しき背信者』に記されている。この本はフィッツジェラルドの死去から18年後の1958年に出版された。私たちの苦しみは自分だけのものではなく、1人で苦しんでいるわけではないと文学が教えてくれるという考えは、少なくともプラトン以降の時代で、さまざまな形で表現されている。

フィッツジェラルドは作品を通じて、ロマンと悲劇のあいだの緊張、人間関係における想像力の役割について探求した。私たちの理解はどのくらい正確なのか？　見る人次第の場合、どの程度が偏見あるいは傾向なのか？　アルコール依存症や鬱、作品が自分自身や周囲の高い期待に応えていないという思いなど、フィッツジェラルド自身の人生を考えると、この言葉はさらに痛切に響いてくる。フィッツジェラルド自身、そして精神的な病を抱えていた妻ゼルダの苦しい現実があったことで、文学は孤独をやわらげ、人々とつながる機会を与えてくれるという彼の見方は、さらに重みを増すのである。*JD*

ヒーローを連れておいで。私が悲劇を書いてあげよう。

F・スコット・フィッツジェラルド
『ノートE』
1940

∩ フィッツジェラルド原作の映画『華麗なるギャツビー』(1974)のデイジー・ブキャナン役のミア・ファローとジェイ・ギャツビー役のロバート・レッドフォード。

エドモンド・ウィルソンが1945年に編集した『ノートE』から引用した上記の言葉は、F・スコット・フィッツジェラルドが死去した1940年に書かれた。フィッツジェラルドは1920年代のアメリカの享楽の時代「ジャズ・エイジ」の人気者であり代弁者だった。しかしながら作品が強調しているように、その華やかさは空虚な慰めであり、社会の沈滞のうわべを飾る光彩であり、常に開かれているパーティーで募るだけの空しさだった。

1925年に出版されて称賛された小説『グレート・ギャツビー』の主人公ジェイ・ギャツビーは、フィッツジェラルドが描く主人公の原型である。フィッツジェラルドは人生を謳歌(おうか)する男のイメージを創りあげている。ギャッツビーは架空の町ウェスト・エッグの家で暮らし、その名高いパーティーに招待されて大喜びする人々に囲まれている。だが、実は失敗と満たされない欲望に苦しんでいる幽霊のような男なのだ。普通ヒーローは何らかの出来事、たいていは悲劇によって定義される。だが、フィッツジェラルドの世界のヒーローには特徴づけるような出来事が起こらない。そのヒロイズムは芝居と変わらず、盾のように身に着けている見せかけであり、ついには損なわれてしまうのだ。*IHS*

私は問題を解決するために来たのではない。歌うために、あなたに一緒に歌ってもらうために来たのだ。

パブロ・ネルーダ
「横木挽きを起こせ」
1948

私たちの多くが親友と話しているときに、似た経験をしているだろう。耳を傾けてくれれるだけで、思いやりのある心を向けてくれるだけでいいのに、助言や批判や分析をされてしまうことが。一緒に喜んでくれる人と喜び、一緒に悲しんでくれる人と悲しむことは、問題のある状況を解決したいという現実的な願望がある中では難しいのかもしれない。ネルーダの詩にある共鳴や個人的なつながりへの願いは、現実的な日常の関心事を超え、ともに分かちあっている人間の力で私たちが直面する問題に対処することを求めているのだ。

上記の一節は、ネルーダの詩集『横木挽きを起こせ、ほか』(1950)の中心となる長詩を締めくくっている。この詩に書かれているのは単なる個人的な問題ではない。ネルーダは世界中の圧政に直面し、アメリカ大統領エイブラハム・リンカーンの精神を訴えている人々に満ちている善、平和への希望や正義について書き、愛が「テーブルを叩(たた)き」、流血の惨事がなくなる、よりよい世界を夢見ている。詩の終わりの繰り返しは、自分の情熱を感じ、同じ情熱で応えてくれと私たちに呼びかけているのだ。 *JD*

○1949年、チェコスロバキア社会主義共和国当時のプラハを訪れたチリの詩人ネルーダ。

4月のよく晴れた寒い日で、時計が13時の鐘を鳴らした。

ジョージ・オーウェル
『1984』
1949

第二次世界大戦中から戦後にかけて、オーウェルはBBCでラジオ番組を制作していた。

英語で書かれた小説の中で、とりわけ影響力が大きい『1984』の書きだしである。この小説は超大国オセアニアの1区域である全体主義国家エアストリップ・ワンを描いている。エアストリップ・ワンではすべての思想が党に統制され、婉曲的な名前を付けられた真理省に管理されている。他の政府機関にも同様に実情とは矛盾した名前が付いており、平和省（決して終わらない戦争を指揮）、潤沢省（配給を管理）、愛情省（反体制派の弾圧と拷問）がある。ささやかな自由を得ようとする主人公のむなしい試みを描く小説なのだ。

本書は「二重思考」、「ニュースピーク」、「101号室」、「ビッグ・ブラザー」など、多くの言葉や概念を世界にもたらした。また「オーウェリアン」という形容詞は、独裁主義体制の秘密の側面を示すようになった。オーウェル（本名エリック・ブレア）は民主社会主義に傾倒していた。『1984』のテーマは寓意的な作品『動物農場』（1945）でもすでに取り上げており、オーウェルは1950年に46歳で死去するまで、このテーマにこだわり続けていた。*ME*

詩とは人間が自らの驚きを探る言語である。

クリストファー・フライ
「タイム」誌
1950

マーロウやシェイクスピアの作品によって韻文劇の黄金時代が築かれたが、19世紀になると、詩を中心とした演劇は対話劇と同様に下火となり、散文が中心となった。だが、20世紀中頃、T・S・エリオットやクリストファー・フライの作品により、韻文劇が復興した。エリオットの「寺院の殺人」(1935)やフライの「焚刑をまぬかれた女」(1948)、「観測されたビーナス」(1950)といった作品が詩をイギリス演劇の主流に戻したのだ。

フライは特徴のある意見を発するべきだという自らの強い思いに応える形で、詩劇において空想的な言葉遣いを用いた。「自らの驚き」を発する方法は、フライのキリスト教への信仰と楽観的な人間性によって生まれた。それがフライの度量の大きな創造性をつくりあげたのだ。フライは、たとえ争いがあろうとも、この世は真実と善を示すことができると信じきっていた。そして、こう述べている。「私たちは散文で物事の奇抜さを伝える。そして、詩では物事の同心性、関係性を伝えるのだ。すべての物事が同一であることを表現し、明らかになった1つの秩序のなかに、すべてがあることを伝えるのである」。*JD*

∩脚本チームの1人として参加した映画『ベン・ハー』(1959)のセットにいるクリストファー・フライ。

迷ったら、男に銃を持たせてドアを通せ。

レイモンド・チャンドラー
「土曜版文芸時評」
1950

∩ 大衆小説の巨匠となったレイモンド・チャンドラー。

⊃ ハンフリー・ボガートとローレン・バコールが出演した映画『三つ数えろ』(1946)の宣伝用スチール写真。

大衆小説で最も有名な作家の1人、レイモンド・チャンドラーは『大いなる眠り』(1939)、『さらば愛しき女よ』(1940)、『長いお別れ』(1953)等、「ハードボイルド」探偵小説の古典となった作品を書いた。ダシール・ハメットとともに、推理小説をアメリカ文学の伝統の1つとして認められる水準にまで引きあげたのだ。気の利いた台詞を口にする酒好きの私立探偵である主人公フィリップ・マーロウは映画化され、ハンフリー・ボガート、ロバート・ミッチャム、ディック・パウエルなど多くの俳優が演じた。

上記の言葉が引用されたエッセー「簡単な殺人法」で、チャンドラーは文学全般という幅広い文脈の中で探偵小説について語り、その代表的な存在として「アメリカ語」を見事に使いこなしている同時代の作家ハメットを(「第一人者」として)挙げている。当初このエッセーは「アトランティック・マンスリー」誌1944年12月号に掲載されたが、その後、改訂版が刊行されて上記の一節が加えられた。そして、1950年には『大いなる眠り』よりも前に書かれた8篇(ぺん)を含む短編集のタイトルとしても採用された。**ME**

悪い人間は優れた詩人になれない。

ボリス・パステルナーク
手紙
1956

ロシアの詩人であり、『ドクトル・ジバコ』を書いた小説家であり、1958年にノーベル文学賞を受賞したボリス・パステルナークのこの言葉は、いかにも彼らしい。パステルナークは人間性と友情、芸術と美への愛は、最後には苦しみと憎しみに勝つと信じていたのだ。

だが、パステルナークは「精神を守られて生きるには、相応の対価を支払う必要がある」という考えも抱いていた。この「苦労なくして利益なし」という考え方は独裁者のもとでまともであろうとする人々にときおり見られるが、スターリンの恐怖政治や同様の非道さを経験していない人々にとって、上記の言葉はあまりにも希望的観測すぎるかもしれない。人間としては問題があるが芸術家としては優れている詩人は、簡単に思い浮かぶ。たとえば、バイロン卿(きょう)は「いかれていて、不良で、近づくと危険」と表現されている。

作品のよさは作者のよさを反映しているという考えはあまりにも寛容すぎであり、美徳は様式化された虚飾であり、まがい物の感情かもしれないという可能性を無視しているか、あるいは割り引いて考えているのだろう。LW

C ノーベル文学賞受賞を知らされたパステルナーク。

独創的なアイデアは集団からは湧きません。個から湧くのです。

アルフレッド・ホイットニー・グリスウォルド
イエール大学での演説
1957

マッカーシズムとアメリカ下院非米活動委員会が知識人と大学人の自由を脅かしたとき、アルフレッド・ホイットニー・グリスウォルドはその自由を必死に守ろうとした。特に有名なのが、イエール大学を国家防衛教育法(アメリカ政府の援助を受ける者に、政府打倒の信条を放棄させる法律)に反対するものとして位置づけたことである。

思考や調査の自由は、グリスウォルドにとって教育において中心的な役割を果たすものだった。グリスウォルドはジョージ・オーウェルが書いたような「集団思考」による最大多数に受け入れられる考えに屈服するのではなく、自由な教育が育てられる知的で創造的な探求をするべきだと説いた。「人間には強制されるのではなく勝ち取られなければならないものが、強要されるのではなく触発されるべきものがあるのです。そして私が何よりも言いたいのは、その多くがよい人生をつくってくれるということです」。人間の文化が成し遂げたことについて、グリスウォルドはこう問いかけた。「委員会に『ハムレット』が書けたでしょうか?クラブに『モナリザ』が描けたでしょうか?」もちろん、無理だ。「神聖なひらめきは神の指からアダムの指へと与えられ」、法律、科学、政治等のあらゆる分野で、人間の偉業を触発しているのだ。JD

詩は人生の首根っこをつかむようなもの。

ロバート・フロスト
推定・伝聞
1960

詩人、劇作家のロバート・フロストは20世紀のアメリカで最も愛され、最も評価された詩人の1人である。それは詩人として4度のピュリッツァー賞とアメリカ議会名誉黄金勲章を受賞したことからもわかる。フロストは人生を徹底的に挑戦するものだと考えていた。歴史的に見ると、フロストは従来の韻文の形が現代的な詩心に挑戦を受ける時期に詩を書いていた。ニューイングランドの田園での自然についての黙想から実存的な疑問まで、さまざまなテーマを探求するのに日常語を用いて、独特な表現方法を選んだのだ。そして思索し、生きることと対峙する間も、美しく大胆な心象を描き、人生と対峙する意味と重要性を見つけたいという人間の最も強い欲求を伝えたのだ。

エリザベス・サージェントの著書『ロバート・フロスト——存在による試練』(1960)から引用した上記の言葉により、フロストが書くこと、概念化すること、芸術的に表現すること自体が、人生と取り組んで自らの意思を伝える方法だと考えていたことがわかる。創造することは力強くて応用力のある道具なのだ。自分自身を理解するには、単に存在しているだけでも、自らの人生を消極的に眺めているだけでも足りない。意図と情熱を持ち、自らの運命に取り組んで苦闘することが必要なのだ。*JD*

テクストの外には何も存在しない。

ジャック・デリダ
『グラマトロジーについて』
1967

フランス人哲学者ジャック・デリダは、書き言葉は話し言葉を目に見える読める形に表したものではなく、さらに言えば、考えを書き言葉で表現したいという欲求は、思考や思考能力に影響を及ぼし、妨げにもなると主張して論争を巻き起こした。だが、実は上記の言葉は誤訳であり、デリダが書いた *Il n'y a pas de hors-texte* は「テキスト外なるものは存在しない」という意味なのだ。

デリダの見方では、テクストとは信頼できるものでもなければ、「白黒はっきりした」明白なものでもなく、いくつもの解釈ができる。本を読み返すと、最初と違う解釈をするかもしれないが、その解釈はどちらも間違いではない。どちらも、人間と言葉と空間と時間の間で行われる「果てしないやり取り」を反映しただけなのだ。デリダはミシェル・ド・モンテーニュの言葉を引用している。「私たちは物事を解釈する以上に、解釈を解釈しなければならない」。たとえば、書き手が「移住者」ではなく「難民」という言葉を使ったら、私たちはどんな意味を結び付けるべきなのだろうか?

言葉は今そこにあるものを永遠に組み立てられる、固くて不変な建築ブロックではなく、砂丘の輪郭のように制御できず、外部の要因に反応し、時間の経過でニュアンスが変わるものなのだ。*LW*

完璧な詩などあり得ない。そんなものが書かれたら、世界は終わりを迎えるだろう。

ロバート・グレーヴス
「パリ・レヴュー」誌
1969

ロバート・グレーヴスは20世紀イギリスの詩人、小説家、評論家で、歴史小説『この私、クラウディス』(1934)と、自らの詩的な神話制作の歴史について書いた『白い女神』(1948)で知られている。上記の言葉が引用された「パリ・レヴュー」誌のインタビューで、グレーヴスは本物の詩人になるには、「原始の時代から、すなわち理性が生まれる前の時代から発想を得ることだ」と語っている。これはグレーヴスが古典をテーマに作品を書いていることや、長年にわたり神話に興味を持ち続けていることと合致する。また、創造の源を原始に求めることにより、理性的な私たちの下を流れるものが想像以上に深いことがわかる。

批評的な思考におけるグレーヴスのテーマの1つが、哲学の普遍化する傾向と、詩との対照性である。「哲学は詩と正反対である。哲学は人類を考察するとき、個々の独自性を無視するが、詩がそんなことをすれば、詩そのものが損なわれる」。完璧な詩はあり得ないという問題については、それを人間性に置き換えれば、理解できるだろう。もし私たちが創造的な表現を完璧にしてしまったら、世界は私たちが知っている、欠点があり、唯一無二で、美しいものではなくなってしまう。世界は終わりを迎え、詩もまた終わるのだ。*JD*

私は次から次へと話したが、聞き手が覚えるのは予想した言葉だけ。物語を左右するのは声ではない。耳なのだ。

イタロ・カルヴィーノ
『見えない都市』
1972

イタリアの作家カルヴィーノが著したこの小説は、フビライ・ハーンとマルコ・ポーロの架空の会話の形をとっている。年老いて遠くまで旅ができないハーンは、旅商人たちに帝国内の辺境の暮らしぶりを聞いているのだ。マルコ・ポーロは旅の途中で手に入れた物を使って、愛するベネチアの町の話をする。しかし、そこで語られる話は奇妙でこの世のこととは思えない。また、マルコ・ポーロとハーンの会話は、芸術や人間、とりわけ言語を探求する場ともなる。2人がともに話せる言語はないが、ハーンは物を通して意味を理解しており、その理解はこれまでの知識や人生経験に基づいている。

1960年代後半、カルヴィーノはレーモン・クノーに招かれ、構造主義やポスト構造主義の擁護者であるクロード・レヴィ=ストロースやロラン・バルトなどがメンバーだった実験的な文学グループ、ウリポに参加した。これにより、カルヴィーノはその後の作品に大きな影響を受けた。その証拠が上記の引用で、読者が特定の言葉から受け取る意味は、前もって予想したことに大きく影響されると述べている。*IHS*

作家は詩人の正確さと科学者の想像力を持つべきである。

ウラジミール・ナボコフ
『揺るぎない見解』
1973

∩ ウラジミール・ナボコフは小説家として成功しただけでなく、優秀な鱗翅目学者であり、チェス・プロブレム作者でもあった。

文学の形式を構成する要素とは何だろうか？ ナボコフは上記の言葉で従来の固定観念をひっくり返して、私たちに新たな見地から詩と科学を考えさせようとしている。詩人と正確さ、科学者と想像力を結び付け、形式と実体の線引きを不鮮明にすることで、文学の本質と力について再考するよう促しているのだ。これにより、ナボコフを難解に感じる人もいるかもしれない――ナボコフは筋や登場人物より、美的な形式や構造に関心があったからだ。ロシアの詩人エフゲニー・エフトシェンコは、ナボコフの散文は「外科手術の道具の音がする」と語っていた。だが、これこそがナボコフを史上最高の作家の１人にしている理由だと考える読者もいる。

上記の言葉の並列は、ナボコフ自身にはなじみがあった。ナボコフは熱心な鱗翅目（りんしもく）学者でもあり、芸術と科学の両方の分野に属していた。蝶（ちょう）の擬態の研究について、ナボコフはこんなふうに思いをめぐらせている。「私は芸術で求めていた実用的でない喜びを自然の中に見つけた。どちらも魔法の形式であり、複雑な魅力と惑わしのゲームなのだ」。ナボコフは両方の世界の手段と目的に、美と啓蒙を見いだした。*JD*

本を所有することが、読むことの代わりになっている。

アントニイ・バージェス
『ナポレオン交響曲』
1974

1962年に刊行されたバージェスの小説『時計じかけのオレンジ』は、1971年にスタンリー・キューブリック監督、マルコム・マクダウェル主演で映画化され、成功を収めるとともに、たいへんな物議を醸(かも)した。その後、バージェスはキューブリックに、ナポレオンの伝記映画の制作話を持ちかけた。最初キューブリックは興味を抱いたが、バージェスの脚本の第1稿を読んで、自分向きではないと判断した。そこでバージェスは1人で続け、英語の散文でベートーベンの「交響曲第3番」(1804)の4つの楽章を再現する実験的な文体の小説を書き上げた。ベートーベンはナポレオンを民主主義の偉大な擁護者だと考え、最初はこの曲をナポレオンに捧(ささ)げるつもりだったが、ナポレオンが自ら皇帝の地位に就いたことで愛想を尽かし、楽譜の献辞からナポレオンの名前を削った。その後、交響曲には『英雄』という題名が付けられた。

『ナポレオン交響曲』の主な舞台はエジプトである。上記の言葉は作家や教育者に共通する懸念を表している。本を必要とするのは家を飾るためだけではないのか。本を買う人——少なくとも、所有している人は——読む人より多いのではないかという懸念である。*JP*

∩ アントニイ・バージェスは著名なイギリス人小説家だったが、クラシック音楽の作曲家として無名であることを残念に思っていた。

本は文明を伝える。本がなければ、歴史と文学は沈黙し、科学は無能になり、思考と推測は停滞する。

バーバラ・W・タックマン
アメリカ芸術科学アカデミーの会報
1980

タックマンがこの言葉を書いたのは、ワールドワイド・ウェブの出現で技術革新が起こる前である。現在ではインターネットが知識の宝庫として、少なくとも部分的には本の代わりとなっていると主張する人もいるだろう。だが、インターネットはやや短命で（リンクは切れるし、ウェブサイトは消える）、本のような実体がない。本であれば、最初からどんなものを読むのかわかる。教育的なものもあれば、現実逃避できる本もあるだろう。それに比べ、インターネットはジャングルに似ている――踏みならされた道はあったとしても少なく、耳ざわりな音が聞こえてくる。ときには明るい声も聞こえるが、不要な意見の旋風に巻き込まれてしまう場合もある。知識の宝庫について見極めるとき、きちんと選び抜かれた作者によって調査が行き届いていることは極めて重要である。自動車の修理工に心臓手術をしてもらうことにならないように、熟慮された考え方を求めるときは本を読むことが必要であるし、しかもどんな本でもいいわけではない。

本は知識という文明の砦（とりで）というだけでなく、洗練された言動の条件も明らかにしてくれる。パソコンは部分的には本の機能を果たすかもしれないが、決して代わりになるものではないのだ。*LW*

古典とは言うべきことを言い、決して読み終わらない本である。

イタロ・カルヴィーノ
「レスプレッソ」誌
1981

1つの作品は、時と場所より大きなものに語りかけるだろうか？　私たちが人間として最も深刻な問題と直面するとき、作品は地ならしをしてくれるだろうか？　カルヴィーノは自分の作品は詩と散文の中間に位置すると考えていた。多くの人にとって、詩は万人に当てはまる不変の問題に言及するものだ。カルヴィーノにとって、古典は記憶に残る衝撃を個人に与えるだけでなく、個人と集合的無意識の両方をとらえるものだった。

カルヴィーノが示唆している重要かつ現実的な主張は、大人になったら若いときに読んだ古典を読み返すべきだというものだ。上記の言葉を引用した「レスプレッソ」誌の記事で、カルヴィーノは文学の名作には常に読み取れることがあり、読み終わったと考えてはならないと述べている。「大人になったら、若いときに読んだ重要な本を読み返す時間をつくるべきだ。たとえ本に変化がなくとも（変化した歴史的観点からすれば、変わっているのだが）私たちは確実に変わっており、読み直しは本とのまったく新しい出会いとなるだろう」。

古典を何度も読み返すのは、古典が私たちに語りかけてくれるという理由以上に、私たちの個人及び集団としての歴史の新たな始まりに古典が影響を与え、語りかけてくれるからである。*JD*

創造力は使い切れません。使えば使うほど、あふれてくるのです。

マヤ・アンジェロウ
「ベル・テレフォン」誌インタビュー
1982

この言葉が掲載されたのは「ベル・テレフォン」誌で、「とても重要な考え」というタイトルの著名人連載インタビューの最初に登場した。マヤ・アンジェロウは子供のときに虐待を受けたせいで、4年間まったく言葉を話せない時期があった。だが、話せるようになると、ずっと創造力が湧き続けたのだ。アンジェロウは50年を超える年月で7冊の自伝、3冊のエッセー、数冊の詩集、それに戯曲や映画の脚本やテレビ番組を書いた。

上記の言葉で、アンジェロウはアイデアがアイデアを生むと示唆している。きっと、私たちは誰かに名案を盗まれたり、承諾なしに使われたりしても、心配する必要はないのだろう。失った名案が湧きでた場所から、いくらでもまだ湧いてくるのだから。アイデアはたとえ使わなくても、いったん湧いてしまえば、ずっと存在し続けるのだ。

もちろん、この言葉では成功が成功を生むことも示唆されている。アンジェロウの1冊目の著書『歌え、翔べない鳥たちよ——マヤ・アンジェロウ自伝』(1969)がヒットすると、複数の出版社が次々とアンジェロウの本を出した。商業的な需要により、アンジェロウの創造力はさらに勢いよくあふれ、厳しい締切に間にあうよう速度を上げたのだ。*LW*

∩2005年、イギリスで開かれたチェルトナム文学祭でのマヤ・アンジェロウ。

機知は創作し、インスピレーションは浮き上がらせる。

オクタビオ・パス
『ソル・フアナ=イネス・デ・ラ・クルスの生涯―信仰の罠(わな)』
1982

∩1990年、ノーベル文学賞受賞後にニューヨーク・シティで妻マリエ・ホセと写真に収まったオクタビオ・パス。

オクタビオ・パスはメキシコの詩人、エッセイスト、文化評論家、外交官で、1990年にノーベル文学賞を受賞した。作品は常に機知とユーモアに富み、政治、宗教、音楽、芸術など幅広いテーマを扱っているが、その多くでメキシコ人の精神、メキシコの古代文明とスペイン入植者の影響の対比について書いている。また、詩はエロティシズムと愛、そして現代芸術をテーマとしている。

1982年、著作の中でもとりわけ評価されている伝記『ソル・フアナ=イネス・デ・ラ・クルスの生涯――信仰の罠』で、パスはラテンアメリカの海岸からソル・フアナ=イネス・デ・ラ・クルスの作品へと読者を導いた。17世紀のメキシコの詩人であり学者だったソル・フアナは若くして宮廷での生活を捨てて修道女となり、残りの人生を修道院で過ごした。パスの伝記は表面上はソル・フアナと彼女がスペインの作家に及ぼした影響について書いているが、それは同時にメキシコやパス自身や彼の詩に対する考えも表している。上記の言葉は、機知は装飾的な詩の特徴であり、インスピレーションは空想的な詩の本質であると定義して、重要な区別をしている。*HJ*

何度も挑んだ。何度も失敗した。かまわない。また挑め。また失敗しろ。次はもっとうまく失敗しろ。

サミュエル・ベケット
『いざ最悪の方へ』
1983

サミュエル・ベケットにとって、失敗は芸術における究極の目標だった。ジョルジュ・デュテュイとの書簡のやり取りである「三つの対話」で、ベケットはこう記している。「芸術家になるには失敗することだ。他の人々は失敗を避けようとするが、失敗は芸術家の世界であり、尻ごみすることは逃げである」。ベケットの作品は語りや対話、そして言語そのものの失敗を常に扱っている。

失敗は終着点ではなく、循環する過程の重要な一部なのだ。原稿から、ベケットが執筆中に何度も失敗していたことがわかる。上記の言葉の暗闇の中に、かすかな希望の光が見える。これまでとは違うようにやることが秘訣(ひけつ)なのだ。どちらの方向が正しいのかわからないまま革新し、進化の過程に携わるのだ。挑んで失敗するしかなく、成功という理想郷にたどり着く終点はない。運がよければ、前回の失敗よりわずかに衝撃が少ないかもしれない。そんなことはどうでもいい。同情はするが。あり得ないほどの人生の不合理さに怯(ひる)んではならない。ベケットのように、失敗の惨めさに負けず、根気強く続けることを覚えなければいけない。それこそが上記の言葉の悲喜劇であり、ベケットの精神の美しさなのだ。**LW**

知っていることを書け。そうすれば、自由な時間が多くなる。

ハワード・ネメロフ
『タマネギの内側』
1984

ハワード・ネメロフは「知っていることを書け」という決まり文句を茶化しているが、この言葉は見かけ通りの人間の知識に対する痛烈な一撃なのだろうか？　この言葉を発したのは大学教授として勤めながら小説家、エッセイスト、詩人として多くの作品を残した人物であり、他のことをする時間はほとんどなかったに違いない。

「知っていることを書け」という言葉を文字通りに受け取ると、私たちに書けることはわずかになる。ソクラテスの「私は自分が何も知らないということを知っている」という逆説的な言葉を聞くと、何も言えなくなってしまうのだ。だが、ソクラテスは、私たちが自信を持てるのは想像力だけだと言いたかったのだろう。ノーベル文学賞を受賞したマリオ・バルガス＝リョサは、作品の何が事実で何が虚構なのか、はっきりとはわからないと述べている。それはウィリアム・トレヴァーによれば、書くことは自己の表現ではなく、自己からの逃避であり、自分が知っていることを他の状況に移しかえることで生じる共感がまったく新しく、より真実に近いことを生み出すからだ。ネメロフは反語として言ったのである。知っていることを書けば、現状の限界で止まったままだ。その限界を超え、知らない領域を探るべきなのだ。**LW**

歴史を書くことで真実にはたどり着けない。それができるのは小説家だけだ。

ジェラルド・ブレナン
「タイムズ文芸付録」紙
1986

ジェラルド・ブレナンは1894年にマルタ島で、軍隊と強いつながりを持つ、アイルランドとイングランドの血を引く家庭に生まれた。18歳のときに友人とイギリスから徒歩で中国を目指す壮大な旅に出た。結局ボスニアまでしかたどり着けなかったが、それでも約2400kmを歩いたのだ。第一次世界大戦が勃発すると、ブレナンは陸軍に入り、フランスで軍務に就いた。そして1919年、スペインに行き、断続的ではあるが残りの生涯をそこで過ごした。

ブレナンは自らスペイン語研究者だと認めており、作家として芽が出たのもスペイン文化への興味からだった。最初の小説2冊とノンフィクションはその後の作品とは傾向が異なるものの、『スペインの迷宮――スペイン内戦の社会的・政治的背景』(1943)の出版によって名声が高まった。これは現在でも、スペインの歴史とこの時代の文化を理解するのに欠かせない書籍である。

上記の言葉は、壊滅的な戦いをしていた国に関する事実をもとにした作品が最も有名な作家が発したとは思えない。称賛を受けた作品とは正反対ではあるが、おそらく歴史家は事件を伝えることはできるが、その意味を理解するのは小説家だと認めているのだろう。***IHS***

作家はみな自分の人生がある意味では手本であり、普遍的なものになると期待し、図々しくも思い込んでいる。

マーティン・エイミス
「オブザーバー」紙
1987

マーティン・エイミスはおそらく人々が無意識に手本だと思う作家ではないだろう。とても恵まれていて、博学で、洞察力も鋭いが、人好きせず、辛辣な場合もあり、即座に他の人の手本だと思われる点は少ない。しかしながら、手本のすべてが必ずしも美点だというわけではなく、手ひどい警告も黄金律と同じくらい教訓になる。エイミスはしばしば小説で、忌まわしく思えるほど最悪のシナリオを書いて、道徳的な怒りを引き出そうとする。故意にそうすることで、自分の嫌悪感や憤りを読者に染みこませようとしているのだ。

エイミス自身は世の中に対する「調和の取れた」見方を促しているのだと主張している(ただし、これはかなりもったいぶっているが)。エイミスは作品の中で「残酷な俗物根性」から派生する「文化の下劣化」を指摘しようとしている。下卑た風刺を使って、作家として格闘しているのだ。

エイミスによると、現代の小説は自伝に近いという。エイミスの作品について言えば、確かにその通りである。自伝的ということが、グロテスクさと結び付いた美への過敏さとともに、エイミスの作品の最大の特徴なのだ。***LW***

人生はそれ自体が引用だ。

ホルヘ・ルイス・ボルヘス
推定・伝聞
1987

フランスの社会学者ジャン・ボードリヤールは『クール・メモリーズ』でアルゼンチン出身の作家ホルヘ・ルイス・ボルヘスがパリの講演会で上記の言葉を述べたと記している。この言葉は一見とても刺激的だが、逆説的でもある。可能な解釈の1つは、引用された言葉同様、それぞれの人生は私たちを触発し、あとに続く手本を与えてくれるということだ。どんな人生もある程度は先達を手本としている——子供たちは親に反発するが、その反応も先例を参考にしているのであって、ある意味では引用だ。芸術作品はすべて他のものから意識して着想を得たか、あるいは無意識に影響を受けたものであり、その意味ではそれも引用である。

私たちが発言するとき、その言葉は他の人々に影響を与えるかもしれない。あるいは、特定の効果を狙っているのかもしれないし意識の有無にかかわらず、他の人々を刺激しているのかもしれない。そして、どのようにして影響を与えるか、それが最も興味深い側面である。私たちはきちんと形づくられたアイデアを与えることもできるし、アイデアとして育つ種をまくか、自分で考えるよう促すこともできる。「人生はそれ自体が引用である」という言葉は後者だ。それは思考の糧（かて）であり、それゆえに着想にあふれているのだ。*LW*

∩1983年、ブエノスアイレスの自宅での84歳のボルヘス。55歳で完全に失明した。

酒を嗜(たしな)まない者に文学は語れない。

莫言(ばくげん)
『酒国——特捜検事丁鈎児(ジャック)の冒険』
1992

莫言は多くの理由で論議を巻き起こす作家である。「言う莫(なか)れ」という意味である筆名は文化大革命の際に両親に受けた教えに由来する。莫言は一党独裁下の窮乏も経験しているが、『酒国』は体制を批判していない——ただし、本書は天安門事件の3カ月後に書かれているが。

莫言は文学を語るには機知と知恵が必要であり、そのためにはよく語られる神聖な魂を酒で消さなければならないのだ。だが、この言葉は手紙の相手が文学を称賛することをたしなめている。「酒は文学である」という言葉は、酔って言っているようである。莫言は主人公に「いい気分で酔っぱらっているときに書いたので、本気にしてはいけない」とさえ言わせているのだ。

おそらく、上記の言葉は挑発するためだけに言ったのだろう。酒と文学は深く絡みあうことが多く、飲みすぎは教養小説の理解を深めるが、莫言の見方ははっきりしない。 LW

⊂ 2012年、莫言はノーベル文学賞を受賞した。

想像力あふれる物語は、想像力のない人々を混乱させる。

テリー・プラチェット
『ファンタジー大事典』
1998

イギリスの作家テリー・プラチェットは、彼いわく「まだ非難という陰りに覆われている」ファンタジーというジャンルを擁護するために、この言葉を書いた。だが、この言葉自体がいじめっ子を前にして泣き言を言っているようで、相手はすぐに味をしめて反撃に出るに違いない。プラチェットやファンタジー作家全般に対して想像力に欠けていると非難する人は少なく、プラチェットが異議を申し立てたのはファンタジーは本物の文学ではないと言う人々だったのだ。

〈ディスクワールド・シリーズ〉の大会に集まる人々の想像力には何の問題もない。だが、すべての「想像力あふれる物語」が同じではない。J・R・R・トールキンは重量級だが、プラチェットの「想像力あふれる物語」は軽妙だ。そしてT・H・ホワイトやC・S・ルイスとは異なり、プラチェットの作品は私たちの中にある何かを変えたりしない。途方もなく奇天烈な世界の中にもどこか気楽さがあり、登場人物に付ける名前もふざけたものが多い。プラチェットはめったに深刻にならないが、上記の言葉に限っては、よい作品についての考えが凝り固まっている人々を挑発して、偏見を改めさせようとしているのだ。 LW

UNIVERSITY of ABERDEEN

私は書きたかったものを書いているだけ。私にとっておもしろいものを書いています。完全に自分のために。

J・K・ローリング
「ニューヨーク・タイムズ」紙
2000

「まさか、こんなに人気が出るとは思いませんでした」。J・K・ローリングは新刊『ハリー・ポッターと炎のゴブレット』の宣伝のために「ホグワーツ特急」と名付けられた列車に乗りながら、アラン・カウエル記者にそう語った。

ローリングは魔法ファンタジーである〈ハリー・ポッター・シリーズ〉を書いているとき、読者のことを考えたことはないと言う。常に自分が書きたいものがわかっており、ファンや編集者の要望に応えるために、より大きな意図からそれたり、自分の構想を弱めたりすることは決してなかった。たとえば、増えつつあるアメリカ人読者に訴えるために、アメリカから交換留学生がホグワーツにやってくることにしようなどという提案も拒否した。

〈ハリー・ポッター・シリーズ〉で莫大な収入を得たあとも、ローリングは同書を書き始めたエジンバラの小さなカフェに戻って、新たな推理小説シリーズの執筆を開始した。そして新シリーズの1冊目を、ロバート・ガルブレイスという筆名で出版した。有名作家の最新作ではなく、作品自体の価値で判断されるべきだと考えたからだ——ローリングは今も自分のために書いているのだ。*EP*

⊂ 2006年、名誉博士号を授与されたJ・K・ローリング。

文学とは自らに語りかける人間性である。

ノーマン・ラッシュ
『人間たち』
2003

ラッシュの体験的論説付きスパイ小説の怪(あや)しげな主人公レイ・フィンチは、ボツワナのイギリス人学校の英語教師だが、CIAの契約諜報(ちょうほう)員でもあり、「監視対象者」についてアメリカ国防総省に報告する任務を負っている。1990年代初頭の設定である『人間たち』はすべてレイの視点で語られている。読者はレイについてあらゆることを知ることになる。さまざまな知的な問題に対する考え方や、仕事上や個人的な人間関係の詳細から、個人的な衛生管理まで。「私のペニスについて確認してもらいたい」というタイトルの章では、入浴について30ページ以上も割いている。

この詳細さは尋常ではなく、まるで実際に体験しているような感覚に陥る。これまでスパイ小説が文学と見なされていなかったとしたら、ラッシュはその隔たりに橋を架けようとしたのかもしれない。彼の作品には過去の偉大な作家に関する博学な言及が多く、レイ自身も過去の時代の遺物である。レイは現実の人間より古典文学や詩に出てくる主人公に共感できると考え、自分が生きている世界より、彼らの世界を好み歴史の過ちに学ぶのではなく、文学の中に正しい道を見いだそうとしている。レイにとって文学とは娯楽や現実からの逃避ではなく、導きを得るものなのだ。*IHS*

本は完璧な娯楽だ。コマーシャルもないし、電源もいらないし、1ドルで何時間も楽しめる

スティーブン・キング
「エンターテインメント・ウィークリー」誌
2007

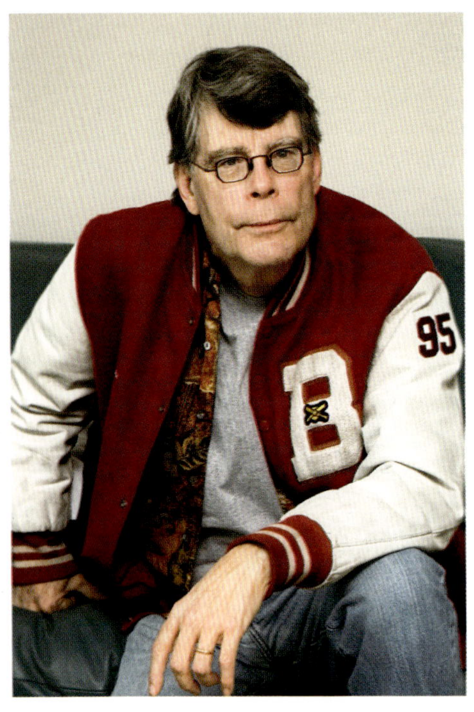

∩ スティーブン・キングは高尚な作家ではないかもしれないが、自らの職業について深く考えていた。

スティーブン・キングは大成功した作家である。キングは本で生計を立てているのであり、読書を勧めるのは当然だ。だが、複数の作品が映画化されているにもかかわらず、キングが他の娯楽より読書を勧めるのは、真面目な理由からである。

本は双方向の娯楽であり、ある意味では単にスクリーンを見ているより情報を読み取ることが必要である。その反面、ビデオゲームのように冒険を完遂することは求められない。そうではなく、著者の指示——つまり、ストーリーだ——と読者の想像を独自に組み合わせて、しばらく逃避することが許される。そして本という装置だけでなく、読書という行為もたいへん簡単で、一度習得してしまえば、第２の天性となる。キングは本は読むために買うべきものであると述べているが、その単純な訴えを素直に受け入れることはできない。キングは大作家であり、書くことは生活スタイルの選択肢の１つではなく、抑えがたい欲求だと——おそらく病でさえであると——承知している。また文学そのものが、環境によって１つだけの見方に閉じ込められていたかもしれない人々の世界や体験を開くことも知っているのだ。*LW*

誰もが自分の中に 1冊の本を抱えているが、 たいていは外に出さないほうがいい。

クリストファー・ヒッチェンズ
Slate.com
2008

クリストファー・ヒッチェンズは非常に優れた語り手であり、時代と逆行して決してあやまらないがんこ者を自称する、優れたエッセイストだった。1日何時間でも、どんなに酒を飲んでいても、執筆エネルギーが途切れることはなかったと友人たちは証言している。食道がんを患ったときでさえ、ヒッチェンズは進行する病状やその影響、そして揺るぐことのない無神論について書き続けた。彼は生まれながらの作家だった――そして、その才能を大切に育てたが、ペンを執る者すべてが才能に恵まれているわけではないと理解していたのだ。

ヒッチェンズはロンドンで、マーティン・エイミス、イアン・マキューアンらが参加していた伝説的な金曜日の昼食グループと出会う。そしてエイミスとともに「ニュー・ステーツマン」誌に雇われ、自分の書いたものは活字になる資格がないのではないかと書き手たちを悩ませた。エイミスとの友情はロンドン文学界の恐るべき寵児(ちょうじ)たちという2人の名声を確かなものにした。その後、エイミスは小説へと移行し、ヒッチェンズはエッセーを書いた。政治や戦争から、拷問(ごうもん)の一種だと納得するための水責め体験まで、書かないテーマは何もなかった。***IHS***

∩2011年2月、ワシントンD. C.の自宅で撮影されたクリストファー・ヒッチェンズ。

ART & ARCHITECTURE

芸術と建築

C エドゥアール・マネ「フォリー・ベルジェールのバー」(1882、部分)

アーチは眠らず。

インドの格言
不詳
紀元前684-799頃

∩ インドのモスクのイーワーン（中庭側だけ開いているアーチ形天井の空間）のイラスト。

⊃ 21年かけて建設された、インドのアグラにあるタージ・マハル。

半分の形が2つ対称的に配置されているアーチは「力の拮抗」の法則によって、その構造物を立ったまま支えている。アーチは常に重さに耐えていることから、力を抜けない、眠らないという喩えになる。

石橋のアーチの場合、全重量がアーチの両端にある迫台に推力として伝わる。それで重量が全体に均等に振り分けられるのだ。レオナルド・ダ・ヴィンチはアーチを「合わせることで強くなる2つの弱さ」と表現している。

アーチの概念が最初に考えられたのはメソポタミア（現在のイラク）だった。そこから世界中に広がったのだ。アーチが耐える重さが大きくなるほど、力は強くならなければならない——この力学的には自明の理が、比喩としての解釈につながった。すなわち、耐える責任が重いほど、人は強くなるということだ。

最初はタミル語だったこの格言は、たちまち違う形に変えられた。無生物が決して眠らないという表現になったのだ。ニール・ヤングはこの言葉を変形し、1979年に発表したアルバムのタイトルを「ラスト・ネヴァー・スリープス」とした。だが、アーチは役に立つが、ヤングが眠らないと言ったラスト（欲望）は、自己満足の象徴である。**BDS**

教育なしの天賦の才からも、天賦の才のない教育からも、完璧な芸術家は生まれない。

ウィトルウィウス
『建築書』
紀元前20頃

ウィトルウィウスはローマの建築に関する偉大な著述家である。彼が書いた全10巻の大作は建築のあらゆる分野を扱っている。たとえば一般建築、都市計画、対称性、様式、建材、神殿の構造、公共施設、民家、床、水理学、住宅への水の供給等である。

ウィトルウィウスの基本的な信条の1つが、人間が造った構造は自然の構造と同じくらいに自然であるべきだというものだった。住宅はハチや鳥の巣と同様に簡単に周囲に溶け込まなければならないのだ。またウィトルウィウスは、すべての建物は強く、機能的で、美しくあるべきだと主張していた。この3つの基準は「ウィトルウィウスの美徳」として知られている。

『建築書』第1巻から引用した上記の言葉は、建築家に望まれる条件につながっている。「教育を受けていること。絵がうまく、幾何学を学び、歴史に詳しく、哲学者の教えを注意深く守り、音楽を理解し、医学の知識を持ち、法学者の意見を知り、天文学と天国の理(ことわり)に通じていること」。無理な注文である。*JP*

画家と詩人はどちらも等しく大胆に創作する自由を得ている。

ホラティウス
『詩論』
紀元前19頃

ホラティウス(クイントゥス・ホラティウス・フラックス)は解放された奴隷の息子だった。ブルートゥスのもとでフィリッピの戦いに参戦し、敗れてローマに戻り、詩人のワリウスとウェルギリウスと知り合った。その後、ヘレニズム美術に多大な影響を受け、時代を代表する偉大な抒情(じょじょう)詩人となる。

上記の言葉はたいてい背景抜きで、まるで普遍的な真実であるかのような断定した形で引用される。だが、ホラティウスはとても巧妙で絶対的なことは書かず、その意見はたいてい微妙な意味合いがこめられ、曖昧であることも珍しくなかった。

この言葉によれば、ホラティウスは創作は自由に未知を探求し、従来の限界を超えるべきだと考えていたように見える。だが、『詩論』は自己鍛錬と、詩人が自らの限界を常に忘れないことが何よりも必要だと強調しているのだ。詩の様式には破ってはならない規則がある。たとえば「ヘビと鳥」を組み合わせてはならない――つまり、比喩を混在してはならないと――ホラティウスは言うのだ。陶工のろくろに載っているワイン瓶を水差しと間違えてはならないと。ホラティウスはまた、演劇を再演してほしければ「5幕より短くても長くてもいけない」とも述べている。*BDS*

絵画は俗人の聖書である。

グラティアヌス
推定・伝聞
1150

グラティアヌスは11世紀の終わり頃にイタリアのトスカーナで生まれたベネディクト会の修道士だが、その生涯についてはあまりわかっていない。説教師であり、信仰の矛盾と市民法との不一致を調和させるための法令集である「矛盾教会法令調和集」を書いた。この重要な法令集から、従来の神学とは異なり、大胆でまったく新しい規律であるカノン法が生まれた。そして後代の教皇たちはカノン法を確かな根拠として教令集をつくり、広がり続けるローマカトリック教会の世界に適用したのだ。

グラティアヌスの最も有名なこの格言は、彼が生きていた時代を反映している。11世紀から12世紀の時代は、聖職者でない人が文字が読めることはまれだった。それどころか、教会の指導者たちは情報とその解釈を管理できるように、読み書きが広まらないようにしていた。読み書きができない大部分の一般信徒にとって、最大の情報源はヨーロッパの大聖堂にあるステンドグラスや多くのレリーフ等を含む絵だった。教義を広め、聖書に記された出来事についての話し合いや解釈を促すために、宗教画が伝道に使われたのだ。聖像などの絵はすべて「読み書きできない者の聖書」であり、現世の悩みから心を解放し、天国に導くことができると考えられていた。**BDS**

私は大理石の中に天使を見て、自由にするために彫った。

ミケランジェロ
推定・伝聞
1494-95頃

ルネサンスの偉大な画家、技師、詩人、彫刻家であるミケランジェロは、すべての大理石にはあらかじめ像が内包されており、それを彫って隠れている像を出すこと、すなわち石に囚(とら)われている像を自由にすることは彫刻家の責務だと語っている。

上記の天使とは、イタリアのボローニャにあるサン・ドメニコ教会で、聖人の棺(ひつぎ)の足もとでひざまずいている天使像2体のうちの1つである。若きミケランジェロは後援者から30ダカットでこの仕事を引き受けたのだ。

教会自体も大事業であり、13世紀初頭から500年以上かけて建設され、多くの芸術家が関わった。1494年、ミケランジェロはこの教会のために3体の像を彫った。ひざまずいて燭台を持っている天使像、ボローニャの守護聖人である聖ペトロニウス像、そして4世紀の殉教者である聖プロクロス像である。この聖プロクロス像は10年後の1504年に完成するダビデ像によく似ている。

ミケランジェロの頭では、大理石の塊(かたまり)には「偉大な芸術家のすべての考え」すなわち、可能性を秘めた形やアイデアが、内包されていた。そして大理石に当てはまったものは、創造全体にはなおさら当てはまる。美は外観の下に隠れているのだ。**BDS**

絵は
見えるが聞こえない詩であり、
詩は
聞こえるが見えない絵である。

レオナルド・ダ・ヴィンチ
『レオナルド・ダ・ヴィンチ手稿』
1500 頃

詩人と画家の知的な戦いの始まりは大昔まで遡る――絵筆で精神的な広がりを伝えようとする視覚の芸術家と、言葉だけで感情を起こさせ、記憶されることを求める詩人の苦闘である。レオナルド・ダ・ヴィンチは吟唱詩人より画家のほうが高い水準にあると考えていた。「単なる」聴覚より視覚のほうが高尚だと思っていたのだ。耳が聞こえない人でも絵を見ることで得るものは大きいが、目が見えない人は「この世界の美しさを目にしたことがない」ので、詩を聴くだけでは同じものは得られないという主張である。ダ・ヴィンチによれば、「それほど高度ではない感覚」を失った聴覚障害者は画家の技術や、画家が表現したいと思ったことを理解できるというのだ。

ダ・ヴィンチは解剖学と生理学を学んだため、この世界で目にしたものを、絵でうまく表現することができた。死後に手稿が編纂された『レオナルド・ダ・ヴィンチ絵画の書』で、ダ・ヴィンチは絵は言葉よりも自然の本質をうまく表現できると語ったとされている。**BDS**

∩ 50 代半ばに描いたと思われるレオナルド・ダ・ヴィンチの自画像（1512 頃）。

⊂ レオナルド・ダ・ヴィンチが描いたチェチーリア・ガッレラーニ（1489 頃）。

人物を美しく見せるのは鮮やかな色ではなく、素描のうまさである。

ティチアーノ
推定・伝聞
1570 頃

ᑎ ティチアーノが最盛期に描いた「懺悔（ざんげ）するマグダラのマリア」（1555-65）。

ティチアーノ・ヴェチェッリオは16世紀イタリア・ルネサンスのベネチア派の中心的な存在で、非常に多才な画家の1人だった。同時代の人々から「星々を従える太陽」（ダンテ『神曲』からの引用）と呼ばれていたティチアーノは、生涯にわたって色彩に魅了されていた。奔放な筆使いや、繊細な色、または鮮やかで自然な色調によって生まれた作品はとても印象深い。ティチアーノはごくわずかな原色のみを使い、卵と油を混ぜ合わせたものを使う完璧な油絵の技法と組み合わせることで、絵筆を立体感や細部や表面を描くだけの道具から、色によって光を表現できる道具へと変えたのだ――コロリート（彩色）技術である。

ティチアーノは各作品において半透明のグレーズを用いて――30以上のグレーズを1つずつ重ねて、色を抑える――浮き出てくるイメージの土台をつくった。だが、上記の言葉を見ると、ティチアーノが大胆な色彩を使うだけでは画家であるとは言えないと理解していたのは明らかである。マラカイトグリーンも黄土色も確かに鮮やかだが、「その色の使い方を知らなければ意味がない」のだ。 ***BDS***

最高の彫刻家は曲がった木でわかる。

アフリカの格言
未詳
1600 頃

アフリカでも、道ばたの日常会話から部族や地域や政府の重要な会議まで、あらゆる状況で大切な真実を伝えるために、格言が活用されている。とりわけアフリカ社会では、最初に格言を言い、それから意味を説明するのが一般的である。格言は広く使われており、老人の専売特許ではない。

多くの格言と同じように、「最高の彫刻は曲がった木」にはっきりとした典拠はなく、創作者もわからない。そしてたいてい、人間の本当の能力は難題で試されて初めてわかるという意味だと解釈されている。

アフリカの格言の多くは、その大地と、そこで暮らす生き物に結び付けられている。たとえば、「道でゾウを食べる最善の方法は小さく刻むことだ」は、問題は少しずつ取り組むほうがいいという意味を、想像力あふれるユーモラスな言い方で伝えている。また「吠(ほ)えるライオンは獲物を殺せない」は、話すだけでは何も達成できないという意味である。*BDS*

∩ 大陸の植物や動物に着想を得た格言はアフリカ以外にもある。写真はライオンのナプキンリング。

絵は神の影を描けたときに完成する。

レンブラント
推定・伝聞
1665

これはほぼ例外なくレンブラントの言葉とされるが、彼が言ったという明白な証拠はない。だが、たとえこの言葉がレンブラントの言葉でないとしても、よくできている。オランダの巨匠レンブラントの光と影の使い方は1620年代後半から次第に洗練されてくる。遠くから対象を照らす光を描くさまざまな方法を実験し始めたときからだ。こうした強烈な光を描くには、絵の大部分を——とりわけ隅と前景と背景を——影で埋める必要がある。その結果、どの絵も中央に光に照らされた主題が、しばしば集められた形で置かれ、観る人の視点で描かれることになる。

暗い色調の広がりを重視すると、細部も犠牲になる。「ベッドの中の女」(1647)では左側から寝室に入ってくる光が、作品を覆う濃い影とコントラストをつくっていることで、女の上半身に今にも触れられそうなほどのリアリティーを与えている。レンブラントの光は対象が絞られている。レンブラントが見てほしい部分にしか当たらないのだ。だが、周囲を囲む影がなかったら、その光もそれほど明るくないだろう。**BDS**

建築は永遠を志す。

クリストファー・レン
推定・伝聞
1680頃

数学者、科学者として活躍してから建築物の設計に興味を移したクリストファー・レンは、建築は未来像や哲学、さらには神の本質さえのぞく方法だと考えるイギリスの新世代の建築家の先駆けだった。同時代の建築家フランク・ゲーリーもほぼ同じことを言っている。「建築は時代と場所を語りながら、不朽を求めるべきである」

永遠。不朽。建築物は形と機能をもとにして造られただけの単なる部品の集合体ではない。レンは石材や積み上げられた土台の向こうに、大きな全体像を見ていたのだ。1666年のロンドン大火後、レンはパリのバロック建築の壮麗さに影響を受け、自らの未来像を確固たる形にしていき、その過程でロンドンのスカイラインを変えた。

『パレンタリア祭——レン家回顧録』(1750)の著者である息子のクリストファーは、上記の言葉を父親が発したものだとしている。レンはウエディングケーキの形をした教会の尖塔(せんとう)、そして何よりもロンドン大火後のセントポール大聖堂の再建という代表作で、永遠の建築物という高い目標を達成したのだ。**BDS**

C レンブラント作ともされる「祭壇の聖職者」(1631頃-32)。

建築は空間の音楽、凍りついた音楽のようだ。

フリードリヒ・フォン・シェリング
『芸術の哲学』
1802

フリードリヒ・レオン・シェリングは1775年にドイツのレオンベルクで生まれ、若いときから学問の世界で成功していた。有名な福音主義ルター派のテュービンゲン神学校で、のちに著名な哲学者となるゲオルク・ヘーゲル、フリードリヒ・ヘルダーリンと親しくなった。

シェリングの著作は自然科学、芸術、宗教哲学に焦点を当てていた。生涯を通じて、多くの著作を残し、多くの講演をした。思想が一貫していないことで悪名が高まったときもあったが、近年になって著作が解釈され、ドイツ観念主義者の中でも影響力の大きかった哲学者の1人だと評価する者もいる。

シェリングは芸術作品を複雑で力強く、私たちに無限の思想を与える可能性のある固定された(有限の)事物だとみなしていた。そして美しい建造物は定まった場所に置かれて動かないものの、リズミカルで、こちらの感情や心境を引き出すと考えていた。実際、建築は視覚と聴覚の融合だという見方は、現在の多くの建築家に影響を与えている。もはや、現代の建築家は単に建物を造っているだけではない。自分たちが設計した空間から、私たちが受ける影響まで想像しようとしているのだ。**GG**

美は幸福の約束でしかない。

スタンダール
『恋愛論』
1822

マリ＝アンリ・ベールは――いや、『赤と黒』(1830)の著者であるスタンダールという筆名のほうが有名だろうが――19世紀の写実主義とロマン主義の文芸運動に参加していた。スタンダールの言動や思想は生き生きとしていて風変わりで、100を超える筆名を使って、その多くが滑稽なニュアンスを持っていた。本名で出版した書籍は絵画の歴史について書いた1冊だけである。

上記の言葉を引用した『恋愛論』は恋に落ちた人がたどる過程を真剣に分析している。スタンダールはデンボースカ伯爵夫人マティルドに対する恋が実らなかったとき、その失恋に対処するために本書を書いた。そして、その過程を「結晶化」と呼び、4段階で変化すると述べている。第1段階が称賛、そして自認、希望と続き、最後が喜びだ。恋に落ちるのは本能的な過程であり、個人の意思とは関係ないとしている。

スタンダールの言葉は、人間であれ、芸術作品であれ、美を目の前にしたとき、私たちは幸福の可能性を連想すると言っている。結晶化の各段階が、それぞれの意味における喜びをつくり出すのだ。したがって、「称賛」の段階にあって恋に落ちつつあるとき、人は称賛の対象を美しいと感じ、その美しさから感じる幸福を期待するのだ。**GG**

古代の彫刻は
慎み深さを教えてくれる。
だが、ギリシャ人が
慎み深いのに対し、
我々はもったいぶっている。

トマス・ラブ・ピーコック
『クロチェットの城』
1831

詩人のパーシー・ビッシュ・シェリーら親しい友人たちから「笑う哲学者」と呼ばれていたトマス・ラブ・ピーコックは、1785年にロンドンのガラス商サミュエル・ピーコックとセアラ・ラブとの間に生まれた。

1805年、ピーコックは詩集『パルミラヤシ他』を出版し、好評を博した。この頃、ファニー・フォークナーと恋に落ち、婚約する。だが不運なことに、ファニーの親戚にじゃまをされ、2人の関係は終わる。ピーコックの詩「ニューアーク修道院」はこの体験について書いたものである。

初めて書いた小説『大急ぎの廊下』(1816)により、その後の小説の作風が定まった。行動はほとんど描かれず、会話だけの小説である。ピーコックは仲間や日常の規範や習慣の不合理をからかって楽しんでいた。ユーモアや風刺を好んでいたのは、6冊目であり最後から2冊目の小説『クロチェットの城』を読めば明らかで、主役であるクロチェットの癖のある執着の描写にそれが現れている。そして上記の台詞を発するのが、このクロチェットなのだ。ピーコックはクロチェットを代弁者にして、同時代の人々の下劣さや、弱さや、殊勝ぶった考え、そしてあるがままの自然の喜びや楽しみを慈しまないことをばかにしているのだ。GG

芸術以上に
この世から解放してくれる
ものはなく、
芸術以上に
この世との確かな絆(きずな)を
築いてくれるものはない。

ヨハン・ヴォルフガング・フォン・ゲーテ
『箴言(しんげん)と省察』
1833

現代ドイツで最も偉大な文学者とされているゲーテは、限りない才能の持ち主だった。あまりにも有名な『ファウスト』(1808)などの名作を残しただけでなく、詩人であり、科学者であり、芸術家でもあった。

両親のもとに生まれた子供の中で、成人できたのはゲーテと妹だけだった。他の子供たちが夭逝(ようせい)し、父が弁護士という仕事で挫折したことで、ゲーテは結果として、幸運にも早くから上質な教育を受けることができた。ラテン語、ギリシャ語、イタリア語、英語、ヘブライ語と多くの言語を習得する機会に恵まれただけでなく、芸術にも親しみ、絵と演劇への情熱は生涯続いた。16歳のときに家を出て、ライプツィヒで法律を学んだ。著作に関しては実りが多い時期だったが、学位は取らずに町を出ている。

『箴言と省察』には約1400項目の箴言が載っており、ゲーテの思想や理想を深く理解することができる。上記の言葉からは、芸術の力によって私たちの精神は世俗的で厄介な自己の存在を超えることができるのだと、ゲーテが強く信じていたことが伝わってくる。さらに重要なことには、芸術は私たちをこの世に引き戻し、現実と関わって応えるよう促してもくれるのだ。GG

芸術とは美であり、細部の絶え間ない創作であり、言葉の選択であり、繊細な心遣いがされた演技である。

テオフィル・ゴーチエ
「両世界評論」誌
1841

∩1860年頃に撮影されたテオフィル・ゴーチエ。

テオフィル・ゴーチエの上記の言葉は、現在も発行されている文芸誌「両世界評論」に掲載された。1829年に創刊されたこの雑誌の当初の目的は、アメリカとフランス（新世界と旧世界）の間に、文化、政治、経済の橋を架けることだった。

当時、野心的な画家だったゴーチエが文学に目を向けたのは、ヴィクトル・ユーゴーとの出会いがきっかけだった。ゴーチエは若いときから詩を書いていたが、その多くは文芸誌に投稿していた。文学的な文章と旅行記を書くことで、裕福で有力な芸術の後援者に会うことができたのだ。また、書くことで、芸術と文化に対する個人的な嗜好を表現できたのである。

上記の言葉からは、有名なロマンチック・バレエ「ジゼル」のシナリオを書いたときのゴーチエの苦労と、どんなジャンルの芸術にも存在する複雑さが伝わってくる。ゴーチエは細部に注意を払い、芸術作品の「全体」だけでなく、それを構成する要素に目を向けるよう熱心に説いている。細部のすばらしさに集中することで、鑑賞者は芸術作を包みこみ、その一部になれるのだ。GG

すべてにおいて 完璧を目指す芸術家は、何事においても完璧になれない。

ウジェーヌ・ドラクロワ
日記
1850頃

フランスの政治家タレーランの非摘出子とされるドラクロワは、リセ・ルイ=ル・グランで学び、古典に夢中になって、画家としての才能を認められた。ゲラン、ルーベンス、ジェリコーの作品に多大な影響を受けている。初期の主要な作品である「ダンテの小舟」(1822)は一般大衆やフランス政府には嘲笑されたものの、ドラクロワはフランス・ロマン主義の代表的な存在となる。9年後に発表した「民衆を導く自由の女神」も同様にフランスを統治していた役人たちには不評で、扇動的な作品と見なされて一般公開が中止された。

上記の言葉から、ドラクロワが自身に対して高い基準を設けていたことが伝わってくる。芸術的な表現における複数の分野で、ドラクロワはすでに完璧さを達成していたからだ。おそらくドラクロワにとって、完璧さとは到達できないものであり、だからこそ欠点のない作品を創作しようと駆り立てられると考えていたのだろう。少なくとも、ドラクロワの筆使いと色彩表現は多くの印象派の画家たちに影響を与え、多くの象徴派を刺激した。ドラクロワはリトグラフでも評価が高く、シェイクスピア、ウォルター・スコット、ゲーテの作品の挿絵となっている。*GG*

∩ ウジェーヌ・ドラクロワの自画像(1837頃)。

装飾は建築の主要な部分で、美術の主題のようなものだ。

ジョン・ラスキン
建築と絵画に関する講義
1854

∩ラスキン自身も優れた画家であり、
1872年にフィレンツェの洗礼堂を水彩画の習作として描いた。

大きな影響力を持っていたイギリスの美術評論家、思想家のジョン・ラスキンが1853年にエジンバラで行った講義で発した言葉である。たいへん人気があった建築と絵画に関する公開講座の第1回目で、ラスキンは偉大な建築家は偉大な彫刻家であり画家でなければならないと述べた。

当時の背景でこの講義をひもとくと、ラスキンはすべての芸術に影響を及ぼす水準の低下を懸念していた。産業革命によってイギリスは劇的に変わり、とりわけ一般消費者向けの市場が拡大して大量生産品が導入された。これにより、それまでの時代の手作りの物とは異なる安物や粗悪品が増え、工場生産品の登場で職人の技術の価値が低下したと、ラスキンは考えていた。ゴシック建築の復興を支持していたラスキンは中世に関心を抱き、装飾的な芸術と建築のあらゆる分野に職人の技術が復活することを望んでいた。著作や講義を通じて自らの考えを主張するだけでなく、装飾芸術の地位を向上させるために、1884年に美術職人ギルドを設立し、社会を変えようとして積極的に活動した。CK

芸術の技、表現の栄光、文学の陽光とは単純さである。

ウォルト・ホイットマン
『草の葉』
1855

ウォルト・ホイットマンはしばしば自由詩の父と呼ばれる。貧しい家庭に生まれ、早くから複数の新聞社で働いて生計を立てながら、詩と小説を出版しようとしていた。

上記の言葉はホイットマンの有名な詩集『草の葉』から引用されている。ホイットマンは個人的な生活と『草の葉』に感じられる同性愛的な要素を問題視されることが多かった。出版した当時、『草の葉』を猥褻(わいせつ)だと考える人もいたのだ。

1855年、『草の葉』の初版はホイットマンの自費で刊行された。初版には作者の名前はなく、扉にホイットマンの肖像があるだけだった。ラルフ・ウォルドー・エマーソンらに『草の葉』を評価されて初めて、文学者としてのホイットマンの名声が高まったのだ。

上記の言葉からはホイットマンが個性を受け入れ、可能性を称賛し、平凡な物に美を見いだしたいと思いながらも、同時にアイデンティティーの謎を探っていたことが伝わってくる。ホイットマンは単純さと真実を称賛し、不要な装飾が逆効果であることを警告したのだ。 **GG**

∩ 初期の『草の葉』にはウォルト・ホイットマンの版画の肖像があるだけで、名前は記載されていなかった。

どんな芸術家も最初は素人だった。

ラルフ・ウォルドー・エマーソン
『手紙と社会の目的』
1875

アメリカの著名な講演者、詩人、エッセイストであるラルフ・ウォルドー・エマーソンは超越主義の父として知られている。エマーソンは、とても社交的で家族全員の知的及び宗教的な成長に熱心に取り組む家庭で育った。早くから文学や宗教や芸術に触れていたことが、エマーソンの哲学的な発見を促したに違いない。その後、エマーソンはボストン・ラテン語学校とハーバード大学で正式な教育を受け、すでに家庭でしっかり身につけていた学問の基盤を強化した。

上記の言葉はエマーソンの「呼びかけ」なのかもしれない。エマーソンは人々が失敗を恐れて表現力を抑えるのではなく、芸術あるいは知的なことへの情熱を発揮することを望んでいた。素人であることを受け入れながら、その素人の価値と可能性を外の世界に気づかせる自由を、人々に与えたのだ。

上記の言葉はエマーソンと娘のエレン・タッカー・エマーソンと息子のエドワード・ウォルドー・エマーソンの共著であるエッセー集に記されている。エマーソンの説教と講演は時を経るにつれて豊かで影響力を有するようになったが、それは仕事や個人的なことでの自らの成長について、考えを分かちあう寛大さを抱くようになったからではないかと、学者たちは指摘している。 **GG**

芸術における簡潔さは重要かつ、洗練の極みである。言葉が簡潔な人は、饒舌(じょうぜつ)な人を退屈に見せる。

エドゥアール・マネ
「ラ・グラン・レヴュー」誌(1989年に立証)
1882

フランスの画家エドゥアール・マネは、印象派の画家たちの父親のような存在だったとされている。前衛的な考えで知られ、印象派グループ展へは出品しなかったものの影響力は大きく、クロード・モネ、ピエール＝オーギュスト・ルノアール、エドガー・ドガといった画家たちに現代的な生活の情景を描くよう促した。

マネが上記の言葉を発したのは、晩年になってからである。1882年1月に友人だった画家ピエール＝ジョルジュ・ジャンニオが訪ねると、マネは最後の大作となった「フォリー・ベルジェールのバー」(1882)を描いていた。モデルのかわいい娘が「瓶と食べ物」がどっさりと載ったテーブルのうしろでポーズを取っていたと、ジャンニオはのちに語っている。マネは梅毒とリウマチを患って弱っていたが、芸術と絵について助言し、簡潔に描くことが必要だと強調した。また、顔を描くときには中心となる光と影を見つければ、残りは自然に描けるとも主張した。マネは印象派と写実主義の溝を埋め、中身と同じく形も重視した。形を正確に描けば、中身も写実的に描けると考えていたのだ。 **CK**

➲ エドゥアール・マネ「フォリー・ベルジェールのバー」(1882、部分)。

詩はどこにでもあるが、紙に描くことは、見た目ほど簡単ではない。

フィンセント・ファン・ゴッホ
弟テオへの手紙
1883

オランダのポスト印象派の画家フィンセント・ファン・ゴッホは800通を超える手紙を書いており、そのほとんどが、画商であり大人になってから経済的にも精神的にも兄を支えた弟のテオ宛てである。私的なやり取りからは兄弟の関係性や友情や喧嘩(けんか)などが見えてくる。ファン・ゴッホの人生の記録であり、日課や失恋もわかる。また、手紙からは、鬱病、信仰、倫理観、芸術論など現在知られているファン・ゴッホの考え方の多くも伝わってくる。手紙は文学的価値でも称賛されている。とりわけ、不完全さの概念と取り組んでいるときの表現力がすばらしい。

ファン・ゴッホは牧師になる教育を受けたあと、1880年に労働者階級の画家になることを決意する。オランダの田舎で、ほとんど独学で、日常の世界にある美をとらえようとして苦闘した。平凡の中に非凡を見つけ、労働の崇高さを認め、芸術の主題とすることで農民の暮らしの厳しい現実を称(たた)えようとしたのだ。**CK**

画家はみな絵筆を自らの魂に浸し、絵に本性を塗りこめる。

ヘンリー・ウォード・ビーチャー
『プリマスの説教壇からの格言』
1887

伝記作者のデビー・アップルゲイトに「アメリカで最も有名な男」と呼ばれたヘンリー・ウォード・ビーチャーは、とっぴで物議を醸(かも)す人生を送った。奴隷解放を支持したことと、斬新な演説方法で一番知られている。ヘンリー・ウォード・ビーチャーは子供の中で最も将来を悲観されていたが、小説『アンクル・トムの小屋』(1852)の著者である姉ハリエット・ビーチャー・ストウと同じくらい有名になった。

ビーチャーはニューヨーク州ブルックリンのプリマス教会の第1牧師だった。そこで3000人もの信徒たちを前にして、定期的に説教をした。そのうえ、アメリカとヨーロッパでの巡回講義にも参加した。この巡回講義で人気が高まり、個人的にも豊かになった。

ビーチャーは上記の言葉において、創作をするとき、人間は潜在意識の中に深く潜りこまなければならないと言い、個性を賛美している。魂まで手を伸ばすことで、個性が解放されて、旧来の常識や強制された考えに制約されない芸術を生み出せるのだ。そして創造されたものは、表面も中身も、創造者本来の考えを表している、と考えたのである。**GG**

C フィンセント・ファン・ゴッホ「糸杉と星の見える道」(1890)。

美術館の絵は世界の何よりもおかしな意見を耳にしている。

エドモンド・ド・ゴンクール
『芸術家の家』
1887

19世紀後半のパリに芸術の嵐が吹き荒れていたとしたら、エドモンドとジュールのゴンクール兄弟はその中心にいた。下級貴族の家に生まれた兄弟は十分な年金をもらって奔放な暮らしを送り、さまざまな芸術家や作品に囲まれていた。1870年に弟のジュールが死去するまで、兄弟は決して離れず、共同で作品を書いた。1851年から1896年までのパリの上流階級での暮らしを記した日記は、現在でも当時の様子を知る重要な史料である。

2人は小説家でもあり、自然主義小説の発展に大きく寄与した。美術評論家としての専門は18世紀のフランス絵画で、当時の流行とりわけ印象派には冷ややかだったが、エドガー・ドガだけは例外だった。

エドモンドは機知に富んでいたことでも有名で、迫力ある名文句を生み出す才能を見せつけた。上記の言葉は、絵画の長所や意味や特徴について、でたらめな意見を耳にするという、ありがちな経験を映している。博学なこともあれば、愚かな言葉もあり、エドモンドが気楽に歩きまわっている社会は、どちらもたっぷり提供したのだ。**IHS**

花が太陽によって色づくように、人生は芸術によって色づく。

ジョン・ラボック
『人生の快楽』
1887

政治家であり科学者だったジョン・ラボックは幼少期からチャールズ・ダーウィンの影響を受けていた。8歳のとき、ダーウィンがラボックの住む町へ移り住んできて、生涯の友人であり師となったのだ。ラボックの家には、ダーウィンの他にも著名な知識人や科学者が頻繁に訪れた。その後、ラボックは有名なイートン校で科学教育を受ける。

ダーウィンとの交友や、家族の学術的な影響や、優れた友人たちに恵まれたおかげで、ラボックはビジネスと科学という異なる分野で活躍した。政治でも科学でも銀行業でも、次々と重要な功績を残したのだ。そしてイギリスで指折りの著名人となり、偉大な教育者としても有名になった。イギリスの自治体では初めて選挙で決まった、ロンドン市議会の議長も務めた。

上記の言葉の意味は極めて単純で、自然と芸術の価値について説明している。ラボックは太陽の力がなければ花は鮮やかな美しさを披露できず、芸術と人間にも同じことが言えると指摘している。芸術は私たちの心に栄養を与え、可能性を最大限に活かす道を示してくれる。芸術に囲まれて鑑賞することで、生きることに十分な力を注ぎ、周囲の世界を理解できるようになるのだ。**GG**

建築は職業の一番下ではなく、芸術の一番上にあるべきだ。

レジナルド・ブロムフィールド
『建築』
1892

1856年、レジナルド・ブロムフィールドはイギリスのデボンにあるボーで生まれた。最初に夢中になったのは彫刻だったが、結局は19世紀で有数の建築家であり建築歴史家となった。挿絵画家としても有名だった。また、ウイリアム・モリスと協力し、アーツアンドクラフツ運動にも参加した。ブロムフィールドは園芸でも芸術でも同時代の人々と協力したが、必要とあらば、そうした人々の作品を大胆かつ率直に批判することをためらわなかった。そして歴史建造物を愛する気持ちから、その保全へと動き、ロンドンの多くの教会やウォータールー橋の解体に反対した。

ブロムフィールドは建築のありがたみが忘れられているのではないかと疑問を抱いたときに、上記の言葉で最も重要な点を再確認しようとした。読者に建築の複雑さを理解してもらい、建築には科学、経済学、芸術、人間関係など、多くの学問が含まれることを知ってもらいたかったのだ。建築は優れた芸術だというブロムフィールドの言葉は決してとっぴなものではない。結局、たいていの人は本ではなく、建物の中で過ごす時間が多いのだから。GG

芸術はこの世で唯一真剣なものである。そして芸術家は真剣ではない唯一の人間である。

オスカー・ワイルド
『教養がありすぎる人の教訓集』
1894

この言葉を書いたとき、ワイルドの名声は最高潮にあった。あけすけで派手好きなワイルドは、ロンドンの芸術家たちのあいだで不遜なユーモアと個人主義で知られていた。芸術のための芸術という考え方を支持する耽美（たんび）主義の擁護者として、美術工芸品を含む、あらゆる形の芸術に官能を取り入れることを推奨し、ヴィクトリア朝時代の倫理に反抗したのだ。そして、しばしばウイットにあふれる言葉を使って、その目的を果たした。上記の言葉では、社会における芸術家の役割、作品の優雅さの価値、芸術の高尚な本質に目を向けさせている。反体制的なユーモアで、大量生産品の時代に職人の技巧を守ろうとしたのだ。

最初、この言葉は週刊誌「サタデー・レビュー」で格言を集めた記事として匿名で発表された。ワイルドはその記事で、友情の価値、美の本質、偏狭な世論の窮屈さなどを考察している。数年後、ワイルドは淫らな行為をして投獄され、世論の厳しさを知る。そして彼の評判には挑発者という悪名も加わった。だが、ワイルドは真剣な芸術家であり、鏡を掲げて当時の社会を映し、偽善に光を当てたのだ。CK

芸術に関して、人間は2種類しかいない。革命者と盗作者だ。

ポール・ゴーギャン
「ル・ソワール」紙への手紙
1895

∩ ポール・ゴーギャン『ノア・ノア――タヒチ紀行』(1901)から。

⊃ ポール・ゴーギャン『光輪のある自画像』(1889)。

ポスト印象派の画家ポール・ゴーギャンは故国フランスで認められないことに幻滅し、インスピレーションを求めてタヒチへ向かった。そこで土着文化に関心を抱き、陶工として生計を立てたいと考える。フランスへ帰国しても、依然として作品は売れなかった。この時期、ゴーギャンは陶製の彫像「オヴィリ」(1894)を制作する。「オヴィリ」とは「野性」あるいは「野蛮人」という意味で、タヒチの女神像だ。本来ゴーギャンは画家だが、陶芸家エルネスト・シャプレに教えを受けていた。1895年4月、ゴーギャンが「オヴィリ」をソシエテ・ナショナル・デ・ボザール・サロン展に出品すると、大騒ぎになった。さまざまな説があるが、出品を拒否されたか、シャプレがゴーギャンの作品を展示しないなら、自分の作品も取り下げると脅したことで展示を許可されたか、そのどちらかのようだ。ゴーギャンは陶芸の現状を嘆く「ル・ソワール」紙に怒りの手紙を書いた。自らを革命者と考えてのことだが、騒ぎを利用して知名度を上げ、生計を成り立たせたいと考えてもいたのだ。それでもゴーギャンが土着の人々に美を見いだした最初の芸術家の1人であることに変わりはない。その後、パブロ・ピカソもその魅力に共感し、プリミティビズムにつながっていく。**CK**

私は肖像画を描くたびに、友人を失う。

ジョン・シンガー・サージェント
推定・伝聞
1900頃

当時最も成功していたアメリカ人肖像画家ジョン・シンガー・サージェントが、正確にはいつこの発言をしたのかは明らかになっていない。それでも、イギリスの風景画家クリストファー・R・W・ネヴィンソンの自叙伝『絵画と偏見』(1937)と美術評論家エドワード・ルーシー＝スミスの著書『ジョン・シンガー・サージェント秘話』(2007)で、サージェントの言葉として引用されている。

初期の肖像画は批判されることが多かったが、サージェントは1900年代には社交界の人々を描く一流の肖像画家として地位を確立し、ロンドンとニューヨークとボストンにアトリエを構えて国際的に活躍した。サージェントが優れていたのは画力だけでなく、モデルの心理を描き出す能力があったからだ。この能力は依頼された作品ではなく、比較的親しい友人たちを描いた肖像画を見ると明らかである。これは、サージェントがモデルにおもねる必要がなかったからだ。サージェントがモデルの人柄に抱いている印象も、絵に表れている場合があった。皮肉っぽく、手厳しささえ感じる上記の言葉からは、人間があるがままの自分を受け入れようとしないことが伝わってくる。1907年、肖像画に嫌気が差したサージェントはアトリエを閉め、壁画と風景画に目を向けた。CK

∩ イギリスから帰国してまもない時期のジョン・シンガー・サージェントの写真。

⊃ ジョン・シンガー・サージェント「レディー・アグニュー」(1892)。

健康的な感情、強烈な感情は、どれも味わいに欠ける。芸術家が人間になってそんなものを感じ始めたら、芸術家としては終わりだ。

トーマス・マン
『トーニオ・クレーガー』
1903

∩ トーマス・マンは芸術家の人生に対する20世紀初頭の解釈を読者に提示した。

トーマス・マンが25歳で書いた中編小説『トーニオ・クレーガー』は自伝的な作品で、著者の学生時代から大人になるまでの時期が描かれている。主人公のトーニオは芸術家肌の母と商人の父に距離を感じ、自分のほうが人間を深く見抜いていると思っているが、その一方で両親の無邪気さをうらやんでいる。やがてトーニオは大人になって作家として成功するが、故郷に帰ったときに犯罪者と間違えられる。この経験により、トーニオは芸術家は感情を切り離すべきだという結論に達する。そして結局は孤立感を「とても慎ましい至福」と呼んで受け入れるのだ。トーニオも、著者も、芸術と人生のあいだのどこかに、虚無を抱えているのだ。

トーマス・マンの友人であり、ボヘミア生まれのエッセイストでドイツ文学研究者のエーリヒ・ヘラーは『トーニオ・クレーガー』について、芸術家は自らをうまく表現するために、俗世間から離れ、感情を抱くことを避けなければならないという考えを、じつに見事に表現していると評価する。マンはこう記している。「芸術家になるには、日常生活を捨てなければならない」。 **BDS**

装飾からの解放は、精神の強さのしるしである。

アドルフ・ロース
「装飾と罪悪」スピーチ
1908

オーストリア出身のモダニズム建築家アドルフ・ロースは1908年にこの言葉を書いた。2年後、ロースは公の場で、この言葉を口にした。ウイーンで行ったスピーチで、装飾が嫌いであることを明かし、装飾がいかに発展を妨げているかについて述べたのだ。また、ロースが「装飾の病」と呼んでいるのは、建築に限ったことではなかった。赤いベルベットの服は着る人を「道化」か「催事場にいるサル」に見せると、ロースは語っている。

装飾からの解放は、生産コストを下げる。無地の白い陶器は装飾が施された陶器より安く、貧しい人々は金を節約できる。また、現代の人々は芸術で精神を高めており、喜びを与えるという役割は芸術が代わりに担っている。そして装飾が施されたものは好みが変わると、すぐに価値が下がってしまう。その結果、装飾が多いものは早く買い換えることになる。欲しいと思いこんでいる装飾を手に入れるために、長時間働かざるを得なくなるのだ——ロースはそれを「装飾の奴隷になって息切れしている」状態だと呼んでいる。それは労働と健康とライフスタイルの無駄である。ロースは働く時間が短いほど、喜びを追求し、精神的な満足を求める時間が増えると考えていた。**BDS**

∩ チェコのプラハにある1930年に完成したミュラー邸は、ロースが設計したモダニズム建築の中でも、とりわけ実用性が重視されている。

私が夢見ているのはバランスのよい芸術、純粋でのどかな芸術……質のよいひじ掛け椅子のようなものだ。

アンリ・マチス
「画家のノート」
1908

マチスが最初に名前を知られたのは、フォーヴィスム運動の非公式なリーダーとしてで、1905年にパリのサロン・ドートンヌ展に出品すると、力強い筆使い、自然とは異なる色使い、大胆な線が評判となった。その後、名声が高まると、マチスはパリで学校を開いた。そしてパブロ・ピカソと切磋琢磨（せっさたくま）しながらフランスの前衛美術を引っ張っていく中で、個人的なマニフェストとなった「画家の覚え書き」を書いた。最初は週刊誌「ラ・グランド・レビュー」に掲載されたものである。

マチスが上記の言葉を書いたのは、ピカソがバルセロナの娼婦（しょうふ）たちを描いた急進的キュビスムの絵「アビニヨンの娘たち」(1907)を発表し、批判的な反応を受けた後だった。マチスはそうした作品とは距離を置いていた。芸術は万人に訴えるべきもので、精神を高め、心を安らげるものだという哲学を持っていたからだ。芸術は気分を浮き立たせるものであってほしかったのだ。だが、それでは芸術が反体制的ではなく気晴らしとなってしまうと考え、ブルジョワ的な信条だと非難する人もいた。それでもマチスは、芸術は日常生活に根ざすものだという考えを変えなかった。**CK**

私は自然に従い、決して命じようとは思わない。芸術の第1の原則は、見たものを写すことだ。

オーギュスト・ロダン
ポール・グセルとの会話
1910

フランスの彫刻家オーギュスト・ロダンは人間の体に自然を見いだし、多くの芸術家たちと異なり、モデルを台に乗せて特定のポーズをとらせたりはしなかった。モデルたちに歩きまわらせ、やりたいことをやらせたのだ。そして、興味を引かれるポーズになったら、その姿をとらえて再現した。モデルに命令するどころか、ロダンのほうがモデルの気まぐれに合わせているようだった——まるで、使用人の命令を待っている主人のように。ロダンはモデルにポーズをとらせている人は「自然を損なって」おり、人間を「あやつり人形」であるかのように扱って、命のない人工的な芸術を制作してしまう危険性があると考えていた。

ロダンの考えでは、モデルに伝えるべき唯一の命令は、いったん興味を引かれるポーズをとったら、「そのポーズができる」ようにしなければならないということだ。つまり、どんなポーズであれ、最初にロダンの想像力を引き付けたものを再現するということである。したがって、原則は自然を写すということになる。なぜなら、ここでまたロダンの言葉を引用すれば「自然を改良する方法などない」からだ。**BDS**

∩1949年、南フランスのヴァンスの自宅でくつろぐアンリ・マチス。

偉大な画家はみな、多かれ少なかれ印象派である。たいていは直感の問題なのだ。

クロード・モネ
エヴァン・エドワード・チャータリスへの手紙
1910

∩モネ「睡蓮」(1915頃-26、部分)。
変化する光に照らされたモネの庭を描いたシリーズ。

クロード・モネは太陽の光が大きく動いてしまわないうちにカンバスに素早く筆を置いていき、とても幸福な気分でフランスの田舎を描いた。それが印象派の名前の由来となった「印象・日の出」(1872)である。したがって、印象派の他の有名画家よりモネが長生きしたのはふさわしかったのかもしれない。シスレーは1899年に死去。ピサロは1903年、セザンヌは1906年。ドガは1917年。ルノアールは1919年。そして、最も偉大かどうかは議論の余地があるものの、モネは1926年に死去し、晩年にイギリス人弁護士であり、画家ジョン・シンガー・サージェントの伝記を書いたエヴァン・エドワード・チャータリスに手紙を書き、謙虚にこう記した。「私の唯一の美点は、じかに自然を前にして描き、つかの間だけ私がとらえた印象を表現しようとしたことです」。モネはこうも書いている。彼の考えでは、偉大な画家はみな印象派であり、それを分け、個性やスタイルを与えているのは、各自の直感でしかないと。

言葉は最後にこう結ばれている。「……ジョン・シンガー・サージェントが考えているより、ずっと簡単なのです」。サージェントは印象派に「ならなかった」が、「ずっと印象派だった」のだと、モネは言っているのだ。***BDS***

素描とは勝手に歩く線にすぎない。

パウル・クレー
日記
1911

スイス生まれの画家パウル・クレーは象徴主義、表現主義の抽象画の制作に秀で、その単純さは子供の作品のようにも見えた。実際、クレーは子供の絵の明快さと自由を非常に評価していた。そして繊細なミニマリズムの絵を描き、生涯にわたって書体とカリグラフィーに対する関心を抱き続けた。クレーは線を描き始めることが、形や中身を紙に移すことの始まりだと、誰よりも理解していた。文字は解読されるために一定の原則に従うことが必要だが――絵と同じように――概念とジェスチャーを融合させることで、個々の感性を表現できると考えていた。それで記号や矢印や象形文字といった絵画的な象徴を使い、文字と視覚芸術を隔てる従来の境界線を曖昧にしたのだ。

クレーは、線は勝手に歩くものだと考えていた。しばしば誤って引用されるように「散歩」をするわけではない。それで、どんな線画にも新鮮な遊び心があるのだ――いたずら描きのような。そこにはこれといって目当てがないという特性があるべきで、それがすでに折衷的な方法に、シュルレアリスムの雰囲気を加えるのである。 **BDS**

∩1939 年、アトリエで撮影されたパウル・クレー。絵画的象徴や記号による表現を模索した。

芸術に趣味は関係ない。芸術は趣味に合うかどうかを試すためにあるわけではない。

マックス・エルンスト
「フォルクスムント」紙
1912

∩ダダイスムとシュルレアリスムの先駆者マックス・エルンスト、1962年に撮影。

ドイツ生まれで独学で画家、彫刻家、グラフィックアーティストになったマックス・エルンストはダダイスムとシュルレアリスムの先駆者で、芸術で現代を表現する刺激的な方法を創り出した。エルンストは美術評論家をあまり重視していなかった。芸術を誰かに判断されるものだと考えていなかったのだ。芸術の裁判官――つまり「評論家」だ――は「楽しい職業」だと、エルンストは述べている。何を言おうが、その判断が正しいのか間違っているのか心配する必要がなく、訂正を求められることもないからだ。この芸術家には才能がないなどと言うのは、実は評論家の趣味には合わないと言っているだけであり、そこが不合理なのだ。エルンストも、他の芸術家たちも、「芸術に趣味は関係ない」ことをよくわかっている。芸術家たちは、絵筆をカンバスに乗せる勇気さえ持ち合わせていない他人に批判されるために、苦労して作品を創っているわけではない。

フロッタージュ（でこぼこした表面を鉛筆でこする技法、エルンスト自身が開発）やグラッタージュ（カンバスの絵具を削り、下に置いた物の跡を浮き出させる技法）を趣味がいいとか悪いとか言う人はいない。それは、ただそうなっただけなのだ。**BDS**

芸術家は
楽しい人生に生まれついていない。
無為に生きてはいけない。
やるべき苦役があるのだから……。

ワシリー・カンディンスキー
『精神の調和である芸術』
1914

ロシアの現代主義画家であり美術理論家のワシリー・カンディンスキーは、芸術家は窮屈な社会の規範から外れたところで自らを表現すべきだという信念に沿い、周囲の物質社会とは関係ない抽象的な形と概念を用いた絵に情熱を注いでいた。1914年に英語で初めて出版された『精神の調和である芸術』で、芸術の自由についての考えを主張した。カンディンスキーにとって「芸術家は預言者」であり、「楽しい人生に生まれついたのではなく」、旧約聖書のようにひどく重い十字架に耐えなければならない。自分たちの世界を見つめて解釈するまったく新しい方法を人々に示すには、「ありきたり」な芸術という「荒野で泣き叫ぶ」ことであり、そうすれば理解してくれる人が現れるかもしれない。

カンディンスキーにとって、絵を描くことはまさしく「やるべき困難な仕事」だった。幾何学的な形は解明して理解しなければならず、色の心理と言語も同様で、形から独立していなければならない。その先駆け的な作品は理論として注意深く整然と表現された幾何学だった。預言的で、円、半円、ジグザグ、直線、角、曲線が作る純粋な世界だ。カンディンスキーはそこに芸術の感情的及び精神的な力を注いだのだ。**BDS**

∩ カンバスに向かうカンディンスキー。芸術は音楽のように抽象的であるべきだと信じていた。

芸術家の地位は低い。要するに、管なのだ。

ピエト・モンドリアン
「デ・ステイル」誌
1917

∩1942 年、ニューヨークの仕事場にいるピエト・モンドリアン。

⊃「コンポジション A」(1920) は、原色と黒と白を使うモンドリアンの純粋な幾何学的抽象画の初期の作品の 1 つである。

ピエト・モンドリアンは故国オランダの木々、野原、風車などを描く風景画家としてスタートした。だが、次第にそうした具象表現では飽き足らなくなり、さまざま画風に移行して、ほぼ点描画法の「日元の風車」(1908) やキュビスムの影響を受けた「炊飯器と静物Ⅱ」(1912) などを制作した。1914 年には作品から曲線がほとんど消え、黒い幾何学的な線と大胆な原色が特徴となっていった。モンドリアンは、芸術家は高みにある源泉に使われる管か容器にすぎず、美に内在する感情は事物によって簡単に隠されてしまうと考えていた。それで事物を完全に消し、さまざまに組み合わせた線と原色だけを、モンドリアンが求めていた完璧なバランスで残したのだ。

1917 年、モンドリアンは他の芸術家たちと共同で「デ・ステイル」運動を起こした(「ステイル」はオランダ語で「様式」という意味)。目に見える実体をすべて拒絶する、芸術家の気性と誇りで「抑えた」芸術である。モンドリアンはこの新しい簡素な抽象表現を新造形主義と呼んだ。「直線と特徴がはっきりしている原色」のみを使う方法である。**BDS**

10 ТАК ЖЕ
АМЕРИКУ
БЕЛОГВАРДЕЙЦЕВ
ЛОЖЬ
ПРАВДА.
ЕДУТ.
И РУЖЬЯ-ВОТ КОММУНИ-
СТОВ ОРУЖИЕ

芸術は博物館という死んだ寺に集めてはならない。すべての場所に広げるべきなのだ。

ウラジミール・マヤコフスキー
演説「寺か、それとも工場か」
1918

20世紀初頭、ウラジミール・マヤコフスキーはソビエト共産党のボリシェビキの若き活動家だった。プロパガンダのビラを配り、女性政治犯を刑務所から脱出させる手伝いをしていた。数回逮捕され、モスクワのブトゥイルカ刑務所の独房に11カ月入れられ、そこで初めて詩を書いた。「革命と詩が頭の中で絡み合って1つになった」とマヤコフスキーは語っている。釈放後、マヤコフスキーは自分は真剣に革命に取り組めないと考え、ソビエト共産党を辞めた。そしてモスクワ絵画彫刻建築学校に入学し、そこで未来派のダヴィド・ブルリュークと出会う。未来派は1909年にイタリアで始まった芸術運動で、機械の時代の速さと技術を称(たた)えていた。博物館は「死んだ寺」だという考えは、「芸術に命を与えて」町や工場にいる労働者のもとへ送りたいというマヤコフスキーの願いを反映している。社会的意義がある時局に合った新しい芸術を生み出そうとする中で、多くの芸術家が博物館や図書館の破壊を呼びかけていたのだ。 **SH**

C 「マヤコフスキー詩作20年展」でのマヤコフスキー。

愛と芸術を求めるには、人生は短すぎる。

ウィリアム・サマセット・モーム
『月と六ペンス』
1919

この言葉の引用元である小説『月と六ペンス』は、株式仲買人からポスト印象派の画家に転身し、中流階級の生活を捨てて絵に専心したゴーギャンの人生を漠然ともとにしている。ゴーギャンは妻子を置いて絵に熱中し、その後タヒチへ行った。単純化された線で描かれた色鮮やかな作品は、プリミティズムへ道を開いた。

小説の主人公である中年チャールズ・ストリックランドも、絵への関心から家族と仕事を捨てる。ストリックランドは冷淡で、周囲の人々の苦しみに無関心で、愛人はストリックランドに捨てられて自殺まで図る。だが、ストリックランドは自らの快適さにも無関心なのだ。自分の環境や幸福に無頓着で、自由に絵が描ければ、空腹や貧乏も厭(いと)わない。

小説の語り手が画家になってから人を愛したことはあるかと尋ねると、ストリックランドは愛と芸術の両方を求める時間はないと答える——どちらか片方を選ぶなら、犠牲にするのは愛なのだ。モームはストリックランドを自分勝手な登場人物として創り上げた。芸術のためにすべてを捨てた結果、偏執的な変わり者になったのだ。

小説のタイトルは、月を追うのに忙しくて足もとの豊かさに気づかなかったという、格言的な表現に由来している。 **CK**

私はあそこで描く。

ピエール＝オーギュスト・ルノワール
推定・伝聞
1919 頃

ピエール＝オーギュスト・ルノワールの下品な言葉については、衰えつつある体力と関節炎の手でどうやって描き続けるのかという残酷な質問に対する反撃という解釈と、芸術に対する意欲と情熱と創造力の動機となっているものを比喩的に表現したのだという解釈の両方がある。さまざまな女性がルノワールの生涯を通じてミューズとなっており、欲望がカンバスで表現されている作品があるのは間違いない。たとえば、ルノワールが躍進を遂げた『日傘のリーズ』(1867) は当時の恋人だったリーズ・トレオを描き、1868 年のサロン・ド・パリで高く評価された。さらに言えば、晩年になると、あからさまか否かにかかわらず、すべての人間行動の動機は性欲であるというフロイトの考えが、西洋人の考えに浸透していたのだ。

また、アルベール・アンドレが書いた伝記『ルノワール』(1919) にある「私と愛しあっているブラシを使う」という言葉を誤訳しただけではないかという意見もある。だが、1962 年に刊行されて称賛された映画監督ジャン・ルノワールの伝記『わが父ルノワール』では、さらに無作法な理由が提示されている。南フランスのプロヴァンスにあるレコレットの家で一緒に食事をしていた上品な客たちをびっくりさせるためだったというのだ。

D・H・ローレンスも『チャタレイ夫人の恋人』(1928) で、この言葉に言及している。ルノワールがこの言葉をいつ発したのかについては、正確なところはわからない。だが、ジャン・ルノワールの記述から、晩年だったようである。 **IHS**

芸術は人間の精神機能であり、人生の混沌からの解放を目的としている。

クルト・シュヴィッタース
「プロレトクリトのマニフェスト」
1923

前衛芸術運動であるダダイスムは第二次世界大戦の悪夢への反動として起こった。従来の芸術は崩壊した社会の産物だと考えた多くの芸術家たちが、型破りな素材や敬意に欠ける主題を使い始めたのだ。1918 年、ドイツの芸術家クルト・シュヴィッタースはベルリン・ダダに参加した。シュヴィッタースはバスの切符や新聞の切れ端などの捨てられたごみを使って、「メルツ (merz)」と呼ぶ 3 次元コラージュを制作した。コラージュの一部に使われた新聞の切れ端にあったドイツ語の kommerz (「商業」という意味) から抜き出した言葉だ。「メルツ」という言葉には「ダダ」と同じく、故意に意味を持たせていない。また、シュヴィッタースは言葉のない音だけの音響詩を書いて演じたり、タイポグラフィに夢中になったり、広告代理店を開いて成功したりしている。

シュヴィッタースはダダイスムの根本的な否定すべてを受け付けてはいなかった。上記の言葉からは、探求や発明をして、芸術を創造するという基本的な行動をとれば、私たちは人生の複雑さや苦しみから解放されるというシュヴィッタースの信念が伝わってくる。 **SH**

⊃ エル・リシツキーによるクルト・シュヴィッタースのフォトモンタージュ (1924)。

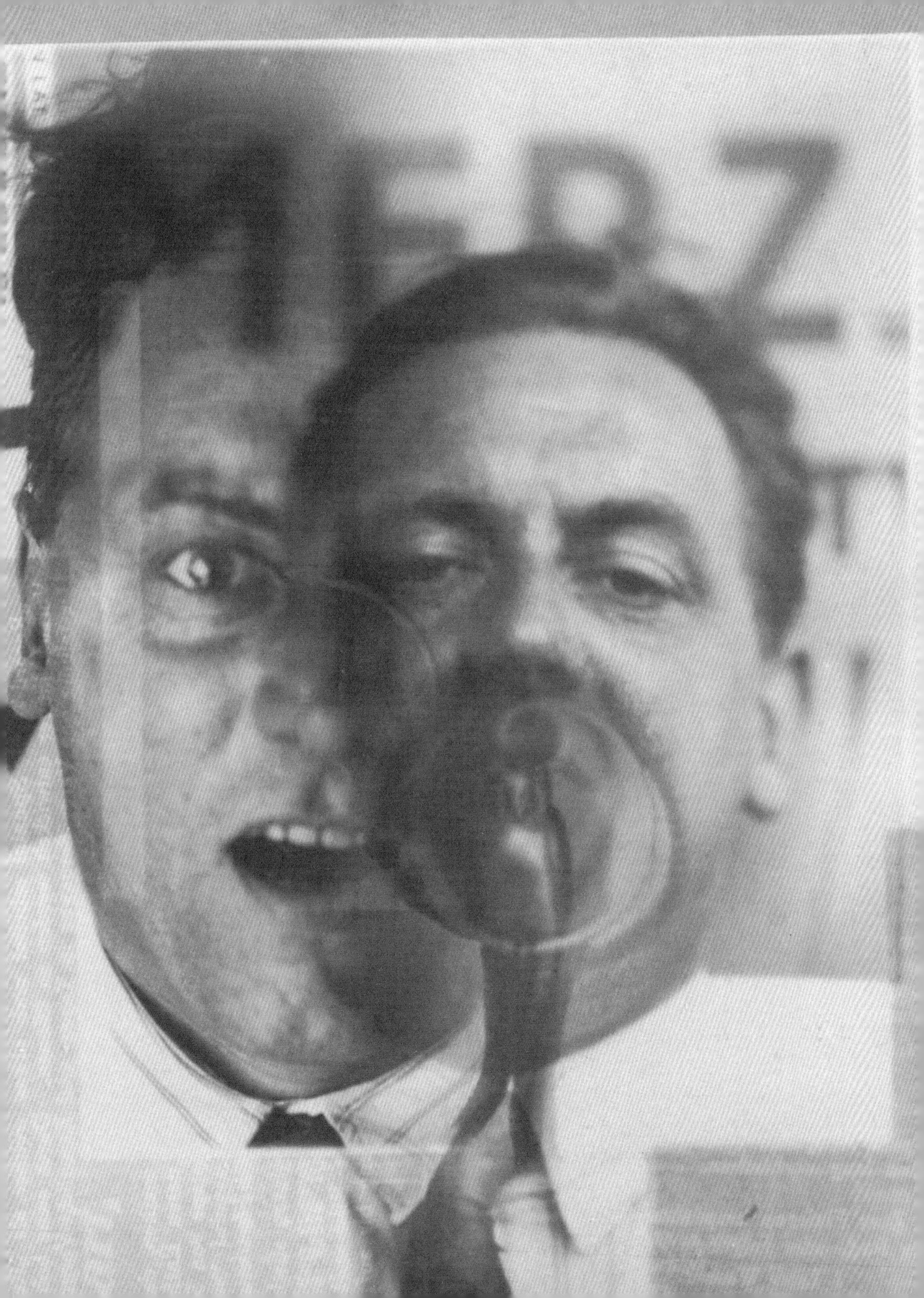

住宅は住むための機械である。

ル・コルビュジエ
『建築をめざして』
1923

スイス生まれでフランスで活躍した建築家、都市計画家のシャルル＝エドゥアール・ジャンヌレ＝グリ（ル・コルビュジエの名で有名）は「住宅は住むための機械である」と記したが、彼の言葉はいつも誤解を生んでいる。ル・コルビュジエが思い描いていたのは、冷たくて人間味がない工場のような空間となる住宅ではなく、私たちの生活基準を引き上げるために最先端の技術を組み合わせた、複雑で刺激的な外観の建物だった。

このモダニズム建築の粋を集めて設計されたのが、パリ北東のポワシーのサヴォア邸であり、ル・コルビュジエがいとこのピエール・ジャンヌレとともに設計した。1931年に完成したこのサヴォア邸が、「機械」と呼ばれた住宅である。モジュール方式の設計は、ル・コルビュジエが数学好きだったからだ。造り付けの家具、開放的な屋内、リボンのような水平窓、抽象彫刻のような線、そしてまったく装飾がないのがサヴォア邸の特徴である。工業の機能性と純粋な美を融和したことで、ル・コルビュジエが「建築の精密さ」と呼ぶものを体現し、耐重力の不安から見事に解放された「皮膚」のような外観をつくり出している——精密さによって特徴づけられた新しい建築である。**BDS**

芸術は鏡ではなくハンマーである。映すのではなく、形をつくる。

レフ・トロツキー
『文学と革命』
1924

20世紀初頭にロシアで立ち上がった革命指導者の中で、レフ・トロツキーほど芸術に関心を示した者はいない。芸術に関する著書としては『文化と社会主義』(1927)や、上記の言葉の引用元である『文学と革命』などがある。トロツキーは芸術を利用して芸術家を革命に引き込み、芸術は実際に「革命」を起こさなければならないと説得したいと考えていた——単なる芸術的な意味だけでなく政治的な意味でも、すべての人間の自由のための戦いに協力すべきだと伝えたかったのだ。

トロツキーは画廊を強制収容所になぞらえている。言外に資本主義者のことを指して、芸術作品を画廊の壁から外して「展示」を終わらせたいと考えたのだ。芸術作品は本来は建築物や彫刻とともにあるべきだと感じていたのだ。「絵はコードではなく芸術的な重要性で、壁や丸天井や建物の目的に結び付けたい」と考え、「帽子掛けの帽子のように」ぶら下げたくはないと考えていた。社会主義は何よりも偉大な芸術を——町という広いカンバスで繰り広げられている苦闘を描く、人生という芸術を——生み出せると信じていた。**BDS**

⊃ 1937年、トロツキー夫妻とフリーダ・カーロ（中央）。

1枚の絵は千の言葉に値する。

フレッド・R・バーナード
「プリンターズ・インク」誌
1927

この言葉はアメリカの広告業界の雑誌「プリンターズ・インク」1927年号に掲載された。広告会社の経営者であるフレッド・R・バーナードが見出しに使い、古代中国の格言だと紹介したのだ(バーナードはこの6年前にも似たような言葉「1度見ることは、千の言葉に値する」を使って、日本の哲学者の言葉だと説明している)。その後、この作り話はアンソロジー編者バートン・スティーヴンソンによって偽りだと証明されたが、それまで多くのアメリカ人はこれが孔子の言葉だと信じていた。バーナードは中国の格言だと言えば、読者が真剣に受け止めてくれると思ったと、罪のない嘘(うそ)について弁解した(この本には、言葉の「重み」を増すために、著名人の言葉だと誤って伝えられている言葉がたくさん載っている)。

しかしながら、バーナードが宣伝文句にこの言葉を使った理由ははっきりしている。どんなに複雑な考えでも、1枚の絵で伝えられることを思い出させようとしたのだ。この考えは、当然ながらずっと以前から他の人々が表現している。たとえば、ロシアの作家イワン・ツルゲーネフは『父と子』(1861)でこう書いている。「絵はひと目見ただけで、本の10ページ分が伝わってくる」。BDS

芸術は恥から生まれる。

W・H・オーデン
推定・伝聞
1927

オックスフォード大学の学生だったとき、オーデンがスティーブン・スペンダーに語った言葉である。1927年秋、最終学年だったオーデンと新入生だったスペンダーは出会った。オーデンは大学生たちの間で尊敬すべき知的な人物だという評判だった。スペンダーが噂(うわさ)をよく聞くオーデンに会いたがると、昼食パーティーで共通の友人から紹介された。スペンダーは自伝『世界の中の世界』(1951)で、出会いの様子と、すぐに友人となったこと、オーデンから授けられた助言について記している。

スペンダーはオーデンに自作の詩を見せ、あまり励まされなかったことで、「もしかしたら散文を書いたほうがいいのかもしれない」と言った。すると、オーデンは強く反対してこう言った。「詩だけを書くべきだ」と。スペンダーは詩の出来が悪かったのに、なぜそんなことを言うのかと尋ねた。すると、オーデンはこう答えた。「たくさん恥をかけるからだ。芸術は恥から生まれる」と。

この言葉はいろいろな意味に取れるが、2人の長年の友情を築くのには役立ち、スペンダーは1928年にオーデンの『詩集』の初版を自ら印刷した。また、スペンダーはその後、若きディラン・トマスに詩人になるよう励ましたのである。CK

倫理と同様に、芸術はどこかに線を引くことで成立する。

G・K・チェスタトン
「イラストレイテド・ロンドン・ニュース」誌
1928

どんな芸術も日常から切り離すことはできず、社会の規範の重荷を背負って境界の中に存在するか、その妥当性に疑問を呈すために境界を越えるかである。ここでG・K・チェスタトンは芸術の役割について、自らの立場をはっきり示している。芸術に道徳規準は関係ないのかという永遠の問題について話したあと、チェスタトンはより厳しい立場をとって、芸術には説明する義務があり、作品の反応に対して責任を負うべきだと主張した。上記のチェスタトンの言葉はもったいぶっており、芸術家の手本としてあまり役に立たないが、その挑発には敬意を払うべきだろう。

チェスタトンは非常に幅広い関心を持ち、推理小説〈ブラウン神父シリーズ〉でとても人気がある小説家であり、情熱と見識を持ち合わせて作品を書き、自らの信念と相いれない性質を探究することも恐れていない。チェスタトンは自称「正統派」のキリスト教徒で、英国国教会からローマカトリックへ改宗し、信仰によって倫理的な見方が形成された。チェスタトンはすべての人間、すべてのことが、自身の言動に責任を負うべきだと信じており、1920年の記事では同じことを政治に当てはめている。*IHS*

∩1930年代、イングランドのビーコンズフィールドの自宅の庭にいるG・K・チェスタトン。

人間と同様に、家も誠実になれるが、やはり同様にまれである。

アイン・ランド
『水源』
1943

∩ アイン・ランドはロシアのサンクトペテルブルク出身のアメリカ人作家で、その小説は「理性的利己」という哲学を語っている。

アイン・ランドの世界観では、建物は個人主義の象徴であるべきで、個人はみな集団の中で目立つよう奮闘すべきなのだ。社会の発展は服従と共通性によって——個々の見分けがつかないメンバーが集まった大きな集団ならどんな方向へも進めるという考えによって——妨げられると、ランドは考えていた。

ランドの哲学の核には、個人主義への崇拝があった。画期的な小説『水源』の主人公、建築家ハワード・ロークは社会にとって妥協が最も重要だという従来の通念を拒絶し、自らの考えを純粋なまま保つためなら、すべてを破壊してもかまわないと考えている。ロークの敵は建築評論家のエルスワース・トゥーイーで、才能がある者より人当たりのよい人物を擁護する。

ランドの狙いは「政治ではなく人間の精神において、個人主義と集産主義」を対比することだった。ロークはランドの理想の人間で、ランドはすべての人間がこうあるべきだと信じていた。『水源』はランドの哲学体系の中心であるオブジェクティビズムを——人間の幸福は理性的な私利追求でのみ得られるという思想を——反映している。***IHS***

私たちが建物をつくり、そのあと建物が私たちをつくります。

ウィンストン・チャーチル
イギリス下院での演説
1943

イギリス首相のチャーチルがここで話しているのは、第二次大戦中にドイツの焼夷弾（しょういだん）で焼失した下院の議場の再建をどう進めるべきかという問題だった。チャーチルは政党が「顔を突き合わせて」戦ってきた従来の長方形を保つべきだと主張していた。「敵対的」な設計は、イギリス議会民主主義の真髄である激しい討論に必要だからだ。偉大な政治家であるチャーチルは、半円の議場に変わることで伝統的な議会進行に影響が出ると考えていた。目に入るだけで劇的だった「議場を横切る」姿がなくなれば、政治家の普段の言動も変わるだろう、と。

チャーチルの言葉で、建物は建てられたときのまま動かない静物地だが、その形状によって住んでいる人や働いている人に影響を与え、人間の言動を形づくる可能性があると、議員たちは思い出した。さらに言えば、建物は周囲の状況についての人々の感じ方も変えるかもしれず、まれな例ではあるが、国の統治にも影響を及ぼすかもしれないのだ。***BDS***

∩1930 年、ケント州ウエスターハム近郊の自宅チャートウェルで、壁をつくるウィンストン・チャーチル。

より少ないことは、より豊かなこと。

ルートヴィヒ・ミース・ファン・デル・ローエ
推定・伝聞
1947

∩ シカゴのレイクショア・ドライブの26階建てツイン・アパートメント（1951）の模型にうしろにいるミース。

⊃ ミースが設計したイリノイ州のファンズワース邸（1951）。

この言葉はドイツの建築家ルートヴィヒ・ミース・ファン・デル・ローエと結び付けられている。だが、フィリップ・ジョンソン著『ミース・ファン・デル・ローエ』（1950）では、ローエが上司から言われた言葉とされている。また、イギリスの詩人ロバート・ブラウニングの詩「アンドレア・デル・サルト」にも「ああ、ルクレツィア、より少ないことは、より豊かなのだ」という独白が出てくる。

1907年、20代前半でベルリンの工業建築家ペーター・ベーレンスのもとで働いているとき、ミースはAEG社のタービン工場の西側中庭の隆起部分の一面の設計をするよう命じられた。ミースは途中で設計図をベーレンスに見せた。すると、ベーレンスは設計図に目を走らせ、若い弟子を見て、この名言を放ったのだ。「より少ないことは、より豊かなことだ」と。

ミースはこの言葉をとても気に入り、モダニズム建築の標語を探していたときに、何気なく使ったのだ。ミースはベーレンスが最初に口にした自制という考えを真剣に受け止め、最小限の直線で囲まれた形と純粋な線で設計した。家具のデザインさえ、軽さを求めて片持ち梁構造にしたのだ。これが新しい技術の時代に新しい素材から生まれた建築である。 **BDS**

言葉で言えるなら、絵に描く必要はない。

エドワード・ホッパー
「タイム」誌
1948

エドワード・ホッパーはニューヨーク州の比較的裕福な家庭に生まれ、自由に芸術への関心を追いかけ、若いときから才能を伸ばすことができた。楽しんで教育を受け、芸術家としての苦労に初めて直面したのは、自分で生計を立て始めたときだった。1905年から1920年代半ばまで、ホッパーは広告業界でイラストレーターとして働きながら、常に自分の絵に専念したいと願っていた。ヨーロッパを3度訪れて絵への情熱を取り戻したが、アメリカに戻ってくると、またフリーランスのイラストレーターとして働かなければならず、仕事を探してニューヨークを歩くというさらなる重荷が加わった。長年の苦労から解放されたのは、1931年になって美術館が彼の作品に大金を支払うようになってからである。

上記の言葉から予想されるように、ホッパーはあまり話をせず、黙りこむことで有名だった。ホッパーは都会に住む多くの人々の心に潜む絶望や凶暴さを理解していた。いや、それだからこそ、写実主義の画家として優れていたのだ。ホッパーは寂しげな対象が都会の夜の中で一部だけ光に照らされている無表情な様子を描くことが多かった。「ナイト・ホークス」(1942)のような絵からは、言葉では表現できない殺伐とした感情が伝わってくる。**BDS**

芸術家は常に時代遅れ。

オーソン・ウェルズ
推定・伝聞
1953

オーソン・ウェルズは「頂点から始め、下に降りてきた」と語っている。名作映画『市民ケーン』(1941)のあとに撮った映画がどれも認められず、実際に第1作より劣っていたことを指しているのだろう。ウェルズは常にアメリカの主流から外れていると感じていた。俳優、脚本家、映画監督であるウェルズはハリウッドのスタジオシステムに受け入れられず、生涯で制作した映画は13本だけで、その多くは大幅に編集されるか、まったく公開されなかった。ウェルズは有力な新聞発行人ウイリアム・ランドルフ・ハーストをあからさまに描いた『市民ケーン』の公開で疎遠になった業界との戦いに、監督人生の大半を費やしたのだ。

その苦境をさらに悪化させるかのように、ウェルズはまともな芸術家は1人で生きていくものだと考えていた。ミーティングやランチに出向き、プロデューサーに媚(こ)びを売り、人脈をつくり、常に企画への経済的な支援を求め、延々と妥協し続けることが必要な業界で、「世慣れて」いなければいけないことが嫌だったのだ。映画制作は共同で行う芸術であり、1940年代と1950年代は、ウェルズが望んでいたような芸術的なコントロールを求める一匹狼の監督は報われない時代だったのだ。**BDS**

芸術について話してはいけない。芸術はやるものなのだ。

フィリップ・ジョンソン
講演「現代建築の7つの支え」
1954

アメリカの建築家であり建築評論家であり、1930年にニューヨーク近代美術館に建築設計部門を創設したポストモダン建築の大家フィリップ・ジョンソンは、芸術について話すのが嫌いだった。なお、ジョンソンにとって、芸術とは建築の比喩である。ジョンソンは芸術も建築も知的な仕事だとは思っておらず、「習う」ことができるものだとも考えていなかった。作曲したり肖像画を描いたりすることが習ってもできないように。大学の芸術と建築の授業はひどい時間の無駄であり、この2つは町や「どん底の社会」で勉強すべきだと考えていた。討論や指導は創造力を殺すものだからだ。

1954年12月、ハーバード大学建築科の学生たちを前にして、いまや有名になったくだけた講義をしているとき、ジョンソンは皮肉に気づいたに違いない。言葉の過剰さを毒づくのに、数百の言葉を費やしたのだから。「戦うためには、周囲の世界まで降りていかなければならない」と、ジョンソンは説明した。

戦いとは単なる言葉の1つではなく、図面描きのことでもあった。ジョンソンは図面を描くことを「前時代的」と考えることを軽蔑していた。ジョンソンにとって、それは「美しい設計図の支え」なのだ。**BDS**

ラファエロのように描くのに4年かかったが、子供のように描くには一生かかるだろう。

パブロ・ピカソ
ハーバート・リードによる「タイムズ」紙への手紙の引用
1956

キュビスムを発展させたとき、ピカソはアフリカやネイティブ・アメリカンの社会に着想を求めた。ピカソら20世紀初頭の芸術家たちは、そうした文化の「原始的」な芸術に自然なままの根源的なエネルギーを感じたのだ。モダニズムの芸術家たちは急進的で新しい芸術の形や概念を創り出そうとして、ほとんど西洋の影響を受けていない人々の伝統に引き付けられた。同様に、ピカソは子供たちの絵に目を向けた。子供たちは大人とは異なる方法で現実をとらえていることに気づいたのだ。感覚をすべて開いて、世界を体験しているのである。子供はすべて芸術家であり、問題はかつて子供だった芸術家がどうやって子供のままでいるかという点だった。芸術家たちが直面した難しさは、創造における無邪気さに戻り、自分で判断を下すことなく絵を描くことにあった。

技術なら——ラファエロのような昔の巨匠のように描く方法なら——美術学校で学べる。だが、芸術家は子供の好奇心と単純さと無邪気さを取り戻さなければならない。世界の複雑さをそのまま描くなら、芸術家として子供のような世界のとらえ方を取り戻すことが重要だと、ピカソは理解していたのだ。**BDS**

衝撃を与えない絵なら、描く価値はない。

マルセル・デュシャン
講演「創造的な行為」
1957

フランスのシュルレアリスムの画家マルセル・デュシャンはヨーロッパの前衛芸術界で物議を醸す存在だった。1966年のピエール・カルバンヌによるインタビューで、1957年に行った講演での発言について、こう説明している。芸術家は「知られている」ことでしか存在できず、有名になるには、偉大な作品を生み出さなければならない。新しい技術で実験することのない日常的な解釈の絵が、作者やその時代性を伝え、社会に影響を与え続けられる「偉大」な作品になることはめったにない。「偉大」な作品が創られることはまれで、優れた芸術家が生涯創作を続けられたとしても、本当に重要な作品は「4つか、5つ」しか生まれない。「残りは日常を埋めるものでしかない」のだ。

デュシャンの考えでは、「衝撃」を与えられる作品とは、芸術に対する私たちの見方が変わる革新的な作品である。たとえば、ピカソの第一次キュビスム時代の傑作「アビニヨンの娘たち」は原始主義者のアフリカの仮面をかぶった娼婦たちを描いている。また、スーラの「グランド・ジャット島の日曜日の午後」は点描画法で描かれており、これがポスト印象派という新しい時代の幕開けとなった。これが、デュシャンがいう「衝撃」なのだ。

BDS

真の芸術作品は、芸術家と鑑賞者の議論から始まらなければならない。

レベッカ・ウエスト
『法廷と城』
1957

レベッカ・ウエストはイギリスのジャーナリストであり作家であったが、生前は『兵士の帰還』(1918)等の小説より、ジャーナリストとしての寄稿や批評などで知られていた。フェミニズムや社会問題の評論家として、「ニューリパブリック」誌、「ニューヨーク・ヘラルド・トリビューン」紙、「ニュー・ステーツマン」誌、「デイリー・テレグラフ」紙など、さまざまな新聞や雑誌に寄稿した。また「ニューヨーカー」誌で、戦争犯罪者を裁いたニュルンベルク裁判(1945-46)について報じた。

文学における宗教と政治の関係について論じた文芸評論書『法廷と城』で、ウエストは優れた芸術家は鑑賞者と活発な対話をすべきだと主張している。芸術家が本物であるかどうかは、こうした交流や議論によってのみ証明されると考えていたのだ。たとえば、絵を観た人々があまり反応を示さなかったり、小説を読んでも読者が冷静なままでいたりした場合、その画家や作家はその職業にふさわしくないということだ。SH

⊃ 手強い文学者レベッカ・ウエスト。

気高い人生には、気高い人たちが、気高い目的で使う、気高い建築が必要だ。

フランク・ロイド・ライト
『ライトの都市論』
1958

∩1957年、ウィスコンシン州の地所にある、家族が通う教会の入口に立つライト。

⊃ フランク・ロイド・ライトが設計したアリゾナ州フェニックスのファースト・クリスチャン教会。

フランク・ロイド・ライトは現代のアメリカで、おそらく最も偉大で、間違いなく最も影響力の大きい建築家だろう。1141の構造物を設計し（完成したのは532）、20冊の本を著し、多くの論説を書き、プレイリースタイルを開発した――長くて水平なライン、平らあるいは寄棟の屋根の下に張り出して目立っている庇（ひ）、主張が強くて堅固な構造と職人技が特徴の建物である。革新的な才能は同時代の建築家の中で際立っていたが、建築の力は社会、政治、宗教における生活を豊かにできるというのがライトの信念であり、それで建築の「気高さ」について記したのだ。この考え方は暮らしと自然と建物は相互に連携するというライトの哲学に深く関わっている。

ライトは文化（と上質な建築）の欠如は文明の凋落（ちょうらく）を招くとまで書いている。気高い建築物は、気高い人々に、気高い空間の中での出会いを促し、国を気高い大義に導くと信じていたのだ。ライトは楽観的に「私たちはよりよい建築によって、よりよい影響を及ぼせる方法を政府に示せるかもしれない」と述べている。**BDS**

抽象画は才能のない者が描き、節操のない者が売り、すっかり途方に暮れた者が買う。

アル・キャップ
推定・伝聞
1961 頃

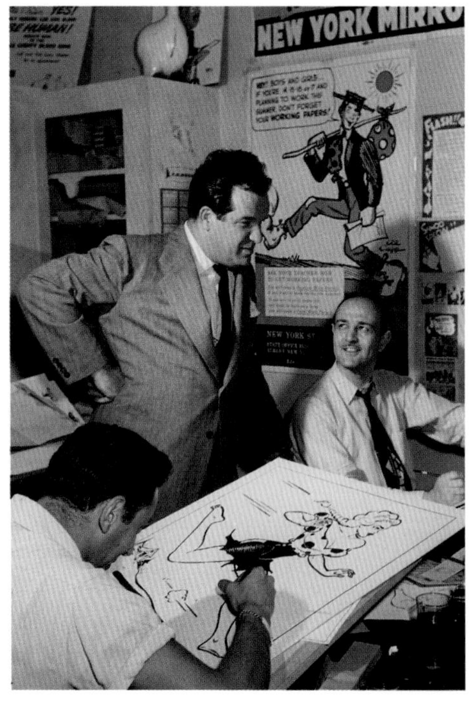

∩1950 年代、ニューヨークのオフィスにいる漫画家でユーモア作家のアル・キャップ。

アル・キャップは長期間連載されていたコマ割り漫画「リル・アブナー」で有名で、強欲や腐敗や社会の不正などに対する厳しい見方で、40 年以上約 6000 万人の読者を楽しませ続けた。キャップは「デイリー・ニュース」紙グループの記者であり、テレビやラジオのコメンテーターでもあった。1960 年代になると、リベラルだった考え方が保守に変わり、辛辣になり、現実に失望したようだった。

キャップの率直な物言いは漫画やメディアの人間としてだけでなく、実生活でも発揮された。1961 年、キャップは新聞記事に、抽象画に関して上記の言葉を記した。未来の「創造芸術の図書館」は抽象画を保存するだろうかと、皮肉っぽい記事で論じたのだ。その 2 年後、テレビ番組「ユース・ウォンツ・ノウ」のインタビューで、また同じ言葉を繰り返した。そして翌日、数紙がキャップの言葉を報じた。キャップの抽象画嫌いは生涯続いた。抽象画はどれも「とても理解できない、めちゃくちゃな絵」とし、美術館に展示すべきではなく、代わりにテレビのコマーシャルを流すべきだと主張した。そして 1966 年には抽象画は「病んだ心の産物」と言ったのだ。 **SH**

優れた芸術家は模倣し、偉大な芸術家は盗む。

パブロ・ピカソ
推定・伝聞
1965頃

スペインの画家パブロ・ピカソの言葉として、広く引用されている言葉だが、その典拠はない。しかし、アメリカのIT起業家でありアップル社の共同設立者であるスティーブ・ジョブズがピカソの言葉として引用したことで、その説が定着した。アップル社の「マッキントッシュ」の開発についてインタビューされてこう答えたのだ。「ピカソが『優れた芸術家は模倣し、偉大な芸術家は盗む』と言っていますから、私たちもいつも厚かましく偉大なアイデアを盗んでいます」と。グラフィカルユーザインタフェースを搭載した「マッキントッシュ」のオペレーティングシステムは、ゼロックス社の開発部門であるカリフォルニア州にあるゼロックスのパロアルト研究所で生まれたものだった。1989年、パロアルト研究所はアップル社の「マッキントッシュ」と「リサ」でのゼロックス社の著作権の不正使用でアップル社を訴えたが、敗訴した。

上記の言葉は、偉大な芸術家は一から創るのではなく、過去にあったものから最良のものを引っ張り出して、その上に積み上げると伝えているのだろう。ピカソ自身もベラスケスの「ラス・メニーナス」(1656)をもとにして連作を描いた。同様に、ジョブズも開発者兼マーケターとして、他社から学んで、新しいものを開発したのだ。CK

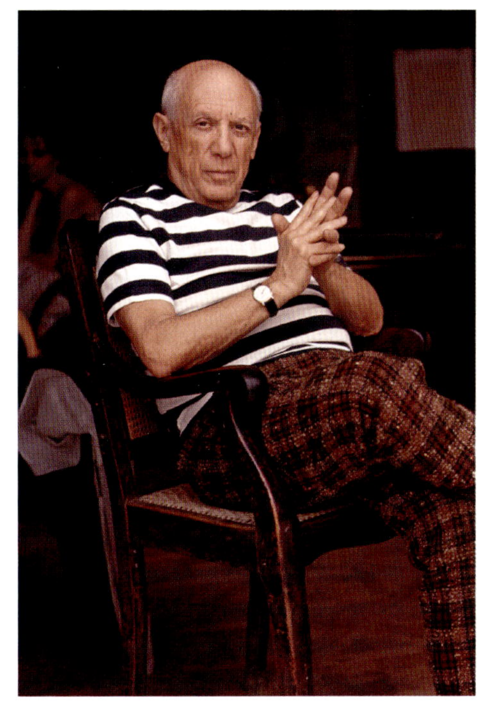

↑1960年頃、フランスのカンヌの自宅で、いつものようにストライプのシャツを着ているピカソ。

抽象的な感覚でよくなければ、具象画はよくない。

ジョージア・オキーフ
『絵を描いた日々』
1974

∩1971年、ニューメキシコ州アビキューの自宅でのジョージア・オキーフ。

具象と抽象の特徴的な組み合わせで、岩、風景、貝殻、動物の骨、花(「花は嫌い——花を描くのはモデルより安いし、動かないから!」)などを描くことで有名なジョージア・オキーフの絵はとても個人的なもので、アメリカ南西部の風景との密接なつながりが表れている。写真家で現代美術のプロモーターでもあるアルフレッド・スティーグリッツは、1916年にニューヨークで初めてオキーフの初期の木炭画を見たとき、「やっと、女が紙に描いた!」と叫んだのだ。

いわゆる「アメリカのモダニズムの母」は、具象画(対象物をありのままに描く絵)が理解できなかった。「多くの人が抽象と具象を切り離しているのが信じられない」具象は抽象化を通して変化させることで初めて価値があると、オキーフは信じていた。オキーフ自身の人生で実体のない要素は抽象化で最もうまく表現できるのであり、同じことが自然の本質にも言えると感じていたのだ。気づけば遠くの山も描くが、描き終わったときには、家のテーブルにある貝殻や小石に似ている。「描くことは私の頭の中にあり、誰かに教えられたものとは違う」とオキーフは語った。 **BDS**

あなたの家の重さはどのくらいだろうか？

リチャード・バックミンスター・フラー
『思考の幾何学の探求』
1975

建物はどのくらい環境によい影響を与えるだろうか？　建築家、デザイナー、発明家、作家、そして空想家だったバックミンスター・フラーがここで問いかけているのは、そのことである。フラーは建物や町や都市の設計は、周囲との関わり合いで開発すべきだと考えていた。

マサチューセッツ州で生まれたフラーはハーバード大学を2度退学し、アメリカ海軍に入隊して第一次世界大戦で戦った。終戦後、建設会社を開業し、比較的平穏な人生を送っていたが、1922年に娘が死去し、経営していた建設会社が倒産、失意の日々を送った。

その後、フラーは残りの人生は人類のためにできる限り尽くそうと決意する。そして家族を養うためにどんな仕事も引き受けながら、創造的な発明をする。その1つであるダイマキシオン・ハウスがフラーの建築に関する考え方の鍵となっている。この家は大量生産が可能で、手頃な価格で、移動が簡単、環境にもよい影響を与える。自然の力を利用することもできるし、自然の力から家を守ることもできる。最初の型のダイマキシオン・ハウスが建てられたのは1945年である。従来の住宅の平均重量が134トンなのに対し、この家はわずか1360kgだった。*IHS*

∩1975年、ニューヨーク・シティのシネマサウンドにいるアメリカのシステム理論家リチャード・バックミンスター・フラー。

デッサンは芸術の誠意だ。ごまかしが入りこむ余地はない。よいか悪いかだけだ。

サルバドール・ダリ
「ピープル」誌
1976

∩ リチャード３世に扮したローレンス・オリヴィエをデッサンするサルバドール・ダリ。
油彩肖像画は1955年に完成した。

子供のときに絵の学校に通い、デッサンが得意だった画家サルバドール・ダリは、デッサンを大きくて重要な芸術作品の下絵を描くだけのものではないと考えていた。ダリにとってデッサンは思考プロセスを外に出すものであり、デッサンすることで、自らのアイデアを探求し、形を与え、発展させた。ダリの技術は瞬く間に上達し、父親はまだ13歳だった息子の木炭画を家に飾った。デッサンについてダリが最も気に入っていたのは、即時性である。絵具で描く絵は自然さが残らず失われるまで描き直してしまうことがあるが、デッサンの出来はすぐにわかる。

ダリは自分の才能を他の人と共有し、デッサンの技術を教えるのが好きだった。故郷であるスペインに戻ってから、コスタブラバのカダケスで1年間の国際的なデッサン講座を開いた。そこで若い生徒に、ダリが上記の言葉をつぶやいたのだ。

ダリの自伝『わが秘められた生涯』(1942)と『天才の日記』(1963)にはシュルレアリスムの大家の想像力と技能の証(あかし)である貴重な小型デッサンが収録されている。**BDS**

偉大な芸術は、自然の終わりから始まる。

マルク・シャガール
「タイム」誌
1985

1906年、シャガールはまだ10代のときに故郷ベラルーシから家出をして、サンクトペテルブルクでズヴァンツェヴァ美術学校に入学する。ある夜、眠りかけていたシャガールは羽音らしき音を耳にして目を覚ました。そして、額をピンや針で刺されたような気がした。すると寝室がこの世のものとは思えない青い光で包まれ、見上げると、ベッドの上に天使がいたと、シャガールは言う。天使はしばらくベッドの上にいたが、奇妙な青い光とともに天井を抜けていった。この出来事が、そのあと制作することになる作品に生涯ずっと大きな影響を与えたのだ。その後、シャガールが「偉大な芸術は、自然の終わりから始まる」と言ったのも無理はない。

シャガールはユダヤ人であり、ユダヤ教の聖典であるタナハ、ヘブライ語聖書に魅了され、「これまで存在した中で、最もすばらしい詩の源」だと見なしていた。シャガールはキュビスムをかじった初期モダニズムの画家だが、伝統主義者であり続け、抽象画より具象画を好んだ。常に自然界の先を見つめ、ユダヤ民族の文化の精神的、神秘的、幻想的なテーマから着想を得た。**BDS**

∩1957年、フランス南東部サン=ポール=ド・ヴァンスの家の外に立つマルク・シャガール。

建築は時代と場所を語りながら、不朽を求めるべきである。

フランク・ゲーリー
キム・ジョンソン・グロス著『ホーム』
1993

あらゆる建物が最も求めている特性について話し合うと、建築家は必ず「不朽」という言葉を口にする。「不朽」とは、建物がつかの間の流行で終わるのではなく、長く残ることである。建物は変わることができ、問題を解決できれば生き残る。適応力や順応性があり、人々の要求を満たし、単に建築様式だけにこだわった建物でなければ生き残る。環境と一体化し、数十年風雨にさらされても修善できれば生き残るだろう。

カナダ系アメリカ人で、プリツカー賞を受賞した建築家フランク・ゲーリーは、「不朽」は偶然の産物ではないと理解していた。湾曲した彫刻のような派手な形は大胆な実験的精神を反映しているだけでなく、周囲の状況も考慮して調和させている。たとえば、スペインのビルバオにあるグッゲンハイム美術館は、バスクの街を経済的に生き返らせた。この美術館のように、革新的で人目を引くとてつもない建築物を建てることで地方が復興したら、それ以上の「不朽」があるだろうか？
BDS

∩ゲーリーが設計した、
ロサンゼルスのウォルト・ディズニー・コンサートホール。

都市の建築は常にそこで暮らす人々の心理を組み立てたものに少し似ている。

ジャック・ヘルツォーク
「ジュートドイチャー・ツァイトンク」誌
2002

スイスの建築家ジャック・ヘルツォークは、建築物はその都市で暮らす人々と協調して建てられることで、住民たちの個性、心理、価値観を反映できると考えている。その最も理想的な例が、ドイツのハンブルクに建てられたコンサートホール、レストラン、バー、アパートメント、ホテルが複合されたエルプフィルハーモニー（2017）である。ハンブルクの住民の多くは都市景観が不完全だと長年考えていた。とりわけ有名な港湾地区がハンブルクの他の場所と切り離されていると感じていたのだ。そこで、ヘルツォークは住民たちの望みを叶(かな)えようと決意した。「世界中を探しても、これほど街の定義をすっかり変えてしまうプロジェクトが行われた都市はハンブルク以外に知らない」とヘルツォークは語っている。

このプロジェクトは住民たちが要望や提案を伝えてきて、「住民たちがつくりあげた」ものだと、ヘルツォークは述べている。この都市の社会的及び文化的な中心地にそびえるように建つエルプフィルハーモニーは、ハンブルク全体を望んでいる。そして何よりも、座席が垂直に配置されたコンサートホールは建築家だけでなく、ハンブルクの住民の自信を表している。**BDS**

HISTORY

歴史

⊂ アメリカ人画家ベンジャミン・ウエスト「ネルソンの死」(1806)。

優れた者は自らの品性を高めるために、昔のことわざや過去の行いに通じている。

伏羲（ふっき）
『易経』
紀元前1000頃

中国の古典『易経』はもとは経典あるいは預言の書だったが、現在ではおもに格言集として読まれ、多くの解釈や推測の対象となっている。中国の哲学者、孔子は『易経』を学んで（途中で3冊がすり切れた）意見を書き込んでおり、のちの孔子の思想に大きく影響を及ぼしている。現在もなお困難な状況で知恵を求める人々に読まれており、極東の国々の政府さえ頼る場合がある。西洋の言語に翻訳された書籍も、その神秘性や深遠さで読者を魅了している。

引用された言葉は決断を下す際の根拠として、歴史を知ることを勧めている。高潔で理解力がある人々は、過去のすばらしい人々の言動から自分を高められると考えているのだ。これは革新がそれほど歓迎されない文化だという前提がある。変化は先人から学ぶより、「既存の枠にとらわれない」ことが必要なことが多いからだ。しかしながら、ここでは知性や技術の問題というより、精神や倫理の問題であるのは明らかだ。人間の本質はあまり変わらない。だから、私たちは過去の偉人から学べるのだ。*JF*

同じ川に2度は入れない。

ヘラクレイトス
推定・伝聞
紀元前500

この言葉はプラトンの対話篇（へん）『クラテュロス』でヘラクレイトスが発したとされている。クラテュロスは紀元前5世紀の哲学者で、ヘラクレイトスの思想の熱心な支持者だ。プラトンの対話にはソクラテスとクラテュロス、そしてもう1人、アテネの哲学者ヘルモゲネスが参加している。クラテュロスとヘルモゲネスはソクラテスに特定の物の名前を挙げて、言葉の本質について尋ねた。上記の言葉は「私は多くの格言について考えた」というソクラテスと、「どんな格言ですか？」と尋ねるヘルモゲネスの問答で発せられた。

ソクラテスは答える。「ヘラクレイトスは万物は流れ、とどまる物はないと言った。彼は万物を川の流れにたとえるのが好きで、同じ川に2度は入れないとも言っている」。

格言がほのめかしているのは、人生は常に流れており、その変化に合わせる必要があるということだ。この世の変わりつつある性質を理解するには、静止していることを期待してはいけない。この格言の長所は読者の予想を裏切るところだ。最初、川は永遠や不朽を象徴するものだと予想する。その後、初めて深い真実に気づくのだ。*IHS*

⊃ ヘンドリック・テルブルッヘンが描いたヘラクレイトス（1628）の肖像。

隠しごとをしてはならない。時がすべてを見聞きし、すべてが明らかになる。

ソフォクレス
『ヒポナス』
紀元前468

上記の言葉は古代ギリシャの劇作家が書き、断片だけ残っている作品から引用された。

この悲劇のもとになっている最も古いと思われる物語は、紀元前8世紀の詩人ヘシオドスの作品である。アカイア(現在のペロポンネソスの一部)にあるオレナスの王であるヒポナスは、娘のペリボアが父親のわからない子供を妊娠していることを知る。オレナスは娘に愛想を尽かし、アイトーリアにあるカリュドンの王オエナスのもとへ娘を追い払い、殺すようにと命じる。だが、妻を亡くしたばかりのオエナスは娘を哀れに思い、ついには結婚する。

この大まかなあらすじには、当然ながら劇的な展開がいくつも考えられる。最も知りたい疑問が、これから生まれる子供の父親である。さまざまな可能性を考えた結果、古典の学者たちは父親はオエナスで、それが明かされるのがこの演劇のどんでん返しなのだろうと考えている。この演劇は断片しか残っておらず、それがソフォクレスが書いた結末なのかどうかはわからない。現存して頻繁に引用される言葉が「すべてが明らかになる」と言っているのが、少々皮肉である。*JP*

空想が欠けているせいで、私の歴史書はいくぶんおもしろみに欠けるのではないかと心配だ。

ツキディデス
『戦史』
紀元前431

ギリシャの歴史家ツキディデスは上記の言葉で、詩人たちの空想にあふれた物語や先人ヘロドトスが書いた不確かで煽動(せんどう)的な話と『戦史』は異なると、皮肉を込めて伝えている。ツキディデスが書いているのはスパルタが率いるペロポネソス同盟とアテナイが率いるデロス同盟の間で起こったペロポネソス戦争である。『戦史』を書いた目的は、自らを含む同時代の目撃者の証言をもとに、信頼できるペロポネソス戦争の歴史を提示することだった。ツキディデスは紀元前424年から423年まで将軍としてアテナイ軍に加わったが、追放されてペロポネソス側にもいたことがあり、両陣営から戦争を見ていた。ツキディデスは未来を理解するために過去から学ぼうとしている人々のために、正確で役に立つ話を書くつもりだった。本書が終戦の6年半以上前に途切れているのは、おそらくツキディデスが死去したからだろう。

歴史家の中にはツキディデスの言葉をそのまま受け取り、簡素で人間味がなくて客観的だと言う者もいるが、他の歴史書と比べても同じくらい「空想」があり、語り口がうまくて芸術的で、偏見さえあると考える歴史家もいる。*GB*

若い頃に学ばなかった者は過去を失い、未来のために死ぬ。

エウリピデス
『プリクソス』
紀元前425頃

紀元前485年頃にアテナイで生まれたエウリピデスは90篇（ぺん）の悲劇を書いたことで知られているが、その内19篇しか現存していない。特に有名なのが「メディア」、「ヒッポリュトス」、「トロイアの女」である。エウリピデスの悲劇はギリシャ神話をつくり直したもので、たいていは暗い雰囲気が漂っている。エウリピデスはソクラテスなどの5世紀の哲学者たちをじかに知っており、作品には哲学的な対話が含まれる。また、被害者としてだけでなく、行動を起こす強い女性も登場する。

上記の言葉は断片のみが現存する戯曲からの引用で、若い男が自分を殺そうとした邪悪な継母の裏をかくという話が書かれている。若い頃に学ぶことが重要（たとえば、引退まで勉強せずにいるのではなく）という考えは興味深いが、議論にならないわけではない。現代の心理学者は若いときのほうが脳が「柔軟」で、そのときに学んだほうが効果が大きく、長持ちすると考えている。過去あるいは歴史を楽に内在化できて、学習者の世界観の一部にすることができるのだ。エウリピデスが示唆したように、若いときの学びが重要かどうかは議論の余地があるが、将来に備える基盤となるのは間違いない。*JF*

神でさえ、過去は変えられない。

アガトーン
推定・伝聞
紀元前425頃

上記の言葉は、アリストテレスが『ニコマコス倫理学』（紀元前350頃）の中で、アテナイの悲劇詩人アガトーンの言葉として紹介している。ギリシャ語から直訳すると、次の通りになる。「……神でさえできないのは、すでに起きたことを起きなかったことにすることである」この考えは神を信じている人々の間で議論になった。神が絶対的な存在で、望むことは何でも変えられるなら、どうして全能であることが制限されるのだろうか？

出来事は見込みに基づいた自然の法則によって起こり、一方通行で飛ぶ「時の矢」に左右される。それゆえに過去を変えてしまったら、物事が起こるかもしれないし、起こらないかもしれない未来に不合理が生じてしまうと、論理学者は指摘する。

科学者は過去の出来事に選択肢ができるたびに異なる未来が無限にできる、多重の時系列を仮定しようとして、さまざまな試みをした。だが、起きたことは――言葉であれ、行動であれ――宇宙という生地に刻まれて消えない。上記の言葉は警告なのだ。

しかしながら、どんな行いの「記録」も蝶（ちょう）の羽ばたきのように弱く、いつでも読み直せる。人々は過去の出来事を変えられないかもしれないが、歴史家はしばしば書き直している。*LW*

有利な過去はすべて、結果で判断される。

デモステネス
1回目のオリュントス演説
紀元前349

∩デモステネスは傑出したギリシャの政治家であり、古代アテナイの弁論家だった。

偉大な弁論家であるデモステネスは力強い演説で、マケドニアのフィリッポス2世(アレクサンドロス大王の父)の軍隊に攻撃されているオリュントスの町に援軍を送るようアテナイの人々を説得した。デモステネスの主張は何も行動しないのは神への不敬であり、行動を起こすために必要なものと機会を与えてくれた神に対する裏切りだというものだった。

だが、デモステネスの説得は失敗した。その年、デモステネスは同じ問題でさらに2回演説を行い、一部の人は説得に応じてくれたものの援軍は不十分で、紀元前348年にオリュントスはフィリッポス2世に敗北した。その後、デモステネスはマケドニアと平和条約を結ぶアテナイの代表団として送られたが、フィリッポス2世と会う恐怖から倒れたと伝えられている。

上記の言葉に似た有名な格言は、他にも多い。その1つが中世のイギリスの格言「プディングの味は食べてみないとわからない」である。また、ジョージ・オーウェルも「歴史は勝者によって書かれる」と語っている。**GB**

短い間に
生物の世代は移り変わり、
走者のように
命の聖火をリレーする。

ルクレティウス
『物の本質について』
紀元前100頃

ラテン語で書かれた、この長大な叙事詩で、ルクレティウスは彼が生きていたヘレニズム期の4大哲学の1つ、エピクロス派の原則について説明している。エピクロスは、物質はそれぞれ別個の分割できない固い粒子（原子）でできているとし、上記の言葉は原子がどのように目に見える現象を起こすのかを説明する冒頭の一節である。リレー競技にたとえて、物質が時を経て構成する原子が移り変わっても、存続することを説明しているのだ。

『物の本質について』、そしてエピクロス派全体も、中世には忘れられたとまでは言えないまでも放置された状態だったが、ルネサンスで再発見され、16世紀に始まった科学革命での原子論の復活に影響を与えた。その後の哲学者たちは、原子によって構成されている物質がどうして時を経ても存在し続けるのか、ルクレティウスの理論について詳しく説明した。ジョン・ロックは『人間知性論』（1689）で、「植物は同一の生命に関わり続ける限り同一の植物であり続け、生命は生きている植物に命として合一された物質粒子に伝達されていく」と主張した。*GB*

∩9世紀にルクレティウスが書いた長大かつ教訓的な詩の彩飾写本に描かれた挿絵。

生まれる以前に起きたことを無視するのは、子供のままでいるようなものだ。

キケロ
『弁論家ブルートゥス』
紀元前46

マルクス・トゥッリウス・キケロはローマの政治家、弁論家、哲学者だった。ローマの偉大な弁論家の1人として広く知られ、ラテン語の文体に多大な影響を与えた。またギリシャ哲学の主要な学派をローマに多く紹介し、重要な哲学の概念に対応するラテン語の専門用語をつくった。

雄弁術と修辞術に関する著作『弁論家ブルートゥス』で、キケロは（他の話題の中で）人間の思想における歴史の活用の仕方について語っている。上記の言葉で、自分が存在する以前の過去を無視するのは幼稚な選択であり、自身の能力を最大限に発揮するうえで障害になり得ると主張しているのだ。また、自分が生まれる前の過去の知識を得るだけでなく、その前の世代についても学ぶよう勧めている。それがよい手本（私たちがまねをして学ぶべき成功は何か？）にも悪い手本（失敗や悲しむべき過ちは何か？）にもなり、個人的なレベルでもグループ全体にも応用できるからだ。つまり、キケロは私たち自身に役立つ教訓を、すぐ前の過去だけでなく、もっと前の時代からも学ぶよう勧めているのだ。*JE*

来た、見た、勝った。

ユリウス・カエサル
推定・伝聞
紀元前46頃

ガイウス・ユリウス・カエサルは古代ローマの政治家、文筆家、将軍で、軍事力による征服で有名である。内戦で勝利したあと、共和制ローマを2年間支配し、紀元前44年に独裁制の台頭を恐れる反対派の元老院議員たちによって暗殺された。

ローマの共和制から帝国への移行に際し、カエサルの影響は大きかった。カエサル暗殺後に起こった内戦ののち、カエサルの養子オクタビアヌスがローマ帝国初代皇帝となり、皇帝の称号としてアウグストゥスを名乗ったのだ。

「来た、見た、勝った」は、紀元前47年にゼラの戦い（現在のトルコのジレ）でファルナケス2世にあっという間に完全勝利したユリウス・カエサルが、ローマ元老院議員に送った手紙に記されていたとされている。だが、その手紙は仮に存在していたにしても現存していない。この言葉に関する最古の言及はアレクサンドリアのアッピアノスによるものだが、この歴史家が生きていたのはゼラの戦いから100年以上後の時代である。したがって、これは断定されていないものの、広くカエサルの言葉として信じられている言葉であり、原語のまま現在まで伝えられているラテン語の1つなのだ。*JE*

⊃ ガリア（現在のフランス）の町アレジアを包囲するカエサル軍。

QVANTA STRA
GE VIRVM SVBLI
MIS ALEXIA CESSIT
CÆSAREIS AQVI
LIS. PICTA TABEL
LA NOTAT

時、事物を貪るもの。

オウィディウス
『変身物語』
8

西洋文化の中で大きな影響力を持つ『変身物語』から引用されたこの言葉は、時の破壊から人は逃れられないことを伝えている。時は私たち自身のすべてを、私たちが所有するものすべてを食い尽くす。この言葉は無常を伝え、すべての存在は例外なく一過性のものであり、常に流れているものであるという禅の教えを思わせる。すべて、時の腐食効果で消えるのだ。

私たちもまた、消費と所有を重視している点で、貪る側の存在である。時は私たちにとって大切な人間関係や所有物を貪る。そして、私たちは時を出し抜くために、世界を支える大地を貪っている。これは私たちの文化がばかげていることを示している。私たちは子供たちが大切で守る義務があると思う一方で、互いに競いあって過度な消費をしているのだから。所有物は死んだらすぐに消えてしまうと知りながら、できる限り貯めこむことも、この欲望は先祖から受け継いだ性質だと正当化することも、やめられない。オウィディウスは詩以外はすべて――ローマ帝国さえ、時に食い尽くされて生き残れないと語っている。その先見の明が、この言葉に力を与えているのだろう。*LW*

ローマの人々の首が1つならいいのに。

カリグラ
推定・伝聞
37 頃

歴史家スエトニウスの『ローマ皇帝伝』の記述が正しければ、カリグラは残虐で、堕落していて、復讐心にあふれ、欠点だらけの皇帝だった。カリグラは大円形競技場で自分が戦った相手を観客が喝采したことに怒り、上記の言葉を発して、できることならローマの人々の首を一撃ではねたいとほのめかしたのだ。その後、ローマの歴史家カッシウス・ディオは、カリグラが護衛隊の者たちに暗殺されたのは、皮肉なことにその逆となったのだと述べている。すなわち、首が1つしかなかったのは皇帝のほうだったと。しかしながら、スエトニウスはカリグラについて多くの情報を発信しているものの、必ずしも信頼はできない。カリグラは本気で全員を殺したかったのではなく、残忍な皮肉を楽しんでいたのかもしれない。

古典を学んだ書き手は独裁者を非難するときに、しばしばカリグラの言葉を引き合いに出す。有名なのが17世紀イングランドで、議会が裁判を開き、チャールズ1世を反逆罪で裁こうとしたときのことだ。裁判長は明らかにチャールズ1世をカリグラになぞらえ「できることなら、（議会による国民の代表に）反駁し、一撃でイングランドの首をはねたいだろう」と言ったのだ。結局、チャールズ1世は有罪となって処刑された。*GB*

高潔は私たちの日々を広げる。過去を楽しめる人は、人生を2倍生きている。

マルティアリス
『エピグラム』
80-102

マルティアリスは風刺文作家であり詩人だった。古代ローマの詩人でエピグラム(警句)を作品に用いたのはマルティアリスが最初ではないが、その技量でエピグラムという分野を発展させたことから、「エピグラムの父」と見なされている。マルティアリスの短くて風刺的な詩は見事で、とりわけ最後の行のジョークがすばらしい。80年から102年の間にローマで出版された12巻の『エピグラム』で有名である。

上記の言葉は『エピグラム』で、ローマ帝国の軍人マルクス・アントニウス・プリムスについて語っている部分で登場する。人生を平穏に生きてきた「幸せなアントニウス・プリムス」は死に近づくことを恐れず、「1日も後悔したり、いやな気分で思い出したりする日がなかった」ことについて、マルティアリスが論評しているのだ――プリムスには思い出したくないことなどなかったのだ。したがって人生を高潔に送ってきたプリムスは、これまで生きてきた人生(と、その結果である体験)の思い出をいつでも楽しめるという点で、人生を長くすることができたのである。要するにマルティアリスの言葉は、高潔に生きれば、常に後悔することなく過去を思い出して楽しめ、人生を2倍生きられるという意味だ。*JE*

時間のあらゆる瞬間は、永遠の一部である。

マルクス・アウレリウス
『自省録』
167頃

マルクス・アウレリウスは161年から180年までローマ皇帝の地位にあったが、ストア派の哲学者でもあった。ギリシャ語で書かれた『自省録』は出版されることも、広く読まれることも意図していなかった。アウレリウスが内省し、自己を高めるために書いた覚書でしかなかったのだ。ゆえに、『自省録』は体系だった論文ではなく、金言集として受け入れられている。

『自省録』のテーマの中心にあるのは宇宙的な見方である。全体としてギリシャの哲学者エピクテトス(55頃-135)の影響を受けているのは明らかだが、とりわけ万物ははかない(常に変化している)ことが繰り返し強調されている点や、経験や物事は全体の一部として見るために、最初の印象は保留にしておくべきだという助言において顕著である。なお、ストア派では全体とは神を指す。

上記の言葉は、この宇宙で経験していることは、すべてはかなく流動的で一時的なものにすぎないという考え方を表している。アウレリウスは「すべてが小さく、容易に変わり、消え去るもの」だとし、すべてが――たとえ、私たちには不快で辛(つら)いことでも――神の一部なのだと語っている。すべてが一時的である一方で、偉大で神聖な全体の一部でもあることを認識すべきなのだ。*JE*

歴史が善人の善行を記録すれば、思慮深い聞き手は善行をまねするだろう。

ベーダ
『イギリス教会史』
731

∩ この11世紀の彩飾写本には修道院で執筆している人物が描かれ、一般にベーダだと考えられている。

673年に生まれたベーダは7歳でイングランドのウェアマスにあるセント・ピーター修道院を設立したベネディクト・ビスコップのもとで献身者（修道士の下の位）となった。2年後、ベーダはビスコップとともにジャローにある新しい修道院へ移り、735年に死去するまで、ここで残りの生涯を過ごす。ベーダは輔祭（ほさい）から司祭になったが、関心の中心は常に学問だった。731年に完成した偉大な著書『イギリス教会史』にはローマ時代から、ベーダ自身が生きていた時代であるアングロ・サクソン人のキリスト教への改宗までのイギリスの歴史が記されている。

7世紀のイングランドの修道院は地中海沿岸から北欧まで幅広い文化交流がなされており、ベーダはイングランドだけでなく、中世初期に重要だったローマなどの都市にも接することができた。

ここでベーダが主張しているのは、高潔な言動は他の人にも同様の言動を促すということである。それに異論はないが、読者は同様に逆も言えるのではないかと思うかもしれない。不埒（ふらち）な言動を記したら、模倣犯が増え、善人が悪人になるのだろうか？ *JF*

きょう起こっていることを理解したいときや、明日何が起こるのかを決定したいときには、過去を振り返る。

ウマル・ハイヤーム
『世界における矛盾の必要性について』
1120

博識だったペルシャのウマル・ハイヤームは科学と数学で重要な発見をしているが、宗教や哲学に関する思想や詩のほうがよく知られている。西洋では、19世紀にエドワード・フィッツジェラルドが英語に翻訳したこともあり、ウマル・ハイヤームの詩で最も有名なのが『ルバイヤート』(4行詩)である。哲学書の『世界における矛盾の必要性について』で、ウマル・ハイヤームは現在では決定論として知られる考え方を探求している。未来で起きることは過去で起きたことに完全に左右され、自由意思が入り込む余地は一切ないという考え方である。ウマル・ハイヤームの考え方は概ねこの通りだが、極端には走っていない。

したがって上記の言葉は、決定論という考え方に沿って読まなければならない。現在を理解する方法として、またしばしば過去の過ちを繰り返さないための方法として、歴史の役割を称賛する哲学者や歴史家は多い。だが決定論では、十分な情報があれば、きのう起きたことで、明日起きることが予測できるのだ。たとえば、第一次世界大戦でのドイツを罰した1919年のベルサイユ条約が、1933年のヒトラー台頭を招く状況をつくり上げたのである。JF

∩20世紀初頭の芸術家、写真家のアデレイド・ハンスコム・リーソンが想像したウマル・ハイヤーム。

皆殺しだ。神が見分けるだろう。

アルノー・アマルリック
ベジエの虐殺
1209

フランスのベジエで包囲した異端者の中に多くの信者が交じっていることを知り、シトー会修道士のアルノー・アマリックは作戦として、上記の言葉をラテン語で発した。そのあと、虐殺が行われたのだ。この事件を理解するには、第一に救済されるか地獄に堕ちるかのどちらかが待っている死後の世界があること、第二に信仰を守るためには「付帯的損害」が許されることを信じなければならない。異端者の血を流すことなど心配する必要はないのだ。

これが原理主義者の思考であり、私たちはこうした自己赦免の危険性をよく知っている。最も恐ろしい非人道的行為が、遺憾ではあるが、ユートピア的な結末のためには、筋が通らないわけではないと正当化されるのだ。上記の言葉からヒントを得るのであれば、警告として受け入れるしかない。天に通じるホットラインがあるとか、決断や言動の責任は自分たちを超越した存在にあるとか、この世の言動は来世で審判されるのだから偽善も不寛容も正当化できるといったことを信じたせいで起こったことを、警告とするのだ。*LW*

∩ シモン・ド・モンフォールの軍隊によって起きたベジエの虐殺と略奪の挿絵。

他者が強大になる原因をつくった者は、自らを滅ぼす。

ニッコロ・マキャヴェリ
『君主論』
1513

マキャヴェリの名は、非情な政治指導者が権力を握ったり守ったりするために行う卑怯な陰謀の象徴となった。これはひとえに『君主論』に記された助言による。マキャヴェリはフィレンツェ共和国の政治家であり、おそらく本書はフィレンツェを支配していたメディチ家に取り立ててもらうために書いたのだろう。何にしても、マキャヴェリが影響を与え続けたのは不道徳な行いをするよう勧めたからではなく、権力をつかんで維持するためには慎重な判断が必要だという教訓のためである。

上記の言葉は、フランスのルイ12世が強力な隣国と同盟を結んで、領土を拡大しようとしたことを例に挙げて、「一般的な原則」について説明した言葉である。結局、フランスより弱かった同盟国はルイ12世を脅威と見なして反旗を翻し、この戦略は自滅を招いた。一般的な原則が逆効果に働く場合の説明として、力関係に対するマキャヴェリの洞察は、現実的な政策やゲームの理論に発展する一方で、ビジネス戦略に応用されている。
TJ

∩1510年頃のマキャヴェリの肖像画。1513年の手紙で、マキャヴェリは『君主論』を「奇抜」だと表現している。

時の求めに応じ、奇跡のように
すばらしいこともあれば、
浮かれ騒ぐ
陽気な男になることもあり、
ときには悲しく厳粛で――
すべての季節に向く人なのだ。

ロバート・ウィッテントン
『俗物』
1520

この言葉の前には「天使のような機知があり、人並みはずれた博学で……こんな人は見たことがない。こんなにも礼儀正しく、謙虚で、愛想のいい男性がどこにいるだろうか？」とある。これはもともと学生にラテン語に訳させるための文章だった。イングランドの政治家であり、『ユートピア』（1516）の著者であるトマス・モアについての説明である。

ウィッテントンは「すべての季節に向く人」という言葉を、オランダの人文主義者デジデリウス・エラスムスがラテン語で書いた『痴愚神礼賛』（1511）から引用している。ここでの「季節」とは「状況」のことで、ウィッテントンはモアの柔軟性をほめているのだ。ただし、その柔軟性をもってしても、英国国教会の長たるヘンリー8世に対して忠誠は誓えなかったが。モアは反逆罪に問われ、1535年に斬首刑に処された。

モアは好評を博したロバート・ボルトの戯曲「すべての季節の男」（1960）にもなり、上記の言葉は戯曲のエピグラフの1つになった。その後、戯曲は映画化されて1966年に公開され、アカデミー賞で最優秀作品賞、最優秀監督賞（フレッド・ジンネマン）、最優秀主演男優賞（モア役のポール・スコフィールド）など6部門を受賞した。GB

1日は去ったが、
まだ太陽は見ず。
いま命あるも、
わが人生は終わる。

チディオック・ティッチボーン
「ティッチボーンのエレジー」
1586

妻への手紙にこの言葉を書いたとき、若き詩人チディオック・ティッチボーンはロンドン塔に収監されていた。プロテスタントの女王エリザベス1世を暗殺し、そのいとこであるカトリックのスコットランド女王メアリーを玉座に就けようとしたのだ。共謀に加わった者たちは反逆罪で死刑判決を下され、ティッチボーンは手紙を書いた翌日、ロンドンの中央に連れていかれ、公開で絞首刑となり、引きまわされて四つ裂きにされた。

「わが青春は霜降る悲しみ」という冒頭の1文でも知られる、この詩はエレジーである。「エレジー」はもとは幅広い詩を指していたが、次第に死んだ者に応えるために書かれた詩を指すようになった。狭義での有名なエレジーにはジョン・ミルトン「リシダス」（1637）、トマス・グレイ「墓畔の哀歌」（1751）、パーシー・ビッシュ・シェリーが詩人ジョン・キーツを追悼した「アドネイス」（1821）、ウォルト・ホイットマンがエイブラハム・リンカーンについて書いた「おお船長！　わが船長！」（1865）などがある。

「ティッチボーンのエレジー」は詩人本人の死を前にして悼んでいる点が珍しい。その後、3人の音楽家がこの詩に曲を付けている。GB

行け、流れ星をつかまえろ。マンドレークの根を孕ませろ。過ぎ去った年月がどこへ行ったのか、誰が悪魔の足を裂いたのか、教えてくれ。

ジョン・ダン
「ソング」
1598頃

この詩はおそらくジョン・ダンが恩人の姪であるアン・モアと出会う前に書かれたのだろう。ダンにとって、アンとの結婚は出世を捨てるようなものだった。この詩は衝動で慣習を無視することを予告しながら、そうした行為が生む奇妙な逸脱を匂わせている。私たちは意味を求めて、社会や政治や宗教の制約が押し付けてくる恐怖から逃げたいと願う。私たちに不可能なことをさせようとして楽しんでいるこの奇抜なイメージが、とても刺激的で心に訴えかけてくるのだ。ダンは何とか許されていない結婚という汚名を晴らしたが、愛するアンは33歳の若さで出産中に死亡してしまった。

上記の一節で示されている空想的な行為には、誇張された活力と好奇心が感じられる。まるで禅の公案のように、ばかげているのに深い。過去は流れ星と同じでつかまえられないし、連想させる形はしていても、木の根から子供は生まれない。悪魔に見られずに、その裂けた足を見ることもできない。だが、この詩のイメージは私たちに逆説の可能性を突きつけてくる。私たちもダンのように、ルールに疑問を抱いて、破ることさえできるかもしれない。*LW*

裏切りは終わった。裏切り者はもう必要ない。

ペドロ・カルデロン・デ・ラ・バルカ
「人生は夢」
1635

黄金時代の偉大なスペイン人劇作家であるカルデンは、約100本の通常の長さの演劇と、教会で上演される70本の一幕劇を書いた。最も有名なのが「人生は夢」である。

芝居の冒頭、セギスムンド皇太子は生まれたときから塔に閉じ込められている。将来、残酷で邪悪な支配者になると思われたからだ。セギスムンドは一時塔から出されるが暴れたため、父親に薬で眠らされて塔に戻され、外に出たのは夢だったのだと父親に説き伏せられる。その後、セギスムンドは反乱軍の兵士たちによって牢から出され、その兵士たちを率いて父親と戦う。反乱軍は戦いに勝ったが、セギスムンドは父親の命を助け、感謝した父は息子に国王の地位を譲る。芝居の終盤、いまや倫理に目覚めたセギスムンドは高潔な登場人物たちに褒美を授ける。だが、反乱軍の兵士の1人が牢から助け出した褒美について尋ねると、セギスムンドは上記の台詞を放ち、死ぬまで同じ塔に閉じ込める刑を言い渡した。

反乱軍の兵士に対するセギスムンドの説明から、裏切りは状況によって変わるのだとわかる。芝居の途中で、セギスムンドの父も内戦について似たことを言っている。「あの手の戦いでは、勝った者が忠義に篤く、負けた者が裏切り者になる」。*GB*

天さえ、過去には力をふるえない。それでも、過去がずっと、ずっとあったから、私の時間があるのだ。

ジョン・ドライデン
「幸福な男」(『ホラティウス作品集第3巻』から)
1700頃

◯1668年、ジョン・ドライデンは国王チャールズ2世にイングランド初の桂冠詩人に任命された。

時間旅行というファンタジーはあるものの、過去を変えることは不可能だ。ドライデンが翻訳した紀元前1世紀のローマの詩人ホラティウスの上記の言葉は、その逃れられない真実を優雅に伝えている。たとえ今悲しみに直面していても、過去の幸せには価値があるとドライデンは断言しており、それでこの詩は亡くなった人を称えるときによく読まれるのかもしれない。現在の逆境があろうとも、昨日の喜びは残るという考えに慰められるのだ。

これは時代を超えて、詩でよく表現される考えである。シドニー・スミスはサラダのレシピで韻を踏み、最後にユーモラスな変形を加えている。「穏やかさをたっぷりと、美食家は言う。運命は私を傷つけられない。私は今日も食事をする」。20世紀ではアメリカの作曲家ジョージと作詞家アイラのガーシュウィン兄弟が「誰にも奪えぬこの想い」という歌を作っている。

その一方で、逆の例もある。11世紀のペルシャのウマル・ハイヤームの詩にはこうある(エドワード・フィッツジェラルドの翻訳)。「動く指が書く、書いてきた。動き続ける。信仰心も機知もない。半分を消したくなる。涙は文字を流せない」。***GB***

歴史とは……
人類の犯罪、愚行、
災難の記録にすぎない。

エドワード・ギボン
『ローマ帝国衰亡史』
1776

現代で、上記の言葉と等しい意味で歴史よりジャーナリズムに当てはまるのが、「血が流れれば、トップニュースになる」(1982頃)という言葉だろう。上記の言葉はイギリスの歴史家エドワード・ギボンの最も有名な言葉だと思われるが、もとはギボンらしい皮肉がこめられた長い文章を簡略化している。ギボンはローマ帝国皇帝アントニヌス(在位138-161)についてこう書いている。「アントニヌスの治世は珍しく歴史に書き残す材料が少ないのが特徴だ。歴史とは人類の犯罪、愚行、災難の記録にすぎない」。ギボンは歴史家に材料を与えなかったアントニヌスをこうして称賛したのだ。また、ギボンはここで知人であるヴォルテールの中編小説『ばか正直』(1767)にも触れている。そこには「歴史は犯罪と災難の記録でしかない」と記されているのだ。

現代の歴史家はギボンの言葉をそのまま、あるいは脚色して借用することが多い。ヒュー・トレヴァー＝ローパーは回想録に『犯罪、愚行、そして災難』(1998)というタイトルを付けている。だが、別にギボンの意見に賛成である必要はない。現代の歴史家たちの見解は、歴史は人類の犯罪を罰し、愚行を正し、災難を軽くしようとする努力の記録でもある、というものだ。 GB

∩18世紀のイタリアの画家ベルナルド・ベロットが想像した、ローマ衰退期のコロッセウム。

過去によって未来をもくろんではならない。

エドマンド・バーク
フランス国民議会議員への手紙
1791

アイルランド生まれのイギリスの政治家エドマンド・バークは、著書『フランス革命の省察』(1790)を書き直すよう求めてきたフランス国民議会議員フランソワ＝ルイ＝ティボー・メノヴィルに対し、上記の言葉で答えた。この言葉はフランス国民議会の努力を批判する段落の最後の行に記されている。「いつも勉強ばかりしている人たちに正しい判断はできない」として、過去の行動結果の評価などに時間を取られず、法律をつくり続けるべきだと主張したのだ。

とはいえ、バークは過去は未来の参考にならないと一般論で言っているのではない。バーク自身も歴史家なのだから。といっても、バークにとってのイギリスの歴史は1216年で止まっていたが。バークはイギリス議会のホイッグ党議員として、確立された伝統や権威に対して、その永続性が価値のある証拠だとして、常に敬意を払ってきた。たとえば、『フランス革命の省察』ではフランス革命の指導者たちは自己中心的で、先見の明がないとして、こう記している。「人々は祖先を顧みないし、子孫のことも考えない」。*GB*

イギリスは各員がその義務を果たすことを期待する。

ホレーショ・ネルソン提督
トラファルガー海戦での信号旗
1805

このメッセージはイギリス軍がフランス・スペイン連合軍と戦おうとしている大西洋で、トラファルガー海戦が始まる直前にネルソンの旗艦のマストに掲げられた。それを読んだネルソン提督率いる27隻すべての船の乗員は歓声をあげた。

ネルソンは12歳で海軍に入り、徐々に出世していった。船酔いに悩まされ、権威も嫌ったものの、20歳には艦長になっていた。軍隊の英雄としての勇気と愛国心の手本を示し、別々の戦いで右腕と右目の視力を失った。優れた戦略家で、一般の水兵とともに飢えに耐え、国家への完璧な忠誠心を示した。

この言葉が共感を呼ぶのは、ネルソンが発したからだろう。ネルソンはすべての義務を果たし、トラファルガー海戦で隠れなかった。兵士たちの間に隠れずに、最前線に出たのだ。午後4時、戦闘は終わったが、英雄はすでに撃たれて戦死していた。*LW*

➲ アメリカ人画家ベンジャミン・ウエスト『ネルソンの死』(1806)。

振り返り、過ぎ去った危機にほほ笑もう！

ウォルター・スコット
『トライアーメインの婚礼』
1813

ウォルター・スコットは歴史小説の書き手として広く知られ、ストーリーのじゃまにならない限り、事実をもとにして書いている。

この作品で、身分の低い詩人アーサーは貴族である恋人のルーシーに求婚する際に、アーサー王の庶子で魔法で眠らされていたギネスをローランド・ド・ヴォーが探し出して救う詩を語る。上記の言葉はその詩の導入部に出てくる。アーサーはルーシーが自分に会うために、最初は怖がっていた川を越えてきたことをほめている。だが、それと同時に、ド・ヴォーがギネスを救って、その心を勝ち取るまでに乗り越えてきた障害のこともほのめかしているのだ。障害とは最初は恐怖、その後は享楽や富や自尊心といった罠(わな)だ。身分違いのアーサーとルーシーの恋にも障害が立ちはだかっており、アーサーはルーシーもド・ヴォーを見習うべきだと伝えているのだ。

アーサーの話に一般向けの道徳があるとすれば、危険は乗り越えてしまえば怖くないということだろう。19世紀の小説家オノレ・ド・バルザックもこう書いている。「最悪の災難は起こらず、一番の苦痛はその不安にある」。一方、アメリカの野球選手サチェイ・ペイジは逆のことを言っている。「振り返るな。何かに捕まるかもしれないぞ」。*GB*

死人に囲まれている日々は過ぎ、まわりには寛(くつろ)いだ視線が向けられ、老人たちの強い心がある。

ロバート・サウジー
「死人に囲まれている日々は過ぎ」
1818

ロバート・サウジーは詩人であり、ホレーショ・ネルソン、ジョン・ウェスレー、ジョン・バニヤンなどの伝記作家だった。ヨーロッパ文学、とりわけポルトガルとスペインの文学の研究者で、1837年に『3びきのくま』を初めて散文化して普及させた。1813年から1843年に死去するまでイギリスの桂冠(けいかん)詩人として務めた。

「死人に囲まれている日々は過ぎ」は、サウジーの前にやってくる人々との関係をうたった24行4連の詩で、その人々のことをサウジーは友人と呼んでいる。サウジーは美徳や過去の思想家たちの失敗から学ぶだけでなく、じかに話をすることで有益な学びを得ていると言う。それも毎日だ。詩はこの死人たちとの関係を未来も永遠に守っていきたいという方向に進んでいく。サウジーの作品が不朽のものとなることで、「彼らといる場所は未来もずっと続く」というのだ。

上記の一節は今日でも知られているようだが、サウジーの作品全体は古びてしまった。したがって不朽の名声を得られると思っていたのは、現代の読者には少々うぬぼれに聞こえるだろう。*JF*

全能の神よ、私の偉業を見よ、そして絶望せよ。

パーシー・ビッシュ・シェリー
「オジマンディアス」
1818

1792年にイングランドで生まれたパーシー・ビッシュ・シェリーはとても優れたロマン派詩人と見なされているが、生前はなかなか評価されず、貴族の父親に無神論と社会主義と「自由恋愛」の擁護をとがめられて勘当された。

イタリアへ移住する前夜、シェリーは古代ギリシャの歴史家であるシケリアのディアドロスによって思い出すことになったオジマンディアスの壊れた彫像について、友人のホレイス・スミスと詩を作ることにした。スミスの詩は忘れられたが、シェリーの詩は古典になった。シェリーの詩「オジマンディアス」では、壊れた古代の彫像が胴体なしで巨大な脚で砂漠に立っていると描写されている。近くには落ちた首が砂に半ば埋まって転がっている。かつては王の王と呼ばれたオジマンディアス（エジプトのファラオ、ラムセス2世）が力なく立っているのだ。他の支配者たちを威圧するためにつくられた彫像は、古代エジプトの帝国と同じく消えた。ここから得られる教訓は、専制君主の彫像は残らず、恐れを抱かない未来の世代にその権力をからかわれるということだ。だが、シェリーは、死を前にしたら、私たちの功績もすべて、心の砂漠では弱いものだと、さりげなく伝えているのかもしれない。*JF*

∩ジョゼフ・セヴァーンが描いた「カラカラ浴場で『鎖を解かれたプロメテウス』を書くシェリー」（1845、部分）。

軍隊の進軍は腹次第。

ナポレオン・ボナパルト
推定・伝聞
1820 頃

「ウインザー」誌の 1904 年 1 月号で、M・H・モリソンは「軍隊の調理室と野戦炊事場」という記事を上記の言葉で始め、ナポレオンの格言だとした。だが、ナポレオンがそのような言葉を言ったり書いたりした証拠はない。ただし「軍隊は敵の領地のもので食糧を賄わなければならない」という、あまり美しくない考えは持っていたようだが。ナポレオンは大きな軍隊を抱え、「服も食糧も足りない」と文句を言っており、食糧について心配していたのは間違いない。しかしながら、実働兵員への食糧供給の重要性は 4 世紀のウエゲティウスの頃からすでに指摘されていた。18 世紀中期のプロイセンのフリードリヒ大王は「軍隊はヘビと同じで、腹で進む」と言ったとされている。

歴史家の B・H・リデル＝ハートはこの格言を 2 度言い換えている。食事の重要性について話していたときには、こう提案した。「歴史の進軍は政治家の腹次第」。また、第二次世界大戦中のドイツ軍兵士たちの間で起こった消化器の不調については、「軍隊は腹で戦い、腹が下ると負ける」。

GB

∩ ポール・ドラローシュ『フォンテーヌブローのナポレオン』(1814)。

⊃ ヒューズ・メール「イーグルズ・ファイト」(1857) に描かれた、流刑にされるナポレオン。

HÔTEL
des
TROIS DAUPHINS

最良の未来の予言者は過去である。

バイロン卿
手紙と雑誌
1821

バイロンはイギリスの優れたロマン派詩人として分類されるが、作品の多くはジョン・キーツなどの同時代の詩人より冷笑的である。

夢、カード、数字、星など、予言には多くの方法があるが、上記の言葉は過去を参照し、未来の状況や傾向を予測するという理性的な方法を勧めている。

未来に対する道しるべとしての過去の価値については、18世紀イギリスの哲学者デイヴィッド・ヒュームが哲学的な疑問を抱き、20世紀のアメリカの哲学者ネルソン・グッドマンがその疑いを強めたが、歴史学者を含む多くの人々にとって、過去は導きを得られるものとして一般的だろう。たとえば、ルネサンスの政治思想家ニッコロ・マキャヴェリは「未来を予測したい者は過去を参照すべきである」という知恵を認めている。

バイロンはその年に出版された『サルダナパラス』や『カイン』などの悲劇について考えを巡らせていた。喜びの真っただ中なのに、どうして「疑念と悲しみ」のような感覚を抱くのだろうかと考え、「未来を予想するために過去を振り返るからだ」と結論づけた。感情的な経験については、それまで過去と未来を結び付けたことがなかったのだ。**GB**

世界は過去にうんざりしている。ああ、それが死ぬか、休むかすればいいのに！

パーシー・ビッシュ・シェリー
「ヘラス」
1822

この言葉はギリシャ侵略を指揮したオスマン帝国皇帝マフムトを描いたシェリーの劇詩の最後に出てくる。囚われのギリシャの女性たちがこの言葉を言うのだ。この劇詩の最後で、オスマン帝国の攻撃は失敗する。「世界の偉大な時代が新しく始まる」（古代ギリシャの永遠の復活という考え方を示している）と言いながら、コーラスはギリシャが新しい神話の形で刷新されて生き返ってくることを歓迎している。だが、最後の6行で、コーラス隊は歴史の繰り返す性質によって、ギリシャの自由が甦りそうなだけでなく、トルコの抑圧もいずれは戻ってくると気づいたようだった。この締めくくりの言葉は永遠の繰り返しの終わりへの切望、世界の終末への切望を表現しているのだ。そして、シェリー自身にとっても、決定的な終わりは遠くなかった。翌年、シェリーはリグリア海で溺死したのだ。

指示代名詞の「それ」は曖昧であり、上記の言葉が「終わり」を期待しているのは、世界ではなく過去だとも解釈される。そして、過去を学ぶということを拡大解釈すれば、それは歴史でもあるのだ（ヘンリー・フォードは「歴史はでたらめ」と言っているが）。**GB**

歴史は英雄を、恋人のように理想の光で包みがちだ。

ジェイムズ・フェニモア・クーパー
『モヒカン族の最後の者』
1826

時と場所にかかわらず、歴史と神話はベッドの友である。ジェイムズ・フェニモア・クーパーは18世紀後期から19世紀初頭のアメリカのフロンティアを描いた本書で、入植者とネイティブ・アメリカンの生活の様子を伝えている。

『モヒカン族の最後』はクーパーの〈革脚絆（レザーストッキング）物語シリーズ〉で最も有名な小説である。〈革脚絆物語シリーズ〉は全5巻で、デラウェア族の間で育ったホームステッド〔訳注・入植者に与えられる自作農場〕に住む白人の子供、ナサニエル・バンポーの生活を描いている。設定は1757年、フランスとイギリスが北米の支配をかけて争った七年戦争の間である。『モヒカン族の最後の者』は大まかで空想的な虚構と事実が混じり合い、歴史と神話の区別が曖昧になって、象徴的な英雄によって支配されていた時代のイメージを形づくった。こうした現実と神話の線引きは他の大衆文化でも行われており、たとえば西部劇の『リバティ・バランスを射った男』(1962)などの映画でその傾向が強い。出来事の真実性について話していると、新聞記者がこう述べる。「伝説が事実になったら、発行部数が伝説的な数字になる」。クーパーはその理屈をよく理解していたのだ。**IHS**

歴史は合意された嘘（うそ）のかたまり。

ナポレオン・ボナパルト
『回想録』
1829

この格言が真実であることは、あらゆる先住民によって証明されている(ネイティブ・アメリカンが歴史の教育カリキュラムを作ったら、まったく異なる観点になるだろう)。この言葉を故意に裏返しにすると、18世紀のフランスの歴史学者ベルナール・ル・ボヴィエ・ド・フォントネルの言葉「歴史は便利なおとぎ話に過ぎない」となる。

自己宣伝が巧みだったナポレオンは、戦いで勝つだけでは十分でないと理解していた。人々の心を勝ち取らなければならないのだ。同時代の人々はしばしば自らの軍功を書き連ねたが、フランス皇帝ナポレオンの回想録には国じゅうの新聞の一面を飾るような、わくわくする話が詰まっていた。フランスの王党派の新聞はナポレオンの計画に気づくと、ナポレオンを貶（おとし）める記事を載せた。すると、ナポレオンは創刊したり引き継いだりした6紙の新聞で、自ら記事を書いて対抗したのだ。それは流刑となったあとも続き、ナポレオンは自分の好きなように歴史を「修正」したのである。

上記の言葉は「作り話」とすべきだったにしても、この言葉は毛沢東のもとで活動した紅衛兵による歴史遺産の破壊や、シリアと周辺諸国におけるイスラム国のプロパガンダなど、その後の多くの出来事を予言していた。**LW**

過去に価値があったことは決してなくならない。人間が気づいた真実や善は決して死なず、この先も死ぬことはあり得ない。

トーマス・カーライル
「エジンバラ・レビュー」誌
1831

トーマス・ホープの『人間の起源と展望』とフリードリヒ・シュレーゲルの『心理学講座』に関する「特徴について」というタイトルの記事で、カーライルは過去を嘆く必要はないと述べている。「本物の過去はなくならない」と、上記の言葉に加えて書いているのだ。カーライルは、進歩の普遍性を認めることによる推測を否定している。科学的な知識から政府の組織まで、あらゆるものが絶えず変化するなら、人間を導き、人間が熱望する不変なものなど存在しないのではないか？　カーライルの答えは常に「ある」だ。真実や善の表面的な部分は消えても、実体は残る。このように、カーライルはその知的な見解を、理解しがたい過去への郷愁や未来に対する素朴な熱狂から、区別したいと考えていた。

カーライルの考えは一見安心できるものの、未来の重要性を過大視しているのではないかと疑問に思うところもある。たとえば、もし人々がカーライルの著作への関心を失ったら、それはもうカーライルが著者として価値がないという意味なのだろうか？　あるいは、カーライルの著作で現在の読者が興味を持つものに似ているものだけ、価値があるのだろうか？ GB

現在から利益を得るために過去から学び、将来よい暮らしをするために現在から学ぶこと。

ウィリアム・ワーズワース
推定・伝聞
1838 頃

過去について知ることに意味があるのだろうか？　歴史学者は過去を学ぶこと自体に価値があると主張するのだろうが、上記の言葉は現実的な理由もあるとほのめかしている。昨今では個人投資の指南書でそのような文言を頻繁に見かけることを考えると、決して意外なことではないのかもしれない。とはいえ、「利益」と「よい暮らし」を実利的な狭義な意味で解釈する必要もなければ、個人にだけ当てはまる助言だと考える必要もない。現在を理解して未来を予測するために、過去から学ぶことが重要なのは、さまざま分野で一般的なことなのだ。たとえば、1938 年、フランスの社会学者エミール・デュルケームはこう記している。「過去を注意深く研究するだけで、未来を予測し、現在を理解できる」。

上記の言葉は 1838 年頃から、出典なしでアメリカやイギリスの新聞に載るようになった。「人生は 3 つに分かれる。『だった』、『である』、『だろう』だ」。

現代になって、なぜこの言葉がワーズワースのものとされるのかはわからないが、おそらくトライオン・エドワーズの『思想辞典』(1891) にあった言葉が実はワーズワースのものだったという事実から枝分かれしたのだろう。GB

過去がもはや未来を照らさなくなったら、精神は闇の中を進むだろう。

アレクシ・ド・トクヴィル
『アメリカのデモクラシー』
1840

作者が貴族だと知ると、この言葉は政治に関する強硬な保守主義の原則だと解釈されるかもしれない。ド・トクヴィルの著書に記されている、民主主義における専制政治の可能性の特徴づけなどを読むと、故国フランスで倒された旧体制を代表している印象が強くなるだろう。だが、ド・トクヴィルは高貴な出自にもかかわらず、フランス革命が目指した自由と平等という民主主義の理想の忠実な擁護者だった。

ド・トクヴィルはアメリカを旅行し、フランスやその他のヨーロッパ諸国より、民主主義の理想が実現できていることに感銘を受けた。フランスとヨーロッパ諸国では過去の社会を支配していた封建制度と敵対して初めて、民主主義の理想が生まれた。だが、アメリカにはそんな伝統などなく、未来の「精神」が過去に導かれることはない。それで、ド・トクヴィルは力を持ちすぎた多数派という民主主義の形で、過去の封建的な社会が復活しないよう用心する必要があると警告したのだ。*TJ*

∩1850 年にフランスのロマン派の画家
テオドール・シャセリオーが描いたアレクシ・ド・トクヴィル。

過去について
正しい情報を
与えられた者は、
決して陰鬱な気分になったり、
現在を悲観したりしないだろう。

マコーリー
『イングランド史』
1848

歴史家であるマコーリーは著書の最初の段落にこの言葉を記し、「ここ160年間の我が国の歴史は、物質、倫理、知性ですばらしい発展を遂げた歴史だった」と断言し、現在が過去の黄金時代の劣化と衰退の結果を表しているという見方を否定した。

名誉革命が起こり、議会によって国王ジェイムズ2世が退位させられ、ウイリアム3世とメアリー2世が王位に就いた1688年以降、イングランドは進歩したとマコーリーは判断し、その進歩という観点から歴史的な事件を説明したいと述べたのだ。その後、20世紀の歴史学者であるハーバート・バターフィールドは「ホイッグ史観」という言葉を創って、歴史への取り組み方を説明した。「現在の参考にするために過去を学び」、過去は啓発された現在の状態へ向かっていく進歩の行進だと理解し、進歩に役立ったか、それとも進歩を妨げたかで、歴史の関係者を立派か不道徳かの評価を下すべきだと。バターフィールドは名前こそ挙げなかったものの、ホイッグ党の政治家であるマコーリーを暗に批判したのだ。**GB**

歴史は繰り返す。
1度目は悲劇として、
2度目は喜劇として。

カール・マルクス
『ルイ・ボナパルトのブリュメール18日』
1851-52

カール・マルクスはドイツの政治経済学者、哲学者、社会学者、革命家だった。一番の関心は資本主義を批判して強く反対し、階級のない社会の設立へ前進することだった。マルクスの大作『資本論』(1867)は政治経済学の本だったが、芸術や文学など幅広い分野に光を当てて考察している。そして、上記の一節の引用元である『ルイ・ボナパルトのブリュメール18日』は政治的な現象を歴史的、経験的な目で見るというものだった。

マルクスの格言は1851年のルイ・ナポレオンのクーデターを、伯父ナポレオン・ボナパルトがその前に起こしたクーデターに結び付けている。その比較はドイツの哲学者ゲオルグ・ヘーゲルの説にそれとなく言及している。ヘーゲルの正確な言葉は不明だが、歴史は人間も政府もめったに歴史から学ばないことを教えてくれるというような内容だ(そして、絶対にそれを繰り返す)。

マルクスにはそれがひどく滑稽に思えたのだろう。人間が覚悟をして経験から学びさえすれば、そんなことは起きなかったし、これからも起きないのだから。だが、人間にはそんなことを見抜く力もないことが、繰り返し示されるのだ。**JE**

⊃19世紀の社会思想家カール・マルクス。

道徳的な世界を理解している つもりはないし、アーチは長い……。 だが見たところ、 アーチは正義の方へ曲がっているようだ。

セオドア・パーカー
説教
1853

∩ **アメリカ大統領バラク・オバマは、パーカーの言葉を言い換えて使った多くの有名人の1人である。**

バラク・オバマがアメリカ大統領1期目の時に使って2009年の「タイム」誌に載った言葉は、約150年前に社会改革家のセオドア・パーカーが「正義と良心」という説教をしたときに発した言葉で、よく引用されている。

パーカーは奴隷解放運動の重要人物だった。ユニテリアンの牧師で、超越主義者であり、人間はすべて本質的には善だと信じていたので、機が熟せば奴隷は必ず解放されると考えていた。パーカーの言葉通り、1860年代に入ると南北戦争が起こったが、奴隷が解放されたのは1865年で、パーカーは正義を目にすることができなかった。1860年に死去したのだ。

アフリカ系アメリカ人が解放されて100年後、マーティン・ルーサー・キング・ジュニアはサザンリーダーシップ・クリスチャン・カンファレンスに集まった人々を前にして、有名な1967年の「私たちはこれからどこへ向かうのか」演説で、パーカーの言葉を言い換えてこう宣言した。「道徳的な世界のアーチは長いが、正義の方へ曲がっています」。そして抵抗はあるものの、オバマが使命と考える改革も、いずれ実現するだろう。 ***ME***

現在をけなして過去を称賛したら、老いの兆候だ。

シドニー・スミス
レディ・ホランドが書いた父親の回想録
1855

この言葉の奥にある真実を理解するのは、それほど難しくない。私たちは年をとるにつれて、記憶にある若かった時代がバラ色に見え、現代的なものにいら立つようになる。次第に理解し受け入れるのが難しくなってくる新しい方法などはなおさらだ。

シドニー・スミスは後世の人々が愛する気の利いた言葉を多く遺したが、そうした言葉はイギリス国教会での出世にはほとんど役に立たなかった。バイロン卿(きょう)が「スミスの冗談は説教で、説教は冗談だ」とからかったこともあり、イギリス国教会には「人間には3つの性がある――男、女、聖職者だ」などと言う男を急いで主教に昇格させようとする者などいなかったのだ。それでも、スミスの話は人気があったが。スミスは「エジンバラ・レビュー」誌への寄稿を続け、ついにロンドンのセントポール大聖堂の参事会員となり裕福になった。帝国主義に反対で、政治はホイッグ党寄りだったが、民主主義は支持していなかった。ヘンリー・ホランドと結婚した娘のサバは父親の違う面を紹介したいと思っていた。彼女が回想録に書いたのは、賢くて皮肉な男ではなく、穏やかで、やさしい田舎の男だったのだ(スミスは動物の背中をかく道具を発明している)。*JF*

∩シドニー・スミスは弁護士を志望していたが、父親の強い意見で聖職者になった。

時は
私たちを飛び越えていくが、
その影は残る。

ナサニエル・ホーソーン
『大理石の牧神』
1860

∩時の腐食効果を描いた、
フランシスコ・ゴヤ『時と老女』(1808 頃 -12)。

この警句には時に関する2つの格言が組み合わされている。時が過ぎゆく速さと、その悲しい影響だ。また、聖書外典の言葉「時は過ぎ去っていく影である」(ソロモンの知恵、2章5節)を反映しているようにも感じられる。

ホーソーンの小説『大理石の牧神』には、なぜ主人公ドナテロがタイトルになっている2000年前の彫像にそっくりなのかという不可解さが中心となっている。小説の前半で、美しいミリアムは冗談で「あなたのような彫像に人間の人生の喜びと悲しみ、光と影がわかるの?」と尋ねている。その後、ドナテロの先祖代々の屋敷に、友人のケニヨンが初めて訪ねてくる。ドナテロがよく星を見ながら遅くまで起きていると話すと、ケニヨンは、ドナテロは昼はただ楽しみ、夜はぐっすり眠るものだと想像していたと答える。すると、ドナテロは上記の警句に加え、子供の頃はそうだったが、もう子供ではないと言うのだ。ケニヨンは「陳腐な言葉」にほほ笑んで感心はしないものの、ドナテロは悲しみのあまりそんな言葉を考え出したにちがいないと思うのだった。**GB**

今の時代は深刻で災いばかりだが、いつの時代も本質的には似たようなものだ。人生がある限り、危険はつきものなのだ。

ラルフ・ウォルドー・エマーソン
講演「公と民間の教育」
1864

アメリカの詩人、エッセイスト、哲学者のラルフ・ウォルドー・エマーソンはマサチューセッツ州で生まれた。ハーバード大学で学んだあと、ボストン第2教会で牧師として務めた。妻の死後、教会を辞めてヨーロッパへ行き、トーマス・カーライルを訪ね、社会や政治問題に関する考え方に多大な影響を受ける。そしてアメリカに帰国すると、超越主義の活動を始め、1842年から1844年まで超越主義の雑誌「ダイアル」を発行した。超越主義は科学の合理主義を否定し、直感と経験を信頼するよう促す。エマーソンの型破りな宗教観と、「個人の中に神を見る」という信念は、多くの人々を驚かせた。エマーソンの最も有名なエッセー『自己信頼』は1841年に出版され、「あなた自身を信頼せよ」という言葉を創り出した。

上記の言葉は、南北戦争というアメリカが分裂するのではないかと思われていた時代に、友愛会の人々を前にして語られた言葉だが、現在の私たちの胸にもじかに響いてくる。だが、その奥深くにある真実は、どんな時代のどんな場所でも、絶対的な安全はないということだ。今の時代は「深刻で災いばかり」だ。生きているだけで、私たちは未来の人質なのである。**JF**

歴史は繰り返さないが、韻を踏む。

マーク・トウェイン
『金メッキ時代』
1873

この言葉はアメリカ人作家マーク・トウェインの言葉とされることが多い。確かに『憤る(いきどお)マーク・トウェイン――人間と出来事に関する未刊行の原稿』(1924年に刊行された回想録の原稿)には似た言葉が記されており、チャールズ・ダドリー・ウォーナーとの共著である小説『金メッキ時代』にも、そうした考えが鮮明に書かれている。「歴史は繰り返さないが、万華鏡のように組み合わせた現在の姿は、昔の伝統の欠片(かけら)でできているように見えることが多い」。

この考え方では、歴史はまったく同じように繰り返すわけではないが、出来事は過去に起きたことと共鳴する(あるいは韻を踏む)ということだ。たとえば、2001年のアメリカと同盟国によるアフガニスタンへの介入は、1979年から1989年までのソ連によるアフガニスタン侵攻とまったく同じではないが、この2つの作戦に類似性を見る人はいる。

トウェインは社会的な規範意識が強く、権力の座にある人々は歴史の繰り返しに気づくべきだと考えていたことだろう。だが、歴史の読み方を知っていても、そうした知識が必ずしも他の人々に役立つ使われ方をするとは限らない。**LW**

我々は皆、溝に落ちているが、星を仰いでいる者もいる。

オスカー・ワイルド
『ウィンダミア卿夫人の扇』
1892

人間の状態に関するこの印象深い言葉は、登場人物の1人ダーリントン卿がウィンダミア卿夫人に愛の告白をしたが、拒絶されて発した台詞だ。彼は男友達が軽口を叩きあっている傍らで、手紙を書いている。この唐突な発言は笑いを誘った。とはいえ彼の真摯さは一瞬、冷笑的な雰囲気に穴をあけた。我々に通じるのは、生きるためのつらい闘いだ。しかし、少ないながらも空に目を向け、美というものはすべてを変え得ると気づく人もいる。

『ウィンダミア卿夫人の扇』の初演当日、ワイルドは幕が降りたあと、観客の眼識に讃辞を贈った。次いで、観客が「自分と同じくらい、劇を高く評価している」との確信が持てたと述べた。機知を武器に名を馳せたワイルドだったが、社会の道徳観の枠を越えて生きようと決めていたものの、この世を去る時には恥辱にまみれ、資産も失っていた。オスカー・ワイルドの名言は、そのほとんどがどこかしら皮肉めいている。奇妙にも、上記の言葉は未来を予測していた。彼の人生はギリシャ悲劇さながら幅が広い。彼の知性は光り輝いていたが、世間は彼の奔放さに眉をひそめた。彼が名声を得たのは死後のことだ。*LW*

ワイルドの言葉は、イギリスのブリストルの街のテイクアウトレストランの上方で永遠に生きている。

1882年にナポレオン・サロニーが撮影した、アイルランドの才人である劇曲家オスカー・ワイルド。

過ぎ去ったことだけが永遠に残る。現在はすぐに刈りとられる草にしかすぎない。過去は石であり、永遠に立っている。

ユージーン・リー・ハミルトン
『翼のない時間のソネット』
1894

イギリスの詩人ユージーン・リー・ハミルトンは、上記の詩集で紹介されているペトラルカ風のソネット「ローマの公衆浴場」の最初の8行で、草に覆われ荒廃した古代ローマの公衆浴場を訪れたことを述べている。このあと、浴場の下に見事なモザイク模様があるのが発見される。従来の詩作法に倣って、このソネットの最後の6行は、3行連句で教訓を示している。1行目はこの詩の主題を再度述べている。過去は「朽ちることのないたった1つのもの」だとすでに言っているので、ここでの反復は避けるべきだった。だが彼はそれをうまく逆手にとっている。2行目は聖書の「肉なる物は皆、草に等しい」（イザヤ書40章6節）というよく知られた言葉を介して、文字通り浴室を覆う草と命のはかなさの両方を暗に示している。3行目も同様に浴室を支える石と、「草は枯れ、花はしぼむが、私たちの神の言葉はとこしえに立つ」（イザヤ書40章8節）と神が説く命の永続性を示唆している。

リー・ハミルトンは当初外交官だったが、脳脊髄の病気を患って体が麻痺（まひ）し、始終痛みに苦しむようになり詩人に転向した。GB

∩ イタリアのヘルクラネウムにある古代ローマの公衆浴場の入口。

過去を記憶できない者は、過去を繰り返す運命にある。

ジョージ・サンタヤーナ
『分別のある人生』
1905-06

スペイン生まれのアメリカ人随筆家であり哲学者、詩人、小説家であるジョージ・サンタヤーナはハーバード大学の哲学クラブの創設者で、文芸雑誌「ハーバード・マンスリー」の共同創設者でもあり、「ハーバード・ランプーン」誌の寄稿編集者及び漫画家でもあった。彼は自分をアメリカ人だと考えていたが、1912年にヨーロッパに戻り、1952年に死去するまでそこに留まった。5巻から成る叙事詩『分別のある人生』を書いたのは、アメリカに住んでいた時だ。上記の言葉は第1巻『常識における分別』に登場する。ただし、これはエドマンド・バークの言葉だとされることも多い。バークは『フランス革命の省察』(1790)で、「祖先を顧みない人は子孫のことも考えない」と似たようなことを述べている。上記の言葉がいわんとするのは、進歩だけでは健全な社会は築けない、気づき——過去を思い出す能力——がなくてはならないということだ。もし変化が絶対的なものならば、同じ過ちが繰り返されることは決してない。社会をよりよくするには、過去に犯された過ちから学ぶ必要がある。「人間の進歩の段階」という副題の付いた大作『分別のある人生』は、サンタヤーナの道徳哲学を解する上で重要な書である。 IHS

∩ サンタヤーナは読んでいる本のページを破り取って出かけ、陽射しを浴びながら読むのが常だった。

現在は過去にあった以上のものをいっさい含んでいない。そして結果の中に見られるものは、すでに原因の中にあったものである。

∩1914 年、アカデミー・フランセーズの会員選挙が行われたあと、哲学の講義をするアンリ・ベルクソン。

アンリ・ベルクソン
『創造的進化』
1907

『創造的進化』で、フランスの哲学者アンリ・ベルクソンは「無機組織体」と生物のような「有機組織体」を比較している。無機組織体には独自の個性がなく、上記の言葉に示されている法則に制御されている。引き出しは棚から外すことができるという事実は、各部位は最初から独立していたことを表すと彼は述べている。しかし、この状況は生物によって異なる。1 匹のミミズの断片から何匹ものミミズを再生できるという事実が、最初は 1 匹のミミズしかいなかったことを示すわけではない。これがベルクソンの生物哲学の論点になっている。機械でも科学技術でも進化的新奇性は説明できない、と彼は言う。創造的進化には「生命の飛躍（エラン・ヴィタール）」が必要だというわけだ。

有機組織体の法則に関するベルクソンの言いまわしは、17 世紀のフランスの哲学者ルネ・デカルトが神の存在についての論議の中で用いた中世の原理――結果にはそれに先んずる原因になかったものは何 1 つ存在し得ない――を思い起こさせる。ベルクソンは著書の後半で、彼が否定している機械論的生命観は、デカルトの思想の流れを汲（く）んでいると明言している。**GB**

言葉もなく、記述もなく、書物もなければ歴史は存在しない。人間性という概念は存在し得ない。

ヘルマン・ヘッセ
『春の嵐』
1910

ヘルマン・ヘッセは若い頃から人間性という概念や、本と著述への愛を培ってきた。生まれはドイツだが、エストニア語とフランス語を話すスイス人である。1899年、子供の頃に一時住んでいたスイスのバーゼルに居を構え、古書業を営んだ。詩人になりたいという野心を抱いていたが、文学の才能が世に認められたのは、1904年に『郷愁――ペーター・カーメンチント』を出版した時だ。移住した国にいても、ドイツの軍国主義は頭痛の種だった。ナチスの支配下にあるヨーロッパで、著作の多くは出版を禁じられ、ようやく再版できたのは、1945年にドイツが敗戦してから何年も後のことだ。ナチスは自分たちの人間観や歴史に反する著作物をすべて破棄しようとした。当然ながら、ヘッセの国際主義や平和主義は格好の的だった。

『春の嵐』に登場する上記の言葉は心に響くが、すんなりとは同意できない。ヘッセの時代、書物は見解を述べる主要な手段だったが、書き言葉を有した社会は多くなかった。そういった社会に書物はなかったが、だからといって当時の人々に人間性という概念がなかったとは言えない。書物や文化は往々にしてともに発展するが、必ずしも相互依存の関係にあるわけではない。*JF*

過去は葬儀のように過ぎ去り、未来は招かれざる客のようにやって来る。

エドマンド・ゴス
『詩集』
1911

上記の2行句は過去と未来双方を否定することで、現在に生きるよう説いている。実際、この詩「メイ・デイ」は読者に、鳥や花を見習うよう促す言葉が続く。

「すべてを篩にかけ、現在が最良だと知ろう
そしてその哲学で今の生活を飾ろう」

ゴスの見解は独自のものではない。たとえば、1834年にアメリカの詩人であり随筆家のラルフ・ウォルドー・エマーソンは日記にこう綴っている。「過去に対して、私には何もすることがない。未来に対してもそうだ。私は今を生きている」。しかしゴスは、馴染みがあると同時に扱いづらい過去と未来を具体的に取りあげることで、この考えを示す忘れ得ない作品を生み出した。

とはいえ、16世紀末から17世紀初頭にかけてのイギリスの廷臣であり詩人のウォルター・ローリー卿の伝記を書くにあたっては過去を、「イギリス詩の未来」と題した小冊子を書くにあたっては来たるべき時代を省察している。

本人いわく、8歳の時は現在というものにさほど関心がなかったとのことだ。回想録『父と子』(1907)にこうある。「私には過去も未来もなく、現在はライデン瓶(静電気を貯める装置)に閉じ込められているかのように思えた」。*GB*

私たち2人は家の切り盛りをした、過去と私……私が家事をしている間、過去はあたりをさまよい、決して私を1人にはしてくれなかった。

トマス・ハーディ
『人間状況の風刺』
1914

∩ トマス・ハーディは自分自身を天性の詩人、必然の小説家と見なしていた。

イギリスの詩人であり小説家のトマス・ハーディは、ヴィクトリア朝時代(1837-1901)初期に生まれ、モダニズム時代まで生きた。ほぼ独学で古典的な詩の形式を会得し、それを自身の詩に生かした。彼の詩は形式ばっていると感じる人もいる。小説では社会の道徳観を論じ、女性に対する同情的な描写が際立つ。しかし彼自身、最初の妻エマとの関係は良好とは言えず、1912年に彼女が他界すると、ハーディは悔恨の念に駆られた。上記の言葉が登場する「過去の亡霊」が収録された詩集『人間状況の風刺』は、若かりし頃に抱いた妻への愛を再発見したことから生まれた。

8行5連から成るこの詩は複雑でとらえどころがなく、いかようにも解釈できる。主語(私)は最初、ひどく神経に障ることの多かった妻との「家事」(共同生活)とは大きく異なる「亡霊のような家事の仕方、耳障りな音は発しない」過去と寄り添って生きている。そして次第に過去は遠のいて「はるかかなたの骸骨」となり、「日が過ぎゆくにつれてかすんでいく」。もしどんな傷も時間が癒やすとすれば、こういうことなのだろう。*JK*

私の愛国心は十分ではないとわかっています。誰に対しても恨みや憎しみを抱いてはならないのです。

エディス・キャベル
最後の言葉
1915

イギリスの看護師エディス・キャベルは第一次世界大戦中の1915年、連合国軍がベルギーのモンスから撤退したあと同軍の兵士を匿(かくま)ったとして、ドイツの軍事裁判所で銃殺刑に処せられた。ブリュッセルの赤十字病院で働いていたキャベルは、敵味方の区別なく双方の兵士を手厚く看護したが、彼女にとって、追われている兵士を逃がすために、ドイツ占領下のベルギーから中立国のオランダに通じる安全な秘密の抜け道を築くことも、負傷者の看護と等しく人道的な行為だった。

処刑前日、彼女はブリュッセルにいたイギリスの牧師スターリング・ガーハンの訪問を受けた際、上記の言葉を口にした。キャベルはイギリスで、祖国のために命を捧(ささ)げた戦争の英雄として讃(たた)えられた。戦後、1919年5月にロンドンで彼女の国葬が執り行われ、彼女を偲(しの)んで像が建てられた。

キャベルは1915年7月に逮捕され、10月に死刑が執行された。人生最後の10週間、キリスト教徒としての信念を静かに振り返って過ごした。彼女は命を懸けてイギリス兵を追っ手から守ることで自らの愛国心を示したが、それで自分に求められている信仰心すべてを表せたわけではないと思っていた。*JF*

∩エディス・キャベル。現在、ロンドンの中心部にあるトラファルガー広場の脇には彼女の像がある。

祖国のために死すは甘美にして名誉なり。

ウィルフレッド・オーエン
「快くも名誉なり」
1917-18

∩ 第一次大戦時の最も偉大な詩人とされるウィルフレッド・オーエンは「戦争の痛ましさ」を伝えたいと願っていた。

ウィルフレッド・オーエンは第一次世界大戦時に兵士として活躍した詩人の1人で、自身が目撃した悲惨さを詩に詠(うた)った。ジークフリード・サスーンやルパート・ブルックと同様、前線で戦ったオーエンは、軍の階級制度において人がいかに暴力的で無慈悲になれるかを目の当たりにし、絶望感に襲われた。オーエンの最も評価の高い作品は「快くも名誉なり」である。この題名はローマの詩人ホラティウスの詩から取られ、「それは甘美にして名誉である」を意味する。ホラティウスの詩は「祖国のために死すこと」と続く。オーエンの詩は1917年に書かれ、1918年に修正され、1920年に発表された。1918年11月4日、戦争終結の7日前にオーエンは死去した。

この詩は、戦争神経症(シェルショック)との診断を受けて送られたエディンバラのクレイグロックハート軍人病院で書かれた。フランスのバラードの形式に似た2つのソネットで構成され、彼が語る悲惨な出来事を強調するために従来の詩作法には倣っていない。最初のソネットでは現在起きていることを述べ、ガス攻撃を描写している。2番目のソネットは過去の出来事を回想し、愛国心の概念を問うている。*IHS*

人類の歴史は ますます教育と大惨事の 競い合いになっている。

H・G・ウェルズ
『世界文化史大系』
1920

1866年にイギリスで生まれた、ハーバート・ジョージ・ウェルズは思弁小説の作家としてよく知られる。科学を土台に未来を描いた小説に『タイム・マシン』(1895)や『透明人間』(1897)、『宇宙戦争』(1898)、『月世界最初の人間』(1901)などがある。これらの作品――彼いわく「科学ロマンス」――は出版当時絶大な人気を誇り、後年1953年にハリウッドで制作された大作『宇宙戦争』のような高額予算の映画のテーマを開拓した。

やがて、ウェルズの取りあげる題材は伝統的なものになっていった。その一例が、第一次世界大戦以前の下流中産階級のイギリスを舞台にした『ポーリー氏の生涯』(1910)だ。かねてから筋金入りの社会主義者だったウェルズは戦争の勃発に触発され、より社会を意識した路線を取り出し、社会の未来を考察する思弁小説という形態で、自身の社会的及び道徳的な関心事を文字にした。『世界文化史大系』では人の理解が追いつかないほど速いペースで変化する科学技術や、真に人道的な教育が有する啓蒙(けいもう)の力など、悲惨な戦争を通じて憂うようになった問題を論じた。ME

∩H・G・ウェルズは1960年に映画化された『タイム・マシン』のような作品で社会の未来を描いた。

男性の女性解放に対する反対の歴史は、おそらく女性解放そのものの話よりも興味深いでしょう。

ヴァージニア・ウルフ
『自分だけの部屋』
1929

∩1930年代のヴァージニア・ウルフ――20世紀を代表するモダニスト。

⊃ ロンドンのトラファルガー広場で即興演説をする婦人参政権運動家、シャーロット・デスパード(1935頃)。

ヴァージニア・ウルフは1882年にロンドンで生まれ、第二次世界大戦中の1941年にこの世を去った。このように彼女の人生は、イギリスの社会が大きく変わった時期に重なっており、それは著作に反映されている。随筆『自分だけの部屋』――ケンブリッジ大学で行った講義を基にしている――は、架空の語り手と語りを用いて、架空の女性作家や登場する女性たちを考察し、家父長制度の歴史と女性の執筆活動への悪影響を探っている。とりわけ印象深いのは、悲劇の人物としてシェイクスピアの妹を登場させたことだ。彼女は家父長制度のせいで男兄弟には授けられた学校教育を受けられず、才能を伸ばすことができない。

ウルフは「女性が小説を書こうとするなら、お金と自分だけの部屋を持たなくてはならない」と論じている。彼女が特に関心を向けていたのは、究極の目標――完全なる女性解放――を追い求める女性解放論者に反対する男性の姿勢だ。ウルフは著作で、家父長制度が女性の生活に及ぼす影響だけでなく、帝国主義や戦争といった残忍な状況下での影響をたびたび取りあげている。*JF*

我々は未来に借金を負わせることでしか、過去に負うている借金を返すことができない。

ジョン・バカン
ボーイスカウト連盟での演説
1939

ジョン・バカンは1875年、スコットランドで生まれた。『三十九階段』(1915)をはじめ、愛国心に満ちた主人公が登場するアクション小説でよく知られる。だがバカンはロンドンの新聞「タイムズ」の従軍記者でもあり、イギリス議会議員でもあった。1935年、カナダ総督に任命され、1940年に死去するまでその地位にあった。総督在任中にはカナダのボーイスカウト連盟長も務め、1939年の年次演説で上記の言葉を発した。スカウト運動の創設者ロバート・ベーデン=パウエルはこの時の演説を、「カナダのボーイスカウト団員に向けてなされた最も印象に残る演説の１つ」だと述べた。

しかし我々は実際、過去にどれほどの借金を負うているのだろうか。未来の世代が何を良しとするか判断できないのだから、彼らが我々に借金を負うていると感じるかどうかはわからない。とはいえ、バカンの言葉の主旨は明白だ。我々は常に未来も視野に入れて行動すべきだということだ。

ジョン・バカンは、彼の世代が過去に負うている借金は益をもたらし、それゆえ自分たちが未来の世代に遺す遺産も有益なものでなければならないと考えていた。*JF*

我々が抱く幸福のイメージは歴史の問題である過去のイメージと固く結びつけられている。

ヴァルター・ベンヤミン
『歴史の概念について』
1940

ヴァルター・ベンヤミンはドイツ系ユダヤ人の哲学者であり批判理論家である。生前は一部の支持者にしか知られておらず、死後に、数多くの著作が出版され有名になった。

上記の言葉は、幸せの概念を理解するにはまずはそれが生まれた歴史的文脈を把握することが必要だ、という意味で用いられることがあるが、実際ベンヤミンがいわんとしていたのは、「幸福の概念は救済の概念と密接につながっている。歴史の問題である過去の概念についても同じことが言える」ということだ。つまり幸福と過去ではなく、幸福と過去及び幸福と救済の関係を説いているのだ。

『歴史の概念について』のテーマは難解だが、後半で語られている具体的な例を読めば、救済というテーマを理解しやすくなる。ドイツの哲学者であり文化批評家のヴァルター・ベンヤミンが思い描いているのは、過去の方を向いてはいるが「我々が進歩と呼ぶ」嵐に未来へと押し出されている歴史の天使だ。「天使はそこにとどまり、死者を目覚めさせ、打ち壊されたものをつなぎ合わせようとしている」。また、現在は過去を修復できる救世主的な力を授かっていると述べている。ベンヤミンによれば、歴史家の仕事の本質は救済である。*GB*

過去ほど常に変化しているものはない。なぜなら、我々の生活に影響を及ぼす過去にあるのは、実際に起きたことではなく、人が起きたと信じていることだからだ。

ジェラルド・ホワイト・ジョンソン
『アメリカの英雄と英雄崇拝』
1943

ジェラルド・ホワイト・ジョンソンは多くの作品を残したジャーナリストであり歴史家、伝記作家、小説家、随筆家である。1980年に死去するまで、4分の3世紀近くもの間活躍した。1890年に生まれ、20歳で執筆の仕事に就き、「レキシントン・ディスパッチ」紙や「グリーンズボロ・デイリー・ニューズ」紙をはじめ地方紙のスタッフになった。第一次世界大戦時にアメリカ外征軍に加わって戦地に赴いたのち、「ボルティモア・イブニング・サン」紙及び「ボルティモア・サン」紙と長期契約を結び、そこで率直な人間主義者、自由主義の思想家としての名声を築いた。

1943年に引退してからは執筆活動に専念し、一定のペースで本を出版した。著作は歴史評論と当時のアメリカ社会に関する批評が主だった。若干の左翼主義でも非愛国的だと見なされる時代に、政治や社会の問題について進歩的な姿勢を貫いた。1943年に発表した『アメリカの英雄と英雄崇拝』に登場する上記の言葉に示されているように、正当とされている知識を常に疑い、「グリーンズボロ・デイリー・ニューズ」紙の死亡記事で、「一流の扇動家、時代の先を見据えていた作家、時に保守的な未開の地で進歩的な声をあげた人物」と称された。ME

歴史は勝者によって書かれる。

ジョージ・オーウェル
「トリビューン」誌
1944

ジョージ・オーウェル——本名はエリック・アーサー・ブレア——はイギリスのジャーナリストであり随筆家、小説家である。著作に共通するテーマは、全体主義への不支持と民主社会主義への支持だ。代表作に寓話的中編小説『動物農場』(1945)やディストピア小説『1984』(1949)がある。

上記の言葉は、イギリスの政治家ウィンストン・チャーチルや、ドイツの哲学者であり文化評論家のヴァルター・ベンヤミンのものだとされることもあるが、実際は、オーウェルがイギリスの民主社会主義雑誌「トリビューン」のコラム「気の向くままに」で使った言葉だ。

オーウェルはコラムの冒頭で、ウォルター・ローリー卿の逸話を綴った。ローリー卿は過去の出来事について正確に記せないことに絶望し、執筆中だった世界の歴史を燃やしたという。オーウェルは、全体主義政権がつく嘘は未来の歴史家へ残す記録をゆがめる恐れがあるだけでなく、「客観的真実の概念」を損ねることもあると述べている。

上記の言葉がいわんとするのは、過去について世間に流布している説は、その当時の勝者によって作られたものだということだ。JE

人を破滅させるのに最も効果的な方法は、その人の歴史解釈を否定し、抹消することだ。

ジョージ・オーウェル
推定・伝聞
1948 頃

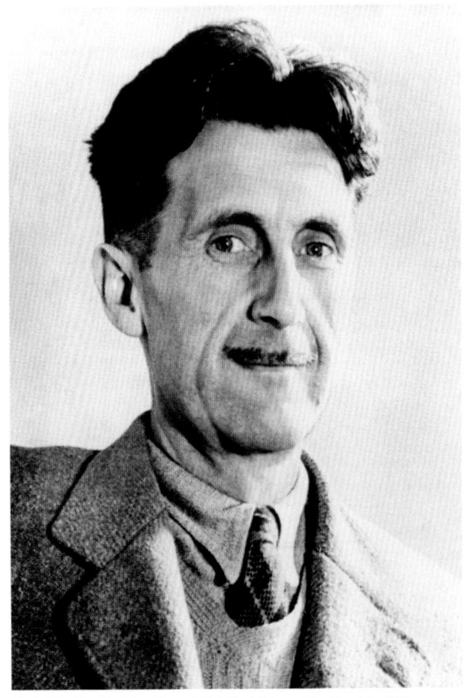

本名エリック・アーサー・ブレアことジョージ・オーウェルは、ペンネームの姓の部分をイースト・アングリアを流れるオーウェル川にちなんで付けた。

イギリスのジャーナリストであり随筆家、小説家のジョージ・オーウェルは社会の不公正や全体主義への不支持、民主社会主義への支持といったテーマに関心を寄せていた。ディストピア小説『1984』(1949)、寓話的中編『動物農場』(1945)、スペイン内戦での自身の経験を綴った『カタロニア讃歌』(1938)のようなノンフィクションが特に有名だ。

上記の言葉はオーウェルのものとされることが多い。彼が言った他の言葉に起因しているのかもしれないし、彼の著作全般から受ける印象からそう思われているのかもしれない。上記の言葉は、被抑圧者の知識を破壊してイデオロギー的支配を確立することで容認された権力について述べている。そういった風潮に抗った人の中で傑出していたのは、モハメド・アリとマルコムXだ。彼らは1960年代に、元の名前は圧政的な白人に強要されたものだと主張し、名前を変えた。

発言者が誰かという議論はさておき、上記の言葉には大切な教訓が含まれている。つまり、我々の歴史を改竄することで支配権を得ようとする企みに注意を怠ってはならないということだ。*JE*

『1984』を原作とする1956年の映画のスチール写真。

PARTY
AREA
2
BIG BROTHE
IS WATCHIN
YOU
6748/SW

歴史を集約すれば、さほど善人ではない人の関わる論争において自由は固く擁護されてきたと言えよう。

フェリックス・フランクファーター
「アメリカ対ラビノヴィッツ」裁判
1950

○1939年、ハーバード大学の教室にいるフェリックス・フランクファーター。この年、彼は連邦最高裁判所の陪席判事に任命された。

アルバート・J・ラビノヴィッツは不正に加刷された（収集家にとっては価値が上がる）郵便切手4枚を潜入捜査中の連邦捜査官に売ったため、逮捕された。連邦捜査官は令状なしで彼のオフィスを捜索し、さらに573枚の偽造切手を発見した。その後ラビノヴィッツは起訴され、切手の不法所持で有罪を宣告されたが、捜査には令状が必要であると定めた憲法修正第4条に基づき、捜査は権利の侵害にあたると不服を申し立てた。上訴裁判所は判決を覆したが、この裁判は最高裁判所に上告された。上記の言葉はフランクファーター判事の判決文からの引用だ。フランクファーターはラビノヴィッツを「卑しい詐欺師」と称しながらも、判例だけでなく原則に照らしても今回の捜査は違法であるとの判決を下した。もっとも、判事の大多数は意見を異にしていた。

影響が広範に及ぶ訴訟事件で、判決に疑いが残る人物はラビノヴィッツだけではない。たとえば、アメリカで警察が容疑者に告げるミランダ警告（黙秘権）の名の基であるアーネスト・ミランダは強姦の罪で有罪判決を受けた。 **GB**

すべてのものは最後には海へ帰ってゆく……始まりであるとともに終わりである海へ。

レイチェル・カーソン
『われらをめぐる海』
1951

ペンシルベニア州スプリングデールで生まれ育ったカーソンは、ジョンズ・ホプキンス大学でまずは英文学を専攻し、のちに生物学へ転向した。卒業後はアメリカ連邦漁業局に勤務し、作家としても名声を築いた。

上記の言葉は、海洋生物学を扱ったベストセラー本の最後の文章だ。環境科学を題材にした『沈黙の春』(1962)は、農薬であるDDTの破壊作用を焦点にしているが、いずれの書も上記の言葉が関係している。カーソンは、人間は循環する集積システムの一部だと唱えている。我々は大地と大気の中にいて、その一部であるが、大部分は水でできている。静脈に流れる塩分を含んだ血液は脈を打ち、海にいる生物と同様、人間も海から生まれたのだと訴えている。海は人間を優しく包み込んでくれるが、大地は流動的で、いずれ海に帰る。土は風に運ばれ、海に流れ込む雨の核を作り、模様のある石になる。

このことは安堵(あんど)をもたらすと同時に、人間はちっぽけな存在だと思わせる。人間はより大きなシステムの一要素として栄えもするし滅びもする。それゆえ、我々は循環する流れを尊重しなくてはならない。*LW*

過去は異国の地だ。過去はそこで別のことをする。

L・P・ハートリー
『恋』
1953

上記の言葉は、ハートリーの有名な小説の冒頭だ。同書は1970年代に監督ジョゼフ・ロージー、脚本ハロルド・ピンター、出演アラン・ベイツとジュリー・クリスティーで映画化された。語り手はおよそ50年前の1900年、13歳の誕生日を目前に控えた夏に起きた出来事を回想している。テーマとしてはまずイギリス社会の問題ある構造と、人が感情をまひさせる原因と結果――それらが観客を見知らぬ土地にいるよそ者になった気分にさせる――が挙げられる。別のテーマとして、人は自分の力を過信すると、どれほど慣習やシンボルを利用して事の成り行きに影響を与えるかを示している。

我々は過去に縛られ、それまで一度も経験したことがないような方法で、地理的に離れた場所へ導かれる。今もなお、ハートリーの言葉には重みがある。社会は変わり、行動は変わり、行動が変わればそれまでとは異なる考え方が生まれる。文化はその時代のものであり、我々は過去に戻れないのと同様に、過去にあった物事にしがみつくことはできない。記憶はどういった視点から見ているかで変わり、過去は思い返すたびに違った姿を見せる。*LW*

人は歴史の教訓から
さほど多くを学ばないということは、
歴史が教えるべき
最も重要な教訓だ。

オルダス・ハクスリー
「エクスクァイア」誌
1956

イギリス生まれの作家、オルダス・ハクスリーは
アメリカの市民権を申請したが、平和主義を理由に却下された。

オルダス・ハクスリーは1984年、イギリスの貴族の家系に生まれた。トマスとマシューのアーノルド親子やジュリアン・ハクスリー、ミセス・ハンフリー・ウォードをはじめ、ヴィクトリア朝時代の知の巨人の多くと血縁関係にある。未来の全体主義的消費社会を舞台にしたディストピア小説『すばらしい新世界』(1932)が有名だが、ノンフィクションも上梓(じょうし)している。彼が関心を向けるのはギリシャ史、神経学、心理学、薬理学など幅が広い。ジョン・F・ケネディが暗殺された1963年11月22日、ロサンゼルスで死去した。

上記の言葉は、ハクスリーの随筆「自発的な無知について」からの引用だ。彼はこの随筆の中で、ローマ帝国時代に唱えられた「平和を望むならば、戦争に備えよ」という原則を皮肉をまじえて批判した。毎世紀その半分近くを戦争に費やしている文明国はまさにこの格言を地で行っている、と彼は述べている。アメリカの歴史家バーバラ・タックマンは『愚行の世界史』(1984)で哲学を説き、「有権者や国家の利益に反する政策を追求する姿」はいつの時代にも見られた現象だと主張している。だが、ハクスリーの言葉が最も絶望の色が濃い。*JF*

かつて進歩は喜ばしいものだったかもしれないが、あまりにも長い間進み続けてしまった。

オグデン・ナッシュ
「ニューヨーカー」誌
1959

上記の言葉は「よう、よう、ケルアック！　僕の時代はあんたの時代よりもイカしてるぞ」と題された詩に登場する。ナッシュが呼びかけている相手は、ビート世代の小説家であり詩人のジャック・ケルアックだ。ケルアックのジャズを思わせる詩は、ナッシュの好みではなかった。軽妙な詩の達人であるナッシュは、この2連句を意図的に長さも異なれば韻律も一様ではない押韻の詩句で終わらせている。「私が思うに、進歩というものはライト兄弟がデイトンやキティホークで自転車店を開いた時に後退し始めた。なぜなら、ライト兄弟が過ちを犯したからだ」。ナッシュは空の旅を心底嫌っていた。1937年に不愉快な思いをして以来、一度も飛行機に乗っていない。

ナッシュの詩句は行き過ぎた進歩を嘆いているが、心理的に共感できる郷愁をほのかに漂わせている。一般に、認知的加齢（加齢による通常の症状で認知症ではない）として知られる現象のせいで、学習は若者にとっては簡単ではあっても、高齢者には難しく感じられる。それゆえ若者は進歩から恩恵を受け、進歩を歓迎するが、高齢者はかつては歓迎した時期もあっただろうが、進歩を享受しがたい代物と思うようになる。**GB**

∩1931年に撮影された、アメリカの多作な詩人でありユーモア作家のオグデン・ナッシュ。

ヒューストン、問題が発生した。

ジェイムズ・ラヴェル
アポロ13号
1970

アポロ13号の船長ジェイムズ・ラヴェルが発した言葉は、映画『アポロ13』(1995)でもそうだが、「ヒューストン、問題がある」(we have a problem. 正しくは、we've had a problem.)と誤って引用されることが多い。

ジョン・〈ジャック〉・スワイガート、ジェイムズ・ラヴェル船長、フレッド・ヘイズ・ジュニアを乗せたアポロ13号は、3度目の有人月面着陸を予定していた。しかし1970年4月11日に打ちあげられた2日後、搭載していた酸素タンクが爆発し、電力不足に陥る。乗組員はテキサス州ヒューストンの管制室に報告した。その時の会話は宇宙開発の歴史に刻まれている。

スワイガート:問題が発生したようだ。

ヒューストン:こちらヒューストン、もう一度言ってくれ。

ラヴェル:ヒューストン、問題が発生した。メインバスBの電圧が低下した。

酸素タンクが破損し、司令船に不可欠な機械船が機能しなくなった。発射から6日後の4月17日、宇宙飛行士たちは、温度の低下、限られた水、損傷を受けた二酸化炭素排除装置といった悪条件の着陸船で、無事地球に帰還した。 ME

過去は生命に満ち、私たちをいら立たせ、挑発し、侮辱し、その過去を破壊するか書き直すかしたいと思わせる。

ミラン・クンデラ
『笑いと忘却の書』
1879

人は未来の支配者になりたいと思っている、と小説家のミラン・クンデラは5作目の著書『笑いと忘却の書』の最初のほうで述べている。そうすれば過去を変えられるからだ。過去の出来事や、記録や思い出を操作できさえすれば、個人にしろ集団にしろ、自分たちがどのように見られるかを自在に操れる。

ミラン・クンデラは共産主義時代のチェコスロバキアを代表する作家の1人だ。初期の作品は政治色が濃かったが、次第に共産党の政策に触れなくなり、時に風刺や不条理主義を用いて、制度の役割やそれを司(つかさど)る人々を探究するようになった。『笑いと忘却の書』は初めてフランスで出版された作品だ。彼は1979年、チェコスロバキアの国籍を剥奪されたためフランスに移り、1981年にフランスの市民権を取得した。この時の経験は彼の作品に反映されている。この短編集では、さまざまな題材を扱っている。上記は支持が減った忠実な共産党員、ミレックの言葉だ。彼は政府の歴史を書き直す力と、人生から元恋人を消し去ろうとする自分を対比させている。 IHS

⊂ アポロ13号を着陸させる準備を進めるヒューストンの管制官たち。

自らの過去を断ち切り、1人で立つのはとても勇気のいることです。

マリオン・ウッドマン
『完璧への執着――まだ心を奪われていない花嫁』
1982

∩ ユング派の精神分析学者であり、女性を対象にした心理学に関する著名な作家であるマリオン・ウッドマン。

ウッドマンが取りあげているのは、拒食症をはじめ強迫性摂食障害で苦しんでいる女性だ。オーバーイーターズ・アノニマスのようなグループの治療面での役割に対する彼女の考えは矛盾している。強迫性症候群を孤独なもの――「本当の強迫神経症者は自分の儀式的行動に終始する」――と考え、他者からの理解が症状を緩和する助けになると認める一方、自助グループは独自の決まりを持ちがちだと警告している。また、他者がどのような援助を提供したとしても、患者が自分なりの「治療の元型的パターン」(ユングに倣っていることを示す)につながる道を見つけられるかどうかは本人次第だとも言っている。上記の言葉は道を見つけることの難しさを述べるとともに、それに成功した人への敬意を表してもいる。

ウッドマンの見解はとりたてて目新しいものではない。たとえば1966年、男性用パンツの広告で、さや入りのエンドウ豆の絵の下に「そう、過去を捨てるには勇気がいる。ところであなたはどっち、男それともエンドウ豆?」というスローガンが書かれていた。ウッドマンの見解は、過去を受け入れるには、よりいっそうの勇気が必要な時もあるということを示している。GB

我々が目撃しているであろうものは冷戦の終わりだけではなく歴史の終わりでもある。

フランシス・フクヤマ
「ナショナル・インタレスト」誌
1989

1989年、我々はソ連が支配する共産主義体制の崩壊を目の当たりにした。第二次世界大戦が終結して以降地政学を左右していた、東側諸国と西側諸国の政治的対立は治まった。その後数年の間に、共産圏にあった国のほとんどが民主主義国家になった。保守派の雑誌にフクヤマの小論「歴史の終わりなのか？」が掲載されたのは、このような時期だった。

タイトルとは裏腹にフクヤマが主張しているのは、歴史あるいは歴史を作った出来事が消えてしまうということではなく、勝利を得た自由民主主義がいずれ世界を支配するということだ。フクヤマの説の擁護者は、民主的資本主義体制に包まれた世界では戦争がなくなると信じていた。しかし評論家たちは、この小論で述べられた人類の歴史に対する見方は短期的だとすぐに気づいた。2001年9月11日の事件以降、フクヤマの主張は比較的平和な時代から生まれた浅はかな考えだと多くの人が考えている。フクヤマ自身は、理由は評論家たちとは異なるが、自説のいくつかを脇に置き、『我らの次なる時代』(2002)で自由民主主義にとって最大の脅威は科学の発達であると述べた。*IHS*

∩ 政治学者のフランシス・フクヤマは、イデオロギーの相違から生じる争いの歴史は終わったと主張した。

過去にしがみつくことが問いで、変化を抱擁することが答えなのです。

グロリア・スタイネム
『言葉を越えて』
1994

50年近くもの間、グロリア・スタイネムは女性解放運動の中心的存在だ。6冊目の著書に登場する上記の言葉の奥に、彼女の人生に対する姿勢が見てとれる。もし物事を変えたいのならば行動せよ、変化が起きるのを待っていてはいけないということだ。

スタイネムは1950年代後半にインドで2年間過ごしたのち、ジャーナリストになった。「エクスクァイア」誌に掲載された最初の注目記事は、産児制限に関するものだった。次いで1962年に、女性が仕事か結婚かを選択しなければならない状況についての記事を発表した。とはいえ、自分は女性解放論者だと公言したのは、1969年に「ニューヨーク・マガジン」で中絶支持者の集会を取りあげた時だった。1970年の初めに女性解放運動が活発化すると、スタイネムはその運動の指導者の1人として名を馳(は)せ、1972年には雑誌「ミズ」を共同で創刊した。また国内外を問わず、政治面でも活躍するようになった。1979年に発表した女性の性器切除に関する記事は、この問題を世間に知らしめた。彼女は現在も性器切除の普遍的な禁止を求める運動に従事している。 ***IHS***

∩ 作家、講演家、政治活動家、女性解放論者のグロリア・スタイネム。

人類は何を生み出したかではなく、何を破壊したかで記憶される。

チャック・パラニューク
『インヴィジブル・モンスターズ』
1999

この小説のある時点で、語り手、セス、ブランディの3人は、シアトルのスペース・ニードルのてっぺんにいる。ブランディが語り手とセスに、「未来からの助言で世界を救うの」と言い、3人はその言葉通り次々と葉書に助言を書いては、ブランディがそれにキスをし、街へ向けて飛ばす。上記は4枚目の葉書にセスが書いた、「人類がこの惑星を食い尽くした時に、神は次の惑星を人類に与えてくれる」に続く言葉だ。このようにセスの葉書には、環境危機への認識と憤りが込められている。同様の思いは、パラニュークの代表作『ファイト・クラブ』(1996)にも見られる。そこで語り手は不満を漏らす。「何千年もの間、人類はこの惑星を痛めつけ、破壊し、穢(けが)してきた。そして今、歴史は僕に全員の尻ぬぐいをさせようとしている」。

上記の言葉に類する科学用語は、人間の行いが地球に影響を及ぼしだした地質年代を意味する「人新世(アントロポセン)」だろう。人新世の始まりがいつかについては諸説あるが、1945年に初めて原子爆弾が炸裂(さくれつ)した日というのが最も有力だ。 ***GB***

INTEGRATED SCHOOLS NOW!
WE DEMAND
DECENT HOUSING NOW!
I.U.E.
AFL-CIO
FOR FULL
I.U.E.
FIRST BAPTIST CHURCH
UAW SAYS:
in FREEDOM WE ARE BORN-
IN FREEDOM WE MUST LIVE
UAW SAYS
END SEGREGATED RULES IN PUBLIC SCHOOLS
UAW
NO
U.S. DOUGH
TO HELP
JIM CROW
GROW

POLITICS & SOCIETY

政治と社会

⊂1963年、ワシントンDCにて。
デモ隊を率いてリンカーン記念館に向かう公民権運動の指導者たち。

百戦百勝は善の善なるものに非ず。戦わずして人の兵を屈するは善の善なるものなり。

孫子
『孫子』
紀元前 500 頃

○19 世紀、中国の画家によって描かれた『孫子』の著者、孫子。

孫子は古代中国春秋時代（紀元前 771-476 頃）の武将・軍事思想家である。古くから、戦に勝つための実用的な教えを説いた兵法書の著者として信を置かれている。しかし同書に綴(つづ)られている教訓は軍事だけでなく、幅広い分野で生かされ、東洋及び西洋の平時の思想にも影響を与えてきた。

上記の言葉が主眼とするのは、戦場での武功は政策を遂行するための善なる策ではないということだ。最善の策は敵の威力を巧妙かつ密かに弱めることである。そうすれば剣が抜かれたり、砲弾が放たれたりする前に、敵から反撃する力を奪えるというわけだ。また孫子はこうも言っている。「国を全うするを上となす」。最小限の破壊で勝利を収めることは倫理上好ましいだけでなく、勝者により大きな益をもたらす。死傷者が少なければ、その分より多くの人が勝者の意思に従い、残った富をより活用でき、修復を要する戦時の損害も少ない。最善の策は戦わずして敵に打ち勝つこと、戦わずして勝利を手にすることである。*JE*

名をなした者は全世界の人々の記憶に生き続ける。

ペリクレス
追悼演説
紀元前 430

ペリクレスはギリシャ黄金時代の将軍であり、最も高名な演説者、政治家である。紀元前 461 年、アテナイの支配者になり、紀元前 429 年に死去するまで権力を維持した。ペリクレスの支配が終焉(しゅうえん)を迎える頃、勢力を増していたアテナイ帝国とペロポネソス同盟（スパルタを含む）との間にペロポネソス戦争（紀元前 431-404）が勃発した。

上記の言葉は、ペリクレスと同時代のギリシャの歴史家ツキディデスが著した『戦史』に登場する。演説のこの部分で、ペリクレスはアテナイの偉大さは「真の姿」だと述べ、それは「自身の義務を認識」し、アテナイのために進んで命をなげうつアテナイ人の上に成り立っていると弁をふるっている。だからこそ、彼らは活力の源として「人々の心に永遠にとどまり」、人々の心の中で不朽の称賛と栄光を勝ち得るのだと。つまりここでペリクレスがいわんとするのは、自らの国家や民衆のために果敢に戦い命を落とした者は、その行為に感銘を受けた人々の心に永遠に生き続ける、そういった記憶はいかなる墓石よりも尊いということだ。 JE

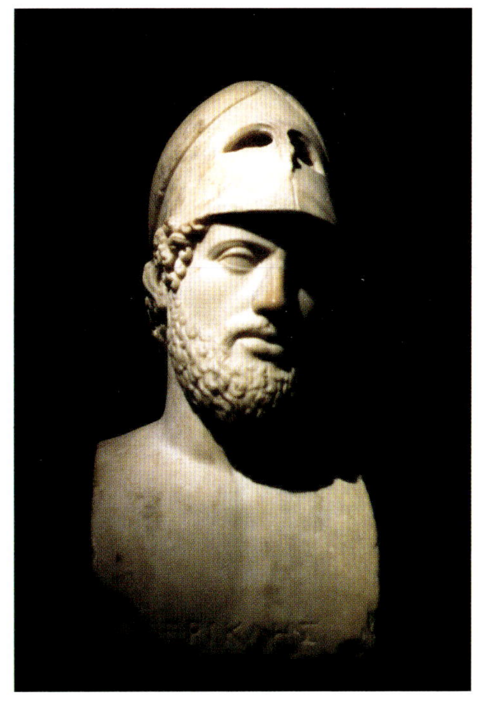

∩ 兵士然としたペリクレスの胸像。
ローマ時代に、初期の肖像画をもとに大理石で作られた。

つまり「正義」とは強者の利益になることにほかならない。

トラシュマコス
プラトン『国家』
紀元前 380 頃

∩ 紀元前 4 世紀頃のギリシャ風の壺に描かれた、肉体の強靭(きょうじん)さを示すヘラクレスかシーシュポス。

トラシュマコス（紀元前 459-400 頃）は古代ギリシャの哲学者である。彼はプラトンの『国家』の中で、正義の本質をソクラテスと論じている。上記の発言は、トラシュマコスが挙げた正義の定義 3 つの 1 つ目だ。残る 2 つは、法律を遵守すること、まさしく弱者の利益になること、である。この 3 つの定義の矛盾はいまだ学者の間で議論されているが、第 1 の定義はトラシュマコスの思想の神髄と見なされることが多い。

トラシュマコスは、正義は「弱者」よりも「強者」に益をもたらすものでしかないとまず明言し、道徳や政治という観点から考えれば、権力者の益にならなくても正義だとされる行為があるかどうかを探った。しかし結局は、正義か否かの判断を左右するのは権力であると断じている。

トラシュマコスが唱える説は、正義の本質を論じる上で容易には突き崩せない難題だ。どんな社会でも、権力を握る者が法律を作る。それゆえおそらく――必然とも言えるだろうが――権力者は自分たちに益があるように法律を制定し、権力を維持するのだ。*JE*

人に従うことを知らない者は、よき指導者になり得ない。

アリストテレス
『政治学』
紀元前335頃

アリストテレスはギリシャの哲学者である。『政治学』によると、上記の言葉には出典があるとのことだが、彼の文言だと見なされている。この言葉は、2種類の人間——支配者と被支配者——から成るとされる政治共同体についての議論に登場する。

アリストテレスは、支配者と被支配者の実質的な違いは年齢だと述べている。年長者は年少者よりも支配欲が強いが、それは人生経験が豊富だからというだけでなく、支配されることがどのようなことかを知っているからでもある。それゆえ支配者たる年長者の言動は、被支配者の懸念や問題を理解できるか否か、苦境に共感できるか否かといった経験に基づく能力に左右される。支配された経験のない者は、自身の影響下にある者たちに無関心だったり冷淡だったりする場合がある。

確かに、若い頃に支配された経験があるからといって権力の座に就いた者の言動が柔和になるとは限らない。権力を握ることで心持ちが変わることもある。被支配者だった者が支配者になると、他者の利益を考えて行動するのではなく、自分の利益を優先したり、階級が低い者を支配しようとしたりすることもあり得る。*JE*

人間は生まれながらにして政治的な動物である。

アリストテレス
『政治学』
紀元前335頃

アリストテレスは人間の本質について議論する際、プラトンやソクラテスの説に倣ったが、2人とは異なる結論を導き出すこともあった。上記の言葉がいわんとしているのは、人間は無意識のうちにさまざまな共同体や労働分野を創りだしているということだ。

彼は、人間は共同体を形成する傾向にあると主張し、それとは相反する見解——人間は個人主義の存在であり、孤立した状態にいれば満足に機能し、往々にして孤立を望む——に真っ向から挑んだ。

今日、人間は孤立した状態にいてこそ成長すると信じる者はまずいない。個人主義は大切な意欲の源ではあるが、社会からの隔絶がさまざまな恩恵をもたらすと考える人はいないだろう。実際、アリストテレスの見解は真実だと広く受け入れられている。

となれば、次に政治的な枠組みの中での社会的義務について論じることができる。もし共同体の形成が自然なものならば、そこでの人間関係はどうあるべきなのか。そういった社会における権利や義務はなんなのか。社会を拒絶することはできるのか。我々は問い続けることができる。*JE*

良薬口に苦し。忠言耳に逆らう。

司馬遷（しばせん）
『史記』
紀元前109頃

∩ 版画。書物や医療用の瓢箪（ひょうたん）を持った助手を従えた、紀元前1世紀の中国の外科医。

不朽の歴史書『史記』は司馬遷の父親が着手した書だが、彼の死後、司馬遷が遺志を継いで完成させた。2000年以上にわたる中国文明の記録とあって、完成には20年ほどかかると思われていた。その上、執筆を開始した数年後、不利な戦（いくさ）で敗北を喫した将軍を擁護したことで、前漢の皇帝、武帝（在位、紀元前141-87頃）の怒りを買い、宮刑に処せられ、さらに牢獄に3年間つながれた。

釈放されると、司馬遷は執筆を再開し、権力者に真っ向からぶつかるなという儒教の教えに従って、伝記に登場する人物への批判を口にはしなかった。彼の書に見られる鋭い指摘は、まさに上記の言葉を物語っている。また大切な人間関係における忠誠心にも同様のことが言える。つまり、忠言というものは不忠の行為ではなく、組織の社会的責任者——直属の上司よりも明らかに高い地位にある権威者——に対する忠義から生まれることが少なくないということだ。*TJ*

人は概して、財を使い尽くすように生まれついている。

ホラティウス
『書簡詩』
紀元前 21

古代ローマの傑出した詩人、ホラティウスは第一詩集『風刺詩』で名声を確立した。次作に収録されている風刺詩では、ギリシャ神話の英雄ユリシーズを詠み、トロイ戦争で戦っている最中に、妻ペーネロペーに群がる求婚者たちに財産を使い果たされてしまったため、「潤沢な資産」を築こうとしている人物として描いている。『書簡詩』の第1巻でも同じ人たちが登場するが、こちらでは彼らを道徳的に堕落していると皮肉るのではなく、ホメロスの説に準じて、ユリシーズを高潔の士、とりわけサイレーンやキルケの誘惑に惑わされない強固な精神力の持ち主として称賛し、ペーネロペーの求婚者たちを、日々「金を消費する」だけの「役立たずの怠け者」としている。

上記の言葉は、人は誰しも富への飽くなき欲求に翻弄されていると示唆しているが、自棄になることを勧めているわけではない。それどころか、尽きることのない「無意味な」欲求に振り回されず質素に暮らしているユリシーズを、エピクロス主義者のいう道徳的美徳の手本として描いている。ホラティウスの助言は、今日の消費社会にも通じる。*TJ*

∩ イタリアの画家カミロ・ミオラによる油絵（1877）。
故郷の家で過ごすホラティウス。

Alwys ye kyng of Fran
ce was sory of ye dis
tourbaunce yt was
betwene Thomas Archebisshop of

あの乱心した司祭を排除してくれる者はおらぬのか?

ヘンリー2世
推定・伝聞
1170

1162年、イングランド王は友人のトマス・ベケットをカンタベリー大司教に任命した。王は教会の金を融通してもらえると思っていたが、ベケットは自ら担った新たな責任を重んじ、要求に応じなかった。この時、ヘンリー2世が憤慨して吐いたのが上の台詞だ。王の怒声を耳にした4人の忠実な騎士はカンタベリーに急行し、大聖堂の祭壇の前で司教を刺殺した。1170年のことである。

一連の出来事は検証可能な限り事実ではあるが、王の台詞については疑問の余地がある。ヘンリー2世がそのような言葉を口にしたという証拠は何ひとつない。おそらく何世紀にもわたって口頭で伝承されてきたのだろうが、1769年、イギリスの政治家ジョージ・リトルトンが自著『ヘンリー2世の生涯』で初めて文字にした。

事件からおよそ6世紀後というのはそうとうな時の隔たりがあるが、困難を伴う中世史の研究においてはそう珍しいことではない。最も初期の記録も、事件が起きてから何年ものちに書かれている。*JP*

C 4人の騎士がヘンリー2世の望みをかなえようとしている。

目が見えぬ者たちの国では、片目の見える者が王になる。

エラスムス
『格言集』
1500

これは人文主義者のエラスムスがギリシャ語からラテン語に訳し、自著『格言集』で紹介した何千もの格言の中の1つだ。同書には、「目が見えぬ者たちの間では、寄り目の者が王になる」という類似した言葉もある。この格言には政治的な意味があり、相対的に不利な立場にいる者は、さらに不利な立場にいる者の上に立つ力を有し得ることを示唆している。しかし比喩的に考えれば、もっと幅の広い解釈が可能で、適用できる幅も広がる。もし目の見えない者が無学な者を率いると言えるならば、「少しでも教育を受けたことのある者は博学者と見なされる」とも言える。またエラスムスはこうも述べている。「音のない集団では、ヒバリが高らかに歌う」。

この格言が意味するのは、権力というのは絶対的なものではなく相対的なものであるということだが、「片目」や「寄り目」は政治にあてはめれば、無学な大衆が頑迷な扇動政治家に操られる危険性を訴えていると解せる。さらにこの格言は、指導者に頼り、指導者に報いることで成り立っているあらゆる社会組織に通じる。ゆえに現代社会への警鐘でもあるということだ。*TJ*

人間は財産や名誉を奪われない限り、不満を持たない。

ニッコロ・マキャヴェリ
『君主論』
1513

イタリアのルネサンス期の歴史家・思想家・外交官だったマキャヴェリは政治学の祖と見なされることが多いが、政治的権力を振りかざす行為を公然と擁護したことで、今日でも議論の的になっている。

好意的な見方をすれば、実用主義の年代記作家だと言えるだろう。何か特定のものを勧めることは、あったとしても稀で、自らの研究や観察から得た知識を整然と述べるのみだった。

上記の言葉はその典型的な例だ。歴史を振り返れば、いかなる社会でも、市井の人々は屈辱を味わうことなく自分の仕事をおおむね通常通りできていれば満足を得ていた。たとえば、第二次世界大戦時、ナチスがヨーロッパの多くの国を侵略した際、抵抗勢力は侵略軍を弱体化させようとしたが、直接影響を被っていない人たちは、ふだんと変わらない生活を送っていた。それは必ずしもヒトラーに共感していたからではなく、彼を阻止できる力がないと思っていたからだ。*JP*

私はか弱い肉体を持つ女です。でも国王の心と勇気を持っています。

エリザベス1世
ティルベリーでの演説
1588

上記の言葉はイングランド女王がエセックス州ティルベリーの港で、スペイン無敵艦隊を迎え撃とうとしていた自軍の兵士たちに向けて行った有名な演説に登場する。エリザベスは、国防軍兵士が王ではなく女性君主に率いられるのを心もとないと思っているだろうという考えを払拭しようとしていた(英国史上、国民から君主として認められた女性は彼女が初めてだった)。

注目すべきは、兵士たちの前に現れた彼女が護衛を最小限しか付けていなかったことだ。つまり、兵士たちを信頼していたというわけだ。そして上記の言葉で自身の力を示し、さらにこう述べた。スペイン軍のみならず、イングランドを侵略しようとする者がいれば、自ら「武器をとり、将軍となり、判断を下し、戦場での皆の功績に報いましょう」。

この時、女王も臣下の者たちも知らなかったのだが、前日のグラヴリーヌの戦いで、スペイン艦隊はドーバー海峡で撃退され、はるかスコットランドの北をまわって帰国の途についていた。*JE*

⊃ エリザベス1世の肖像画(1588)、ジョージー・ガワー作とされる。

わが王国に、毎週日曜日の食卓に鶏肉を出せぬほど貧しき農民がいてはならぬ。

アンリ4世
推定・伝聞
1661

フランス国王のアンリ4世（在位1589-1610）は今日に至るまで、良王として認知されているが、注目すべきは民衆の声に耳を傾け、ブルボン王朝の安泰を維持したことだろう。先人たちに対しアンリ4世は行動力のあるところを示し、自身を「手に武器を持ち、尻を鞍（くら）につけている」男と称した。

アンリ4世は交戦状態だったプロテスタント教徒（ユグノー）とローマカトリック教徒を和解させるべくたゆまぬ努力をし、多大な成功を収めた。とはいえ、すべての国民が彼の融和政策に納得していたわけではなかった。命を狙われ2度は生き延びたが、最終的に狂信的なカトリック教徒に刺殺された。

上記の言葉は、パリ大司教アルドゥアン・ド・ペレフィクスによるアンリ4世の治世についての記述に登場する。16世紀のフランスでは鶏肉がごちそうだった。そこでアンリ4世は生活水準の向上を誓った。これは空約束ではなかった。臣民の最大の願いは現実となった。*JE*

C フランス国王アンリ4世はナバラ国王エンリケ3世としても知られていた。

わが友、ローマ人諸君、わが同胞よ、どうか耳を貸してくれ。

ウィリアム・シェイクスピア
『ジュリアス・シーザー』
1599頃

『ジュリアス・シーザー』はローマの指導者となる軍人、シーザーへの裏切りと暗殺を描いた物語だ。シーザーが権力を握ってほどなく、支持者たちは彼が暴君になるのではないかと危惧しだす。そして陰謀をもくろみ、シーザーを刺殺する。

上記の言葉はシーザーの葬儀に際して、陰謀者の1人マーク・アントニーが行った演説の冒頭に登場する。演説はシーザーの暗殺を企てた者たちを称賛する態度を装っているが、暗黙のうちに彼らを非難している。

シェイクスピアの作品は、感情に訴える言葉が用いられることから修辞法の手本だと言われている。上記の一節は哀悼者同士、そして哀悼者と演説者との心を1つにさせようとしている。言外に意味をこめた世辞の言葉でどのように群衆を操ればいいかを示す手本だ。ローマ人、同胞、友と並列させることで、マーク・アントニーは聴衆に、自分たちは一致団結している、愛国心と愛情でもって結ばれていると思い込ませている。その効果を利用して、聴衆の全神経を自分に向けさせているのだ。注目が集まるや、破壊的な言葉を聴衆の耳に吹きこみ、暗殺によって空白化した権力の座をめぐる争いで、共謀者――特にブルータスとキャシアス――を陥れ始める。*JE*

手に負えない病には荒療治が必要だ。

ガイ・フォークス
推定・伝聞
1605

∩ガイ・フォークス（左）と共謀者のロバート・ケイツビー。

⊃ガイ・フォークスの公開処刑を描いた版画。

ガイ・フォークスは、イングランド王だったプロテスタントのジェームズ1世や両院議員の暗殺を企てたカトリック教徒グループの一員だった。この事件は火薬陰謀事件として知られる。首謀者ロバート・ケイツビーの目的はジェームズ1世を亡き者にして、カトリック教徒のエリザベス王女を玉座につけることだった。フォークスは火薬の見張りを任されていた。陰謀は1605年11月4日から5日にかけての夜、当局が議事堂の地下室で爆薬の詰まった20個の樽(たる)を発見したことで未遂に終わった。

上記の言葉は、事件発覚の翌日フォークスが吐いたとされる。当初、彼は共謀者の名前を明かすのを拒んだが、拷問(ごうもん)にかけられ口を割った。その後、名前が挙がった者の大半が逮捕された。フォークスは特別法廷で有罪を宣告され、1606年1月31日、破壊しようとしていた議事堂の前で絞首刑に処せられたのち、内臓をえぐり取られ、四つ裂きにされた。共謀者のうち3名——トマス・ウィンター、アンブローズ・ルークウッド、ロバート・キーズ——も同じ運命をたどった。ケイツビーは逃亡を図ったが、逮捕時に抵抗したため射殺された。*JE*

私は公共の意志ではなく公共の福利に基づいて国を治める。

ジェームズ1世
議会演説
1621

∩王衣をまとい、王権の象徴である笏とオーブを手にしているジェームズ1世。

1603年に女王エリザベス1世の後継者となったジェームズ1世はスチュアート朝初のイングランド王であると同時にスコットランド王のジェームズ6世としても知られる。彼は早々に議会で、自分は「地上における神の代理人」で「神の玉座に座っている」と述べた。神授王権を主張するこの発言に議員たちは反発し、のちにイングランド内戦(1642-51)へと発展した。

上記の言葉は、神権の要求を示している。つまり、国王は地上のいかなる権力にも左右されない、支配権は神から授かったものだということだ。

彼がいわんとするのは、自分は臣民の利を第一に置いて国を統治するのであって(「福利」は「富」である)、大衆の要求(「公共の意志」)に影響されることはないということだ。

何が最善かを理解しているのは自分だけだという考えは、臣民に受け入れられなかった。1625年にジェームズ1世が死去したのち、息子のチャールズ1世は同様の政策を貫こうとした。やがて反乱が起き、チャールズ1世は王権を奪われ、1649年に死刑に処せられた。その後9年間、護国卿のオリバー・クロムウェルがイングランドを統治した。*JE*

汝の隣人を愛せ、だが垣根は取り払うな。

ジョージ・ハーバート
『格言集』
1640

格言の中には、時代とともに使われなくなるものがある。誰も言わなくなるか、口語としては古風すぎて意味がわかりにくくなってしまうのだ。また、部分的にしか残っていない格言もある。たとえば現代でも、Give a dog a bad name（犬に悪名を着せろ）という言いまわしは、英語を母国語とする人ならばたいてい知っている。悪評はたとえ不当なものであっても打ち消すのは難しいという意味だ。だが、全文 Give a dog a bad name, and hang him（犬に悪名を着せて縛り首にせよ）を知る人はほとんどいない。

ジョージ・ハーバートが収集した格言の中には、記録に残しておかなければおそらく忘れ去られているだろう格言もある。上記の言葉は、政治的な場面でも使える格言だ。敷地が隣り合う者同士の関係は確かに壊れやすい。

ハーバートの格言集には、同様の言葉が多くある。例を挙げると、「美人の妻と国境の城は争いのもと」だ。物理的に近い国同士の争いと異性をめぐっての争いの両方を指している。他にも、「名誉と利得は同じ袋の中に入っていない」というのがある。*JP*

∩ジョージ・ハーバートはイギリスの聖職者であり詩人、慣用表現の収集家である。

人間は人間にとって狼（おおかみ）である

トマス・ホッブズ
『市民論』
1642

イギリスの哲学者トマス・ホッブズは、政治思想史に多大な影響を与えた。特筆すべきは『リヴァイアサン』(1651) だ。同書で説かれた思想には、上記の言葉の出典である『市民論』で述べられた要点が下敷きになっているものもある。『市民論』は『物体論』(1655)、『人間論』(1658) と続くホッブズ3部作の第1作だ。

上記の言葉が初めて登場したのは、プラウトゥスの喜劇『ロバ物語』(紀元前195) だ。のちに、ルキウス・アンナエウス・セネカが「人間は人間にとって神聖なる存在である」(65頃) と反駁（はんばく）している。ホッブズは『市民論』の献辞で、どちらの主張にも真実があると述べている。

ホッブズがいわんとするのは、人は同じ社会にいる者に対しては公平なふるまいをするが、異なる社会にいる者は平気で危険にさらすということだ。その最たる例は奴隷貿易だ。奴隷貿易はアフリカの部族の首長が他の部族の人間を捕らえ、交換取引を行ったことに始まる。ヨーロッパ諸国は植民地政策で労働力が必要になった時、その制度を利用した。いずれも自分のコミュニティーは大切にするが、部外者に対しては残忍だった。 ***JE***

帽子が大きければ大きいほど、資産は少ない。

イギリスの格言
未詳
1650頃

上記の言葉はオーストラリアの格言だと言われている。一字一句たがわぬ形で出てくるのは『海の中のメリーゴーランド』(1965) だが、著者のランドルフ・ストーは自分で考えた言葉だとは言っていない。同じくオーストラリアのダインフナ・キューザックは『ピクニック・レース』(1962) に「資産が少なければ少ないほど、帽子のつばは広い」と書いている。アメリカに目を向けると、ウィリアム・マクロード・レインの『ファイティング・エッジ』(1922) に、「帽子が大きければ大きいほど、家畜の数は少ない」とある。

つまり、おおげさな主張は真実を見えづらくするということだ。自慢は概して、自分に欠けている部分をつくろう行為だ。ひときわ大きな帽子をかぶっている人は謙虚な人ほど誇れるものを持っていない。

また上記の言葉は、人は裕福そうな外見をもとにどの程度正確な判断を下せるのかという問題も提起している。ロールスロイスに乗っている人が豪邸に住んでいるとは限らない。物事が見た目通りであることはめったにない。 ***JE***

法律は共有地から ガチョウを盗んだ者を拘留し、 ガチョウから共有地を盗んだ 極悪人を野放しにする。

イギリスの有罪判決にまつわる格言
未詳
1650 頃

中世イギリスの土地所有制度では、どの村にも「共同」で使用する土地があった。自分の土地を持たない貧しい村人は共有地で牛や家禽(かきん)を飼い、牧草を分かちあった。1500年を迎える頃には、度重なる腺ペストの流行で人口が激減したために農地を共同で耕すことはなくなり、分割されて個人の小作地となっていた。領主は賃料の下落に耐えられず、共有地として土地を開放するのをやめて自分で耕すようになり、家畜だけでなく村人をも退去させることも少なからずあった。この動きは俗に「囲い込み(エンクロージャー)」と言われる。土地の囲い込みには、それぞれ個別の議会制定法が必要とされた。

1600年以降、地方の人口が急激に増え、共有地不足が問題になった。人々は飢え、以前共有地だったがいまや領主の私有地となった土地から家畜を盗む者もいた。盗みを働けばほんの微罪でも厳しく罰せられ、死刑や、オーストラリアが流刑植民地になってからは流刑に処せられた。政界の急進派は「囲い込み」に反対し、窃盗に対する刑罰の軽減を含む司法制度の改革を訴えた。*JF*

∩ 受刑者で満杯の船がイギリスからオーストラリアへと向かう。歴史の浅いオーストラリアの文化を形づくったのは受刑者たちだ。

危機に際して賢者は橋を築き、愚者はダムを建設する。

ナイジェリアの格言
未詳
1650頃

∩オランダの画家ヤーコプ・ヴァン・ムールスによる版画。1670年作。西アフリカで商人たちがブランデーと水を交換している。

他の格言と同様に、上記の言葉の出典も過去に埋もれてしまっている。この言葉の意味の1つは、問題を解決するにあたっては頭を柔らかくし、従来の考えを補強するよりも新しい考えを模索する必要があるということだ。この言葉はさまざまな状況に応じて引用されてきた。字義通りに解せば、開発資金はダムよりも橋の建設に投じるほうが賢明だ、となる。なぜなら大規模なダム建設は往々にしてコミュニティーの破壊を招くが、橋はコミュニティー間の関係を築くからだ。一方、比喩的に解せば、橋は人を前に進ませたり、未知の土地へ足を踏み入れたりさせるが、ダムは歴史の流れの妨げにしかならない、となる。

上記の格言は見た目ほど単純ではない。危機というのは緊急事態を意味するが、建設工事はたいてい長期にわたる。また、ダムよりも橋を建設するほうが常に良案とは限らない。沿岸部で高潮が予測されたり、山間部で大雨が予測されたりした時は、洪水防止策が正常に機能するか確認する必要がある。オランダの物語では、堤防の穴に指を突っ込み、穴が広がるのを防いだ少年が愚か者ではなく英雄として描かれている。*JF*

そのような状態では勤労の余地はない。なぜなら勤労の成果が確実ではないからである。人間の生活は孤独で貧しく、つらく残忍で短い。

トマス・ホッブズ
『リヴァイアサン』
1651

イギリスの哲学者トマス・ホッブズは政治思想史に確固とした足跡を残した。とりわけ大きな影響をもたらしたのは、上記の言葉が登場する書である。彼はその中で、平和を手に入れるためには絶対王政が必要だと主張している。この『リヴァイアサン』は、イングランド内戦時に混乱から逃れるため亡命したフランスで執筆された。

ホッブズの理論の根底にあるのは、人間の本質や、強力な国家が存在しない状況での個人の幸福に対するさまざまな脅威に関する揺るぎない主張である。彼は、人間の自然な状態は脅威にさらされて生きる個々の人たちよって決まると述べている。「万人の万人による闘争」——人は誰しも願望や私欲に突き動かされて他者を傷つけたり殺害したりし得る。これがホッブズの主張の核の1つだ。つまり、成果や追求が他者からの暴力的な介入によって無に帰しかねない状況では、積極的な勤労は存在し得ない。ホッブズが提唱する解決策——絶対王政——は(彼が描く人間の本質の暗部と同様に)物議をかもしたが、彼の理論的な著書は現代政治学の発展の礎になっている。*JE*

∩ 初版が発行された翌年、1652年に刊行されたトマス・ホッブズ著『リヴァイアサン』の扉絵。

Whereas Charles Steuart Kin

and other high Crymes And senten

severinge of his head from his body

require you to see the said sentence

this instant moneth of January b

day with full effect And for soe do

and other the good people of this Na

Seales

To Collonell ffrancis Hacker Colonell Hunks and Lievtenant Colonell Phayre and to every of them

Jo: Bradshawe

Tho Grey

O Cromwell

Edw. Whalley

M Livesey

John Okey

J Danvers

Jo. Bourchier

H Ireton

Tho Mauleverer

Har: Wal

John Blak

J Hutchins

Willi Goff

Thomas Pride

Pe Temp

T Harris

J Hewson

必要の前に法律はない。

オリバー・クロムウェル
護国卿として初議会での演説
1654

この格言の起源は古く、多様な言いまわしで使われてきたが、政治の世界で注目を浴びたのは、王政が廃止されたのち護国卿となったクロムウェルが自身への権力の譲渡を擁護するために発した時だ。彼は国王チャールズ１世の死刑執行令状に署名した判事の１人として、安定した政権を築くためには自分が最高権力の座に就く必要があると主張した。

クロムウェルは民衆の幸福はいかなる法律よりも優先されるべきだと説きながらも、必要性という原則は悪用されることもあると認識していた。のちに哲学者のイマヌエル・カントが同様の主張をしたが、彼はチャールズ１世の処刑のような過激な行為は、たとえ国民が圧政に苦しむのを阻止するためであってもなされるべきではなかったという立場をとった。それでもなお、カントをはじめトマス・アクィナスといった初期の哲学者も、命や安全への脅威を前にすれば、時に法を犯してもいたしかたないと考えていた。そのような独断主義が司法の論理としてまかり通っている現状を考えると、法律そのものが法の効力には限界があると示していると言えよう。*TJ*

∩ ピーター・レリーによるクロムウェルの肖像画（1654）。クロムウェルは「すべてありのまま」描くよう求めた。

⊂ 国王チャールズ１世の死刑執行令状の写し（1649）。

神は小隊ではなく大隊に味方する。

ビュッシー伯爵ロジェ・ド・ラビュタン
リモージュ伯爵への手紙
1677

∩ クロード・ルフェーブルにより 17 世紀に描かれたフランスの中将、ビュッシー伯爵ロジェ・ド・ラビュタンの肖像画。

上記の格言は若干単語が変わることもあるが、引き合いに出されることが多い。最も古いところでは、1 世紀のローマの作家タキトゥスの『同時代史』4 巻に「神は強者に味方する」と同様の意味を示す表現がある。18 世紀には、ヴォルテールが「神は大隊ではなく、全力を尽くした者に味方する」と、最も新しいところでは、ジャン・アヌイのジャンヌ・ダルクを描いた戯曲『ひばり』(1953) に、「神は万人の味方である……そして結局は、資金が豊富で大隊を有する者に味方する」という表現が見られる。

この概念に基づく運命論は広く受け入れられているが、普遍的なものではない。たとえば、旧約聖書の「コヘレトの言葉」には「足の速い者が競争に、強い者が戦いに必ずしも勝つとは言えない」とある。しかしデイモン・ラニアンはこれに続けて「競争は賭けるためにある」と述べている。*JP*

私が思うに、耳に届く笑い声ほど狭量で粗野なものはない。

チェスターフィールド伯爵
息子への手紙
1748

第4代チェスターフィールド伯爵フィリップ・スタンホープはイギリスの政治家である。彼が庶子である息子——名前は同じくフィリップ——に宛てて400通以上の手紙を書いたことはよく知られている。その中で彼はさまざまな、特に紳士としてのふるまいについて助言を与えている。

チェスターフィールドいわく、助言というのは「歓迎されることはめったになく、真に助言を求める者でさえ最小限の助言を好む」。また、「侮辱よりも傷のほうがはるかに早く忘れられる」といったような言葉は一般的であるが、親から子、年配者から若者に向けて言われると尊大に聞こえかねない。

後年チェスターフィールドの手紙を読んだ者は、その言葉づかいにも内容にも感服するが、自分が手紙の受け取り人でなくてよかったと思うだろう。ただし、読む者すべてがそう感じるとは限らない。サミュエル・ジョンソンはジェームズ・ボズウェルに、チェスターフィールドの手紙に書かれているのは「売春婦のモラルやダンス教師のマナー」だとし、チェスターフィールドが教え込もうとした作法は身につける価値がないと述べている。*JP*

∩ イギリスの画家トマス・ゲインズバラの友人が描いたチェスターフィールド伯爵の肖像画。(1769)

人間は動物すべてを
合わせた以上の肉を消費し、
胃に収めている。
人間は最大の破壊者であり、
必要からではなく虐待によって
その度合いを強めている。

ビュフォン伯ジョルジュ=ルイ・ルクレール
『博物誌』
1753

ドゥニ・ディドロが複数の執筆者と共同で28巻から成る『百科全書』を発表したのとほぼ同時期、ビュフォン伯爵はディドロよりもはるかに少ない協力者とともに『博物誌』を刊行した。当初は全50巻を予定していたが、36巻まで完成させたところで他界した。しかし同書は比類なき価値があり、対象とする範囲を狭くした——人間の知識全般ではなく自然史に絞られている——からこそ、人間と動物の関係を深く考察できている。またビュフォンは題材について単なる説明に終始することなく、倫理的な意味を添えて多様な結論を述べている。

上記の言葉は、人間が動物を「家庭の奴隷」にし、無謀なまでに繁殖させ、欲望のおもむくまま狩りにふける度合いを探究している時に生まれた。この言葉は菜食主義を支持する際に用いられることも多い。菜食主義について、ビュフォンは決して十分な食事とは言えないとしているが、彼が批判するのは「裕福な人の過度な食欲」だ。増幅する富や動物性食品の需要が懸念される現代にも通じることである。*TJ*

わが亡きあとに
洪水よ来たれ。

ポンパドゥール夫人
推定・伝聞
1757

ポンパドゥール夫人は1745年から1764年、42歳で死去するまで、フランス国王ルイ15世の公妾（こうしょう）だった。19歳で結婚した後、パリでサロンを開き、ヴォルテールをはじめ多くの啓蒙思想家と親交を結んだ。そして、ルイ15世と知りあって数週間後に彼の公妾となり、ベルサイユ宮殿に居を移した。

その後まもなく離婚し、ルイ15世から称号を与えられた。陰から権勢を振るい、1755年、オーストリアの高官と両国の和平調停を行った。オーストリアやロシアと同盟を組んだフランスは、七年戦争に参戦することになる。国内の情勢は悪化し、アメリカの領土はイギリスに奪われ、1757年にはロスバッハの戦いでプロイセンに敗れた。

デュ・オーセ夫人の『回想録』(1824)によると、上記はロスバッハの戦いのあと、ルイ15世に向けて発せられた言葉だとのことだ。この言葉には、革命で王政が崩壊すればフランスは混乱におちいるという主張がこめられている。ポンパドゥール夫人はこのあと「私が死んだあとに何が起きようとも知ったことではない」と続け、王政がなくなれば革命家がのさばりだすと述べている。*IHS*

⊃ フランソワ・ブーシェによるポンパドゥール夫人の肖像画。(1758頃)

この国では、時々提督を処刑したほうが後進が育ちやすくなる。

ヴォルテール
『カンディード』
1759

◐1718年にニコラ・ド・ラルジリエールが描いたヴォルテールの肖像画。

フランスの格言はその多くが英語に訳されているが、上記も少なくとも一部は訳されている格言の1つだ。不当と思われる処罰、状況によっては堪えるしかないような処罰は、「後進を育てるため」という言葉を生み出しかねない。

ヴォルテールがイギリス人に向けて吐いた辛辣な台詞は、ジョン・ビング提督が七年戦争(1755-64)の際、地中海に浮かぶミノルカ島をフランスから奪還できなかったため、1757年に処刑されたことに触発されてのものだ。ビングは多大な責めを負わされ、彼の死には国内外から憤慨の声があがった。

ビングが軍法会議で有罪を宣告されてから処刑されるまでに、庶民院はとりなしを図った。ウィリアム・ピットは国王のジョージ2世に、「民衆は慈悲を請うております」と訴えた。王は心を動かされることなく、こう応じた。「汝は私に、わが臣民の心を庶民院以外のところに求めるほうがいいと教えてくれた」。ジョージ2世の姿勢は1766年にヴォルテールが書いた手紙に反映されている。「大衆が議論に加われば、すべてが失われる」。*JP*

私たちにとって最高の誉れは決して倒れないことではなく、倒れてもそのたびに起きあがることだ。

オリバー・ゴールドスミス
『世界市民』
1760

オリバー・ゴールドスミスはアイルランド生まれのイギリスの作家である。小説『ウェークフィールドの牧師』(1766)や戯曲『負けるが勝ち』(1771)の著者として知られる。『世界市民』は、ロンドンを訪れたリエン・チー・アルタンギという中国人が家族にあてて書いた一連の手紙から成る。

異国を訪れた外国人が抱きがちな考えは、風刺に満ちている。それをゴールドスミスは最大限に生かしている。見聞の浅いリエンは、ウェストミンスター寺院に埋葬された人が尊敬されているのは、裕福だからではなく高潔な人生を歩んだからだと考える。また路上で女性の一団に声をかけられた時は、中国の生活について知りたがっているのだと思い込む。実のところ、その女性たちは売春婦である。さらにはイギリスの外交政策への疑問が膨らみ、イギリスが他国へ軍事介入を行うのは毛皮が欲しいからだという結論に達する。

ゴールドスミスの文章には、上記のような孔子の思想に倣った格言が数多く見られる。リエンは道徳的に優れた人物には描かれていない。家族——彼が不在中に奴隷として売られる——を見捨てたことで批判されている。*JE*

○19世紀にJ・W・クックによって制作されたオリバー・ゴールドスミスの版画。

J.J.ROUSSEAU
amour de la patrie
République française
force
vérité
justice
union
liberté
régénération
des moeurs .
droits
de
l'homme
et du
Citoyen
C'est le courage

人間は生まれながらにして自由であるが、至るところで鎖につながれている。

ジャン=ジャック・ルソー
『社会契約論』
1762

ルソーは影響力のある啓蒙主義者の１人だ。代表作には『人間不平等起源論』(1755)や、上記の言葉が登場する『社会契約論』がある。いずれの書も、現代の西洋の政治理論で重要視されている。また、『告白録』(第１部 1782、第２部 1789)も世界で最も優れた自伝の一書に挙げられる。

『社会契約論』は『人間不平等起源論』(不平等の起源と国家に関する記述)と、政府がいかに自由を保証するかという規範的な思想をつなぐパイプだ。ルソーは、人間は元来自由であるが、現実世界において、その自由は多くの制約を受けると述べている。つまり、状況によって自由は損なわれたり、侵害されたりするというわけだ。

ルソーはさらに先に進み、どうすれば我々はその悪循環から抜け出せるかを分析している。上記の言葉は、現代の市民生活における矛盾にも通じる。人は誰しも生まれながらにして自由であるが、広範な制約——法律、社会、現実、想念——によって大なり小なり縛りつけられている。 **JE**

人は最後の王が最後の司祭の腸(はらわた)で絞殺されて初めて自由を得る。

ドゥニ・ディドロ
『自由への希求』
1772

ディドロは上記の言葉で、君主制と教会についての自身の考えを示している。他の著作の多くと同様、『自由への希求』も彼の死後に発表された。ただし、上記はカトリック教会の司祭、ジャン・メリエの言葉だという説もある。メリエの没後、633ページに及ぶ八折判の原稿「遺言書」が発見された。この中でメリエは「この世の権力者や貴族をすべからく絞首刑に処すか、司祭の腸で絞め殺すことができれば」と願う人物に言及している。

この人物はほぼ間違いなくディドロだ。啓蒙主義の代表的存在だったディドロは生前、1751年に『百科全書』の編纂に携わったことで知られていた。彼にとって同書の目的は「過去に刊行された同様の書の不備を正し、研究機関がすでに扱っている分野だけでなく、人間の知識の及ぶ領域すべてを対象にする」ことだった。第１巻が出版されると高く評価する声があがったが、裁判所は扇動的で反宗教的な内容が含まれているとして第２巻の出版を禁じた。同書は英国国教会からすれば頭痛の種だったが、上記の言葉が示すように、新たな自由思想世界の象徴でもあった。 **IHS**

C ジョラ・ドゥ・ベルトリの『革命のアレゴリー』に描かれたルソー。(1794)

愛国心はならず者たちの最後の避難所である。

サミュエル・ジョンソン
ジェームズ・ボズウェル『サミュエル・ジョンソン伝』
1775

ジョンソンは1774年に発表した小論文「愛国者」で、愛国心に訴える政治家は不誠実な輩（やから）であるという見解を示し、真の愛国心は公共の利益を考えることから生まれると述べている。ジョンソンいわく、内心出世欲を持ちながら愛国者めいた発言をする者は「愛国心を振りかざす偽善者」である。

この小論文が発表された1年後、『サミュエル・ジョンソン伝』の著者ジェームズ・ボズウェルは、ジョンソンが突然「確固とした揺るぎない口調で」発した上記の言葉を記録した。ジョンソンの言う「うわべだけの愛国心」は「利己心を覆うマント」だとボズウェルは指摘している。

上記の言葉は愛国心というものを無差別に批判しているわけではない。愛国心は国に宿る善なる力、国民を団結させる力だ。ジョンソンは『英語辞典』（1755）の初版で、「愛国者」を「自国への愛情から支配的感情を抱く人」と定義している。しかし、1773年刊行の改訂版には「政府の派閥争い好きな攪乱（かくらん）者に使われることもある」と悲観的な定義を加えている。*TJ*

政府は最良の状態であっても必要悪でしかなく、最悪の状態では耐えがたい悪だ。

トマス・ペイン
『コモン・センス』
1776

上記の言葉は、アメリカ独立戦争を後押しした小冊子『コモン・センス』の冒頭に登場する。作家であり哲学者、政治思想家であるトマス・ペインはイギリスからアメリカに入植し、建国の父の1人となった。彼がアメリカの植民地に渡ってきたのは、イギリスの支配に対する革命の気運が高まっていた1774年のことだ。『コモン・センス』は1776年の最初の数か月で15万部（今日の人口規模に換算すると1500万部に相当する）売れ、当時の植民地の人口を考慮すれば、アメリカの出版物としては史上最高の販売部数を誇る。

ペインはいかなる政府の樹立も「必要悪」であり、入植者の自分たちで統治したいという欲求を表明するための便利な道具だとしている。『コモン・センス』では、植民者に課された不当な税などの記録を挙げて、イギリスが植民地を公平に扱っているとはとうてい思えないと説いている。この小冊子の目的は、独立を求める議論を促進し、民衆を行動に駆りたてることだった。1776年1月に匿名で出版された『コモン・センス』は、見事にこの目的を達成した。同年7月4日、13の植民地は独立宣言を承認し、アメリカ合衆国が建国された。*ME*

わが臣民と私は双方が満足する合意に達した。臣民は言いたいことを言い、私はしたいことをすることができる。

プロイセン王フリードリヒ2世
推定・伝聞
1785

フリードリヒ2世は、現在のドイツの東部に存在した強大なプロイセン王国の王であった。在位中、近隣諸国の支配下にあったプロイセンの領土を奪還し、国を軍事大国にした。その背景には、ロシアの政権が交代し、重大な岐路で敵を排除できたことや、フリードリヒの父親が軍事的にも経済的にもプロイセンを強化していたことがある。また、イギリス王ジョージ2世を兄に持つ母親から啓蒙主義の文化的理念を授けられていたことも功を奏した。

18世紀、ヨーロッパの君主国――なかでもフランスやオーストリアのようなカトリックの国――は国民を精神的にも経済的にも支配する傾向にあり、独立した思想や行動をよしとしなかった。しかし、T・B・マコーリーの『フリードリヒ2世の生涯』(1859)に登場する上記の言葉が示すように、フリードリヒは大臣たちが自分に倣うものと期待しつつ、慈悲深い専制政治の存在を信じていた。彼にとって、自由な表現は国民1人1人が持つ考えや不満に対する安全弁だった。自由な表現が、自身の支配を妨げるような集団行動につながらない限り容認していた。JF

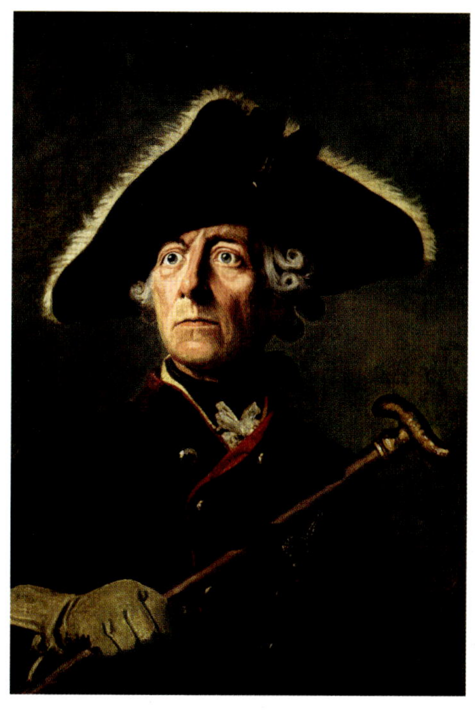

∩プロイセン王フリードリヒ2世の肖像画。王の死から84年後の1870年に、ヴィルヘルム・カンプハウゼンによって描かれた。

女性は論理的に考えるよりもむしろ感じるように創られている、という世にはびこる考えによって、どれほど多くの惨めさ、気苦労、悲しみに突き落とされているか、そのすべてをたどることは果てしのない仕事だろう。

メアリ・ウルストンクラフト
『女性の権利の擁護』
1792

メアリ・ウルストンクラフトは、フェミニズムの第一人者と言っていいだろう。1790年に匿名で出版した小冊子『人間の権利の擁護』では、社会は女性の従属性の上に築かれているという通念を批判した。女性は教育を受けることも理性を追求することも阻まれ、男性の目を惹きつけることだけしていればいいとされている、と彼女は述べている。2年後に上梓した『女性の権利の擁護』では、この主張をさらに発展させている。

ウルストンクラフトが女性の理性を擁護しているからといって、愛や女性としての魅力と無縁だったわけではない。フランスの恐怖政治時代、アメリカ人と恋に落ち、子供をもうけたが、彼との関係は続かなかった。1796年、ウィリアム・ゴドウィンとのあいだに愛が芽ばえ結婚したが、不幸にも、娘を出産したあと38歳で他界した。娘もメアリと名づけられ、のちに『フランケンシュタイン』(1818)執筆することになる。ウルストンクラフトの死後、ゴドウィンが発表した妻の赤裸々な自叙伝は中傷の的になり、何世代ものあいだ、彼女の声は世に届かなかった。*JF*

悪が勝利するのに唯一必要なことは、善人が何もしないことである。

エドマンド・バーク
ウィリアム・スミスへの手紙
1795

アメリカ大統領だったジョン・F・ケネディは1961年にカナダ議会で行った演説で、「会議の席でも人々の心の中でも、自由世界の理念は、それが正当だから強固になるのだ。だが理念は自由な人々と自由な国家の献身的な努力によって、いっそう強固になる。偉大な国会議員エドマンド・バークが言ったように、『悪が栄えるために唯一必要なのは善人が何もしないこと』だ」と述べた。

確かにこの言葉は18世紀のイギリスの政治家エドマンド・バークの名とともに引用されることが多いが、正確な出典を明示する証拠は見つかっていない。『オックスフォード引用句辞典』で、現代で最も頻繁に引用される言葉だとされてはいるが、誤用の項に掲載され、「バークの言葉とされるが、彼の著作には見あたらない」と書き添えられている。しかし、1968年に出版された『バートレット引用句辞典』第14版では、バークが1795年1月にウィリアム・スミスに宛てて書いた手紙の中にあったとして、この言葉はバークのものだとしている。

発言者が誰であれ、この言葉の示す見解は、哲学者であり政治家であるバークの人となりを如実に表している。彼は一生涯、政治をめぐる不正や権力の乱用と闘った。*ME*

敵が
間違いを犯している時は
邪魔をしてはならぬ。

ナポレオン・ボナパルト
元帥たちへの言葉
1805頃

ナポレオン・ボナパルトはフランスの軍人であり、同国初の皇帝となった政治指導者であった。1799年クーデターに成功し、第一統領となる。1804年に国会の議決によりフランス帝国の初代皇帝となり、1814年の敗戦で流刑に処せられるまでその座を守った。やがて彼は脱出を図り、1815年のクーデターで復位するが、数か月天下をとっただけで再度敗北を喫した。

上記の言葉は表現が変わることもあるが、いずれもナポレオンの言葉だとされ、1805年の戦いを論じている際、元帥たちに向かって発せられたと考えられている。他の表現にはこういったものがある。「敵が自滅の道をたどっている時は邪魔をしてはならぬ」。意味は同じく、常に敵に過ちを犯させよということだ。理屈は単純だ。もし敵が戦略上の決定を誤ったか、不備のある戦略を実行したか、単に意図していることをし損じたかで作戦に失敗しつつあるならば、失敗するがままにまかせるがいい。そうすれば、こちらを攻撃するための弾薬を使い果たす可能性がある。その過程で兵力が衰えたり、こちらがつけこめる防御態勢の弱点があらわになるかもしれない。*JE*

∩ ワーテルローの戦いで敗北したのち、
孤島のセントヘレナ島に流刑になったナポレオン。

負け戦の次に最悪なのは、勝ち戦だ。

初代ウェリントン公爵アーサー・ウェルズリー
推定・伝聞
1815

∩1804年にロバート・ホーム卿が描いた
初代ウェリントン公爵アーサー・ウェルズリー。

ウェリントン公爵の最も輝かしい功績はワーテルローの戦いだろう。同時に、彼の軍歴で最も苛烈(かれつ)な戦いでもあった。初代ウェリントン公爵アーサー・ウェルズリーはナポレオン戦争――特にイベリア軍事作戦(1808-14、半島戦争と呼ばれることもある)――で、将軍として人も羨むほどの名声を築いたが、ナポレオンと会戦したのは1815年だ。ナポレオンが流刑で送られたエルバ島から脱出し、フランスに戻って復位した時のことである。ナポレオンはベルギーのアントワープにほど近い地で、ウェリントン率いる連合軍に攻撃をしかけ、何時間ものあいだ、戦いは拮抗(きっこう)した。ウェリントンはその時のことを「いまだかつてあれほど危うい勝利はなかった」と述べている。

ウェリントンがいわんとするのは、戦いというのは、勝敗に関係なく多大な人的被害をもたらすということだ。上記の言葉は、レディー・フランシス・シェリーが日記に書いているように、連合軍がパリを奪還した直後、ウェリントンがシェリーに言った言葉だ。またそれ以前に、知人に「戦争はこの上ない悪だ」と語っている。彼は戦いに勝利した時でも、人的被害に目を向けていた。*JF*

戦争とは他の手段をもってする政治の継続にすぎない。

カール・フォン・クラウゼヴィッツ
『戦争論』
1832

クラウゼヴィッツはプロイセンの将軍である。上記の言葉が登場する軍事戦略を説いた書は、初版が発行されて以来、万国の将校にとっての必読書となっている。

クラウゼヴィッツの思想の核となっているのは、先人たちの理論に対する反論だ。先人は戦争という行為は綿密に計画され、成文化できる規則にのっとっていると考えていたが、クラウゼヴィッツ自身が経験したフランス革命や、プロイセンが壊滅的な敗北を喫したナポレオン戦争にはまったく当てはまらなかった。彼はこれらの軍事行動を通して、戦争とは異常な混乱状態であり、勝敗は武力や運、個人の才などさまざまな要素に左右されると悟った。クラウゼヴィッツはロマン主義者であり、ルートヴィヒ・ヴァン・ベートーベンやウィリアム・ワーズワースと同様、ロマン主義の中心に近いところにいたのだ。

戦争とは一種の政治だという考えの是非が問われたことは一度もない。ほとんどの人が、ウィンストン・チャーチルの「いかなる時も、戦争をするよりも議論を闘わせるほうがいい」という言葉や、戦争が起きるのは話し合いが決裂した時だけだという見解に頷（うなず）くだろう。*JP*

∩ このクラウゼヴィッツの肖像（1830）は、ベルリンの芸術アカデミー会員であるカール・ヴィルヘルム・ヴァッハによって描かれた。

賃金労働者が失うものといえば、自分をつないでいる鎖だけだ。

カール・マルクスとフリードリヒ・エンゲルス
『共産党宣言』
1848

『共産党宣言』は、中世の封建主義からマルクスの時代の資本主義に至る歴史の概観を記した小冊子だ。ドイツ語で書かれた原書はわずか23ページ、著者の用語を使えば、「階級闘争」を説いた一つづきの章で構成されている。そういった闘争は、労働者が私有財産を荒らして「支配階級にのし上がり」、状況を一変させて終わるという。

本書は発表後すぐに評判になったわけではない。ヨーロッパでの1848年革命が失敗に終わったあとは読者の支持をほとんど得られなかった。注目されたのは19世紀末になってからだ。その後共産主義は世界に広がり、何か国か――特にロシア――に定着したことで土台が築かれた。

この書が読者を惹きつけるのは、1つに戯曲風だからだ。冒頭は、「妖怪がヨーロッパを徘徊(はいかい)している――共産主義という妖怪が」という大げさな文に始まり、最後は上記の言葉に続いて、「彼らには勝ち取るべき世界がある。万国の労働者よ、団結せよ」で締めくくられている。*JP*

∩ ドイツの理論家で共産主義の革命家であるフリードリヒ・エンゲルスを描いた中国のポスター（1880頃）。

私が
きみたちに与えられるのは、
飢えと渇きと強行軍と戦闘、
そして死だけだ。
国を愛する者よ、
私について来るがいい。

ジュゼッペ・ガリバルディ
推定・伝聞
1849

ガリバルディは1807年にニースで生まれ、若くして革命家になった。1834年、イタリアのピエモンテ州で参加したクーデターが失敗に終わり、彼は処刑を逃れるために南米へ亡命した。当時のイタリアは周辺の大国、フランスやオーストリアの支配下にある複数の都市国家で構成されていた。1848年、イタリアは帝国主義国の支配から脱しようともがきだし、1861年にようやく統一国家となった。イタリア統一運動として知られるガリバルディの長きにわたる運動を見れば、革命というのは短期間で完遂できるものではないとわかる。ガリバルディの熱意や決断力、忍耐は世界中の革命運動に勇気を与えている。また彼は正規軍に対して初めてゲリラ戦術を用いた人物でもある。

ジュゼッペ・グエルツォーニの『ガリバルディ』(1882)に、ガリバルディの演説が紹介されている。1849年7月、フランス軍に包囲されたローマを離れる際に行ったとされる演説だ。ガリバルディは、真の愛国者というのは母国のために苦難や侵害を耐え忍ぶものだと述べている。1940年5月13日、ウィンストン・チャーチルがイギリスの閣僚に、同様の激励の辞を送っている。*JF*

自分のことに集中し、
最善を尽くして
あるがままの姿で
生きよう。

ヘンリー・デイヴィッド・ソロー
『ウォールデン　森の生活』
1854

ソローは論理や根拠よりも「洞察」を重んじる超絶主義の先駆者だ。ラルフ・ウォルドー・エマーソンはソローについて、こう書いている。「彼は生涯1度も定職につかず、1度も結婚せず、1人で暮らし、教会にも行かず、選挙で投票をしたこともなく、国への納税も拒んだ。肉をいっさい口にせず、ワインも飲まず、たばこも吸わなかった。自然主義者で、罠(わな)も銃も使わなかった」。

『森の生活』は、マサチューセッツ州東部にあるウォールデン池のほとりで営んだ、質素な暮らしについて綴(つづ)った随筆集だ。そこにあるのは奥深い思索、仕事や娯楽、自立、個人主義など生活のさまざまな要素の本質に関する哲学である。また本書は、現代におけるネイチャーライティング〔訳注：自然環境と人間を題材にしたノンフィクション文学〕の基礎を築いた。

『森の生活』では大して何も起きていない、と言う人がいるかもしれないが、ほとんどの活動は外界ではなく著者の心の中で起きている。本書は、自問自答し、自身が距離をおいている社会についての真実を追究しようとしている知性の産物である。*JP*

すべての人を一時だますことはできる。何人かの人をだまし続けることもできる。だが、すべての人をだまし続けることはできない。

エイブラハム・リンカーン
推定・伝聞
1858

∩1863年3月、サザーン・プレインズに暮らす先住民の族長たちを迎えるリンカーン大統領。

⊃1863年、ゲティスバーグで演説をするリンカーン。

アメリカの第16代大統領が本当に上記の言葉を口にしたかどうかは、はなはだ疑わしいが、一般に（世界中でというわけではないが）1858年、上院議員選挙に共和党から出馬した際、9月8日にイリノイ州クリントンで行った演説で発したとされている。残念ながら、この言葉は演説の写しの中には見あたらないし、リンカーンの言葉だとして最初に記されたのは、およそ70年後、1923年に出版されたN・W・スティーヴンソンによる伝記だった。一方で、この言葉はサーカスの興行師であり、『地上最大のショウ』の創作者であるフィニアス・T・バーナムのものだとも言われている。

しかし、本書の他の箇所を見ればわかるように、どんないい言葉も世に認められている出典があってこそだ。保険会社相手の詐欺を描いたビリー・ワイルダー監督の映画『恋人よ帰れ！わが胸に』（1966）の有名なシーンで、詐欺の中心にいたジャック・レモンが、持ち帰った中華料理に付いていたクッキーの中にこの言葉を見つけている。この言葉に込められた皮肉は、発言者がエイブラハム・リンカーンだとされている限り効力を発揮する。フィニアス・T・バーナムだったらそうはいかないだろう。*JP*

政治に最終決定という言葉はない。

ベンジャミン・ディズレーリ
ロンドンにて、庶民院での演説
1859

ディズレーリが上記の言葉を口にしたのは、1858年2月から59年6月までという短命に終わった保守党政権、第2次ダービー伯爵内閣で大蔵大臣を務めていた時だ。彼の発言には、永遠なる真実を説くためというよりも、機知のための機知であるものが多い。しかし上記の言葉には、機会の窓が長く開かれていることはめったにないという警句や、政治とは可能なことをする技術だという見解が念頭にあったことがうかがえる。

ディズレーリが上記の言葉を含む演説を行ったのは、イングランドとウェールズの選挙制度を大幅に変えた2度の改革に挟まれた時期だ。1832年に可決された最初の改革法は、チャーチスト運動家たちが目指す普通選挙権取得に向けた小さな一歩だった。2つ目の改革法が可決したのは、選挙権拡大を訴えていたディズレーリ自身が1868年2月に首相になる直前、1867年のことだ。

ディズレーリは上記の言葉に先だって、こう述べている。「我々は、我々が公平だと信じるものを国民に提供しようとしてきた。最終決定だとは言わない。だが、決定事項だ」。彼はすべきことがまだあることをわかっていた。*JP*

自ら戦ってでも勝ち得たいものがない人は……みじめな動物である。そういった人に自由になれる機会はない。

ジョン・スチュアート・ミル
「フレイザーズ・マガジン」誌
1862

ジョン・スチュアート・ミルはイギリスの政治経済学者であり男女同権主義者、文官、哲学者である。スコットランドの哲学者及び政治経済学者のジェームズ・ミルを父に持つJ・S・ミルは、帰納論理を説いた『論理学体系』(1843)や『自由論』(1859)をはじめ個人の自由を提唱した著作など、哲学の分野で名声を博している。また彼は快楽の質を区別する、従来とは異なる功利主義を説く書も執筆している。

1862年に「フレイザーズ・マガジン」誌で初めて発表された論文「ザ・コンテスト・イン・アメリカ」では、戦争について論じている。主張の根底にあるのは、戦争は醜いものであるが、人間にとって最悪に醜いものではないという見解だ。ミルは、人間を貶(おとし)め、有力者の益のために使い捨ての道具として用いる戦争と、正義や善良さや公正を助長するために自由意志で参加する戦争とを対比させている。上記の言葉は、安全を犠牲にしてでも達成したい目的がない限り、自分の安全を優先させる人を批判している。さらに、そのような人は自分より善良な人に戦ってもらわなければ自由になれないと主張している。つまり、ミルは大義のために戦う戦争を擁護し、それに関わることを拒否する人を批判しているのだ。*JE*

政治とは可能なことをする技術だ。

オットー・フォン・ビスマルク
フリードリヒ・マイヤー・フォン・ヴァルデックとのインタビュー　1867

オットー・フォン・ビスマルク（オットー・エドゥアルト・レオポルト・ビスマルク侯爵）は保守主義の政治家でありプロイセンの首相、ドイツ帝国の創設者及び初代首相である。

彼は上記の言葉を発した1867年のインタビューで、政治とは「可能なこと、達成可能なこと、つまり次善の策をする技術だ」と述べた。また、譲歩が政治的成功をもたらすならば、譲歩することは過ちではないとし、全か無かの理想主義を否定した。目的を達成するためには妥協とは無縁の短期戦よりも遠回りをしながら少しずつ進むほうが得策だとわかっていたのだろう。

現実に即した可能性を模索するやり方は、一貫して外交に重きを置いていた姿勢に反映されている。ビスマルクの偉大な功績としてはドイツ統一、ドイツの支配権の維持、そしてすべてを無にしたであろうヨーロッパの覇権争いの回避が挙げられる。彼の政策は、政治における「理想主義」を暗に批判している。上記の言葉は、いかなる会話でも警戒と注意を怠るなという戒めでもある。*JE*

私はもう疲れた……私の心は病んで悲しみに暮れている。今この瞬間から、私は永遠に二度と戦うことはない。

ネズパース族のジョセフ族長
降伏時の演説
1877

上記の言葉は、連邦政府に居留地を追われたアメリカ先住民、ネズパース族のジョセフ族長が1877年10月5日に行った演説に登場する。ヨーロッパからの入植者に抵抗していた先住民は、アメリカ陸軍と戦闘を繰り広げたが、相次ぐ戦いの末、ジョセフ族長は降伏するしかないと悟った。訳された演説はジョセフの言葉と一語一句たがわないとされているが、記憶を頼りに書かれた可能性があるため信憑（しんぴょう）性は疑わしい。また、筆記者チャールズ・ウッドの文筆家としての野心が演説を粉飾させた可能性もある。しかし2年後にワシントンで行った演説で見せた誠実さを考えれば、上記の言葉も彼のものだと言っていいだろう。

ジョセフは武力行使に何度も反対していたが、ネズパース族は追いかけてくる陸軍から自分たちを守らざるを得なかった。ジョセフの降伏は不名誉ではない。彼の演説は戦いに敗れた部族を代表する威厳をたたえていた。同様に、疲れ、心は病んで悲しみに暮れていて、二度と戦いたくないと吐露する正直さには、平和を願う気持ちがにじみ出ている。彼の言葉は、不正と戦う人たちの心を揺さぶっている。*TJ*

権力は腐敗する、絶対的権力は必ずや腐敗する。

アクトン卿
マンデル・クレイトン主教への手紙
1887

∩ 歴史家であり下院議員だったジョン・ダルバーグ=アクトンは、1869年にシュロップシャー州でオルデナム・アクトン男爵の爵位を授けられた。

マンデル・クレイトンは、英国国教会でロンドン大主教の地位まで登りつめた神学者だ。ジョン・ダルバーグ＝アクトンこと初代アクトン卿は、ローマカトリック教徒の歴史家であり政治家、作家である。1887年、クレイトンはケンブリッジ大学の教授及びウースター大聖堂の参事会員だった。同年2月、著書『ローマ教皇の歴史』の3巻と4巻が出版された。この2冊は主にシクストゥス4世とアレクサンデル6世、ユリウス2世について書かれている。

クレイトンはアクトンに、「イングリッシュ・ヒストリカル・レビュー」誌の同書の書評を再検討するよう勧めた際、非難と思える反応が返ってきたことに驚いた。その後数週間にわたる応酬で、クレイトンはアクトンの規範的な姿勢に相対的なやり方で対抗した。アクトンは、道徳的権限を有する人が周囲の状況に左右されるはずがないと主張した。上記の言葉はクレイトンへの返信の1つに登場する。返信は「偉大な人間というのは大体が悪人だ。影響力を行使しない時や権力を振るわない時でさえそうだ」と結ばれている。クレイトンは、ローマ教皇は権力を頻繁に乱用していたと認めざるを得なかった。*IHS*

実際の政治は事実を無視することで成り立っている。

ヘンリー・ブルックス・アダムズ
『ヘンリー・アダムズの教育』
1907

ヘンリー・ブルックス・アダムズはアメリカの歴史家であり教育学者、ジャーナリストである。第2代アメリカ大統領のジョン・アダムズを曽祖父に、第6代大統領のジョン・クインシー・アダムズを祖父に持つ。存命中は、トーマス・ジェファーソン及びジェイムズ・マディソンの治世のアメリカ史を綴(つづ)った9巻から成る年代記で名をはせた。ピュリッツァー賞を受賞した自伝『ヘンリー・アダムズの教育』は、彼の死後に出版された。

上記の言葉は、ジョン・アダムズに関係している。ヘンリーいわく、ジョンは明白な事実を否定するのをよしとしなかった。この見解から上記の言葉は生まれた。政治家というのは事実を欲しているが、同時に実際的な政治上の目的のために事実を無視しがちでもある、とヘンリーは述べている。また、「教育と政治は別物で、矛盾することも少なからずある」とも言っている。上記の言葉は、政治そのものが事実と対極にあると批判しているのだ。だが、誰が不利益を被るのか。ヘンリー・ブルックス・アダムズは、こう問うている。もしそれが政治の特質ならば、我々は既存の体制の中でその特質に異を唱えることができるのだろうか、それとも事実がいやでも認められるように体制を変える必要があるのだろうか。*JE*

∩アメリカの作家であり学者である、著名な政治家一族出身のヘンリー・ブルックス・アダムズ。

かの国は富裕層や企業、銀行家、土地の投機家、労働搾取をする人たちが有利になるよう統治されています。

ヘレン・ケラー
「マンチェスター・アドバタイザー」紙
1911

ヘレン・ケラーは多くの著書を残した作家であり講演家、政治活動家である。生後19か月の時に患った病が原因で聴覚と視覚を失うが、ベテランの教師アン・サリヴァンの助けを得て、手話で意思疎通を図れるようになった。盲ろう者で初めて文学士を取得した人物であるだけでなく、率直に物を言うフェミニスト、社会主義者、アメリカの社会党及び世界産業労働組合の一員でもあった。

上記の言葉は、婦人参政権についてケラーが「マンチェスター・アドバタイザー」紙(1911)に送った手紙の一部だ。彼女はイギリスにおける階級間の著しい不平等を非難している。極端な階級差別に関して、こう尋ねた。「投票があなたがたにどんな益をもたらすのですか？」次いで「こういった不正は、女性に対する不正も含めてあらゆる社会の不正の根底にあります」と、そして最後に、「少数の人が、生活の手段をすべて持っているという理由で多くの人を所有しています」ただし「自由で平等な」選挙をのぞいては、と述べている。ケラーは、イギリスは資本家階級による支配が行きすぎていると見ており、同国の激しい階級間の不平等を考えれば、「民主主義の」政府は名ばかりの民主主義だと主張している。*JE*

正義と裁判はしばしば嘘（うそ）をついて世界を分断させる。

エメリン・パンクハースト
My Own Story
1914

エメリン・パンクハーストは、婦人参政権運動家として生きた人生を綴（つづ）った自伝『わが人生』で、幼少時代の出来事を回想している。1860年代、フィニアン――アイルランドのイギリスからの独立を目指した活動家グループ――が、警察に捕らわれていた仲間を救出しようとした際、誤って警察官を射殺してしまった。彼らは殺人罪に問われ、絞首刑に処せられた。パンクハーストは上記の言葉でこの一件に言及し、むごい現実だと述べている。この事件がきっかけで、彼女は全人生を、とりわけ婦人参政権運動が過激な手段をとり始めてからの人生を、女性の権利を求める活動家として生きることになる。

第一次世界大戦末期の1918年、人民代表法によって、30歳以上の女性のうち財産資格を満たす者のみに選挙権が認められた。該当するのは、イギリスの全女性人口の40%でしかなかった。1928年、パンクハーストの死後わずか数週間後の7月2日、ようやく政府は男女平等選挙権法を可決し、女性の選挙権年齢が21歳に引き下げられた。*IHS*

⊃ 1914年、ロンドンのバルコニーから聴衆に語りかけるパンクハースト。

民主主義は理論的にはすばらしいが、実際的にはまやかしだ。

ベニート・ムッソリーニ
「ニューヨーク・タイムズ」紙
1928

⌒1920年代に撮影されたムッソリーニ。彼は効力を発揮する統治は強力な指導者の、異議をさしはさむ余地のない意志から生まれると考えていた。

ベニート・ムッソリーニは、「ニューヨーク・タイムズ」紙のエドウィン・L・ジェームズから受けたインタビューで上記の言葉を発し、「民主主義は口先ばかりで、いずれ死に絶える」と言い切った。彼は自らを行動の士だとし、無益と思う議論には我慢がならなかった。若い時は社会党の機関誌の記者を務めたが、党が第一次世界大戦に反対の立場を取ったのに抗議して党を離れた。1919年、ファシスト党を設立。失業中の退役軍人を入党させ、黒シャツ隊として知られる武装民兵組織を結成した。1922年、イタリアの民主制が混乱状態に陥ると、その機に乗じて政府を発足させた。そして民主主義的な機関を一掃し、独裁者、ドゥーチェ（指導者）となる。最終的に、1945年に処刑された。

しかし今日、近代デモクラシーは公約をすべて実現できているとは言いがたく、ゆえにムッソリーニの言葉が引用されることは多い。選挙戦での金の影響や過激主義の横行、派閥間の対立や軋轢（あつれき）によって生じる政治の停滞によって、民主主義は求心力を失ってきた。不吉と言おうか、ムッソリーニはインタビューの最後に、ジェームズに向かって言っている。「アメリカにいるきみたちも、いつかそのことがわかるだろう」。*JF*

あなたがこの世で見たいと願う変化に、あなたがなりなさい。

マハトマ・ガンジー
推定・伝聞
1930 頃

上記の言葉は一般にマハトマ・ガンジーのものだとされているが、彼が発したという証拠はない。また、98 巻から成るガンジー全集のどこにも見あたらない。物語はこうだ。1 人の女性がガンジーに近づき、息子に砂糖をやめさせるために力を貸してほしいと頼む。彼は 1 週間後にまた来るよう言う。女性が再びやって来ると、今度は彼女の息子に砂糖の摂取について話をする。彼女は不思議に思い、どうして最初に来た時に息子に話さなかったのかと尋ねる。ガンジーは、彼自身がまず砂糖を断たなければ、息子の手本にはなれないと答える。

宗教的信条、政治思想、日々の活動を通して模範を示したガンジーは、大義のために戦うことはそれを具現化することだという信念を貫いた。彼は著書『倫理的宗教』(1907)の第 6 章に、「人というのは、その人の思考の産物にすぎない。人は自分で思っている通りのものになる」と書いている。『民主主義の国際連合を築く』(1991)に収録されているステラ・コーネリアスの論文「紛争解決におけるパートナー」のような、後年に出された刊行物には、ガンジーの哲学を読み解く手がかりとして上記の言葉が紹介されている。 *IHS*

∩ 人間は一般に言行が一致しないものだと悟っていたガンジーは、自身の教えと行動を一致させようとしていた。

我々が恐れるべきはただ1つ、恐れそのものだ。

フランクリン・D・ルーズベルト
アメリカ大統領就任演説
1933

○1936 年、ホワイトハウスのイーストホールにいるルーズベルト大統領。

⊃ 1933 年 3 月 4 日、ワシントン DC で行われた就任演説で演壇に立つルーズベルト大統領。

フランクリン・D・ルーズベルトはアメリカが大恐慌と戦っている最中、大統領に選出された。上記の有名な言葉はルーズベルトではなく、側近がスピーチライターの最終草案に加えた文言だ。恐れを恐れるという概念は目新しいものではなく、その20年前から出版物や、アメリカの新聞や広告で見受けられた。さらに遡って16世紀、随筆家のミシェル・ド・モンテーニュが「私が最も恐れるものは恐れだ」と書いている。

1929年、ウォール街の暴落を加速させた株のパニック売りは恐れを増幅させ、最終的に社会を麻痺させた。ルーズベルトは演説で、恐れというのは「名もなく理不尽で不当な恐怖」だと述べた。彼がのちにニューディール政策として知られるようになる大規模な再建計画を実行したのは、その恐ろしい状況と戦い、国としての自信を回復させるためだった。

今日世界に広がるテロへの恐怖は、上記の言葉の重みを際立たせる。大衆がテロに屈しない構えを見せている限り、テロリストの所業が恐怖心をあおったとしても抵抗できる。*TJ*

自由主義は革命的な共同体に甚大な害をもたらす。統一をむしばみ、団結心をほころばせ、無関心を促し、不和を生み出す腐食剤だ。

毛沢東
「自由主義に反対する」
1937

毛沢東は国共内線で勝利したのち、中華人民共和国を建国した。1949 年の建国当初から 1976 年に死去するまで、中国共産党主席として国を治めた。政治面では、大躍進政策（と、それに伴う飢饉）と文化大革命を始めた責任を問われた。理論家としては、『遊撃戦論』(1938) や『矛盾論』(1937) などの著書で知られている。

上記の言葉が登場する書で、毛は自由主義というのは「イデオロギー闘争」を拒絶し、「無節操な平和」を支持するだけのようなものだと非難した。自分が「自由主義」に見ているものを、いつしかイデオロギーの相違を生む人間の不埒（ふらち）な性向——的確な話ができず、個々の間で内密に話すしかなく、公共の公平さのためではなく個人的な理由で人を批判しようとする性向——と呼んだ。そして、人々に、自らの内に見いだす「自由主義的な傾向」を否定し抗うよう警告した。自由主義者が決まってするような単に「意見の相違を認めること」は、いずれ革命的な計画を阻害し台無しにすると考えていたのだ。*JE*

目的は、目的を正当化するものがある限り正当化され得る。

レフ・トロツキー
「彼らの道徳とわれわれの道徳」
1938

レフ・トロツキーは赤軍の創設者でありソ連の政治家、マルクス主義の革命家及び理論家である。ボルシェヴィキの一員となったのち、1917 年の十月革命に参加し、瞬く間にトップの座に登りつめた。しかし台頭してきたスターリンと対立したため権力を失い、共産党とソ連から追放された。その後もスターリン政権に反対し続け、1940 年、メキシコで暗殺された。

トロツキーが社会民主労働党の「ニュー・インターナショナル」誌に論文「彼らの道徳とわれわれの道徳」を掲載したのは、社会主義の革命運動を受けてのことだ。上記の言葉は「手段は目的によってのみ正当化される。だが同時に、目的は正当化されることが必要だ」という言いまわしもある。この手段と目的の関係は道徳哲学の分野でも議論の的になっている。

トロツキーは、「される」ではなく「され得る」という言葉を使うことで、正当化された目的であっても手段を正当化するとは限らないと示唆している。つまり、正当化された目的は必要だが、手段を正当化する条件としては十分ではないというわけだ。ここを区別することで、トロツキーは目的を正当化するのをやめたスターリンよりも柔軟な政策をとっていた。*JE*

戦争は愛みたいなものだ、いつだって抜け道を見つけていく。

ベルトルト・ブレヒト
『肝っ玉おっ母とその子どもたち』
1939

ブレヒトは、1898年にドイツの中世都市アウクスブルクで生まれた。医学と哲学を学び、第一次世界大戦では衛生兵として従軍した。1919年、ドイツで社会主義革命が失敗に終わったあと、戯曲を書き始める。

彼の見解はマルクス主義的な色を増し、1933年にヒトラーが政権を握ると、ドイツから逃亡せざるを得なくなった。『肝っ玉おっ母とその子どもたち』は第二次世界大戦が勃発した直後の1939年11月、亡命中に執筆した。本書は17世紀、三十年戦争(1618-48)まっただ中のヨーロッパを舞台に、ある家族の生活と喪失――肝っ玉おっ母の子供が1人また1人と命を落としていく――を描いている。

ブレヒトの示す戦争と愛の対比は、現在でも切実に感じられる。戦いへの衝動は愛し合いたいという衝動と同じくらい、人間の心に深く根ざしているように思われる。人間が最大の決断力や創造力を発揮するのは愛や戦争を求めている時だ。たとえば技術的進歩は、平時よりも戦時のほうがめざましい。***JF***

他の人たちが簡素に生きられるように、簡素に生きよ。

マハトマ・ガンジー
推定・伝聞
1939

マハトマ・ガンジーのものとされている名言には、彼が支持する見解や哲学を反映しているものが多い。上記の言葉はさまざまな言いまわしで用いられる。一例を挙げると、「富める者は貧者が簡素に生きられるよう簡素に生きよ」だ。いずれも、公正かつ謙虚に生きれば、他の人たちにその人相応の生活をする機会を与えられるという意味だ。

しかし、物質的な幸福は平等の一部にすぎない。1942年、ガンジーはボンベイ(現ムンバイ)でイギリスに向けて行った「インドを立ち去れ」演説で、こう述べている。「私が心に描いてきた民主主義、非暴力によって確立された民主主義では、すべての人に等しく自由がある」。彼は、真の民主主義というのは普遍的な平等の上に成り立ち、平等でなければ私利私欲が最高権力を握ると主張していた。さらに、社会がたどるべき道は真実によって印されているとし、週刊誌「ヤング・インディア」にはこう記している。「間違いは、たとえ広く知られていても真実にはならないし、誰も真実と思わないからといって、真実が間違いになることはない。たとえ大衆の支持がなくとも真実は立ちあがる。真実は自立しているからだ」。***IHS***

私も大衆も知っている、どんな生徒も、悪をなされた人はその報復として悪をなすことを学ぶものだ。

W・H・オーデン
「1939年9月1日」
1939

∩1940年頃、アメリカの放送局CBSでラジオ番組を制作中に撮影されたオーデン。

ウィスタン・ヒュー・オーデンは、愛や政治、文化をテーマにした韻文で有名なイギリス系アメリカ人の詩人だ。上記の言葉の出典である「1939年9月1日」は、第二次世界大戦が始まった日に書かれた。形式は対イギリスのアイルランド独立戦争をうたった、W・B・イエーツの「イースター1916年」のそれに倣っている。

オーデンの詩は、まず希望の喪失を平和への期待の喪失になぞらえ、「死の匂い」が夜に染み入る、と続く。上記の言葉は、第二次世界大戦勃発の発端に言及している。彼がいわんとしているのは誰もが知っていることだが、人に悪がもたらされると、その人もまた返報として悪を生み出すということだ。オーデンの意図は解釈次第だが、ヒトラーが自身に、概して言えばドイツに向けられた悪をそのままそっくり再現したと示唆していると解せる。加えて、ヒトラーに不当に扱われた人たちが同様に悪を生んだとも言っているのかもしれない。文脈からすれば詩はドイツや、第二次世界大戦勃発をめぐる事件に関連しているが、上記の言葉は、悪の餌食になった人は往々にして、身に降りかかった悪を再生するという通念を示している。*JE*

私に提供できるのは血と労苦と涙と汗だけだ。

ウィンストン・チャーチル
庶民院での演説
1940

1938年9月30日、イギリスの首相ネヴィル・チェンバレンがイギリス・ドイツ宣言と、ドイツによるチェコスロバキアへの侵略を踏まえて調印された不可侵条約、ミュンヘン協定を携えてドイツから帰国した。これをもってチェンバレンは、「我らが時代の平和」がもたらされたと言明した。だが長くは続かなかった。1939年9月1日、ドイツがポーランドに侵攻し、イギリスとフランスはともに宣戦布告をした。翌1940年5月10日、連合国軍がノルウェーから撤退すると、チェンバレンは辞任し、替わって当時海軍卿だったウィンストン・チャーチルが首相に就任した。

5月11日、イギリス空軍がドイツの各都市への爆撃を開始し、13日にチャーチルが庶民院で演説を行った。演説は国民への呼びかけだった。先に待ち構えている苦難を説き、必ずやイギリスに勝利をもたらすと誓った。上記は、1940年にチャーチルが演説で発した言葉だが、注目すべきは、彼が英雄視する人物であるイタリアの革命指導者ジュゼッペ・ガリバルディが1849年になした同意の発言や、セオドア・ルーズベルトが1897年に演説で用いた言葉を言い換えたものだということだ。*IHS*

∩1939年、チャーチルは聴衆に呼びかけ、イギリスはドイツの勢力拡大を許すわけにはいかないと断言した。

すべての動物は平等である。だが一部の動物は他よりもっと平等だ。

ジョージ・オーウェル
『動物農場』
1945

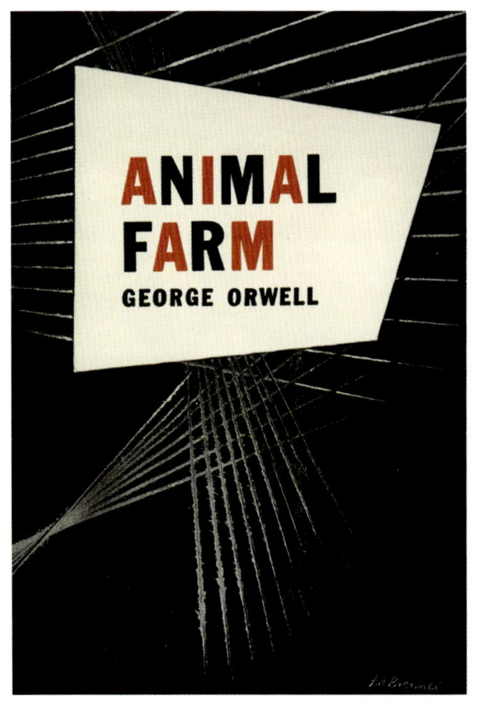

∩ジョージ・オーウェルの小説『動物農場』、アメリカ版初版の装幀。

ペンネーム、ジョージ・オーウェルことエリック・アーサー・ブレアはイギリスのジャーナリストであり随筆家、作家である。著書すべてに共通するのは、社会的不公平や反全体主義、民主社会主義への支持を主題にしていることだ。

中でも有名なのは、ディストピア小説の『一九八四年』(1949)と中編の寓話『動物農場』(1945)だ。上記の言葉は後者からの引用だ。同書では動物たちが結託して人間から農場の支配権を奪い、人間のような圧政的なふるまいを禁じる戒律「動物主義」を打ちたてる。しかしやがて時が経つにつれて、豚のナポレオン(スターリンの寓意像)が権力を独占しようと戒律を変え始める。このようにして、7つある戒律の最後の文言「すべての動物は平等である」は、上記のような階層的な言葉に変わった。この新たな戒律によって動物間の形式的な平等性は、一部の動物は他の動物よりも優れている(あるいは、もっと平等だ)といった認識と並んで存在することになる。オーウェルは、スターリン政権における共産主義の「労働者の平等性」を風刺している。スターリン時代、ソ連は「労働者」の国、「民主主義」の国をうたっていたが、実際は共産党の幹部が絶対統制をしいていた。***JE***

成功の秘訣は最大多数に逆らうことだ。

ジョージ・バーナード・ショー
『バーナード・ショーとの日々』
1949

スティーヴン・ウィンステンはロンドンのイーストエンドで組織された若いユダヤ系作家のグループ、「ホワイトチャペル・ボーイズ」の一員だった。政治的には急進派で、第一次世界大戦時の兵役には良心的拒否をした。彼と彫刻家である妻、クララ・バーンバーグはイギリスのハートフォードシャー州に暮らし、ショーはその隣人だった。

ウィンステンは社会改革主義者のヘンリー・ソルトの伝記の他、ショーに関する本を4冊——『バーナード・ショーの人生と仕事』(1946)、『バーナード・ショーとの日々』(1949)、『ショーズ・コーナー』(1952)、『愉快な使徒——バーナード・ショーの素顔』(1956)——出版している。

『バーナード・ショーとの日々』は、ショーが発した名文句の集大成だ。ウィンステンがこの書を執筆したのは、ショーの台詞をただ本にまとめたかったからだけでなく、ショーの考えについて世間が抱きがちな誤解を解きたかったからでもある。ショーの発言の中には、上記の言葉のように挑発的なものがある。ウィンステンは言う。「ショーの言葉には誤解されているものがあるけれど、彼は気にもしていないだろうね」。*IHS*

自由意志と決定論はカードゲームのようなものだ。配られたカードは決定論を示し、カードをどう切るかは自由意志を示す。

ノーマン・カズンズ
推定・伝聞
1951頃

ノーマン・カズンズは「サタデー・レビュー」誌の編集者を35年以上務め、その間、取りあげる題材を純文学からあらゆる分野の文学や時事問題まで広げ、発行部数を倍増させた。

彼は終生、世界平和のための活動に従事した。1960年代初頭、アメリカとソ連が交渉の席につき、1963年に部分的核実験禁止条約を締結したのも彼の陰での働きがあったからだ。またベトナム戦争に関しては、アメリカ軍の介入に断固反対した。

編集者だったカズンズは作家でもあり、数多くの作品を残した。『よき遺産——民主主義的機会』(1942)ではアメリカ政府がとった社会政策の失敗を批判したが、同国の過ちを正す能力については以前と変わらず楽観していた。著作には他に、原子力時代を考察した『現代人は退化している』(1945)や、いかに破壊的な兵器の製造及び使用が個人では制御できず、企業の支配下に置かれるようになったのかを説いた『権力の病理学』(1987)などがある。のちにカズンズは、カリフォルニア大学ロサンゼルス校で非常勤教授として精神医学を教えた。上記の言葉は「サタデー・レビュー」誌に掲載された記事「ゲーム・オブ・カード」からの引用である。*IHS*

思想は銃より強い。
我らが敵に銃を持たせる気はない。
ましてや、どうして思想を
持たせなくてはならない？

ヨシフ・スターリン
推定・伝聞
1952

∩ スターリンのおじ然とした優しげな外見は、どのようにソ連を治めているのかといういかなる問いも容赦なく抑え込む残忍さを覆い隠している。

何十年も前から、上記の言葉はただやみくもにヨシフ・スターリンのものだとされてきた。しかし、彼が同様の効果を有する言葉を発したことを証明する文書さえ1つもない。とはいえ上記の言葉は、彼が統治の基礎とした主義を的確に言い表している。このソ連の独裁者は意向に従わない者に対して大規模な粛清を行ったことや、異なる民族性を持つ何百万もの人を容赦なく弾圧したことで悪名高い。自身の絶対的権力への脅威を弱体化させるのに必要とあれば、どんなことでもした。反革命主義の思想が広まるのを阻止するために厳しい処罰を設けたのもその一例だ。

思想は武力よりも強しという信念は、古くから多様な言いまわしで表現されてきた。「ペンは剣よりも強し」という格言の変形だ。最も古い表現はアッシリアの賢者アヒカル（紀元前700）が収集した格言の中に見られ、それには「言葉」は強しとある。おそらくスターリンは歴史を鑑みて、新たな思想には社会革命をもたらし政府を転覆させる力があるとわかっていたのだろう。たとえ上記の言葉が彼の偏執性的な信条の1つにすぎないとしても、この言葉が伝える概念は説得力があり廃れることはない。*TJ*

誰かを政治問題で悩ませたくないなら、1つの問題に2つの側面があるとは言うな。1つだけ教えてやればいい。もっといいのは、何も教えないことだ。

レイ・ブラッドベリ
『華氏451度』
1953

アメリカのSF作家であり怪奇作家、幻想作家であるレイ（レイモンド・ダグラス）・ブラッドベリはディストピア小説『華氏451度』（1953）や、同じくSFの短編集2作『火星年代記』（1950）と『刺青の男』（1951）の著者として有名である。

『華氏451度』の舞台は、行政機関が大規模な本焼却運動を始めた未来のアメリカ社会だ。政府は本の所有を法律で禁じ、知識人を支配するために本を焼却した。本書に登場する上記の台詞には、あらゆる独裁政権の見解が集約されている。つまり、どんな問題にも少なくとも2つの側面があるということや、民衆に知的及び政治的な選択肢を与えると政情に不満を抱く恐れがあるということを認めているわけだ。実際、民衆に選択肢を与えなければ、得られる情報を制限し、怒りを最小限に抑え、出来事に対する解釈をゆがめ、何ができそうかという思考の幅を狭めることができる。何も知らなければ、民衆は権力者が望むように物事を考えるだろう。このように効果的な社会統制は、情報の供給制限という政策を推進できるか否かにかかっている。 *JE*

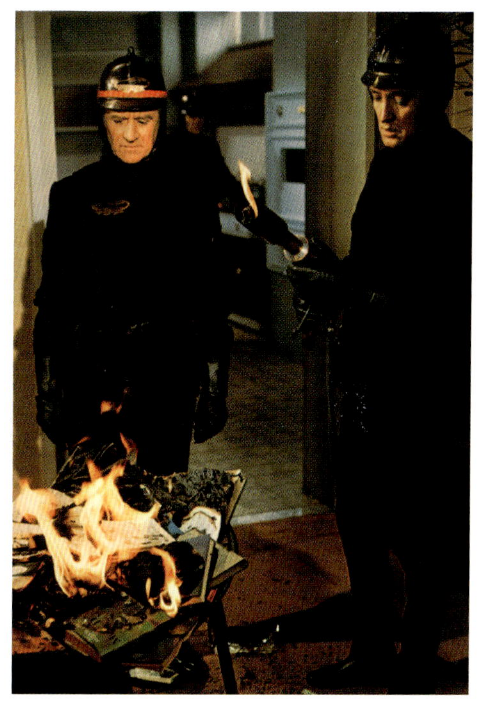

∩ フランソワ・トリュフォー監督の映画『華氏451』（1966）で、シリル・キューザック（左）とオスカー・ウェルナーが書物を焼却している。

嘘をついて勝利するより、信条を貫いて敗北するほうがいい。

アーサー・カルウェル
推定・伝聞
1960

∩1960年、アーサー・カルウェルはニューサウスウェールズ州の裁判長に宣誓就任するため、シドニーの最高裁判所に向かっている。

アーサー・カルウェルは1940年から72年までオーストラリアの下院議員を、1960年から67年までオーストラリア労働党の党首を務めた。1966年6月21日、集会に出席した後、車に乗り込んだところを狙撃された。傷はほとんど負わなかったが、オーストラリア史上、暗殺の標的にされた2人目の政治家になった。

カルウェルが発したとされる上記の言葉は、政治と真実の関係を説いている。政治家というのは、選挙で勝つためには平気で嘘をついたり聞こえのいいことを言ったりすると思われがちだが、カルウェルは嘘をついて政治的勝利を得るより、真実を述べて敗北の危機にさらされるほうがいいと断じている。二枚舌を使う政治家を戒めると同時に、政治権力を手にすることよりも真実を語ることに価値を置き、そうするよう促しているのだ。

一般市民が政治家の誠実さに疑念を抱く世の中(加えて、世論調査に左右されて嘘同然の政治的声明がなされる世の中)において、カルウェルのものとされる格言は、我々には個人的な権力志向や権力欲よりも真実を優先させる義務があるのだと、いま一度思い起こさせてくれる。*JE*

市民の務めは声をあげ続けることだ。

ギュンター・グラス
推定・伝聞
1960頃

ギュンター・グラスはピカレスク小説『ブリキの太鼓』(1959)の著者として、また1999年のノーベル文学賞受賞者としてよく知られ、人生の大半は戦後ドイツの道徳心を体現していたと言われている。社会民主主義者(穏健な左派)で、著作はいずれも政治を扱っている。『局部麻酔をかけられて』(1969)ではベトナム戦争を、『女ねずみ』(1986)では核戦争によるハルマゲドンを描き、『はてしなき荒野』(1995)ではその6年前に実現したドイツ再統一を題材にしている。

2006年、一般読者が驚いたことに、グラスは自叙伝を出版する直前、自分はこれまで第二次世界大戦時の兵役について防空部隊の徴集兵だったと言っていたが、実は最も熱心なナチス信奉者の兵士から成るヒトラー直属の精鋭戦闘部隊、武装親衛隊に所属していたと告白した。このため、彼は作家としても道徳的権威としても地位を失墜させた。

上記の言葉は地位の失墜以前のもので、彼の戦歴がどうであれ、いまでも引用する価値がある。言葉に込められた心情は、牧師のマルティン・ニーメラーが表したそれに通じる——誰かが犠牲になっている時に声をあげなければ、自分が犠牲になった時に声をあげてくれる人はいない。*JE*

革命とは未来と過去のはざまにある命を賭した戦いである。

フィデル・カストロ
演説
1961

フィデル・カストロは1959年から2008年まで、キューバの政治指導者だった。上記の言葉は、キューバ革命2周年を記念して行われた演説で発せられた。キューバ革命では、マルクス・レーニン主義派勢力が将軍フルヘンシオ・バティスタ率いる右派の独裁政権を転覆させた。

根底には、革命は一度ならず起きるという見解がある。すべてが悪かったわけではなく、革命では誤った部分を是正したのだ。カストロは、革命は繰り返されると考えていた。どんな政治組織でも、時期が来れば過去は廃れて不要になり、希望だけが明日に存在し、明日は今日が昨日にならなければ始まらない。

こういった急進的な言葉はキューバの隣国、とりわけアメリカを悩ませた。カストロが自国の商業や産業をすべて国営化し、国内にあるアメリカの企業の資産を没収すると、アメリカは警戒体制をしいた。

ワシントンが打倒カストロの試みに失敗して(ピッグス湾事件)、ハバナとの外交及び通商関係を断ったのを受けて、カストロは主要な貿易相手をソ連に変えた。その後、ロシア製の核弾頭がこのカリブ海に位置する島国に運ばれると、世界は核戦争の危機に直面した。*JE*

わが同胞であるアメリカ国民の皆さん、国があなたのためにしてくれるかを問うのではなく、あなたが国のために何ができるのかを問うてください。

ジョン・F・ケネディ
就任演説
1961

今日のアメリカは、生命と自由と幸福追求の基本的権利が保障されている国であり、他国が同様の精神を有するよう世界を取り締まる国だという世評を得ている。この断固たる非孤立主義精神の種は、ジョン・F・ケネディの就任演説にうかがえる。彼は演説で、アメリカは「自由の存続と達成」に必要なことはどんなことでもすると宣言した。つまり、言論の自由、公平かつ迅速な陪審裁判を受ける権利、連邦制の政府といった権利章典の原則を維持するということだ。

この15分間の演説で、新大統領は同胞であるアメリカ国民に、一致団結して人類の共通の敵——病気、貧困、圧政、戦争——に立ち向かおうと呼びかけた。さらに、ソ連との軍備拡大戦争に終止符を打つことや、核の時代における平和への願いについても明確なメッセージを送った。上記の言葉は演説の終わり近くに登場する。人間の状態というのは他者本位であり、人間は皆、共依存関係にある世界市民だと強く訴えている。*JP*

∩1961年、就任パレードに向かうケネディと妻ジャッキー。

⊃ 就任演説を行うケネディ。

PRESIDENT OF THE UNIT
E PLURIBUS UNUM

自由というものは一世代で潰(つい)える運命にある。

ロナルド・レーガン
フェニックス商工会議所での演説
1961

これはレーガンの政治家としての経歴に、確かな足跡を残した演説の1つである。名の知られた映画俳優だったレーガンは、1940年代に映画俳優組合の代表を務め、交渉人としても指導者としても手腕を発揮した。もとはリベラル派の民主党員だったが、1950年代にアメリカ、とりわけハリウッドでの共産主義者の抵抗を懸念して保守派に宗旨変えをした(彼の有名な弁がある。「私が民主党を離れたのではない。民主党が私から離れたのだ」)。1960年代初め、全米ライフル協会の顔の1人となる。1964年の大統領選時、共和党の予備選挙でバリー・ゴールドウォーターを支持した。アリゾナ州フェニックスの商工会議所で演説をしたのは、その3年前のことだ。1967年にカリフォルニア州知事として同様の言葉を口にしているが、彼が焦点としたのは自由主義にのっとった民主主義の持つ脆弱性だ。「我々は自由を次の世代に受け継がせてこなかった。我々は自由のために戦い、自由を守り、次世代の者たちが同じことをするよう伝えなければならない。さもなければ、いずれ自分が年老いたとき子や孫たちに、かつて国民が自由だったアメリカがどんなふうだったかを語ることになる」。*IHS*

多くを与えられた者は多くを求められる。

ジョン・F・ケネディ
演説
1961

アメリカ大統領ジョン・F・ケネディは1961年1月9日、マサチューセッツ州議会での演説でこの言葉を発した。彼は自ら簡潔で正鵠(せいこく)を射た言葉を生み出すこともあったが、他者の言葉を誤用したり、元の発言者を間違えたり、台無しにしたりすることも往々にしてあった。そういったあやふやな引用の中には出典が不明なものもある。しかし上記の言葉はそれにあたらない。もとはギリシャ語で書かれ、さまざまな言語で訳されている新約聖書のルカによる福音書12章からの引用だ。

ルカによる福音書によると、イエスは主人の意向に添うべくしかと目を開けて主人の帰りを待つ僕(しもべ)をたとえにあげて、この教えを弟子たちに授けている。だが、ケネディはこの言葉を用いて指導者の責任に言及した。指導者というものは4つの資質——胆力、判断力、誠実さ、献身の精神——を基準に「歴史という最高裁判所」によって評価が下される、と彼は述べた。多くの人が、ケネディこそこの4つの資質をすべて備えていたと考えている。それゆえ、彼は西欧諸国の偉大な指導者として人々の記憶に刻まれているのだ。*JF*

自由のために死ぬ覚悟がないなら、己の辞書から「自由」という言葉を削除せよ。

マルコム X
「シカゴ・ディフェンダー」紙
1962

上記の言葉は、伝記作家のピーター・ゴールドマンが自著『マルコム X の人生と死』(1973) で紹介しているが、もとをたどれば 1962 年 11 月 28 日にアフリカ系アメリカ人向けの数少ない新聞の一紙「シカゴ・ディフェンダー」に掲載された文句だ。同紙はアフリカ系アメリカ人のために公民権闘争をはじめさまざまな運動の最前線に立っていた。

1960 年代初期の黒人活動家の中でも、マルコム X はひときわ物議を醸(かも)した人物だ。とはいえ、公民権運動では全国に及ぶ人種差別の撤廃——加えて教育、法律、選挙における平等な権利——を求め、黒人の地位を向上させた。

本名マルコム・リトルは 1925 年に生まれ、1940 年代末、刑務所に服役中にイスラム教に改宗し、「ブラック・ムスリム」とも呼ばれる分離主義組織「ネーション・オブ・イスラム」に加わった。1952 年に出所した彼はマルコム X と名乗り、組織及び同組織の指導者イライジャ・ムハンマドのスポークスマンになった。しかし「シカゴ・ディフェンダー」紙に上記の発言をした頃、「ネーション・オブ・イスラム」の露骨な人種差別に失望を抱くようになっていた。結果, 1964 年に脱退。1965 年、同組織のメンバー 3 人に暗殺された。*ME*

∩ マルコム X はニューヨーク州マンハッタンにあるオードゥボン舞踏場で、スピーチの準備中に射殺された。

確かに犯罪と犯罪者だけが、根本悪という難問を我々に突きつける。だが、本当に芯から腐っているのは偽善者だけだ。

ハンナ・アーレント
『革命について』
1963

∩ ハンナ・アーレントは哲学者という言葉は限定的だと考え、そう称されるのをきらった哲学者だった。

ヨハンナ・ハンナ・アーレントはドイツに生まれ、アメリカで生涯を終えた政治理論家だ。ヒトラーが政権を掌握するとヨーロッパから逃れ、最終的にアメリカ市民となった。アーレントが1961年にエルサレムで開かれたアドルフ・アイヒマン――ナチスによる「ユダヤ人問題の最終的解決」の立案者の1人――の裁判を記録し、報じたことはよく知られている。「悪の陳腐さ」という有名な文句は、彼に言及する中で生まれた。

上記の言葉の出典である書で、アーレントは18世紀後半に起きたアメリカ独立革命とフランス革命を比較している。彼女の大局的な見解では、当時は一般的ではなかったが前者は成功裡に、後者は悲惨な結果に終わったとしている。

また、フランス革命の指導者マクシミリアン・ロベスピエールの偽善行為を分析し、犯罪や犯罪者は難解な代物で、さらにこの2つの関係はよりいっそう難解だが、犯罪者は罪をあがなうことができる、少なくともその可能性はあると結論づけている。しかし贖罪するには、自ら犯した罪を認識しなければならない。偽善者というのは過ちを認めない。自分のとった道は誤っていたと認めないのだから、最も卑劣な犯罪者よりも質が悪い。

JE

統率力と学識は、切り離せない関係にある。

ジョン・F・ケネディ
演説（未発表）
1963

上記の言葉は、アメリカ大統領ジョン・F・ケネディが1963年11月22日の夜、テキサス州ダラスにあるトレードセンターでダラス市民議会員に向けて行う予定だった演説の一部だ。しかしその日市内をパレード中、頭部に銃弾を受け、搬送先の病院で死亡した。

原稿——約15分で2500語——の内容は、上記の見解で言及されているように教育から、彼の言う「地上では善意の人々に平和が訪れるという古来の観念」の実現において、アメリカが果たすべきより幅の広い役割へ移る。さらにそこから、共産主義国家ソビエト連邦からの外交的勝利を祝う弁に進む。ソ連はこの少し前に、キューバへの大陸間弾道ミサイル供給をめぐってアメリカと対立したが撤退を余儀なくされている。

ケネディ大統領ならば、さらにこう言っただろう。「それは常に我々の目標でなければならない。我々の大義の正しさが、常に我々の強さの根底になければならない。なぜなら、太古に言われていたように『主御自身が守ってくださるのでなければ、町を守る人が目覚めているのもむなしい』（旧約聖書、詩編127章）からだ」。*JE*

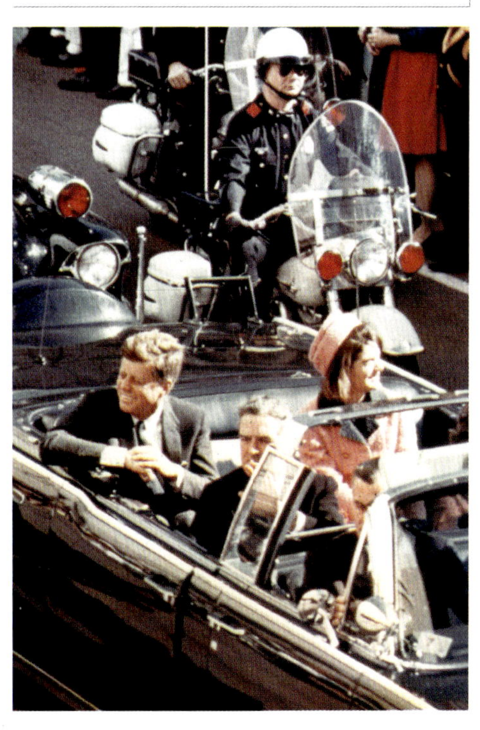

∩ダラスにて、ケネディ大統領はオープントップのリムジンで人生最後のパレードに出発する。

私には夢がある。
それは、いつの日か、私の4人の幼い子供たちが
肌の色によってではなく、人格そのものによって
評価される国に住むという夢である。

マーティン・ルーサー・キング・ジュニア
演説
1963

∩1963年、ワシントンDCのリンカーン記念館に向かってデモ隊を率いて行進する公民権運動の指導者たち。

∩歴史に残る演説をした演壇に立つキング。

1963年8月28日、公民権運動の一環として実行された職と自由を求めるワシントン大行進は、リンカーン記念館の階段で行われたマーティン・ルーサー・キング・ジュニアの感動的な演説で最高潮に達した。キングはこの演説で独立宣言や合衆国憲法、リンカーンのゲティスバーグ演説、そして100年前に奴隷制度に終止符を打った奴隷解放宣言に言及した。

キングは長きにわたって公民権闘争で懸命に戦った。特に人種隔離政策をしいていた南部の州では、1950年代末から1960年代初めにかけて不服従を示すデモを何度も実施した。ワシントン大行進には、ジョン・F・ケネディ大統領が提唱した公民憲法を支持する大勢の人が集結し、結果、黒人、白人を問わず25万人の参加者の力によって歴史的成功を収めた。

「私には夢がある」と題され有名になったキングの演説は、テレビで生中継された。彼がアメリカの歴史を引き合いに出したあと、群衆の中にいた歌手のマヘリア・ジャクソンが叫んだ。「夢を話してやって、マーティン」。キングはその場で考えた言葉を加えながら、熱い口調で演説の結びを唱えた。その一部である上記の言葉は、演説の中でも最も頻繁に引用される文言の1つである。***ME***

MARCH ON WASHINGTON

政治の世界で1週間は長い期間だ。

ハロルド・ウィルソン
推定・伝聞
1964

上記は、時とともに広く認められるようになった言葉だ。現代の生活はめまぐるしく変化し、現代の政治に制限速度がないのは確かだ。たとえ政治家が月曜日に成功を収めても数日で忘れ去られ、その直後に起きた出来事で、金曜日には前途洋々としていた政治生命が断たれていることさえあり得る。日々のマスコミ報道は加速する一方だ。評論家は互いに優位を競い合い、その競争には神聖なところが何一つない。政治家はほんのささいな過ちを犯しただけでも責任を追及され、自分も人間だという弁明が有権者の耳に残ることはほとんどない。

ハロルド・ウィルソンは上記の言葉を最初に使った政治家だと言われている。労働党員だった彼は1964年から70年及び、1974年から76年までイギリスの首相を務めた。在任中、当初は経済の安定を維持していたが、1960年代末、彼は北アイルランドに軍隊を派遣した。2度目の政権は安定を欠いた。率いていた政権は少数与党で、経済は急速に悪化した。1976年3月16日、突然辞任を発表し、その後をジェームズ・キャラハンが継いだ。上記の言葉は1964年のポンド危機の最中に発したとされるが、1977年、そのことについて尋ねられた時、彼は自分がそう言ったことを思い出せなかった。*IHS*

政治の世界では、何か言ってもらいたいなら男性に頼みなさい、何かしてもらいたいなら女性に頼みなさい。

マーガレット・サッチャー
演説
1965

のちにイギリス初の女性首相となるマーガレット・サッチャーがこの有名な発言をしたのは、全英都会女性組合で「女性はもう従者ではない」というテーマで演説をした時のことだ。ここからイギリスの政界で最高位に就くまでに14年の歳月を要したが、この時すでに注目に値する女性として存在感を示していた。

1979年の総選挙で勝利し、保守党を政権奪還に導くと、不屈の政治姿勢と断固としたリーダーシップで一躍世界に名をとどろかせた。ソ連のジャーナリストが彼女を「鉄の女」と称し、サッチャーは政界から引退するまでこの言い得て妙な異名で呼ばれることになる。

サッチャリズムとして知られる広範な自由市場政策は、戦後のイギリスの指導者には見られないほど、国内での評価が分かれ、サッチャー陣営の人たちでさえ、彼女のもとで仕事にあたるのは難儀だと思うことがあった。愚か者には容赦がなく、彼女のいるところで閣僚（主に男性）が神経質になっていたのは有名な話だ。かたやフェミニストたちは、サッチャーが職場での女性の地位向上を図ると公言していたにもかかわらず、将来の展望を明るくするようなことはほとんどしていないと不満を抱いていた。*ME*

男性は敵ではなく、女性と同じく犠牲者です。本当の敵は、女性自らの自己に対する過小評価なのです。

ベティ・フリーダン
「クリスチャン・サイエンス・モニター」紙
1967

ベティ・フリーダンは、アメリカ屈指の女性解放運動家である。1966年には全米女性機構の、1969年には全米反堕胎禁止法協会（NARAL）の設立に尽力した。妻であり母親でもあったフリーダンは、子を持つ女性が働けないという社会的制約に異を唱えた。著書『新しい女性の創造』（1963）では、女性が家族の世話をするという従来の役割以外で個人的な充足感を得る道を探り、フェミニズムの第2の波を起こした。

急進的なフェミニストとは違い、フリーダンは男性を悪の根源だとはしなかった。女性は自分たちが劣っているものと思い込み、既成の女性像にとらわれているがゆえ、女性を従属する立場に追いやっている社会的勢力に屈しているとした。

今日の女性は当時ほど男性に従属してはいないし、配偶者に世帯主という立場を明け渡しもしていない。しかし、職場でのガラスの天井は依然存在する。男性の経歴のほうが高い軌道を描き、高い収入を得ている。女性が自己主張をできないのは、自らを貶（おとし）めたり、昔ながらの安定を求めるからだろうか。フリーダンが言うように、おそらく「男性と同じく女性にとっても、自分の能力を見いだし1人の人間としての自分を知る唯一の方法は、自分ならではの創造的な仕事をすること」だろう。*JF*

革命は熟して落ちるりんごではない。りんごが落ちるようにしなければならないのだ。

チェ・ゲバラ
『チェ・ゲバラ名言集』
1967

アルゼンチン生まれのエルネスト・〈チェ〉・ゲバラはマルクス主義のゲリラ指導者であり革命家、軍事理論家、医師である。彼はキューバ革命での経験をもとに既存のゲリラ戦術を発展させて、『ゲリラ戦争』（1961）を執筆した。彼が基本とする信条の1つは、的を絞って慎重に行動すれば、ほんの数名の工作員で大規模な反乱を起こすことができるということだ。

マルクスとエンゲルスによる書が世に出て以来、社会主義者や共産主義者、無政府主義の急進論者は、資本主義を崩壊させる戦略を討議してきた。上記の言葉は、革命時の戦略に関していまだ答えの出ていない多くの疑問を思い起こさせる。保守的なマルクス主義者の中には、経済の危機と矛盾は革命を生む状況や社会的大変動をもたらす、よって、いずれ資本主義は自ら崩壊すると考える者がいる。かたやゲバラは、資本主義は揺さぶらなければ崩壊しないと主張している。

1967年、ゲバラはボリビアで政府軍との抗争に加わった。彼は捕らえられたのち政府軍兵士に射殺され、名もなき墓に他の者たちとともに葬られた。30年後、彼の遺骨が発見され、キューバに帰還した。現在、キューバにはゲバラに捧（ささ）げる記念碑が建てられている。*JE*

革命とは抑圧された人たちの祭りです。

ジャーメイン・グリア
『去勢された女』
1970

∩ オーストラリア生まれのジャーメイン・グリアは、イギリスで最も有力な女性解放論者の1人となった。

いかなる革命も、その主旨の声明を出すべきである。1960年代、文化的変革にともなってフェミニズムの第2波が生じ、1970年代に1つの政治勢力になった。その時の文書には注目に値するものがある。ベティ・フリーダンやグロリア・スタイネム、メアリー・キング、エリカ・ジョング、ジャーメイン・グリアなど、女性活動家や女性作家によって書かれた文書だ。

上記の言葉が登場するグリアの書は、世間の目を女性解放運動に向けさせ、「オズ」や「プライベート・アイ」、「サック」といった風刺雑誌で高い評価を得ていたジャーナリストたちが一般にも知られるようになった。グリアは「ライフ」誌の表紙も飾り、そこには「男性でさえ惹かれる凛々(りり)しいフェミニスト」というキャプションが添えられていた。グリアは男女平等を訴えるのではなく、女性解放を支持して性による差を説き、「女性の解放は自己確立や自己決定につながる」と主張した。公の場でも性について論じ、変化をもたらすのは革命しかないと明言した。グリアがニューヨークで行われた公開討論で、女性解放運動の強硬な反対論者ノーマン・メイラーと激論をかわしたのは有名である。*IHS*

貧しい人に食べ物を施すと、彼らは私を聖人と呼ぶ。どうして貧しいのかと問うと、彼らは私を社会主義者と呼ぶ。

エルデル・カマラ
推定・伝聞
1970

エルデル・カマラは1964年から85年まで、ブラジルのオリンダとレシフェでカトリック教会の大司教を務めた。解放の神学の提唱者であり、貧しい人たちの福祉の向上に寄与——時に「スラム街の司教」とも称される——し、政治的にも人権と民主主義を擁護したことで知られている。

上記の言葉は、司祭のジルド・ロチャが自著『神が遣わした人、エルデル——ブラジルの教会の道を築いた人生』(2000)で紹介している。カマラはローマカトリック教会の方針に倣う人ではなかった。仲間の聖職者に、貧困がどのようなものかを知るために貧しい生活を送るよう呼びかけた。バチカンの教義のいくつかを声高に批判した。とりわけ避妊禁止に関して、最初は「過ち」だと、のちに「拷問」だと述べた。また暴力については、自分は暴力を行使しないが、不正と戦うために慎重に用いるならば完全に否定はしないと公言した。

後者の見解はローマ法王の不興を買っただけでなく、カマラが司教だった当時、表向きには二大政党制を標榜していた軍事独裁体制のブラジル政府の注意を引いた。**JE**

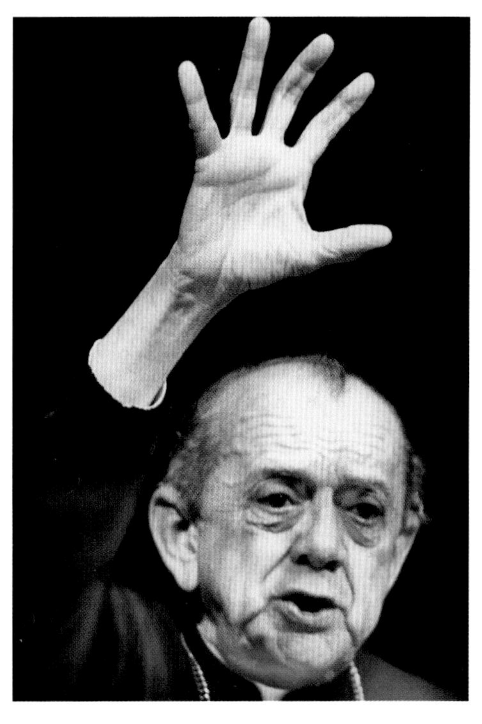

∩エルデル・カマラは、ブラジル政府や自分より高位の聖職者を臆することなく批判した。

国の偉大さの尺度となるのは、危機に際して慈悲心を保てる能力だ。

サーグッド・マーシャル
ファーマン対ジョージア州裁判
1972

サーグッド・マーシャルはリンドン・B・ジョンソン大統領に任命されて、連邦最高裁判所判事に就任した。在任期間は1967年から91年まで。アフリカ系アメリカ人初の判事である。判事になる以前から、最高裁判所での裁判で弁舌をふるい、何度も勝訴していたことで名を知られていた。黒人と白人の分離教育は違憲であるとの判決が下ったブラウン対教育委員会裁判（1954）では、原告側弁護団の一員として勝利を収めた。

上記の名言は、死刑の採択は州によって大きく異なるため文字通り専断的であり、よって憲法に反するという判決文に添えられた言葉だ。極刑には断固反対の立場をとっていたマーシャルによる補足意見である。

ファーマン対ジョージア州裁判の結果を受けて、全米で死刑の執行が一時停止になったが、1976年、グレッグ対ジョージア州裁判で死刑の合憲性が見直された。死刑の再導入後、1977年1月にユタ州が最初に刑を執行した。*JE*

希望は決して沈黙しない。

ハーヴェイ・ミルク
推定・伝聞
1975頃

ハーヴェイ・ミルクはアメリカの政治家だ。同性愛者であることを公表したうえで初めて市議に選ばれた人物（カリフォルニア州サンフランシスコ市管理委員会の一員となる）として有名だ。約11か月の在職期間中に、同性愛者の権利条例の制定に尽力した。1978年11月27日、ジョージ・マスコーニ市長とともに、元市議のダン・ホワイトに暗殺された。

上記はミルクの言葉だとされているが、出典は不明である。しかし、行動主義者であり政治家だったミルクの人生で、希望は繰り返し登場するテーマだ。ある演説の中で、彼は自身の選挙について、性的指向が原因で虐げられている人々だけでなく、人種や年齢などで虐げられている人々にとっての政治的勝利でもあると述べた。自分を虐げているものと戦わなくてはならない、なぜなら戦うことで他の人に希望を与えられるからだ、希望のない人生は生きる価値がない。これがミルクの基本理念の1つだ。彼が言うように、「これはすでに諦めてしまった国にとっての希望だ、なぜなら同性愛者が戦いに勝利すれば、すべての人に扉が開かれるからだ」。*JE*

民主主義は
すべての人を奴隷にする。

カール・クラウス
『半分の真実と1.5倍の真実』
1976

カール・クラウスは1874年、オーストリア=ハンガリー帝国の領土(現チェコ共和国)で生まれた。ユダヤ人だが、若い頃にキリスト教に改宗した。戯曲、風刺小説、随筆、格言集、詩など多岐にわたるジャンルの作品を上梓(じょうし)している。人種差別や死刑に反対し、誤った文法や不明瞭な散文を手厳しく批判した。ほぼ生涯、平和主義者として過ごし、第一次世界大戦(オーストリアはドイツと同盟を結んだ)の原因は偽りで、戦争が勃発したのは権力者が本当のことを言いも書きもしなかったからだと考えていた。「外交官はジャーナリストに嘘をつき」彼は言った。「ジャーナリストが書いた文章を見て、自分は真実を述べていたと思う」。

クラウスはこう書いている。「格言が真実と符合することは決してない。半分真実か、1.5倍真実かのどちらかだ」。これは、民主主義について述べた上記の言葉にも当てはまる。民主主義が称(たた)えはするが実践できているとは言いがたい平等主義を、皮肉をこめて説いている。この他、クラウスの辛辣で、ときに挑発的な格言には、「精神分析というのは、それを精神疾患の治療と思いこんでしまう精神疾患だ」や「人を現状より悲惨にしてやれると思っている悪魔は楽観主義者だ」などがある。どう解釈するかは、あなた次第だ。*JF*

⊃ 1928年に撮影されたクラウス。
彼は社会主義、特に中国の社会主義が
民主主義よりも優れた政治制度を生み出すと考えていた。

行儀のいい女性に歴史はまず作れない。

ローレル・サッチャー・ウルリック
「アメリカン・クォータリー」誌
1976

この言葉が最初に登場したのは、「高潔な女性の発見」と題した雑誌掲載の随筆だ。執筆者は初期のアメリカと女性を専門とする、ハーバード大学の教授である。

上記の表現は、コットン・マザー（清教徒の牧師、活動家、セイラム魔女裁判の強硬な支持者）の言う「隠された女性たち」——敬虔（けいけん）で行儀のいい植民地時代の女性——に関する彼女の研究を見事に言い表している。

植民地時代の女性は、頌徳（しょうとく）の辞くらいでしかその存在が知られることはなかった。表だって意見を言えば汚名を着せられ、歴史的文書に名前が記された。

やがてウルリックの言葉は女性団体に受け入れられた。ウルリックも2007年にこの言葉に戻り、3人の女性——クリスティーヌ・ド・ピザン、エリザベス・キャディ・スタントン、ヴァージニア・ウルフ——の主著を考察する書『行儀のいい女性に歴史はまず作れない』を執筆した。この言葉を再考した理由は現実的だ。「あの標語が世間に知れわたったおかげで、歴史を学んでいない人たちに手を差し伸べ、歴史の本質について新たな疑問を提示するよう促せる機会を得られたから」。*IHS*

「目には目を」という考え方は、世界中の目をつぶしてしまう。

マハトマ・ガンジー
推定・伝聞
1982

上記の言葉は、リチャード・アッテンボロー監督の映画『ガンジー』(1982)に登場するが、ガンジーが実際に発したかどうかは不明だ。だが、彼の哲学が集約された言葉であることは間違いない。脚本を担当したジョン・ブライリーが生んだ言葉だとする説もあるが、原典はルイス・フィッシャーが1950年に上梓したガンジーの伝記だろう。フィッシャーはガンジーの非暴力主義をうまく表現しているが、ガンジーの言葉だとは言っていないし、いつ発せられたかにも言及していない。マーティン・ルーサー・キング・ジュニアは自著『自由への大いなる歩み』(1958)で上記の格言を別の表現で書き、その大もとが聖書の出エジプト記21章24節にある、報復は「目には目、歯には歯、それ以上であってはならない」という戒めだと記している。しかしイエスは弟子たちに、よこしまな人に対抗するのではなく反対の頬を差し出せと言うことで、この言葉の意図を一変させた。

キングはガンジーを信奉していたので、彼がフィッシャーの著書を読み、そこからこの概念を得たことは十分考えられる。キングがアラバマ州モンゴメリーでのバスボイコット事件に端を発する公民権運動で非暴力を貫いた背景に、イエスの教えがあるのは確かだ。*JF*

無重力は
偉大な平衡装置よ。

サリー・ライド
「ノヴァ」
1984

ワレンチナ・テレシコワが大気圏を離れた21年後の1983年6月18日、サリー・ライドはアメリカ初の女性宇宙飛行士となった。物理学で博士号を持つライドは、スタンフォード大学の学生新聞に掲載された宇宙飛行士候補者募集の広告を見て応募した8000人の1人だ。NASAに入局したのは1978年、スペースシャトル計画が1度目の打ち上げの準備に入っていた時だ。その後、彼女はスペースシャトル計画の7度目の飛行であり、チャレンジャー号の2度目の飛行の乗組員になった。打ち上げ前の記者会見で、彼女だけが次のような質問を受けた。「飛行は生殖器に影響を及ぼしますか？」、「将来、子供を産むつもりは？」ライドはこう答えた。「どうして誰も（船長の）リック・ホークに同じ質問をしないのですか？」

1984年に2度目の飛行をし、1986年のチャレンジャー爆発事故後には、事故調査委員会の一員になった。1987年、NASAを離れ、スタンフォード大学での研究を再開。2001年、科学の普及を目的としたサリー・ライド・サイエンス社を設立した。上記の言葉は、科学の世界には性による不均衡はないという、ライドの信念が如実に表れている。*IHS*

∩ 宇宙飛行中のチャレンジャー号で食事をしているサリー・ライド。

真実とは我々が考えていることだけでなく、なぜ、誰に、どういった状況でその考えを口にしたかをも含む。

ヴァーツラフ・ハヴェル
「誘惑」
1985

ヴァーツラフ・ハヴェルはチェコの作家であり哲学者、政治家である。政治家としては1989年から92年までチェコスロバキアの大統領を、チェコとスロバキアの「ビロード離婚」後の1993年から2003年まではチェコ共和国の初代大統領を務めた。彼が最初に名をあげたのはプラハの演劇界で、『ガーデン・パーティー』(1963)などの不条理主義作品の劇作家としてだ。その後、チェコスロバキアの共産党政権に抵抗する市民フォーラムを組織し、その指導者となった。

「誘惑」は冷戦時代の共産主義国を舞台にした、ファウスト的な戯曲である。上記の言葉は、主張の「真実」とは単にその言葉の意味だ、つまり実際の内容だという考えを批判している。主張がなされた時点で誤解が生じるか否かは、いくつかの要素によって決まる。その要素には、発言の目的や聞き手、発言した時の状況などがある。演劇で人を惑わせるような修辞的手法が種々使われるのは、「正確に解釈すれば」真実である台詞の影響に偏見を抱かせることができるからだ。主張が意味することを効果的に膨らませたり縮ませたり、あるいは解釈をゆがめさせたりできるというわけだ。要するに、言葉にされた「真実」は、一般に認識されている以上の要素に左右されるのだ。*JE*

我々は常にどちらか一方を支持しなければならない。中立は抑圧者を支援するだけで、被抑圧者の助けには決してならない。

エリ・ヴィーゼル
ノーベル平和賞受賞スピーチ
1986

ルーマニアのユダヤ人として生まれた本名エリエーゼル・〈エリ〉・ヴィーゼルはナチスに捕らえられたが、アウシュヴィッツ、ブナ・モノヴィッツ、ブーヘンヴァルトといった死の収容所を生き延びた。解放後はガス室で殺害された人たちのために、ホロコーストの体験を最初はフランスでジャーナリストとして、のちにアメリカで作家及び大学教授として語り続けた。主著に10代の頃の体験を綴(つづ)った『夜』(1958)がある。彼は強制収容所で父親の世話をしているうちに、真実や名誉、道徳といった概念も消滅してしまう恐れがあると気づき戦慄を覚えた。

ノーベル平和賞受賞スピーチでは、ナチス政権下での人生で得た教訓を振り返った。彼は「苦痛や恥辱に耐えている人がいる限り、沈黙はすまいと心に誓った」という。

ヴィーゼルいわく、沈黙は「抑圧者を勢いづかせるだけで、決して被抑圧者を勇気づけはしない。我々は繰り返し異を唱えなければならない。人の命が危険にさらされたり、尊厳が損なわれたりすれば、国境も感受性もなんら意味を持たなくなる。人が人種や宗教、政治思想を理由に迫害されれば、その場所が宇宙の中心になってしまう」。*JE*

文明人は傲慢さを捨て、謙虚な姿勢で自分たちも在来種であることを認識すべきだ。

アラン・フィンケルクロート
『思考の破滅』
1988

アラン・フィンケルクロートはフランスの随筆家である。著作には、西洋的価値観における多文化主義や相対主義の影響を論じるものが多い。2014年にはフランス語の維持に関連するあらゆる事柄を担う中央審議会、アカデミー・フランセーズの会員に選任された。

『思考の破滅』では、「文明」は多文化主義によって損なわれかねないと述べている。たとえばイスラム教徒のヘッドスカーフはフランス文化にそぐわないから、着用を禁止したフランス政府を支持するとする。こういった独自の価値観を持てなくなれば、それぞれの文化ならではの価値観は崩壊するというわけだ。

上記の言葉は、フランスの人類学者クロード・レヴィ・ストロースを批判する文脈に登場する。ストロースはいわゆる「文明化」された思考と、世界各地のいわゆる「文明とは無縁」の部族民の思考はなんら変わらないと主張していた。フィンケルクロートの世界観は異なる。彼によれば、「多文化主義とはさまざまな文化が混じり合うことではない。不信感が広がり……似たような社会がいくつも形成されて溝が生まれ……文化を嫌悪することが文化の一部になってしまえば、知的生活はいっさい意味を持たなくなる」。*JE*

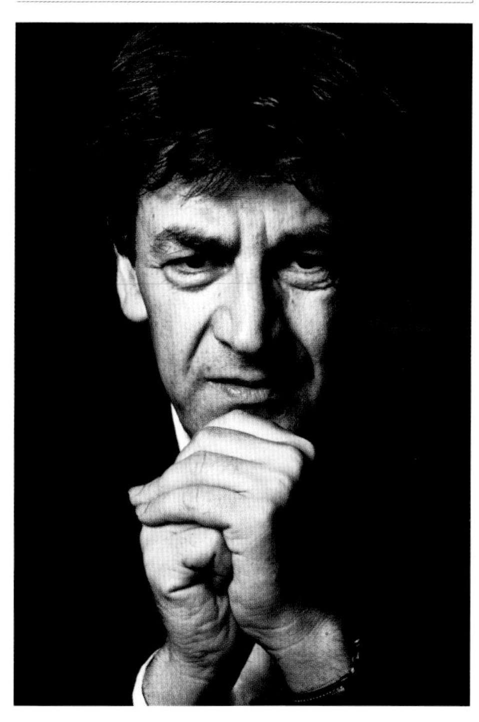

∩ アラン・フィンケルクロートは物議をかもすことの多いフランス左派の有識者だ。

私が席を譲らなかったのは疲れていたからだと人は言いますが、そうではありません……
いえ、そう、私は疲れきっていました、屈することに疲れていたのです。

ローザ・パークス
『ローザ・パークス自伝』
1992

∩ ローザ・パークスがバスで席を立たなかったことは、アメリカ史において最も重要な政治的事件の1つに挙げられる。

1955年12月1日、アラバマ州モンゴメリーで42歳のアフリカ系アメリカ人ローザ・パークスが、バスで白人男性に席を譲るのを拒んだのがきっかけで抗議の波が起き、やがて公民権運動に発展した。バスの「白人優先席」が空いていなかったので、白人男性がパークスに席を立つよう言ったが、彼女はそれを拒んだ。その結果、運転手が警察に通報し、パークスは人種分離法違反を犯したとして逮捕された。4日後、彼女が有罪を宣告されると、黒人たちはその後381日間、市営バスへの乗車をボイコットした。このボイコット運動は、新たに組織されたモンゴメリー改善協会と連携して行われ、この地に移ってきて間もない若きマーティン・ルーサー・キング・ジュニアがその先頭に立った。

教会やキングの自宅を爆破するとの脅迫もあったが、連邦最高裁判所は人種隔離政策は違憲であるとの判決を下し、ボイコット運動は1956年12月20日に中止された。運動を率いたキングはこの公民権運動の顔となった。1996年、ローザ・パークスはビル・クリントン大統領から自由勲章を授与され、1999年には「タイム」誌が選ぶ「20世紀で最も重要な100人」に名を連ねた。**ME**

人が持てる力を放棄するのは、たいてい自分には力がないと思うからだ。

アリス・ウォーカー
推定・伝聞
2004

アリス・ウォーカーは影響力のあるアメリカの作家であり、詩人、活動家だ。子供の頃、右目の視力を失ったあと、小作人だった両親からタイプライターを買い与えられた。書簡形式の『カラーパープル』(1982)は高く評価されている。本書は1930年代のアメリカ南部を舞台に、人種差別的な白人文化と男性優位の黒人文化に翻弄されるアフリカ系アメリカ人の女性たちの人生を描いている。この作品は、1985年にスティーヴン・スピルバーグによって映画化され、2004年にはオプラ・ウィンフリーとクインシー・ジョーンズによってミュージカル化された。ウォーカーは、黒人に特化したフェミニズムを表す「ウーマニスト」という言葉――エッセー形式の『母の庭をさがして』(1983)に登場する――を生み出したことでも有名だ。

ウォーカーの政治的活動は人種差別、性差別、階級社会など抑圧を生む支配体制を焦点にしている。ウィリアム・P・マーティン編のアンソロジー『自由主義の引用句集――なぜ左が正しいのか』に収録されている上記の言葉は、虐げられた人々がときおり抱く絶望感を指摘している。人は決して諦めたり絶望したりしてはいけないと訴える、老練な賢人の力強い言葉だ。JE

∩ アリス・ウォーカーは両親が仕えていた主人から、おまえのような者に教育は必要ないと言われたが、高度な教育を受けた。

最も辛辣ないがみ合いは政党間ではなく、政党内に存在する。

フィリップ・アダムズ
推定・伝聞
2005

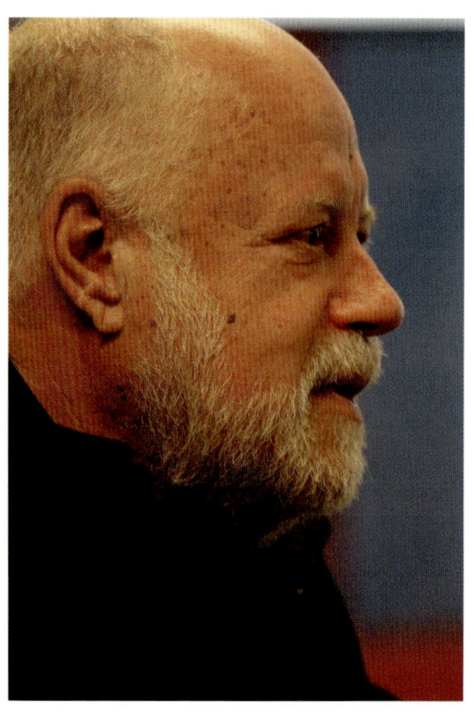

∩ フィリップ・アダムズは、
同じ党派の者ほど危険で信用できない者はいないと断言している。

フィリップ・アダムズは受賞歴のあるオーストラリアのジャーナリストであり映画制作者、アナウンサーである。頑固一徹な論客で、レギュラー出演しているラジオ番組「レイト・ナイト・ライブ」では特にその傾向が見られる。

しかし、上記の言葉は挑発的というよりも、事実を率直に述べているように思える。オーストラリアでは、2013年に首相のジュリア・ギラードが、同じ政党のケビン・ラッドに辞任に追いこまれた。イギリスでは1962年に、首相のハロルド・マクミランが突然、7人の閣僚を更迭した。これはのちに「長いナイフの夜」(皮肉にも、1934年のナチス政権下のドイツで起きた同名の事件に倣っている)として知られるようになる。

アメリカでも同様の例が数えきれないほどある。1804年、副大統領のアーロン・バーが建国の父であるアレクサンダー・ハミルトンと決闘を行い、彼を殺害した。南北戦争時には、アメリカ連合国の大統領ジェファーソン・デイヴィスとジョセフ・E・ジョンストン将軍が、何かで失敗するたびに互いに責任を押しつけあった。さらに1960年代には、ともに民主党員だったロバート・F・ケネディとリンドン・B・ジョンソンが反目しあっていた。*JE*

意味もない丘をめぐって争うネアンデルタール人だ。

カルロス・サンタナ
『ユニバーサル・トーン』
2014

世界平和を謳うポップスターの発言を陳腐だ、無意味だと馬鹿にするのは簡単だ。皮肉屋は、ジョン・レノンの「平和を我らに」は何人の命を救ったのか、と問うかもしれない。

しかしメキシコ出身のギタリスト、カルロス・サンタナは回顧録で、そういった声を封じた。上記は次の一節の結びの言葉だ。

「私は昔も今も、自分とは違うからという理由で人を忌み嫌うよう他人を仕向けたり、名をあげようとする人が嫌いだ。メキシコ人から、アメリカの男どもを足蹴にしてやれと言われて嫌悪を覚えたことがあるが、それは今も変わらない。これは実際にティファナで言われたことだが、私はそんなたわごとには耳を貸さなかった。我々は等しく人間だ。旗や国境、第三世界、先進国といったものはまやかしだ。そういった物はすべて、我々を1万年前と同じ状態に押しとどめてしまう」。

ラテンの趣のあるロックバンド「サンタナ」は、1960年代と70年代にシングルリリースの「ブラック・マジック・ウーマン」、「僕のリズムを聞いとくれ」や、アルバム『天の守護神』、『サンタナIII』、『キャラバンサライ』などで大ヒットを飛ばした。
JP

∩1996年、カルロス・サンタナはカリフォルニア州ハリウッドのサンセット通りにあるロックウォークに殿堂入りした。

肌の色、言語、信仰する宗教は問題ではありません。人間として互いに尊重しあうべきです。

マララ・ユスフザイ
ノーベル平和賞受賞スピーチ
2014

∩ ノーベル平和賞を授与されるカイラシュ・サティヤルティ。

⊃ ノルウェーのオスロで行われた授賞式で、聴衆に感謝の意を示すマララ・ユスフザイ。

1997 年生まれのマララ・ユスフザイが 10 代の時、彼女が住むパキスタンのスワート渓谷に、隣国アフガニスタンからタリバンが侵攻してきた。タリバンは女子の教育を禁じる厳格なイスラム法を強要し、少女たちを自爆テロ犯に仕立てた。

自由主義の教育者を父に持つマララは、これに屈しなかった。マララという名前は、19 世紀にアフガニスタン侵略を図っていたイギリス軍の前に立ちはだかった女性にちなんで付けられた。マララは「どうしてタリバンは私の教育の権利を奪うのか？」と題した演説や、幅広い読者のいる BBC のブログで侵略者たちを痛烈に批判したため、命を狙われる存在になった。そして 2012 年 10 月、タリバン兵に頭部を撃たれた。

重症を負ったマララは空路イギリスに搬送され、徐々に元気な体を取り戻した。彼女の声はいっそう多くの人に届くようになり、2013 年、16 歳の誕生日に、ニューヨークの国連本部で 500 人の聴衆を前に演説を行った。2014 年、その年のノーベル平和賞受賞者 2 人のうちの 1 人となった。同時受賞したのは児童労働に反対する運動を推進し、教育を受ける普遍的な権利を提唱するインドの社会改革主義者、カイラシュ・サティヤルティだ。*JE*

ALFR·NOBEL

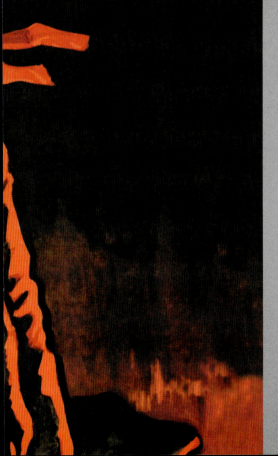

哲学

PHILOSOPHY

⊂ レーニンが著した理論的な哲学書は、ソ連の共産主義に大きな影響を与えた。

千里の道も
一歩から。

老子
『道徳経』
紀元前 550 頃

上記の言葉がいわんとするのは、何かをなす必要があれば、すぐに取りかかるのがいいということだ。同様の意味を持つ言いまわしは数多くある。「大きなオークの木も小さなドングリから生まれる」という古いイギリスの格言もその1つだ。

上記の中国の格言は老子が述べたとされるが、この道教の哲学者については、確かなことはほとんどわかっていない。実在していたかどうかも疑わしいと思っている人もいるが、広く認められているのは、紀元前1世紀の中国の歴史家、司馬遷が『史記』で記している説だ。この伝記的記述によると、老子は周王朝の法廷仕えの学者だった。しかし、『道徳経』は1人で作成できたはずがない、長年かけて2人以上、おそらくは大勢の作家によって編纂されたものだと考えられている。

司馬遷によると、老子は晩年、詩のような言葉で老子を称賛した若き孔子に出会い、彼を風や雲に乗って高く飛ぶ龍と比較したという。そのような出会いが実際にあったという確かな証拠はないが、儒学者たちは老子を聖人のように崇めている。*JP*

私には何かを
教えることはできない。
できるのは、
考えさせることだけだ。

ソクラテス
推定・伝聞
紀元前 425 頃

古代ギリシャの哲学者ソクラテスは何1つ書き残さなかったが、その教えや質問方法は2人の弟子――プラトンとクセノフォン――によって伝承され、ソクラテスは西洋哲学の祖として位置づけられている。

確証がないものの、広くソクラテスのものだとされている上記の言葉は、師として誰かに知識を伝授する能力に言及している。同様の見解は、プラトンの『テアイテトス』(紀元前 369 頃)――学問の本質をめぐるソクラテスとテアイテトスの対話篇――に見られる。ここでソクラテスは自らを知識の「助産師」にたとえ、人がすでに身につけている知識を「出産」する手助けしているだけだ(生来の知恵は自分がもたらしたものではない)と述べている。つまりソクラテスは、自分がしているのは、(人にその人が持っていない知識を)教えることではなく、本人がすでにある程度わかっていることを知力を駆使して見つけ出すよう促すことだと考えていた。ゆえに、『テアイテトス』に登場する台詞は、上記の言葉の前者(実際、人に何か新しいことを教えることはできない)の証であり、おそらく後者(できるのは、問題を通して自力で考えられるようにしているだけだ)の証でもあるだろう。*JE*

人間は万物の尺度である。

プロタゴラス
推定・伝聞
紀元前 420 頃

プロタゴラスはソクラテス以前の哲学者であり、プラトンは彼をソフィスト——古代ギリシャで若い貴族や政治家に雇われて教えを授ける弁論家——の1人だとしている。彼はプラトンの対話篇(へん)によって普及の名声を与えられただけでなく、『神について』、『美徳について』、『大望について』など、現存しないが多くの書を著したと古くから考えられている。

プラトンの『テアイテトス』(紀元前 369 頃)に由来するとされる上記の言葉は、プロタゴラスを有名にした文言だ。彼が哲学相対主義——実質的にいかなる観点も等しく正当であるという概念——を確立したと考えられているのは、この言葉ゆえだ。このあとに、人間は「ある物についてはある物の、ない物についてはない物の」尺度であるという記述が続くこともある。要するに、それが真実だという個人の主張は、その人の感覚によるものだということだ。プロタゴラスの業績に関して後世に伝わっているものはほとんどないが、哲学相対主義は著しく知的な難題を提示した。それに対し、認識論や倫理学においてであれ、政治哲学においてであれ、知識に関するさらに強固な哲学的主張がなされてもいいだろう。 JE

∩17 世紀のイタリアの画家、詩人、版画家であるサルヴァトール・ローザによる『デモクリトスとプロタゴラス』(1663-64)。

私は自分が何も知らないということを知っている。

ソクラテス
推定・伝聞
紀元前 399

古代ギリシャの哲学者であるソクラテスは、多くの人と幅広い議論をかわした。彼は偉大な高潔の士であり卓越した演説家だったとされている。しかし 70 歳の時、不信心と若者を堕落させた罪で有罪を宣告され、毒ニンジンの毒を飲まされて死刑に処せられた。その場面は、フランスの画家ジャック・ルイ・ダヴィッドによる『ソクラテスの死』(1787)に描かれている。

ソクラテスが高い評価を得ている一番の要因は、プラトンの『ソクラテスの弁明』に記されているように、自分は何も知らないと明言したことだ。上記の言葉はソクラテスが裁判の過程で、自分は自らの知識の限界を知っていると繰り返し訴えたことに関連がある。これは、ソクラテスの議論や対話において重要なテーマだ。彼は議論や対話の中で、相手に何度も質問を投げかけ、その人が提示された質問へのより奥深い答えを見いだしたり、それまでの確信に疑問を抱いたりするよう導く。たとえ上記の言葉の意図を的確にとらえるのが難しくても、ソクラテスがどのように知的な議論に取り組み、自身の知識の限界を知ることを説こうとしていたか、その姿勢を反映しているのは確かだ。 **JE**

吟味されざる生に、生きる価値はない。

ソクラテス
推定・伝聞
紀元前 399

ソクラテスは何も書き残さなかったが、人となりや哲学については、彼の弟子である作家プラトンが、自著に綴っている。上記の言葉が登場する『ソクラテスの弁明』には、ソクラテスが自らの命のかかる裁判で展開した抗弁(「弁明」の古い意味)の後半が記されている。

裁判の背景には、ソクラテスが変わり者として有名だったことがある。彼の奇抜な意見は、(喜劇作家アリストパネスの『雲』に見られるように)嘲笑の的だったが、それでも彼が身を置いていたギリシャ社会に多大な影響を及ぼし続けた。やがてその影響があまりにも強くなりすぎたと判断され、アテナイ市民はソクラテスを町の若者を堕落させたという曖昧でおそらくはでっちあげの罪で非難した。ソクラテスは頑強に抗弁したが、市民は彼を有罪とした。当初、裁判官はソクラテスに亡命を促したが、彼はそれを拒み、毒ニンジンの毒を飲んで刑に服した。

ソクラテスは知識と英知の追求のために、自ら殉教を選んだのだ。上記の言葉は、彼の選んだ道を示している。もし人の人生が内省と批判に費やされなければ、生きる価値がない(要するに、そのような人生を送るくらいなら死んだほうがましだ)ということだ。 **JE**

知恵が深まれば悩みも深まり、知識が増せば痛みも増す。

旧約聖書
「コレヘトの言葉」
紀元前300頃

昔から、「コレヘトの言葉」はイスラエルの王ソロモンが書いたとされている。また、彼は「箴言(しんげん)」と「雅歌」の著者とも見なされている。しかし、ソロモンが生きたのは紀元前10世紀であり、「コレヘトの言葉」は、それよりも約600年後の、アラム語の影響を受けたヘブライ語で書かれている。

「コレヘトの言葉」は旧約聖書では特異と言える。神への言及がほとんどなく、そこに見られる心情は、アブラハムの宗教よりも、同時代の概して快楽主義だったギリシャの哲学者に通じるものがある。

「コレヘトの言葉」全体に及ぶ主なテーマは運命の力と、それに抗(あらが)う無意味さだ。この項には、「天の下の出来事にはすべて定められた時がある」や「生まれる時、死ぬ時」、さらには冷静な観察眼を示す「一代過ぎればまた一代が起こり、永遠に耐えるのは大地」といったくだりがある。「すべては虚しい」がゆえ、「太陽の下、人間にとって飲み食いし、楽しむ以上の幸福はない」。

知識は力であると多くの人が言うが、上記の言葉は、知識は痛みにもなり得ることを思い起こさせる。*IHS*

∩「コレヘトの言葉」の著者はソロモン王だとされる。
この版画は、19世紀のフランスの画家ギュスターヴ・ドレの作品である。

大いなる知恵は寛大であり、浅はかな知恵は争いを好む。

荘子
『荘子』
紀元前3世紀頃

荘子は中国の戦国時代（紀元前475-221）に生きた、道教の始祖である哲学者だ。彼が執筆した『荘子』は、（老子の『道徳経』と並んで）道教の基本の書と見なされている。『荘子』にはたとえ話や逸話、寓話（ぐうわ）が数多く収められており、思い煩うことなく自然に倣う「道」を歩むよう説いている。

上記は、『荘子』の「内篇（ないへん）」（荘子自身が書いたとされる）にある言葉「大知は閑閑たり、小知は間間たり」の訳である。同書そのものは複雑で、矛盾と思える言葉も多い。

上記の言葉は「深い」理解と「浅い」理解の違いを明確にしている。前者では知恵は無限に広がるが、後者には限界があり、諍い（いさかい）を生む誤解や偏った考えに通じる。不完全な知識しか持たないのは浅い理解の証（あかし）であり、より完全に近い知識は知者の証であるということだ。*JE*

哲学者がまだ述べていないことで、不条理なものは何1つない。

キケロ
『予言について』
紀元前44

上記は、「そこも行ったし、それもした」を哲学的に表現した言葉だ。要するに、ルネ・デカルトが17世紀の論文「予言について」で述べているように、「人は、哲学者が誰もまだ言っていないような奇妙で信じがたいことは何も思いつくことができない」ということだ。

もとはラテン語である上記の言葉は、キケロと彼の弟クィントゥスの対話に登場する。2巻から成る同書の第1巻には、予言の実践を擁護するクィントゥスが描かれている。彼は説得の材料として腸卜（ちょうぼく）（生贄（いけにえ）の動物の内臓を調べることで得られる予言）や占い（鳥の飛び方を基にした予言）、その他の神託の価値を支持する意見を述べる。

第2巻には、それらに対するキケロの反論が綴（つづ）られ、最後にこう断じている。「自然についての知識と密接な関わりのある、真の宗教の影響を広範囲に広げることが義務であるように、迷信のすべての根を引き抜くことも義務である」。この発言のあと、キケロとクィントゥスはともに、昔ながらのソクラテス問答法に従い、目の前の問題に最終的な判断を下すのではなく、読者個々に判断をゆだねることを良しとした。*IHS*

物事は必ずしも見かけ通りとは限らない。

ファエドルス
『寓話集』第5巻
50頃

ガイアス・ジュリアス・ファエドルスはローマの寓話作家であり、ラテン語作家である。(『イソップ寓話』として知られる書も含め)寓話の本をすべてラテン語に翻訳した最初の作家として有名だ。彼が訳したり、自身で書いたりした寓話が西洋文学に影響を及ぼしたことはもちろん、ヨーロッパ中の寓話作家を感化したジャン・ド・ラ・フォンテーヌも影響を受けていることはよく知られている。

上記の哲学的な言葉は、実際と見た目の違いに言及している。物事の状態の表に現れた姿——たとえば事象の原因と結果や、情報や芸術の意味——を当然だと思うのは簡単だが、上記の言葉は、物事の見たままの意味や状態が常に真実とは限らないということを思い起こさせる。本当の意味や状態、原因は隠されていることもある。したがって、真意を見抜くには、批判的かつ慎重に考えることが必要だ。ファエドルスの言葉が訴えているのは、自らの知識を絶対とすべきではないし、人生は、ただやみくもにさまよいながら進むのではなく、思慮深く歩むべきだということだ。
JE

∩ イタリアのルネサンス期の画家、ラファエロによるフレスコ画『アテナイの学堂』(1509-11)の一部。

考える権利を保持しなさい。なぜなら、たとえ考えを誤ったとしても、何も考えないよりはましだからだ。

ヒュパティア
推定・伝聞
400頃

ヒュパティアは古典派時代の最後の偉大な哲学者にして、数学に大きな影響を与えた最初の女性である。同じく哲学者である父テオンに勧められて、アテナイとローマで教育を受けた。故郷エジプトのアレクサンドリアに戻ると、街の新プラトン主義哲学校の校長になり、そこで数学と天文学を教え、プラトンとアリストテレスの思想を教示した。

一般に、上記はヒュパティアの言葉だとされているが、テオンの言葉だという説もある。ヒュパティアはこうも言っている。「生きることは世界が広がっていくことである。先へ進めば進むほど、より多くの真実を理解することができる。戸口にあるものを理解することは、その奥にあるものを理解するための最善の準備になる」。

ヒュパティアは確固とした見解を有し、それをはっきりと口にした。それゆえ当然のことながら、敵を作った。歴史家のソクラテス・スコラスティコスは自著『教会史』で、「彼女は精神修養で身につけた冷静さと奔放さのため、為政者のいる公の場にはめったに姿を現さなかった」と述べている。ヒュパティアは、統治者とアレクサンドリア司教の争いが原因で街全体が混沌状態に陥っているさなか、殺害された。*IHS*

今あなたをみじめにしているものも、いつかは消え去るという見込みに、慰めを見いだすことができる。

ボエティウス
『哲学の慰め』
523

ボエティウスはローマの執政官である。高位に昇り、のちに権力を有する行政職に就いた。しかし、幸運な日々は突然終わりを告げ、彼は反逆罪に問われて投獄され、死刑に処せられた。古代ギリシャの哲学に精通していたボエティウスは死の前年、自分と擬人化された「哲学」との対話形式で綴(つづ)った『哲学の慰め』を書くことに慰めを見いだした。

ボエティウスは運命の反転に困惑し、不満をもらすが、「哲学」は運命には必ず変化の時が訪れると言って彼を激しく非難する。ボエティウスはそういった「仰々しい言葉」に慰めは得られないが、人生の幸せだった時を思い起こした時、その言葉の意味を深く理解する。そのあとに続く不運に、幸せだった頃の記憶を消すことはできない。幸運は必ずいつか潰(つい)えるとしても、それは不運も同じだ。このようにして、「哲学」はボエティウスに、彼自身の誤った思い込みが苦しみの最大の要因だと悟らせる。*TJ*

⊃ ボエティウスの代表作の1494年版の巻頭ページ。

Cy commence Boece son premi-
er liure p maniere de dyalogue en me-
tres et en proses compile et translate a
la consolation des desolez et a la retra-
ctation de ceulx qui trop se adherdent &
empeschent des biens temporelz.
Et en cestui premier metre parle boece
cōme homme dolent et fort desole.

SANCTVS THOMMAS
VERITAE MEDITA BITVR GVTT VR MEVM ET LABIA MEA DETESTABVN TVR IMPIV PROVERBIOX
MVLTITVD INIS VSVS QVE IN RE BVS NOMI NANDIS S EQVENDV P HILOSOPHV CESET CMVNE
RE HIC
T LVME
CCLESIE
HIC ADIN
OMNEM VIA DISCI

哲学は神学の侍女である。

聖トマス・アクィナス
『ボエティウス三位一体論註解』
1257-58

トマス・アクィナスは強固な意志の持ち主だった。彼は、母方の一族が所属しているベネディクト会ではなく、比較的新しいドミニコ会に入会する決心をした。そのため、母親は彼を家族が暮らす城に連れ戻して軟禁し、さらには独身の誓いを破らせようと、売春婦に誘惑させた。

アクィナスからすれば、哲学の結論と教会のそれは矛盾するはずがなかった。もし哲学的に思索して、「神聖な教義」に理性と相反するものを見つければ、論理的な思考能力が足りないからだと考えた。信仰は疑念に勝るというわけだ。哲学者というのは、自分は「何から何まであらゆること」に疑問を投げかけていると思いたがるが、かたや神学者は、そういったことは召使い(理性)が主人(信仰)に指図するのを許すに等しいと考える。のちにアルベルト・アインシュタインは、知識人を神の地位に就かせる危険性を説いた。「知識人は当然ながら強大な権力を有しているが、魅力はまったくない。指揮を執ることはできず、ただ仕えるのみだ。指導者に据えるのは軽率である」。哲学者でさえ、いかなる分野でも、信仰に関する基本的真理を鵜(う)呑(の)みにはしない、と主張するのは難しい。*LW*

C アリストテレスとプラトンを両脇に従えたトマス・アクィナス。

存在物は無用に増やすべきではない。

オッカムのウィリアム
『所論集』
1324頃

14世紀のイギリスのスコラ派哲学者、オッカムのウィリアムは、フランシスコ会の修道士である。また、物議を醸(かも)す見解の持ち主でもあり、その1つ――当時のローマ教皇、ヨハネス22世は異端者だ――がもとで、会から破門された。

比較的論争の的にならなかったのが、「オッカムの剃刀(かみそり)」として知られる上記の言葉だ。学術的に言うと、「必要がない限り、多くを仮定すべきではない」ということだ。一般的に言えば、ある問題に対して複数の解決策が考えられるならば、より簡単な策、あるいは一番簡単な策をとるのが正解である、不適切なことはすべて切り取るべきだ、となる。これが「剃刀」と言われる由縁だ。

実のところ、この見解を示したのは、オッカムのウィリアムが最初ではない。本当は、彼と同時代のフランスの司教、サン＝プルサンのドゥランドゥスである。本書を見てもわかるように、当を得た意見を述べることと、それで後世の人々から認められることとは別のことだ。

現代のアメリカの哲学者アラン・R・ベイカーは、オッカムの剃刀が真価を発揮するのは「存在論的見解が過度に」用いられる、形而上(けいじじょう)学を論じる場だ、と述べている。*IHS*

生きるべきか死ぬべきか、それが問題だ。

ウィリアム・シェイクスピア
『ハムレット』
1600 頃

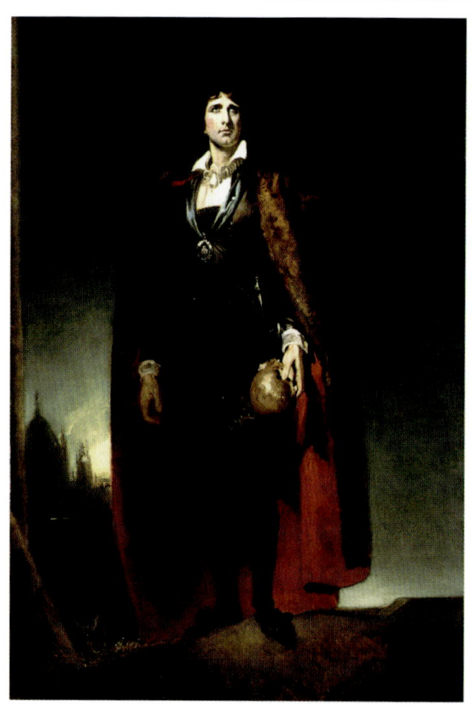

∩ハムレットを演じるジョン・ケンブルを描いた、トマス・ローレンスによる19世紀の肖像画。

最も偉大な英語作家と広く認められているウィリアム・シェイクスピアは詩人、劇作家、俳優であり、史上最も影響力のある作家の1人だ。誰もが知る悲劇の1つ、『ハムレット』はデンマーク王国を舞台としている。本作は、王子ハムレットの叔父クローディアスに対する復讐（ふくしゅう）劇である。クローディアスはハムレットの父親を殺害して王位に就き、ハムレットの母親であるガートルード女王と結婚する。

ハムレットが思索にふけって口にする「生きるべきか死ぬべきか……」という台詞は、彼の最も有名な独白の1つだ。ここでハムレットは、選択肢として自殺を考える。彼は人生の苦難も苦痛もわかっているが、死がもたらす結果——生のあとにあるもの——は未知であると認めている。自殺を悲劇への反応とみなすことで、人生の諸問題に対処する最善の方法を熟慮している。つまり、「生きるべきか死ぬべきか」という言葉は、より広く解せば、存在に関する問題を表しており、より狭義で言えば、人はいかに逆境に対処すべきかという問題を問うている。もがき続けるか、自らの人生を終わらせることを選ぶのか。そして、その選択で何が危険にさらされるのか。*JE*

人生はうろつきまわる影法師、哀れな役者にすぎぬ。舞台の上で大仰に見栄を切っても、芝居が終われば、もう何も聞こえぬ。

ウィリアム・シェイクスピア
『マクベス』
1606 頃

『マクベス』は、スコットランドの将軍の姿を描いたドラマチックな悲劇だ。いずれスコットランドの王になるという魔女の予言に惑わされた将軍は、自らの野心と妻の野心に突き動かされて王を殺害する。その後、自分の行いを隠すために残虐行為を重ね、圧政を強めるが、最後は悲劇的な死を遂げる。『マクベス』には、権力への欲望がもたらし得る悲惨な結果が、時を追って示されている。

この劇でマクベスが吐く最も意義深い独白の1つである上記の台詞で、シェイクスピアは主に、いつかは消え去るという存在の本質を論じている。マクベスは闘争心のある妻を亡くし、2人が作り出した政治上の血なまぐさい騒動の渦中に1人でいる。彼の野心は薄れ、あとには悲観と絶望だけが残る。上記の台詞は人生のはかなさと虚しさ――人生はあっという間に終わってしまう、「舞台の上では大仰に見栄を切る哀れな役者、芝居が終われば、もう何も聞こえぬ」――を物語っている。こうして人生は無意味なものになる。人生は実体のない「うろつきまわる影法師」にすぎず、目標達成を目指した闘いが終われば、人生は歩みを止め、永遠に沈黙を強いられる。*JE*

∩ 『マクベス』第4幕第1場に登場する3人の魔女を描いた、A・E・ジャクソンによる挿絵。1910 頃。

我思う、ゆえに我あり。

ルネ・デカルト
『方法序説』
1637

∩1649年に描かれたルネ・デカルトの肖像画の複製。

⊃ デカルトの『人間論』(1662)の挿絵。
像に対する知覚と筋肉の作用を表している。

ラテン語での哲学的命題(Cogito ergo sum〔コーギトー・エルゴ・スム〕)はフランス語に訳されて多くの人に届けられ、さらに英語でも言われるようになった(I think, therefore I am.)。この命題は現代の西洋哲学の思想や、知識と信念の本質を実証する認識論の礎を築いた。この言葉は、フランスの哲学者ルネ・デカルトが執筆した自然科学の発展に関する論文に登場する。

実在と、疑うという意識を追究する中でデカルトは、もし我々は実在しないとするならば、我々が実在するという事実を問うこと自体できないという結論に達し、「すべては虚偽だと考えるならば、そのように考える自分が何者かであることが必要である」と述べた。我々は実在しないのではないかと考えるまさにその事実が、我々が実在することを証明しているということだ。

デカルトは『省察』(1641)で、この命題を再度論じた。ただし、この書では「我あり、ゆえに我は実在する」としている。『哲学の原理』(1644)ではラテン語で同義の表現を用い、これは「論理に則(のっと)り哲学的な思索にふける人が気づく、最初にして最も確かな知識」であると述べている。 **IHS**

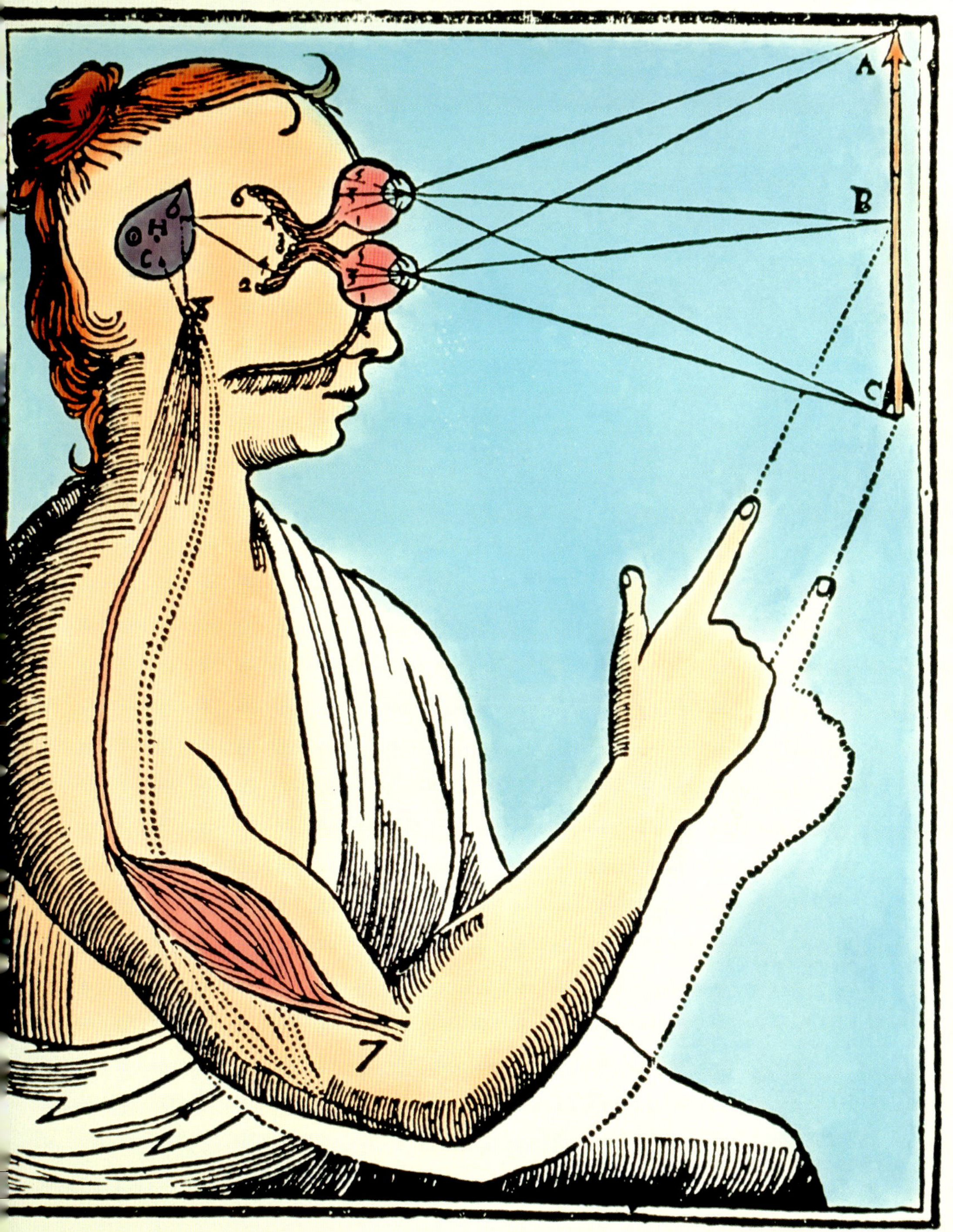
A
B
C
H
7

哲学は過去の悪や未来の悪にはたやすく打ち勝つが、現在の悪は哲学を凌駕(りょうが)する。

ラ・ロシュフコー公爵
『箴言集(しんげん)』
1665-78

フランスの作家であり哲学者のフランソワ・ド・ラ・ロシュフコーによる上記の言葉——箴言22——には、多くの人が共感するだろう。ラ・ロシュフコーは哲学の力を信じていたが、同時にこうも述べている——哲学は過去の出来事を理論立てたり、未来の出来事を予測したりするために用いることができるが、現在の出来事を説明するにあたっては、さして用をなさない。なぜなら、哲学は先にあるものについて思索したり、過去の出来事の原因を論じ合ったりすることが大半を占めており、現在というのは、本質的に論じやすいものではないからだ。あと知恵や先見は有益な道具だが、現在の出来事に適用することはできない。上記の箴言でラ・ロシュフコーがいわんとするのは、現在は常に我々を驚かせる可能性を秘めているということだろう。

この哲学者は格言、回顧録、手紙を数多く著し、まさに17世紀の貴族を体現した人物と見なされている。加えて、1643年に流刑に処せられる前に、パリ包囲戦で果敢に戦った尊敬を集める兵士でもあった。ラ・ロシュフコーは鋭い先見力を有していたことで有名だ。仲間である人間を批判したり称賛したりはせず、ただ自分の生きている時代を如実に語る人物だった。*TH*

人は生まれながらにして自由だとすれば、その人は自由でいる限り、善悪の概念を持たない。

ベネディクトゥス・スピノザ
『エチカ』第4部
1677

上記の言葉は、スピノザの死後に出版された哲学論文である代表作『エチカ』の命題68である。ここで彼は自由意志という概念を否定している。その背景には、人間が自由意志を持っているとすれば、それぞれが自らの欲望に従って動くことになるという見解がある。

スピノザは15世紀末にポルトガルからアムステルダムに逃れた先祖を持つユダヤ人だ。伝統的なユダヤのしつけを受けて育ったが、20歳の時に、かつてイエズス会士だったフランシスカス・ヴァン・デン・エンデンに師事した。フランシスカスはのちに、無神論者だとして責めを受けることになる自由思想家である。この関係はアムステルダムのユダヤ人社会の懸念の種になり、スピノザが、シナゴーグと対立する民事裁判所で、姉と遺産相続をめぐって争いだすと、事態は深刻さを増した。その結果、スピノザはユダヤ人社会から破門を言いわたされた。その後、残りの人生をレンズとぎ師、学徒、作家として生き、教授職を打診されても応諾することはなかった。スピノザの崇拝者は多く、彼の残した功績は広く影響を及ぼしている。彼に影響を受けたヘーゲルは、哲学者というのは「スピノザ主義か、いかなる哲学者でもないかのどちらかだ」と述べている。*TH*

人と人の違いは、人と獣の違いより大きい。

ジョン・ウィルモット
『分別と人間に抗うサテュロス』
1679

人間と獣の違いは何か。前者には魂があり、後者には魂がないと言う人がいる。ジョン・ウィルモットは、生き物の一部には魂がないと述べている。ウィルモットによると、人間も区別することができるという。人間の場合、違いを生むのは論理的思考能力だ。人の思考能力には個人差があるため、共通の目的を簡単に見失ってしまう。

ウィルモットの人生は、家族との生活と放蕩(ほうとう)生活とに分けられる。彼は、哲学的に思考する人と本能に従おうとする人は平行線上にあると考えていた。人には選択肢があり、何を選ぶかその動機も、それによってどんな結果が生じるのかも人によって異なる。そのため、人は互いに共感することができなくなる。しかし、ウィルモットのいう「正しい分別」を持てば共通の認識を得ることができる。自らの行動について細々と考えるよりも、空腹だから食べる、誰かとベッドをともにしたいからするといった行動のほうが道理にかなっている。道徳的称賛を得ようとするのは時間や労力の浪費にすぎないし、諍(いさか)いも生む。「獣」のように、ただ生き残ることと幸福だけを追い求めればいいのだ。*LW*

哲学は思慮深さにほかならない。

ジョン・セルデン
『食卓談話』
1689

イギリスの法律家であり歴史家、古物研究家、政治家、ヘブライ学者、東洋学者であるセルデンは、詩人のジョン・ミルトンや劇作家のベン・ジョンソンのような同時代を代表する知識人から称賛を集めていた。注目された意見には、どこか1カ国が海洋の支配権を持つべきだという弁がある。これは、海は万人に開かれているという一般論とは相反する。彼の物議を醸(かも)す見解は、時として教会の権威者たちを立腹させた。セルデンは国会議員を務めたのち、刑務所に2度入れられ、その後王政主義者になった。

上記の言葉は、セルデンの死から35年後に出版された格言集からの引用だ。同書で取りあげられている題材は、魔女からローマ法王まで多岐にわたる。その内容は、『食卓談話』というタイトルからわかるように、まじめなものもあれば、機知に富んだものもある。セルデンの言葉の背景には、「人が哲学に慰めを見いだす」のは「そこにある文章を消化」し、「自分独自のものとする」からだという主張がある。つまり、人は自分の意見や行動に合う哲学を自由に選んで取り入れるというわけだ。*CK*

あたうる限り最善の世界で、万事しかるべく最善である。

ゴットフリート・ライプニッツ
『弁神論』
1710

∩ゴットフリート・ライプニッツは高名な哲学者であるだけでなく、尊敬を集める数学者であり政治顧問でもあった。

哲学者や神学者が長きにわたって関心を寄せているのは、なぜ神はこの世の悪を許すのかという問題だ。ドイツの哲学者であるライプニッツは、神の意図にはこの世を「あたうる限り最善のもの」にするという目的があると信じていた。神はこの上なく善意に満ちていると同時に全能であるとすれば、神には自身が創造した世界に悪を許す「もっともな理由」あったはずだ、というわけだ。こういった欠陥は、全知全能の神が創り出せるであろう最上の世界を完成させる役割を担っているはずである、とライプニッツは主張した。

ライプニッツの主張は、悪や苦しみを神の壮大な計画において必要不可欠なものと受けとめているが、苦しんでいる人にはなんら慰めにはならない。そのため、上記の言葉は『カンディード』(1759)と関連づけられることのほうが多い。同書でヴォルテールは、どんな災害が起きてしまったにしろ、またこの先起きるにしろ、万事うまくいくと何度も口にするパングロス博士の人となりを通して、ライプニッツを嘲っている。パングロス本人は次々と起きる災難の犠牲者であり、これによって、ヴォルテールは彼が不条理とする天地創造の概念を風刺している。*TJ*

我々は知識と観念以外に何を知覚するのか？

ジョージ・バークリー
『人知原理論』
1710

ジョージ・バークリーはアイルランドのキルケニー州で生まれたが、1720年にイギリスに移った。キリスト教徒であるバークリーは、自由思想家に異を唱える文書を数多く書いた。また彼は傑出した数学者でもあり、微積分学に関する書も執筆した。最後の著作『サイリス』(1744)では科学、神学、哲学と幅広い分野について論じている。現代の哲学者は、バークリーの知覚や「第1」性質と「第2」性質の違い、言語の重要性に関する見解に着目し、彼を研究している。

上記の言葉は、ジョン・ロックとアイザック・ニュートンの哲学に対する問いかけである。「非物質論」と呼ばれるバークリーの理論では、テーブルや椅子のような有形物はそれを見る人の心の中だけに存在する、とされる。つまり、「人が感覚で知覚する物以外に、何を有形物とするのか？」ということだ。彼はこの見解を発展させて、そのような物が知覚されずとも存在するというのは矛盾していると述べた。最初の代表作『視覚新論』(1709)は当初、注目されなかったため、彼はこれを書き直し、対話篇『ハイラスとフィロナスとの三つの対話』(1713)として出版した。ハイラスは物質主義の、フィロナスは非物質主義＝観念の人物である。*TH*

∩ジョン・スミーバートが1727年に描いた、哲学者ジョージ・バークリーの肖像画。

我々は人の死ではなく、誕生を嘆くべきだ。

モンテスキュー
『ペルシア人の手紙』
1721

∩『ペルシア人の手紙』の他、モンテスキューの代表作には『法の精神』(1748) がある。

この書簡形式の小説では、架空のペルシア貴族2人がフランスを訪れ、家族宛ての手紙に、フランス国民の習慣について書き記す。上記の言葉は2通りの解釈が成り立つ。1つには、いずれの人生も苛酷(かこく)であり、そのような浮世には端から生まれないほうがましだ、と解せる。もう1つには、死を悼むのは身勝手でしかなく、愛する人がより高い平原に到達したことを喜ぶべきだ、となる。

18世紀初期のフランスでは、一握りの特権階級の人(モンテスキューもその一員だった)以外の人生は往々にしてひどく苦しく、死によってのみ安心を得られるとされた。同様の心情を、13世紀のローマ教皇インノケンティウス3世はこう述べている。「人は最も汚い種から作られ……労苦と恐怖と困難に生まれつき……ただ死にゆくのみだ」。そういった状況は500年後もさして変わっておらず、誕生は嘆くべき出来事だったのかもしれない。かたや死は、故人は神と一体になると信じる信心深い人たちに喜びをもたらす。

人生は苦痛であるという考えは、目新しいものではない。はるか昔から、あらゆる言語でさまざまな形で言い表されている。上記は最も簡潔で、ゆえに引用されやすい言いまわしの1つだ。*LW*

賢者は自らの信念を証拠と調和させる。

デイヴィッド・ヒューム
『人間知性研究』
1748

知恵は経験を通じて習得した知識と関連があるとされる。しかし、スコットランドの哲学者デイヴィッド・ヒュームが、奇跡についての討論で述べているように、真の知恵を築くのは経験の本質を評価する能力である。ヒュームは経験主義を、知識を得る唯一の手段だとして強固に支持していたが、信念を形成し維持するために用いる証拠は、しばしば他者の証言のような不確かなものに起因するということも認識していた。一方、自然の法則は、我々がその確固とした働きを長期にわたり何度も経験することから築かれているため、それらの法則に基づく信念は、おおむね正当とされる。

あらゆる現象に対する信念を正当化するために必要な何度も繰り返される証拠を力説することで、ヒュームの奇跡に関する主張は、科学や日常生活における諸問題について賢明な結論を導き出すためには、確率が極めて重要だということを示した。つまり、彼の主張は信念を抱いたり支持したりすることにおける、ある種の私的及び公的な務めを示唆しており、「信念の倫理」の探究という独特で継続的な分野が生まれることになった。*TJ*

∩ルイ・カロジスが鉛筆とチョークと水彩絵の具で描いたこの肖像画（1764頃）は、ヒュームの内省的な性質を如実に表している。

自分のあらゆる行いが、普遍的な法則になるかのように生きよ。

イマヌエル・カント
『人倫の形而上学の基礎づけ』
1785

∩ カントの幅の広い著作は、哲学的思考の新時代を築く礎となった。

カントは現代哲学を発展させた中心人物と見なされている。代表作には『純粋理性批判』(1781)や『実践理性批判』(1788)、『判断力批判』(1790)などがある。また彼は、行動がもたらす結果からその行動の正しさを導き出す義務論的（規則に基づく）倫理学を促進する、道徳哲学の中心人物の1人でもある。

カントの理論は、彼が唯一道徳的義務と見なすもの——定言命法——を軸に展開される。上記の言葉は、定言命法の第1公式に即している。定言命法では、結果や定義の文脈と関係なく論理の点からのみ考えて、あらゆる状況で常に正しいならば、その行為は正しいとされる。すなわち我々は、論理的矛盾を生むような行動原理に則って行動するのを控えなければならない。カントの倫理学に対する取り組み方は、影響力があると同時に批判にもさらされているが、個人的な観点や関心を基準に行動してはならないということを改めて思い起こさせる。*JE*

あらゆる真実は3つの段階を経ている。第1に、嘲笑の的になる。第2に、断固として反対される。第3に、自明の理として受け入れられる。

アルトゥール・ショーペンハウアー
推定・伝聞
1818頃

アルトゥール・ショーペンハウアーは、著書『意志と表象としての世界』(1818)で最もよく知られるドイツの哲学者である。また、時に哲学における悲観主義の1例と見なされる形而上学的及び倫理的体系でも知られている。

上記の言葉を一字一句たがわず発したのはショーペンハウアーだと言われることが多いが、出典についての情報はなく、1818年に出版された代表作にも見あたらない。しかしながら、ショーペンハウアーが「真実の段階」に言及した最初の人の1人だとは言える。彼は『意志と表象としての世界』で、「真実は、矛盾していると非難をあびたり、取るに足らないとけなされたり、その2つの長い期間の合間に、ほんのつかの間だけ勝利の祝福が与えられる」と述べている。上記の言葉がショーペンハウアーのものではない可能性はあるが、意味は明白だ。新たな真実を唱えれば、まずは馬鹿にされ、次に真偽を疑われ、それからようやく、新たな常識として信頼を得られる。発言者が誰かに関係なく、上記のような言葉は読む者に、一般に定着している話が真実なのか偽りなのかを考えよと訴えかけてくる。*JE*

∩ショーペンハウアーは
リヒャルト・ワーグナーやジークムント・フロイトをはじめ
多くの人に、実力者と認められている。

理性的なものはすべて現実的であり、現実的であるものはすべて理性的である。

ゲオルク・ヘーゲル
『法の哲学』
1821

ゲオルク・ヘーゲルは19世紀のドイツの哲学者であり、彼の人間の知識の変化と発展に関する体系的理論は、いまだ議論の的になっている。その理由の1つとして、ヘーゲルの著作や講義が翻訳された際に増幅されることもある不明瞭さが挙げられる。上記の言葉の意味は、「理性的なものは現実であり、現実であるものは理性的である」という一般に普及している言い回しのほうが明確に把握できるだろう。ヘーゲルが見解の構造について述べているように、見解というものは、実際（本物）の物質的形態で示された時のみ理性的（合理的）とされる。このようにして心は、それまで「単なる見解」だったものに客観性を与え、それにより、その見解は理性的だと認められる。

上記の言葉は、ヘーゲルが政治理論を展開した『法の哲学』からの引用である。そのため、確定している規定はすべて想像される代替案よりも理性的だとほのめかすことで、政治的保守主義を擁護していると誤解されることがある。だがそうではなく、ヘーゲルの理論が訴えているのは、社会的機構や政治的機構の進歩を促す見解の創造という点における精神の動的な力である。*TJ*

人は自分が食べたものそのものである。

ルートヴィヒ・フォイエルバッハ
『自然科学と革命』
1850

単純に解すると、上記の言葉は、人は皆、本質的に自分が摂取した物質から成るという見解を示している。この基本的な考えは、ドイツの哲学者ルートヴィヒ・フォイエルバッハが上記のような簡潔な言いまわしで述べる何世紀も前から、作家や思想家たちに当然のこととして受け入れられていた。見るからに単純な表現ではあるが、フォイエルバッハはこの格言を用いて、歴史を通じて驚くほど多様な文化的習慣が、いかにこの食物に対する基本的欲求から生まれたかを説明しようとした。心身二元論を唯物論的立場から否定したフォイエルバッハに倣えば、精神機能も体が消化した栄養物の影響を受けているということになる。人間の思考や感情のまさに本質は、そういった化学物質の産物であり、精神現象の物質的基盤を科学的に研究しなければ、人間性を真に理解することはできない、と彼は考えていた。フォイエルバッハが人間の肉体の性質に再び着目したことは、カール・マルクスが唱えた史的唯物論のさまざまな局面に影響を与えた。しかしそれよりも、人類学、そしてとりわけ行動神経科学の研究の土壌が肥沃であることを立証した。*TJ*

ↄ ラブレーの著書に登場するガルガンチュアが食べ物をむさぼっている。

満足な豚であるより不満足な人間であるほうがいい。同様に、満足な愚者であるより不満足なソクラテスであるほうがいい。

ジョン・スチュアート・ミル
『功利主義論』
1863

1873年3月に「ヴァニティ・フェア」誌に掲載された、風刺画家スパイ（レスリー・ウォード）によるJ・S・ミルの戯画。

ミルはイギリスの政治経済学者であり、男女同権主義者、公務員、哲学者である。彼の知性の発達は、スコットランドの哲学者であり政治経済学者のジェームズ・ミルが父親であり、現代功利主義の創始者であるジェレミー・ベンサムが父親の友人であったことによる影響が大きい。ミルは政治的自由を擁護する著作（『自由論』、1859）や、哲学においては快楽に関する書でよく知られる。

（上記の言葉が示す）功利主義を説く中で、ミルは高級な快楽と低級な快楽を区別することを提唱し、追求されている「最大幸福」は単なる快楽主義でしかないという意見に反駁（はんぱく）した。そういった快楽から得られる満足に価値がないわけではないが、ミルがよしとしているのは知識や芸術、音楽の追求のような快楽だ。どの快楽が「高級」でどの快楽が「低級」かを決める彼の方法には異論があるかもしれないが、人間はより高級で、より複雑な能力や快楽を発達させることができる、ゆえに政治的及び道徳的な行いはそのような快楽を助長し得るというのは示唆に富んだ主張だ。**JE**

不動で不変な権威など存在しない。だが、相互的かつ一時的で、そして何よりも自発的な権威と従属の交替は何度も繰り返される。

ミハイル・バクーニン
「権威とは何か」
1871

バクーニンはロシアの政治哲学者であり、彼の著作は無政府主義の基礎の多くを築いた。無政府主義とは、政府は不必要（加えて利己的で有害）であり、すべての人は自分自身に対してのみ責任を負うべきであるという思想だ。バクーニンの見解は、共産主義者のカール・マルクスのそれとは大きく異なる。この2人は世界革命を推進する手段をめぐって、はなはだ反目するようになった。

上記の言葉の出典である論文は、こう続く。「同様の理由で、私は不動かつ不変で全世界に及ぶ権威を認めるわけにはいかない。なぜなら、万能な人間や、富をことごとく手にできる人間などおらず、富がなければ、いかなる科学であっても、いかなる社会生活であっても、生活に科学を応用することはできないからだ」

上記の他、バクーニンの有名な言葉には、「破壊への衝動は創造への衝動である」や、これよりもおそらく深刻さが和らいでいる「何もかもが過去のものとなり、世界は滅びるだろうが、交響曲第9番だけは残るだろう」がある。彼の代表作は、東ヨーロッパ諸民族の独立連邦を求める『スラブ民族への主張』（1848）である。*JP*

美は見る人の目の中にある。

マーガレット・ウルフ・ハンガーフォード
『モリー・ボーン』
1878

アイルランドに生まれたハンガーフォードは、ロマン派の多作な作家である。一般に、上記の言葉は彼女のものとされているが、同様の見解を示す文言は古くからあり、紀元前3世紀にプラトンが発したとされる似通った格言も存在する。上記の言葉が意味する、審美眼というのは個人的なものであり、すべての人と共有できるわけではないという見解は、1600年には格言として定着しており、ウィリアム・シェイクスピアの『恋の骨折り損』（1597頃）や、ベンジャミン・フランクリンの「プーア・リチャードの暦」（1750）などにも見られる。

美を作り出すのは、（見られる人の外見ではなく）見る人の目だという見解が本当だとしても、これで、なぜ男性も女性も懸命に自分を魅力的に見せようとするのかという疑問の答えになるだろうか。意見を尊重している相手から言われれば、素直に外見を変える人は多い。なぜなら、人を喜ばせるのは、自分は魅力的だと思えることではなく、他者からの褒め言葉だからだ。上記の言葉は、文化の傾向にも当てはまる。現代美術の実験的絵画やインスタレーションに美を見いだす人もいれば、絵の具の染みや整えられていないベッドに美を見いだす人もいる。肖像画を見ればわかるように、女性の美に対する概念も、時代とともに大きく変化している。*JF*

我々を殺さないものが、我々を強くする。

フリードリヒ・ニーチェ
『偶像の黄昏（たそがれ）』
1889

ニーチェはドイツの哲学者であり、その著作は今も西洋哲学に多大な影響を及ぼしている。ニーチェを有名たらしめたのは美学理論、反宗教主義、客観的真理の概念、自らが選んだ理想像の中での自我と外界の創造の推奨である。

時に「私を破壊しないものが私を強くする」とも表される上記の言葉の出典である『偶像の黄昏』は、休暇でシルス・マリアに滞在していた時に、10日ほどで書きあげられた。ニーチェの著作の序章とも言える本作は、古代ローマの思想家たちの功績に光を当てている。また、ニーチェが「あらゆる価値の価値転換」の概念——生を否定するのではなく肯定する——に重きを置いているのもうかがえる。「箴言（しんげん）と矢」の章に登場する上記の言葉には、「人生の士官学校から」という前置きがある。文脈でとらえると、世の中には反対勢力や紛争が存在するが、もし苦難を乗り越えれば（屈するのではなく打ち勝てば）、人はそれまでよりも強くなれるということだ。 *JE*

C ノルウェーの画家、エドヴァルド・ムンクによるフリードリヒ・ニーチェ（1906）。

真理は哲学の対象だが、必ずしも哲学者の対象とは限らない。

ジョン・チャートン・コリンズ
推定・伝聞
1900 頃

ジョン・チャートン・コリンズの輝かしい人生は、「先見の明のないグロスタシャーの医師」だった父親がオーストラリアに移住すると同時に、なんの希望もなく始まった。その後まもなく父親は他界し、妻と 3 人の幼い子供が残された。やがて、コリンズの秀でた知性が明らかになり、彼はバーミンガムのキング・エドワード・スクールに入学し、次いでオックスフォード大学に進学した。彼は大学制度の改革という大望を抱き、学術機関の「伝染性共犯」に矛先を向けた。そしてコリンズは哲学者についての上記の言葉（1914 年 4 月刊の「イングリッシュ・レビュー」誌に掲載された）を用いて、学究的世界の本分を真剣に考えもせず、人間の再生のために何が大切かを理解しない人を暗に批判した。

詩人のアルフレッド・テニスンは、コリンズを「文学の頭髪にわいたシラミ」と称した。教育改革に注いだコリンズの努力は大いに報われたが、これ以上ないというほどの犠牲を払った。彼はサフォーク州ローストフト郊外の水路で遺体となって発見された。自殺を図ったものと見られる。真実を持たない世界への絶望を示す究極の行為である。 *LW*

時間——人が常に潰そうとするものであるが、結局は人を殺すもの。

ハーバート・スペンサー
推定・伝聞
1902

ハーバート・スペンサーはイギリスのヴィクトリア朝時代後期及びエドワード朝時代初期の哲学者であり社会学者、政治理論家である。また、名の知られた進化論支持者であり、チャールズ・ダーウィンの『種の起源』(1859)を読んで、「適者生存」という言葉を生んだ。社会ダーウィン主義——「適者生存」の概念を社会に適用し、自然の進化を抑制し得る人間の行為を否定する——の中心的存在であることでも有名だ。「適者生存」という言葉は、社会での成功者と失敗者がそれぞれそうなるのは、前者は最も生き残るにふさわしく、後者は最もふさわしくないからだと示唆している。

上記の言葉はスペンサーのものだとされることが多く、時間を無為に費やすことを意味する「時間を潰す」という表現にかけてある。まず人が「時間を潰そうと」するが、結局は、時間が人をすべて殺してしまうというわけだ。後半の文言が、誰しも避けることができない死すべき運命に言及しているのは明らかだ。人間はいずれ死を迎える。人間に時間を殺すことはできないが、時間は人間を例外なく殺す。 ***JE***

人はその人の思考そのものである。

ジェームズ・アレン
『「原因」と「結果」の法則』
1903

ジェームズ・アレンはイギリスの作家である。彼の精神的かつ哲学的な書物や詩は、自己啓発運動の原動力となった。最も有名な『「原因」と「結果」の法則』は、自らの生活の環境を作ったり変えたりする思考の力を説いた文学的論文だ。原題 *As a Man Thinketh* は旧約聖書の箴言、As a man thinketh in his heart, so is he (「彼はその欲望が示す通りの人間だ」)に由来する。1912年にアレンが死去したあと、妻のリリーは彼の名声が生き続けるようにと、彼が執筆したものを活字にして残し、可能な限り多くの人に届くようにした。

アレンは上記の言葉を述べるに先立ち、聖書の箴言の一節を検証している。彼によると、その一節は「人間の存在全体」だけでなく、人の環境や経験すべてに及んでいるという。次いで、人は実際、その人の思考以外の何ものでもない、「その人の人となりは、思考すべての完全なる総体」であると述べている。人——美点や性格的特徴、つまり自我——は思考の集合体であるということだ。結果として、人には選択肢があると示唆している。人は思考を意識的に制御することを考えず、環境(と外部の決断と創造)の産物にもなれるし、思考を意識的に制御して、自我の創造や性格、環境に対する責任を担うこともできる。 ***JE***

哲学者に任せてもらいたいことが1つだけある……哲学者は他の哲学者と意見を戦わせる。

ウィリアム・ジェームズ
世界平和会議での演説
1904

上記は、アメリカの哲学者であり心理学者のウィリアム・ジェームズが、1904年10月にマサチューセッツ州ボストンで開かれた世界平和会議の最終日に、晩餐会（ばんさん）の席で行った演説で発した言葉だ。演説の全文は、同年12月に発行された「アトランティック・マンスリー」誌に掲載された。

演説を行った時期、彼はハーバード大学の教授の中で中心的な存在で、世界有数の思想家の1人として認められていた。上記は晩餐会での演説の冒頭の辞で、そのような場にふさわしく機知に富んでいる。しかし、この行事の目的は真剣なものだった。世界平和会議は、国際連盟の先駆けである列国議会同盟によって運営されており、第一次世界大戦以前の平和運動において最も重要な会議だった。

上記の言葉に続けてジェームズは、古代の哲学者は「人間を理性的な動物」だとしたが、人間は「餌食であるすべての動物の中で最強」だとしても、動物であることには変わりはない、と述べた。そして戦争の心理学的根源について考察し、なぜ戦争は絶えないのか――なぜなら人間は生来、好戦的だからだと説いた。**CK**

人生とは、不十分な前提から十分な結論を引き出す技術である。

サミュエル・バトラー
『サミュエル・バトラーの備忘録』
1912

サミュエル・バトラーはイギリスの作家である。代表作には風刺的なユートピア小説『エレホン』(1872)や、彼の死後、1903年に出版された半自伝的小説『万人の道』などがある。後者はヴィクトリア朝時代の偽善に対する反論を綴（つづ）った作品だ。また彼は、ギリシャ語で書かれたホメロスの叙事詩『イーリアス』や『オデュッセイア』の翻訳でもよく知られる。

バトラーの死後に上梓（じょうし）された備忘録に登場する上記の言葉は、人生にまつわる示唆とおかしみに満ちている。我々は、人生の行動方針を定めるための知識を与えられることなどめったにない。だが、最良の推論や選択肢、答えを得るために情報を入手し、「十分な結論」を導き出したいと願っている。確かに我々は正しい結論にたどり着くことはできないが、限界がある中で「最良」の方法を展開し、可能な限り最高の結果を生もうと努力することはできる。バトラーがいわんとしているのは、人生は正しい行いについての完璧な情報を与えてはくれないが、制限のある状況で適切な選択をする能力は与えてくれるということだ。**JE**

ЛЕНИН –
ЖИЛ,
ЛЕНИН –
ЖИВ,
ЛЕНИН –
БУДЕТ ЖИТЬ!
ВЛ. МАЯКОВСКИЙ.
1917

何度もつかれる嘘(うそ)は真実になる。

ウラジーミル・レーニン
推定・伝聞
1917 頃

ウラジーミル・イリイチ・レーニンはロシアの政治家であり理論家、共産主義の革命家である。1917 年から 24 年まではロシア社会主義連邦ソビエト共和国の、1922 年から 24 年まではソビエト連邦の人民委員会議議長を務めた。また、1党制の社会主義国家となったロシアを統治した。代表作には『ロシアにおける資本主義の発展』(1899)、『何をなすべきか?』(1902)、『帝国主義論』(1917)、『国家と革命』(1917) などがある。

上記の言葉はレーニンが発したと言われているが、出典は不明だ。誰に帰するかは別として、この言葉はほぼ文字通り、嘘だとわかっていることでも繰り返し言われ続ければ真実になるということを意味している。言い換えれば、認められている真実は時として、単に繰り返し唱えられた嘘だったかもしれないということだ。素直に解せば、こうなる——何度もつかれる嘘は真実に思えてくる。となれば、嘘は常識とされている事柄に対する健全な懐疑的態度を助長すると言える。嘘というのは真実として認められることもある。したがって、確立された定説に疑問を投げかけることが必要である。*JE*

1917 年のレーニン。
同年、彼はソビエト連邦の初代最高指導者となった。

1967 年のロシアの政治宣伝用のポスター。
「レーニンは生きた、レーニンは生きている、レーニンは永遠に生きる!」

語り得ぬものについては、沈黙しなければならない。

ルートヴィヒ・ヴィトゲンシュタイン
『論理哲学論考』
1921

○1947 年に撮影されたルートヴィヒ・ヴィトゲンシュタイン。彼は学究の世界を超えて広く影響を及ぼした。

ヴィトゲンシュタインは哲学の歴史において最も独自性のある思想家の1人だ。その特徴は、歴史というのは往々にして愚考についての無駄な追究の積み重ねであるという主張に、多分に見てとれる。ヴィトゲンシュタインは第1作『論理哲学論考』で、世界を正確に「描写」できていない見解はすべて愚考であると述べている。したがって、「緑は色である」のような言い分でさえ、いずれの名詞も精神的概念に言及しているだけで実物体を示していないとして、愚考だとなる。この主張が示すように、科学的見解だけが意味をなし得るとすれば、美学や倫理学のような分野はすべて無意味だということになる。そして、そういった題材の思索が本当に無意味だとすれば、それらについては「沈黙しなければならない」。

『論理哲学論考』の読者は、ヴィトゲンシュタインが話すことと見せることを明確に区別していたことに気づくはずだ。これが意味するのは、ここが最も重要なことだが、言葉で的確に言い表せないものでも見せることはできるということだ。言葉の限界を示すことにより、ヴィトゲンシュタインの奥深い見解は、言葉で表せないものを表現する芸術家を大いに奮い立たせる。*TJ*

哲学において、重要なのは目標の達成ではない。重要なのはその過程で発見するさまざまな事象だ。

ハヴロック・エリス
『人生のダンス』
1923

イギリスの随筆家であり医師であるハヴロック・エリスは、性科学の先駆者である。7巻から成る『性の真理』(1897-1928)や、当時はタブーとされていた性行為や性的欲望を、率直に偏見なく論じることを推奨したことで有名である。『人生のダンス』では人生を芸術として認識し、さまざまな芸術やその実践を通して自我を育てるよう促している。また彼は、ドイツの哲学者ハンス・ファイヒンガーの著書『かのようにの哲学』(1911)への反論として、こう主張している。同書は、膨大な量の人間の知識は唯一現実に即して正当化できる「虚構」から成るとしているが、真実か否かを問うのではなく、それが真実であるかのようにふるまうことが有用か否かを問うべきだ。

エリスはファイヒンガーの著書を評して、この書はそれが示す問題の答えを提示していないが、もがき苦しんでいる信仰者の支えとしては役に立つと述べている。つまり、上記の言葉が示しているのは、書物というのは(たとえ意図的でなくとも)有益な結果をもたらし得るという事実であり、たとえその書が問題を提起するだけで答えは明示していないとしても、貴重な考察が述べられている可能性があるということだ。JE

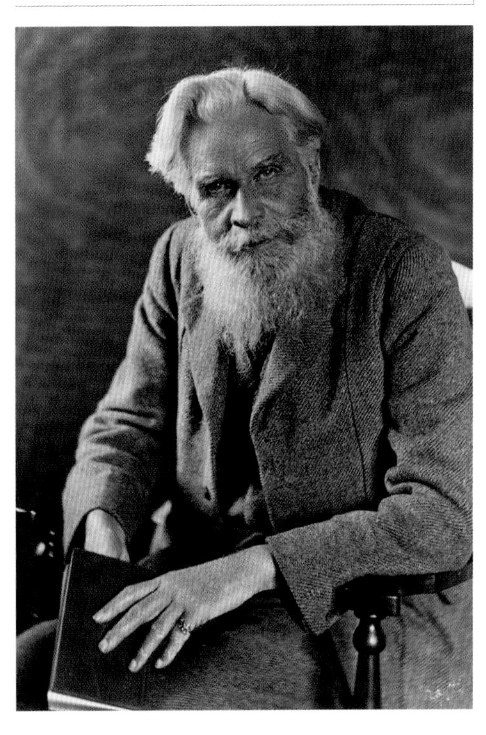

∩1932年のハヴロック・エリス。
彼は人間の性行動に関する研究で最もよく知られる。

事実はしばしば、攻撃における脅威の武器になる。事実を武器にすれば嘘をつくことも、さらには殺人を犯すこともできる。

アルフレッド・アドラー
『人はなぜ神経症になるのか』
1929

アドラーはオーストリアの心理学者であり、個人心理学――自決や自己の統合、患者の生活環境に重きを置いた総括的な精神療法――の創始者である。アドラーは自著を通じて、ジークムント・フロイトの理論の特徴だと彼が考える、人間性に関する機械的見地に異を唱えた。

上記の言葉は、「真実」についての古くからの概念――物事をあるがまま表しており、普遍的に正しく疑問の余地はない――に言及している。アドラーはある患者の行動を引き合いに出している。その患者は急に良心の呵責を覚え、夫に20年間浮気をしていたことを打ち明ける。アドラーによると、これは罪責複合観念ではなく、夫を傷つけるために事実を利用した例だという。「これは明らかに、もはや素直に従えなくなった夫への攻撃である」。このことは上記の言葉からわかる。この言葉は、いかに事実というものが誤解を生じさせたり害を及ぼしたりする「脅威の武器」になり得るかを示している。事実の告知は深刻な傷や、死をももたらしかねない。*JE*

人間は自由の刑に処せられている。

ジャン=ポール・サルトル
『存在と無』
1943

サルトルはフランスの哲学者、活動家、劇作家であり、20世紀における実存主義やマルクス主義的思想の重要人物として有名である。主著の1作『存在と無』では、「実存は本質に先立つ」という見解を力説している。つまり人は、人間の本質を経験に基づく人生の前に置く反信念体系を自然と築いているとする説だ。

上記の言葉が提示している概念は、人間は自らの意志でこの世に生まれたわけではないが、その後の選択にはすべて責任を負わなくてはならないということだ。人は批判にさらされる状況に否応なく置かれるため、行動には注意を払わなければならないが、人がそういった状況を自ら選んだ訳ではない。

サルトルによると、人は実存することで責任を担わされるが、それは自ら望んだものではなく課されたものだという。これが、実存は本質に先立つという概念の根底にある道徳上のジレンマである。責任を負うべき正しい生き方を求める上で頼れるのは自分しかいない。我々は生来の自由というものを真剣に受けとめなければならない。

人は自由を望むが、哲学的に見れば必ずしもそうではない。欲する対象ではなく、押しつけられたものなのかもしれない。*JE*

人間は現在の自分を拒絶する唯一の生き物である。

アルベール・カミュ
『反抗的人間』
1951

フランス領アルジェリア出身の哲学者でありジャーナリストであるカミュは、小説『異邦人』(1942)や本1冊分の長さのある随筆『シシューポスの神話』(1942)で最もよく知られる。後者では、「不条理」の概念を探求し、無慈悲な世界に意味を見いだそうとする中で直面する葛藤に言及した。上記の他、代表作には革命の政治的暴力を考察した『反抗的人間』(1951)がある。

本書では哲学的見地から反抗というものを論じ、この世は道理が通らなかったり不公平だったりすることがあるが、それでも人は闘い反抗し続けると述べている。また反抗する理由(と政治的暴力に潜在する正当化の理由)は歴史を振り返ればわかるだろうが、反抗というものは概して、「人間が現在の自分を拒絶する唯一の生き物」であるがゆえ生まれると説いた。人間はなんらかの状況や(抑圧を含む)制約に束縛されるのを拒む。上記の言葉が示唆するのは、人間は制約を甘受できないため、「今ある姿」のままいることも満足することもできないということだ。JE

∩1952年のアルベール・カミュ。
この5年後にノーベル文学賞を受賞する。

物事が
あるがままであってほしいなら、
物事が
変わらなければならない。

ジュゼッペ・トマージ・ディ・ランペドゥーサ
『山猫』
1958

∩1960 年に出版された英語版『山猫』の表紙。

上記の言葉は、称賛を浴びた歴史小説『山猫』に登場する。ここで示されているのは、19 世紀のシチリア島を舞台に、社会や政治の激変に脅かされる若い貴族が自身の恵まれた生活の維持を図ってめぐらす戦略的思考だ。ガリバルディの軍隊が、長年にわたって島を統治していたブルボン王朝を今にも転覆させようとしている頃、架空の王子サリーナの甥（おい）は、自分たち一族が貴族階級としての富と特権を失うのではないかと恐れている。そのため彼はおじに、ガリバルディ率いる国粋主義の義勇軍に参加する旨を伝える。のちに彼は、ガリバルディ支持で相当な富と社会的地位を得た地元の村長の娘と結婚することになる。

当初、王子は甥の義勇軍参加の理由を矛盾していると一顧だにしなかったが、やがて自分を守るためには急激な変化が必要な時もあると気づく。この小説は、王子の忠実な犬が敷物に変えられた場面で終わる。一族の紋章であるサーバルのように、生き残るためには変わりゆく環境にいち早く適応する能力が必要だ。上記の言葉が示す知恵は、まさに地球温暖化のような環境への脅威にも生かすことができる。*TJ*

魂は政治解剖の成果であり道具である。魂は肉体の監獄だ。

ミシェル・フーコー
『監獄の誕生　監視と処罰』
1975

フーコーはフランスの哲学者であり文献学者、社会理論家である。一連の理論的な著作では、知識と権力の関係に付随する問題を取りあげ、この２つが日常生活において人を支配するためにどのように使われているかを論じている。代表作の1作である『監獄の誕生　監視と処罰』は、西洋の刑罰制度の変遷を分析した書だ。

フーコーは制度の変遷や、国民——中でも有罪判決を受けた犯罪者——「監視」を図る制度の実施を批判している。そのような権力の行使の目的は、規制を課したり懲罰を与えたりすることではなく、さまざまな手段、特に身体的な刑罰を用いて、個性と生産性を持ち、法を遵守する人を作ることである。上記の言葉は、懲罰の力をもって人に益ある行為をさせようとする方法に言及している。管理によって作り変えられた人は、新たな体や習慣に自然と順応するようになる。いわば、体や習慣を監獄に入れるようなものだ。行為主体性が外からの力で再構築されると、自我は内に閉じ込められてしまう。上記の言葉は、権力を行使して人の行為主体性を外側から変容させる手段を明らかにするという、フーコーの壮大な取り組みを示している。*JE*

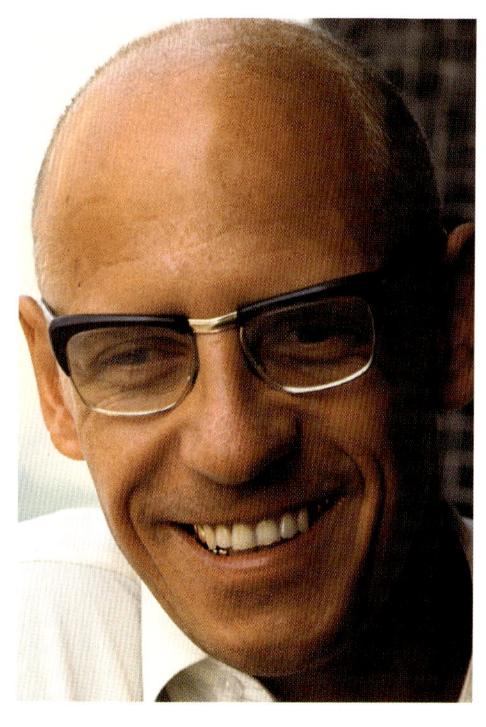

∩1967年のフーコー。
この時期、彼は影響力はあるが物議を醸す思想家として名前が知られつつあった。

言語構造は思考だけでなく、現実そのものも決定する。

ルース・ナンダ・アンシェン
『概念の履歴』
1986

上記の言葉はノーム・チョムスキーに帰するとされることもあるが、本当はアメリカの哲学者ルース・ナンダ・アンシェンの言葉だ。

言語相対性理論は、主にベンジャミン・リー・ウォーフによって展開された。この理論は、1911年に人類学者のフランツ・ボアズが行った研究に起因し、ウォーフによって一般に広められたが、その後誤りであったことが明らかになってきている。

言語相対性理論に対するチョムスキーの批判を裏打ちするのは、アメリカ先住民のホピ族には過去・現在・未来と連続した時間の概念がないというウォーフの主張の分析だ。チョムスキーは、英語において未来というのは可能性（できる）、義務（しなければならない）、意図（するつもりだ）など概念を表す叙法的な言葉を使って初めて過去や現在と区別される、と記している。かたやウォーフの基準に照らせば、英語の話者は未来の概念を持たないということになる。チョムスキーの批判はウォーフの理論の信頼性を揺るがせたが、ウォーフの色の知覚に関する主張は、言語相対性理論の正当性を示している。*TJ*

人生には数えきれないほどの苦しみがある。おそらく、唯一避けることのできない苦しみは、苦しみを避けようとすることから生じる苦しみだ。

R・D・レイン
『あなたはかつてR・D・レインだったか?』
1988

ロナルド・デイヴィッド・レインは、精神病について幅広い書をなしたスコットランドの精神科医である。著作は実存心理学を踏まえており、その独自性は、患者が示す感情は精神疾患や障害の影響だとして度外視するのではなく、患者の経験においては正当性があると見なす点にある。また、レインは長年、反精神医学運動に関わっていた。

上記の言葉は、人生に個人の幸福を阻害するものが数多くあるのは、しごく当然のことだというレインの信条を表している。つまり、「数えきれないほどの苦しみ」があり、苦しみを避けて通ることはできないというわけだ。我々は苦しみを回避しようとするのをやめることで、人生をよりよいものにできる。存在の不完全性を認め、あるがままの人生を歩むことを覚えるべきだ、と彼は暗に述べている。人生は時として厄介だが、よくないものから逃れようとむなしい努力をして挫折感を味わうよりも、人生がもたらす苦難や苦しみを受け入れるか、そこまでできなくとも最低それらに耐えることで成長することができる。*JE*

⊃ レインは精神的苦痛をシャーマンの旅になぞらえた。

RELIGION

宗教

⊂ ローマのヴィラ・マッシモ・ランチェロッティにある、ダンテの『神曲』の地獄界を描いた19世紀のフレスコ画。

力を捨てよ、知れ、私は神。

詩篇46篇
「詩篇」
紀元前1000頃

ヘブライ語のrapa（「力を捨てる」）には、「静かにする」や「動きをとめる」と、「弱る」の意味がある。上記の言葉は、今まさに起きていることから目をそむけるのをやめよという警句だ。未来や過去ばかりに目を向けていると、今の自分はなんら目標も持たず、ただ息をしているだけだということに気がつかない。この言葉は、何について言っているのか――神である「私」とはいったい誰なのか――が曖昧なため、我々は何も考えずにただ感じることを求められる。（キリスト教的解釈では、人智を超えた全能者に言及するため、この考えを神秘的な来世へ送り込む。一方、禅的解釈ではこの考えを虚無の反映、すなわち公案だとしている）

音もせず動きもない力は、我々に人間が負っている死すべき運命、つまり最大の恐怖を直視させる。この深淵を認識すること――幻想、永遠なる来世への偽りの約束、我々の真の目的を隠す契約、そういったものがない状態で深淵と向き合うこと――は、我々にできる最も勇気ある行為だ。このことから純粋で無限の思いやりが生まれる。我々を包み込むのは裁きや要求ではなく、自己に対する深く情愛ある寛容だ。*LW*

災いの過ぎ去るまで、あなたの翼の陰を避けどころとします。

詩篇57篇
「詩篇」
紀元前1000頃

ダビデはイスラエル王国の伝説的な王で、ゴリアテをはじめ何千人ものペリシテ人を容赦なく殺害したことで知られる。しかし一方で、彼は神の栄光を称える何百もの詩篇を書いている。多くの人が知っているのは詩篇23篇と、その「死の陰の谷」を行くというくだりだ。戦士であり敬虔な信者であるダビデは、激しい戦いの中で何度も神に訴えかける。

上記の詩篇は、若い頃のダビデを描いている。嫉妬深い王サウルを殺そうとしたダビデは、神の庇護を求めて洞窟に逃げこむ。やがて彼は洞窟から出てくると、サウルの前にひれ伏して赦しを請う。その後ダビデは、かつてサウルが予言していたように、王座に就く。

上記の詩篇は冒険者たちを勇気づけ、英雄の旅――暗闇へと下り、そして悟りと自由をもって苦難から脱する旅――を謳っている。*DK*

⊃ 「詩篇」（1470）の最初のページに描かれたダビデ王。

אשרי

死の陰の谷を行く時も、私は災いを恐れない。あなたが私とともにいてくださる。

詩篇（しへん）23篇
「詩篇」
1000頃

∩ジェームズ・ティソによる19世紀の絵画「主の御声」には、幻想的な体験が描かれている。

讃美歌集のような詩篇は、その多くが、紀元前1000年頃に古代イスラエルを支配したダビデ王によって書かれたと言われている。現在の学説によると、詩篇は少なくとも5世紀にわたって書き継がれ、その時々の人たちが宗教に求めるものを反映しているとのことだ。上記の詩句は23編4章に登場する。この詩篇は最も有名な詩篇の1つとされ、「主は羊飼い」で始まる。本詩篇は、羊飼いのように民衆を豊かな牧草地――古代のイスラエル人のような牧羊の民なら郷愁を覚えるだろう地――へと導いたイスラエルの神ヤハウェ（エホバ）への信頼を謳（うた）っている。

「死の陰」と表される言葉は、単に「最も暗き闇」あるいは「奥深い陰」の意味だろう。旧約聖書では、随所で闇と死が関連づけられている。谷も比喩的に用いられ、ジョン・バニヤンが寓話（ぐうわ）『天路歴程』(1678)で描いているように、恐怖と悪霊の地を示しているのだろう。また、人間に必ず訪れる死の象徴――死への恐怖は人生に暗い陰を落とす――とも解せる。もっとも、実在する谷である可能性もある。今でも、聖書の時代に武装した盗賊が出没した深い渓谷が、エルサレムからエリコにかけての山道沿いに見られる。*JF*

生は苦、老いは苦、病は苦、死は苦である。

釈迦
『初転法輪経』
紀元前 510

釈迦と呼ばれるガウタマ・シッダールタは、紀元前6世紀から4世紀のいずれかの時期にインド北東部で生まれ、民衆に説法をした聖人である。その教えは仏教の知的基盤を築いた。釈迦は菩提樹の下で瞑想して悟りを開き、四諦——この世は苦である。苦の原因は執着にある。執着を断つことで苦を滅せる——を確立した。これに続く八正道が、苦しみを終わらせる鍵である。

上記の言葉は、苦（ドゥッカ）に関する第1の真理として説かれ、悟りを開いた釈迦が最初に授ける教えである。これは、生あるものが避けて通れない必然の局面は悲嘆や困難、つまり苦しみを伴うという事実を呈している。過度な不運や悲惨なまでの不運に見舞われなくとも、人生には喪失感や苦痛を味わう局面が何度もある。我々は原因を突きとめて克服するすべを学ぶことで、苦しみに対処する力を養わなければならない。釈迦の思想全体に及ぶ第1の真理として、上記の教えは仏教の根幹を成す試金石と言える。*JE*

∩ 香港のランタオ島にある巨大な銅像、天壇大仏。ビッグ・ブッダとしても知られる。

生は死に通じ、死は生に通ずる。

未詳
「バガヴァッド・ギーター」
紀元前 500 頃

ヒンドゥー教の聖典「バガヴァッド・ギーター」は『マハーバーラタ』に収められており、現代の学者は、紀元前5世紀から2世紀の間に書かれたと見ている。スワミ・アベダーナンダは著書『ヴェーダンタ哲学：輪廻（りんね）転生についての5つの教え』(1907)に、上記の言葉は「バガヴァッド・ギーター」に由来すると何度も記している。根拠は示されていないが、『ヴェーダンタ哲学』で論じられている輪廻転生観は、「バガヴァッド・ギーター」の思想に合致する（現在でも「バガヴァッド・ギーター」の内容は訳されている言語によって異なる）。

輪廻転生はヒンドゥー教の核となる信条であり、生まれ、死に、そしてまた生まれるといったアートマン（自我、魂）の循環を意味する。人の魂は本来純粋であり、世俗的な欲望に打ち勝つことでカルマ（一生を通じての活動や働き、行いの集積）を払拭しなければならない。それを達成した時に、生・死・再生といった循環は終わる。上記の言葉は我々に、物質主義を拒絶して輪廻から解放されるまで、人はすべて再生を繰り返すということを思い起こさる。***JE***

もし雄牛や馬や獅子（しし）に手があれば……馬は神の姿を馬に似せて描き、雄牛は雄牛に似せて描くだろう。

クセノパネス
断片 15
紀元前 500 頃

クセノパネスはギリシャの哲学者であり詩人である。彼の神についての見解は、同時代のギリシャ人のそれとは一線を画す。広く流布していたギリシャの多神教の教えに異を唱え、どこから見ても人間で、しかもギリシャ人そっくりな神の描き方に疑問を呈した。エチオピアの神は黒い肌に平たい鼻をしていることに目を留め、人は皆、神を自分と同じ姿に描きたがると察した。クセノパネスは自然科学にも通じ、海の化石を基に、乾燥地域はかつて水中にあったと推論した。彼は不信心者ではあったが、無神論者ではなかった。輪廻や魂、神――ただし唯一神――の存在を信じていた。

クセノパネスは、神の容貌についての一般の神話的概念は人間の状態の表れにすぎないと主張した。外見も言語も異なる多様な人種が、神を自分たちに似せて描き、同じ言語でしゃべらせるが、それは動物も同じだ。彼が最も非難の矛先を向けた1人は、神の外見を擬人化しただけでなく、真の神にはそぐわない人間の感情を神に起因するとしたホメロスだ。***DK***

C 「バガヴァッド・ギーター」の1場面を描いた寺院の壁画。

私に貞潔さと堅固さをお与えください。ですが、今すぐにではなく。

聖アウグスティヌス
『告白』
397

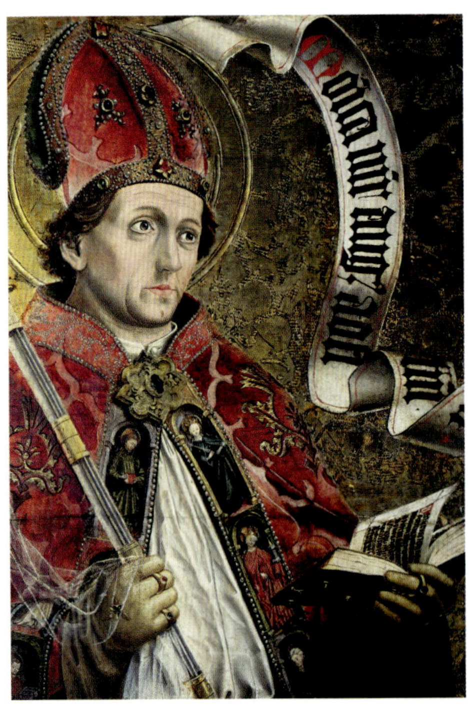

オーストリアのマスター・オブ・ウッテンハイムによるヒッポのアウグスティヌスの肖像画（15世紀）

聖アウグスティヌスは、大人になってからキリスト教に改宗したことで知られる。母親から改宗するよう懇願された時ですら、「プレイボーイ」然とした生活を送っていた。上記の言葉は文脈から解すると、アウグスティヌスがキリスト教に反発していたように思えるかもしれないが、そうではない。キリスト教への献身は完全ではなかったが、母親の望みに応じた改宗にためらいを感じていたことについて、長い間、恐怖よりも欲望が上まわっていたと述べた。

アウグスティヌスは、罪深い人生を歩んだ人が、いかに改宗して聖人とされるまでになったかを示す手本として引き合いに出されることがある。彼は自著『告白』で、自分はキリスト教徒の母親に育てられ、最初は信心深かったが、「ごく若い頃」に罪——主に肉体的な罪——に屈したと述べている。また、その時期、「自由思想」の哲学に惹かれ、キリスト教徒に完全に戻る前、マニ教を勉強したとも告白している。『告白』の文面から、彼が貞潔さを求めようとしなかった己を心から恥じていることや、手本になるよう振る舞うつもりはなかったことは明らかだ。10年間の迷いを経ての改宗は、自分が選んだ道は真なる道だという彼の揺るぎない信念を示している。 **DK**

自分がいやだと思うことを、人にしてはならない。これがトーラーのすべてだ。あとは注釈だ。先へ進み、学びなさい。

大ヒレル
『タルムード』
紀元前50頃

『タルムード』によれば、古代の崇拝されていたラビが、片脚で立ったままトーラーの教えすべてを生徒に説明してもらいたいと頼まれたところ、上記の言葉を何度か繰り返し、その場を去ったという。多くの宗教には、「黄金律」として頻繁に持ち出される言葉がある。これも同様の文言だが、行為を禁じる言葉だ。このような文言ははるか昔、古代バビロニアやエジプトにも見られた。たとえばエジプトの民話「雄弁な農夫の物語」には、「あなたがしてもらいたいことを、人にしなさい。そうすれば、その人も同じことをあなたにするだろう」とある。旧約聖書にも、レビ記に「自分自身を愛するように隣人を愛しなさい」という言葉がある。

1500年以上ものち、イマヌエル・カントが本質的に同じ意味を示す道徳律を、定言命法で述べている。この原則は一般の共通認識から考えても、納得できる。もし周りからよくしてもらいたいと思うなら、まずは自分が人に親切にすることだ、そうすれば人もあなたに親切にしてくれるだろう、ということだ。この文言も自明の理に思える。この多少なりとも功利的な原則は、おそらく動物の世界でも働いているだろうし、世界の宗教や倫理体系ほぼすべてで受け入れられている。*DK*

∩『タルムード』のロシュ・ハシャナ（ユダヤの新年祭）について書かれたページ。

神が存在するのは都合のいいことだ。都合がいいのだから、神は存在すると信じよう。

オウィディウス
『恋の技法』
紀元前1

オウィディウスこと、プーブリウス・オウィディウス・ナーソーは、ウェルギリウスやホラティウスと同時代のローマの詩人である。上記の言葉は、「恋の技法」という詩に登場する。ギリシャ人と同様、ローマ人にも多くの神がいて、神々にまつわる話は詩人や作家が好んで取りあげる題材だった。ギリシャの神もローマの神も、自分たちの高尚な王国で内輪の権力争いに明け暮れていると思われているが、人間界のことにも関わっている。神は死をはじめさまざまな人間の苦しみの根源だった。多くの哲学者が、神は人間の不運の責めを負わすことのできる便利な存在だと考えている。ローマの神について言えば、政治や運勢、天気、戦いでの運、庶民の日常の出来事は、まったくもって神の意志次第だ。

神は政治においても都合のいい存在だ。ローマ帝国は初期のキリスト教徒を、国が認めるローマ社会の神を信じていないとして迫害した。神への信仰もまた便利なものだった。さまざまな神の影響を受けている宇宙で、人は意義を見いだしたり、あるいは日常生活で直面する苦難や、表面に現れた混沌状態の責任を転嫁したりすることができる。*DK*

金持ちが神の国に入るよりも、ラクダが針の穴を通るほうがまだ易しい。

イエス・キリスト
マルコによる福音書
30頃

上記の言葉にはさまざまな説がある。伝統的に、「針の穴」はエルサレムにめぐらされた壁にある小さな門を指すとされていた。もし商人がラクダを連れてそこを通り抜けたいならば、ラクダの背から商品をすべて降ろさなければならない。そうしてもラクダが門をくぐるのはかなりきつい。とはいえ、実際にそのような非現実的な門があったという証拠はない。ある説では、「キャメル」(ラクダ)にあたるギリシャ語は、のちの写本に見られるように、「ケーブル」と読むとある。つまり、ケーブルは針の穴を通すにはあまりにも太すぎるということだ。しかし最もうなずけるのは、不可能なことを「象を針の穴に通す」と表現しているバビロニアの格言を変化させたものだという説だ。

とはいえ、イエスの言葉の意味については差異はない。金持ちは他者を天国に入れない。それどころか、必ずや天国に入るじゃまをする。古代ユダヤ人は、金持ちには神の恩寵(おんちょう)も含めよいものはすべて与えられると考えていたので、イエスはその通念を覆したのだ。さらにイエスは彼の言葉に驚いている弟子たちに、神は何でもできると述べた。*JF*

神は何でもできる。

イエス・キリスト
マタイによる福音書
30 頃

今日よく知られた格言になっている上記の言葉は、聖書に登場する。イエスは、若者から天国に入って永遠の命を得る秘訣を尋ねられ、掟——特に、父母を敬え、姦淫するな、盗むな、殺すな、隣人を自分のように愛せ——を守りなさいと諭す。さらに、持ち物を売り払い、貧しい人々に施すように言う。そうすれば完全になれると。若者が立ち去り、弟子たちが所有物を手放すという言葉に驚いていると、イエスは、金持ちが神の国に入るよりもラクダが針の穴を通るほうがまだ易しい(左項を参照)と説く。

次いで弟子たちは誰が救われるのかと問い、自分たちは何もかも捨ててイエスに従ってきたと述べる。それに対しイエスは、人間にできることではないが、神は何でもできると答える。神は人を精神的に豊かにすることができる。神の力は文字通り無限大である。イエスのひときわ貧しい弟子たちは、天国で王座に座ることになる。ゆえに、信仰があれば、神が地上でも我々に同じものを施せるのは確かだ。**DK**

∩16 世紀にフランドルの画家クエンティン・マサイスが描いた救世主キリスト。

殉教者の血は教会の種である。

テルトゥリアヌス
『護教論』
197

「教父」とされる初期のキリスト教神学者の1人、テルトゥリアヌスは2世紀末に『護教論』を著した。上記は、彼がキリスト教に対する理不尽な批判について、ローマ帝国の属州総督に向かって発した言葉だ。批判の多くはキリスト教徒に対する無知や根も葉もない噂(うわさ)、強固な反逆心（キリスト教徒は皇帝を崇拝するのを拒んだ）に起因している。テルトゥリアヌスは『護教論』で、非キリスト教徒の誤った考えを正そうとした。

テルトゥリアヌスの時代、キリスト教徒は逮捕されたり迫害されたりすることがあった。彼は、命を捧(ささ)げる価値がある宗教には人を霊感で導く力があり、殉教者は帝国中に教会を建てる原動力になると考えた。テルトゥリアヌスが正しかったことは歴史が証明している。圧制的な政府が思想面での反逆者を厳しく取り締まったり、人が大義のために死んだりすると、その大義の信奉者が新たに生まれる。1981年に北アイルランドでハンガーストライキに参加した者たちはIRAへの新たな支持者を獲得し、パレスチナ人の死はシリアやイラクの聖戦士たちを過激にしている。*JF*

親切は信仰の証(あかし)だ。親切心を持たない者は信仰を持たない。

ムハンマド
推定・伝聞
625頃

上記の言葉に言及した最古の書の1冊は、1926年に発表されたフワージャ・カマル・ウッディーンの『アル・イスラム』だ。彼はキリスト教社会で育ったが、のちにイスラム教に改宗し、特に19世紀末のミールザー・グラーム・アフマドが起こした宗教活動を信奉した。カマル・ウッディーンは死ぬまで、イスラム教全体が直面している問題をはじめアフマディーヤやその教えについて書き続け、多くの書を残した。上記の言葉は、ラーマクリシュナ同盟が刊行している英語の月刊誌「プラブッタ・バーラタ」（覚醒したインド）にも見られる。ムハンマドがいつこの言葉を発したかは、いずれの書にも明記されていない。コーランにも見あたらないが、ムハンマドが神の声を聞いたことが書き記された頃と思われる。

この言葉自体は信仰と所業の関係を述べている。ただ信心深いというだけでは足りない。人は行動をもって自身の信仰を示さなければならない。もし宗教が信者に親切であれと命じるならば、親切な行いが真の信仰心の証(あかし)となる。その逆もまたしかりだ。*IHS*

⊂ 16世紀に描かれた聖ステパノの殉教。

よいことが起きれば、それは神の恩恵である。悪いことが起きれば、それは汝の仕業である。

ムハンマド
『コーラン』
650

上記の言葉はコーランの第4章79節である。コーランには、ムハンマドが609年から死去する632年まで、およそ23年の間に神から授かった言葉が収められているとされる。現在、コーランはアラビア文学の最高峰だと見なされている。聖書がキリスト教の礎であるように、コーランはイスラム信仰の礎である。同書は、宗教に関係なく、さまざまな文化圏の人に知恵を授けている。

上記の文言は多様な解釈ができる。最も意義深く、おそらく最も実用的で万人に通じる解釈は、自己の利益のために行動してはならないし、いかなる行動も神の名を借りてしてはならない、だろう。人間の歴史には、戦争や紛争、偏見、さらには個人あるいは人種、文化、国の利益を図るために宗教の教えをゆがめて正当化した不和が散見される。上記の言葉は、神の名のもとに行ったと主張する人の下劣な行為に対する戒めだ。しかし、コーランの正鵠(せいこく)を射た教訓の多くと同じく、この言葉も疎(おろそ)かにされたり、都合よく用いられたりすることが往々にしてある。***IHS***

◐15世紀から16世紀のリビアのコーラン。

◑16世紀のコーランの18章。

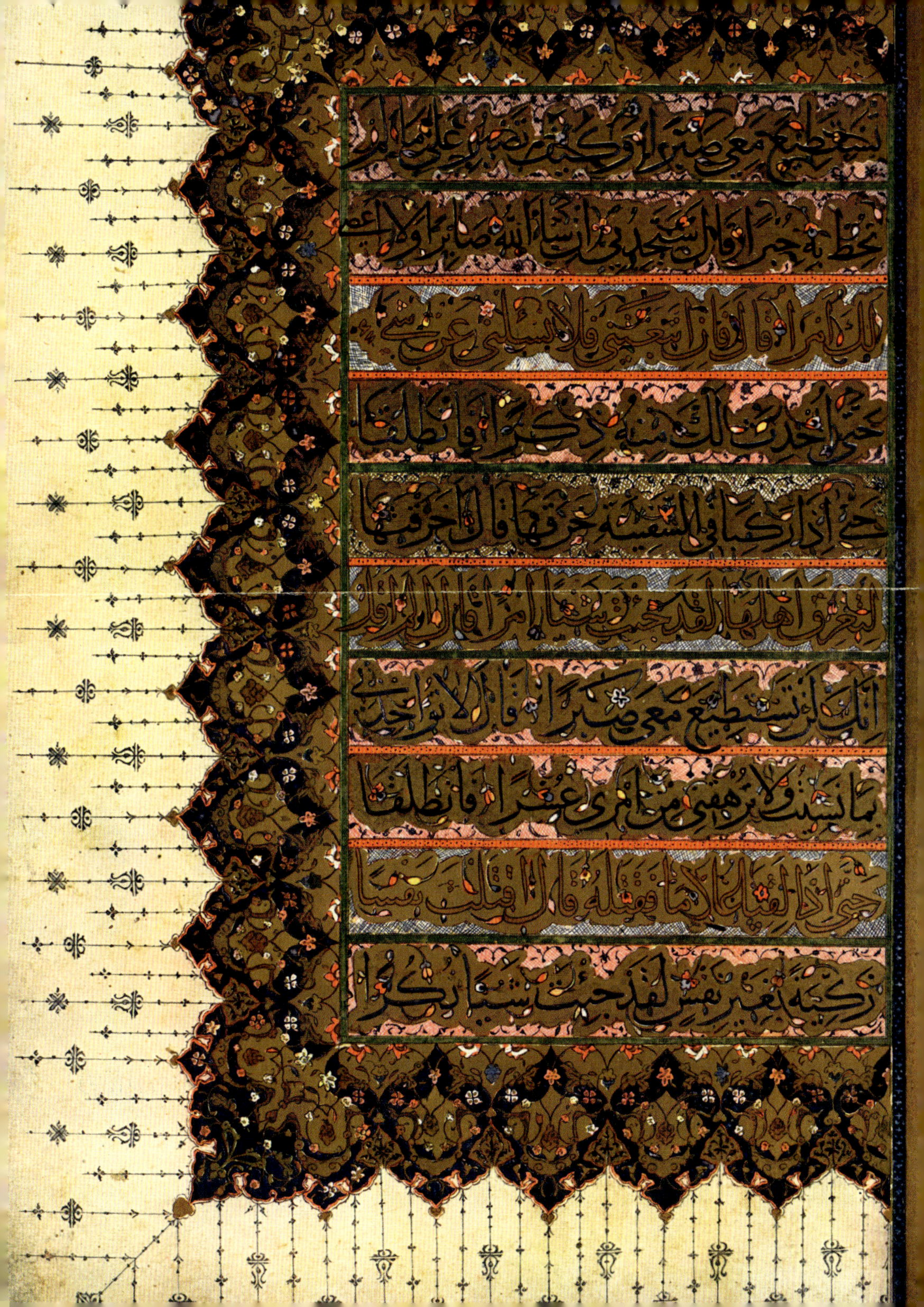

تستطيع معي صبرا وكيف تصبر على ما لم
تحط به خبرا قال ستجدني إن شاء الله صابرا ولا أعصي
لك أمرا قال فإن اتبعتني فلا تسألني عن شيء
حتى أحدث لك منه ذكرا فانطلقا
حتى إذا ركبا في السفينة خرقها قال أخرقتها
لتغرق أهلها لقد جئت شيئا إمرا قال ألم أقل
إنك لن تستطيع معي صبرا قال لا تؤاخذني
بما نسيت ولا ترهقني من أمري عسرا فانطلقا
حتى إذا لقيا غلاما فقتله قال أقتلت نفسا
زكية بغير نفس لقد جئت شيئا نكرا

神は 自分が持ち上げることが できないほど重い石を 作ることができるか？

イブン・ルシュド（アンダルシアのアヴェロエス）
未詳
1170 頃

∩ ローマ時代後期の彫像。ギリシャ神話に登場する
全能の神ティーターン一族のアトラスが地球を肩にかついでいる。

上記は、全能の本質――「全能の逆説」と呼ばれることもある――を探究する学者が一様に問う質問である。暗黒時代のヨーロッパでアリストテレスの書物の保存に尽力したイスラム教徒の哲学者、アヴェロエスをはじめ、聖トマス・アクィナスや中世の神学者たちは、この問いや同様の理念的な問題を熟考した。この逆説は単純である。全能の存在はあらゆる物を作ることができると考えられている。ならば、そのような存在が、自分を含め誰にも持ち上げられない物を作ることは可能なはずだ。だが、それが不可能ならば、明らかに全能の存在にも限界があるということだ。

アヴェロエスが導き出した答えは、この質問は論理不可能を提起している、というものだ。これは、円を四角にしたり、2＋2＝5のように数学の定理を変えたりすることも論理的に不可能であるのと同じだ。よって、全能の存在が特定の物を作ることができないというのも論理上成り立たない。後年、フランスのキリスト教徒の哲学者ルネ・デカルトが、神は論理をも犯すことができると主張したが、アクィナスはアヴェロエスと同様の答えを示し、論理の法則はたとえ神であっても犯すことができないと述べた。*DK*

ここに入らんとする者は一切の希望を捨てよ！

ダンテ・アリギエーリ
『神曲』
1321

上記は、無神論者が宗教的に崇拝されている場所に入ることの危険を説いた警句と解せる。出典はイタリア文学の最高峰として広く認められている、14世紀の叙事詩、ダンテ・アリギエーリの『神曲』だ。ダンテは1308年にこの書の執筆を始め、死去する前年の1320年にすべてを書き終えた。本書はトスカーナ語をイタリアの標準語として確立させただけでなく、ヨーロッパで思い描かれていた来世の姿を明示した。

『神曲』はダンテの地獄と煉獄(れんごく)と天国を巡る旅を描いている。上記の言葉はこの3部作の第1部、地獄門の場面に登場する。ダンテはこの門をくぐって「黄泉(よみ)の国」、「永遠の悲しみ」、「さまよえる人々」を目にしていく。旅のこの段階での仲間は、ローマの詩人ウェルギリウスである。ウェルギリウスは案内役であり、2人が球体の9つの圏――辺獄、肉欲、貪食、貪欲、憤怒、異端者、暴力、悪意、裏切り者――を下る道中で目にするものを解説する。上記の言葉は、「ここに入らんとする者は皆、希望を捨てよ」と誤って訳されることがあるが、このように変えてしまっては、この先の希望のなさが薄らいでしまう。正しくは、「一切の希望」である。*IHS*

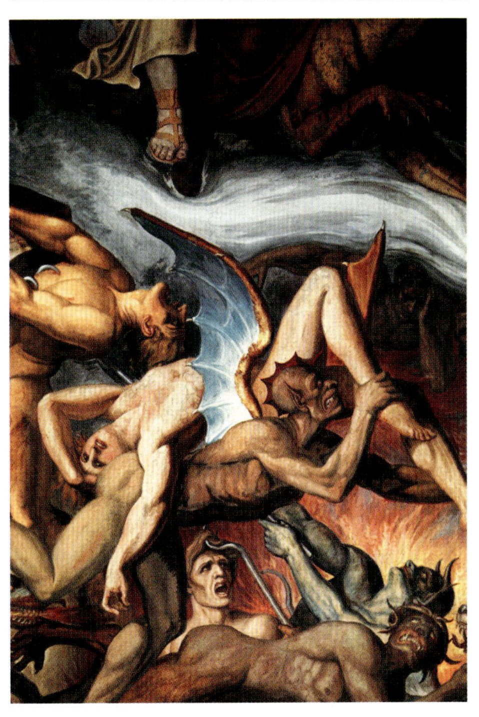

∩ローマのヴィラ・マッシモ・ランチェロッティにある、ダンテの『神曲』の地獄界を描いた19世紀のフレスコ画。

すべてうまくいく、すべてうまくいく、あらゆる事がうまくいく。

ノリッチのジュリアン
『神の愛の啓示』
1395 頃

ノリッチのジュリアンは全人生を神に捧げた隠遁者である。キリスト教への信仰心を綴った『神の愛の啓示』は、女性によって英語で書かれた最古の書とされている。素姓はほとんどわかっておらず——名前は、彼女が住んでいたイギリスの町ノリッチにあるジュリアン教会に由来する——判明しているのは、1373 年に大病を患い、5 月 8 日に司祭が彼女のもとを訪れ、最後の儀式を行ったということだけだ。司祭がジュリアンの頭上に十字架をかかげた時、彼女はイエスの血を見たと言われている。その後数時間、彼女は祈り続け、その間に 16 の幻視を見た。それを綴ったのが『神の愛の啓示』である。13 番目の幻視——「神がなされる偉大な行いは、我々の罪をあがない、我々を守る。神がすべてをよくしてくれる」——は、我々を苦しめる問いへの答えだ。「この時まで、私は愚かなあまり、何度もなぜかを問うていた」と彼女は書いている。「神の偉大な先見の明によって、罪を犯さずにすんだ。この時、私はすべてはうまくいっていたのだと思えた」。イエスの言葉は、上記の書で最も有名なくだりとなっている。ジュリアンはそれを見通して、こう述べている。「この言葉はこのうえなく優しく言われ、非難の色は一切なかった」。*IHS*

人は行為を見て判断するが、神は真意をはかる。

トマス・ア・ケンピス
『キリストにならいて』
1418 頃

『キリストにならいて』は 15 世紀初頭に書かれたが、刊行日と原作者については今も議論の的になっている。原作者に関しては何世紀もの間に、クレルヴォーの聖ベルナルドゥスやウォルター・ヒルトン、ジャン・ジェルソン、パリ大学の総長など、何人もの聖職者や神秘主義者の名前が挙がっている。最も可能性が高いのはトマス・ア・ケンピスとして知られるドイツの修道士、トマス・ヘメルケンだ。彼は 15 世紀に写本家として、平穏で瞑想的な人生を送った。

本書は数多くの言語に訳されている。また、キリスト紀元初期の「教父」による書物だけでなく、旧約聖書と新約聖書双方からも題材を得ている。上記の言葉は、箴言 16 章 2 節——「主はその人の魂を調べられる」——とほぼ同じだ。人間である我々は、なされた行為や発せられた言葉を見たり聞いたりし、それで判断することしかできない。人の心の中を（自らの心の中でさえ）見通して動機をすべて把握することはできない。だが、ケンピスや箴言の作者たちは、神にはそれができると断言している。ケンピスがいわんとしているのは、我々にとっても、意図は道徳的に見て、行為そのものよりも重要だということだ。*JF*

見知らぬ悪魔より馴染(なじ)みの悪魔のほうがいい。

格言
『格言集』
1536頃

人は合理的に、馴染みのあるものを好む傾向にある。たとえそれが悪いものであってもだ。それは単に、自分の得るものがわかっているからだ。ラテン語やギリシャ語をはじめさまざまな文学で、上記の古代の格言は多様な言いまわしで見受けられる。オランダの学者デジデリウス・エラスムスが編纂し、解説をほどこした『格言集』には、上記の文言のほか何千もの格言が収録されている。

上記の格言は、我々のほとんどが納得する考え方を簡潔に示している。馴染みのあるものは安心できるが、馴染みのないものは、たとえそれが期待以上のものだとしても危険だ。これは現代の用語で「単純接触効果」と呼ばれ、幅の広い研究が行われている。被験者に数多くの選択肢から1つ選ばせると、よくない選択肢であっても馴染みのものを選ぶことが多い。これは人間だけでなく、動物にも当てはまる。つまり未知のものよりも、嫌悪すべきもの――たとえば悪魔――のほうが選ばれやすいということだ。その一因として、我々の記憶の中にある、馴染みのものに対する好意が挙げられる。この研究はメタ分析にかけられ、上記の格言が科学的にも正しいことが明らかになった。**DK**

∩ ソコンによる『教師』(1528)。
教育における上記の格言の価値を描いていると思われる。

針の上で天使は何人踊れるか？

ウィリアム・チリングワース
『プロテスタントの信仰――救済への確かな道』
1637

∩ヘンリー・コラーによる20世紀の絵画。ヤコブは天使の夢を見、神の声を聞いている。

神とその一団についての形而上(けいじじょう)学的な思索は古代から行われており、長きにわたって哲学者や神学者の間で議論の題材だった。上記の言葉は中世のスコラ学者（主にキリスト教の聖典と解説書を基に世界を論じ、研究する学者）のものとされることがよくあるが、スコラ学者が上記の言葉を生んだ証拠も、この言いまわしで述べた証拠もいっさいない。だが似たような問題、特に形而上学的に神聖な存在を考察する問題は論議されていた。たとえば、聖トマス・アクィナスの『神学大全』は、天使は空間を占めるかどうか、もし占めるとすればどのくらいか、といったような形而上学的な問題に取り組んでいる。

上記の問題は、近代初期に啓蒙運動と呼ばれることもあるスコラ学への嘲笑や批判として生まれたという可能性も大いにある。この問題を最初に取りあげたのは、言いまわしが若干異なるが、ウィリアム・チリングワースの『プロテスタントの信仰』だ。彼は書の中で、「百万人の天使が針の上に収まることができるかどうか」を論じるスコラ学者を揶揄(やゆ)している。以来、表現は変化して現代的になり、「無意味な」問題を真剣に論議する人たちを嘲る時にも使われるようになった。*DK*

勝てば、すべてを得られる。たとえ負けても、何も失わない。だから迷いなく、神は存在するというほうに賭けよ。

ブレーズ・パスカル
『パンセ』
1670

ブレーズ・パスカルは科学や数学の分野での発見だけでなく、宗教哲学でも有名だ。1650年代には、ピエール・ド・フェルマーと共同で確率論の研究を行うかたわら、『田舎への手紙』を執筆し、自身も加わっていたカトリックのヤンセン主義運動を擁護した。神学及び哲学の論文執筆に向けて書きとめた数々の記述は、彼の死後に編纂され、『パンセ』として出版された。上記の賭けはこの書に登場する。

パスカルは合理主義の不可知論者に、キリスト教の信条を取り入れたところで失うものは何もないと説いている。勝ち得るものは膨大だ。パスカルは忠誠心や正直さ、謙虚さ、友人への素直さ、誠意、寛容さといった道徳的美徳、それに加えこの賭けの絶対的な価値を列挙する。この賭けでは、(パスカルが、価値がないと見なしていた贅沢(ぜいたく)のような堕落した喜び以外は)何も失わないのだから、たとえ神は存在しないとなったとしても、賭けに乗るのをためらう必要はない。もし神は自分のもとに来る人だけを求めると信じているならば、パスカルの主張に説得力を感じる。かたや、神を厳格な人だと思っている人は、この賭けにさほど関心を示さないだろう。*JF*

∩ 数多くの分野で先駆的な功績を残したブレーズ・パスカルは、ルネサンス時代を代表する人物である。

神を感じるのは心であって理性ではない。

ブレーズ・パスカル
『パンセ』
1670

∩ **フランスの数学者でありカトリック哲学者のパスカルを描いた、レオン・ジェイル・ド・サン=レジェールによる版画（19世紀）。**

パスカルの初期の業績で名高いのは、数学や幾何学をはじめ、当時新たに生まれた科学分野での画期的な発見や発明だ。彼は誰もが認める優れた論理能力と理性を有していたが、自らの合理性の概念を根底から覆す宗教的体験もしている。パスカルは理性と科学は事象の裏付けや特質、自然の法則を明らかにすると認める一方、神はその無限性により理解を超えた存在だと主張していた。この考えがパスカルの賭けの根底にあり、賭けにはただ一途に信じる心が必要だという。パスカルいわく、理性で神が存在するかどうかは判断できない、ゆえに「永遠の命と幸福」の未来は信仰によってのみ確約される。つまり、信仰というのは心によってもたらされ、一方、理性は科学で言う第1原理に対するような直観的理解に負うところが大きい、ということだ。ただし、パスカルは「空間、時間、運動、数」への直観的理解も、「心」だけで神を感じる信仰と同種の信念を必要とすると述べている。このような主張と、それを語るパスカルの雄弁さゆえに、信仰と理性に対する彼の見解に今も人は惹(ひ)かれるのだ。*TJ*

理知は自然の啓示である。

ジョン・ロック
『人間知性論』
1689

「理知と啓示」と題された項で、ジョン・ロックは人間の生来の判断能力と、創造の根源的な理論との関係を導き出そうとしている。ロックをはじめ、哲学に通じた神学者によると、知性の働きは神の意志に則(のっと)っており、自然と理性双方を考察することで、いっそう神を感じることができるようになるという。探究すべきは思考や自然の構造そのものであり、そうすれば経験論も神の意志を知る手段となる。啓蒙主義に先立つスコラ学者とは違い、ロックは知性や、知性と理論の仕組みを徹底的に研究し、神と創造物に対する理解を深めた。

ロックは、人間には聖書や創造物を理解するために使える、また使われるべき推理力が生まれながら備わっている、と説いた。ロックいわく、我々は神から授かった知性を用いて聖書を精察すべきである。なぜなら、そうすることによってのみ、聖書の言葉が真実だとわかるからだ。言ってみれば、苦労してユークリッドの証明を理解することで、幾何学的な事実を、単にそういうものだと思うのではなく、確かにそうだと納得がいくのと同じだ。**DK**

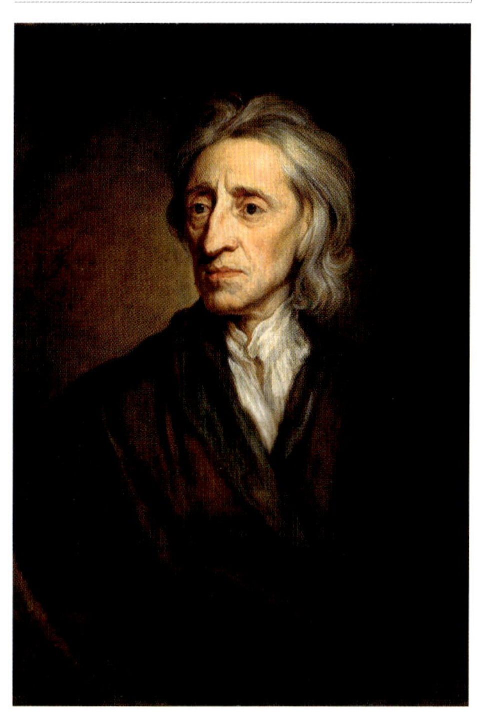

∩ゴドフリー・ネラー卿(きょう)による、
「自由主義の父」として広く知られるロックの肖像画（1697）

もし神が存在しないのならば、神を創造する必要がある。

ヴォルテール
『3つの詐欺についての本の作者への手紙』
1768

∩ジョゼフ・ランテによる版画（1764）に描かれた、聖職者と話をしているヴォルテール。

ヴォルテールは、超常的あるいは疑わしいと自分が見なすものを批判することで有名だったが、当時、啓蒙時代のフランスの一部の人たちと同様に、自らを無神論者だとは認めていなかった。また上記の言葉は、3つの主要なアブラハムの宗教——キリスト教、ユダヤ教、イスラム教——を批判する無神論の書『3つの税に関する論文』に対する見解である。ヴォルテールは、神というものを否定するこの匿名の書に見受けられる、論理上の瑕疵（かし）を皮肉ったわけではなく、著者が宗教に起因するとした過ちは、人間の過ちであって神の過ちではないと述べているのだ。さらには、無神論を助長しようとする試みそのものを批判した。

ヴォルテールは、神の存在を信じる人が誰一人いない世の中というものを恐れていた。それは主に、彼が神を便利な概念として見ていたからだ。そういった概念が存在すれば、王や貧者を抑制して、彼らがそれまで以上に悪質な罪を犯すのを阻止でき、行動を制限せず策略をめぐらすに任せるのではなく、全員をなんらかの形の力の支配下に置いておける。つまり、もし本当に神が存在しないのならば、ただ秩序と平和を維持するためだけに、神を創造する必要があるということだ。**DK**

もし神が
実際に人間に語りかけたとしても、
人間にはそれが神の声だとは
決してわからない。

イマヌエル・カント
『諸学部の争い』
1798

大半の宗教は原典を用いて、神が定めたり認めたりした慣例を教えている。しかし、啓蒙思想の哲学者イマヌエル・カントは、神は無限の存在であるがゆえに、人間が限りのある感覚によって、神の意志を理解することはできないと主張した。たとえ聖書のような書が真に神の意志を伝えているとしても、それが人間ではなく神に由来すると知るのは不可能だ。また、たとえ神が聖典の作者を通じて人間に語りかけることができると考えたとしてもなお、人間の読み手と同様、自らの限りある感覚に依存している作者が神からの啓示を誤って伝えることもある、というのがカントの主張だ。

とはいえ、カントは人間の知性は感覚に依存してはおらず、だからこそ知性は倫理的な矛盾を認識できると指摘した。この点を説明するために、カントは旧約聖書にある、神がアブラハムに彼の一人息子の殺害を命じた話を引き合いに出した。この話は一般に、アブラハムの信仰の試練と解釈されているが、そのような行為は明らかに神自身の道徳律に反する。人間の感覚の限界と可謬（かびゅう）性に対するカントの見解は、今もあらゆる形態の原理主義的信仰に疑問を投げかけている。*TJ*

1812 年に印刷された、最も偉大な哲学者の 1 人であり続けるカントの横顔を描いた肖像画。

やってもだめだ――やらなくてもだめだ。

ロレンゾ・ダウ
『神の愛についての考察』
1836

∩ 奇矯さゆえ、一部の人には「クレイジー・ダウ」として知られるダウを描いた線彫画（1834 頃）。

カルヴァン主義の厳格な教義によると、人は救済されるか、地獄へ行くかのどちらかに運命づけられており、神のさまざまな決まりや予測によって、神の栄光にはおよそたどり着けそうにない。この教義に異議を唱えたのは、自らの人生を説教に捧げようと決意したロレンゾ・ダウだ。彼は上記の言葉を発し、他の説教師は「『あなたはできるし、できない――すべきであり、すべきでない――するだろうし、しないだろう――やっても地獄に落ちるし、やらなくても地獄に落ちる』といったようなことを説いて、聖書を矛盾したものにしてしまっている」と非難した。ダウは独学の福音主義の説教師で、特定の宗派には属していない。独自のスタイルで他とは異なる肯定的な解釈でキリスト教を説き、多くの支持を集めた。

1834 年に死没したあと、彼が書き残したものが編纂され、『神の愛についての考察』という題で出版された。福音主義のキリスト教は現在も存続し、聖書の最良の部分を訴えることで、数多くの矛盾を払拭している。敵意ある世の中に苦しんでいる人々は、それらの肯定的な解釈に慰めを見いだし、いずれにせよ地獄に堕(お)ちることはないと信じている。*DK*

無よりも、地獄のほうが耐えられる。

フィリップ・ジェームズ・ベイリー
『胎児』
1839

フィリップ・ジェームズ・ベイリーは、不均整な韻律や独特の比喩表現を用いることで「痙攣性」詩人と呼ばれる詩人の1人だ。そういった詩人たちも最初は高く評価されたが、ウィリアム・エドモンスタウン・エイトンの風刺『ファーミリアン』(1854)で揶揄され、時代から取り残されていった。『ファーミリアン』は形式も長さも典型的な叙事詩である。ベイリーの『胎児』もその一例で、ミルトンやダンテが取りあげるテーマが反映されている。特に上記の言葉が含まれる節はそうだ。舞台はルシファーが堕落した時期の天国で、彼が天使の世界から地獄へ送られる顛末を描いている。

地獄に堕ちたルシファーは嘆き、上記の台詞を発する。どんな形であれ、何かが存在するというのは、何もない無よりいい。ルシファーにとって地獄にいることは、自分が支配者になれるので、地獄にいる大半の人よりはいいだろう。ミルトンの『失楽園』(1667)はやや趣が異なり、ルシファーはこう述べる。「天国で仕えるよりは、地獄で君臨するほうがいい」。彼が奴隷の境遇に反発して、どこかに存在するだけでなく権力も欲したと解せる。***DK***

神にできる唯一の弁明は、神が存在しないということだけだ。

スタンダール
推定・伝聞
1842頃

筆名スタンダールこと、マリ＝アンリ・ベイルは19世紀のフランス文学の巨匠であり、リアリズム文学の先駆者である。フランス軍の一員としてナポレオンのロシア遠征に参加したあと、パリに戻るとイタリアへ移り、そこで彼の最高傑作となる小説『赤と黒』(1830)を執筆した。この他、『パルムの僧院』(1839)を含め5作の小説を著した。

伝記作家の中には、スタンダールを無神論者と見なす者もいるが、上記は彼の言葉だと少なからず考えられている。アメリカの定期刊行誌「スクリブナー」に掲載されたジェームズ・ハンカーの「感情教育」にも、そういった記述がある。一説によると、ドイツの哲学者フリードリヒ・ニーチェは、スタンダールの宗教的信念の欠如に言及して、彼は「フランスではめったに見受けられない純然たる無神論者」だと言ったとのことだ。

スタンダールの著作は叙情主義と風刺、皮肉、希望、抗しがたい結果を伴う心理学的洞察が融合している。彼の影響はドストエフスキーやカミュの著作に見てとれる。***HJ***

宗教は大衆のアヘンである。

カール・マルクス
「独仏年誌」
1844

∩ マルクスが埋葬されているロンドンのハイゲート墓地にある銅の胸像。

⊃ マルクスとレーニンを描いたソ連のポスターには、「革命の理論なき革命運動はあり得ない」と書かれている。

カール・マルクスはドイツの政治経済学者であり哲学者、社会学者、社会主義の革命家である。活動の中心は批評であり、特に資本主義を批判し、その活動を通じて階級のない社会の構築を目指した。マルクスの代表作『資本論』(1867)は政治経済学を論じているが、国家や革命戦略、宗教など多様な題材に対するあまたの洞察がちりばめられてる。

上記の言葉は、ドイツの哲学者ノヴァーリスの著作にも見られる。ノヴァーリスは、宗教には「鎮静剤としての作用しかなく、弱さから生じる苦しみを刺激し、麻痺(まひ)させ、和らげる」と述べている。より影響力のあるマルクスの上記の言葉は、宗教には潜在的な機能として、苦しんでいる人々をその苦しみをもたらした状況から注意をそらせる鎮静作用があるとしている。さらには、宗教は「抑圧された生き物のため息であり、慈悲なき世界の心であり、魂なき状態の魂だ」とし、苦しみを表出する役割を果たすと述べている。アヘン剤に言及することで、宗教は苦しみを癒やすかもしれないが、その原因を解消することはなく、悪い結果をもたらしかねないと主張している。*JE*

СИСТЕМА ПАРТИЙНОГО ПРОСВЕЩЕНИЯ
НИЗОВАЯ СЕТЬ
БЕЗ РЕВОЛЮЦИОННОЙ
ТЕОРИИ НЕ МОЖЕТ БЫТЬ
РЕВОЛЮЦИОННОГО
ДВИЖЕНИЯ
ЛЕНИН
АГИТПРОП МК ВКП(б)

神は私を赦（ゆる）してくれるだろう。それが神の仕事だ。

ハインリヒ・ハイネ
臨終の言葉
1856

ハインリヒ・ハイネは『歌の本』で名声を確立した。のちに、フランツ・シューベルトやロベルト・シューマンが同書に収録されている詩をもとに歌曲を作った。

ハインリヒ・ハイネはドイツのデュッセルドルフでユダヤ人の両親のもとに生まれたが、ユダヤ教徒には閉ざされていた行政職員の道に進めるようにと、キリスト教の洗礼を受けた。法学の学位を取得したが、詩や文学や歴史に夢中になった。代表作は、ほろ苦い愛の詩集『歌の本』(1827)だ。ロマン派の詩に受け継がれている詩の原則に疑問を抱きながらも、同派の形式や情趣に倣（なら）っている。彼はひねりのある、皮肉とも言える表現を用いた。たとえば先を見通したような、「彼らが本を燃やすところでは、いずれ必ず人間も燃やされる」や、斜に構えた「人はいずれ自らの敵を赦（ゆる）す、ただし敵が絞首刑に処せられてから！」といったくだりだ。

同様の皮肉の気味が、上記の言葉にも少なからずある。ジークムント・フロイトのフランス語での言いまわしもあって、意味は上記と同じだ。「職業（メイティエ）」という言葉が、上記では「仕事（ジョブ）」と訳されているが、「天職（ヴォウケイション）」とも、さらには「得意なこと（ホワット・ヒーズ・グッド・アット）」とも言い換えることもできる。上記の言葉を額面通りに解するならば、ハイネは本気でそう考えていたと思われる。*JF*

無神論者にとって最悪の瞬間は、心底ありがたく思っているのに、感謝する相手がいない時だ。

ダンテ・ゲイブリエル・ロセッティ
推定・伝聞
1860

上記の言葉は一般に、ラファエル前派の先駆者の1人、イギリスの画家であり詩人であるダンテ・ゲイブリエル・ロセッティのものとされているが、本当はそうでははないという声は依然としてある。とはいえ、イギリスの作家であり批評家であるG・K・チェスタトンが『アシジの聖フランチェスコ』(1923)で、上記をロセッティの言葉だとしており、それを否定する文学上の理由はほとんど見あたらない。

チェスタトンはロセッティの言葉を引用して、「辛辣(しんらつ)だが、この上ない真実を述べている」とし、自身の作品に登場させて、「この説の逆もまた真なり……どんな物でも贈り物に見せれば、見栄えがよくなる」と綴(つづ)っている。このくだりが続くと、ロセッティの言葉の意味にも疑念が湧く。無神論者が、感謝を捧(ささ)げる神がいないからといって物語が終わるわけではないと考えるかもしれず、となれば信憑(しんぴょう)性も疑問視されかねない。謝意を表せる相手は他にいくらでもいる。さらに言えば、贈り物がすべて喜ばれるわけでもない。上記の言葉の最初の発言者が誰かはさておき、チェスタトンとロセッティは「感謝」の性質の何かが謝意を示す対象を求めていると考えたが、これが必ずしも正しいとは言えないかもしれない。***DK***

宗教が真に意味するのは単なる道徳ではなく、感情に訴える道徳である。

マシュー・アーノルド
『文学と教義』
1873

マシュー・アーノルドはイギリスで視学官を務めていたが、詩人、随筆家、文化批評家として今もなお高い評価を得ている。

上記の言葉が登場する作品——英語版も翻訳版も、当時ベストセラーとなった——の最も注目すべき点は、いかなる宗教であれ、信仰は個人の問題だとの主張にある。アーノルドは序文でこう述べている。

「宗教的な問題に関して、真実と見なされるものは常に明示されると考えるのは、偏狭で誤った教えを受けた何よりの証拠だ」。

アーノルドはこの見解を発展させる過程で、宗教と道徳観は同一の広がりを持ち、前者なくして後者を体得することはできないと主張する人に反意を示した。聖書には十戒以外にも慎み深い行いが説かれているが、だからといって、聖書を1度も読んだことのない人は不道徳だと断じることはできない。聖書を読んでいるからといって、アブラハムの宗教(ユダヤ教、キリスト教、イスラム教)の全信者が、美徳のかがみだと見なせないのと同じだ。***JP***

しかしながら すべての宗教は、人間の日常生活を支配する外力に対し人間の心が示す異様な反応にすぎない。

フリードリヒ・エンゲルス
『反デューリング論』
1877

フリードリヒ・エンゲルスは、カール・マルクスとの共著もあるドイツの哲学者であり社会科学者である。資本主義を批判し、階級なき社会を提唱するだけでなく、宗教の私利的な利用を是認する宗教や政治の構造に異を唱えもした。

『反デューリング論』に登場する上記の言葉は、宗教的信念の成り立ちに関するマルクスとエンゲルスの見解を反映している。彼らは、宗教的信念は人間が、さらに言えば、神の創造物である人間が発明したものであると考えていた。そのような信念にはさまざまな作用——階級社会の維持、慰安、さらには反乱の根源——があるが、いずれにしろ、形而上(けいじじょう)学的な信念は現実性に欠け、時として物事の真の姿を覆い隠してしまう。上記の言葉でエンゲルスがとりわけ訴えているのは、そういった信念はまやかしであり、人間の生活に影響を及ぼすが、人間が制御できない、あるいは制御できないように思える外部の力に対する人間の反応から生まれているということだ。要するに、それらの「外力」は宗教に起因しており(あるいは宗教を形而上学的な形で表したものであり)、ゆえに宗教は外力と同様、実体を持たないというわけだ。*JE*

「だが、そうなったら人間はどうなる?」とやつに聞いてやった。「神もいない、来世もないとなったら?」

フョードル・ドストエフスキー
『カラマーゾフの兄弟』
1880

フョードル・ドストエフスキーの最後の小説『カラマーゾフの兄弟』は、倫理や道徳、宗教的信念に対する彼の見解が綴(つづ)られているとされる。本書は、強欲なフョードル・カラマーゾフの3人の息子——アデライーラとの間の1人息子ドミートリイ、2番目の妻ソフィアとの結婚でもうけたイヴァンとアリョーシャ——をめぐる物語だ。ドミートリイは直情型で情熱的、イヴァンはいかなる宗教的信念も寄せつけないインテリ、アリョーシャは敬虔(けいけん)なキリスト教徒である。

上記の言葉は、存在や人生の意味、来世の可能性についての形而上学的な議論でよく引き合いに出される。この台詞が登場する時点で、ドミートリイは不仲が原因で父親を殺害したとして逮捕されている。裁判の前夜、ドミートリイのもとをアリョーシャが訪れる。そこでアリョーシャは、同じ神学校で学ぶラキーチンに出くわす。その場面に出てくるのが、上記の台詞だ。アリョーシャの敬虔さを軽蔑しているラキーチンは、こう答える。「知らなかったんですか? 賢い人は何をしたっていいんですよ」。*IHS*

⊃ ウラジーミル・ファヴォルスキーによるドストエフスキーの肖像画(1929)。

「神がどこに行ったかだって？」と彼は叫んだ。「教えてやる。俺たちが神を殺したのだ——おまえたちと俺が。俺たちはみんな、神の殺害者なのだ」

フリードリヒ・ニーチェ
『悦(よろこ)ばしき知識』
1882

∩プロイセン軍を除隊後、1869年にバーゼル大学の古典文献学の教授となったフリードリヒ・ニーチェ。

「神の死」は、ドイツの哲学者フリードリヒ・ニーチェの著作で何度も取りあげられているテーマだ。『悦ばしき知識』の「狂気の人間」の項では、聖書の物語の体裁をなぞった上で、故意に皮肉をまじえて神の死を論じている。また、翌年に発表した『ツァラトゥストラはこう語った』でも、この問題を取りあげている。後年の著作では、題材としてすでに廃れだしていた宗教的信念を扱うことが減っている。この問題が下火になった理由は、おおむね18世紀における科学の飛躍的進歩にある。

上記は「狂気の人間」が無神論の聴衆を、神の死の意味がわかっていないと罵倒した時の台詞だ。そのあと彼はこう問うている。「俺たちはどんな聖なる対象を作り出さなければならないのか？」この狂気の人間は、ニーチェが憂えている深刻な問題を提示している。続く読者に直接語りかける一節で、彼は「ヨーロッパ全体の道徳」はキリスト教の神への信念が崩れるとともに腐敗したと訴えている。ニーチェは、宗教を放棄することで、人間はさらに価値ある道徳観を生む道が開けると考えていたが、道徳観は宗教的信念によって作り出されるという考えは、今も根強く残っている。*TJ*

キリスト教徒を引っかいてみろ。そこにいるのは異端者――甘やかされた異端者だ。

イズレイル・ザングウィル
『ゲットーの子供たち』
1892

ヴィクトリア朝時代、ロンドンは移民であるユダヤ人にとって天国だった。当時のイーストエンドを舞台にしたイズレイル・ザングウィルの半自伝的作品には、独特な経験が仔細(しさい)に綴(つづ)られている。彼は移民の民族性の混在に言及して、「人種のるつぼ」という言葉を生み出し、一般に広めた。また、彼の世紀末ロンドンのユダヤ人街の物語は、愉快で奥深く、内省的であるがゆえ、ザングウィルは「ゲットーのディケンズ」と称されることもある。

上記の言葉は宗教と信者についての議論や、宗教と本来の目的を無視しがちな信者についての議論に登場する。議題となっているのは、なぜなんらかの行動を促すためにわざわざその行動を禁じる戒律を作る必要があるのか、ということだ。それに対する答えはこうだ――キリストを祝福しているのはキリストの教えを守れない信者だからだ。つまり、キリストの影響は表面的なものにすぎない、キリスト教徒という仮面の下には教義を信奉するふりをしているだけの中身のない異端者がいる、と述べているのだ。ザングウィルの著書全体に及ぶ懐疑主義や人道主義、風刺は、このような鋭い観察眼があってこそだ。**DK**

∩1895年のイズレイル・ザングウィル。
著書『ゲットーの子供たち』には、愛情の込もった「一風変わった人たちについての考察」という副題が付いている。

天国は無限の達成感をともなう果てしのない願望——幸運であることへの願望、命あることへの願望だ。

アレキサンダー・マクラーレン
『マクラーレンの解説』
1895

∩ アレキサンダー・マクラーレンはスコットランドで生まれたが、10代の時に勉学のためイングランドへ移り、人生を終えるまでそこに暮らした。

非カトリックの聖職者であるスコットランドのアレキサンダー・マクラーレンは、人生を通じて聖書を研究し、執筆した膨大な量の注釈を編集して1冊の書『マクラーレンの解説——聖書について』を成した。多くの説教の中で詩篇（しへん）42篇を、とりわけ「神に、命の神に、私の魂は渇く。いつ御前に出て、神の御顔を仰ぐことができるのか」という文言を取りあげて論じ、詩篇は「傷ついた心のむせび泣き」のようだと記している。

彼は3つの種類の願望を挙げている。(1) 誰もが抱いている、神への無意識で満たされない願望——彼はこれを「自然の状態」と呼ぶ。(2) 不完全だが答えを得られる意識的な願望。恩寵（おんちょう）の状態と呼ばれ、魂に内在する宗教の根源である。そして最後に、(3) 完全に満たされる完全なる願望。これが天国である。マクラーレンはこれを字義通りに取りあげ、天国での永遠の状態を完全な渇きの状態だとした。そして、それは「無限の達成感」、「幸運であることへの願望、命あることへの願望」をともなうと結論づけている。*DK*

よい気候を求めるなら天国へ行け、仲間を求めるなら地獄へ行け。

マーク・トウェイン
「タマニー・ホールとクローカーに対するエドマンド・バーク」
1901

マーク・トウェインは影響力のあるアメリカの風刺作家だ。風刺の目的は嘲ることである。18世紀のヴォルテールのような風刺作家と同様、トウェインも宗教やその信者、具体的に言えばキリスト教とキリスト教徒を、平然と嘲った。キリストはその教えがゆえに尊重していたが、キリストを信奉していると主張する人を露骨に蔑むことも少なからずあった。上記以外に、トウェインのよく知られた言葉には「キリスト教徒がたった1人いただけだ。その昔、人は彼を捕らえ、十字架にはりつけにした」がある。トウェインはしばしば聖なる書物や、その明らかな矛盾に真っ向から疑問を呈した。おおかたにおいて彼は宗教に対し懐疑的で、現世の事象や思考に興味を抱いていた。

トウェインの、敬虔(けいけん)な人から見れば地獄に行きそうな人と交流したいという願望は理解できる。科学者や批評家、作家、よきキリスト教徒ではなさそうな政治家というのは1人残らず、たとえ地獄の気候が不快だとしても、自分は死ねば天国に昇ると考えている人よりも、いい仲間を作るだろう。トウェインは上記の言葉を政治演説で用い、第3党から出馬する候補者を支持した。**DK**

神が存在するかどうかはわからないが、存在しないとしたほうが神の評判のためにはいいだろう。

ジュール・ルナール
『ルナール日記』
1906

ジュール・ルナールは詩や長編小説、短編小説、戯曲など多岐にわたる作品を数多く残した作家だ。1897年から1910年まで綴(つづ)っていた日記は1925年に出版され、サマセット・モームをはじめ、他の作家たちが自分の日記を刊行する起爆剤になった。ルナールの日記には、信仰に対する考えのいくつかの答えを示す機知と洞察に富んだ内省的な文句が随所に見られる。上記の言葉——1906年の記述に登場する——もその1つだ。

ルナールは不可知論者だ。著作を通じて神を理解しようとしているように思えるが、疑念の種を次々と見つけている。神を思い描いたり理解しようとしたりするうちに、実在主義の立場をとる寸前までいっている。彼の言う「何よりも真実を表す言葉」は「無」である。彼は人間の存在に主として過ちを見いだし、おそらく神の最も完全なる創造物は「24時間のうち24時間眠る」猫だと考えるようになった。また、世界は大部分が神の失策から成り、この先も神は大失敗を重ね、高潔な人を罰し、よこしまな人に恩恵を施し続けると考えていた。最終的にルナールは、世界や人間の欠陥を考えれば、神が存在したとしても、存在しないとしたほうが「神自身の信用」のためにはいいと嘆くに至った。**DK**

いわゆるキリスト教国はどこよりも文明が開け、進歩している……だが、宗教があるにもかかわらず、その要因は宗教にはない。

マーク・トウェイン
推定・伝聞
1910 頃

⊙1905 年に撮影された、アメリカで最も愛されている作家マーク・トウェインの写真。

マーク・トウェインというペンネームで執筆していたサミュエル・ラングホーン・クレメンズは、アメリカの著述家でありジャーナリスト、ユーモア作家である。小説『トム・ソーヤーの冒険』(1876)や『ハックルベリー・フィンの冒険』(1885)が最もよく知られる。小説に加え、奴隷制度廃止についても広く取りあげ、女性の権利や参政権を積極的に支持した。宗教もまた、急進さを増す著作の主眼だった。

伝記作家の中には、トウェインは1858年に弟を汽船の爆発事故で亡くしたあと、組織だった宗教に嫌悪感を抱くようになったと考える者がいる。原因がなんであれ、彼は無神論者を自認し、教会の保守主義を非難するようになった。アルバート・ビグロー・ペインの『マーク・トウェイン物語』(1912)によると、トウェインのものだとされる上記の言葉のあとは、こう続く。「ガリレオの時代から我らの時代に至るまで、教会はあらゆる刷新と発見を阻害してきた。分娩(ぶんべん)時の麻酔の使用は、聖書にあるイブに向けられた呪いの言葉をかわすためだとして、罪と見なされた。天文学や地質学は一歩進むたびに、偏狭さや迷信に行く手をはばまれている」。*HJ*

主よ、私をあなたの平和の道具としてください。憎しみのあるところに、愛の種を蒔（ま）かせてください。

未詳
「ラ・クロシェット」誌
1912

上記は「フランシスコの平和の祈り」として知られる祈禱（きとう）文の一部だが、聖フランシスコが書いたのではないようだ。この祈りの言葉は20世紀初頭、「聖なる大衆同盟」として知られる組織がフランスで発行している宗教的な小冊子「ラ・クロシェット」で初めて紹介された。この祈禱文を誰が書いたかは不明だが、今のところ、聖フランシスコではないとされている。1920年代、フランシスコ修道会の司祭が印刷し、配布した聖フランシスコの写真の裏にこの文言が入っていたが、やはり作者については記されていなかった。1927年、英訳がクエーカーの雑誌に掲載され、著作権が与えられた。今日、この祈禱文は「アッシジの聖フランシスコの祈り」と呼ばれている。その後、かつてないほど印刷されて世に広められ、100万部がアメリカの家庭に届けられた。

現在存在する祈禱文には、害はないものの、明らかに原文をまねたと思われるものがある。実際、聖フランシスコの仲間だったアッシジの聖ジャイルズのものとされる祈禱文は実によく似ている。おそらくは、聖ジャイルズが高潔な仲間に触発されて書いたのだろう。**DK**

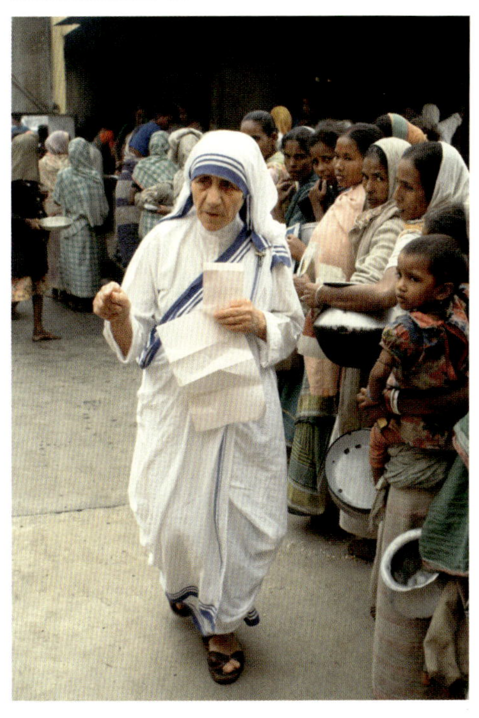

∩ 聖フランシスコの祈りはマザー・テレサの好きな祈りの言葉の1つで、彼女は毎日これを唱えていた。

私は森の泉から神の沈黙を飲んだ。

ゲオルク・トラークル
「深き淵(ふち)より」
1912

オーストリアの詩人ゲオルク・トラークルは表現主義を代表する1人であり、彼の暗く内省的な詩は他の表現主義者の作品と同様、物語要素はなく、感情に訴えることに重きが置かれている。死や腐敗をテーマにすることが多く、それに加え、第一次世界大戦が迫り来る頃には、明らかに文明が崩壊しつつあることへの恐怖もテーマに取りあげた。トラークルは当初劇作を手がけたが、批評家に作品を酷評されたため、薬剤師をしながら詩作を始めた。これがきっかけで麻薬に手を出し、精神的に不安定な状態に陥った。さらに追い討ちをかけるように、妹と肉体関係を持っているとの噂(うわさ)が流れた。

第一詩集『詩集』は1913年に発表され、上記の詩「深き淵より」もこの書に収録されている。紹介されている詩はいずれも論理上のつながりはないが、全体に絶望の色を帯びている。宗教的であると同時に、それに相反する趣も随所に感じられる。上記の言葉は、トラークルが神の沈黙から精気を得たとも、神は滅びゆく世界を前に沈黙しているとも解せる。支援者だった哲学者のルートヴィヒ・ヴィトゲンシュタインは、トラークルの詩についてこう述べている。「理解はできないが、詩風に心地よさをおぼえる。真の天才が生む詩風だ」。*HJ*

人間の思考の均一化を治せる苦い薬となれるのは、異端者だけだ。

エヴゲーニイ・ザミャーチン
『文学、革命、エントロピーなどについて』
1923

ロシアのSF作家であり風刺作家であるエヴゲーニイ・ザミャーチンは、西洋の作家に多大な影響を与えた。1924年に出版された小説『われら』は、未来の全体主義体制を描いている。市民は想像力を奪われ、「恩人」に監視されている。このテーマはジョージ・オーウェルの『1984』(1949)やオルダス・ハクスリーの『すばらしい新世界』(1932)にも見られる。

当初、ザミャーチンは海軍の技師を務めるかたわら、余暇を利用して執筆を行った。1917年、イギリスの造船所で働いていたが、十月革命のさなかに、サンクト・ペテルブルクに戻った。最初は革命を支持していたが、検閲が厳しくなるにつれ、次第に幻滅を感じるようになった。1923年、上記の言葉が登場する随筆を書き、1917年の革命が最後ではないという見解を考察した。そして、次第に支配力を増すロシア政権によってもたらされた人間の思考の均一化、つまり思考の緩やかな衰退を非難し、世界はキリストやコペルニクス、トルストイのような、一般に浸透していた思想に倣(なら)わなかった「異端者によって生かされている」と述べた。*HJ*

⊃ 1921年に作成されたザミャーチンのペン画。

The
New York, Sat.
Litera
The
Ю. Анненков.
1921.

COMMITTEE OF 100
TION FOR LIFE
DEFENCE MINISTRY
18 FEB. 1961

平然と残虐なふるまいをするのは道徳主義者の喜びだ。だから、彼らは地獄を創ったのだ。

バートランド・ラッセル
「懐疑論の価値について」
1928

イギリスの哲学者であり政治活動家であるバートランド・ラッセルは、無神論者を支持して宗教を否定した。この旧来の思想に反対する姿勢がゆえ、彼は真の急進主義者だというレッテルを貼られた。論理分析を確立し、数学や言語学、認知科学をはじめ、さまざまな学問分野に影響を及ぼした哲学の独自の学説を唱えた。彼の功績は、今も社会に変化をもたらし続けているコンピュータ科学や人工知能などの発展にも影響を与えている。

信念のある反戦活動家だった彼は、第一次世界大戦時には平和主義であることを理由に、ベトナム戦争時にはアメリカの介入に反対する運動を行ったことを理由に投獄された。また、社会主義と平和主義を信条としたが、特定の宗教を信奉していると思われるのを嫌った。世に浸透している道徳を守ろうとする人からすれば、そのような考えは嫌悪の対象だった時代にあって、ラッセルは、とりわけ組織化された宗教や従来の道徳に対する懐疑主義が原因で、筋金入りの自由思想家だとされた。上記の言葉は、彼の『懐疑論』の序文からの引用だ。彼は同書で、「ここで述べている見解は、たとえ受け入れたとしても、さほど影響力はないと思われるかもしれないが、必ずや人間の生活に革命を起こすだろう」と述べている。*ME*

∩1928年に撮影されたバートランド・ラッセル

⊂1950年代末、ラッセルは民衆にイギリスの核兵器政策に対する反対の声をあげさせた。

神はいないと主張する人ほど、神の話ばかりしている人はいない。

ヘイウッド・ヘイル・ブルーン
『古い物語への新たな序文』
1939

ヘイウッド・ヘイル・ブルーンは、1930年代のアメリカでコラムが最も多くの人に読まれていたジャーナリストだ。彼はアメリカ社会の弱者を支援し、一般に支持されない大義を擁護した。1921年には、「ニューヨーク・ワールド」紙にコラム「私にはこう見える」を書き始めた。

ほぼ一生、不可知論者で通したが、他界する直前にカトリックに宗旨変えをしている。1930年代、アメリカでの無神論者の増加を、再び題材として取りあげるようになった。上記の言葉は、週刊のタブロイド紙「ブルーンのナツメグ」に登場した。同紙には「人に改宗を勧める人の中には、中途半端な無神論者の半分でも精力的な人はいない」という記述もある。ブルーンがいわんとするのは、神の考えは柔軟で、払いのけるのは容易ではないということだ。彼は、ニューヨークの作家や批評家のサークルである「アルゴンキンの円卓」のメンバーだった。この会にはドロシー・パーカーやハーポ・マルクス、ジョージ・S・コーフマンなども名をつらねていた。辛口ぞろいのこの一団は「毒物軍団」としても有名だった。たとえば、ブラウンはジェフリー・スティーンを「アメリカの演劇界で最悪の役者」と評した。*HJ*

主よ、変えることができないものを受け入れる平静さと、変えることができるものを変える勇気と、この両者の違いを見極める知恵を私にお与えください。

ラインホルド・ニーバー
説教
1941

「ニーバーの祈り」として知られるこの短い祈りの言葉は、現在、アルコール依存症更生会と、その12ステップ・プログラムの精神を表している。しかし、第二次世界大戦時、兵士にとって意義深い祈りでもあった。作者は、アメリカの神学者であり倫理学者、評論家であるラインホルド・ニーバーとされている。彼は、この祈りの土台になる言葉は何年も前からあったかもしれないと認めてはいるが、この言いまわしは自分が1941年か42年に書いたものだと述べている。ニーバーはこの祈りを1943年の説教で初めて唱え、1944年、全米キリスト教会協議会が従軍牧師や兵士に向けて発行している本で紹介した。

ニーバーは作家としても、アメリカの政治思想に多大な影響を与えた。第一次世界大戦時は平和主義者だったが、1930年代、デトロイトで説教師として、自動車工場労働者の間を巡るうちに社会主義者になった。ナチスが台頭すると、ニーバーは平和主義を捨て、アメリカに参戦して悪を打ち倒すよう促す「キリスト教的現実主義」の概念を発展させた。冷戦時代は、共産主義の拡大を阻止すべきだと主張した。政治にもたらした影響は、21世紀になってもなお薄れていない。*HJ*

無神論者とは、目に見えない証明の手段を持たない人のことだ。

フルトン・J・シーン司教
「ルック」誌
1954

無神論者でいることの孤独を表した上記の言葉を初めて紹介したのは、1954年の「ルック」誌に掲載された記事「ベストセラーになった宗教書」である。執筆者は、終戦直後のアメリカで最も顔を知られた司祭の1人、フルトン・J・シーンだ。彼はカトリック教会での職務に加え、1930年から50年まで、夜のラジオ番組「カトリック・アワー」の司会を、その後、テレビ界に移ってからは1950年代から60年年代にかけて、「人生は生きる価値がある」や、シンジケーテッド・ショー〔訳注：多数の局で放送される番組〕「フルトン・シーン・プログラム」の司会を務めた。初期のテレビ説教師として、テレビ向けの親しみやすい雰囲気を保ちつつ、カトリックの教義を説いた。

シーンは上記の言葉を発してはいるが、彼が大元の発言者ではなさそうだ。『三十九階段』(1915)の著者ジョン・バカンの言葉だという説もある。他に考えられるのは、『悪魔の辞典』(1911)の著者アンブローズ・ビアスだろう。この書で、偏見は「これという明確な証明の手段を持たない放浪者のような意見」と定義されている。*IHS*

∩2012年にロンドンで行われたフリー・イクスプレッション集会のデモ参加者は信奉者たちに、神は心の中にだけ存在するのかもしれないと訴えている。

私は神の存在を信じている……ただし、私はそれを「自然」と綴る。

フランク・ロイド・ライト
マイク・ウォレスとのインタビュー
1957

フランク・ロイド・ライトは、20世紀の秀でたアメリカの建築家だ。彼の名だたる作品は、周囲の環境にしっくりと馴染む革新的なデザインを誇っている。彼は1932年に執筆した自叙伝で、子供の頃にフィラデルフィアで行われた展示会を訪れ、積み木を買ってもらったことを回顧している。その積み木でいつも遊んでいたという。「立方形、球形、三角形——カエデ材の滑らかな積み木を、今もこの指に感じる」。

独立して事務所を構えると、プレイリー・スタイルという建築様式を確立した。水平線を意識した建物は木や煉瓦、漆喰が使われ、周りの環境に溶け込むようなデザインになっている。彼のデザインの特徴は広く開けた空間だ。また彼は、全体の構造だけでなく、インテリアのデザインにも長けていた。後年、プレイリー・スタイルを基盤に、同じく自然を生かしたユーソニアン様式を生み出すことになる。汎神論者であるライトは、自然界は神の化身であるとし、「毎日、その日の仕事のインスピレーションを求めて自然の中に身を置き、自然がその領域で則っている原則を組み立てていた」。*IHS*

⊂ 1935年に滝の上に建てられたペンシルベニア州の落水荘は、梁の片側を突出させたデザインだ。

尊敬の念をもって、すべての人に接しなさい。平等な目をもって、あらゆるものを見なさい。

スワミ・シバナンダ
『光と力と知恵』
1959

スワミ・シバナンダはヒンドゥー教の導師であり、ヨガの第一人者である。医師としてマレーシアで10年間、貧しい人々の治療に無償であたったのち、より精神的な人生を求めてインド中を旅した。そして聖なる寺院で瞑想し、精神的指導者に出会った。1936年、ヒマラヤ山脈の麓にある聖地リシケシの近くに道場を建て、ディバイン・ライフ・ソサエティを設立するに至り、彼の思想が世界に広まることになる。次いで、世界各地にシバナンダ・ヨガ・ヴェーダンタ・センターを開いた。この組織の使命は「ヨガを通じて平和と健康と喜びを広め」、いかにヨガが健康な体を保つのに役立つかということだけでなく、いかにヨガの哲学が健康な精神をもたらすかをも説くことだという。

シバナンダの教えは奉仕すること、愛すること、与えること、清めること、瞑想すること、悟ることであり、弟子たちに兄弟愛と精神的結束をもって生活するよう促した。上記の言葉は、彼の教義の根底にある信念を端的に表している。またシバナンダは多作な作家でもあり、ヨガやヒンドゥー教の哲学に関する本を200冊以上、上梓している。*HJ*

クレア：どうしてあなたは自分が神だとわかるの？ ガーニー伯爵：簡単だ。神に祈ると、私が自分に語りかけているのがわかるからだ。

ピーター・バーンズ
『ルーリング・クラス』
1968

∩ピーター・メダック監督による映画『ルーリング・クラス』(1972)では、ピーター・オトゥールとコーラル・ブラウンが主演を務めた。

1960年代のイギリスの脚本家は、怒れる若者たちの現実を描く「キッチン・シンク」ドラマを手がけていたが、ピーター・バーンズはジェームズ1世時代の演劇に戻り、独白やドタバタ喜劇のユーモア、歌、踊りを取り入れて、観客を笑わせながら深刻な事柄を伝えた。

『ルーリング・クラス』は貴族社会と教会を題材にした、シェイクスピア風の風刺劇だ。1968年に初演され、舞台では、自分はキリストだと信じ、十字架の上で寝、愛と平和の教えを説く14代目のガーニー伯爵を中心にした物語が展開される。本作には上記のようなジョークがふんだんに盛り込まれている。しかし、そういったユーモアが、バーンズの真面目な主張を際立たせている。観客は、伯爵が愛や平和について説教している場面を見れば、彼は頭がおかしいと思うが、貴族院で座を占め、絞首刑支持の演説をする場面では、拍手を送って賛意を示す。

『ルーリング・クラス』は、1972年に映画化された。バーンズはさらに戯曲を手がけると同時に、テレビや映画の脚本家としても活躍した。1992年、エリザベス・フォン・アーニムの小説『魅せられて四月』の脚本で、アカデミー賞にノミネートされた。*HJ*

人はロボットのごとく生きている。機械のように有能だが、気づきがない。

バグワン・シュリ・ラジニーシ
『なぜ私は今、嘆き悲しまなければならないのか?』
1976

仏教での敬称「和尚」としても知られるバグワン・シュリ・ラジニーシは、インドの精神的指導者である。1970年代には、マハラシュトラ州プネーにある彼の道場に世界中から信者が集まった。

和尚が小冊子『なぜ私は今、嘆き悲しまなければならないのか?』で主張しているのは、人は眠っているということだ。見た目ではなく心の奥底では、の話だ。同書では、息子を亡くした男性が、なぜ嘆き悲しまないのかと問われ、こう答える。「かつて私には息子はいなかった。息子がいない時には、嘆き悲しみもしなかった。今や息子は死んでいるのだから、息子がいなかった時と同じだ。なぜ息子を思って嘆き悲しまなければならないのか?」和尚によると、男性は愛していた息子が死んで悲しいが、生きている息子を愛していたのだから、今はもう嘆き悲しむ必要はないという。

やがて、マスコミは和尚を信者の自由恋愛を奨励する「性の導師」と称するようになった。1981年、バグワンは道場をインドからオレゴンに移した。1985年には、バグワンの運動の指導者が何人も逮捕された。一団は国外に追放され、20カ国に入国を禁じられた。*HJ*

宗教組織——世界最大の無限連鎖講。

バーナード・カッツ
『無神論者への道』
1999

評論家であり大学教授であるバーナード・カッツは、「アメリカン・ラショナリスト」誌の編集主任である。同誌は1953年の創刊以来、合理主義や世界の科学的観点を発展させてきた。カッツは1999年に上梓(じょうし)した著書『無神論者の道』で、宗教的信念に疑問を呈した。キリスト教の象徴がいかに異教信仰に根ざしているかを追究し、一連の論文で、宗教を信奉することは非論理的だという自らの主張を展開した。論文の題には「宗教と精神疾患」や「科学対宗教」、「イエス——問題点他」などがある。

上記の言葉の意味は、説明の必要がないだろう。「宗教組織」というのは、世界の主要な宗教を指している。そういった宗教はそれぞれが独自の規律を持ち、明確な指導体系が構築されている。いわば、宗教組織は無限連鎖講のようなものだ。この違法で持続力のないビジネスでは、一握りの人が大勢を煽(あお)ってさらなる投資を引き出す。カッツがいわんとしているのは、宗教組織はすべて利己的で、貧しくだまされやすい人たちから資金を搾り取り、無限連鎖講の扇動者と同様、無節操に彼らを餌食にするということだ。*HJ*

MIND & PSYCHOLOGY

精神と心理学

⊂ スパルタ王のアゲシラオス2世（左）は、自己主張や自制といったスパルタ人の特徴を体現していると考えられていた。

人は皆、自分独自の悟りへの道を歩まなければならない。

未詳
『易経』
紀元前1000頃

『易経』は何世紀にもわたり、中国や極東の各地で占術の基本になっている。また西洋が東洋の思想を理解するうえでも、非常に大きな影響を及ぼしている。数多くの言語に訳されており、儒教の経典である五経の1つでもある（残る4つは「書経」「詩経」「礼記」「春秋」）。

上記の言葉は、『易経』に記されている道教の無為（無作為の行動）に関する説明の一部で、完全な文章は「自らがたどる道は、他の人にとっての正しい道ではない。人は皆、自分独自の悟りへの道を歩まなければならない——それが道というものだ」である。要するに、自力で道を切り開け、忠告は無意味だ、ということだろう。

『易経』には、硬貨や植物の茎を投げて6本の線を描く占術も紹介されている。タロットカードやルーン文字は個人の将来を、それがまるで必然的で避けられないものであるかのように提示するが、『易経』は使用者に選択肢を示す。同書で繰り返し説かれているように、周囲の人は異なる行動方針をとっているかもしれないが、自分の夢が他の人の夢と同じであるとは限らない。『易経』は助言を授けてくれるが、大切なのは自分で決めるということだ。*TH*

人はただ自分自身でいることに満足し、他人と比べたり競ったりしなければ、すべての人から尊重される。

老子
『道徳経』
紀元前550頃

老子は古代中国の哲学者である。『道徳経』には老子を名乗る複数の著者がいるとされることもあるが、老子は1人しかおらず、道教の始祖の1人とされている。道教は道——存在の中心にある超越的な「道」すなわち道理——に従って生きることを提唱している。道教の思想は（特に）無為、満足、簡素さに重きを置いており、上記の格言にはそういった教えが反映されている。

上記は老子の言葉ではないとする学者もいるが、老子のものだと広く信じられているので、ここで取りあげた。さらに言えば、最初に言うか書くかしたのが誰であれ、この見解は引用する価値がある。加えてこれは、本書で述べられているすべての教えに通じる。この格言の根底にあるのは、野望や欲望が必ずしも望む結果をもたらすとは限らないということだ。人は奮闘すればするほど目標に手が届かなくなるし、精神的に満たされない者は、天に運命を託し自らの運命に満足している者ほど好かれないだろう。

この考えはしごく当然に思えるが、あまり引き合いに出されない。それよりも、人はあらゆるもののために死ぬまで闘うべきだと言われることのほうが多い。*JE*

過ちを指摘し
訓戒してくれる人に会ったならば、
秘宝のありかを教えてくれる人につき
従うように、その賢人につき従え。

釈迦（しゃか）
『法句経』
紀元前 520 頃

『法句経』は、小乗仏教の基礎の一部を成すパーリ語聖典の1つである。

上記の言葉は76番目の韻文からの抜粋で、これまで原語のサンスクリット語から多くの言語に訳されてきたが、どの言語でもこの警句の真意は伝わっている。この大切な教えは反駁（はんばく）しづらい。信頼する人からの忠告には耳を傾けよということだ。いうまでもなく、肝心なのはそのような人を確実に見きわめることだ。親が子に建設的な忠告を与えたとしても、子はそれをどことなく親の身勝手のように思うかもしれない。同じことは逆のことにも言える。もし子が親に向かって、わかっていないと言うとする。それは真実だろうか、それとも若さゆえ単に年長者に反抗しているだけなのだろうか。家族に言えることは、友人関係や職場での人間関係によりいっそう当てはまる。職場では人を思いやる気持ちよりも競争心のほうが強いかもしれない。

さらに言えば、批判はたいてい悪い点を指摘しているにすぎない。検討中の問題を改善したり解決したりする方法についての助言が込められていることは、めったにないのである。*JE*

∩ 釈迦は偉大な思想家がするインドの伝統的な姿勢で瞑想（めいそう）している。

過去に とらわれてはいけない、 未来を 夢見てはいけない、 今この瞬間に集中しなさい。

釈迦（しゃか）
『相応部経典』
紀元前 511 頃

ガウタマ・シッダールタ——釈迦——は紀元前6世紀から4世紀の間の一時期、インド北東部に住んでいた賢人である。彼の経典（教え）は仏教の知的な礎（いしずえ）を築いた。悟りを開いたのち、聖なる菩提樹（ぼだいじゅ）の下で瞑想（めいそう）し、四諦（したい）を見いだした。四諦を簡単にまとめると、以下のようになる。

(1) 人生には苦しみがある。

(2) 苦しみの根源は願望への執着である。

(3) その執着を捨てれば、苦しみも終わる。

(4) 八正道（はっしょうどう）に従うことが、執着（ゆえに苦しみ）を終わらせる鍵である。

上記の言葉は『経典』からの引用だ。この書で釈迦は、なぜ森に住む人々があれほど穏やかなのかと問われ、目の前のこと——現在——だけを考え、未来に対する望みや恐れ、過去の罪への後悔や罪悪感を心から閉め出せば平穏は訪れる、と答えている。 *JE*

舌は誓ったが、 心は誓っていない。

エウリピデス
『ヒッポリュトス』
紀元前 428

ギリシャ悲劇『ヒッポリュトス』の中で、愛の女神であるアフロディテは、ヒッポリュトスの絶対にセックスはしないという決意に屈辱を覚える（彼は鹿狩りのほうが好きだった）。そこで彼女は、ヒッポリュトスの義母パイドラーが彼に恋心を抱くよう仕向ける。パイドラーは不適切な感情に屈して自己嫌悪に陥り、自殺する。彼女の夫テセウスは、妻が残した書き置きを見つける。そこには、ヒッポリュトスに陵辱されたと書かれていた。テセウスは怒り、息子を追放するが、ヒッポリュトスが命にかかわる怪我を負った直後、手紙は偽物で、彼とパイドラーの間に不貞な行為はなかったとわかる。テセウスは嘆き悲しむ。

上記の言葉は、あらゆる時代の作家が抱える問題を示している。誓いは心からのものであれば真実と言えるのか。たとえばシェイクスピアの『ハムレット』で、クローディアスは懺悔（ざんげ）の祈りを捧（ささ）げる。

「言葉は宙に舞い、思いは地に残る。
思いのこもらぬ言葉は天には届かぬ」

プルタルコスも『英雄伝』でこう書いている。「まやかしの誓いを口にする者は、自分が敵には脅威を感じているが、神のことはなんとも思っていないとわかっている」。 *JP*

何よりもまず生まれてこないことが一番だ。

ソフォクレス
『コロノスのオイディプス』
紀元前 406

父親を殺害し、母親と結婚するという悲劇的な運命をたどり、いまや目が見えなくなったオイディプスは、タイトルにもある町コロノスに行き着く。そしてその地が復讐(ふくしゅう)の女神たちの聖域であることを知るや、そこが自らの死地だと察し、予言どおりの最期を迎える。『コロノスのオイディプス』で、ソフォクレスは人間の存在の本質、とりわけ究極の無意味さを考察している。この戯曲は、テーバイ3部作の残る2作『オイディプス王』や『アンティゴネー』よりも動きが少なく、哲学的な内省が極めて多い。主要なテーマの1つは、運命から逃れようとする試みは、いかなるものであっても必ず失敗に終わり、神に罰せられる不信心の罪だということだ。

ソフォクレスがこの戯曲を執筆したのは人生の最晩年、90歳の時である。上記の言葉が彼の考えを反映しているとすれば、彼は若い頃を振り返り、喜びや成功よりも苦闘や過ちをより鮮明に思い起こしていると考えられる。

この暗澹(あんたん)たる見解は、プラトンの『国家』の1節にも登場する。その場面で、年老いたソフォクレスは自身の性生活について問われ、こう答える。「それがすべてなくなり、心底喜んでいる。気のふれた残忍な主人から逃れられた気分だ」。*JP*

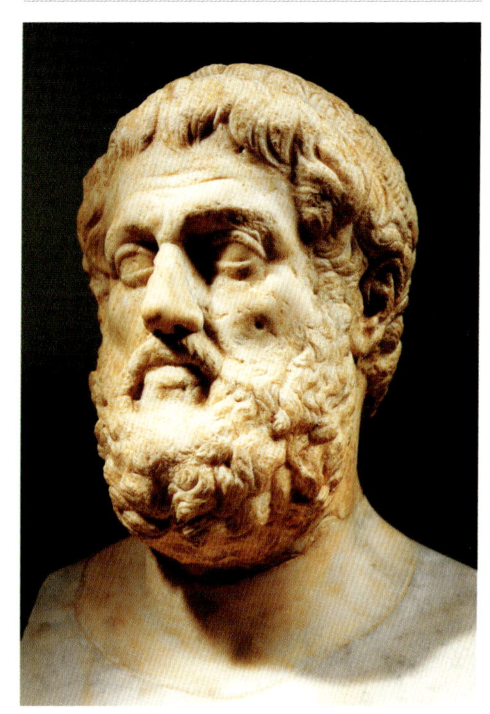

∩ ギリシャの劇作家、ソフォクレスの頭像(1989 頃)。

立派な行為かそうでないかは、礼儀正しさゆえかただ従っているだけかで決まる。

アゲシラオス２世
推定・伝聞
紀元前360頃

∩『ハッチンソンの国家の歴史』(1915)にあるこの絵は、エジプトへの最後の遠征に向かうアゲシラオス２世を描いている。

アゲシラオス２世は、スパルタが隣国アテナイを軍事的に支配していた都市国家時代のスパルタ王である。彼は自己主張や自制といった典型的なスパルタ人の特徴を体現していたと考えられる。上記の言葉は、プルタルコスの『英雄伝』のアゲシラウス２世とローマの三執政官の１人ポンペイウスを対比させた項に登場する。

身ぶりや言葉などがなく、気持ちが伝わらなければ、いいも悪いも判断できないということだ。援助の申し出にしても、感謝されられることもあれば、恩着せがましいと思われることもある。たいていの場合、どういった状況で申し出たかで決まる。

加えて、どのように申し出たかも関係する。ここで言う礼儀正しさは作法と同義だ。贈り物をもらった時に礼を言うことを、ほとんどの人が幼い頃に学ぶが、あげる際の作法もあるとわかっている人は少ない。「これが必要でしょう」よりも「何かお手伝いしましょうか？」のほうが好ましい場合は少なくない。

新約聖書の使徒言行録で、イエスはこう述べている。「受けるよりは与えるほうが幸いである」。１つには、与えるほうが難しいからだろう。*JP*

ツバメ1羽で夏にはならない。1日の晴天もしかりだ。同様に、幸せな1日やつかの間の幸せで、人が完全に幸せになれるわけではない。

アリストテレス
『ニコマコス倫理学』
紀元前 350

アリストテレスは、古代ギリシャの最も偉大な哲学者の1人である。上記は、彼の経験に基づいた多岐にわたる研究から導き出された言葉だ。彼は、自然が有する順応性の観点から、人間の営みの美点を説こうとしていた。あらゆる動物と同様に、人間も生存のために必要な物質がなければ十分に機能しない。しかし他の動物とは異なり、人間の思考能力は幸福を作り出すことができる。そうするには、自己の充足感を高める目標を目指して有用な技能を磨き、その力を駆使しなければならない。

とはいえ、人は一生を通じて、その時々の目標に応じた力を養う必要があるのと同様に、幸せを特定の時期や1度の成功で判断してはならない。つまり、わずか1羽のツバメや晴天の日1日だけで夏が来たと喜ぶのは早計であるように、幸せは一生涯に及ぶものだということを常に胆に銘じておかなければならないということだ。アリストテレスの倫理学的観点から、満足を得られる生活を営むためには慎重でなくてはならないと説いている。*TJ*

∩ この大理石で作られたアリストテレスの胸像は、彼の死からおよそ500年後、1世紀頃に作られた。

人の心に宿る良心ほど、恐ろしい目撃者や手厳しい告発人はいない。

ポリュビオス
『歴史』
紀元前118頃

ポリュビオスは、ギリシャのペロポネソス半島に位置するアルカディアで生まれた。子供の頃に人質としてローマに連れて行かれ、長じて外交官及び歴史家になった。歴史への取り組み方——とりわけ時代に即した記述の仕方——は、遡ること300年前のツキディデス以来、後世の学術的研究に多大な影響を及ぼした。

取りあげる題材の多くは、大使としてエジプトに赴いていた時や、ローマの将軍スキピオ・アエミリアヌスとともに軍事遠征を行った際に目にした事柄だ。彼が目撃した出来事には、カルタゴの崩壊や、ローマ軍によるコリントの破壊がある。

上記の言葉でポリュビオスがいわんとしているのは、人は何ものにも罰せられなかったとしても、自らの罪にとりつかれ、いずれ自らの罪悪感によって罰せられるという広く受け入れられている見解だ。後年、イギリスの詩人ジョージ・メレディスもソネットの連作『現代の恋』で(1862)、「我々は自らの内にある誤ったものに裏切られる」と綴っている。

懐疑主義者なら、それは希望的観測だ、罪が大きくなるにつれて、犯人が自己弁護をするか否定するかしたり、自分の記憶から永遠に消し去ったりする可能性が高くなると反論するかもしれない。*JP*

幼子だった時、私は幼子のように話し、幼子のように思い、幼子のように考えていた。成人した今、幼子のことを捨てた。

聖パウロ
コリントの信徒への手紙
50頃

大半の人が、成人するというのは子供じみたことをやめることだというパウロの考えに、大きくうなずくだろう。だが古代では、子供というのは未成熟な大人——特別な権利や義務を有していない人——を意味した。ここでパウロは、のちの世——イエスが復活する時——でキリスト教徒の望みが達成されることについて書いている。コリントの信徒への手紙1の13章で、キリストの愛を大いに称賛し、最後に、今は一部しか知らないと述べている。これは子供じみた見方で物事を見るようなもの、別のたとえで言うと、(磨かれた金属で作られた当時の)鏡にぼんやりと映る自分を見るようなものだ。その時がくれば(パウロはもうすぐだと考えていた)、完全な像が現れ、物事がはっきりと見えるようになる。いわば、子供がより大きな責任を担い、より広い視野を得、幼い考えや振る舞いを捨てて大人になるようなものだ。

最後にパウロは、神からの授かり物のうち3つ——信仰、希望、愛——はいつまでも残る、と述べている。だがのちの世(ここでは「天国」と言っていいだろう)では、信仰と希望は必要がなくなる。なぜなら、それらはすでに達成されたからだ。この中で最も大いなるもの——愛——だけは、永遠に変わることがない。*JF*

心というのは胃のようなものだ。食べるものが変わると刺激を受け、種類の豊富さが新たな食欲をかき立てる。

クインティリアヌス
『弁論家の教育』
95頃

マルクス・ファビウス・クインティリアヌスはスペイン生まれの弁論家で、ローマに修辞学の学校を設立した人物である。教え子の中で誰よりも世に名を馳せたのが、小プリニウスだ。クインティリアヌスの12巻から成る書は、弁論のあらゆる側面を仔細に分析している。彼が最も影響を受けたのはキケロだ。修辞学に関して、クインティリアヌスはキケロの明確な定義──「善良な人が雄弁に語ること」──に倣っている。

演説は話者の人となりを反映するが、話し方と意味の関係はそう単純ではない。上記の言葉が示すように、すぐれた演説をするにはまず生き生きと語り、内容に変化を持たせなくてはならない。もし同じ演説を何度も繰り返せば、まず自分が退屈し、その結果、聴衆を退屈させてしまう。

演説者は博識でなければならないが、自らの知識をひけらかしてはいけない。派手な話術も避けるべきだ。クインティリアヌスは小プリニウスについて「魅力的な欠点」があると批判した。また、演説に不向きな人の例として哲学者を挙げている。なぜなら、哲学者はすべてに関して心の最も奥深い部分の働きにばかり注目して、自分が聞き手にどのような印象を与えているのかに意識が向かないからだ。*JP*

脳とは満たされるべき器ではなく、燃やされるべき炎である。

プルタルコス
『モラリア』
100頃

プルタルコスは最初は母語であるギリシャ語で、のちにラテン語で多くの書を著した。『モラリア』、すなわち『倫理論集』は60以上の論文から成り、「いかにおべっか使いと友人を区別するか」や「哲学者は特に権力者と話をすべし」といった題で、倫理や宗教、自然科学、政治、文学について論じている。

上記の言葉からわかるように、プルタルコスは人間の脳の容量は限られているという意見に与しなかった。つまり、脳はそこに注がれる燃料が多ければ多いほど、容量は増え、能力が高まると考えていた。

だが、上記の言葉は疑問を抱かせるかもしれない。「器」という言葉が、限られた容量を想起させるからだ。脳は情報を「伝達する」(保持する)ことができ、そういう意味においては器ではあるが、物理的な意味で「満たす」ことができるという証拠はない。たとえ物忘れをしたとしても、他のことが入る余地を作るために忘れるわけではない。

アメリカ生まれのイギリスの詩人T・S・エリオットは「伝統と個人の才能」(1921)という随筆で、こう述べている。「詩人の脳は、無数の感情や言葉、イメージをとらえ、蓄えておく器である」。*TH*

GREGORIVS VII P M

私は正義を愛し、
不公正を憎む。
それゆえ、私は
追放の身で死ぬのだ。

ローマ教皇、グレゴリウス7世
推定・伝聞
1085

上記は古くから、ローマの教皇庁を追われ教皇グレゴリウス7世（ソヴァーナのイルデブランド）の臨終の言葉だとされている。彼が追放を不公正だと考えていたのは明らかだ。

実際、グレゴリウス7世は多くの権力者の怒りを買った。彼は教会は神聖な機関であり、その長である教皇は神の代理で地上にいると考えていた。教皇への不服従は、全能の神への不服従を意味した。

彼は、神聖ローマ帝国皇帝であるハインリヒ4世を3度破門した。グレゴリウス7世は選挙を操作して教皇の座に就いたうえ、あらゆる権限を行使し、独断で司教や枢機卿を選任したと言われている。さらには、イギリスのウィリアム1世が王国を1つにまとめようとしていた時に、同国を2つの管区に分けようとしている。聖職売買（教会での地位を売り買いする行為）を廃し、独身を貫くことを主張したため、配下の司祭たちを慌てさせたこともある。

最終的に、ハインリヒ4世はグレゴリウスが求めた謝罪を拒否してローマに進軍し、教皇を追放した。教皇は追放の地で最期を迎えた。*TH*

友のために為すこと、
友のために耐えること、
それらすべてが喜びだ。
愛が喜びの
主たる要因なのだから。

聖トマス・アクィナス
『神学大全』
1265頃

ナポリ近郊で生まれたトマス・アクィナスは、ローマカトリック教会の最も偉大な神学者と見なされている。彼は主に道理と啓示の違いを研究した。彼の見解によると、前者は哲学の問題であり、後者は宗教である。たとえば、我々は世界やその動きは大体理解できるだろうが、最後は、彼の言う「原動力、他の何者にも動かせないもの、これが神だと万人が認識するもの」に出会う。神の存在を認めることは信仰の行為である。いつの世も、神がどのように事を為すかは神秘であり、神秘は信仰に欠かせない要素だ。

上記の言葉は、無私無欲の行為についての説明として引用されることもある。一見すると、キリスト教における慈悲を象徴しているように思える。新約聖書のヨハネによる福音書で、イエスは「友のために自分の命を捨てること、これ以上に大きな愛はない」と述べている。だが、さらに深く考察すると、この見解に自らを貶めるところはないのかと思う人もいるだろう。もし究極の自己犠牲によって満足を得るのが、その行為をした本人だとしたら、利他主義――真の善行――と言えるものは存在しないと思う人はいないだろうか。*JP*

C ジュゼッペ・フランキによるグレゴリウス7世の肖像画（1600頃）。

人間は宿である。
毎朝、新たな訪れがある。
喜び、憂鬱、卑しさ、
一瞬の気づきが予期せぬ
客としてやって来る。
そのすべてを歓迎し、もてなしなさい。

ルーミー
『ゲストハウス』
1272

ルーミーとしても知られるジャラール・ウディーン・ムハンマド・バルヒーはペルシャの詩人であり学者、神学者である。神への強い愛をはじめ多様な事柄を題材にしたが、上記の言葉は、非常に簡潔な表現で変化に富んだ人生の本質を寓話(ぐうわ)的に述べている。つまり、すべての瞬間を喜びをもってとらえ、人は自分の家に誰が来るかを予測できないように、未来を予測することはできないということだ。彼の言う「家」は人生を意味している。我々はいいことも悪いことも前向きに受け止めなければならない。

ルーミーは現在のアフガニスタン、ペルシャ文化と神秘主義の中心だったバルフ地方で生まれた。25歳の時、マドラサ〔訳注、イスラム神学校〕の学長となり、イスラムの教えを授けた。1244年、シャムセ・タブリーズと出会い、スーフィーズム〔訳注、イスラム神秘主義〕を信奉するようになる。彼は修行者となり、寛容や慈悲についての新たな信念が、モスクで行っていた説教やファトワー〔訳注、イスラム法に基づいた裁断〕に取って代わった。1273年に死去。以来今日に至るまで、トルコのコニヤにある霊廟(れいびょう)にはさまざまな信仰を持つ巡礼者が訪れている。*TH*

議論で
権威を盾にする人が
用いているのは、
知力ではなく記憶力だ。

レオナルド・ダ・ヴィンチ
『レオナルド・ダ・ヴィンチ手稿』
1500

「マルクスが言うには……」、「知性ある人なら、ヘーゲルの説に反対するわけがない」など、単に有名な人が言ったからという理由で自分の主張を押しつけるのは見苦しくはあるが、議論の場においては賢いやり方だ。

考えたうえで使う限り、記憶力を軽んじる理由は何1つない。ベン・ヘクトとチャールズ・マッカーサーが脚本と監督を手がけた映画『生きているモレア』(1935)で、ノエル・カワードが演じる主人公が、「台詞というのは、完璧なタイミングで覚えるよりも書くほうが簡単だ」と言う。多くの人は、もし記憶が正確で、自在に取り出すことができれば、人生はもっと楽しくなるはずだと思うだろう。

ダ・ヴィンチのこの格言は引用されることが多いが、簡略化されすぎている。知者は熟慮の結果、権威者の正鵠(せいこく)を射た発言を選んだのかもしれない。だが実際のところ、ダ・ヴィンチによる上記の見解を引用することは、意味あることを言えば主張に真実味を与えられると思う、まさにこの言葉が憂いている状況を示す一例だろう。*JP*

目は心の鏡である。

格言
未詳
1544 頃

この言葉は、言語や文化によって若干表現が異なる。初めて英語で紹介したのは医師のトマス・フェアで、ラテン語で書かれたものを、フランス語版を底本にして英訳した『人生の連隊』(1544)だとされている。

ある意味、根底にある考えは容易に理解できる。目は口もととは異なる心情を示す時があるということだ。真顔は真剣さを表すだろうが、「目の輝き」がその印象を覆すかもしれない。反対に、口は笑っているが目は笑っていない人を見かけることもあるだろう。これは心の中では愉快に思っていないことを意味するのだろうか。

目は物を見るだけでなく何かを表すこともできるという説を受けて、網膜から像を読み取る実験が行われた。1876 年にドイツの生理学者フランツ・ボールが、目の奥に感光色素のロドプシンがあるのを発見すると、網膜像はもし読み取ることができればフィルムのネガと同じように現像できるという考えがにわかに真実みを帯びた。これは警察小説作家にとって胸が躍るような考えだ。なぜなら、殺人の犠牲者の目に犯人の像が残っている可能性があるからだ。*JP*

∩ レオナルド・ダ・ヴィンチによる「モナ・リザ」(1503-17)の生気は、ダ・ヴィンチの目の描写に負うところが大きい。

眠りを作り出した者に祝福あれ。

ミゲル・デ・セルバンテス
『ドン・キホーテ』
1605

上記の言葉に続いて、憂い顔の騎士は、彼ならではの大仰な言葉でこう述べる。眠りは「人の思いのすべてを覆い隠すマント、飢えを癒やす食べ物、喉の渇きを鎮める飲み物、寒さをしのぐ火、暑さを和らげる寒さ、最後に、あらゆる物を買う共通貨幣、羊飼いと王を等しくする天秤（てんびん）と重り、愚か者と賢者」だ。

大げさすぎるかもしれないが、睡眠が奪われることで生じる結果は十分立証されている。睡眠時間が減ると、じきに認知機能が著しく衰える。秘密警察は、人の口を割らせるのに殴りつける必要はないと知っている。24時間眠らせずにおけば、人はなんでもしゃべるようになる。ハーバード大学医学大学院が行った調査によると、睡眠時間が5時間以下の人は、いかなる原因でも死ぬ危険性がおよそ15%高くなるという。その一因として、睡眠時間が短くなればなるほど、免疫システムが作り出す保護作用のあるサイトカインや、感染と闘う抗体や細胞が減少することが挙げられる。睡眠不足は肥満にも関係がある。睡眠不足だと、満腹になったことを脳に伝えるホルモンであるレプチンの数値が低くなるのだ。*JP*

偉人は皆同じように考える。

格言
未詳
1618頃

この言葉はドーブリッジコート・ケイパビリティー・ベルチャーの『ハンス・ビアポット』に登場するが、この無名に近いイギリスの劇作家が何かから引用したのはほぼ間違いない。つまり、彼が造った言葉ではないということだ。

この言葉を裏づける証拠は世界の至るところにある。最も多いのは、同じ時代に、互いにつながりのない人が同じ発明をした例だ。たとえば17世紀には、ドイツのゴットフリート・ライプニッツとイギリスのアイザック・ニュートンの2人が微積分法を発見した（通常、先に発表した者が功績を認められる）。100年後、スウェーデンのカール・ヴィルヘルム・シェーレと、イギリスのジョゼフ・プリーストリー、フランスのアントワーヌ・ラヴォアジエがほぼ同時期に、酸素の元素を発見した。この3人は互いの研究を知らなかった。

無線電信を発明したのはイタリアのグリエルモ・マルコーニか、クロアチア系アメリカ人のニコラ・テスラかという問題は、世界が納得するような答えが永久に出ないかもしれないが、2人がそれぞれ地球の反対側で同じ研究に取り組んでいたという事実はいつまでも消えない。*JP*

➲ ピーテル・パウル・ルーベンスによる『4人の哲学者』（1611-12頃）

ILLVMINA
NOSTRAS

人は誰1人として孤立した島ではない。

ジョン・ダン
『不意に発生する事態に関する瞑想』
1624

ダンが『瞑想』を執筆したのは、深刻な病気から回復した後のことだ。この散文体の書は23章で構成され、各章が瞑想、忠告、祈りの3つの節から成る。本書の主題は、病気は罪を罰するために神から与えられたものなのかということだ。

上記の言葉は、「いかなる人も大陸の一片であり、本土の一部である」と続く。ダンは、いかなる人の死もあらゆる人を衰えさせると唱えた。それは、1人1人がより大きな生命体――全世界――の一部であるからだけでなく、1人の死が我々に死の必然性を意識させるからでもある。この言葉と同様に有名な1節で、ダンはこう書いている。

「誰がために鐘は鳴るのか知るには及ばない。あなたのためにも鳴っているのだから」。

『瞑想』はダンの著作の中では独特だ。彼の作品の大半は注文に応じて書かれたか、出版をまったく意図していなかったかのどちらかだが、この作品は依頼されたものではなく、完成するとすぐに印刷機にかけられた。いつになく早急だった理由は、彼の病気について定かなことはわかっていないが、おそらく彼が自分に残された日は限られていると感じたからだろう。*JP*

沈黙は愚者の美徳である。

フランシス・ベーコン
『新しい格言と古い格言』
1625

ベーコンはイギリスの政治家であり、誰にも増して多様な題材で数多くの学術書を上梓した作家でもある。もし彼に落ち度があるとすれば、あまりにも手を広げすぎたことだ。興味を失ったのか、(こちらのほうが考えられるが)十分長生きできなかったのか、計画の多くをやり残したまま他界した。

残念ながら、全6巻を予定していた書は、人間のすべての知識を分類しようとした第2巻『ノヴム・オルガヌム』までしか書かれなかったが、多忙を極めていたことを考えると、彼は人並み優れた作家だったと言えよう。例を挙げると、さまざまな主題――愛、死、友情、帝国、富など――の38本の論文は、今日にも大きな影響をもたらしている。どの論文も、主張の中にあまたの格言が織り込まれている。その格言は簡潔で、1粒だけで輝く真珠のごとき英知だ。

上記の言葉は後期の格言の1つである。彼がいわんとしているのは、何も語らず周囲から愚か者のように思われるほうが、口を開いてその疑念を晴らすよりもいいということだ。*JP*

C ジョン・ダンの肖像画。作者不明(1595頃)

人の心に観念をもたらすのは経験だけである。

ジョン・ロック
『人間知性論』
1689

認識論の創始者の1人である政治哲学者ジョン・ロックは、理性の時代や初期の啓蒙主義に深い関わりがある。デイヴィッド・ヒュームやジョージ・バークリーと同様、経験主義者の1人に挙げられる。彼らは、知識というのはすべて経験から生じており、それゆえ知識は生活の限界を越えることができないという信念から、合理主義の思想に異を唱えていた。ロックはヴォルテールやルソー、カントといった思想家のみならず、フランス革命やアメリカ革命を動かした活動家にも大きな影響を与えた。

ロックの思想はアメリカの独立宣言の礎を築いている。『人間知性論』に続く2作――『寛容に関する書簡』、『統治二論』――も代表作と言える。『人間知性論』では、最初人の心は白紙状態で、そこに経験が蓄積されると主張している。第1篇では生得的観念を説き、第2篇では合理主義者への反論を述べ、第3篇では言語について論じ、第4篇では知識や科学を物理学と記号学と倫理学に分類することに焦点を合わせている。本書は現在でも重要な書と見なされている。*IHS*

希望は人の内に永遠に湧きあがる。

アレキサンダー・ポープ
『人間論』
1734

アレキサンダー・ポープは「髪盗人」のような風刺詩で最もよく知られるが、ホメロスの『イリアス』や『オデュッセイア』の英語版の翻訳でも有名である。カトリックが大学も含めイギリス国民の生活から排除されていた時代に、カトリック教徒として育てられた。独学で古典だけでなく当時の文学も学び、6歳でホメロスの作品に出会った。最初に書いた長編の詩「孤独の歌」が出版されたのは、12歳の時だ。

上記の言葉は案の定風刺的で、「人は決して祝福されないが、常に祝福されている」と続く。この考えは、ルイス・キャロルの『鏡の国のアリス』(1871)に登場する有名な1文、「明日もジャム、昨日もジャム、でも今日のジャムはない」にも表れている。

ポープは先にしか訪れない充足感を皮肉っているが、その言葉は心の琴線に触れもする。自分自身の生活や歴史においてこの上なく暗い時期、我々は明日はよくなると(思えない時も多いが)希望を抱く。ポープが綴っているのは来世の希望――死後の恵み――だ。なぜなら、魂はこの世では「安らげない」からだ。*JF*

ↄ ウィリアム・ホアによるアレキサンダー・ポープの肖像画(1739頃)。

人は誰しも
自分の視野の限界を、
世界の限界だと思っている。

アルトゥール・ショーペンハウアー
『悲観主義についての考察』
1818 頃

∩晩年のアルトゥール・ショーペンハウアー。
彼の哲学は作曲家リチャード・ワグナーに影響を与えた。

上記の書に収録されている論文「心理学的考察」の中で、ショーペンハウアーは人の動機というものを考察し、人は自らの基本的な欲求によってのみ突き動かされると結論づけている。この点において、人の動機は社会の影響を受けるとしたG・W・F・ヘーゲルと意見を異にする。

ショーペンハウアーが頑として主張したのは、人間の行動は苦痛しか生まず、根源にあるのは利己心だということだ。人間が受け入れられるのは慈悲心だけである。彼が唱える説の多くは不快で、独断的だ。『意志と表象としての世界』(1818)では政治を一笑に付し、自分の念頭にあるのは「現代」ではなく「永遠の時」だと述べている。また、彼は同国人を侮蔑していた。「ドイツ人は、いささか冗長な言葉を口にするのがいいとさえ思っている。なぜならドイツ人は、ゆっくりとものを考え、時間をかけて反芻(はんすう)するからだ」。

彼は女性嫌いでもあった。女性は「理にかなった判断」ができ、「他人の苦しみに共感」できると認めてはいるが、「幼稚で軽薄で近視眼的で、人に従うよう作られている」と主張している。女性とつき合うことはあったが、結婚は一度もしていない。彼に言わせれば、結婚は「権利を半減させ、義務を倍増する」代物である。 *TH*

人は一度殺人に手を染め出すと、じきに窃盗をなんとも思わなくなる。窃盗を始めたら、次に飲酒や安息日違反をするようになり、さらにそこから無礼を働くようになる。

トマス・ド・クインシー
「ブラックウッズ・マガジン」
1839

ド・クインシーはロマン主義時代の文学評論家であり随筆家である。彼は顔面神経痛の痛みを和らげるために薬を常用し、依存症になった。この問題を包みかくさず綴(つづ)った『阿片服用者の告白』(1821)はベストセラーの仲間入りをした。

1827年、彼は月刊誌「ブラックウッズ・マガジン」に、「芸術の一分野としての殺人」と題された有名な随筆を寄稿した。この、人の心を引きつけるどこか皮肉めいた随筆は、読者からの評判がよく、続編が書かれることになった。上記の言葉は続編の1つ、「補足紙」からの抜粋だ。

ド・クインシーはおかしみをこめて順番を逆にすることで、罪を犯した者はそれが最もささいな罪だとしても、果てしない地獄が待ち受ける底まで一気に落ちる、という考えの愚かさを指摘している。このような考えは、昔も今もごく一般的だ。たとえば、一度たばこに手を出すと、間違いなく大麻に手が伸びるようになり、大麻からもっと強い麻薬へと続き、最後はヘロインを打つようになる。とはいえ、この説を裏づける証拠は統計的になんら意味を持たない。*JP*

1度で成功しなければ、何度も何度も繰り返し挑戦しなさい。

トマス・H・パーマー
『ティーチャーズ・マニュアル』
1840

トマス・H・パーマーは、勤勉なスコットランド人だ。フィラデルフィアへ移住し、のちにバーモントに居を移した。農業に携わり、政府関連の書類を収集し、第3代大統領トーマス・ジェファーソンと手紙をかわした。

上記の言葉が登場する書は「自由な国民の要求を満たす、効率的かつ経済的な教育システム」という内容を示す副題の付いた労作だ。この中でパーマーは、標準の教育課程に時間を費やすのは無駄だと述べている。地理は「まったく役に立たない」とし、英文法は作家志望の人にしか役に立たないとしている。また、算数もおおかたが時間の浪費だと考えていた。身につける必要があるのは基本的な計算——足し算、引き算、単純な掛け算と割り算——だけだという。上記の書が主眼としているのは、幅の広い知的で道徳的な教育だ。

上記は別のスコットランド人、14世紀の王ロバート1世の言葉だとする説もある。彼は蜘蛛(くも)が巣を張るのを見て、イングランドに抵抗し続ける意志を固め、1314年のバノックバーンの戦いで侵略者たちを撃退した、と言われている。*LW*

孤独はすばらしいが、孤独はすばらしいと言ってくれる人が必要だ。

オノレ・ド・バルザック
『カトリーヌ・ド・メディシス』
1842

∩オノレ・ド・バルザックが 50 歳だった 1848 年に作成された銅板写真を基にした肖像画。

オノレ・ド・バルザックは最初、弁護士の助手になったが、仕事が気に入らず、作家になる決心をした。喜劇や歴史小説を書いたものの売れず、生まれ故郷であるフランスの田舎からパリへ移ると、姓をもっと高貴な響きを持つ「ド・バルザック」に変えて執筆活動に没頭した。精力的に筆を進め次々と作品を書きあげたが、それは贅沢(ぜいたく)な暮らしを送るためだった。いつも、支払えるだけの金を手にしないうちから高級品を買ってばかりいた。

バルザックは未完の傑作『人間喜劇』(91 篇まで完成している)に見られるような登場人物の多様さが高く評価され、フランスで最も偉大な作家の1人となった。彼が創造する人物には華やかさがあるが、同時に戯画を思わせるほど個性的で、中には驚くような独特の雰囲気を醸(かも)している人もいる。

上記の言葉は、16 世紀に摂政としてフランスを治めたフィレンツェ生まれの女性の人生を描いた小説からの抜粋だが、バルザック自身は本を執筆していない時も1人でいたいと思っていなかっただろうし、1人の時間を持っていたとも思えない。*TH*

愚かであること、利己的であること、健康であること、それが幸せのための3つの条件だ。だが愚かでなければ、すべてが失われる。

ギュスターヴ・フローベール
ルイーズ・コレへの手紙
1846

フローベールは恋人である詩人のルイーズ・コレへの手紙に、この皮肉たっぷりの言葉を綴った。こういった考えが、彼の人生と作品の根底にある。この皮肉屋の唯美主義者にとって、幸福は平凡な望みだった。彼が唯一目指していたのは、人間の幻想を見抜く分析能力と、人を優雅に非難する技術を身につけることだった。中産階級の田舎くさいフランス社会を手厳しく非難することにかけては、フローベールの右に出る者はいなかった。

父親や兄と同じ医学の道を歩もうとはせず、気ままに法律を学んだのち、短編小説や長編小説を書くようになった。筆は遅く、量も相対的に少なかった(1ページ仕上げるのに1週間かかることもあった)。加えて、題材に関する調査にもかなりの時間を割いた。

代表作『ボヴァリー夫人』(1856)は愚直な田舎の医者と、失望を抱いている妻エマとの不幸な結婚生活を描いた物語だ。エマは甘い恋を夢見て、金を湯水のごとく使い、情事を重ねた。本書が猥褻だとして訴えられたことで、フローベールの名が世に広まった。その後、彼が無罪放免となると、本書はベストセラーとなった。フローベールの簡潔な文体は、ギ・ド・モーパッサンやマルセル・プルーストに影響を与えた。*TH*

19世紀の新聞に掲載された戯画で、
フローベールは自著の主人公ボヴァリー夫人を解剖している。

我が務めは自分を改造することではなく、神が創りたもうたものを最大限に生かすことだ。

ロバート・ブラウニング
「司教ブラウグラムの弁明」
1855

◯1888年、他界する前年に撮影されたロバート・ブラウニングの写真。

この長い無韻詩は、2巻から成る『男と女』に収録されて世に出た。内容はカトリックの司教ブラウグラムと新聞記者のギガディブズが交わす、現実と信仰についての論議である。司教は記者のやる気をくじこうとし、記者は言葉巧みに、司教からばつの悪い告白を引き出そうとする。両者とも思惑通りにはいかず、決着がつかない。

だからといって、この詩がなんの意味も持たないわけではない。それどころか、複雑で繊細な神学的見解を提示している。ギガディブズは司祭を真の信者ではなく、ひとりよがりの出世第一主義者であることを暴きたいのだが、ブラウグラムはきわめて聡明なのか、本当に信心深いのか、罠(わな)には陥らない。司祭は、信仰は理にかなった根拠をもって正当化できると信じ、それを証明したい。信仰は目をさましている時に体験するもので、不信心は幻想を抱いているようなものだ。ブラウグラムは神に直接会いたいとは思っていない。彼にとって、神秘は信仰の要だ。彼はこう述べている。「創造とは神が姿を現すことだと思っている人もいるが、私は神が極力姿を隠そうとすることだと思う」。

神以外のものはすべて、説明がつく。単純そのものだからだ。*JP*

私は誰の意見にも与しない。私には私の意見がある。

イワン・ツルゲーネフ
『父と子』
1862

ツルゲーネフはロシアの西洋化に賛同し、西ヨーロッパ各地を旅した。『猟人日記』(1852)は、ロシア皇帝アレクサンドル2世に農奴制を廃止させた書とされている。

上記の言葉が示すように、ツルゲーネフは筋金入りの個人主義者だった。『父と子』が出版されると、ロシアではニヒリズムや反逆者に肩入れしていると激しく批判され、彼は国を離れてフランスに永住した。

上記の言葉の奥にあるのは、我々は他人の意見に同調するのではなく、自分で判断すべきだという考えだ。

もしすべての人が同じように行動すれば、世の中はもっと合理的な場所になるだろう。扇動政治家が雄弁をふるって大衆を動かしたり、人々を洗脳して羊のようにやみくもにカリスマ的な指導者に従わせたりはできなくなる。だが、異なる意見を持つことがしばしば諍いを生むということを考えれば、これで必ずしもより平和な世界になるとは限らない。しかしここで提示されている見解から言えば、独立した考えというのは最良のものなのだ。*JF*

∩ イワン・ツルゲーネフは影響力の世界的にも有名な小説『父と子』(1862)の著者である。

精神生活を持たない人は、環境の奴隷である。

アンリ・フレデリック・アミエル
日記
1866

∩ アミエルは生涯、尊敬される存在だったが、世界に名が知られたのは死後だった。

アミエルは母国スイスのジュネーブ大学で最初は美学の、次いで哲学の教授を務めた。いかにも学者といった雰囲気を醸しているが、本人は自らを落伍者と見なし、その挫折感や無力感を、26歳だった1847年から1881年に59歳で死去するまでつけていた日記に書き綴っていた。

日記は彼の死後少しずつ、『アミエルの日記』という題名で出版され、1948年に全集として完成した。

著作を読めば、彼が極めて知性的で感受性豊かな人であり、自己をあわれむことも、根拠のない知識を口にすることもなかったのがわかる。彼の言葉が今も人々の心に響くのは、そこに大胆不敵な行為が存在しないからだ。彼の精神生活は非常に豊かであり、どれほど環境に束縛されていようと、決して環境の奴隷ではなかったと思われる。

アミエルが達成感を得られなかったことは、どの世代の読者にも共通する欠乏感を埋める一助になっている。著作ににじむ無念さは、彼が自分の目で国際的な成功を見られなかった失望感だ。

JP

最悪の困難は、したいことを自由にできるようになった時に始まる。

T・H・ハクスリー
大学教育についての演説
1876

上記の言葉はイギリスの生物学者トマス・ヘンリー・ハクスリーが、メリーランド州ボルティモアにあるジョンズ・ホプキンス大学の開校式で行った演説からの引用だ。これは主に、何かをすることよりも考えることに人生を費やしてきた学生に向けて発している。なぜなら学生たちには最終期限も動機もなかったからだ。実際、多くの人は何をすべきか明確に指示されなければ、効率よく動けない。先導者がいなければ、迷子になってしまう。

またハクスリーは、知識が十分そなわったと判断する責任についても言及し、医学生は専門分野につくために、いかなる分野においても、まだ開拓されていない専門知識を未知のままにしておいてはいけないと述べた。

次いで、学生たちを鼓舞するように言った。「新たな事実を発見したり、新たな発想を生んだり、あるいは新たな美の形を形成したりできる人はそうそういない。しかし確実に言えるのは、人はパンではなく知識で生きており、世界の将来は自然界を先人たちよりも一歩深く理解できる者の手にあるということだ。大学の最も優れた機能は、そういった人を見つけ、大切に育て、才能を十分発揮する力を与えることだ」。*JP*

∩1871年に「ヴァニティ・フェア」誌に掲載されたハクスリーの有名な戯画。

人の心は何でもできる——すべての過去も、すべての未来も、すべてその中にあるからだ。

ジョゼフ・コンラッド
『闇の奥』
1899

この中編小説——わずか38000語——で、コンラッドはモダニズムの到来を予感させたと言われている。その主張は正しいかもしれないし正しくないかもしれないが、コンラッドがえたいの知れない地獄(『闇の奥』はこの言葉でよく知られる)の感覚だけでなく、人があらゆることをほぼ同時に考えられる仕組みについても形にしようとしていたとするのは、どう考えても難しい。

上記の言葉は、語り手のチャールズ・マーロウが謎の人物ミスター・クルツに会うために船で川を遡っている途中で、アフリカの先住民に出くわした時のものだ。コンラッドは、マーロウが抱いていた先住民に対する考えが、実際目にしたものとどれほどくいちがっていたかを、力強く簡潔な言葉で綴(つづ)っている——彼らは「怪物のよう」で「この世のものとは思えない」が、「人間の姿をしていないわけではない」。

つまりこれは、人の心がどのように働くか——予想、現実、恐怖が同時に襲ってくる——ということだ。マーロウは、差し迫った問題に集中しさえすれば、自分の「ゾッとするような考え」を直視しなくてすむと気づく。*JP*

⊂ 1923年、コンラッドはトュスカニア号でアメリカへ向かう。

人生で起きることをそのまま受け入れなさい。私を信じて。人生は常に正しいところにある。

ライナー・マリア・リルケ
手紙
1904

時代を代表するドイツ語の詩人の1人、リルケはオーストリア＝ハンガリー帝国の支配下にあったプラハで生まれた。初期の作品はロマン主義的だったが、後年は抒情(じょじょう)的かつ形象的になった。

上記の言葉は、オーストリアのウィーンの南方に位置するウィーナー・ノイシュタットのテレジアニシュケ軍事アカデミーに通う19歳の士官候補生、フランツ・クサーファ・カプスに宛てた10通の手紙のうちの1通からの抜粋だ。それらの手紙はリルケの死後、『若き詩人への手紙』(1929)として出版された。

文通はカプスがリルケに詩を送り、評価を求めたことに始まる。リルケは返事に「誰もあなたに助言を与えることも、手を貸すこともできません。誰1人して。道はただ1つ。自分自身に問いなさい」と記した。さらにリルケは、批評など芸術には無意味だ、と書き添えた。

その後の手紙で、リルケは詩人にとって必要不可欠と考えるものを挙げ、自身の詩作の技法や、詩を書くうえでの一般的な原則についての考察を綴った。

カプスは詩人として成功しなかった。リルケに直接会ったこともない。*JF*

成功者とはよく生き、よく笑い、よく愛した人のことだ。

ベシー・アンダーソン・スタンリー
「成功者」
1904

これは1904年にマサチューセッツ州ボストンの「ブラウンブック・マガジン」誌で、高額賞金250ドルの1位に輝いた短詩の冒頭である。作者は賞金を受託ローンの返済にあて、以来、1952年に73歳で亡くなるまで、とりたてて世間の注目を浴びることはなかった。

しかし、ベシー（エリザベス＝アンの愛称）・アンダーソン・スタンリーは歴史のレーダーに捕らえられなかったものの、「成功者」は至るところで引き合いに出され、多くのアメリカ人がそらで言えるようになっていた。その結果、『バートレット引用句辞典』にも掲載されたが、20数年後、なぜか削除された。

「成功者」の作者はラルフ・ウォルドー・エマーソンだと思い違いをしている人も多い。おそらくそれは、この詩の文体が先達であるエマーソンのそれと似ているからだろうが、スタンリーの名前が覚えづらいとか、これほど有名になった詩の作者が無名に等しい人だったとは思えないということもあるのだろう。

現在、「成功者」は再度『バートレット引用句辞典』に掲載されており、作者も正しく、スタンリーだと明記されている。*JP*

人には困難が必要である。困難は健康のために不可欠だ。

C・G・ユング
「超越機能」
1916

上記の言葉は、スイスの心理学者が発表した論文に登場する。この論文には、意識と無意識の緊張関係は制御できる、それゆえ緊張は解かれ、心の中のこの2つの部分は調和を取り戻すという彼の理論が詳細に述べられている。

原因もわからず抑鬱状態に陥っている人は、夢を解釈することで原因を解明できるかもしれない。正（抑鬱）、反（抑鬱の原因）と言えるこの2つの衝突は、クラシック音楽の交響曲と同じように、否定の否定（最終決定、そして沈静）で終わる。

超越機能はユングが提唱する心の理論の核であり、彼が「個性化」と称するものの本質的な要素である。ジークムント・フロイトと彼の信奉者が自我を第一義に置いていたのに対し、ユングはそれよりも大きな力——自己——が存在すると主張した。自我は真の自己を隠すことができる。したがって、自我は人を誤った方向に導きかねないということに早く気づけば、それだけ早く本当の自分になれる。

この過程は死ぬまで繰り返される。人生には常に問題があり、それを解決しようと努力すれば、我々は精神的に健康でいられる。*JP*

自分はできると信じなさい。そうすれば目標は半ば達成される。

セオドア・ルーズベルト
推定・伝聞
1918

書籍や講座など、自己啓発は一大産業であり、アメリカだけでも年間100億ドル以上の利益を生んでいる。やる気を起こしたいならば、第26代アメリカ大統領セオドア・ルーズベルトの思想への投資のほうがはるかに安く、十中八九、効果的だ。

上記は、自己啓発に関するルーズベルトの発言の中で最も簡潔な言葉だ。1918年、世界は第一次世界大戦のまっただ中だった、ルーズベルトが死去する前年、彼がホワイトハウスを去ってほぼ10年後のことだ。音楽大学の女子卒業生たちへの演説で、彼は言った。「やり通す気がないなら、最初からやめておくがいい」。

ルーズベルトは自らの人生をもってして、人々から信用を勝ち得ることができた。彼は病弱な子供だったが、長じて、先にも後にも例がないほどの若さで最高司令官となり、1901年9月14日にウィリアム・マッキンリー大統領が暗殺されると、42歳にして大統領になった。

ルーズベルトは信念というものが持つ、人を勇気づける力を体現していた。彼の世界観は単純だと思われるかもしれないが、その言葉は緊張状態にある人々の心を打つ。困難な状況下では単純明快な選択こそ、大衆が聞くべき言葉だ。*CB*

天才は過ちを犯さない。天才の過ちは意図したものであり、発見への入口である。

ジェイムズ・ジョイス
『ユリシーズ』
1922

この格言は『ユリシーズ』の第9章、「スキュレーとカリュブディス」と題された挿話に登場する。ここで主人公のスティーヴン・ディーダラスは、ウィリアム・シェイクスピアの伝記を考察している。この戯曲家とアン・ハサウェイの結婚について、ジョン・エグリントン（本書の登場人物。実在の人物で、ダブリンにあるアイルランド国立図書館で司書を務めている）は、「世間は、シェイクスピアは過ちを犯したと思っている……そしてできるだけ早く、ものの見事にそこから抜け出したのだ」と言う。

それを受けて、スティーヴンは「ばかなことを！」と言い、次いで上記の言葉を発する。

シェイクスピアの結婚が正しかったのか間違っていたのかは、誰にもわからない。わかっているのは、妻との間に3人の子供がいたことと、遺言で、妻に「2番目にいいベッド」を遺(のこ)したことくらいだ。

一般に人はあらゆる種類の経験を積極的に求める。そうする中で何かをしたり、なされたりして危険な目にあい、あとになってそれを後悔する。そしておそらく、自らの過ちを創造的な発想につなげていく。*JP*

賢明な人は頭がよく現実的すぎるがゆえ、常になぜそれができないのかを的確に見抜いている。いつも限界を把握している。

ヘンリー・フォード
『我が一生と事業』
1922

ヘンリー・フォードが世界最大を誇ったこともある自動車製造会社を設立できたのは、限界——自身の限界であれ他者の限界であれ——を深く追究したからでも、限界を指摘する人の言葉に耳を傾けたからでもない。彼はこの自伝で、「だから私は全盛期の専門家を雇わないのだ」と早々に述べている。

上記の言葉は、行動の士と黙考の士の長年にわたる対立関係を象徴している。理想の社会では、この2つのタイプは互いに補完しあうだろうが、現実社会では反目しあうかもしれない。

16世紀末、フランシス・ベーコンは「知識は力なり」と書いたが、歴史書にも文学作品にも、情報過多で衰える人に関する記述は数多くある。小説に見られる最たる例は「余計者」だ。その典型と言えるのが、アレクサンドル・プーシキンの『エヴゲーニイ・オネーギン』(1833)である。オネーギンは人生についてつらつらと考えるだけの生涯を送る。また最も極端な例は、イワン・ゴンチャロフの『オブローモフ』(1859)の題名にもなっている登場人物だ。この空想家はベッドから出ることを厭(いと)い、もしわざわざ起きなくてすむのなら、何をしようかと考えている。*JP*

勇者は、もし頭がよければ2000回だって死ぬだろう。ただそれを口にしないだけだ。

アーネスト・ヘミングウェイ
『武器よさらば』
1929

第一次世界大戦のイタリアを舞台にした『武器よさらば』は、故国を離れたアメリカ人フレデリック・ヘンリーと、イギリスの看護師キャサリン・バークレイとの恋を描いた物語だ。上記の言葉は、ふたりが「臆病者は1000回死ぬ、勇者は1度しか死なない」という格言について語りあっている場面に登場する。シェイクスピアの『ジュリアス・シーザー』にも同じような言葉が見られる。シーザーが言う。「臆病者は何回も死ぬ、勇気ある者は一度しか死の味を味わわない」。

ヘミングウェイが他の書でも言っているように、勇気とは「窮地に陥った時に見せる気高さ」ではなく、危険を予期しそこねることだ。愚か者は大砲の砲口に向かって走るが、賢者は別の道を探る。旧約聖書のコヘレトの言葉には、「犬でも生きていれば、死んだ獅子(しし)よりましだ」とある。

他にも勇者の資質として、恐怖心を表に出さないことが挙げられる。もし怖いと言葉にすれば、臆病者と思われかねない。黙っていれば、人はあなたが抱えている不安を推しはかることしかできない。*JP*

想像力は知識より大切だ。

アルベルト・アインシュタイン
『宇宙の宗教』
1931

上記の言葉に続いて、この偉大な科学者はこう述べている。「知識には限界がある。だが、想像力は全世界を抱え込み、進歩を促し、進化を生む」。

事実を頭に詰め込むのではなく、考えるために頭を使えという主張は、アインシュタインの著作や公の場での発言にしばしば見受けられる。たとえば1921年、「ニューヨーク・タイムズ」紙の記者が、なぜ音速を知らないのかと問うと、アインシュタインはこう答えた。「そういった知識は頭に残していない。本を開けばすぐにわかるからだ……大学教育の価値は、数多くの事実を学ぶことではなく、考える力を養うことにある」。

1955年、アインシュタインの死を受けて「ライフ」誌は、「若者への先人からの助言：『神聖なる好奇心を決して失うな』」と題した追悼記事を掲載した。そこには、彼の言葉が記されている。

「大切なのは疑問を持つのをやめないことだ。好奇心が存在するのには理由がある。人は永遠や人生、現実というものの驚くべき構造といった謎を考え出すと、畏敬の念を抱かざるを得ない。日々、こういった謎を少しずつ理解していけば十分だ」。*JP*

∩1953年、アルベルト・アインシュタイン、73歳。
プリンストンにある自身の研究室にて。

実のところ、私たちが運命と呼ぶものは気質である。その気質は変えることができる。

アナイス・ニン
日記
1934

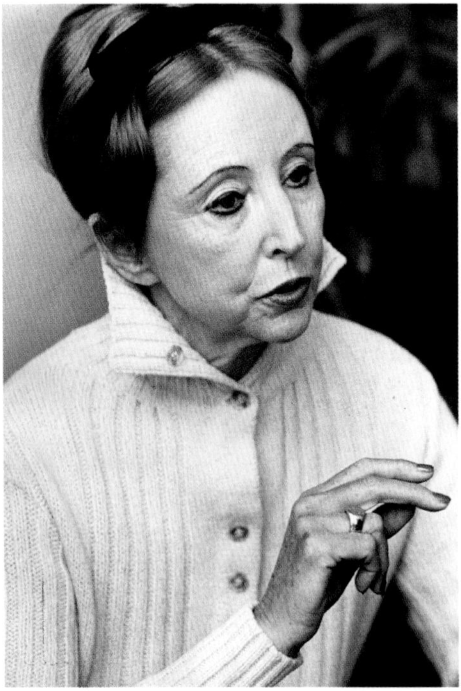

ニンはイギリスで執筆を行っていたフランスの作家である。一時期、ニューヨークに住んでいたことがあり、アメリカの作家ヘンリー・ミラーと長らく親交を結んだ。性愛小説で最もよく知られるが、必死で生計を立てようとしていた時に、要求に応じて書いていただけだ。彼女の成熟した作品は、評価が分かれる。散文形式で繊細な女性の性をつまびらかにしていると言う者もいれば、奔放で自己陶酔的だと言う者もいる。

1966年、1930年代から書き始めた日記を発表して、ようやく文筆家としての地位を確立した。上記の言葉は、この日記からの引用である。

ニンがいわんとするのは、我々は皆、自らの運命の支配者だということだ。彼女はこう続けている。「私たちは自分の行動や態度に責任があるという事実に落胆する必要はない。なぜなら、運命を自分が思うがままに変えられるということでもあるからだ。人は過去の虜(とりこ)ではない。過去は感情を形づくっているものだ。また、人種や遺伝的形質、素姓の虜でもない。もしこれらが私たちをどのように形づくっているのかを追究する勇気を持てば、それらすべてを変えることができる。そういった要素を切り捨てる勇気を持てば、性質を変えることができる」。*JP*

∩ アナイス・ニンの著作は、生前より死後にいっそう高く評価されるようになった。

人は
自分に苦しみを与えたものを、
実に簡単に忘れてしまう。

グレアム・グリーン
『恐怖省』
1943

第二次世界大戦下のイギリスで書かれたこの小説は、心に重荷をもつ男が、ナチス・ドイツによる国際的な陰謀に巻き込まれていく物語だ。1944年、グリーンの原作を下敷きに、フリッツ・ラングがメガホンをとった同名の映画『恐怖省』が公開された。

上記の言葉がいわんとしているのは、「時は偉大な治療師だ」という格言とほぼ同義だ。心的外傷の長期記憶は、往々にして楽しい出来事や日常的な出来事の長期記憶ほど鮮明ではないと考えられる。もし苦痛が最高の強度で持続し得るとしたら、人生は耐えがたいものになるだろう。

とはいえ記憶と苦痛の関係は、考えられているほど単純ではない。単純なものなら、なぜ患者は手術が成功に終わり、麻酔が切れたあとも不快感を感じ続けるのだろうか。

この特異性に着目し、苦痛の根源に関する幅の広い研究が精力的に行われている。たとえば時とともに死別の悲しみに対処できるようになるメカニズムがわかれば、術後の患者の回復が少しでも早くなるのではないか。そう願ってのことだ。
JP

∩ 小説『権力と栄光』が出版された1940年のグレアム・グリーン。

希望は埃(ほこり)ひとつ立てない。

ポール・エリュアール
『他のどこか、ここ、いたるところ』
1946

∩1947 年に撮影されたポール・エリュアール。ダダイズムの一員だった彼は、シュルレアリスムの構築に深く関わった。

ポール・エリュアール(ウジェーヌ・グランデルのペンネーム)は、フランスの偉大な超現実主義の詩人だ。

超現実主義者は革新的な表現技法を使った文体と主題の両面から、さまざまな試みを行い、幻想と現実の関係を一心に追究していた。

エリュアールは 1926 年、『苦悩の首都』で頭角を現した。1930 年には、アンドレ・ブルトンと共同で、精神障害を考察した詩集『処女懐胎』を発表した。その後、単独での詩集『みんなの薔薇(ばら)』(1934) と『豊かな瞳』(1936) を上梓(じょうし)している。

第二次世界大戦時、エリュアールは共産党に加わり、ナチスに捕らえられないよう身を隠した。彼の詩は簡潔で直截(ちょくせつ)的なものになっていった。中には、アジテーションとプロパガンダを前面に押し出した作品もあり、それらの詩はフランスのレジスタンス運動家の士気を高めるために配布された。

上記の言葉が意味するのは、大望というのは知られる必要がまったくないということだろうか、それとも「もし望みが馬ならば、物乞いも乗れる」といったようなことなのだろうか。この両方とも考えられる。*JP*

状況が苦しくなると、タフな奴が活躍する。

フランク・リーヒー
「チャールストン・デイリー・メール」紙
1954

リーヒーは、アメリカのカレッジフットボール史上、2番目に優れたコーチである。最も成功を収めたのは、彼の師であるノルウェー系アメリカ人のクヌート・ロックニーだが、1931年、飛行機の墜落事故で早世した。また、リーヒーのように名言を吐くこともなかった。

リーヒーはノートルダム大学でプレーしていたが、1930年、怪我のため選手生命を絶たれた。その後ラインコーチになり、最初はジョージタウン大学で、ついでミシガン州立大学で、1933年から38年まではフォーダム大学で指導にあたった。フォーダム大学では、のちに「セブン・ブロックス・オブ・グラニット」として知られることになる恐るべきラインを育てあげた。

ボストンカレッジで2年間チームを率いたあと、1941年に母校に戻った。以来、第二次世界大戦で2年離れはしたが、1953年までコーチを務めた。リーヒーのコーチのもと、ノートルダム大学は4度全米チャンピオンに輝き、39連勝（1946-50）を成し遂げた。リーヒーは87試合で勝利し、敗戦は11回、引き分けは9回である。生涯を通じての勝率は8割6分4厘だ。

後年、事業経営者としてもスポーツジャーナリストとしてもさらなる成功を収めた。JP

∩ インディアナ州サウスベンドにあるノートルダム・スタジアムの前に、
ノートルダム大学の元コーチ、
フランク・リーヒーの銅像が建っている。

本当に幸せな人とは、遠回りをしている間も景色を楽しめる人のことだ。

格言
未詳
1955 頃

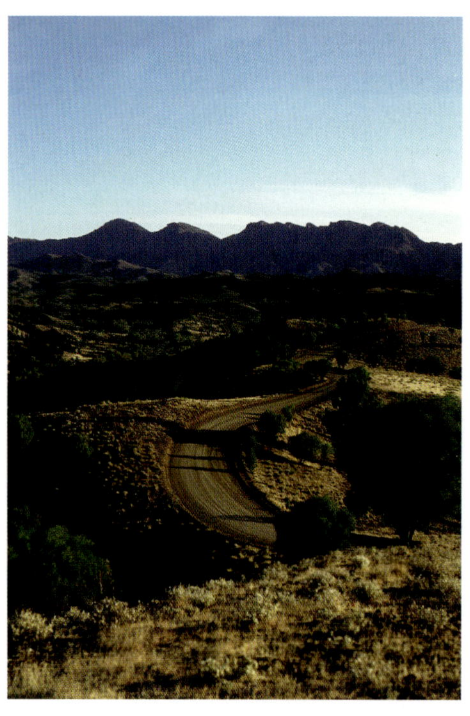

∩ 南オーストラリア州東部にあるフリンダーズ・レンジ国立公園を抜ける砂利道を行けば、景色を楽しむ機会はふんだんにある。

インターネットには多くの利点があるが、そこに無数に並ぶ簡潔な格言は出典を誤っていたり、あやふやな出典しか書かれていなかったり、何も記載されていなかったりする。インターネットによると、上記の言葉は20世紀のイギリスの物理学者ジェームズ・ホップウッド・ジーンズのものとするサイトが多い。しかし、それを裏づける書物の章も節も明示されておらず、確証のとれる出典もない。単にヨーロッパからオーストラリアへ移住した人たちが広めた民衆の知恵だとする説もあるが、これも裏づけに乏しい。移住者たちは、肥沃な南東部から内陸部に移るなり、オーストラリアは距離や天候、地形から言って、想像をはるかに超える厄介な土地だと気づいた。しかし彼らは常に楽観的で、その気質を最大限に生かした。

根底にある考えは、ごく一般的だ。ロバート・ルイス・スティーヴンソンは、「目的地に到着することよりも、期待を胸に旅をしている間がいい」と書いている。W・H・オーデンは「目的地に直行するのではなく、まわり道を好まなかったことがあるだろうか？」と記している。いずれの言葉にも出典がある。前者は『少年少女に捧（ささ）ぐ』（1881）であり、後者は「我々の偏見」（1939）だ。*JP*

あなたの同意なしに、誰もあなたに劣等感を抱かせることはできない。

エレノア・ルーズベルト
「カトリック・ダイジェスト」誌
1960

エレノア・ルーズベルトは12年間、アメリカのファースト・レディーの務めを精力的にこなし、マイノリティーや若者、女性、貧困者の権利を擁護したり、政治に不満を抱いている団体に関わったりした。

1945年に夫であるフランクリン・D・ルーズベルト大統領が死去すると、以前にも増して活動的になった。ハリー・S・トルーマン大統領により、設立されて間もない国連のアメリカ代表に任命され、国連の人権委員会の議長を務め、世界人権宣言の起草に尽力した。

国内の政治では主に民主党を支持し、特に1960年の大統領選時に活躍した。ジョン・F・ケネディは選挙に勝って大統領に就任すると、ルーズベルトを女性の地位委員会の委員長に据え、彼女はこの任務を、1962年に他界する直前まで続けた。

上記の言葉は、ルーズベルトが好きな格言の1つだ。すべての人に将来性があり、与えられるべきはただ1つ、機会であるという彼女の見解を反映している。亡き夫が1933年に1期目の就任演説を行った際に発した「我々が恐れるべきはただ1つ、恐れそのものだ」という宇宙的な言葉に匹敵する。*JP*

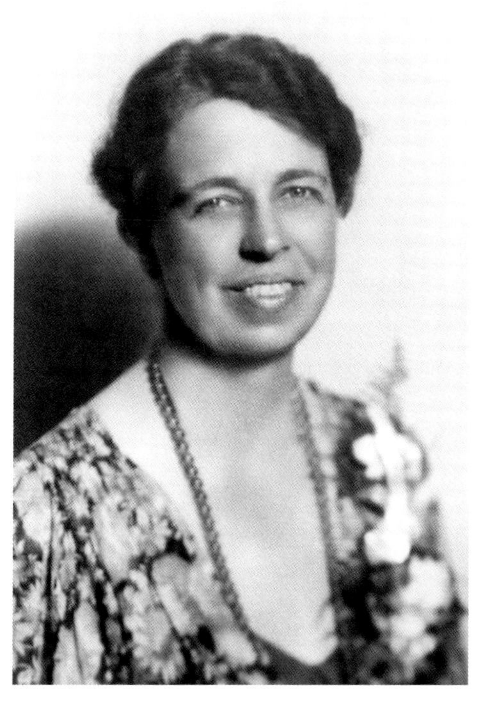

∩1933年、夫のアメリカ大統領としての1期目が始まった直後のエレノア・ルーズベルト。

心の振り子は善と悪ではなく、意識と無意識の間を行き来する。

カール・グスタフ・ユング、アニエラ・ヤッフェ
『ユング自伝――思い出・夢・思想』
1962

∩ ユングとヤッフェによる本作のアメリカ版(1963)の表紙。

⊃ 分析心理学の創始者、カール・グスタフ・ユング。

スイスの心理学者ユングはドイツの出版社から自伝の執筆を打診され、最初は難色を示したものの、研究所の分析官であり長年の仕事仲間であるアニエラ・ヤッフェと共同で、何らかの形にまとめることにした。

この企画にひとたび着手すると、最初は口が重たかったユングも、じきに自身の過去を回想したいという思いにとりつかれたようになった。彼はかねてから自分には文才がほとんどなく、執筆はやりたくない雑事だと考えていたが、この時はまったく異なる思いを抱いた。洪水のように押し寄せる過去の思い出を文字にしない日があると、体調がすぐれなかった。

本書は論争を生んだ。ユングの家族が自分に言及する箇所を書きかえてほしいやら、削除してほしいやら言ったのだ。ヤッフェは思い切ってユングの宗教観があまり前面に出ないよう手を加えた。論争は売り上げの追い風となった。以来今日に至るまで、『ユング自伝』はほぼすべての主要言語に訳され、出版され続けている。

上記の言葉は、人は確固とした信頼に足る倫理観を持っているか、まったく持っていないかのどちらかであると示唆している。JP

善と悪の境界線は すべての人の心の中にある。

アレクサンドル・ソルジェニーツィン
『収容所群島』
1973-75

∩ ソルジェニーツィンは、ソビエト連邦が崩壊するまで共産主義を批判したと同時に、西洋も批判した。

アレクサンドル・ソルジェニーツィン——ロシアの作家、反体制派、1970年のノーベル文学賞受賞者——は、シベリアのグラグ（強制労働収容所）で4年過ごした。事実に基づいた著書『収容所群島』は、そこでの他の囚人の様子や、自身の経験が下敷きになっている。1967年に完成した同書は、収容所での仲間に危険が及ぶことを懸念して、1973年から75年にかけてのみ出版された。

ソルジェニーツィンは、善人も悪人もいない、人は誰しも善と悪の両面を持つと考えていた。「悪人がどこか他の場所で、知らないうちに邪悪な行いをしていればいいのだが」と彼は書いている。「悪人を我々から切り離し、撲滅させるだけでよければいいのだが」。しかし、たとえ善人であっても、心の片隅に悪が存在する。宗教が果たすべき役割は万人が生まれながらにして持っている悪と闘うことだ、とソルジェニーツィンは考えた。宗教は道徳的原則、絶対的な存在——人知を越えた存在、つまり神——に対する基準点を提示する。ソルジェニーツィンの宗教的背景はキリスト教である。キリスト教では、この内在する悪（罪）はイエスが磔刑（たっけい）に処せられて死ぬことで赦（ゆる）されたと教えられている。*JF*

否定された現実は、舞い戻ってその人につきまとう。

フィリップ・K・ディック
『流れよわが涙、と警官は言った』
1974

ディックは現実と幻想の分離を長年のテーマにしたアメリカのSF作家である。後年に発表された本作は、若くして成功を約束され、天賦の才を最大限に生かす特殊訓練を受けたジェイスン・タヴァナーの物語だ。彼はポップスター兼テレビの司会者として順風満帆な生活を送っていた。だがそれも、体が別の生命体に乗っ取られるまでのことだ。ふと気がつくと、彼は暗黒郷と化した未来のアメリカ——第二次南北戦争が終わり、全体主義の独裁政権に支配されているアメリカ——にいた。有名人であることに慣れてしまっていた主人公にとってさらに悪いことに、そこは彼が誰かを知る者が1人もいない世界だった。

当初ディックは、小説にはしばしば見られる設定だと思っていたが、出版後、本が手もとに届くと、執筆中には思ってもいなかったが、これは「権力への警告だ。じきに俎上(そじょう)に乗せられ、批判を浴びる」と気づいた。その通り、本書は説教めいた結末がすべてを台無しにしたと酷評された。

上記の言葉は、我々は自分が犯した罪から逃れることはできないという概念に対する新たな見解だ。*JP*

∩映画『ブレードランナー』(1982)は、フィリップ・K・ディックが1968年に上梓(じょうし)した小説『アンドロイドは電気羊の夢を見るか？』を原作としている。

時間厳守は退屈な者たちの美徳だ。

イーヴリン・ウォー
『イーヴリン・ウォーの日記』
1976

イギリスの「オブザーバー」紙で初めて紹介された『イーヴリン・ウォーの日記』は、文学界を沸かせた。ウォーが7歳から1966年に62歳で死去するまで綴っていた日記は、頑固者として有名だった彼の社会観や道徳観を浮き彫りにした。

20世紀を代表するイギリスの作家の1人であるウォーは同国の貴族社会の人々から、上流社会の嗜好や作法、駆け引きを学んだ。彼はまたローマカトリック教への改宗者で保守的な思想家でもあり、『大転落』(1928)や『卑しい肉体』(1930)、『ブライヅヘッドふたたび』(1945)のような小説で、当時の生活を風刺まじりに描いた。

『日記』で最も物議を醸したのは、同時代の人について記した項だ。彼から辛辣な言葉を向けられなかった人はほとんどいない。ランドルフ・チャーチルが肺の一部を切除した際には、「ランドルフのごくわずかな悪意のない箇所を見つけて切除した、現代科学ならではの勝利」と書いている。

時間厳守のための時間厳守は他にすることが何もない証だという考えは、『ブライヅヘッドふたたび』に登場する上流階級の人々に見られる傲慢さによく表れている。*ME*

ナンセンスは脳細胞を目覚めさせる。

ドクター・スース
「ロサンゼルス・タイムズ」紙
1983

ドクター・スース――セオドア・スース・ガイゼルのペンネーム――は、独特の絵で知られる50作を超える児童書の作者である。

1904年にマサチューセッツ州スプリングフィールドに生まれ、アメリカとイギリス、フランスの大学で学んだのち、新聞や雑誌に漫画やイラストを描くようになる。1937年、第1作となる児童書『マルベリーどおりのふしぎなできごと』が出版される。

上記の言葉――マイルズ・コーウィンによる新聞記事「作家は帽子をかぶったただの猫にあらず」からの引用――に続いて、ドクター・スースはナンセンスの役割について述べている。

「ナンセンスはユーモアのセンスを磨く助けになる。ユーモアは今この時代に非常に大切なものだ。殺伐とした時代にあって、ユーモアは大きな役割を担っている。単に笑うということにとどまらない」。

この見解が概して真実であるとする医学的証拠は数えきれないほどある。笑いはコルチゾールやステロイドの分泌を抑制し、喜びをもたらすドーパミンのような神経伝達物質の生成を促す。*JP*

能動的な忘却者でいるよりひどい苦痛をともなうのはただ1つ、無気力な回顧者でいることだ。

ジョナサン・サフラン・フォア
『エブリシング・イズ・イルミネイテッド』
2002

ジョナサン・サフラン・フォアはワシントンDCに生まれ、プリンストン大学を卒業したのち、ニューヨークに居を移した。第1作『エブリシング・イズ・イルミネイテッド』は2005年、イライジャ・ウッドとユージン・ハッツを起用し、同じタイトルで映画化された(邦題は『僕の大事なコレクション』)。

本書は、主人公である若いアメリカ人——彼の名もまたジョナサンという——が、祖父の故郷であるウクライナの村へ思いを馳せる物語である。祖父は子供の頃、ナチスが村を徹底的に破壊し、主にユダヤ系住民を大勢ガス室送りにする直前、安全のため密かに連れ去られた。

特徴は、意図的に感情をほとんど排していることだ。全編、喜劇仕立てである。ジョナサンは(彼からすれば)肉食の反ユダヤ主義者だらけの国に暮らす、自由なユダヤ系菜食主義者である。運転手はほとんど目が見えず、通訳は類語辞典頼りで英語を話す。

もちろんこれは、急な場面展開——たとえばホロコーストの恐怖を描く場面——のための小説上の仕掛けだ。そうすれば場面が変わった時に、よりいっそう胸に響く。そう考えると、上記の言葉は本作を象徴していると言えよう。*JP*

∩映画『僕の大事なコレクション』で、1000人のユダヤ人が殺害された場所へ向かうアレックス(ユージン・ハッツ)。

恐怖に基づいて決断してはいけません。
希望と可能性に基づいて決断してください。
起きるはずのないことではなく、
起きるはずのことに基づいて決断してください。

ミシェル・オバマ
資金集めキャンペーン
2008

∩2008年の選挙遊説中、女性と家族のための
パートナーシップ協会で演説をするミシェル・オバマ。

かたや、共和党の指名候補者ジョン・マケインを支持するアメリカ大統領、かたや、それまでのところ選挙遊説であまり成果をあげられていなかった、有望な大統領候補の妻である。アリゾナでのジョージ・W・ブッシュとミシェル・オバマの対決は、端から勝負が見えていたと思われたが、結果は世間の予想とは違った。

マケインの本拠地であるフェニックスでの資金集めキャンペーンで、ミシェルはブッシュとマケインが困惑するほどの大差で勝利した。彼女は選挙遊説の切り札となり、バラク・オバマに——彼がバラクだからではなく、ミシェルと結婚しているから——投票しようと決めつつあった有権者たちの心をつかんだ。

上記の言葉は演説の後半に登場する。それまでの彼女なら、同じような場面で不安なそぶりが見られたが、この時は夫が黒人初のアメリカ大統領になる以前にさらされた暗殺の深刻な脅威について、率直かつ人の心を打つ言葉で語った。彼女は敢然とした姿勢を崩さなかった。「恐怖心は無益な感情です」。こういった資質をもって、ミシェル・オバマはアメリカ史上最も尊敬されるファースト・レディーの1人となった。**CB**

皮肉なことに、私たちは肉体ではなく魂と一体となった時に、物質界で最も力を発揮するのです。

マリアン・ウィリアムソン
『奇跡の年』
2013

ウィリアムソンはアメリカの精神的指導者である。自己啓発に関する彼女の書の根幹にあるのは、人は考え方を変えることで人生をよりよいものにできるという信念だ。2016年までに、著作のうち4作が「ニューヨーク・タイムズ」紙のベストセラー・リストの1位に輝いている。

執筆や講演に加え、アメリカ平和省の設立を目指すロビー団体「ピースアライアンス」や、世界の貧困問題の解決を図る「リザルツ」をはじめ、数多くの慈善団体の中心的存在でもある。また彼女は先頭に立って、より多くの女性が公職に立候補するよう働きかけてもいた。

上記の格言は次の言葉で始まる、イギリスの詩人ウィリアム・ワーズワースのソネットを思い起こさせる。

「世界は我らの手にあまる
朝から晩まで得ては使い、力を無駄にしてばかりいる」

ウィリアムソンは、人は物を欲すれば欲するほど、神経過敏になり満足を得られなくなると説いている。彼女の見解によると、人が存在する目的は慈悲深い創造主が定めたように、愛を与え、愛を授かることだと理解して初めて、「我々は最高の能力や最高の技能を発揮できるようになる」。*JP*

∩2007年、共同創立者でもあるピースアライアンスの会議でのマリアン・ウィリアムゾン。

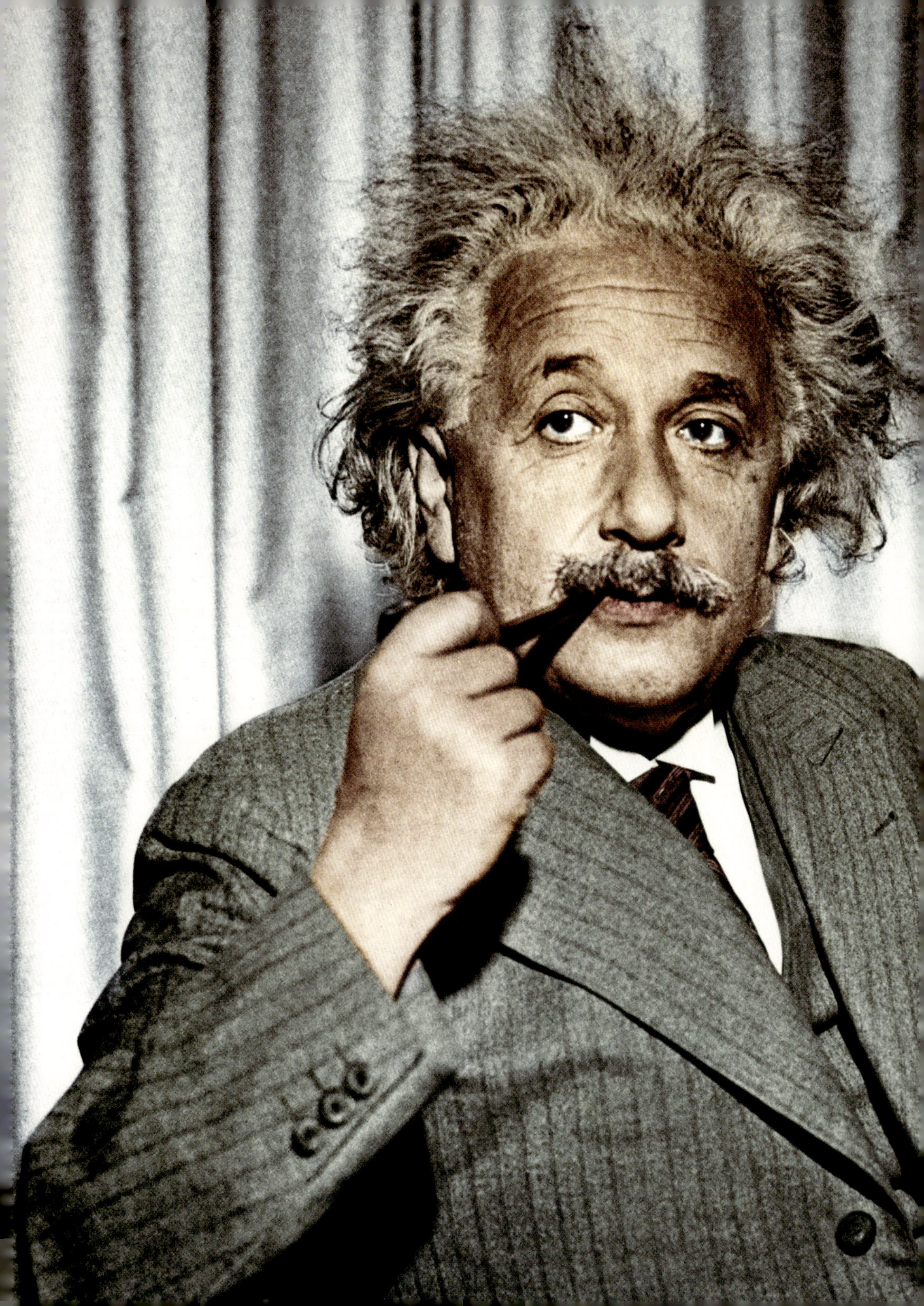

EDUCATION

教育

C アルベルト・アインシュタインは、
幸せになるためには教育を受けることが大切だと考えていた.

魚を与えれば、1日食べていける。魚の取り方を教えれば、一生食べていける。

管仲（かんちゅう）
『管子』
紀元前700頃

上記の格言の出典は定かではないが、『管子』に登場し、一般に中国の賢者である管仲の言葉を集めたこの古来の儒学書に由来すると考えられている。アメリカ元大統領のジミー・カーターも自伝『なぜベストをつくさないのか』(1975)にそう記している。

この言葉は教育の必要性と、教育がもたらす自立を説いているようではあるが、皮肉にも実業界でのマントラになっている。施しは1日しのぐにはいいが、技術を教えれば、相手は独自に衣食の道を見つけ、社会福祉制度の負担を軽減することができる。

この言葉を基にした反対の意味の格言は多い(「魚の取り方を教えれば、1日中舟に座ってビールを飲むようになる」)が、本来の意味は天は自ら助くる者を助くという考えに通じる。釣りのたとえは自立の理想的な姿を描いている。カーターの自由主義はこの理想に、自立できるまで援助が必要な人もいるという認識を加味している。この格言が有する偉大な力は、共感と自立の双方を謳(うた)っているところだ。*LW*

C 釣り人を描いた19世紀の中国の画。

いくら勉強して知識を得たとしても、ただそれだけでは英知は身につかない。

ヘラクレイトス
「断片40」
紀元前500

16世紀のオランダの画家ヨハネス・モレールスによる2枚の絵画で、ギリシャの哲学者ヘラクレイトスは苦悶(くもん)の表情を浮かべ、地球儀の上で両手を固く組んでいる。モレールスはこの哲学者が自ら鬱病であると認めていることに触発されて、彼をそのような姿で描いた。それゆえヘラクレイトスは(「笑う哲学者」のデモクリトスに対して)「泣く哲学者」と呼ばれるようになった。

ヘラクレイトスは、現在のトルコに位置したギリシャの都市エフェソスで生まれた。彼の人生について我々が知っていることは、ディオゲネス・ラエルティオスの『ギリシア哲学者列伝』に拠(よ)るところがほとんどだ。

ソクラテス以前の思想家の大半と同様に、現存しているヘラクレイテスの著作は人生に関する思索、見解、その場その場での発言から成る全139片の断片集だけである。ディオゲネスによると、ヘラクレイトスの著作は「自然に関する連続的な論文で……3つの論説に分かれている。1つは宇宙、1つは政治、残る1つは神学についてである」とのことだ。上記の言葉がいわんとするのは、世界や人間性というものを理解することは、知恵を体得するために不可欠だということだ。*IHS*

学習とはすべて想起である。

ソクラテス
推定・伝聞
紀元前 425

「想起説」はプラトンの『国家』や対話篇『メノン』及び『パイドン』の核をなしている。この3作で、かのソクラテスは知識の中には経験を通して身につけたものではなく天賦のものがあると述べている。この生来の知識——魂が肉体に入る前に知り得たこと——は絶対的で、一定の形を持っている。つまり、永遠の失われることのない完璧で変化とは無縁の、唯一真なる現実だということだ。魂とともに授けられる知識には幾何学のようなもの、自由や美、正義、善などがある。しかし魂が肉体に宿るという経験は衝撃的で、魂は魂であることや、抱いていた関心を忘れる。それどころか、肉体の心配事や義務も背負い込む。しかし、この記憶の喪失は一時的なものでしかなく、生来の知識は再発見することができる。

この理論には2つの定理が存在する。(1) 合理主義という形で機能する認識論的な定理。これに照らせば、知識は理性や人間の魂の重要な要素であるということになる。(2) 魂と肉体の存在に関する存在論的定理。これに照らせば、魂は転生する永遠の存在であり、その存在は肉体に依存していないということになる。*KBJ*

馬のところに戻ってもらいたい。

アリストパネス
「雲」
紀元前 423

ギリシャの劇作家アリストパネスはおよそ30の作品を著し、断片しか残っていないものもあるが、11作がほぼ完全な形で現存する。

最も有名な戯曲の1作に登場する上記の言葉は、一見すると教育とはさほど関係がないように思えるかもしれないが、全体の内容から言って、「雲」はソクラテスの教授法に対する批判だ。アリストパネスは、その教授法では利口ぶった学生しか育たないと示唆していると思われる。上記の言葉は、大勢の借金取りをだましたいがため、息子のペイディッピデースをソクラテスの塾に入れて詭弁を学ばせようとしたストレプシアデースの台詞だ。ペイディッピデースは詭弁の技を習得するが、それを父親のために使うどころか、父親の人生を悲惨なものにしてしまう。父親は息子を塾に通わせなければよかったと悔いる。

本作の前半が醸すおかしみは、奴隷、学生など脇役に対するストレプシアデースの虐待に起因している。後半のおかしみは、塾で学ばせた息子から当然の報いを受けたストレプシアデース本人から生まれている。*JP*

➲ アリストパネスは喜劇の父と呼ばれている。

教育は裕福な人にとっては飾りであり、恵まれない人にとっては避難所である。

デモクリトス
『トラシュロスの四徴症』
紀元前415頃

上記の言葉は、経済状況の異なる人がそれぞれ教育にどのような価値を見いだすかを対比させている。物質的にも社会的にも恵まれた裕福な人にとって、教育は家系図の「てっぺんに飾るサクランボ」でしかないかもしれない。かたや貧しい人にとっては、視野を広げ、自らの境遇を改善する機会を増やしてくれるものである。

デモクリトスは古代ギリシャのソクラテス以前の哲学者に大きな影響を与えた。彼は詩や美学、認識論に関する書物を書いたが、宇宙の原始論を確立したことでよく知られる。また、真実を知ることは難しいとも述べている。なぜなら、我々の感覚は主観的なものであり、過ちを犯すことがあるからだ。本物の知識は知力をもってでしか得られない。したがって、我々は五感を通じて情報を集め、個々の状況に応じて部分部分から全体を、明らかなものから隠されたものを探り、論理的な能力を使って真実を見いださなければならない。これはのちに帰納と呼ばれることになる方法である。今日の科学では、一般的にこの方法で結論を導き出している。言うまでもなく、帰納法を使う力も論理的な思考力も教育によって大いに磨かれる。KBJ

人生はあまりにも短く、術の道はあまりにも長い。

ヒポクラテス
格言
紀元前410頃

上記の言葉のラテン語での言いまわし——「芸術は短く、人生は短い」——は覚えやすいが、正確とは言い切れない。原典であるギリシャ語のtechne（テクネ）は技術、芸術、技巧のいずれにも訳すことができるからだ。とはいえ、意味は同じだ。自分が身を置く世界の専門知識を会得するには時間がかかり、それを成し遂げるために与えられた時間は短いということだ。

このあとには、医療的緊急事態という特定の場面での文言が続く。「機会は逸しやすく、試みは失敗することが多く、判断は難しい。医師は自ら正しいことをする準備を整えておくだけでなく、患者や看護人、外部の者に協力もさせるべし」。

ヒポクラテスは医師であり、西洋医学の父と称されることも多い。彼の説く医学は厳格な職業意識や規律、厳しい実践が要求される。ヒポクラテス派では臨床的な観察と、方法や結果を文字にして残すことが重要視されていた。彼が記録したノートは他の医師の間で回覧され、活用されてきた。ヒポクラテスは医師たちに、正直であれ、冷静であれ、身だしなみを整えよ、真剣であれ、患者と意思疎通を図れと説いた。また痔の治療をはじめ、多くの医療技術の向上に貢献した。KBJ

教育の目的は、美しいものを愛する心を教えることだ。

プラトン
『国家』
紀元前380

定義からすれば、哲学者とは英知を愛し、現実の本質的真理を知りたいと願う人のことだ。『国家』で恩師ソクラテスと対話するプラトンは、人の知覚は次のような過程をたどると述べている——まずは身近にある美を、次いで体の美、そして心の美を見る。そのあと、法律のような抽象的概念の美を見、最後にあらゆる形の知識の美を見る。

また、愛というゴールに到達するためには、美の本当の姿を見なければならないと主張している。この認知の境地に達した人は高潔で死を知らず、神に愛されるようになる。知恵を愛する人はまず何より美を追求すべきだという考えは、プラトンの対話の主題であり、『国家』全編にわたっている。

賢者は論理的な思考力を養い、世の中についての知識を得るために教育を必要とする。教育があってこそ、哲学者は物理的な美にも抽象的な美にも通じ、思索があってこそ、美の知識から永遠の源を知ることができる。プラトンは、物事を正しく理解するには物理的な美と形而上(けいじじょう)学的な美、双方の美を知ることが肝心だと説いている。 KBJ

教養は順境においては飾り、逆境においては避難所、老境においては蓄えである。

アリストテレス
推定・伝聞
紀元前335頃

教育はアリストテレスの世界観の軸である。教育は軽んじたり無視したりしていいものではない。しかも、個人の人生において包括的な教育は欠かせない要素である(彼は「子供に十分な教育を授ける者は、親よりも尊ばれるべきだ。なぜなら後者は命を与えるだけだが、前者は生きる術をしっかりと教えるからだ」と言ったとされる)。アリストテレスは18歳でプラトンの弟子となり、37歳まで彼の学園にいた。アリストテレスの教育は、著書で取りあげた題材の多様さからわかるように幅が広い。プラトンが死去すると、依頼に応じてアレクサンドロス大王の家庭教師となるとともに、多額の資金援助を受け、研究を続けた。勉学に終わりはなかった。

上記は、『ギリシア哲学者列伝』の著者、ディオゲネス・ラエルティオスによってアリストテレスの言葉とされている。同書には大勢の哲学者の格言や伝記が並ぶ。アリストテレスはデメトリオスやヘラクレイデス、リュコン、ストラトン、テオプラストスとともに、アテナイのリュケイオンにあった学園の学徒を指す「ペリパトス派」の項で紹介されている。この学園には、アリストテレスの教えに触発された思想家が集まった。 IHS

教師は扉を開けてくれるが、中に入るのはあなた自身だ。

中国の格言
未詳
紀元前250頃

この格言を初めて英語で紹介したのは、1956年にピーター・ベイレンソンが上梓（じょうし）した『中国古来の格言』だ。彼はこの言葉をひときわ重視していた。ベイレンソンは、裕福ではない読者に「ハイカルチャー」を届ける役割を果たす美術書を手がける出版社ピーターポーパープレス社の共同オーナーだった。

上記の言葉は「馬を水辺に連れて行くことはできるが、水を飲ませることはできない」と同義の表現として用いられることがよくあるが、大もとの格言が何かは特定しづらい。それはひとつに、中国には他の言語に訳すと似たような意味合いになってしまう格言が数多くあるからだ。「師匠は弟子をドアのところへ連れて行くことはできるが、弟子の技術を完成させるのは弟子自身の努力だ」もその1つだ。

上記の言葉は生徒と教師に互いの関係や、それぞれの義務に気づかせる。またここに見てとれるのは、言葉を入念に選んで訳され、特定のラベル――この場合は「中国」と「古来」――が貼られた格言は、その文化的な考えや心情に深遠のオーラをまとわせるということだ。*MK*

学の追求は人間のなせる業であり、それを放棄するのは獣のなせる業だ。

荀子（じゅんし）
『荀子』
紀元前250頃

この格言は次のような文脈で登場する。「学問は死ぬまで続けなければならない、死んだ時に初めて終わるのだ……その意義を一瞬たりとも放棄してはならない。学の追求は人間のなせる業であり、それを放棄するのは獣のなせる業だ」。

荀子は中国の戦国時代（紀元前453-221）後期の儒学者である。彼の著作でとりわけ注目に値するのは、教育は1人1人の道徳的な行いの要であり、社会全体の安寧の要でもあると一貫して主張している点だ。

とはいえ、荀子の教育に対する見解は、現代の西洋社会で広く受け入れられている見解とは根本的に異なる。荀子にとって本当の教育とは、単に多くの知識を身につけた人を作ることではなく、徳の高い人を育成することだった。つまり、知識を授けるにとどまらず、その人の全人格を形成する教育こそよい教育と言えるということだ。

荀子は系統立った儒学の教育課程を初めて確立し、それは中国で20世紀末まで教育の礎として用いられた。荀子いわく、学問の第1にして非常に重要な一歩は、学びたいという気持ちである。*MK*

⊂ 生徒と一緒にいる中国の教師。

「暇になったら勉強する」と言ってはならない。暇な時間など決してないかもしれない。

大ヒレル
『ピルケイ・アボット（祖父たちの倫理）』第2章5節
紀元前100頃

上記の言葉の出典はラビの長老たちの知恵や道徳哲学を編集した書で、ユダヤ教の教育に広く用いられている。『ピルケイ・アボット』の大部分は、非ユダヤの教えにも浸透し、上記の言葉は世界中に広まっていると言えるだろう。

少なくとも、異なる言いまわしでは広まっている。中には、各学科の科目を懸命に学び、決して手を緩めるなと説くものもある。他にもこの書の解釈には字義通りではないもの、より比喩的なもの、精神的なものがある。たとえば、当時のユダヤ教における解釈では、ラビであるヒレルの訓戒は精神修養だけにとどまらない。現在というものを意識し、瞬間をとらえる必要性も説いている。勉学であろうと健康の維持であろうと、いい仕事をすること、友人や愛する者の生活を豊かにすること、社会の正義のために働くことであろうと、今日できることを明日に延ばすな、と説いているのだ。

さらには、全知全能の神が司（つかさど）る宇宙で、人間が未知かつ不可知の未来に向けて計画を立てようとする所業はすべて不遜であると示唆しているようにも解せる。また当然ながら、トーラー（モーセ五書）の学習を怠るなという厳しい戒めとも解釈できる。**MK**

我々は学校のために学ぶのではない、人生のために学ぶのだ。

小セネカ
『ルキリウスへの手紙／モラル通信』
65頃

上記の格言は、成功する術だけを教えるのではなく全人格を育てる教育を提唱している。また、職業訓練は幅が狭すぎて役に立たないと異を唱える際にも用いられる。この格言は今日でも、原語であるラテン語「Non scholae sed vitae discimus（ノーン・スコラエ・セド・ウィータエ・ディスキムス）」のまま使われることも多い。根底にある見解は、価値のあることがすべて、テストの点数のように結果を数値で表せるわけではないということだ。

この言葉が最初に登場したのは、友人宛てに書いている体裁の手紙をまとめた書簡集だ。ストア派の哲学者であり政治家のセネカはおよそ10年間、精神的に不安定なローマの皇帝ネロのそばに仕え、皇帝の偏執症や殺人、詐欺を熟知していた。ネロの軍隊に暗殺の標的にされるのではないかと不安を抱えていたのに加え、加担していたネロの政治行動と自らの道徳心との矛盾に苦しんでいた。そのため、ルキリウスへのモラル通信を書いて良心の呵責（かしゃく）を和らげ、自らの哲学的信念を明確にしようとした。

セネカはストア派の哲学者として、そしてネロの失墜やローマ帝国の衰退の片棒をかついだ者として死や迫りくる死の存在が平穏な暮らしにどのような影響を及ぼし得るかを追究した。**MK**

誰もが学びたいと望んでいるが、誰もその対価を払いたがらない。

ユウェナリス
『風刺詩集』第 7 歌
100 頃

ローマ時代の人にとっての風刺詩は、今日我々が思う風刺詩とは異なる。ユウェナリスの時代、風刺詩は社会悪とされるものや礼節の欠如について謳(うた)い、巧妙で大げさな——ユェナリスの場合は難解で省略の多い——言葉で書かれていたが、それでも詩であることは変わらない。たとえば、ユウェナリスは長短短 6 歩格で書いていた。

見るからに型にはまってはいるが、ユウェナリスの『風刺詩集』には古代ローマにまつわる情報がふんだんに詰まっている。詩はローマ人の一般的な生活を物語っているとは言えないが、保守的なことで知られるユウェナリスが考える、健全な社会秩序から逸脱し、社会に危険を及ぼしかねないふるまいや心情を表しているのは確かだ。

上記の言葉は文字通り教育にかかる費用に言及していると思われる。ユウェナリスは詩作を始める前、各地をめぐって修辞学を教えており、本書の風刺詩はすべて詩人や弁護士、それに教師の報酬が低すぎることへの憂いを表している。

当時の読者はユウェナリスの真の政治信念に思いをめぐらせ、彼は悪魔の代弁者を演じているのではないか、つまり彼自身の見解を述べるのではなく、ただ議論するためだけに一定の立場をとっているのではないかと訝(いぶか)った。*MK*

正直さや美徳の源は良質な教育にある。

プルタルコス
『モラリア』
100 頃

ギリシャの歴史家であり随筆家のプルタルコスは、アレクサンドロス大王からユリアス・カエサルまで、ギリシャやローマの偉人の伝記をまとめた『プルタルコス英雄伝』でよく知られる。『モラリア』には 78 篇(へん)の随筆が収められており、1 世紀のグレコ・ローマン時代の生活のさまざまな側面を独自の視点で考察した演説の数々が紹介されている。各篇のタイトルには、「いかに敵から利益を得るか」、「余計な世話焼きについて」、「月面に見える顔について」、「陸棲動物と水生動物ではどちらが賢いか」などがある。上記の言葉は「子供の教育について」という随筆に登場する。

現代の政治家や評論家の中には、教育の主な目的は「人格」を育てることや、生徒が一生その教えに従うように道徳規範を教えることだと考える人もいる。プルタルコスならば、おそらくこの主張に賛成するだろう。というのも、彼は理性の力が個人の質を決定すると考えていたからだ。上記の言葉は、「正直さや美徳の源は、良質な教育に出くわす僥倖(ぎょうこう)にある」と訳されることもある。あらゆる人の教育経験において、運がなんらかの役割を果たすということだ。*MK*

教育を軽蔑するのは無学者だけである。

プブリリウス・シュルス
『金言集』
100 頃

プブリリウス・シュルスは、43 年頃に死没したローマの金言作家である。彼は奴隷としてイタリアへ連れてこられたアッシリア人で、言い伝えによると、機知と創造力でもって主人の心をつかみ、ついには自由と教育を授けられたという。その後、プブリリウスは無言の芝居や即興芝居を行う役者として高く評価された。ユリウス・カエサルからも称賛を得たと言われている。

上記の言葉は『金言集』として知られる、ラテン語の簡潔な金言を集成した書からの引用だ。ここに収められた金言は、演説家や作家が「事実」を立証する際に常套文句として用いられた。こういった文言は字義通りである必要はなく、ただ真実のように聞こえさえすればよかった。『金言集』にある金言は逆説や言葉遊びを使って、その目的を達成している。

当時、プブリリウスは役者としても作家としても人気があり、著書は大セネカやペトロニウスといった文豪からも称賛された。とはいえ、『金言集』が編集されたのはプブリリウスの死後 1 世紀以上経ってからだ。本書は彼の単独の書ではなく、当時はこれが慣例だったが、他の作家も編集に携わったと思われる。*MK*

私は師から多くのことを学んだ、大学からさらに多くのことを学んだ、そして生徒から最も多くのことを学んだ。

ラビ・シャニナ
タルムード 7a
200 頃

上記は、1 世紀の人物ラビ・シャニナの言葉である。彼は人生の大半をパレスチナで過ごしたバビロニアからの移民で、論証の技術や理論的な知識で名声を博した。しかし評判が高かったのは、言葉が巧みだったからでも、ローマの占領下にあったパレスチナの中心的指導者ユダ 1 世と親交があったからでもない。病気の 99% は風邪が原因であり、感染を防ぐためにあらゆる手を尽くさなければならないと大衆に教えていたからだ。だが結局のところ、公衆衛生の点から言って、これは滑稽なまでに効果のないやり方だった。

ここでシャニナがいわんとしているのは、最高の賢人であっても初心者から学べるものがあるということだ。この言葉の主旨は、倒置を用いることで強調されている。通常、進歩は生徒（最も知識が乏しい）から教師（最も知識が豊富）へと向かうと考えられがちだが、シャニナはその予測を逆にすることで、自らの主張を際立たせた。少なくとも修辞学的にはそうなっている。もっとも、科学的に言えば、何から知識を得たとしても、その量を数値で表すことはできない。*MK*

➲ ラビ・シャニナを描いたとされる 14 世紀の絵画。

いかなる国家も土台となるのは若者の教育だ。

ディオゲネス・ラエルティオス
『ギリシア哲学者列伝』
200 頃

ラエルティオスの著作は歴史的には信憑(しんぴょう)性がなく、水準の高い詩が並んでいるわけでもなかったが、大衆の興味をそそる有名人のスキャンダルが多数記されているので、当時は非常に人気があった。加えて引用する価値のある言葉が豊富で、今日に至るまで、とりわけ世界各国の政治家が拠(よ)り所にしている。

ギリシャ時代やローマ時代、学校教育は特権階級の子息しか受けられず、奴隷や女性、外国人など他の階級の者たちには教育の機会は与えられなかった。普遍的な教育に関する現代の考えは当時のそれとは大きく異なるが、基本となる考えに異を唱える人はほとんどいないだろう。

それよりも賛同しがたいのは、国家の基礎を築く教育の本質だ。ラエルティオスの時代、教育課程で一般に重きが置かれていたのは体育、自然科学、修辞学、幾何学、天文学、気象学などだ。その他、音楽や舞踏の授業、軍事訓練も行われていた。今日の西欧諸国では、定量化できる教科——数学や科学——の知識を重視し、芸術科目が教育に必須か否かや、付加的な科目をなくすべきか否かについての議論が盛んに行われている。
MK

本の中よりも森の中のほうがより多くの発見があるだろう。木や石は教師からは決して学べないことを教えてくれる。

クレルヴォーの聖ベルナール
手紙
1147

上記は、学校や書物といった形式的な体系を越えた教育を訴える言葉だ。読む者に、深遠な真理や概念を自然に求めよと説いている。

もちろん、木や石から学ぶ知識が他の形態の勉学で発見する知識と同じだと言っているわけではない。それについては、クレルヴォーの聖ベルナールの経歴を知ればわかる。ベルナールは貴族階級に生まれ、幼い頃から最高水準の教育を受け、その聡明さ、中でも詩や文学の才で教師たちを驚かせた。22 歳の時、ベネディクト会の厳格と質素を掲げる改革派が監督する修道院に入った。ベルナールはそこでの禁欲的な生活に引かれ、最低限の睡眠しかとらず、食事も失神しない程度にしかとらず、教義を一心に学んだ。

ベルナールは自然界の豊かさと正規の教育の両方から得た恩恵を最大限に生かした。のちに、フランスの荒野に新たな修道院を建て、ローマカトリック教会にとっての重要人物になる。*MK*

⊃ 『騎士エティエンヌの時代』に描かれた聖ベルナールの姿(1452 頃)。

老いたる犬に新たな芸を教えることはできない。

イギリスの格言
未詳
1534

∩ バルトロメ・エステバン・ペレス・ムリーリョの『小鳥のいる聖家族』(一部;1650 頃)の主題は犬のトレーニングだ。

上記の格言を初めて記録したのは、イギリスの農業の規範となる教本、アンソニー・フィッツハーバートの『農業読本』(1534)だ。ただし、フィッツハーバートは自分が考えた言葉とは言っていない。彼の書で、この言葉は昔ながらの知恵でしかなく、その点で比喩的な意味はいっさいないと述べている。「老いた犬に鼻を地面につけて匂いを嗅ぎとらせるのは難しい」と、本当に老犬について言っているにすぎない。

のちに、イギリスの文献学者であり辞書編集者のネイサン・ベイリーが表現を換え、一定の年齢を過ぎた生き物はものを覚えるのに苦労するという考えをより具体的に示した。著書『格言集』(1721)には、「老いた犬は芸を覚えない」と記されている。今やこの言葉は単に犬についての素朴な観察ではなく、人間の存在にまつわる格言になっている。

現代社会では、科学的な真理として使われるのと同じくらい、年上の友人や親戚をだしにしたジョークとしても使われている。ある年齢を過ぎると学習できなくなるという不安は依然としてある。だが、人間(と犬)は高齢になっても新たな仕事や概念、言動を十分学ぶことができるという証拠は、数えきれないほどある。**MK**

学問と法律にとって、何も知らないことほど恐ろしい敵はいない。

ロバート・グリーン
『三文の知恵』
1592 頃

ロバート・グリーンの生涯について、はっきりしたことはほとんど知られていないが、イギリスのノリッジの学校に通い、オックスフォード大学とケンブリッジ大学の双方で学んだと思われる。その後、ロンドンに移り、そこで犯罪者とつるむ日々を送りながら、作家として生計を立てていた。現存する著作で最高に愉快な作品には、喜劇『修道士ベイコンと修道士バンゲイ』がある。この散文は、当時の盗っ人たちの隠語を用いながら、エリザベス女王時代の裏社会を描いている。

グリーンと言ってまず思い浮かぶのはシェイクスピアとの関係だ。『冬物語』（初公演は1611年）の筋は、グリーンの散文小説『パンドスト王』（1588）を下敷きにしている。

上記の言葉が登場する作品で、グリーンはエイヴォンの歌人ことシェイクスピアを「成りあがりのカラス」と称している。一般大衆の声に抗うこの主張の原動力になっているのは、シェイクスピアに対するグリーンの憤りだろう。高等教育を受けているグリーンに対し、劇作家として大成したシェイクスピアは大学に行ったこともなく、（ベン・ジョンソンが書いているように）「ラテン語もろくに知らず、ギリシャ語はもっと知らない」イギリス中部出身の臨時雇いの役者だった。**MK**

技能が身につくのは遅く、人生は飛ぶように速い。人はわずかしか学ばず、多くを忘れる。

ジョン・デイヴィス
『汝自身を知れ』
1599

『汝自身を知れ』は肉体と精神の関係の本質や、抽象的な概念を物質的な現実と調和させる術、宗教の役割など手強い問題に挑んだ哲学詩集だ。

デイヴィスはこれらの題材を芸術性と機知、最小限の装飾をもって論じている。難解な題材を明快で興味深いものにする彼の才能は、イングランド女王エリザベス1世の関心を引き、女王から文学的野心や政治的野心の後押しを受けることになる。1603年、デイヴィスは女王の訃報をスコットランド王ジェームズ6世に届けた。この後、ジェームズ6世は女王の跡を継いでイングランド王ジェイムズ1世となる。新国王はエリザベスと同様にデイヴィスを気に入り、彼にナイト爵を授け、アイルランドの総務次官に任命した。

デイヴィスが『汝自身を知れ』で探究したテーマは、何世紀にもわたって受け継がれている。次のような文章は、時間が尽きるまでに自分自身について知ることの大切さを訴えている。

「我ら、あらゆる領域に通じ
回帰線を越え、両極を見る
故国へ帰れば、我が身のみ知らず
いまだ汝の魂を知らず」 **MK**

勝利した時よりも敗北した時のほうがはるかに多くのことを学べる。

アフリカの格言
未詳
1650頃

上記はアフリカの格言と考えられているが、作者も出典も特定するのは難しい。それもこの格言がさまざまな話や例になって広まったからだろう。

失敗つまり「敗北」は、成功つまり「勝利」を得た時よりもいっそう成長を促す教訓を授けてくれるという考えは、現代の学習理論の礎である。すでに身についたやり方で得た成功よりも、失敗の痛みのほうがうまく機能していない部分を明確にするというのは、誰もがわかっている自明の理と思われる。

もちろん失敗や敗北は愉快な経験ではなく、だからこそ失敗の大切さを訴える名言が数多く存在するのではないだろうか。失敗から学べるものについてはアメリカの実業家ヘンリー・フォード——「本当の失敗とは、失敗から何も学ばないことだ」——や、マイクロソフトの創業者ビル・ゲイツ——「成功を祝うのはいいが、それよりも大切なのは失敗から教訓を得ることだ」、アメリカの公民権運動活動家マルコムX——「大人が子供たちから学ぶべきことがある。失敗を恥じるのではなく、立ちあがってもう1度挑戦することだ」などの言葉に見られる。MK

教育によって、ほとんどの人が誤った道に導かれている。

ジョン・ドライデン
「牝鹿(めじか)と豹(ひょう)」
1687

イギリスの作家ジョン・ドライデンは、宗教と政治を論じた寓意(ぐうい)詩「牝鹿と豹」に上記の言葉を登場させている。彼が執筆活動をしていたのは、オリバー・クロムウェルとその息子リチャードによる政権が崩壊し、国王チャールズ2世のもと王政が復古した時期だ。王政復古は宗教戦争をもたらした。ドライデンは「牝鹿と豹」で、英国国教会とカトリック教会という対立する宗派がいかにして手を組むことができるかを示そうとした。また彼はこの詩で自身の改宗を弁明している。というのも、彼の改宗を日和見主義と見る向きがあったからだ。

ドライデンは「牝鹿と豹」で、英国教会の豹相手に、個人の信仰は教育によって決まるとカトリックの牝鹿に言わせている。つまり、幼少期のしつけと他者による教育が、真実でないものさえ真実だと思わせているかもしれないが、人はその確信を子供の時も大人になってからも持ち続けるというわけだ。そう述べながらも、ドライデンは個人の見解は一生のうちに変わり得るという考えを認めている。これについてロマン派の詩人ウィリアム・ワーズワースは、「虹」(1802)で「少年が長じて大人となる」と表現している。CK

⊃ ゴドフリー・ネラーによるドライデンの肖像画(1693)。

浅学ほど危険なものはない。

アレキサンダー・ポープ
『批評論』
1711

イギリスの詩人アレキサンダー・ポープは、上記の言葉を初期の代表的な詩集の1つ『批評論』に書いている。同書はホラティウスの『詩論』(19頃)に倣って、作家や批評家がどのようにふるまうかを論じている。詩が有する道徳観と機知によって、ポープは風刺家、学究肌の芸術家という評判を得た。彼は謙虚さの必要性を説き、矜持は理性や判断力を失わせる愚者の欠点だと指摘した。つまり、知識の欠如は「脳を酔わせ」、乏しい知識を基にした誤った推測を招きかねず、危険をはらむというわけだ。

ポープは、「ピエリアの泉」(古代ギリシャのポリュンポス山の麓、ピエリアにある泉)を味わいたければ「たっぷり」飲まなければならないと述べ、教育は一生涯続けるものだと力説した。ギリシャ神話によると、ピエリアの泉はミューズに捧げられた泉で、芸術や科学の知識の源だった。またポープは、作家や批評家が何かを成し遂げようとするなら、昔の作品を一心に学ぶ必要がある、古典は重要だと述べている。さらに、真の創造性を養い、他者の独創的な作品を理解し、非凡な才を発揮するには教育が欠かせないと説いている。**CK**

勉学によって得た知識に勝るものはない。知識は決して子から子へと受け継がせることはできない。

ジョン・ゲイ
『寓話』
1727

イギリスの詩人であり劇作家のジョン・ゲイは、当時の政府を風刺し社会の堕落を描いた『乞食オペラ』(1728)でよく知られる。上記の言葉は株価の暴落で資産をすべて失い、運が傾いていた時期に書いた詩集からの引用だ。全財産を失ったゲイは重篤な病に陥ったが、友人や支援者のおかげで執筆活動を続け、生計を立てることができた。彼は国王ジョージ2世の歓心を得ようと、末息子ウィリアム王子のために『51の寓話集』という作品を書いた。ゲイの努力はいくばくかの成功を見、王子の末妹ルイーズ王女の付添役を提供されたが、彼はそれを断った。

ゲイの詩は宮廷の生活を揶揄しているが、実際は読者を楽しませ啓発する機知に富んだ道徳的な話だ。寓話が幼い王子のために書かれたとすれば、それらは若い貴族に教育の価値を説き、特権階級の人でも根気よく勉学に励むことから得るものがあると教え諭すものだったに違いない。**CK**

⊃ ジャン・バティスト・グルーズによる『テキストを持つ女学生』(1757)。

無知は至福である。

トマス・グレイ
「イートン学寮遠望」
1742

◯F・A・ライドンによるグレイの詩「墓畔の哀歌」の挿絵（1860頃）。教会は、ロンドンの西に位置するストーク・ポジスにあった。

無知が幸福をもたらすとすれば、誰が苦労して何かを学びたいと思うだろうか。なぜ詩人が博識を否とするのか怪訝（けげん）に思うかもしれないが、それも誤解を招きやすい部分だけを見ているからだと知るまでのことだ。全文——「無知が至福ならば、博学は愚かだということになる」——を挙げれば意味はがらり変わる。

詩人トマス・グレイは「墓畔の哀歌」で広く知られているが、生前に発表されたのはこの「墓畔の哀歌」と上記の詩「イートン学寮遠望」を含むわずか13編のみだった。グレイもイートン・カレッジに在籍していたことがあり、母校への深い愛着を持ち続けた。彼の時代の教養人がそうであるように、彼もまた古典主義者で、上記の言葉はギリシャの劇作家ソフォクレスの『アイアース』をほのめかしている。『アイアース』では、主人公が息子に向かってこう言う。「最高に幸せな人生は無知にある」。

ここでグレイが言及しているのは若者の無知である。若者は成人期に待ち受ける試練や、いずれ訪れる老いや死を想像できない。彼は無知を推奨しているわけでも蔑んでいるわけでもない。ただ人生の無常に思いを馳（は）せているだけだ。トマス・グレイは1771年に死去し、彼の有名な詩の舞台である教会の墓地に埋葬された。*LW*

教育のない天才は、鉱山の中に埋まっている銀のようなものだ。

ベンジャミン・フランクリン
『プーア・リチャードの暦』
1750

アメリカの傑出した政治家であり思想家のベンジャミン・フランクリンは、1706年にボストンで17人兄弟の1人として生まれた。印刷工の見習いを経て、自分で事業を始めた。その後、「リチャード・ソーンダーズ」というペンネームで1732年から58年まで、人気を博することになる暦を年に1度、1万部発行した。暦の名前は、17世紀にイギリスで出まわった暦「プーア・ロビン」にちなんでいる。フランクリンが手がけたのは、気に入った警句を収集することだった。今日、それらの警句は彼が書いたものだと思われているが、ほとんどは他者によるものだ。

上記の格言は、教育を受けていない天才と埋もれたままの宝を対比させている。銀は掘り出さなければ、なんの価値もない。同様に天才も教育を受けなければ、科学や文学、数学といったさまざまな分野に貢献することはできない。天才であっても取り組むべき対象がなくてはならない。とはいえ、その教育課程は正規のものである必要はない。歴史を振り返れば、マイケル・ファラデーやアルベルト・アインシュタイン——言うまでもなくフランクリンも——など正規の教育は最小限しか受けないまま、それぞれが選んだ分野で多大な功績を残した天才は数知れない。*JF*

∩ アメリカ革命の中心人物の肖像画を数多く手がけたチャールズ・ウィルソン・ピールによる、ベンジャミン・フランクリンの肖像（1789）

各地を放浪したことのある劣等生が、母国を出たことのない劣等生よりどれほど優れているというのか。

ウィリアム・クーパー
『間違いの進化』
1782

∩当時、最も人気のあった詩人の1人ウィリアム・クーパーが植物を観察している姿を描いた銅版画。作者不明。

ウィリアム・クーパーは、アレキサンダー・ポープやジョン・ドライデンなど、古来のテーマを題材にした先人たちとは対照的に、自然現象や日々の出来事を謳(うた)い、英語詩の流れを変えた。

1748年、クーパーはロンドンで弁護士への道を歩み始めるが、1765年に精神疾患を患い、2年間、精神病院に入院することになる。そこで福音主義のキリスト教に改宗し、退院と同時に讃美歌を書き始めた。その後、同じく讃美歌作家だったジョン・ニュートンと知り合い、共同で奴隷制度廃止を訴える小冊子を著した。不幸にも1773年に精神疾患がぶり返し、クーパーは神に拒絶されたと思うようになった。その後死去するまで、鬱病の再発に苦しみ続けた。

上記の教訓詩からの2行連句は、視野を広げるために国外旅行を推奨しているように受けとられるかもしれない。だが、ここには皮肉もこめられている。たとえ国外旅行の経験が豊富な劣等生が、一度も母国を離れたことのない劣等生より成績がよかったとしても、劣等生であることには変わりはない。慎しい聖職者を父に持つクーパーも、ヨーロッパへのグランドツアーに参加したことがなく、人生の大半を母国で過ごした。JF

改善はまっすぐな道を作るが、改善なき曲がった道が天才の道である。

ウィリアム・ブレイク
『天国と地獄の結婚』
1790-93

イギリスの詩人であり画家、銅版画家であるウィリアム・ブレイクは、型破りな見解を展開していたため、存命中はほとんど注目を浴びなかった。組織立った宗教は信奉していなかったが、聖書と自身の信仰を心から大切にし、終生、神秘的な洞察力を持ち続けた。上記の言葉は、善と悪の本質を考察した挿絵入りの『天国と地獄の結婚』に登場する。この中で、ブレイクは地獄に旅をする。ダンテ・アリギエーリの『神曲』(1308-20)や、ジョン・ミルトンの『失楽園』(1667)と同様の文学作法を用いることで、読者に地獄に対する彼の見方と先人たちの見方を対比させようとしている。先人とは異なり、ブレイクにとっての地獄は罰が下される場所ではなく、むしろ必要不可欠な場所である。

上記の言葉は、簡潔な戒めの言葉の並ぶ聖書の「箴言(しんげん)」にも似た章、「地獄の格言」からの引用だ。ブレイクの風刺めいた格言は聖書とは逆で、理にかなっていると思えないことをしろと説いている。人は人生の成長過程で、従来の倫理観に縛りつけられるよりも、悪の誘惑に惑わされることのほうが多いと彼は述べている。我々は潜在能力を発揮するために、自身の性格の善と悪両面を受け入れる必要がある。**CK**

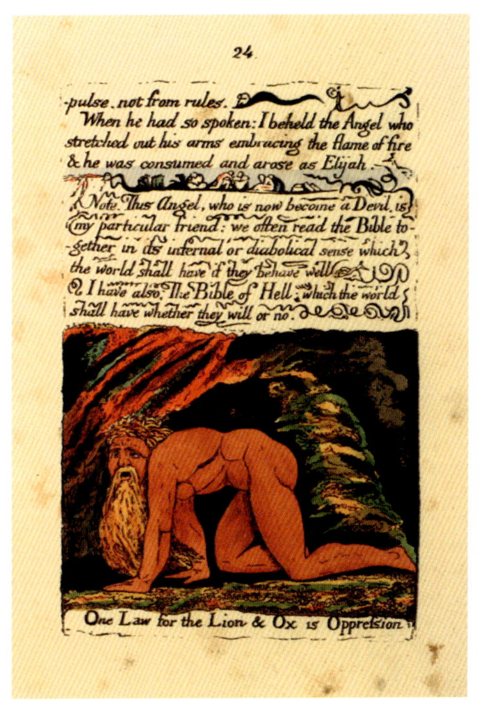

∩ 『天国と地獄の結婚』の最後の短詩、「獅子(しし)と牛を同一の法に照らすことは圧制である」の挿絵。

教育は国民を先導しやすく、後ろから追い立てにくくする。つまり統治しやすく、奴隷にするのが不可能になる。

ヘンリー・ブルーム卿（きょう）
下院での演説
1828

ヘンリー・ブルーム卿は最初は自然科学を学んだが、すぐに自身の出世第一主義に合致する雄弁家としての才能を開花させた。虚栄心が強く横柄だが、確たる信念を持っていたと言われるブルームは、下院議員を長く務めたのち、1830 年に大法官（イギリスの全裁判所を監督する）の地位に就いた。

ブルームの大法官時代、1832 年に選挙権を拡大する選挙法改正法が、1833 年に奴隷廃止法が可決され、イギリスは近代化への道を進んだ。ブルームは下院に多くの時間と労力を費やし、女性や労働者階級の教育が社会にもたらす恩恵を説き、奴隷制やさまざまな形態の抑圧が生む悪を声高に非難した。

上記の発言で彼がいわんとするのは、人は教育によって飛躍的に進歩できる、教育への希求は性別を問わずすべての人に通じる、国はいくつか簡単な手段をとるだけで教育や社会改革に貢献できるということだ。彼は、たとえ当人が自らの意志に気がついていなくても、教育は知的で柔軟な自我を形成するという事実に喜び、教育の欠如がフランス革命という制御できない大衆の暴力を生んだと言外に匂わせている。**CRD**

教育は民主主義を守る天才だ。自由人が唯一認めるのは独裁者であり、自由人が唯一求めるは支配者だ。

ミラボー・ボナパルテ・ラマー
テキサス共和国議会での第 1 回演説
1838

軍人であり政治家のミラボー・ボナパルテ・ラマーは、ローマカトリック教会による弾圧から逃れるためにヨーロッパを離れ北米に移住したフランスのユグノー（プロテスタント）の血を引く。この出自は、フランスの偉大な将軍ナポレオンの姓である Bonaparte を少し変化させたミドルネーム Buonaparte に表れている。ラマーの両親は、ヨーロッパにおける不平等をいくぶんか是正したナポレオンを崇拝していた。

ミラボー・ラマーはメキシコ軍相手の戦いで勝利に貢献し、世界の歴史で最も非現実的な国の 1 つ、テキサス共和国を建国した。ラマーが第 2 代大統領になるこの国民国家は、1836 年から 46 年まで 10 年続いた。大統領就任演説で発せられた上記の言葉には、祖国をスペインの抑圧から解放した指導者の確固とした信念がうかがえる。

ラマーにとってテキサス共和国は理想郷、まさに抑圧に対する最強の防御は国民 1 人 1 人の教育だということを示す自由の国だった。ラマーは終生、テキサスの初等教育と大学制度の構築に尽力した。**CRD**

政治の第1義は何か？　教育だ。第2義は？　教育だ。では第3義は？　教育だ。

ジュール・ミシュレ
『民衆』
1846

ジュール・ミシュレは1867年に完成した記念碑的な『フランス史』など、注目に値する功績を残した哲学者であり博物学者、社会思想家だ。18世紀及び19世紀の多くの作家と同様、彼もまた宗教や自然界、女性、ローマ史など多様な題材で何作もの書を執筆した。すべての著書に通じるのは民主主義の美徳と、世の中での神の摂理の働きに対する揺るぎない信念だ。

教育に言及した上記の言葉で、ミシュレはキリスト教の実体のある神性や実体のない神性、民族及びフランスの歴史のすばらしさを学ぶよう促している。また彼はフランス全体の歴史や、世界の歴史でフランスが占める神聖な場面で繰り広げられる物語についての深い知識を示した。ミシュレによると、政治は感じとられ経験されるものでなければならず、同胞であるフランス人とともに送る有意な人生と切り離せないものだった。平和とよい統治は善行や厳格な道徳、神とフランスとその果てなき未来への信念によってもたらされる。CRD

∩ 芸術家のフランソワーズ・フラマンによる
19世紀の作家たちの肖像の一部。中央に座っているのがミシュレ。

生きるために学べ、学ぶために生きよ。無知は炎のごとく燃える。勉学なくして大きな実りはない。

ベイヤード・テイラー
『わが娘へ』
1850頃

ベイヤード・テイラーはペンシルベニア州で生まれ、そこを離れて二度と戻ることはなかった。常に旅をし、人生の大半をアメリカ西部やアフリカ、スカンディナビア、極東で過ごした。

アメリカの外交使節団の一員として、ロシア帝国やプロイセン王国に赴いたこともある。それらの旅から数多くの旅行記が生まれたが、上記の言葉は何作もある詩集からの引用だ。彼の詩は独創性に欠け、優れた作家、なかでもバイロン卿（きょう）の作品をまねたにすぎなかったため、ほとんどが忘れ去られている。それでもなお学者の間で歴史的及び文学的関心を集めているのは、主に小説やゲーテの『ファウスト』の翻訳があるからだ。

テイラーの旅行熱は、彼が生きた時代に浸透していたロマン主義の精神に拠（よ）るところが大きい。その精神は彼の詩に、如実に表れている。名のあるロマン派の詩人と同じくテイラーにとっても、人生は精いっぱい、それも自然の中で生きなければ無にすぎなかった。自然は偉大な教師であり、知識は他人の人生をなぞることからではなく、自ら経験する人生から得られる。教育を形づくるのは、活動的に、できれば戸外で送る人生だけである。 **CRD**

自由にとって、教育は常備軍よりも頼りになる護衛だ。

エドワード・エヴェレット
『公立学校と教育改革家』
1852

エドワード・エヴェレットは演説家であり改革家、説教師である。アメリカの下院と上院双方の議員を務めたことがある。またマサチューセッツ州知事や駐イギリス大使、国務長官を歴任した。ハーバード大学学長時代（彼はこの地位に就いたことを後悔していた）には、ドイツの文学と詩を擁護した。演説や説教をしていない時や、公用に就いていない時は、社会の一般的及び普遍的な改善における教育の果たす役割や、教育と自由の相互関係について執筆していた。

19世紀のアメリカの政治家の中で、国民が十分な教育を与えられることと国民が自由であることには強固な因果関係がある主張したのはエヴェレットだけではなかった。そういった人たちにとって、自由（リバティ）は独裁からの自由（フリーダム）以上の意味があった。「リバティ」は繁栄や交易、社会的及び知的、精神的な向上の機会が必須条件である。

エヴェレットは、国民が自由（リバティ）を欲することが、政府が発展するための最も基本的な要因だと信じていた。また彼にとって、自由の防御が大切であることは自明の理だった。しかし彼は、社会そのものがそうであるように自由は貴重で壊れやすく、未来に受け継がれていくか消滅するかは国民次第だと訴えていた。 **CRD**

教育は母親の膝で始まる。幼い子供の耳に入る言葉すべてが、人格の形成につながる。

ホージア・バルー
『ホイトの引用句新百科事典』
1854

ホージア・バルーはアメリカ独立宣言後に牧師になり、バーモント州とマサチューセッツ州で万人救済派の伝道者として活動した。万人救済派は旧世界では異端とされたが、新世界で土壌を築いた。万人救済派は、すべての人——極悪人でさえ——福音によって救済され、死後の世界で場所を得られると説いた。バルーの神学理論は理性の至上性や、全能の神から授かる恩寵の普遍的な救済力に対する信念に基づいていた。

バルーはいかなる人も等しく救済されるに値するとの考えから、人はすべて、教育が善かれ悪しかれ理性に与える影響に左右されると主張した。ヨーロッパの啓蒙時代の哲学者と同じく、バルーも人は皆「真っさらな状態」で生まれてくるとし、生まれた時からの適切な教育環境が最も重要で、教育を始める場所として適切なのは家庭であり、家族——とりわけ母親が子供の生来の能力を養える家族——のもとだと考えていた。

ホージア・バルーは1852年に死去した。死後、彼の言葉が集められ、多くの選書に収録された。*CRD*

公教育は国民全員を1つの型に当てはめて、一様にしようとする試みにほかならない。

ジョン・スチュアート・ミル
『自由論』
1859

19世紀のイギリスの哲学者ジョン・スチュアート・ミルは、「文明社会の一員に、その人の意志に反して権力を行使できるのは、他者に害を与えるのを阻止する時だけだ」という言葉が有名だ。『自由論』に登場するこの言葉は、自由主義者の「無害」の原理を主張する際に用いられることが多いが、ミルは教育に当てはめて用いている。彼は社会全体の幸福を最大限にし、苦しみを最小限にすることを目指す功利主義を支持していた。しかし同時に、社会の幸福を助長することは、個人に深刻で長期にわたる害を及ぼしかねないことにも気がついていた。

ミル自身は父親による私教育の恩恵を受けてはいたが、感情を度外視して知性を養うことだけを見据えたやり方に苦しんでもいた。彼は、すべての国民が教育を受けられるようにするには、国主導の教育制度が必要だと主張した。しかし同時に、国民の声が高まり、それが「多数派による専制」につながらないように、幅の広い教育が提供され、国民が活発に意見を交わすようにならなくてはならないとも思っていた。ミルの主張は広く受け入れられ、世界のほとんどの国で、かつては一般的だった機械的な学習は批判的思考を促す教育法に取って代わられている。*TJ*

生徒の準備ができた時に、教師は現れる。

マーベル・コリンズ
『道を照らす光』
1885

マーベル・コリンズはイギリスの作家であり、神智学の黎明期の支持者の1人である。1875年にヘンリー・スティール・オルコット、ウィリアム・クアン・ジャッジ、ヘレナ・ペトロヴナ・ブラヴァツキーによって設立された神智学協会は、啓蒙と救済の秘訣を授ける神秘の知識、つまり隠された知識に関心を寄せている。

神智学協会初期に出版された書物の多くは、東洋の神秘主義(東洋における「神」とのテレパシーによる交信から生まれたとされる)の思想と、西洋の宗教や哲学を一体化させている。これらの神智学の書物では思想が繰り返し述べられていたり、言い換えられたりしているので、教義の多くは根本的な要点を的確に捉えるのが難しい。

コリンズは上記の言葉を、「修行の準備が整った時、主も準備が整っている」のような若干異なる言いまわしで、多岐にわたる著書すべて(完成を見た書は46作にのぼる)に登場させている。しかしどのような表現であっても、この言葉は意味が不明瞭(おそらく故意にそうしているのだろう)で、いかようにも解釈できる。この言葉には、思わぬ発見をする才能が何かしら作用しており、すべての出来事は絶対的な理由があって起こると思わせるものがある。*MK*

独創的な思想家であるよい教師は、大人数のクラスでも少人数のクラスでも一瞬のうちに聴衆の心をつかむ。

ワトソン卿
「ケアード対サイム」裁判
1887

上記のワトソン卿の言葉は、グラスゴー大学のジョン・ケアード教授が大学で行った一連の講義の記録の出版をめぐって貴族院に上訴した裁判での判決文の一部だ。学生の1人がケアードの許可なしに講義録を出版したため、ワトソン卿は、大学で学生に対して行われた講義は出版の対象にはならないことを根拠に、ケアードの権利を擁護して講義録の出版を禁じた大法官を支持した。しかし3度目の裁判での判事フィッツジェラルドは、講義を行うことは実質上その内容を公にすることだという見解を示し、判決を覆した。

ワトソン卿の言葉は、独創的な思想家であるよい教師にとって、限られた人に見解を伝えるだけでは不十分だと訴えている。そういった人はより多くの聴衆を求め、聴衆もまたそういった人を求める。とはいえ、見解というものはいったん「表に」出れば、正式な出版物であれ、個人間のやり取りであれ、引き合いに出されるものだ。研究の成果を学生に提供し、他言無用を徹底させられるなど、考えるだけ無駄というものだ。もし自分の見解に対する功績をすべて自分のものにしたいならば、「まずは出版を、その後教示を」という警句ほどふさわしい言葉はないだろう。*JF*

教育の最高の成果は寛容である。

ヘレン・ケラー
『楽天主義』
1903

アメリカの作家であり政治活動家のヘレン・ケラーは、幼くして聴覚と視覚を失った。困難な状況にもかかわらず、彼女は教育を受けることができ、長じては何年もの間、自身と同様の障害を抱えている人たちへ講義を行った。上記の言葉は、随筆集『楽天主義』からの引用だ。ケラーは本書で、自身の楽観的な姿勢がいかに人生を享受する手助けになったかを語っている。大学時代に執筆した本書には、盲ろう者に意思疎通の図り方を教示する機関が設立されたり、産業界が仕事を提供してくれたおかげで、いかに自分たちの働く機会が増えたかを綴(つづ)っている。彼女はアメリカの盲ろう者の未来に明るい展望を抱いていた。

キリスト教徒だったケラーは、教育の副産物は異なる信仰への寛容さだと考えていた。他者とは違いのある人間として、彼女の寛容の精神は宗教の枠を越え、あらゆる相違を受け入れる必要性にまで及んだ。その結果、彼女は婦人参政権を支持し、身体障害を負った人たちのための運動を展開し、アメリカ自由人権協会を共同で設立した。彼女の人生は、障害に打ち勝ち、世界をよりよい場所にするよう訴える模範として、しばしば引き合いに出される。**CK**

∩1916年に、教師のジョアンナ・〈アン〉・マンズフィールド・サリヴァン・メイシーとともにカメラに収まるヘレン・ケラー（右）。

GUIDE

学校教育に、私の勉学のじゃまはさせない。

マーク・トウェイン
推定・伝聞
1907

上記の言葉をマーク・トウェインのものとして最初に取りあげたのは、「アウティング」誌（第50巻）だ。ただし、同誌で紹介された言葉は「子供の学校教育に、その子の勉学をじゃまさせてはいけない」だった。しかし、これがトウェインの言葉だと裏づける証拠は一切ない。1900年に行った演説で、トウェインは学校教育を大いに支持し、「あなたがたが学校を閉じるたびに、刑務所を建てなければならなくなる」と述べた。とはいえ、彼は『備忘録』（1935）に「教育は1度学んだことを捨て去ることから始まる」と記している。

小説家のグラント・アレンは、経験による学習は教育機関より豊かな教育の源だと、上記の言葉と同様の見解を示している。「スクール」という言葉は、ギリシャ語で無駄な論議に費やされた時間を意味する「スコレー」に由来する。おそらく上記の言葉は、教室で話されることの大半は非実用的だと訴えているのだろう。教育とは、我々のわずかな自己意識から導き出され、世界をより深く理解させるものでなくてはならない。つまり知性の発達は、経験に応じていかに学校の規程を取り入れるかにかかっている。 LW

教育の中で、惰性の事実という形で蓄積している無知の量ほど驚くべきものはない。

ヘンリー・ブルックス・アダムズ
『ヘンリー・アダムズの教育』
1907

ヘンリー・ブルックス・アダムズは、名家の出身だ。親族には第2代アメリカ大統領のジョン・アダムズと第6代大統領のジョン・クィンシー・アダムズがおり、後者はヘンリー・アダムズの祖父にあたる。しかし、ヘンリー・アダムズ自身の人生は悲劇に見舞われていて、著書はいずれも実に悲観的だ。南北戦争中（1861-65）は病気を患い、アメリカが農民や職人、商人の牧歌的な国から、新たな科学革命とともに産業化が進む新興大国へと変容するさまを目の当たりにした。

アダムズは科学や科学技術、進歩がはらむ危険について深く考察し、『ヘンリー・アダムズの教育』を執筆した。彼は、科学を崇高なものや美しいものを犠牲にしたうえで知識を向上させ、自然を操るものだと見なしていた。人間の精神は、過去を振り返れば荘厳な大聖堂を建てたり、繊細なソネットを生んだりしていたが、世界の物と人の調和を理解しないまま知識を詰め込まれている。アダムズからすれば、これは無知より質（たち）の悪いことだった。なぜなら、そういった状況は人に世界に目を向ける能力を授けるが、人を真に人たらしめるものを犠牲にしているからだ。 CRD

⊂ 空想の世界に没頭するトウェインのイラスト（1869）。

学問の歴史は意見の相違の記録だ。

チャールズ・エヴァンズ・ヒューズ
『民主政治における発展の条件』
1909

∩ コロンビア大学ロースクール出身のチャールズ・エヴァンズ・ヒューズ。

チャールズ・エヴァンズ・ヒューズはアメリカの連邦最高裁判所陪席判事を務めたのち、その職を辞して大統領選に共和党候補として出馬した。1916年の選挙でウッドロー・ウィルソンに破れると、最高裁判所に首席判事として戻り、法制度を統轄した。だが南北戦争から半世紀経(た)つというのに、当時の法制度は依然として北部と南部の脆弱(ぜいじゃく)な合意の上に成り立っていたにすぎず、近代国家の誕生を促進できるだけの制度にするのは困難だった。

ヒューズの最も注目すべき遺産はニューディール政策の確立だ。この政策は大恐慌を終息させ、アメリカが世界の大国の仲間入りを果たす一助となった。ヒューズは自らの地位を十分に生かして反対派を退け、政府内に走っていた深い亀裂を修復した。

学問の歴史についてのヒューズの言葉はおおむね真実——研究者たちは常に意見を戦わせ、そういった相違の多くが各分野の進歩を促してきた——だが、評論家たちは上記の言葉を、ヒューズが生きた時代、論争や衝突が繰り返されていた時代に浸透していた、より一般的な性質を暗に述べたものだと考えている。**CRD**

あえて教える道を選んだ者は、決して学ぶことをやめてはならない。

ジョン・コットン・ダナ
ニューアーク州立カレッジのモットー
1912

ジョン・コットン・ダナは元弁護士の文学人だ。ニューアークで没したダナは、さまざまな分野で功績を残した人物として知られる。図書館や博物館の近代化に努め、それらを単なる過去の遺物の貯蔵所ではなく、来場者の嗜好（しこう）に応じた場へと変えた。図書館や博物館は独自に発達し、国民の必要性に合わせて進化しなければならない、と彼は考えていた。

彼が取り組んだ図書館や博物館の改革は、民主主義の価値とアメリカ国民の普遍的な教育の必要性に対する確固とした信念から生まれている。彼が求めたのは、実用性と発展性に富み、その時代の人たちの要求に応じた教育だ。図書館の蔵書や博物館の所蔵品は補助教材として利用でき、生徒と教師、博物館員と来場者、説明ガイドと来場者、それぞれが対等な関係を築ける。上記の言葉の背景には、こういったダナの考えがある。これが実現して初めて、図書館や博物館は生きた存在になる。教師も生徒のように常に新しいことを学ばなければならない。図書館や博物館はそれを応援し、教育の発展に貢献しなければならないのだ。**CRD**

教育の目的は事実についてではなく、価値について知ることである。

ウィリアム・ラルフ・インゲ
『理性の訓練』
1917

上記の言葉は、教育に関する論文集にウィリアム・インゲが寄せた論文に登場する。このあと、「価値とは相手との間、あるいは人々の間で認識されている事実のことだ」と続く。含意は2つある。第1に、教育とは単なる事実の暗記にとどまらず、その相互関係や相対的な重要性、相関関係を理解させることである。第2に、教育は生徒を洗練させるだけでなく、彼らに自らの人生の希望や野望を自覚させることを目的とする、ということだ。それゆえ、インゲは生徒が人文科学や科学を学ぶ中で「善や真実、美を称賛し理解する」よう促す教育を推奨していた。

インゲは事実について学ぶこと、さらに言えば事実を機械的に覚えることに反対していたわけではない。試験が終わればすぐに忘れてしまう知識を詰め込む従来の教育を批判し、若者は有益な事実を難なく覚えられるし、その知識を十分生かすこともできると主張していたのだ。**GB**

子供に疑いを持たぬよう教えた場合の悲劇を考えてみたまえ。

クラレンス・ダロウ
学校で進化論を教えるか否かをめぐる裁判での演説
1932

上記の言葉が意図するのは、子供は疑問を持てるようにならなければならないということだ。疑念を抱くことがなければ、人は偏狭で、丸暗記をした知識を解する能力もなく、批判的な思考力も欠くという悲劇に見舞われる恐れがある。

オハイオ州キンズマンのダロウ家で育ったとなれば、さぞ討論の才が磨かれたことだろう。クラレンスの父親は「村の異端者」として知られる、歯に衣を着せぬ死刑廃止論者で、母親は婦人参政権論者だった。クラレンス自身、すぐれた頭脳の持ち主だったが、小さな町の弁護士の風を装っていた。シカゴ＆ノースウェスタン鉄道会社の組合の指導者が、雇い主——クラレンスの雇い主でもあった——に対してストライキを計画したとして告発された際、彼もそこでの仕事をやめ、労働者のために戦ったことは有名だ。

因習打破主義者であり、敗者の擁護者ではあったが、ダロウは仕事面でも倫理面でも欠点のある人物で、自身の欠点を認めるよりも、常に他人の欠点を指摘する構えを見せていた。だがこのように自信を喪失するという観念が欠如していたからこそ、社会通念を疑う能力が養われたのかもしれない。*LW*

教育の第1の目標は違う世代の人たちがしたことをただ繰り返すのではなく、新たなことができる人を育てることであるべきだ。

ジャン・ピアジェ
『知能の誕生』
1936

スイスの心理学者ジャン・ピアジェが唱えた認知発達の理論は、子供が実験的な努力を通じて自分の置かれた環境を理解し、操作できるようになる能力に焦点を合わせている。元は生物学者だったピアジェは、いかに有機体が環境にうまく適応することで発達するかに注目した。最も高度な認知発達能力が備わった有機体は、自分の目的に合わせて環境を操作する。よって子供も、理解しようという自らの努力によって学ばなければならない。大人の世界の要求や規則を単に受け入れるだけでは学ぶことはできない。

ピアジェいわく、子供は経験をなんらかの種類に整理できなければ、説明になる新たな理屈や経験を探し求める。ピアジェの見解は、生徒が自身の経験によって学ぶ手助けとなる、より効果的な観点を提示した。*TJ*

人の言ったことを繰り返すには教育が必要だ。人の意見に反駁するには知力が必要だ。

メアリー・ペティボーン・プール
『鍵穴をのぞくガラスの目』
1938

メアリー・ペティボーン・プールについて知られているのは、上記の言葉が登場する格言集の著者であり、その書を自費で出版したことくらいだ。

著者が費用を出したからというだけで、活字になった作品を鼻であしらうのは簡単だが、同様の過程を経て世に出た名著は多い。その代表格がローレンス・スターンの『トリストラム・シャンディ』(1767)だ。その他、自費で本を上梓した作家にはジョン・ラスキンやエズラ・パウンド、ヴァージニア・ウルフなどがいる。(他にも、内密で出版社に費用を払った作家は多くいると思われる)。さらに近年ではインターネットが普及し、作家は出版社を通さず自著を直接市場に出せるようになった。現在、そういった書で最も成功を見たのは、E・L・ジェイムズの『フィフティ・シェイズ・オブ・グレイ』(2011)だ。

プールの格言の中には、明らかに幻覚剤の影響下で生まれたと思われるものもあるが、クローン病の罹患者として苦しんだ自身の経験が反映されているものもある。上記の言葉は、レオナルド・ダ・ヴィンチの「議論で権威を盾にする人が用いているのは、知力でなく記憶力だ」という格言を思い起こさせる。*JP*

よき教師というのは、ただ子供を理解するにとどまらない。彼らは子供を認める。

A・S・ニール
『問題の教師』
1939

アレキサンダー・サザーランド・ニールはスコットランドの教育改革者であり、イギリスのサフォークにあるサマーヒル・スクールの創設者だ。この学校では生徒に授業への出席を強要せず、自分の興味や性格に応じて行動するよう促している。ニールは子供にとって自由は大切だという信念のもと、生徒に成長しようという意欲を持たせた。ニールの思想は、特に1960年に『サマーヒル』が出版されたあと、世に広まった。

ニールは教師たちに、生徒に共感すること、指図するのではなく彼らの声に耳を傾けて支えることを説いた。よき教師たる者は正直さと誠実さをもって、無条件に生徒を愛すべきである。教育における自由についてのニールの理念に即せば、規則は最小限に抑えるべき、ということになる。

予想されていたことだが、すべての教育専門家が彼の見解に賛同したわけではなかった。彼はフロイト派の精神医学を支持していたため、サマーヒルでは性的な放縱を奨励していると責めを受け、1960年代や70年代のさほど進歩的ではない多くの思想家たちは、殊にベビーブーム世代には抑制と規則が必要だと主張した。*JF*

満足を得るために、人は自らの知力や芸術的な力を磨く機会を持たなくてはならない。

アルベルト・アインシュタイン
「自由について」
1940

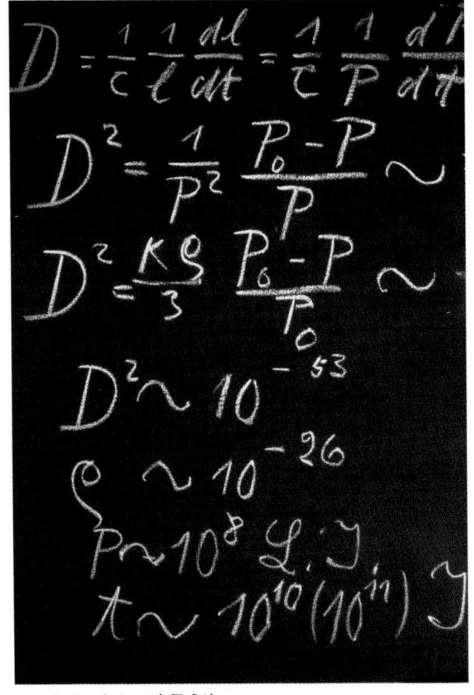

∩ アインシュタインの方程式が
彼の一般相対性理論と膨張する宇宙をつなぐ。

⊃ アルベルト・アインシュタインは一般相対性理論を確立したことで
最もよく知られる。その理論は空間、時間、物体に関する見解を変えた。

上記の言葉は、ドイツ生まれの理論物理学者アルベルト・アインシュタインが1940年に書いた随筆「自由について」に登場する。同年、ユダヤ人である彼はナチス主義のもとでは暮らしていけないとドイツを離れ、アメリカに移住した。彼はいかなる人も自らの潜在能力を発揮できるようになるべきだと心から願っていた。ナチスは1933年、アインシュタインの著書を焚書（ふんしょ）していた。

またアインシュタインは、ナチスに役職に就くことを禁じられたドイツ系ユダヤ人の科学者たちがドイツから逃れ、他の地で職を得る手助けもした。アドルフ・ヒトラー政権がその人種差別主義政策の論理に抵抗しかねない、独立心の強い教養人を軽蔑しているのはわかっていた。また、教えることができる人や学ぶことのできる人、才能を最大限に生かせる人に対する偏狭さは、国の健康を左右することも、アインシュタインは見抜いていた。ドイツ系ユダヤ人が連合諸国に居場所を見つけると、連合諸国は彼らの中で最も優秀で頭脳明晰（めいせき）な人の力を借りて、科学技術を発展させた。一方、アインシュタインも独創性を発揮できることを喜び、成功と成功がもたらす幸せを味わった。*CK*

教育は、本は読めるが読むに値する本がどれかわからぬ人を、大量に作り出した。

G・M・トレヴェリアン
『イギリス社会史』
1942

∩1950 年、書斎で仕事をする歴史家であるトレヴェリアン。

⊃ ベストセラー本の束を持つ、パリのソルボンヌ大学の学生。だが、これらの書物すべてが「良書」だろうか。

全世界で、識字能力は聖杯の地位を獲得している。19 世紀の西ヨーロッパや北アメリカ、20 世紀のいわゆる第 3 世界で、大人の識字率は就学率とともに発展の指標の 1 つになった。高い識字率は発展の水準が高いことを示す。しかしトレヴェリアンが述べているように、生徒に文学を識別する力がなければ、本を読めたとしてもそれでよしとはならない。基本的な計算能力と同様、基本的な識字能力は生活するうえでは役に立つ道具だ。識字能力があれば官僚と交渉したり、書類に記入したり、雑誌を読んだり、地元の劇場で何が行われているかを調べたりできる。だが、トレヴェリアンが教育の姿と考える知性の発達にはつながらない。

とはいえ、「読むに値する」本とはどういったものなのか。ここからは価値判断の領域に入る。時間と労力に見あう価値があるのはノンフィクションだけだと考える人もいれば、文芸小説や古典、ベストセラー本のみが、手間暇をかける価値があるとする人もいる。しかし、トレヴェリアンの言葉の意図は明確だ。すべての書物が読むに値するわけではない、小麦ともみ殻の違いを見わけられる力こそ高い識字能力と言えるということだ。

JF

教育制度だけでは国の未来の構造すべてを形づくることはできないが、よりよい市民を作ることはできる。

ラブ・バトラー
英国国会議事録
1944

∩1942 年、ロンドンのオフィスで読書を楽しむ保守派の政治家ラブ・バトラー。

イギリス保守派の政治家ラブ・バトラーは、1941 年から 45 年まで教育長長官を務め、在任中の 1944 年、教育法の導入を指揮した。この法律によって、卒業時の年齢が 15 歳に引き上げられ、すべての子供が無償で中等教育を受けられるようになった。上記の言葉は、庶民院及び貴族院の議会報告書である英国国会議事録からの抜粋で、1944 年 1 月 19 日に行われた第 2 読会での討論の記録に登場する。バトラーがプラトンやウィリアム・ワーズワースを引き合いに出して、法案を述べる際に発した彼自身の言葉だ。

連合国の勝利が確実となり、政府は社会改革に目を移した。バトラーは、少数精鋭の者たちに高等教育を提供する必要性を感じた。また、11 歳以上の子供に等しく機会を与え、それぞれが生まれもった才能を生かせるようにしてやりたい、そうすれば子供たちはよりよい市民になると考えた。第二次世界大戦後に生まれた世代に国の資金で教育を授けるには、法律が重要だった。この法律はイギリスにおける教育を形づくっただけでなく、若者たちに機会を与え、労働力を培った。
CK

過ちはそれを正すことを拒否しない限り、間違いにはならない。

オルランド・A・バティスタ
『仕事を楽しみ、人生の楽しさをもっと味わう方法』
1957

一見すると、上記の格言は言葉が矛盾しているように思えるかもしれない。結局のところ、「過ち」と「間違い」は同義語である。しかしバティスタは(「ウォトゥーン」と呼ばれる多数の新聞に同時掲載されるコラムに)警句を書く専門家だから、つじつまの合わないことをついうっかり書いてしまったわけではないだろう。バティスタの警句を矛盾なく解するには、「間違い」を「過ち」よりも悪い結果をもたらしたり、非難の対象になったりする深刻なものとしてとらえる必要がある。そう考えれば、この警句が示唆するのは、「過ち」それ自体は大失策ではないということだとわかる。バティスタは読者に、危険を冒してでも自分の目標を追求するよう促している。

一見矛盾した言葉に忠告を潜ませ、読者自身に意味を探らせることで、この警句は見事に忘れられないものとなった。彼の助言は教育や経営に関するあまたの本で紹介されている。ジョン・F・ケネディ大統領が1961年に行った演説「大統領と報道機関」で、上記の言葉を引用したことは有名だ。彼は演説の中で、政府は「過ち」を包み隠すことはしないと述べた。おそらくは、「過ち」を「間違い」にすり替えるつもりはないということだろう。*GB*

∩1910年代末、カリフォルニア州ハリウッドの近郊で、2人のパイロットが自分たちがどんな過ちを犯して複葉機を真っ逆さまにしてしまったのかを話し合っている。

学習したことを すべて忘れた時に 残っているものが教育だ。

B・F・スキナー
「ニュー・サイエンティスト」誌
1964

∩1948年、実験室にいるB・F・スキナー。ここで主に鳩の行動を研究した。

1964年、アメリカの心理学者B・F・スキナーは、1984年にはどのような教育が行われているか予測してもらいたいという依頼を受けた。行動主義の第一人者であるスキナーは、直接観察できない精神機能を焦点とした教育理論に批判的だった。学習の成果は精神機能から生じる行動結果に最も顕著に表れる、というのが彼の主張だった。教育は生徒が特定の技能を養う手助けになるものでなければならない。

動物を使ったスキナーの実験は、まず最初にある一定の行動が現れ、それに対して繰り返し望ましい答えを得ることで、その行動が定着することを示した。スキナーは「オペラント条件づけ」というこの過程が、最も効果的な学習方法だと考えていた。一定の順番で情報を与えると、生徒は毎回正しい反応を示し、着実に進歩する。生徒が次の段階へ進めるのはそういう時だけだ。この「正の強化」で明確になったのは、実用的な知識と言えるのは反復される事実ではなく、生き残っている物だということだ。またスキナーは動物実験によって、この方法は機械できると考え、教育機器を開発した。それらの機器から、今日至るところで使われているコンピュータープログラムの多くが生まれている。*TJ*

勉強とは自らの無知を徐々に発見していくことである。

ウィル・ダラント
「タイム」紙
1965

「60年前、私はあらゆることを知っていた。今、私は何も知らない」ウィル・ダラントは80歳の時、「タイム」紙で彼の著書『ヴォルテールの時代』(1965)を取りあげた評論家にこう述べた。この発言に続くのが上記の言葉だ。同様の見解を、より簡潔に示す文言はさまざまな形で見受けられる。「知れば知るほど、何も知らないことがわかる」もその1つだ。

著作を通じて哲学を大衆化、ひいては歴史を大衆化したダラントは、古代ギリシャの哲学者ソクラテスの思想から導き出された説を唱えたと言える。プラトンの『ソクラテスの弁明』で、ソクラテスは「彼より賢い者はいない」と宣したのはデルポイの神託だと述べる。そして困惑顔で、自分より賢い人を見つけた、と神託に反駁(はんばく)しようとする。しかし彼は、賢者を自称する人たちが本当は賢くないことを見抜いていた。ソクラテスは、結局神託は正しかった、自分の英知は自らの無知を知っていることにある、と述べる。もし長い時間をかけて知恵を身につけることが勉強だとすれば、ソクラテスの主張は、勉強とは自己の無知を知ることから始まるとも解せる。まさにこれがダラントが導き出した説である。 **GB**

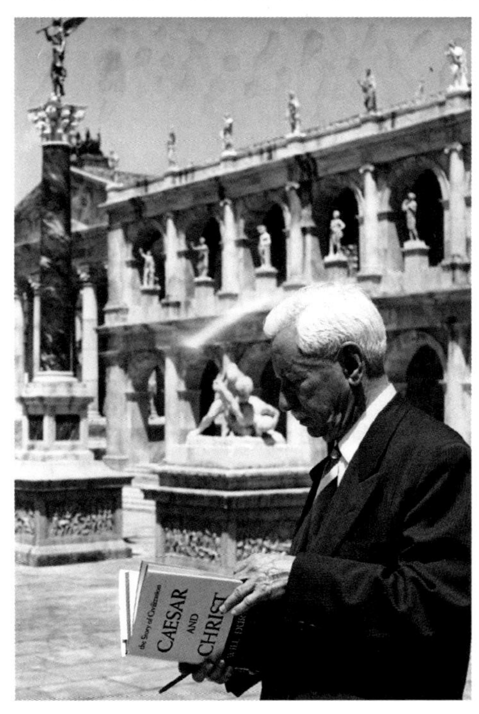

∩ ウィル・ダラントは『文明の話』全11巻を上梓(じょうし)した。
彼が手にしている「カエサルとキリスト」(1944)はその第3巻にあたる。

子供は疑問符然として入学し、句点となって卒業する。

ニール・ポストマン、チャールズ・ウェインガートナー
『破壊工作としての教え』
1969

⌒ 市民の意見を集めるために、路上で録音装置を掲げるニール・ポストマン。

ニール・ポストマンとチャールズ・ウェインガートナーは上記の言葉を「昔の金言」だとしているが、彼らが大元の発言者のように思えるし、またそのようにずっと言われてきた。この言葉は「知る価値のあることは何か」について、子供から出た質問や、子供が聞きそうだと思った質問の一覧表に記されている。彼らは後者にあたる質問について（子供たちの質問をする能力の欠如に加え）疑問は口にしないよう促す従来の教育を引き合いに出して、聞きたいことを聞けるようにするのが教育だと述べた。

上記の当を得た隠喩は、ポストマンたちが何を従来の教育法の欠陥としているのかを示している。従来の教育法では、生徒を知識で満たされる受動的な容器と見なしているが、質問を土台にした教育法は、生徒に自力で知識を蓄積させようとする。生徒は自分が重要だと思った質問を口にするよう促され、一方教師は、答えを与えてしまっては、生徒が自分で次の質問を考えなくなるので、答えを控えるよう求められる。また、上記の隠喩は他の例にも適用できる。たとえば、のちにポストマンは「すべての国は疑問符で始まり、感嘆符で終わる」述べている。**GB**

教育とは人類の進歩にも破壊にも利用できる諸刃の剣だ。

ハイレ・セラシエ１世
『皇帝ハイレ・セラシエに学ぶ価値ある言葉』
1972

ハイレ・セラシエ１世は、卒業を控えた大学生への演説で、教育とはまずは「人の頭脳を精神面でも知性面でも鋭利にする手段」だと、次いで上記の言葉にあるように、剣を砥石と思わせるような諸刃の剣だと述べた。言うまでもなく、諸刃（あるいは両刃）の剣は刃のどちら側でも物を切ることができる。聖書では、他国の女は「両刃の剣のように鋭い」（箴言５章４節）と言われ、神の言葉はどんな両刃の剣より鋭い（ヘブライ人への手紙４章12節）とされ、また一方では、ヨハネへの黙示に現れたイエスは「口からは鋭い両刃の剣が出ていた」（ヨハネの黙示録１章16節）、つまりイエスの言葉は罪人をとがめ、敬虔な信者を救済することを意味していた。

1930年から74年までエチオピア皇帝として君臨したハイレ・セラシエにすれば、教育は諸刃の剣だった。彼は投資を呼び込もうと、封建主義帝国から現代的な国家への変革を目指し、教育をその一翼として推進したが、1960年代と70年代に激しい学生運動を生み出すことにもなった。1974年の経済危機のさなか、学生運動は市民の不安をあおり、結果、ハイレ・セラシエは失脚し投獄された。**GB**

∩1930年、戴冠式を前に、礼服に身を包んだエチオピアの皇帝ハイレ・セラシエ１世。

我々は子供に解決すべき問題よりも、覚えるべき答えを与えすぎる。

ロジャー・ルーウィン
「サタデー・レビュー」誌
1974

子猫を用いた視力の発達に関する実験的研究で、猫科の動物には神経系がある種の視覚刺激にひときわ敏感に反応する、重要な時期があることが明らかになった。視覚への刺激が弱い暗い環境、つまり垂直の線も水平の線もない通常とは異なる環境で育てられた猫は、正常な発達を見せない。視力ひいては空間認識力がその後の環境に適応しづらくなったり、できなくなったりするのだ。アメリカの科学ジャーナリストであるロジャー・ルーウィンは、人間の発達に関して、このことから学ぶべき教訓があると主張した。人間の「問題解決能力」の発達過程にも同じように重要な時期があるとすれば、教育者は、生徒が解決すべき問題に直面するよう仕向けることが大切だ、という主張である。

両眼視力や聴力、前庭器官（バランスや空間的定位の感覚をつかさどる）、親子間の愛情関係、言語の習得など、人間の発達にも重要な時期がある。だがルーウィンのように、問題解決能力についても重要な時期があると考えるのは早計だろうし、教育者が重要な時期を過ぎたと思われる生徒に見切りをつけるのは危険だ。*GB*

教育にはお金がかかると思っているならば、無知でいてごらんなさい。

エッピー・レダラー
「アン・ランダーズに聞いてみよう」
1975

教育費関連の請求書を手にする人は、たいていその額に頭を抱え、金を他のことにまわしたいと思うことさえあるだろうが、なぜそれが結局は愚かな考えなのかを上記の言葉は端的に言い表している。この言葉が示唆する、長い目で見れば教育は採算がとれるという考えには、確たる証拠がある。2015年に行われた研究で、アメリカの大卒者は大学を出ていない人よりも、生涯年収が平均100万ドル多いと判明した。

大学の授業料を支払っている人は、その合計額に対する税金を免除されるべきだという意見に賛成か否かという質問を受け、エッピー・レダラーは、賛成するが、たとえ授業料に税を課されても、大学にはそれだけの価値があると答えた。

このとき彼女は上記の言葉をデレック・ボック（1971年から91年までハーバード大学の学長を務めた）の言葉として紹介したが、ボックはそのようなことは言っていないと否定した。同様の言葉はそれ以前に活字化されていた。たとえば1903年、カナダの政治家ピエール・ブーシェが、「教育費が高いとしても、無知のほうがはるかに金がかかる」と述べたとされている。*GB*

⊃ 手紙の山に座っている人生相談の回答者、エッピー・レダラー（1984頃）。

STATE
Stamp Collecting

奇妙に思えるが、いくら知識があっても愚かさは治せないし、高等教育は愚かさを確実に助長する。

スティーブン・ビジンツェー
「サンデー・テレグラフ」紙
1975

◯1966年、ベストセラーとなった回想録『年上の女性を称(たた)えて』を出版した年のスティーブン・ビジンツェー。

スティーブン・ビジンツェーは、中世ヨーロッパの魔女狩りを論じたノーマン・コーンの『魔女狩りの社会史』(1975)を批評するにあたって、同書には現代の読者にとって貴重な教訓が示されていると述べた。中世において「愚行と恐怖を生んだのは教会と国家の博学な権力者だ」という。そして最後に、専門家というのは概して、「翼のある山羊(やぎ)の権威か超音速機の権威か、魔王の醸造物の原料の権威か核エネルギーの権威か、何の権威だろうかといった目で見られる」と結論づけた。

上記の言葉は実に不当な批判だ。いわゆる専門家が専門家にはほど遠い人だったということはあるし、ある分野の専門家が違う分野の専門家だと間違えられることもあるが、すべての大学出身者が勝手に専門家を名乗っているわけではないし、人は訓練や学習や経験によって、さまざまな分野の専門知識を身につけることもできる。ゆえに、優れた専門家の見解に従うのはもっともな話だ。それでもなお、どんな場合にも何かしら論争が沸き起こるにもかかわらず、人は特定の権威者の発言を鵜呑(うの)みにするか否定するかのどちらかだという危険は残る。知性的とは言えないだろうが、よくあることだ。**GB**

世界を手に入れて、魂を失うな。叡智は金銀より尊い。

ボブ・マーリー
「ザイオン・トレイン」
1980

レゲエ・グループ、ボブ・マーリー＆ザ・ウェイラーズの最後のアルバム『アップライジング』では、全曲にリードボーカルのラスタファリ思想が反映されている。1930年代にカリブで誕生した宗教運動ラスタファリアニズムは、ユダヤ教、キリスト教、イスラム教と同様、『創世記』のアブラハムを重視する思想だ。聖書については、その一部を神聖視する一方、黒人を敵視する差別主義者によってねじ曲げられたとして大半を否定している。マーリーはラスタファリアニズムのスポークスマンだった。

上記の言葉は「ザイオン・トレイン」の一節で、救済への道を説いた聖書を思わせる。最初の文は「人は、たとえ全世界を手に入れても、自分の命を失ったら、何の得があろうか」というマルコ伝8章36節のキリストの言葉を引用している（マタイ伝16章26節とルカ伝9章25節にも同じような記述がある）。聖書ではキリストが世俗を捨てて自分の門徒になるようせき立てているが、上記の歌詞は一般的に個人の高潔さを表すために引用されることが多い。次の文は「知恵を得ることは金に勝り、分別を得ることは銀よりも望ましい」という箴言16章16節の引用だ（箴言3章13-14節、ヨブ記28章12-15節も参照のこと）。GB

ボブ・マーリーはボブ・マーリー＆ザ・ウェイラーズのリードボーカルで、ラスタファリ思想の指導的人物だった。

教育の目的は、空っぽの心と開かれた心を入れ替えることだ。

マルコム・フォーブス
『マルコム語録』
1986

アメリカのビジネス誌「フォーブス」の発行人マルコム・フォーブスは、格言詩好きだった。「フォーブス」誌に掲載するだけでなく、自らの作品を集めた本2冊を出版している（上記の書籍タイトルは、『毛沢東語録（1964）』になぞらえているのだが、フォーブスが資本主義の擁護者を自認していることを考えると皮肉だ）。

教育とは空っぽの心に事実が満たされていく過程だ、とされることもあるが、フォーブスはむしろ空っぽの心が新しい考えの受け入れ態勢を整える過程こそが教育だとしている。この名言のポイントは、普通なら「満たされた」を使いそうなところに「開かれた」という意外な言葉が使われている点だ。しかしこの名言は少なくとも2つの点で問題を孕（はら）んでいる。1つは、空っぽの心に受入態勢がないことを説明していない点だ。すでに中身がぎゅうぎゅうに詰めこまれていて新しい考えが入る余地がないというわけではないのだから。もう1つは、新しい考えをどんどん受け入れる態勢こそが教育だ、とする根拠が不明瞭な点だ。

イギリスのファンタジー作家テリー・プラチェットは、作品の中でこう警告している。「開かれた心の難点は、当然ながら、誰も彼もが強引にそこになにかを詰めこもうとすることだ」。*GB*

教育には金がかかる。しかし無知にも金はかかる。

サー・クラウス・モーザー
「デイリー・テレグラフ」紙
1990

かつて「科学進歩のための英国アカデミー」という名で知られた団体の会長だったサー・クラウス・モーザーは、イギリスでは何万という生徒が適切な教育を受けていないと政府に警告した。彼はさらなる勉学だけでなく教育資金の増加も推奨し、その際、上記の言葉を口にしたとされている。エピー・レデラーも「教育にはお金がかかると思っているならば、無知でいてごらんなさい」、と似たような言葉を発しているが、レデラーとは違ってモーザーは、無知の出費は個人にというよりは社会にとって問題だと考えていた。

1950年代以降に行われてきた教育費の調査から、モーザーの判断が正しいことがわかる。教育は高い利益を生むのだ。2015年の調査によれば、アメリカでは大卒者が生涯に稼ぐ金額は、非大卒者より平均して100万ドルも多いことがわかった。つまり大衆の教育に投資する社会は、その見返りとしてより高い税収を得られることになる。また教育は、健全なライフスタイル、社会的機動力、再教育、そして高度な市民活動（たとえば投票やボランティア）を高めるきっかけとなる。教育は、より多くの人々によりよいものを提供できることが証明されているのだ。*GB*

あなたの知識を分け与えなさい。そうすれば不死が達成できる。

H・ジャクソン・ブラウン・ジュニア
『名言は人生を拓く』
1991

ダライ・ラマ14世の言葉だと広く誤解されている名言だが、実際は「幸せで報われる人生を送るための助言、意見、ヒント」を提案した庶民的なシリーズ本の言葉だ。たとえばこんな言葉も同じ本に登場する。「毎週、家の中の違う引き出しを掃除すること」。

知識を分かち合うことで不死が達成されるという考えは、H・ジャクソン・ブラウン・ジュニア以前にも、プラトンの『饗宴』(紀元前385-370頃)に登場する。その中でソクラテスが女性賢者ディオティマとの会話について述べており、彼女はソクラテスに「愛は不朽の善なのだから、必然的に人はみな善とともにあることで不死を願う」と告げている。子孫を残すことで不死を得ようとする者もいれば、精神的な遺産、たとえば名誉や名声、文学、芸術、節度と正義の法システム等を遺すことで不死を得ようとする者もいる。あるいは哲学者のように、美そのものを賞賛することで不死を得ようとする者もいる。

アメリカの哲学者ジョージ・サンタヤーナも『人生の道理』(1906)の中で同様の理由づけをしたうえで、美徳にはさらなる報酬がついてくると考えた。「理想の生き方をして、それを社会や芸術で表現する者は、二重の不死を手にする」。 **GB**

私は多くの過ちからあらゆることを学んできた。どうしても学べないのは、過ちを犯さずにいる方法だ。

ジョー・アバークロンビー
『王たちの最終論争』
2008

試行錯誤の教訓を称える数多くの名言を巧みに覆した上記の言葉は、人気ファンタジー・シリーズの最終話で、風刺と逆説を好む傭兵ニコモ・コスカという登場人物が発する台詞だ。厳しい訓練で部下をいじめるサンド・ダン・グロクタを皮肉たっぷりに賞賛したコスカは、この世で「最も修行の足りない男」だと非難される。それに対して彼は、自分は修行することなく修行の価値を学んだ、とかわす。

コスカのとっさの名言は、試行錯誤による学びの否定に聞こえなくもない。自身の過ちから学ぶには、まずは過ちを犯さなければならない。しかし過ちとは、まさに犯してはならないものだ。しかしこの議論は無効だ。条件が曖昧なうえ(前者が論理的必然性なのに対し、後者は規範的必然性)、論拠が間違っている(論理的必然性は、それが起きる前提に帰属すべきだ)。おそらく、アメリカの教育学教授デイヴィッド・コブリンが著書『子供たちとそこで』(1992)で述べているように、「過ちを犯すのは過ちではない」のだろう。 **GB**

BUSINESS

ビジネス

⊂ 1922 年、シカゴのリグレー本社ビル近くのシカゴ川で、
所有するフェリーの操縦桿を握るウィリアム・リグレー・ジュニア。

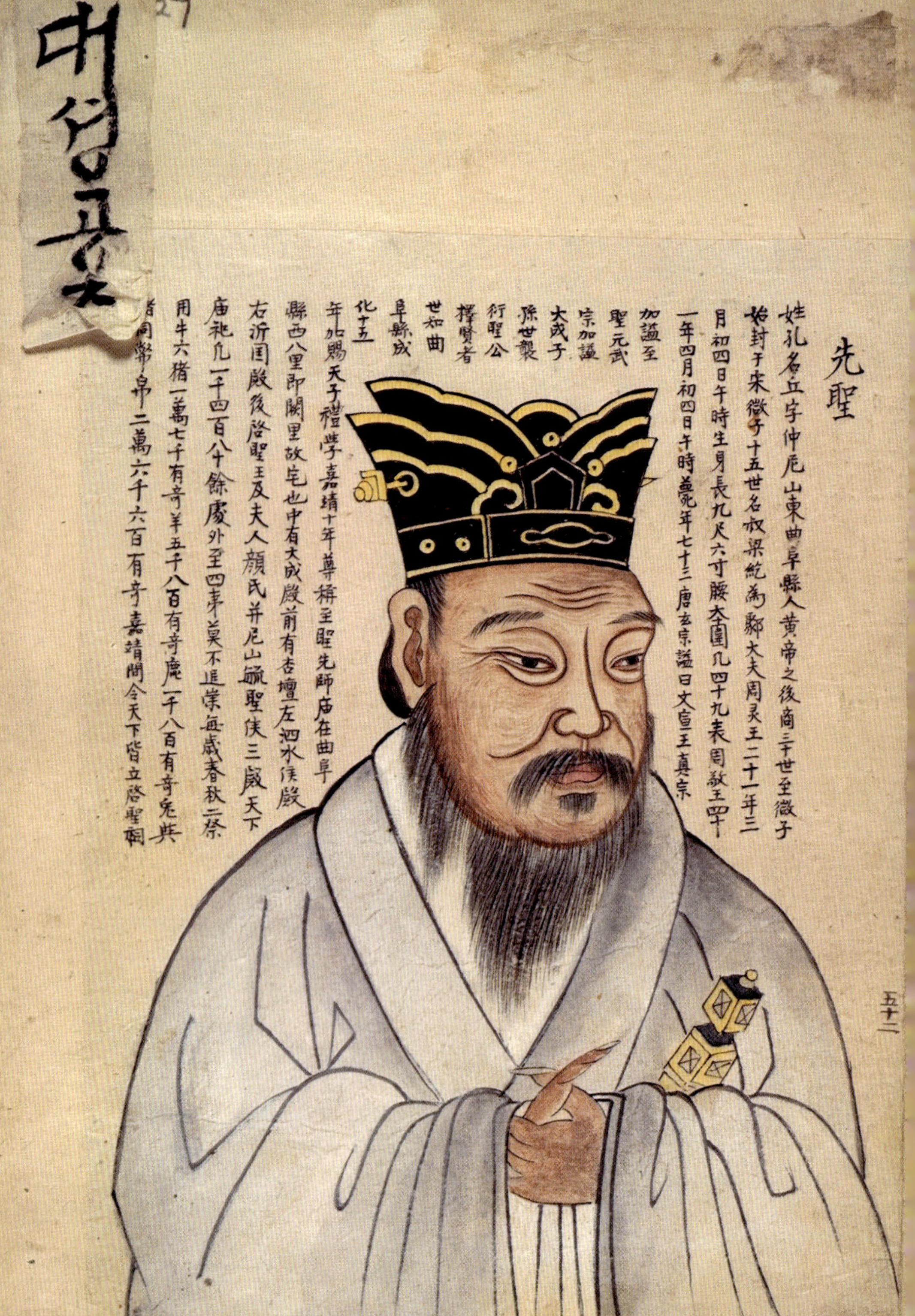
27
先聖
姓孔名丘字仲尼山東曲阜縣人黃帝之後商三十世至微子
始封于宋微子十五世名叔梁紇爲鄹大夫周灵王二十一年三
月初四日午時生身長九尺六寸腰大十圍凡四十九表周敬王四十
一年四月初四日午時薨年七十三唐玄宗謚曰文宣王眞宗
加謚至
聖元武
宗加謚
大成子
孫世襲
衍聖公
擇賢者
世知曲
阜縣成
化十五
年加賜天子禮樂嘉靖十年尊稱至聖先師廟在曲阜
縣西八里即闕里故宅也中有大成殿前有杏壇左泗水侯殿
右沂國殿後啓聖王及夫人顏氏并尼山毓聖侯三殿天下
廟祀凡一千四百八十餘處外至四夷莫不廷崇每歲春秋二祭
用牛六猪一萬七千有奇羊五千八百有奇鹿一千八百有奇兎兵
皆同幣帛二萬六千六百有奇嘉靖間令天下皆立啓聖祠
五十二

仁者は難きを先にし獲（う）るを後にす、仁と謂（い）うべし。

孔子
『論語』
紀元前 500 頃

人は誰しも自分を高めたいと願っている――その信念のもと、中国の哲学者・孔子は「己（おのれ）の欲せざる所は人に施すなかれ」を黄金律と定めていた。性善説を支持し、人は自己修養によって学び、発展できると考えていた。彼が著書で強調したのは、礼を持って行動し、善悪の区別をつけることだ。道徳観念の欠如した人間を一貫して軽蔑している。

健全な人生を歩むため、人類がみな協和して生きていくため、孔子は日々実践すべき５つの美徳を挙げている。

仁――善意、博愛、慈愛。

義――良心と忠誠心、相互関係、利他主義、相手を思いやることに、精一杯の誠実さと高潔さを持ってあたる。

智――知識。

信――信義に厚く、正直である。

礼――正しい態度をとる、礼儀正しく、敬意を表する。*SH*

⊂19 世紀に韓国で描かれた孔子の肖像画。

急ぎは失敗の母である。

ヘロドトス
『歴史』
紀元前 450 頃

トルコで生まれたギリシャの歴史家ヘロドトスは、一般的に「歴史の父」と呼ばれている。彼は歴史的な出来事を初めて調査という手法でまとめた作家だ。つまり証拠を体系的にかき集め、それを丹念に記録していったのである。彼の著作として唯一知られている『歴史』は、西洋文学史の土台を築くと同時に、ペルシャ帝国の台頭を初めて語った作品の１つとなった。

『歴史』にはペルシャ戦争の発端とともに、古代の伝統、政治、地理、そしてさまざまな文化の衝突が記録されている。すべてが公正に書かれているわけではないが、当時を知る最も重要な情報源であり、ペルシャ人の奴隷制度をアテナイ人の自由と対比させ、ギリシャ都市国家が結束してさまざまな侵略者に立ち向かおうと同盟を組んだこと等が記されている。この作品を書くためにヘロドトスは広く旅し、多くの人々の話を聞きながら情報を集めていったという。『歴史』はやがて９巻に分かれ、それぞれに９女神の名前が付けられた。

上記の言葉でヘロドトスが示唆しているのは、衝動的な行動は報われないことが多いということだ。局面が見過ごされ、間違いが生じてしまう、と。つまり、何か行動を起こす前にはじっくり考えるべし、ということである。*SH*

賃金が支払われる仕事はすべて精神を奪い、堕落させる。

アリストテレス
『政治学』
紀元前 335 頃

古代ギリシャの卓越した哲学者アリストテレスは、プラトンの弟子を経て、西洋哲学史で最も影響力のある人物となった。紀元前 335 年、アレクサンドロス大王を個人指導したのち、自らの学園リュケイオンを設立した彼は、『政治学』の中で、国家は教育を規定すべきだとしながらも、教育における優先事項の決定については確信していない——教育は日々の実用性、美徳、あるいはより高度な知識を目標に据えるべきなのか？

それでも、子供たちには実用的な物事を教えるべきで、低俗なことを教えてはならないとしている。低俗な習慣は美徳の実践能力を奪ってしまう、と。その流れから、アリストテレスは肉体を痛めつける習慣に反対し、「賃金が支払われる仕事はすべて精神を奪い、堕落させる」と論じた。つまり収入を得るための労働に従事すると、自らに損害を与えるというのだ。彼にとって、労働する人生は徳のある人生とは正反対のものだった。人生を労働に費やす者は、そうでない者のようには美徳を実践できなくなる。この仮定が広く批判されるのは当然かもしれないが、それより、生きるために求められる労働——生き残るために労働力を売る必要性——が人の能力の発展に与える影響を考える方が、生産的かもしれない。*JE*

食事をするのは笑うため。酒は人生を楽しむため。銀はすべてに応えてくれる。

旧約聖書
『コヘレトの言葉』
紀元前 300 頃

この言葉が印象的なのは、富の追求を諫めろ言葉の多い聖書にあって、矛盾しているように思えるからだ。世俗の悦びをきっぱり拒む言葉は頻発するものの、聖書は食事や楽しみを明白に阻止してはいない。とはいえ上記の言葉の文脈からすれば、金銭は幸せに不可欠な物質すべてを手に入れる手段になると取れる。『コヘレトの言葉』は漠然とつながったテーマで構成され、ときおり古代ギリシャの快楽主義的哲学者の表現と驚くほど似ていることがある。

また、『コヘレトの言葉』は、「決して酔わず、力に満ちるなら——しかるべきときに食事をする」役人たちを認め、「朝から食いちらかす」者をよしとしない。上記の言葉の直前には「両手が垂れていれば家は漏り、両腕が怠惰なら梁は落ちる」とある。つまり、ある種の喜びはある種の目的と機会にはふさわしいとする一方、幸せのために必要な物質は何であれ金銭で調達できるとしているのだ。*TJ*

⊃ 12 世紀の彩り豊かな『コヘレトの言葉』の写本。

Finem loquendi omnes pariter audiamus; Deum time et mandata illius observa. hoc est enim omnis homo. et cuncta que fiunt adducet deus in iudicium pro omni errato sive bonum sive malum sit;

EXPLICIT ; LIBER ; ECCLESIASTES;

quia meliora sunt ubera tua vino, fragrantia un-

食事をするなら親戚と、仕事をするなら他人と。

古代ギリシャの格言
未詳
紀元前 300 頃

あらゆる言語において、格言は口承によって次の世代に引き継がれてきた。古代ギリシャに端を発する有名な格言もある。そうした格言を初めて体系的にまとめて分類したのは、アリストテレスだった。彼の後を数多くの作家や哲学者、たとえば伝記作家のプルタルコス等が引き継ぎ、同じような格言集を作成している。1500 年、オランダの人文学者エラスムスがギリシャとローマの約 3000 に上る格言をラテン語に翻訳した。その著作『格言集』は広く愛読され、キリスト教の聖職者が説教に使い、のちに各言語に口語訳された。おかげで数々の格言が知られるようになった。

この格言は人間の行動を深く洞察している。家族や友人とは肩の力を抜いて楽しむべきだが、仕事仲間とは近しい関係になってはならない。相手が他人か親しい仲間かによって、判断が異なるからだ。他人なら、より客観的で、感情的になることも少ない。それに相手の感情を気にしなければ、商売上の決断も下しやすくなる。 **SH**

彼が富を所有しているのではなく、富が彼を所有している。

ボリュステネスのビオン
推定・伝聞
紀元前 280 頃

ボリュステネスのビオンは、奴隷として売られたのちアテナイに移り住み、哲学を学んだ。ギリシャとマケドニアを旅し、のちにロードス島で哲学を教えている。著書『非難』の中で彼は人間の愚かさを皮肉り、宗教への懐疑心を表明し、神、音楽家、幾何学者、占星術師、金持ち、祈りの効果をこき下ろす一方、貧困と哲学を称賛した。彼の著作は感情や空想とは無縁で、常識と実用性、鋭い観察力、そして人々の日常的な問題に対する機知に富んだ対応が示されている。

上記の言葉はディオゲネス・ラエルティオスが著した『ギリシア哲学者列伝』の「ビオンの生涯」の中で紹介されており、ケチな金持ちに対するビオンの意見が反映されている。ビオンによれば、金銭を貯（た）めこむ人間は自分の財産にこだわりすぎているという。彼らは金を活用するのではなく所有しているにすぎない。彼らにとっては富そのものが目的であり、金をたっぷり貯蓄することだけが人生唯一の目的である。つまりケチな金持ちは富から何ひとつ利益を得ておらず、それなら他の人が持っていたほうがましだということだ。喜びではなく金を手に入れることが目標になっているがゆえに、金を所有する人間ではなく、金そのものに力を与えてしまうのだ。 **SH**

実務に
煩わされない人は、
知恵ある者となる。

ベン・シラ
『シラ書』
紀元前 175 頃

第二正典の『シラ書』はあらゆる聖書に登場するわけではなく、プロテスタントでは一般的に正典外に分類される。聖書の正典目録を定めるにあたり、最も初期のキリスト教徒に受け入れられなかったからだ。『ベン・シラの知恵』という名でも知られ、ユダヤの学者ベン・シラによって書かれた道徳書である。のちに彼の孫によってギリシャ語に翻訳され、そのとき序文が書き加えられた。古代社会では、ユダヤ教徒の集会や礼拝で定期的に利用されていた。

読者に哲学的、洞察的な注釈を提供する案内書であり、広範囲な話題に関する助言が含まれ、旧訳聖書の箴言を思わせる箇所もある。

上記の言葉は「学者の知恵は、余暇があって初めて得られる。実務に煩わされない人は、知恵ある者となる」という節の一部だ。つまり慌ただしい日々を送っていると誰でもストレスを感じてしまい、情報を入手したり、慎重に考えたり、賢く行動したりすることができなくなってしまうという。くつろいだ内省的な時間こそ、新しい考えを思いつき、知識を吸収できる機会なのだ。**SH**

できれば
誠実な方法で、
あるいはそうでなくとも、
とにかく金を稼げ。

ホラティウス
『書簡詩』
紀元前 21 頃

クィントス・ホラティウス・フラックスは、アウグストゥス帝時代（紀元前 27–紀元 14）に活躍した一流の詩人だ。ローマが共和国から帝国へと変貌を遂げた時期に当たる。真剣なものから愉快なものまで、茶目っ気のあるものから繊細なものまで、叙情的で巧みな詩をさまざま詠んだ。紀元前 42 年のフィリッピの戦いで破れた共和軍の将校として、アウグストゥスの最重要補佐官マエケナスと親交を深めていたこともあり、新政権のスポークスマンとなった。アウグストゥスからの個人秘書への誘いを断ったあと、皇帝のために書簡詩を書いたことが、自ら詩をしたためるきっかけとなった。彼の作品には人生に対する繊細な観察眼、道徳観、そして巧妙な文章力が見てとれる。

上記の言葉はホラティウスの最初の『書簡詩』——広範囲にわたる話題に対する彼の考察が 20 篇の短い詩で表現されている——に収録されている。ラテン語からの翻訳はバラエティに富み、こんな訳出もある——「金を稼げ、公正な手段で稼げ、そうでないなら、どんな手段であれ金を稼げ」。しかし、実はこの言葉は文脈から外れている。この後、金を稼げと助言する者は誰であれ信用ならない、と続いているのだから。**SH**

大いなる富は、大いなる奴隷状態だ。

セネカ
『ポリュビオスへの慰めの言葉』
紀元44

∩ セネカの評判はローマ帝国中に広まった。この記念像はスペインのコルドバに建っている。

セネカはローマ時代に活躍したストア派の哲学者、政治家、劇作家、初期の人文主義者だ。主に修辞技法を用いた多作家で、作品中で伝統的な信念——宇宙は理性的な摂理で支配されている、自然と義務に従って簡素な生活を毅然と送ることで満足感は得られる、苦しみは受け入れるべきもので魂に好影響を与える、勉学はこのうえなく重要だ——について探求している。読者が日々の問題に直面したときの実践的な対処法を強調し、とりわけ、自分はいずれ死ぬという現実を直視することが重要だと考えていた。

上記の言葉を含む作品中で、セネカは皇帝クラウディウスの書記ポリュビオスに対し、兄弟を亡くしたことに慰めの言葉をかけている。個人的な題材ではあるが、悲しみと死別に関する一般的なエッセーとしても読める。上記の言葉は、ときに反比例する繁栄と幸福に言及している。要するに、大きな商売をすればそれだけ責任が増し、失うものも多くなるということだ。人の誠実さを推し量るのは難しく、金持ちになれば真の友人をなかなか見分けられなくなってしまう。*SH*

金銭の欲は、すべての悪の根だ。

新約聖書
テモテへの第一の手紙
紀元50頃

新約聖書に含まれるパウロがテモテに宛てた第一の手紙は、一般的には「牧会書簡」と呼ばれ、そこにはテモテへの第二の手紙とテトス書も含まれている。どちらの書でもキリスト教徒としての生き方と、キリストの教えを広める方法が語られ、特に教会内での崇拝と組織の形式について詳述されている。上記の言葉は、物質的な物に溺れてはならないという訓戒だ。人生には世俗的な所有物以上に尊いものがある。この訓戒は聖書の全編を通じて繰り返され、『コヘレトの言葉』では「銀を愛する者は銀に飽くことがない」と明言されている。同じような言葉が、アリストテレス等の哲学者の書や、教会の貪欲さを批判した神学者マルティン・ルターの作品にも登場する。

この名言の「の欲」の部分が引用の際に省略されることが多いが、それだと意味が変わってしまう。金銭そのものは中立的な存在だ。ローマ皇帝ウェスパシアヌスが繰り返し口にしているように、金は臭わない。金銭や財産を求める強欲さこそが、人を守銭奴や盗っ人に変えてしまうのだ。このテーマは、ジェフリー・チョーサーの「免罪符売りの話(『カンタベリー物語』)」から、B・トレイヴンの『黄金』に至るまでに通じている。 *IHS*

∩ オーストリアの教会にあるこのステンドグラスには、キリストが聖堂から両替商を追い払う場面が描かれている。

金は臭わない。

ウェスパシアヌス
推定・伝聞
紀元74頃

ティトゥス・フラウィウス・カエサル・ウェスパシアヌス・アウグストゥスは、軍の指揮官として名を上げ、ローマ帝国の第9代皇帝の座についた。フラウィウス王朝を築いた人物である。悲惨なネロの治世とそれに続く壊滅的なローマ内戦(紀元69)ののち、街に法の秩序を回復させた。数々の業績の中でも有名なのが、世界で初めて公衆便所を導入したことだ。そこから出る排泄物を巨大な下水施設に集め、さまざまな業種に売りさばいた。排泄物からアンモニアを抽出して利用していた皮なめし業者と洗濯屋が得意先だった。国が排泄物から得た金は尿税として知られた。人気のある徴税方式ではなかったが、帝国の安定に役立ち、コロセウムの建設資金を支えた。

口汚いながら読みやすい作品を書くローマの歴史家スエトニウスの著書『皇帝伝』によれば、ウェスパシアヌスの息子ティトゥスが、この品位のない税金について苦情を述べたという。それに対してウェスパシアヌスは金貨を掲げてこう言った——「金は臭わない」。汚物から得た金でも汚れているわけではない、という意味だ。

今でもフランス、イタリア、ルーマニアでは、公衆便所はウェスパシアヌスの名前で呼ばれている。*KBJ*

手の中の 1羽の鳥は 藪の中の 2羽に値する。

格言
未詳
13世紀頃

この格言には長く多様な歴史があり、最初の発言者が誰なのかはわかっていない。言い回しはさまざまあるが、意味はすべて同じだ。数は少なくとも確実に手に入るもののほうが、数は多くとも手に入るかどうかわからないものよりもいいという意味である。

最も古いバージョンは、『アヒカルの格言』(紀元前700)に登場する——「手の中の1羽のツバメは、空を飛ぶ千羽のツバメよりもいい」。アヒカルというのは、その深遠な知恵ゆえに近東で知られたアッシリアの賢人だ。13世紀には、出典不明のラテン語の格言として再登場する。中世の鷹狩りの間で人気となり、腕にとまる訓練の行き届いた1羽の鳥のほうが、森に隠れている多くの獲物よりも価値があるとされた。

15世紀になると、この格言はジョン・キャップグレイヴの『聖カタリナの生涯』(1445)に登場する——「手の中の1羽の鳥のほうが、頭上を飛ぶ3羽の鳥よりも確実で、儲(もう)けになる」。これは知られている中では初めて英語で書かれた例だ。その後も、何度か英語の書籍に登場している。*KBJ*

仕事の話以外はするな、そしてその仕事をさっさと片づけろ。

アルドゥス・マヌティウス
ピエトロ・ベンボへの手紙
1514

アルドゥス・マヌティウスはイタリア・ルネサンス期の人文主義者、文法家、編集者、印刷業者、出版業者で、イタリック体の発明者とされている。セミコロンの現代的な利用法を確立し、コンマの形を発展させ、革新的な製本技術を用いて古典文学や詩集の安価で持ち運び可能な小型版を誕生させた。

自身、人の尊敬を集める学者であり教師だったマヌティウスは、明確な社風と知的な野望とともに印刷所を設立した。古代ギリシャ文学を保存し、それを安価で世に広め、優雅な印刷と巧みな編集で読者が原書本来の雰囲気を可能な限り味わえるようにすること、それが彼の夢だった。また、ラテン文学とイタリア文学の偉大な古典を自らの名前を冠した特別な書体で印刷した。ペトラルカの直筆から取ったとされる書体だ。彼が作った本の多くにはイルカと錨(いかり)のシンボルが印刷され、有名なラテン語の金言「Festina lente(悠々として急げ)」が印字されている。上記の言葉はその金言に通じる。彼はこの言葉を事務所のドアに掲げ、入る者すべての目に留まるようにした。さっさと仕事を片づけたら、さっさと帰れ、と。 **KBJ**

1ペニーの節約は、1ペニーの稼ぎ。

格言
未詳
1640頃

上記の言葉(A penny saved is a penny earned.)は、非常に有名な言い回しの中で一番広く引用されているバージョンだ。最も古い記録は、ジョージ・ハーバートの『風変わりな格言』(1640)――「1ペニーの節約は、2倍の儲け(A penny spar'd is twice got)」――である。それを少し変えたバージョンが、トーマス・フラーの『イングランド名士列伝』(1661)に出てくる―― 'A penny saved is a penny gained'。そしてエドワード・レーヴンズクロフトの『カンタベリーの客人』(1695)では'A penny sav'd is a penny got'と引用されている。

1737年以降、上記の言い回しはアメリカ建国の父ベンジャミン・フランクリンの発言だとされているが、フランクリンが実際に『プーア・リチャードの暦』の中で「金持ちになるためのヒント」というコラム内に書いたのは、「1ペニーの節約は、2ペンスの儲け(A penny saved is twopence clear)」という言葉である。ただし同書の1758年版の序文の中でフランクリンは、'A penny saved is a penny got'と訂正している。 **KBJ**

買い手に必要なのは100の目で、売り手に必要なのは1つの目。

格言
未詳
1640 頃

∩ ヨハネス・フェルメール作『取り持ち女』（1656）の中では、オレンジ色の服を身にまとった男が買う前に品定めをしている。

おそらく古くから使われてきた伝統的な格言だろうが、最初に記録されたのはジョージ・ハーバートが1000以上の格言を集めた『風変わりな格言』（1640）の中だ。この作品は大人気となり、イギリスの聖職者であり詩人のハーバートは、さらに150ほどの慣用句を加えた第2版を出版している。

上記の格言は、売り手と買い手とでは情報の配信が同じとは限らないことに言及している。買い手には、金を払って手に入れようとしている物品もしくはサービスの品質を徹底的に検討するよう警告し、売り手には獲物を見つめるヘビさながらに客から目を離さないよう促している。客が品物の真値や出所や所有者の歴史を知らない――おそらくはわからない――のをいいことに、不道徳な売り手は嘘（うそ）をついたり値を吊（つ）り上げたりする。人生のさまざまな局面において、知識は力となり、詐欺に対する防衛手段となる。この格言は、現代でも広く使われているラテン語の言い回しと非常によく似ている――「買い物をする者は用心を心がけよ」。 **KBJ**

持ち主を奴隷化する富は、富ではない。

格言
ヨルバ族（ナイジェリア）
1650 頃

この格言は、「富」に二重の意味を持たせている。裕福になるというのは、金品をたっぷり手に入れるだけでなく、たとえば知恵や愛によって精神的な意味で健全で幸福に満たされることも意味する。財産に牛耳られたり翻弄されたりするようになれば、あなたは決して豊かになったとは言えない。このように、この格言は節度と自制の価値を強調している。

ヨルバ族の哲学には、物質的、精神的な宇宙に説明をつけようとする話や文化的慣習が含まれる。知恵と愛を深く探求し、節度と誠実さ、正義、不屈の精神、道徳、思慮分別、そして名誉という美徳を褒め称(たた)える物語や金言、格言が豊富に存在するのだ。ヨルバ語で「頭」を意味する「オリ」という言葉には、切り離すことのできない肉体と精神が含まれている。「オリ」が全身を定義、制御し、その知識のすべてを保持し、その運命を左右するのだ。それがヨルバの哲学と宗教の礎と見なされている。頭に考えが浮かんだ後、それが行動に移される道筋を、この親密な結びつきが象徴している。 ***KBJ***

∩ ヨルバ聖地の像。富（馬）、豊饒（女性とその子供）、そして権力（多くの従者）が表現されている。

何事をもうちばにかまへて、人の跡につきて利を得る事かたし。

井原西鶴

『日本永代蔵』

1688

大坂の裕福な商家に生まれた西鶴は、日本の商いを熟知していた。『日本永代蔵』の中で、彼は工夫、節約、勤勉、誠実を褒め称える一方、日本の新しい商人について詳述している——それまでのように市場の独占や高貴な人々との特別なコネを通じてではなく、投資と流通による資本経済の中で財を築く商人だ。

『日本永代蔵』は、個人にしろ商人にしろ、高潔さと倹約で富を築くためのハウツー本である。西鶴は事業主に、自分の頭で考え、慎重かつ誠実に、着実に商売を行い、取り引きでは常に誠実であれと説いている。彼は金銭を崇拝する者や不正を働く者を批判していた。

西鶴の作品は教本の域を超え、娯楽作品でもある。彼が描いた破天荒な商人の物語や、紆余曲折ののちに大成功を収めた人、あるいは悲惨な結果に終わった人の物語は、江戸庶民の間で人気を博した。*KBJ*

∩ 海外の影響を受ける以前は、昔ながらの商慣習が幅を利かせていた。

喜びは商売にとって盗っ人だ。

ダニエル・デフォー
『イギリス商人大鑑』
1726

ダニエル・デフォーと言えば『ロビンソン・クルーソー』(1719)の作者として知られているが、彼は小説家だけでは終わらない。ジャーナリスト、政治活動家、そして商人でもあったのだ。商売で成功したものの借金を抱え、1692年に破産もしている。『イギリス商人大鑑』はビジネスの指南書で、とりわけ若者に向けて書かれている。18世紀にはこうしたハウツー本はめずらしく、デフォーは商業の世界で成功するための助言として、自身の成功と失敗を引き合いに出している。非国教徒のプロテスタントとして、実用面だけでなく倫理面も重視し、商取引は誠実かつ公正に行い、相手をだましたり詐欺行為を働いてはならないと警告している。暮らしだけでなく、自身の魂も守るよう説いているのだ。

また、喜びを追求してばかりいると商売がおろそかになると指摘している。酒場で飲んだくれたために書類も書けず、帳簿もつけられず、店番がいなくなるのは時間の無駄使いだと諫(いさ)めている。喜びは時間泥棒であり、喜びにふけるより仕事をしたほうがよほどいいと考えていた――金を稼ぐだけでなく、家族を養うためにも。**CK**

∩ 作者不明のダニエル・デフォーの肖像画。彼は商売を繁盛させるために健全な助言をした。

時は金なり。

ベンジャミン・フランクリン
『若き商人への手紙』
1748

アメリカ建国の父ベンジャミン・フランクリンが言ったと伝えられる名言は多いが、これは正真正銘、彼の名言である。作家、印刷業者、政治家、郵便局長、科学者、発明家、社会活動家、外交官、フリーメーソン、そしてビジネスマンと、さまざまな顔を持つフランクリンは、時間の価値と1日を有効活用した場合の収入を知りつくしていた。上記の言葉の後はこんなふうに続く——「1日の労働で10シリング稼ぐ男が、海外へ行くか半日を無為に過ごしたとする。彼がそんな気晴らしに6ペンスしか使わなかったとしても、かかった費用はそれだけではない。その他に5シリングをどぶに捨てたことになるのだ」。機会を無駄にすれば高くつくことをことさら強調した文章だ。選択を間違えば、他から得られた可能性のあるものを失ってしまう。本質的にこれは経済原理であると同時に効用原理でもある。

実のところこれは非常に古い格言であり、さまざまな言い回しがされてきた。わかっている中で最も古いのはギリシャ古典だ。「最も大きな出費は時間である」という言葉を、アンティフォンが述べたとされている。他にも例はあるが、どれもみな古典的な例であり、この名言を口にしたのはフランクリンだと言って差し支えないだろう。**KBJ**

我々が夕食にありつけるのは、肉屋や酒屋やパン屋の善意のおかげではなく、彼らが利益を追求したおかげだ。

アダム・スミス
『国富論』
1776

アダム・スミスは最初の著作『道徳情操論』(1759)の中で、道徳心は他者の状況に感情移入しようとする人間本来の能力から発生すると提唱した。しかし彼は、それによって他者の経験を正確に認識できのるかどうかについては懐疑的だった。確かにいくら他人の身になって考えてみようにも、共感には限界があり、自身の利益のほうが勝ってしまうものだ。スミスはその後、政治経済学に興味を抱いた。上記の言葉は、市場の商取引によって生じる富の共有に、道徳的情操が一部絡む可能性があることを示唆している。本質的には、他者のために善意の行動を起こそうとするだけの共感は、商取引上は何の役割も持たない。肉屋とその客が間接的に互いの状況を認識することはできても、両者がそれぞれ相手のためにする行為は、自分の利益のためにすぎない。それでもその行為が双方にとって利益となる。何より重要なのは、市場経済が生む公共の利益は、個々が無意識のうちに自身の利益を追求し、あたかも「見えざる手」に導かれるかのように発生するものだ、とスミスが見ている点である。**TJ**

C デイヴィッド・マーティン作『ベンジャミン・フランクリン(1767)』。

会社には罪に問われるべき肉体もなければ、地獄に堕とされるべき魂もない。

エドワード・サーロー卿（きょう）
推定・伝聞
1785頃

Ω イギリスの政治家で弁護士だったサーロー卿の木炭画（1822）。

会社法の制定に際し、サーロー卿はこう書いている――「個人が特定の名称のもとに集まり、ひとつの母体として結びつく。人為的な形式として永久継承権を持ち、法によっていくつかの局面においては個人のように行動の権利を授けられる。財産を手に入れる能力、責務を契約する能力、訴訟を起こし、起こされる能力、特権を楽しみ、免除される能力、さまざまな政治的権力を行使する能力……」。上記の言葉はジョン・ポインダー著『文学のエッセンス』（1844）からの抜粋で、サーロー卿が会社を個人と同じように扱うことに反対していたのがわかる。何しろ会社には神に罰せられる魂もなければ、法に問われるべき肉体もないのだから。サーロー卿はまた、こうも言ったとされている。「地獄に堕ちる魂もなければ蹴り飛ばす肉体もないというのに、会社に良心を期待できると思うのか？」彼の前にも17世紀のイギリスの法律家サー・エドワード・コークが著書で似たようなことを述べている。「彼ら（会社）は反逆罪を犯すことができないし、無法者にもなり得ず、破門を宣告することもできない。魂がないのだから」。しかし人々の記憶に深く刻みこまれているのは、サーロー卿の言葉の方だ。 KBJ

仕事の欠如を恐れるな。求めに応じられるだけの資質を備えた人間なら、仕事にあぶれることはない。

トーマス・ジェファーソン
ピーター・カーへの手紙
1792

ピーター・カーはジェファーソンの甥で、彼の熱烈な支持者だった。おじと同じく法律家で、ヴァージニア州アルベマール郡の治安判事を務めている。1790年頃、カーはジェファーソンの指示により、スプリング・フォレストとモンティチェロで法学生として学び始めた。1793年には法曹界入りしたが、務めた期間は短かった。彼はあるスキャンダルで有名だ。彼の死後、トーマス・ジェファーソン・ランドルフが、カーもしくは彼の兄弟サミュエルが、ジェファーソン家に仕えていた混血の奴隷サリー・ヘミングスとの間に少なくとも6人の子供をもうけた、と言い出したのだ。この主張は1998年にDNA検査によって真実ではないことが証明されている。

上記の言葉は法曹界の入口に立った若きカーに対するジェファーソンの助言で、その意味するところは明らかだ。証明書や免許証だけでなく、専門分野における技能と知識を備えていることが公に認められた人間なら、依頼人に事欠くことはない、だから不安を感じる理由はなにもないのだ、と。ところが才能があると思われたカーは、結局、法曹界でも政治の世界でも頭角を現すことはなかった。その大きな理由は、彼がものぐさでわがままだったから、と言われている。KBJ

∩友人のチャールズ・ウィルソン・ピールが描いたトーマス・ジェファーソンの肖像画（1791）。

私の人生の鉄則は、仕事を喜びとし、喜びを仕事にすることだ。

アーロン・バー
推定・伝聞
1798

∩ 仕事と遊びの両方に同じくらい没頭していたアーロン・バーにとって、両者の線引きは曖昧だった。

アーロン・バーの公的な生活は華々しかった。第3代アメリカ副大統領であり、独立戦争（1775-83）時は軍の士官だった。負傷して戦地を去ると法律を学び始めたが、ときおりジョージ・ワシントンのために諜報活動も行っていた。ワシントンによるバーの評価は微妙だ。彼を准将に昇格させるかどうかというとき、ワシントンは次のように難色を示したという――バーは「勇敢で優秀な士官だ……しかし問題は、彼が悪巧みにおいても同様の才能を持っていないかどうかである」。1796年の大統領選で敗れたのち、バーは1800年にトーマス・ジェファーソンの副大統領候補として出馬した。副大統領時代の最も顕著な出来事は、上院を率いて最高裁判事サミュエル・チェイスの弾劾裁判を行ったことと、アレクサンダー・ハミルトンとの違法な決闘だ。結果、ハミルトンは死亡した。1807年、バーは反逆罪に問われたものの無罪放免となるが、支持者をほぼ失い、政治的権力を失った。数年ほどヨーロッパで過ごしたのちアメリカに戻り、余生は弁護士としてひっそりと過ごした。彼がフランスの外交官に宛てた手紙から抜粋した上記の言葉が、バーの世界観を要約しているようだ。*IHS*

物事を正しく成し遂げたいなら、自分ですることだ。

シャルル＝ギヨーム・エチエンヌ
『ブリュイとパラプラ』
1807

シャルル＝ギヨーム・エチエンヌはフランスの劇作家、ジャーナリスト、批評家だ。最も有名なのは、物議を醸した舞台喜劇『2人の婿』(1810)である。エチエンヌはパリの劇場のために20年以上も芝居を書き続け、アカデミー・フランセーズの会員の座を手に入れた。フランス革命時はさまざまな公職に就いていた。バサーノ公ことヒュー＝ベルナール・マレの秘書官を務め、任務としてナポレオンに同行してイタリア、ドイツ、ポーランド、オーストリアに遠征したこともある。その旅の最中に最高傑作の1つとされる『ブリュイとパラプラ』を執筆した。上記の言葉をフランス語の原文から直訳すると、「自分以上に自分に仕えることのできる者はいない」となる。この直訳も、意訳した上記の文章も、意味は同じだ。自分のために物事を正しくこなしたいのなら、他人を頼ってはならない。

フランスの復古王政時代(1814-30)、エチエンヌは抵抗勢力の熱烈な支持者であり、そのメンバーだった。しかし1830年の革命には共感していたものの、その後の改革には落胆した。その直後、公職を引退している。 *KBJ*

∩ フランスの劇作家シャルル＝ギヨーム・エチエンヌを描いた劇画。「ル・シャリヴァリ」誌(1833年9月20日号)より。

取り引きのルールを教えよう。「相手をだますこと。相手もあなたをだますだろうから」これこそが商売の真の教訓だ。

チャールズ・ディケンズ
『マーティン・チャズルウィット』
1844

∩ 老チャズルウィットと散歩する偽善者セス・ペックスニフ。

⊃ 全盛期のチャールズ・ディケンズ。

『マーティン・チャズルウィット』のテーマは、利己主義と強欲が引き起こす破滅だ。若きマーティンは好青年だが、彼の従兄弟ジョナス・チャズルウィットは意地が悪くて欲が深く、裕福な家庭の出だというのに、さらなる富を得ようとする。目標を達成するためなら非道な商売に手を染めることもためらわない。ジョナスの父は息子を誇りにしながらも、ここまで無情な息子に育ててしまったことを後悔している。ジョナスの物欲主義は生来の善良さを貪り尽くし、彼を他者への敬意を欠く危険な怪物へと成長させてしまう。

ディケンズは、商売とは敵対するスポーツのようなもので、公正もしくは不公正な手段で個人が相手に勝とうとするものだと示唆している。そこに憐（あわ）れみが入る余地はない。相手が誰であれ疑い、最初に報復した者の勝ちだ。ディケンズが活躍したのは、ルールが存在しないために詐欺が横行していた時代だった。悪徳商人の話がたびたび耳に入ってきたのだろう。ジョナスもまさにそういう男である。それでも彼の言葉は時代に揉（も）まれつつ生き残ってきた。ジョナスの皮肉は、21世紀の人々にもピンとくる。金融業界に限らずどの業種でも、ネズミ講から詐欺に至るまで、経済的な災難は今でも存在するのだから。CK

商売？
極めて単純だ。
他人の金の
ことだから。

アレクサンドル・デュマ・フィス（小デュマ）
『金の疑問』
1857

これはフランスの作家アレクサンドル・デュマ・フィス（小デュマ）の言葉で、彼は『三銃士』（1844）等の人気冒険活劇で知られる同名作家の庶子である。小デュマも父と同じく多くの作品を書いているが、小説家というよりは劇作家として成功し、1852年の作品『椿姫』で名声を手にした。上記の言葉は喜劇『金の疑問』（1857）の第2幕7場に登場する。主役のうさんくさい金融業者ジャン・ジローの台詞だ。生まれの卑しいジローはあやしげな投機で財をなす。心根は悪くないものの粗削りのダイヤのような彼には、社会の階段を上がっていく過程で出会う品のい人々の繊細さが理解できない。

小デュマは私生児であり、常に部外者の気分を味わっていたためか、晩年には社会的慣習や思想や道徳に幅広く反発する戯曲を多く書いている。のちにノルウェーの劇作家イプセンによって大衆化されたジャンルだ。『金の疑問』は、金儲（もう）けと金が社会の道具となることに関して、それまでの価値観と信念に挑戦状を叩きつけた作品だ。この作品が書かれた当時は、誰もが裕福になろうと投機熱が高まっていた。小デュマの皮肉が、古い時代と新しい時代の衝突を浮き彫りにした。 **CK**

以前は戦争が大金を生んだ、
戦争がビジネスだった。
しかし大金を生むのが
ビジネスだけになった今、
ビジネスこそが戦争だ！

クリスチャン・ネステル・ボヴィー
『直観と思考の要約』
1862

クリスチャン・ネステル・ボヴィーはニューヨークのライター、弁護士で、オリバー・ウェンデル・ホームズやラルフ・ワルド・エマーソンといった文壇の巨匠と親交があった人物だ。広く引用されている2冊の本を書いている――『思考と感情と空想』（1857）と『直観と思考の要約』（1862）。上記の言葉は後者からの抜粋だ。

1860年代、アメリカは南北戦争の復興期にありながら瞬く間に世界をリードする産業国になろうとしていた。初の大陸横断鉄道が建設され、新たな鉄鋼技術が開発され、電信と電話の発明により長距離間の通信が可能となった。そしてビジネス組織の支配的な形態として、企業が台頭した。ボヴィーの言葉は、19世紀における産業界の大きな転換期を捉えている。産業化以前は、他国の征服が金を生む主な方法だった。武器を製造する者、軍隊を指揮する者が利益を受けたのだ。資本主義の誕生と産業化ののちは、自由市場が新たな「戦場」となり、各企業は重役会議室を離れることなく事業を拡大し、新たな資源を手に入れ、他社との激しい競合をくり広げることができるようになった。 **KBJ**

自分の仕事と呼ぶものに絶え間なく身を投じてしまえば、他の数多くの物事を絶え間なく無視することになる。

ロバート・ルイス・スティーヴンソン
「コーンヒル」誌
1877

この言葉は、「怠け者への詫び状」というタイトルで掲載された雑誌コラムからの抜粋だ。執筆したスコットランドの若き作家スティーヴンソンが、小説家として世の注目を浴びる前のことである。彼は機知に富んだエッセーの中で、放蕩者や怠け者を擁護し、人生の単純な喜びを味わおうと主張しているが、これは彼なりの皮肉だった。しかし同時に、彼は当時の労働倫理も拒絶していた。上記の言葉は、仕事に没頭していると家族や友人や人生の興味深い物事が犠牲にされてしまう、という心からの訴えだ。スティーヴンソンは、年がら年中、仕事のことばかりを考え、周囲の物事に目を向けようとしない多忙なビジネスマンを批判している。「仕事ばかりで遊びのない人生」は人を衰弱させると考えていた。バランスと好奇心が重要なのだという。おそらく彼が家族の望みに反して技士や弁護士ではなく作家となり、自由奔放な人生を満喫したからこそ言えることだろう。彼にとって、のらくらと過ごすのは怠慢ではなく、創造性と探検心に通じるのだ。

常に活動的で因習にとらわれない彼の精神は、作家として大成した後も消えることはなかった。**CK**

客は常に正しい。

マーシャル・フィールド
未詳
1900 頃

小売業、レストラン、専門サービス業で頻繁に使われるモットーだ。しかしこれは文字通り受け止めるものではなく、個々の顧客に自分は特別で価値があると感じさせるための市場スローガンというほうが近い――我々は顧客のさまざまな要望を満たすためにあらゆる努力を惜しまず、顧客を欺くようなまねはしない。要は、実際は正しくなくとも顧客は常に正しいという態度をとれ、ということだ。客を失わないために、口コミ等で否定的な感想を広められないために。当時、客をこのように扱うのは目新しいことだった。不当表示や詐欺が横行し、「買い物をする者は用心せよ」と言われる時代なのだから。このモットーが日々実践されていたかどうかはともかく、これが商売への大きな信頼を生むのに一役買ったことは間違いない。

この言い回しをアメリカに広めたのは、シカゴを拠点とする百貨店を設立したマーシャル・フィールドで、イギリスに広めたのは1909年にロンドンにセルフリッジス百貨店を開いたハリー・ゴードン・セルフリッジだった。また、スイスのホテル経営者セザール・リッツは「客は決して間違わない」と言ったとされ、ドイツには「客は王様だ」という言い回しがある。**KBJ**

ビジネスの世界には、能なしの成功者が大勢いる。

エイブラハム・カーハン
『デイヴィッド・レヴィンスキーの出世』
1917

∩エイブラハム・カーハンは、アメリカにおけるユダヤ人移民の説得力のある多彩な物語を書いた。

エイブラハム・カーハンは、リトアニア生まれのユダヤ人作家、ジャーナリスト、新聞編集人、そして政治家である。1882年にアメリカに渡り、アメリカに移民したユダヤ人文化において最も影響力のある人物となった。ユダヤ人とアメリカ人双方に崇(あが)められ、成功しながらも自分のルーツを忘れなかった移民として認知されている。

彼の代表作2作は、移民のアメリカ帰化への経験を描いた名作とされている。上記の言葉はそのうちの1冊『デイヴィッド・レヴィンスキーの出世』に登場する。マントの製造業者として成功を収め、数々の衝突や緊張関係、そして困難に遭遇しながらもアメリカンドリームを追いかける移民の物語だ。主人公レヴィンスキーが、もっと知的でクリエイティヴな職業を選ばなかったことを後悔する中で、上記の言葉を発している。彼は、ビジネスで成功するには本物の才能や知性や特別な能力は必要ないという結論に達した。ビジネスで成功した数多くの能なしが、それを証明している。レヴィンスキーは、自分の発明の才や品位、すなわち自身が「創造的個人主義」と呼ぶものを証明するような形で成功したかったと思うのである。**KBJ**

金しか生まないビジネスは粗悪なビジネスだ。

ヘンリー・フォード
「ニューヨーク・トリビューン」紙
1919 年 1 月 19 日版

この言葉が初めて登場したのは、自動車王フォードによる「フォード氏のページ」という新聞コラムだった。以来、彼の最も有名な名言の 1 つとされてきた。自動車の大量生産はフォードが思い描くビジネスの目標ではなく、消費社会の発達における第一歩だった。彼が開発した大量生産方式は、平均を上回る賃金で働く人々によって生みだされた。その人たちが今度は外で金を使うことで、さらなる需要が生まれたのだ。フォードはこんなふうに結論づけている——「あらゆるビジネスが、世界の日々の進歩に貢献しなければならない」。

フォードは叩き上げの実業家だった。ミシガン州の農場に生まれながら田舎暮らしを嫌い、16 歳のときにデトロイトで機械工の見習いとなった。1893 年、30 歳で事業を立ち上げ、自ら自動車を設計した。1903 年にはフォード・モーター社を繁栄させ、1908 年にはＴ型フォードを世に送り出した。これがアメリカの中産階級に多く売れたことで、自動車産業が一変した。ライバル社の 2 倍の賃金を支払うことでフォードは従業員の忠誠心を獲得し、優秀な作業員を引き入れ、やがて「福祉資本主義」と呼ばれるようになるものを開拓したのである。*IHS*

∩1919 年のヘンリー・フォード。当時彼は 50 代で、彼の会社は世界最大級の自動車製造会社に成長していた。

私の知る限り、この世には、凡人の集団的知性を過小評価したために金を失った者はいない。

H・L・メンケン
「シカゴ・トリビューン」紙
1922

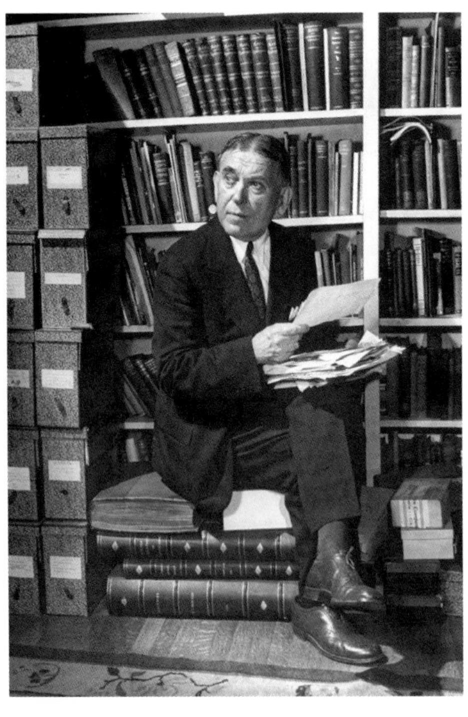

ヘンリー・ルイス・メンケンは20世紀の最も優れた風刺家だ。アメリカの生活、文化、そして言語をやり玉に挙げている。テネシー州で1人の教師が規則を無視して公立高校で進化論を教えたことを巡るスコープス裁判（メンケンはこれに「モンキー裁判」と命名した）の記事が、彼を有名にした。論争好きな彼は第一次および第二次世界大戦へのアメリカの干渉に反対し、ナチスの社会ダーウィン説を支持した。それでも人気を博し、その巧みな記事ゆえにコラムニストに昇格した。

上記の言葉は、タブロイド紙の人気が高まってきたのは「ほぼ無教養の」読者層に狙いを定めたからだ、というメンケンの記事からの抜粋だ。彼は、人は読めば読むほど学識を深めていくという理論を信じていなかった。「あべこべだ。凡人はしゃべることも理解することもできるし、多くの場合、読み書きすらできるからといって、彼らがちゃんと自分なりの考えを持ち、さらなる知識を求めていると思うのは、愚かな思いこみというものだ」。*IHS*

∩ 皮肉たっぷりのコラムを書く一方、
H・L・メンケンはアメリカ英語の重要な研究者だった。

アメリカ人の一番の関心事は、ビジネスだ。

カルビン・クーリッジ
ワシントンDCで行われた米新聞編集者協会での演説
1925.1.17

カルビン・クーリッジは狂乱の1920年代に大統領を務め、好景気の中、昔ながらの経済指針の維持にこだわった。連邦政府によってにわか景気が阻まれることを拒否し、農業をはじめとする困窮産業への助成金を拒んだ。「クーリッジ景気」のおかげで人気は高かったが、任期末の1929年には大恐慌に見舞われ、株が暴落した。

クーリッジの上記の言葉は誤解されることが多い。演説の文脈から切り離されると、なおさらだ。上記の言葉だけだとクーリッジがアメリカを生粋の実利主義国だと信じていたようにも思えるが、演説の一部として読めば、クーリッジが報道陣にさまざまなビジネス運営に注意を傾けるよう促していたことがわかる。市民の大半は、日々の暮らしに影響を与えるビジネス界の動向を深く気に懸けているからだ。アメリカ人は製造し、買い、売り、投資し、繁栄を望む。だから彼らの生活はビジネスとは切っても切り離せない。彼は報道陣にこう助言している。「国のビジネス動向を密接に追っていれば、それに疎い者よりも頼りにされるようになる」。 KBJ

∩1924年、大統領になって1年目のカルビン・クーリッジ。

This Confection Costs Least! It Benefits Most!

If Everybody Chewed it, all Teeth would be White. All Breath would be Right.

Everyone would approve of it because everyone would benefit by it.

Get the Goody that's Good for You!

仕事仲間の2人が常に合意するなら、片方は必要ない。

ウィリアム・リグレー・ジュニア
「アメリカン」誌
1931.3

ウィリアム・リグレー・ジュニアはシカゴの実業家で、チューインガムで財を築いた人物だ。もともとは石鹸（せっけん）とベーキングパウダーを売っており、それぞれの容器にガムのおまけをつけていた。やがてガムが一番の人気商品になると、リグレーはガムを会社の主要製品に据えることにした。

1931年に「アメリカン」誌のインタビュー取材を受けた際、リグレーは気骨のある社員が好ましいと述べた。上司に進んで意見し、ときには「あなたは間違っている」と言えるような社員だ。彼はイエスマンを嫌っていた。一番厄介なのは、判で押したように「はい、ミスター・リグレー、おっしゃる通りです」と答える社員だという。彼はこう続けた。「ビジネスは気骨のある人間がいるからこそ成り立つものだ——反対意見を述べ、最後まで闘い、事実を手にしようとするくらいの気骨がなければ。2人が常に合意するなら、片方は必要ない」。ここでは「仕事仲間の」という言葉が使われていない。どうやらこの言葉は、「リーダーズ・ダイジェスト」誌が1940年7月号でリグレーの言葉を引用した際に追加されたようだ。この名言は、誤ってヘンリー・フォードやエズラ・パウンドの言葉だとされることもある。 KBJ

∩1922年、シカゴのリグレー本社ビル近くのシカゴ川で、所有するフェリーの操縦桿（かん）を握るウィリアム・リグレー・ジュニア。

⊂ リグレー社のスペアミントガムの広告（1911）。

努力する前に成功を見つけられる場所は辞書の中だけだ。

スタビー・カレンス
「ブルーフィールド・デイリー・テレグラフ」紙
1935

ヴァージル・L・〈スタビー〉・カレンスは、ウエストヴァージニア州ブルーフィールドの「ブルーフィールド・デイリー・テレグラフ」紙のスポーツコラムニスト、ライター、編集発行人、記者だった。そのキャリアは52年に及ぶ。彼が担当した2つのコラム――「プレス・ボックス」と「ナウ・アンド・ゼン」――は読者に大人気だった。地元チーム、とりわけ若い運動選手を熱烈に支援していたこともあり、地域でも好かれていた。毎年行われる学生スポーツ賞と大学バスケットボールのトーナメントには、彼の名前が冠されている。

上記の言葉は彼のコラムに登場したのだが、誰か別の人間を引き合いに出しているように見える。意味は明確だ――成功するには血と汗と涙と決意が必要で、それらなしで成功を手にした例はまずない。特にスポーツの世界ではまさにその通りで、この言葉がプロのスポーツ選手を目指す若者の座右の銘となったことは間違いない。

同じような言い回しはカレンスがコラムで使う前から存在した。1925年～32年にアイオワとペンシルベニアの新聞に登場している。「努力せずに成功を見つけたいなら、辞書を見ることだ」、そして「努力せずに成功を見つけられる唯一の場所は辞書の中だ」。*KBJ*

理解しないでいることに対して給料を支払われる人間に、何かを理解させようとするのは難しい。

アプトン・シンクレア
『知事候補の私がいかに侮られたか』
1935

これはジャーナリストのアプトン・シンクレアによる素晴らしく気の利いた言葉である。彼が1934年に民主党からカリフォルニア知事選に出馬したときのことを書いた作品からの抜粋だ。当時彼はカリフォルニアの貧困撲滅運動（EPIC）の先頭に立っており、もう少しで当選するところまで健闘した。彼とEPICは、大恐慌の中、大衆の苦労を軽減するために、所有者のいない土地や空っぽになった工場を労働者の共同組合住宅に転用しようと提案した。そうすれば長期間職にあぶれている人たちが再び生活費を稼げるようになり、その間にひどく病んだアメリカ経済も立て直せるのではないか、と。

本人は圧力団体を1つ率いる程度に考えていたのだが、何千という数の人々が彼を支持して集まり、民主党の知事候補に押し上げた。しかし共和党はシンクレアの温和主義的な党員とは違って情け容赦ないスタッフを結集し、あらゆる力――違法な手段も含めて――を行使して敵対勢力を脱線させた。結果、シンクレアは11月の選挙で現職のフランク・メリアムに敗れた。すべてが終わったのち、シンクレアは政治的陰謀についてぶちまけ、変化を拒む利己的な日和見主義者を忌み嫌うようになった。*JP*

人に何かをさせるための唯一の方法は、人が望むものを差し出すことだ。

デール・カーネギー
『人を動かす』
1936

∩1929年のニューヨークの株式仲買人――
大衆の要望という波に乗って売買する熟練サーファーだ。

デール・カーネギーは、一セールスマンから、当時アメリカで新たに出現したセルフ・ヘルプ産業界のパイオニアに登りつめた人物だ。自己啓発、営業法、企業研修等のハウツー本を通じて彼が発した成功者の心理に関する助言は、広く影響を及ぼしている。

上記の言葉は、ある程度の真実を突いている。個人の関係には間違いなく当てはまり、企業が消費者の要望に応えて中断していた製造ラインを再開する例もある（ただし実際に要望があったかどうかに関係なく、他社が消費者の声に応えたからというケースもある）。しかし一番の問題は、上記の言葉とは正反対のパターンがある点だ――将来的な見返りの予測もしくは可能性が、それがなければ取られなかったであろう行動を誘発するパターンである。

カーネギー自身、そのことは十分承知していたはずだ――ターゲット設定が商売の要なのだから。彼がこの本を書いたときにはその点を失念していたか、賛否両論をバランスよく評価するより、スローガンを1つ提案するほうが効果的だと判断したのだろう。もっとも、確実性というのはそれなりに魅力的だ。1500万部という本の売れ行きがそれを証明している。*JP*

ビジネスに基づく友情のほうが、友情に基づくビジネスよりもいい。

ジョン・D・ロックフェラー
デール・カーネギーによる引用
1936

1870年にスタンダード石油会社を共同設立したジョン・D・ロックフェラーは、1900年には世界で最も裕福な男になっていた。アメリカの実業家で博愛主義者の彼は、さまざまな経験を基に自分なりの考えを抱いていた。上記の言葉はデール・カーネギーに対する助言で、カーネギーが著書『人を動かす』(1936)の中で引用している。

もちろん例外もある。たとえばニューヨーク出身の幼なじみベン・コーエンとジェリー・グリーンフィールドは1978年にアイスクリーム会社を設立したのち、現在に至るまで友人関係を保っている。しかしこうした例はそう多くはない。逆に、比喩的な意味ではあるが、取締役会での流血騒ぎは枚挙に暇がない。たとえばマーク・ザッカーバーグとエドゥアルド・サベリンだ。2人が意気投合していたのは、フェイスブックを創設するまでのことだった。

音楽業界では、互いに対する好意が消えてからしばらくたっても、ともに活動する例が多い。ローリング・ストーンズのミック・ジャガーとキース・リチャーズ、そしてフリートウッド・マックのメンバーがいい例だ。後者は、紆余(うよ)曲折を経ながらバンド活動を持続させたクロスビー・スティルス・ナッシュ&ヤングを手本としたようだ。JP

∩ アメリカの大富豪実業家ジョン・デイヴィソン・ロックフェラー。1909年頃の写真。

⊂ ニューヨーク市のロックフェラーセンター。

お金持ちの時もあったし、貧乏の時もあったけれど、お金持ちの時のほうがよかった。

ベアトリーチェ・カウフマン
「ワシントン・ポスト」紙
1937

∩ アトランティック・シティにて（1920年代頃）、ベアトリーチェ・カウフマンと夫のジョージ・S・カウフマン（右）、喜劇俳優のジュリアス・タネン（左）。

いい言葉だ。この言葉を発した人物として、これまでベッシー・スミス、ビリー・ホリデイ、ジョーイ・アダムス、ジョー・E・ルイス、ファニー・ブライス、フランク・シナトラ、アーヴィング・ウォーレス、ジョン・コナリー、パール・ベイリー、メイ・ウエストといった名前が挙げられてきた。ソフィー・タッカーの言葉だという誤解が多いが、彼女がこの言葉を口にした証拠はない。実際に口にしたのはベアトリーチェ・カウフマンで、芸能コラムニストのレナード・ライアンズがそれを記録している。劇作家の夫ジョージ・S・カウフマンの舞台仲間と話している最中、相手に映画出演のオファーを受けたほうがいいと説得していた時のことだという。「ねえ、私のアドバイスを聞いて」と彼女は促した。「出演料を見過ごしてはいけないわ。私はお金持ちの時もあったし、貧乏の時もあったけれど、お金持ちの時のほうがよかった」。彼女は夫と同様、機知に富んだ台詞のやりとりを特徴とする風刺喜劇の世界にいた。かつて出版社ボニ&リヴァライト社の編集長を務め、夫の作品と並んで、T・S・エリオット、ウィリアム・フォークナー、E・E・カミングス、ジョン・スタインベック、ユージン・オニール等の作品を担当した人物だ。劇作家でもあり、「ニューヨーカー」誌に短編を寄稿していた。 **IHS**

ビジネスを回さなければビジネスから弾き出されてしまう。

B・C・フォーブス
推定・伝聞
1945

出版王国の創始者バーティー・チャールズ・フォーブスは、20代初めだった1904年、スコットランドからアメリカに移住した。まずは「商業ジャーナル」誌のライターとして働き、間もなく金融記事編集者に昇進した。1911年、ウィリアム・ランドルフ・ハーストの新聞社グループに引き抜かれ、シンジケートコラムを担当する。それを2年ほど続けたのち、フォーブスは「ニューヨーク・アメリカン」紙の商業・金融記事編集者となり、1917年まで勤めた。その後、独立して自らの名前を冠した商業誌を創刊し、同年、アメリカ市民となったのである。

その後フォーブスは生涯「フォーブス」誌の編集長を務めたが、晩年は息子のブルース・チャールズ・フォーブスと、マルコム・スティーヴンソン・フォーブスの助けを借りている。1954年に家長が亡くなると、マルコムが後を継ぎ、社を経済危機から世界市場のリーダーへと復活させた。マルコムが1990年に亡くなった後は、長男のマルコム・スティーヴ・フォーブス・ジュニアと彼の3人の弟が引き継いだ。スティーヴは1996年と2000年の2回、アメリカ大統領選の共和党候補に出馬している。*JP*

∩1934年のB・C・フォーブス。
1917年に経済誌「フォーブス」を創刊した。

私はお金を信じている。稼いだお金はすべて使うの！

ジョーン・クロフォード
「ロサンゼルス・センティネル」誌
1946

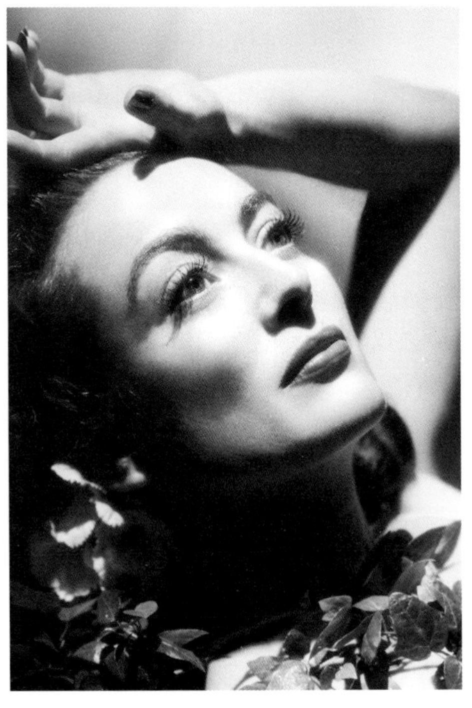

∩1940年代の宣伝写真のジョーン・クロフォード。

誰が口にしたとしてもなかなかの名言だが、賢い投資家よりは不品行な軽薄女が口にするか書くほうが似合っている。その組み合わせを望んでいた人には申し訳ないが、ジョーン・クロフォードは才色兼備の女優で、苦労して手に入れた金を無駄に費やすようなことはしなかった。かつてある脚本家が、彼女をスターダムに押し上げようとしたのは他の誰でもない本人だった、とコメントしている。

テキサス州サンアントニオでルシル・フェイ・ルスールとして生まれたクロフォードは、無声映画のフラッパー役でデビューした。トーキー時代には、訛り(なま)のせいでキャリアが危機にさらされたものの、苦労して南部のアクセントを根絶した。結果、1946年に『ミルドレッド・ピアース』でアカデミー主演女優賞を獲得した。以降、彼女は連続して心理劇に出演している。

クロフォードは4回結婚した。最初の3人の夫は俳優だった――ダグラス・フェアバンクス・ジュニア、フランチョット・トーン、フィリップ・テリー。最後の結婚相手はペプシコ社の最高経営責任者アルフレッド・スティールで、1959年にスティールが亡くなると、クロフォードはペプシコ社の役員となった。1977年に亡くなったときには、200万ドルの遺産を遺している。*JP*

人に順応してばかりいたら、ビジネスにおいて持続する本物の成功、すなわち「豊かになること」はできない。

J・ポール・ゲティ
『豊かになる方法』
1954

これはありふれた言葉かもしれない——今でも多くのビジネスコンサルタントが、クライアントに「独創的になれ」とか、「創造力を戦わせろ」と助言している。しかしかつて世界一の金持ちだったJ・ポール・ゲティの口から出た言葉となれば、特別な重みがある。

彼がスタートから優位な立場にいたことは認めよう。彼の父ジョージ・F・ゲティは石油王だった。しかしJ・ポールもすぐに放蕩(ほうとう)息子ではないことを証明し、24歳という若さで自ら巨万の富を得てみせた。自立したのちは事業を拡大、多角化させ、巨大な金融帝国を築き上げた。1949年にサウジアラビアでの60年に及ぶ採掘権を手に入れたことをきっかけに、ひとっ飛びに億万長者の仲間入りを果たしたのである。

この言葉の出典となった本のタイトルに注目してほしい。この本は財産を築く方法ではなく、財を築いた後の振る舞いについて書かれている。助言のほとんどが、誘惑を避ける方法と、文化の追求と投資で心を解き放つ必要性に関することだ。現にゲティはその分野で大いに活躍し、財産の多くを芸術振興のために遺している。*JP*

∩ 晩年をイギリスで過ごしたJ・ポール・ゲティ。田舎に広大な地所を所有し、この写真は1974年にその地で撮影された。

自由企業はビジネスのために正当化することはできない。正当化できるのは、社会のためになる場合のみだ。

ピーター・ドラッカー
『現代の経営』
1954

この言葉に反論するのは難しい。企業というのはたいてい市場を独り占めしようと努めるものだが、独占事業は危険だ。外的な規制がないと、唯一の供給者に好きな値段をつけられてしまう。商取引の完全な自由を制限するのは、一般大衆のためなのだ。

オーストリア系アメリカ人のピーター・ドラッカーは、ヒトラーがドイツで権力を握ると、イギリスを経てアメリカに移住した。経営コンサルタントと称されることを嫌ったドラッカーだが、事実、彼は経営コンサルタントだった。彼が初めて脚光を浴びたのは、ゼネラルモーターズ社の企業構造を分析した著書『会社という概念』(1946)を出したときだ。その後、戦後の大きな経済問題の解決にあたって頼りになる指導者とされるようになった。引き続きビジネス経営や企業戦略について助言し、産業社会の未来について理論を打ち立て、テクノロジーの進化を予言した。仮説に反する事実を無視する傾向があると批判されることもあったが、それに対して彼は、自分は決定的な歴史を書こうとしているわけではなく、自分なりの主張を行っているだけだと反論している。*JP*

仕事の量は、完成のために与えられた時間を満たすまで膨らんでいく。

C・ノースコート・パーキンソン
「エコノミスト」誌
1955

一般的に「パーキンソンの法則」と呼ばれるこの格言は、世界共通の経済学的真理として認められてきた。また、政府の気前のよさ――支出は収入の増額に合わせて膨らんでいき、全体的な仕事量は減っているのに政府役人の数は増加し続ける――を説明する数学的方程式としても通用する。

上記の言葉のもともとの出典は、1955年の「エコノミスト」誌に掲載された皮肉なエッセーの冒頭だ。筆者はC・ノースコート・パーキンソンという海軍史家で、イギリス行政府のさまざまな部署を渡り歩いた経歴の持ち主だった。このエッセーはのちに『パーキンソンの法則』(1957)として出版された。その中でパーキンソンは、時間とともに官僚が増えていく様子を詳述している。大英帝国が縮小する一方でなぜか植民地の政府役人が増えていく等、さまざまな例を事細かに挙げていった。これは官僚社会が存在するところならどこにでも当てはまる、万国共通の法則のようだ。1980年代、イタリア共産党党首がソ連の最高指導者ゴルバチョフに政府役人の増加について愚痴をこぼした際、ゴルバチョフはこう応じた。「パーキンソンの法則はどこにでも当てはまる」。*BDS*

ライバルに先駆けて仕事の問題点を見つけられる者こそが成功者となる。

ロイ・L・スミス
説教
1955

1887年にカンザス州ニッカーソンで生まれたロイ・レモン・スミスは、メソジスト派の有力な聖職者となり、1940年から48年にかけてアメリカの週刊誌「クリスチャン・アドヴォケイト」誌を編集した。執筆も説教も多くこなし、ときには上記の言葉のように商業の話題も取り上げたが、博愛主義に関する話題の方が多かった。彼は、ドイツを化け物扱いするプロパガンダにだまされてアメリカが第一次世界大戦に関与するはめになったと考え、第二次世界大戦に向けて気運が高まる中、歴史を繰り返させないために尽力した。1930年代には、平和のための一番の希望は、「ヒトラーとナチスをののしるのではなく、神の御前で自分たちの家を整える」ことにあると書いている。

彼はまた、共産主義がキリスト教より人々を引きつける理由も理解していた。前者が現世での物質的安定を提供しようとする一方、後者は後に待ち受ける永遠の命のために現世の苦しみを堪え忍ばなければならないと教えているからだ。スミスの主張によれば、教会は衛生面を改善したり、住める家を与えたりすることで、現世で人々を助ける努力をする必要がある、という。*JP*

政治はビジネスの車輪の潤滑油だ。

R・H・トーニー
『ジェームズ1世時代のビジネスと政治』
1958

R・H・トーニー教授は影響力の大きなイギリス経済史家で、当時の社会党員であり、中等教育と成人教育の分野に多大な貢献をした人物だ。社会的責任を無視しがちな歯止めの利かない資本主義を批判していた。

トーニーは17世紀イギリスの土台を形成した経済と社会に深い関心を抱き、多岐にわたる執筆活動を行っている。最も重要な作品は、『ジェームズ1世時代のビジネスと政治――商人、そして大臣としてのライオネル・クランフィールド』だ。執筆に取りかかった当初は先入観があり、クランフィールドを「金儲(もう)けに熱中する資本主義者」として描くつもりだった。しかしやがて「上品ぶった詐欺師やごますりたちのとんでもない集団よりもはるかに優秀な人物」として尊敬するようになる。個人的な儲けを犠牲にして、経済活動の促進のために産業界とともに歩むための政策を施行した人物だったのだ。トーニーいわく、「政治はビジネスの車輪の潤滑油」だ。これは現在でも、政策とビジネスとの密接な関係を表す際に好まれる比喩である。*BDS*

男は仕事のために家族を犠牲にしてはならない。

ウォルト・ディズニー
推定・伝聞
1960 頃

∩ ディズニーと妻リリアン。
1960 年代、ディズニーランドでビンテージカーに乗っているところ。

⊃ 『白雪姫』(1937) のイラスト。彼の最高傑作とされる映画だ。

ウォルト・ディズニーは1901年のシカゴで、工務店を経営する父イライアスと、ゲームや子供たちに物語を読み聞かせたりするのが好きな陽気な母フローラの間に誕生した。3人の兄弟の他に、妹がいた。彼と妻リリアンの間にはダイアンとシャロンという2人の娘がいる(シャロンは養子だ)。家族との生活をこよなく愛したディズニーは、1955年に娘たちのためにアミューズメントパークをつくることにした。かつてテーマパークで家族が大いに楽しんでいるのを目にしていたからだ。初めてつくったパークは、彼自身が建設現場を監督している。

カリフォルニア州アナハイムのディズニーランドは、彼の娘たちのためにつくられたものだった。娘たちも、かつておもちゃの家を作ったり、バーバンク・スタジオで自転車の乗り方を教えてくれたりした父の愛情を、無条件で受け入れた。ディズニーは、史上最も繁栄したテーマパークがつくられた動機を見失うことはなかった。ディズニーランドのメインストリートで目を凝らして見てほしい。建物の2階の窓に「イライアス・ディズニー工務店 1895年創立」と父の名を記しているのがわかるはずだ。ディズニーが家族をいつまでも大切にしていたことを示すいい例である。 **BDS**

経営陣は無能のレベルまで昇進する。

ローレンス・J・ピーター
『ピーターの法則』
1968

∩ ピーターの法則を生んだローレンス・J・ピーターが、組織の中でキャリアの天井に達するパフォーマンスをしているところ。

ローレンス・J・ピーターはカナダの教育家で、「階層社会学者」である。上記の言葉を一般的に引用されるピーターの法則に直すと、「あらゆる有効な手段は、より困難な問題に次々と応用され、やがては行き詰まる」となる。これは彼が組織の階層を観察することで見いだした法則だ。会社組織内で昇進させる社員を選ぶ際の基準は、その人物の現在の地位での仕事ぶりであり、新たな役割に適任かどうかではない。だから昇進するうち、やがてその社員は、求められる技能を欠いているがゆえに有効に働けなくなるレベルに達してしまう。「無能のレベルまで昇進する」というのは、社員がキャリアの「天井」に到達するまで昇進するという意味だ。いずれ階層のあらゆる地位が、新しい仕事を行うだけの能力がない人々によって埋めつくされていく。社員の教育や訓練も役立つだろうが、それでもこの法則は適用される。たとえば技術者として有能な女性がいるとする。しかし彼女が、必要とされる対人関係のスキルを持ち合わせていないなら、いい上司にはなれないかもしれない(こうしたスキルは教えられて習得できるものではない)。ピーターは最後にこうまとめている。「クリームは発酵を続け、やがて酸っぱくなる」。*KBJ*

社会が大切にするのは利益を生む個人だけだ。

シモーヌ・ド・ボーヴォワール
『老い』
1970

フランスの政治活動家、実存主義の哲学者、フェミニストのシモーヌ・ド・ボーヴォワールは、女性の抑圧を根本的に分析した『第二の性』(1949)の著者として有名だ。この作品で彼女はヘーゲル哲学の「もう1つの」という概念に焦点を当て、女性は社会の中で男性に対するもう1つの性とされていると論じた。

『老い』では、高齢が抱える社会的、実存的、心理学的、そして政治的問題について分析している。『第二の性』で女性をもう1つの性としたように、『老い』でも高齢者を社会のもう1つの存在として分析した。上記の言葉の後には、「若者はそのことを知っている。若者が社会に出る際に感じる不安は、老人が社会から締め出される際の苦悩と同じだ」と続く。

要するにボーヴォワールは、現代社会では、生産性と「責任能力」のある労働者だけが価値のある人間だとされていると論じたのだ。人は高齢のために働けなくなると、名誉と価値を失っていく。ボーヴォワールは、高齢者は価値がないと見なし、労働力として貢献しているかどうかで人の価値を決める資本主義社会を批判したのである。*JE*

∩1969年に撮影されたシモーヌ・ド・ボーヴォワール。フェミニズムの名作『第二の性』を出版した20年後だ。

小さいことはすばらしい。

E・F・シューマッハー
「ラディカル・ヒューマニスト」誌
1973

エルンスト・フリードリヒ・シューマッハーはイギリスの経済学者で、西洋経済の批評と並行して、仏教とエコロジカルな視点から経済にアプローチすることを唱道していた。大きな反響を呼んだ『スモール イズ ビューティフル』(1973)の著者として有名だ。シューマッハーの経済論はカトリック学と仏教学に端を発しており、師であるオーストリアの経済学者・哲学者レオポルド・コールの影響を受けている。上記のシューマッハーの言葉は、もともとコールが使っていたものだ。

シューマッハーは「小さいことはすばらしい」のコンセプトを展開させ、現代の資本主義経済のシステムは長続きしないし望ましいものではないと論じた。彼は「充足」の哲学を支持し、人間に必要なもの、それ相応の科学技術、自然に反するのではなく自然とともに歩むことに焦点を当てている。経済成長は(経済成長そのものを目的とする資本主義の推定ではなく)人が必要とするものに比例すべきだという。さらに彼は、再利用可能な資源やリサイクル、そして恒久的な生産物を重視した。経済問題に対する新たなアプローチとして仏教的経済を確立させ、維持可能な経済成長を唱えた点で、シューマッハーはとりわけ影響力が大きい。*JE*

金を稼ぐのはアートだ、働くこともアートだ。ビジネスの成功は最高のアートだ。

アンディ・ウォーホル
『ぼくの哲学』
1975

アメリカのアーティスト、アンディ・ウォーホルは、商業製品――ブリロ・パッドからキャンベルのスープ缶に至るまで――をポップアートの偶像へと仕立て上げた。上記の言葉は、ゴーストライターのパット・ハケットとボブ・コラチェッロがウォーホルへのインタビューや会話に基づいて書いた本からの抜粋だ。その中でウォーホルはさまざまなトピックについて考えを述べている。成功、セックス、アメリカ、そして美について。金儲(もう)けについての彼の考えは仕事に関する章に書かれており、その中で彼はイラストレーターとしての最初の仕事は靴の広告だったと語っている。彼はそこからアーティスト、版画家、実験的映画作家へと進んでいった。「ファクトリー」と名付けられた彼のスタジオは前衛芸術家の中心地となり、ウォーホルは作品制作の助手として数人を雇っていた。

その商業的な背景ゆえか、ウォーホルは金儲けの欲求を恥じていなかった。同じ本の中で、1968年に銃撃されて救急治療室に運びこまれたとき、まっ先にしなければならなかったのは小切手へのサインだったと述べている。つまり彼は、金が生死を分けることを知っていたのだ。*CK*

⊃ ポーズを取るアンディ・ウォーホル(1965年頃)。

100人のビジネスマンがすると決めたことは、何であれ合法とされてしまう。

アンドリュー・ジャクソン・ヤング・ジュニア
記者会見での発言
1976

アンドリュー・ジャクソン・ヤング・ジュニアはアメリカの政治家、国連大使、公民権活動家、牧師、そして1960年代、南部キリスト教指導者会議においてマーティン・ルーサー・キング・ジュニアの助手を務めた人物だ。1973年にアメリカ議会入りし、1世紀以上にわたる歴史の中でジョージアから選出された初の黒人議員となった。最初の任期中、彼は国内問題に対して、リベラル派の擁護者としての評判を高めていった。上記の言葉が飛び出した記者会見は、大統領選に出馬したジミー・カーターを応援するためのものだった可能性が高い。

アメリカでは1970年代のニクソン大統領の時代、企業をもっと効果的に規制せよという大衆の要望が高まっていた。すると大企業は、ワシントンにオフィスを開設し、シンクタンクに資金を投じ、「干渉」を阻むためにロビーイストと弁護士を雇って対応した。結果、中産階級が犠牲となり、権力の政治的バランスが大幅に変わってしまった。ヤングの言葉は1976年当時と同様、現代でも真理を突いている。企業が「企業パワー」を振りかざして我が道を行き、公私にわたる領域であれこれ指図するようになれば、「犯罪」と「通常のビジネス」の線引きが曖昧になる。**KBJ**

人生はゲームだ……点数は金で稼ぐ。

テッド・ターナー
「プレイボーイ」誌のインタビュー
1978

米メディア界の大物で慈善家、そして初の24時間ケーブルテレビチャンネルCNNの創業者であるテッド・ターナーは、その率直な物言いで知られている。論議を呼ぶ発言が多いことから、「早口で口うるさいテッド」というあだ名を付けられた。上記の言葉を口にしたときのターナーはまだCNNの創業前だったが、営業不振のテレビ局を立て直したことですでに名を上げていた。

ターナーは人生をゲームにたとえつつ、ビジネスは金を儲けるためのゲームであり、金儲けは楽しいが、ゲームをすることそのものが何より楽しいのだ、と暗に言っている。稼いだ金で点数を稼いでいたターナーだが、自分は何かを達成することに満足感を得る真面目な人間だと認めてもいる。彼はゲームの比喩を多用する人だった。たとえば実業家とフットボールのランニングバックとを比較している。

ターナーの競争心と野心的な態度は、アメリカンドリームにおける資本主義者の典型的価値観を体現したものだ。上記の言葉は非常に有名になり、のちにアメリカ大統領となるバラク・オバマが著書『合衆国再生―大いなる希望を抱いて』(2006)の中で、アメリカに好景気をもたらしたビジネス文化を賞賛する文章の中で引用している。**CK**

きみたちの理解できる人間だけを採用したら、きみたちの以上には出ないんだよ。

本田宗一郎
推定・伝聞
1979

本田宗一郎は日本の反逆児的なエンジニアであり実業家だ。自国政府の反対をものともせず、巨大な自動車会社を創りあげた。1948年に本田技研工業を設立したとき、彼は日本の商習慣には従わなかった。年齢ではなく業績で幹部を昇進させ、メディアの注目を愛し、ラフな服装で通した。そしてアメリカの商習慣とライフスタイルを大っぴらに賞賛したのである。

上記の言葉を理解するには、枠にはまらない本田の性格が鍵となる。これは崎谷哲夫著の『ホンダ超発想経営』(1979)に記録された言葉だ。物の見方も知的レベルも同じ人間だけを雇っていたら、会社は成長しない。偉大なリーダーなら、より偉大な頭脳を持つ人間に取り囲まれていたいと思うはずだ。後に続く文章で、その意味がさらに広がっていく。「気に入った人間だけを採用するな。気に入らない人間はいかにすばらしいかを、けっして忘れるなよ」。言い換えれば、人の能力を、その人柄に好意を抱けるかどうかによって判断してはならないということだ。職場に反対派を招き入れることを恐れてはならない。最高の人材に挑戦状を叩きつけられることで、ゲームの賭け金が上がることは多いのだから。 KBJ

最高の頭脳を持つ者は政府内にはいない。いれば民間企業がとっくに雇っている。

ロナルド・レーガン
推定・伝聞
1984頃

1984年、ロナルド・レーガンはアメリカ大統領への再選に向けて、共和党公認候補の座を勝ち取った。そう考えると、上記の言葉は奇妙だ。彼自身が率いようとしていた組織の正当性を損ねているように思える。最も聡明で知的な人材は政府や公共機関では働いていない、ビジネス界に奪われる、と言っているのだから。しかし歴史的な文脈の中で考えると、この言葉の説得力が増す。レーガンが政治の世界に入ったのは、人々が政治に幻滅し、根強い保守化運動が勢力を増していった時期だった。

レーガンは第40代アメリカ大統領となり、その任期は1980年代の大半を含んでいた。政治活動家のラルフ・ネーダーは、リベラル派で無所属の政治家数人とともに、1984年のレーガン再選に強く反対した。レーガンは巨大企業に従順すぎるというのがその理由だ。レーガン政権下で、政府が企業を規制するのではなく、企業が政府を規制するようになり、財界は金に物を言わせて官公庁に入りこむようになった。そこから、アメリカの納税者の犠牲のもと、民間企業の懐が膨らむ風潮へとつながっていったのである。 KBJ

会社の良し悪しは人材で決まる。

メアリー・ケイ・アッシュ
推定・伝聞
1985

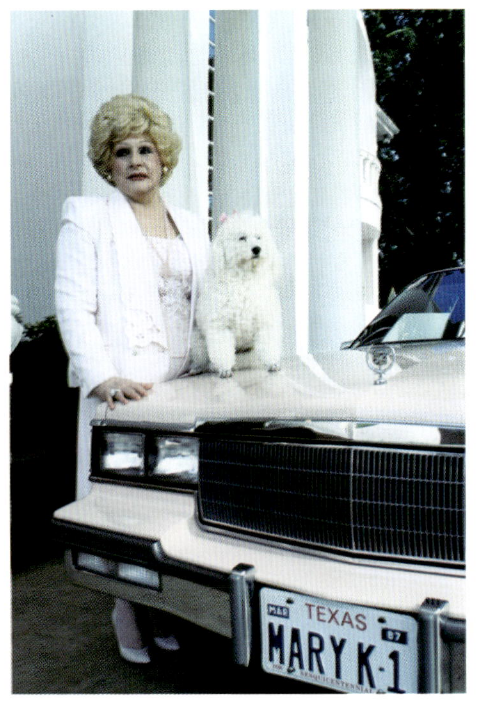

∩ 顧客にインスピレーションを与える実業家
メアリー・ケイ・アッシュ。テキサス州ダラスの自宅前で、
ピンクのキャデラックと愛犬のプードルとともに。

10 億ドル規模の化粧品会社の創立者メアリー・ケイ・アッシュは、1960 年代に女性が経済的に成功する機会を生み、女性にも公平な待遇を求めて声を上げた人物だ。実業家になる前、彼女は訪問販売員として高い業績を上げていたが、仕事を教えた男性社員が自分を追い越して昇進することにうんざりしていた。そこで 45 歳のとき、自ら事業を興したのだ。

アッシュの成功への鍵は、相談相手や顧客に、自分は価値があって美しく大切な存在だと感じさせることだった。押し売りするのではなく、最高品質の化粧品を差し出し、その使い方を指南したのだ。そこで高い効果が認められれば、商品は自ずと売れていく。言葉巧みに客に押しつけるのではなく、客の気持ちを高揚させ、その気にさせたのである。上記の言葉からもわかるように、アッシュは利益だけでなく良好な人間関係の構築も仕事の一部だという哲学の持ち主だった。人を大切にする人物として人々に愛され、記憶されている。また、こう言ったともされている。「人材は間違いなく企業の一番の財産よ」。 KBJ

ビジネスの秘訣(ひけつ)は、誰も知らないことを知ることだ。

アリストテレス・オナシス
推定・伝聞
1986

ギリシャの海運王アリストテレス・オナシスは、世界中に石油を運搬する超大型タンカーで富を築いた。手をつける商売がことごとく成功したことから、ギリシャ神話のミダースにちなんで「黄金のギリシャ人」と呼ばれていた。石油の運搬、煙草の輸入、捕鯨、そしてギリシャ初の航空会社を誕生させることで、莫大な富を築き上げた。商売のタイミングも絶妙で、まるで海運業の次期ブームや不況を予知しているかのようだった。石油の運搬業について言えば、彼の船は商品を無税で運ぶことができるパナマの旗をつけていたために、巨額の利益を生むことができたのだ。

当時パナマがタックス・ヘイヴンであることを知っていたオナシスは、商取引で大儲けするためにダミー会社を創った。上記の言葉はピーター・エヴァンス著『オナシスの生涯——欲しいものはすべて手に入れた男』からの抜粋だが、オナシスという人間の多くを語っている。彼はビジネスの抜け穴を知りつくし、親しくなるべき人、賄賂を渡すべき人、そしてリスクを冒す価値のあるものを心得ていた。ライバルより常に一歩先を行っていたのだ。皮肉にもオナシスは、マリア・カラスやジャッキー・ケネディなどと浮き名を流したことで、一番人々の記憶に残っている。KBJ

∩1972年に撮影された「黄金のギリシャ人」アリストテレス・ソクラテス・オナシス。

判断がすべて経営幹部にのみ集中している会社は発展しない。

盛田昭夫
『Made in Japan』
1986

社員全員がアイデアに貢献するのが基本原則だ、というのがこの言葉の意味である。末端の社員も、中間管理職も、トップのお偉方も、全員がビジネスの局面に知的な貢献をする機会を手にすべきだとしている。重要なのは、それによって各社員が効率性や製品や生活手段の重要分野に対して意見を言えるようになり、安心感やプライド、そして仕事に対する責任感を抱き始めることだ。

革新的なアイデアとクリエイティブな思考で知られる盛田昭夫は、アイデアは誰にでも思いつくことができるとわかっていた。日本生まれの実業家である盛田は、第二次世界大戦後に井深大（いぶかまさる）とともにソニーを創業した。当初は東京通信工業という社名だったが、1958年にソニーと改名、1960年にアメリカに進出した。1955年にすでに最初のトランジスタラジオを製作していたことから、ソニーはトランジスタテレビの製作に取りかかった。そののち、家庭用ビデオレコーダー、ビデオカセットテープ、ウォークマンと誕生させていった。革新が盛田の情熱ではあったが、それに燃料を与えたのは彼自身の好奇心で、きっかけを与えたのは他者のアイデアと関心だった。 **KBJ**

C ソニー創業者の1人、盛田昭夫。

理事が大勢いると会社を強くすることはできない……自分自身で決断できる環境でなければならない。

ルパート・マードック
インタビュー
1988

オーストラリア系アメリカ人のメディア王ルパート・マードックは、ニューズ・コーポレーションと21世紀FOXの創業者、会長、業務執行役員だ。新聞、出版、映画、テレビからの収益を考えると、その成功を過大評価するのは難しい。彼は世界で最も重要な新聞王であり、オーストラリアから北米、ヨーロッパの各地に資産を所有している。その傘下には「サン」紙のようなタブロイド紙もあれば、「ウォール・ストリート・ジャーナル」紙のような影響力の大きな経済紙も含まれる。

マードックが上記の言葉を口にしたのは、ウォルター・H・アネンバーグから30億ドルで「TVガイド」（1988年当時アメリカで最も発行部数の多い雑誌）の出版元トライアングル・パブリケーションズを買収する合意に達したことを発表した席だった。当時「ニューヨーク・タイムズ」紙は、「通信産業の出版分野における史上最も大規模な買収」と報じた。会社を成長させたいというマードックの野心と驚異的な活力は、ビジネス界を驚愕（きょうがく）させた。マードックが華々しい成果を上げてきたのは、自身の判断を信じ、親しい同僚数人の助言しか受けつけないからだとも言われている。彼は昔から、巨大な企業でもあたかも小さな家業であるかのように運営してきた。 **CK**

ボスは1人だけ。客だ。客は他の店で買い物をすることで、会社の会長以下全員をクビにできる。

サム・ウォルトン
『私のウォルマート商法 すべて小さく考えよ』
1992

∩会社が1981～92年に使っていたハイフン入りのロゴがついた帽子をかぶる、ウォルマートの創業者サム・ウォルトン。

サム・ウォルトンの言葉は鮮烈だ——客がいなければ会社は生き残れない。客が商品やサービスを買ってくれるからこそ、会社は仕事を続けられる。よって、客を常に喜ばせることは、健全なビジネス習慣だ。満足すれば客はお得意様になってくれるし、友人や家族にいい「口コミ」を流してくれる。上記の言葉はまさに真実である。デジタル時代の到来で客が自らリサーチして価格を比較し、オンラインショッピングを始め、地元の個人商店のほとんどがチェーン店に取って代わられても、商売を続けられるかどうかはあいかわらず客次第なのだから。

サム・ウォルトンはアメリカの実業家で、巨大な小売チェーンのウォルマートとサムズ・クラブの創業者として有名だ。ウォルマート（ウォルトン・マートを短縮したもの）を1962年に創業したのち、彼は大都市の安売り店を小さな町に導入し、アメリカ製の商品を売ろうと尽力した。小売業界に入ったのは1940年で、J・C・ペニーの店で販売トレーニングを受けたことが始まりだった。優秀な販売員だった彼は、事務作業に手間取っている間に客を待たせるのを嫌ったため、帳簿づけがいい加減になることが多かった。それも客を喜ばせるために支払った小さな代償にすぎない。 KBJ

ビジネスの世界では、いつもフロントガラスよりバックミラーのほうがよく見える。

ウォーレン・バフェット
株主への手紙
1992

アメリカの資産家、投資家、ビジネス界の大物、そして慈善家のウォーレン・バフェットは、世界で最も裕福な男の1人であり、鋭い投資や、金の使い途(みち)に関する他者への的確なアドバイスで有名だ。また1970年以降、自身の持ち株会社バークシャー・ハサウェイの株主に毎年手紙を書き、その中で投資に対する最新の考えを伝えることでも知られている。上記の言葉は1991年に会長として書き、1992年2月に公表された手紙からの抜粋だ。その中で彼は、のちにお気に入りとなるたとえ話を1つ紹介している。まずはメディア企業の収益が減少していることを説明し、ほんの数年前にはメディア界にいる誰も——企業主も融資家も分析家も——不況の訪れを見通していなかったことを挙げた。彼らには、新聞業界をはじめとするメディア界の年間収益は増加の一途をたどるという過去の考えしか見えていなかったのだ。ところが業界内の競合が増し、客は情報と娯楽を求める先としてかつてないほど多くの選択肢を手にすることになり、市場が細分化された。バフェットの助言はこうだ——常に科学技術と変化についていくのが肝心だ。 **CK**

∩1989年、59歳当時のウォーレン・バフェット。

あなたの顧客の中で、一番不満を持っている客こそ、あなたにとって一番の学習源なのだ。

ビル・ゲイツ
『思考スピードの経営 - デジタル経営教本』
1999

∩マイクロソフト社の共同創業者ビル・ゲイツ。2010 年撮影。

ビル・ゲイツがこの本を書いたのは、科学技術をビジネスに活かす方法を説明し、デジタル経済における成功の秘訣（ひけつ）を経営者に伝授するためだ。科学技術は経費の1つではなく、ビジネスの財産であることを力説している。科学技術を利用すれば、販売、販路、配送、製造を改善するための顧客データを集めることができる。科学技術によって情報を管理し、その可能性をフルに活用するためとなれば、ソフトウエア業界の巨大企業マイクロソフト社の創業者でありCEOであるゲイツの助言は、十分読むに値する。

不満を持つ客が会社に学ぶ機会を与えるという上記の言葉は、ゲイツが優秀なビジネスセンスを持っている証拠だ。苦情は貴重な情報源になり得るし、製品やサービスに対して客が抱いた不満は、それを改善するにあたり極めて重要だ。ゲイツは、商売をするなら客の苦情に焦点を当て、弱点を改善することで客の満足度を上げる努力をすべきだと主張する。科学技術の役割は、客の反応を把握し、それを基に早急に改善することにある。*CK*

ビジネスを 1つ成功させられるなら、どんなビジネスでも成功できる。

リチャード・ブランソン
「ニューヨーク・タイムズ」紙
2000

次々と事業を展開してきたリチャード・ブランソンは、何をするにしても「とにかくやってみる」ことが自分なりのアプローチだと語る。15歳で若者向けの雑誌を出版してキャリアをスタートさせたとき、その呪文が役立った。彼はそれから4年もしないうちにレコード業界に進出し、マイク・オールドフィールドやセックスピストルズといったバンドと契約を交わすことで億万長者になった。その後もエンターテインメント帝国をさらに拡大し、やがて航空業界に進出した。ヴァージン・グループは国際的な企業に成長し、ホテルやフィットネスセンターから金融、飲料、そして携帯通信産業に至るまでの分野で利益を上げている。

エンターテインメント業界から航空業界にひとっ飛びしたときは、旅行業界の専門知識もないのに無謀だと思われた。しかし本人は、飛行機での旅をしょっちゅう経験していたおかげで、客側の視点から航空業界の実体を見抜くことができたという。そして客としての不満を基に、同じくらいの情熱を持ち、肩入れしてくれる仲間がいれば、自分のスキルを利用してビジネスを成功に導けると確信したのである。**CK**

∩1984年、航空業界への進出を祝して乾杯するリチャード・ブランソン。

製造過程においては
各製品の差をなくそうと努力する。
だが人間が相手のときは、
差こそがすべてだ。

ジャック・ウェルチ
『ジャック・ウェルチ わが経営』
2001

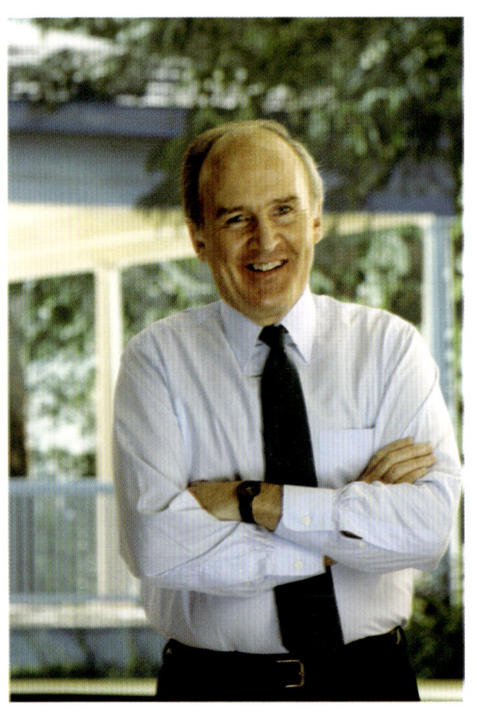

∩ ビジネス界の大立者ジャック・ウェルチ。
GE社のCEOだった1989年、コネチカット州フェアフィールドで撮影。

ジャック・ウェルチは作家、化学技術者、そしてゼネラル・エレクトリック（GE）社の元CEOだ。世界で最も尊敬され、称賛されるCEOの1人である。GE社での驚異的な業績がよく知られているが、本人が「ウェルチ方式」と呼ぶ独特の経営方法も有名だ。初めてCEOに就任したとき、彼が最初に行ったのは組織の階層を取り除いて会社を合理化することだった。彼は企業リーダーを育成する能力でも知られるようになった。今日、一流企業の約35人のCEOが、彼の教えを受けたと言われている。

上記の言葉は、差異について論じる中で登場した。優秀な組織は、人々の違いを見抜く重要性を理解している。経営者は職への応募者の中から、会社にとってより価値のある者を選ぶために違いを見抜かなければならない。あるいは社員の会社への貢献度についても、違いを見極めてランク付けをしなければならない。人はそれぞれ得意分野も違えば部下に対する管理能力も異なり、組織が成功するかどうかはそこにかかっている。また企業は、消費者の視点に立ってライバル社と自社の違いを認識する必要もある。*KBJ*

あなたが金持ちの場合、金持ちのままでいられないのは愚かな証拠だ。あなたが貧しい場合、金持ちになるにはよほど頭がよくなければならない。

ジョン・グリーン
「4分で語るギリシャの経済危機」
2010

ジョン・グリーンはアメリカの作家、YouTubeブロガー、そして教育者である。ヤングアダルト小説『さよならを待つふたりのために』(2012)と、弟のハンクと一緒に始めたYouTubeの人気ビデオブログVlogBrothersで有名だ。上記の言葉はグリーンが「経済の最も偉大なルールの1つ」と呼ぶもので、彼いわく国家にとっても個人にとっても真理を突いている。資本主義システムでは、裕福な愚か者は貧しくなったらおしまいで、金を持たない者が裕福になるには頭脳明晰でなければならない。グリーンはさらに、愚かな金持ちはドナルド・トランプでもない限り二度と金持ちにはなれない、それは歴史がたびたび証明してきた、とつけ加える。

グリーンが上記の言葉を口にしたのは、ギリシャの経済危機を説明しているときのことだった。彼はその後こう続けている。「偉ぶった通貨を持つ偉ぶった国々は、発展途上国と比べていろいろ有利な面を持っている。たとえば、金を安く借りられるとか……市場は、偉ぶった国なら金を返すことが基本的に保証されていると思いこんでいるからだ」。ギリシャは世界市場に「偉ぶった国」と見なされていたが、ヨーロッパ連合と国際通貨基金に借金を返済できない時点にまで到達してしまった。KBJ

∩2007年に撮影されたジョン・グリーン。デビュー作の10代向けロマンス『アラスカを追いかけて』を出版した2年後だ。

企業が
商売をするのは
福祉のためではなく、
金を儲（もう）けるためだ。

ベン・カーソン
ワシントンDCで行われた保守政治活動協議会の演説
2013

神経外科医のベン・カーソンは、2016年のアメリカ大統領選で共和党候補に立候補した人物で、医療保険を提供する会社に反感を抱いている。彼の言葉からは、会社が責任を持つべきは社員ではなく株主だけという考えがにじみ出ている。つまり人より利益が大切だ、と。カーソンによれば、医療保険を提供するよう各企業に強制するのは、政府が企業を敵視している1つの表れだという（彼が高すぎると感じている事業税もその1つだ）。彼は上記の言葉に続けて解決策を提案している。「貧困者への施しは政府よりも慈善事業団体のほうが得意だ。通りで腹を空かせている社員は1人もいない……これは政府の責任ではない」。彼の意見によれば、企業や政府よりも慈善事業団体が社会福祉を提供すべき組織だということになる。政府は小さくあるべきで、依存心の強い市民との不健全な関係を促進させるべきではない。貧しい者は今以上に必死に働いて、食料、医療、住宅のための金を稼ぐべきなのだ、と。カーソンは母親から、自制心を鍛えて必死に働けばなんでも可能だと教わってきた。彼自身「無一文から金持ち」のサクセスストーリーを地で行ったことが、その証拠かもしれない。 *KBJ*

寛大さはまさに
最高の投資だ。

ダイアン・フォン・ファステンバーグ
「グッドモーニング・アメリカ」のインタビュー
2015

ベルギー生まれのアメリカ人ファッションデザイナー、ダイアン・フォン・ファステンバーグは、1972年、女性ファッション界にシンプルながらエレガントなニットジャージーのラップドレスを復活させたことで知られている。彼女がデザインしたラップドレスは、女性のファッションに多大な影響を及ぼしたとして、ニューヨークのメトロポリタン美術館コスチューム・インスティチュートのコレクションにも選ばれている。ファッション業界で働いた45年強の間、彼女は上記の言葉を何度も口にしてきた。実際、これは仕事でも人生でも強い女でいるために、彼女が考えた3つのヒントの内の1つだ――人まねはせずに自分らしくある、ドアが1つ閉じれば別のドアが開く、成功したら恩返しする。彼女が考える寛大さには、金銭的な援助のみならず、助言、勇気づけ、独立心の促進、主義主張のために声を上げることも含まれる。

博愛主義を貫く方法はさまざまあるが、ファステンバーグはとりわけ女性の支援を重要視していた。女性に恩返しすれば最終的には万人にとってよりよい未来を築くことになり、それこそが最高の投資だと固く信じていたのだ。 *KBJ*

⊃ 女性ファッション界の偶像的存在、ダイアン・フォン・ファステンバーグ。

DVF

TECHNOLOGY

テクノロジー

C アーサー・C・クラークの感動的なまでの科学技術知識が、
彼の SF 小説で描かれる未来図の下敷きとなっている。

真の創造者は必要性だ。必要は発明の母である。

プラトン
『国家』
紀元前 380 頃

∩ プラトンは古代ギリシャの偉大な哲学者で、我々のソクラテスに関する知識の大本である。

同じ内容がたいていの言語で格言とされているが、もともと古代ギリシャ語で書かれたこの文章は、書き言葉として現在に残る最も古いバージョンである。

必要性が生じて初めてアイデアが生まれるという考えは、間違いなく魅力的だ——だからこそここまで有名な名言となった——が、果たしてそれは現実生活を正確に反映しているのだろうか？たとえば携帯電話が必要性に応えていることは間違いない。親にしてみれば、子供が無事かどうか、しかるべき時しかるべき場所にいるかどうかを確かめたいものだ。しかし、携帯電話がその明確な目的のために開発された（もしくは「発明された」）と考えるのは、原因と結果を混乱した欠陥論のいい例である。確かに携帯電話は上記の目的を満たすが、その理由で携帯電話が作られたという証拠はない。逆に、発明者が何かを発明したあと、商売人がそれを買ってくれそうな人を探すというのが普通のパターンではないだろうか。たとえば腕時計は、第一次世界大戦時、兵士たちが同時に作戦を開始できるように発明されたわけではない。腕時計はそれ以前から存在した——戦争が腕時計の人気を高めたというだけの話だ。 *JP*

私に支点を与えよ。そうすれば地球を動かしてみせよう。

アルキメデス
『平面の釣合について』
紀元前225頃

てこの技術的原理については、アルキメデス以前のギリシャ人も知っていた。しかし、現在「てこの原理」と表現されるものが詳述されたのは、アルキメデスの著作『平面の釣合について』の中である。上記の言葉は、ギリシャの歴史家ディオドロス・シケリオテスによってのちに引用されたものだ。シラクサの街がローマの将軍マルケッルスに包囲された時、アルキメデスの巧妙なアイデアが街を守ったのだという。ギリシャの別の歴史家プルタルコスは、「高い場所から落とされた重り」で船が沈められた様子を詳述している。てこの作用を得るために滑車装置が使われたのだ。アルキメデスは、何トンもの船が彼の装置の助けで無事進水したあと、上記の言葉をつぶやいたと言われている。

アルキメデスのてこの力学の概念は、借金で収益を守ったり増やしたりする方法を理解するための実用的なたとえにもされてきた。ただし上記の言葉にもあるように、てこの力学には「立つべき支点」が必要だ。金融の場合、この重要な要素が弱すぎたり不安定だったりして、確実に作用しないことが多い。*TJ*

∩ シラクサのアルキメデスは数学者、物理学者、エンジニア、発明家だった。

天才は、一番仕事をしていないとき、一番多くを成し遂げる。

ジョルジョ・ヴァザーリ
『美術家列伝』
1550

⌂1568年、57歳のジョルジョ・ヴァザーリの自画像。

かつて天才と呼べる人が存在したとするなら、それはルネサンスの偉大な芸術家で発明家のレオナルド・ダ・ヴィンチだろう。イタリアの画家で建築家のジョルジョ・ヴァザーリは、上記の言葉でレオナルドの天才ぶりを表現している。ヴァザーリは、名著『美術家列伝』により「芸術史の父」と称されるようになった人物だ。

ヴァザーリによれば、レオナルドに「最後の晩餐」を描くよう依頼した修道院の院長は、レオナルドが作品をじっと見つめてばかりで絵筆をあまり動かさずにいることにいら立ちを募らせていったという。そこで院長はレオナルドのパトロンである公爵に苦情を訴え、レオナルドは弁明すべく公爵の前に呼び出された。そのときレオナルドは、手を休めている時間は生産的な時間だと説明した――頭の中でアイデアを練り、それをあとでカンバスに変換するのだという。

クリエイティブな人たちの多くが同じような経験を報告している。アイデアが枯渇したら、しばらく課題から離れるのが一番のときがあるのだ。ピリピリしたまま難儀するのではなく、心を主題の周りに自由にさまよわせているうちに、やがてアイデアが自然に湧き起こってくるのだという。

GD

下手な職人は道具のせいにする。

英語の格言
未詳
1640

この格言の英語版が初めて記録されたのは、1640年、ジョージ・ハーバートの『風変わりな格言』の中だが、フランス語には13世紀後半に似たような言い回しがすでに存在した。こちらは、「下手な職人がいい道具を見つけることはない」という表現だ。そこまで歴史が古い格言となれば、下手な職人は少なくとも中世の時代から、いや、おそらくはそれより数世紀も前から、自分の手際の悪さを道具のせいにしてきたのだろう。

わずかに異なるものとして、「下手な職人は道具と喧嘩(けんか)する」という言い回しもある。そこからパロディ作家のアンブローズ・ビアスは、著書『悪魔の辞典』(1911)に、「下手な職人はそれを指摘した男と喧嘩する」という言い回しを入れている。言いたいことは同じだ。どこの国であれ、失敗の責任を言い逃れしようとしがちである。もの言わぬ道具は、非難の矛先として理想的だ。

道具は使う人間の技術に見合うものであり、プロとしていい仕事をしようと思えば、たとえ劣る道具を使ってもいい仕事をするものだ。道具の――あるいは同僚や環境のせいにすれば、自尊心は守られるかもしれないが、職人として腕を上げることは一生ないだろう。*GD*

∩17世紀のフランスの車輪修理工が、商売道具をいくつか披露している。

FRANKENSTEIN
by MARY W. SHELLEY
ILLUSTRATED WITH SCENES FROM THE
UNIVERSAL
PHOTOPLAY
PRESENTED BY
CARL LAEMMLE

創作とは無からではなく混沌から生まれるものだと、謙虚に認めざるを得ない。

メアリー・シェリー
『フランケンシュタイン』
1831 改訂版

小説『フランケンシュタイン』は、1816年、ドイツのライン川沿いの旅の最中に芽吹き、ジュネーブ湖のほとりで花開いた。そこにいた旅人たち――メアリー・シェリーとその夫パーシー、バイロン卿（きょう）、ジョン・ポリドーリ――が、一番の幽霊物語をひねり出そうと競った結果だ。メアリーは1818年にこの小説を匿名で出版したが、作者の正体を知りたがる大衆の好奇心を鎮めるために1820年の第2版では名前を出した。ゴシック小説と空想小説を合わせた『フランケンシュタイン』は、最初期のSF小説と見なされている。

1831年の改訂版に寄せた前書きの中で、メアリーは、「何事にも始まりがなければならない」と書いている。「当時まだうら若き女性だった私が、どうしてこれほどおぞましいアイデアを思いつき、それを膨らませることができたのか？」と訊（き）かれることがよくある、と。小説のタイトル名となった科学者によって創られた怪物と同様、彼女のひらめきもどこからともなく現れたわけではなかった。物語の要素は、当時の推論科学の中にすでに存在していたのだ。物語の怪しい主人公の名前について言えば、旅の途中、彼女はかつてある錬金術師が住んでいたというフランケンシュタイン城を通過していたのである。*IHS*

∩ メアリー・シェリーの肖像画。

⊂ 1931年にジェームズ・ホエール監督によって映画化された際のポスター。
ボリス・カーロフがフランケンシュタインを演じた。

人間は道具を使う動物である。道具なしでは無であり、道具があるとすべてである。

トーマス・カーライル
『衣服哲学』
1834

∩ トーマス・カーライルはフランス革命史に関する著作が最も有名だ。

この有名な言葉は、ほとんど読まれていない本からの抜粋だ。主張はさまざまかもしれないが、人間は貧弱でもあり強くもあることをうまくまとめた、巧妙で説得力のある言葉である。

もともと歴史家のカーライルは、19世紀初期の小説の慣例から革新的に脱する形で、フィクションの世界に殴り込みをかけた。『衣服哲学』は、自意識過剰気味の自己認識という意味において近代主義的だ——懐疑心が入り込む隙もなければ、物語への没頭もなく、フィクションの役割とそこで描かれる登場人物の役割に絶えず疑問が投げかけられている。この作品が一部、ジェイムズ・ジョイスの『ユリシーズ』(1922)にひらめきを与えたと考える批評家もいる。

一見したところ、『衣服哲学』は時代とともに変化する衣服を物語っているように見えるが、すぐにこの作品にはジョナサン・スウィフトの『桶(おけ)物語』(1704)を基にした風刺が含まれていることが明らかになる。ヨハン・ヴォルフガング・ゲーテの『ヴィルヘルム・マイスターの修業時代』(1796)を基にした教養小説の部分もあり、ローレンス・スターンの『トリストラム・シャンディ』(1767)のように鏡の間(ま)で永遠に自省する物語でもある。*JP*

戦争にとっての火薬と同じものを、印刷機は人の心に与えてきた。

ウェンデル・フィリップス
「奴隷制度廃止の問題に関する世論」
1864

ウェンデル・フィリップスは、マサチューセッツ州ボストン出身のリベラル派の弁護士だ。奴隷制に対する激しい反論と、弁護における強力な弁舌の才は、アメリカ南北戦争に向かう世の中に大きな影響を与えた。人口の半数以上を占める人間の人権を否定するような南部連合国と関係を持つのは不愉快だとして、北軍は合衆国を解体すべきだとまで論じた人物である。

上記の言葉は、本が広く供給され、それまで本を手に入れられなかったり、買う余裕がなかったりした何百万という人々に情報を与えられるようになったことに言及している。さらにフィリップスは、その結果として、「指導的政治家はもはや特別な教育という鋼で身を守れなくなり、本を読む者全員が彼を判断するようになる」と述べている。

ただし、どこでも本が手に入るようになるのは一般的にいいことだとされる一方、本が情報を与えるのか、もしくはその内容が読者の偏見を強める以上のことをするのか、何も保証はない。それでも本が多くの人々にとって手の届くものとなり、そこに今日はインターネットが加わったことで、それまであると思っていた専門知識の多くを権力者から剝奪することになったのは確かだ。*JP*

∩ ウェンデル・フィリップスは、奴隷制度廃止に向けた動きが遅すぎるとしてエイブラハム・リンカーンを批判していた。

家を建てているときに釘が折れたら、家を建てるのをやめる？それとも釘を交換する？

ルワンダの格言
未詳
1900頃

この言葉を誰が、いつ最初に口にしたのか──確実なところはわからない。それでも、これが洞察力に満ちたアフリカの格言の1つであり、20世紀に世界中のポップカルチャーに広まったことは間違いない。明言できることがあるとすれば、もともとはルワンダの主要言語であるキニヤルワンダ語の格言だったということだけだ。キニヤルワンダ語には他にもいくつか生気あふれる格言がある。たとえば、「あなたの口がナイフになれば、唇を切り落とすだろう」。

上記の言葉は、忍耐、俯瞰(ふかん)、順応性に言及している。まずは忍耐が肝心だ。釘が折れる等の小さな不具合があっても、課題や目標に手が届かなくなるわけではないので、前進し続けろ。次は、先を見通す目を持ち続けること。目標の達成（この場合は家の建築）は、釘が折れなくとも難しく、大変だろう。困難は避けようがなく、人生において重要なことが単純であったためしはほとんどない。三番目は、順応性を持つこと。失敗したからといって諦めず、気を取り直して別のアプローチで再び挑戦すべきだ。釘が折れたら、違うタイプの釘を使ってみる。立ちはだかる壁が高ければ、忍耐、俯瞰、順応性のすべてが必要になるかもしれない。***AB***

私は失敗したことがない。1万通りのうまくいかない方法を見つけただけだ。

トーマス・エジソン
推定・伝聞
1910以前

アメリカの発明家トーマス・アルバ・エジソンは、単独もしくは共同で1000以上の装置を発明した。最も重要な発明品──今日利用されているテクノロジーの前身という意味で──は、蓄音機、白熱電球、そして映写機だ。

共著書『エジソンの人生と発明』(1910)の中で、トーマス・コマーフォード・マーティンとフランク・ルイス・ダイアーが、上記の言葉はエジソンが助手のウォルター・S・マロリーに言った言葉だとしている。しかし本当にエジソンの言葉かどうかについては疑問が残るうえ、さまざまなバージョンが出回っている。

しかし最初の発言者が誰であれ、どんな努力にも試行錯誤がつきものだとするこの言葉は、重要な真実を突いている。おそらくこの名言の発言者としては、理論家よりも実績を残した発明者のほうがふさわしいのだろう。エジソンは発明には断固として実用的なアプローチを取ることを自慢にしており、理論家にはとりわけ反感を抱いていた。「長髪の同業者仲間」と見下している。

上記の言葉からはエジソンが控え目な性格だった印象を受けるが、実際は大きく異なっていた。彼は外向的で、従業員や仕事仲間には口やかましいタイプだったという。***JP***

普通の人たち50人分の仕事は機械1台でこなせるだろうが、優秀な人材1人分の仕事をこなせる機械はない。

エルバート・ハバード
『1001のエピグラム』
1911

エルバート・ハバードは製造会社のセールスマンとして働いたのち、ニューヨークのイーストオーロラで印刷・出版業を開業した。

著名人を紹介する月刊誌を発行し、風刺混じりの紹介文を書くことで知られていた。その創刊号では、14人の著名人が紹介されている。ジョージ・エリオット、トーマス・カーライル、ジョン・ラスキン、ウィリアム・E・グラッドストン、J・M・W・ターナー、ジョナサン・スウィフト、ウォルト・ホイットマン、ヴィクトル・ユゴー、ウィリアム・ワーズワース、ウィリアム・M・サッカレー、チャールズ・ディケンズ、オリバー・ゴールドスミス、ウィリアム・シェイクスピア、トーマス・A・エジソンだ。

ハバードはまた、「フィリスティイン」と「フラ」という前衛的な雑誌2誌を発刊し、ほぼすべての文章を執筆している。その内容は、急進主義と保守主義が不思議と共存していた。

ヨーロッパで第一次世界大戦が勃発すると、ハバードはドイツの皇帝ヴィルヘルム2世にインタビューしようとし、英国郵便船ルシタニア号でイギリスに向かった。同船がアイルランドの南西沖でドイツのUボートに撃沈されたとき、1198人の犠牲者の中には彼と彼の妻も含まれていた。JP

∩1904年、作家と出版業者として最盛期だった頃のエルバート・ハバード。

中世に人間にとって最悪のものが2つ発明された——恋愛と火薬だ。

アンドレ・モーロワ
『ブランブル大佐の沈黙』
1918

アンドレ・モーロワの最初の小説『ブランブル大佐の沈黙』の主人公は、第一次世界大戦中にイギリス連隊に配属されたフランス語の通訳だ。その中で、「驚くような風刺詩を愛する」ある登場人物が上記の言葉を発する。実際、この意地の悪い機知に富んだ言葉には挑戦的な響きがある。火薬が人間にとって最悪の発明品だというのは共通する認識だろうが、恋愛は一般的に最悪とは捉えられず、そもそも「発明品」とは見なされない。

人が恋に落ちるのは、ごく自然なことではないだろうか？ そのはずだが、モーロワは、あらゆる文化において愛が尊重されているとは限らないと指摘する。今日、西洋人のほとんどは結婚する前に相手に恋愛感情を抱くものと考えているが、過去においては結婚はアレンジされることが多く、恋愛感情は結婚生活の中で育まれるものだとされていた。12世紀に吟遊詩人の登場でそれが一変し、吟遊詩人によって偶像化された恋愛は、以来ずっとその地位に留まっている。

恋愛に期待しすぎると、幸せを得るより阻まれてしまうのでは、と心配する人は多い。結局のところ、恋愛もある程度は火薬と同じようなものなのかもしれない。**GD**

テクノロジーは有用な召使いだが、主人にしたら危険だ。

クリスティアン・ロウス・ランゲ
ノーベル賞講演
1921

ノルウェー人のクリスティアン・ロウス・ランゲは、ノーベル賞委員会書記を10年務めた後、1921年、スウェーデンの社会民主労働党員カール・ブランティングとともにノーベル平和賞を受賞した。

ランゲの受賞講演は、漠然と使われることの多い言葉がいくつか定義づけられたのが特徴的だった。刻々と変化し、ますます相互に連結することの多くなったこの世界において最も重要なのは、「インターナショナリズム」という言葉だ。ランゲはこれを次のように定義した——「経済的、精神的、生物学的事実に基づいた社会のコミュニティ理論である。人間社会と世界文明の健全な発展のためには、人類が国際的に組織化される必要がある。各国家は偉大な世界的同盟としてつながるべきで、宗教の自由と、地域ごとの課題に当たるための、個々の生活は保障されなければならない。一方、経済的、政治的方針は、人類共通の利益を促進するために、平和的な協力のもと、国際的に導かれなければならない」。彼の意見によれば、インターナショナリズムを推進すればテクノロジーが国家の最重要事項にならずにすむ、という。**JP**

人々に何が欲しいかを尋ねたら、みんな、もっと速い馬が欲しいと答えただろう。

ヘンリー・フォード
推定・伝聞
1923

2001年1月、「マーケティング・ウィーク」誌に寄せられた1通の手紙により、この言葉はヘンリー・フォードのものとされたが、自動車王フォードが実際そう口にしたかどうかを示す確固たる証拠はない。1923年の「クリスチャン・サイエンス・モニター」紙で、フォードは馬車馬が機械に取って代わられつつある現状についてこう語っている。「あと数年もしたら馬は時代遅れになるだろう。乗馬だけは例外だが、私に言わせれば馬の背に乗りたがるなんて理解できない」。これ以外は、その生涯を通じて上記の言葉に近い発言は見当たらない。2006年、ウィリアム・クレイ・〈ビル〉・フォードが、この言葉が曽祖父のものであることを正式に発表したが、その主張を裏付ける証拠については曖昧だ。

ではなぜ、この言葉はフォードのものだと言われ続けているのか？　彼は無情な現実主義者であり、人の心を捉えるうまい格言を考えるのが得意だった。また「考えることは最も過酷な仕事だ。だからそれをやろうとする人がこんなにも少ないのだ」という名言とも合っているように思える。どちらの言葉からも、自分には人々の望みが本人たちよりもよくわかっていると言わんばかりの強気な男のイメージが浮かび上がってくる。*IHS*

∩1896年、初めて開発した車クワドリサイクルに乗る33歳のヘンリー・フォード。

お楽しみはこれからだ。

アル・ジョルソン
『ジャズ・シンガー』
1927

∩1930年、俳優でもあり歌手でもあったジョルソン。

⊃1920年代のアル・ジョルソンの宣伝写真。

ブロードウェイのスター、アル・ジョルソンが発したこの言葉が、暗い室内で映像が明滅することで始まった映画の歴史の中で、最も大きな変化を告げた――トーキーの到来だ。

『ジャズ・シンガー』の1年前、映画『ドン・ファン』を製作したワーナー・ブラザーズは、16インチのレコードで音声と動きを同期させたヴァイタフォン・システムを導入した。会話は入っていなかったが、オーケストラによるBGMと一緒に効果音が聞こえる仕組みだ。『ドン・ファン』はヒットしなかったが、同時に上映された短編映画の中でジョルソンが「ロック・ア・バイ・ユア・ベイビー・ウィズ・ア・ディキシー・メロディ」を歌って観客を魅了したことから、製作会社は長編映画にもヴァイタフォンの導入を決定した。歌はさらに追加されたが、相変わらず会話は含まれていなかった。

『ジャズ・シンガー』は最初から最後まで、無声映画と同様、会話は字幕で表示され、音声はジョルソンの歌に限られていた。しかしカメラがオープニング曲に向けて回る中、突然ジョルソンが上記の歴史的な一言を発し、同時にバンドが演奏を開始した。この効果は絶大で、この喜ばしい偶然がその後の映画の道筋を決定した。**ME**

NEW YORK TELEPHONE COMPANY

天才とは1%のひらめきと99%の努力である。

トーマス・エジソン
「ハーパー」誌
1932

世界でも最も偉大な発明家エジソンは、1000以上の特許を持っていた。正式な学校教育を受けたのはほんの3カ月だった彼は、ブルーカラー発明家の象徴だった。彼は抽象的な理論ではなく、根気と努力とひらめきで結果を生んだ人物である。白熱電球を開発する際、彼はスタッフとともに3000以上ものフィラメントで実験を行い、ようやく炭化させた竹にたどり着いたのだ。

エジソンは飽くことなき自己宣伝の男だが、謙虚さを持ち合わせていないわけではなかった。彼はこう言った。「私は一度も発見をしたことはない。すべては演繹(えんえき)的な作業で、その結果が発明につながった。純粋かつシンプルな話だ」。

上記の言葉に含まれる真実——成功はコツコツと積み重ねた結果——を支持する証拠は、そこら中に転がっている。たとえば革新的な掃除機を発明したイギリスのジェームズ・ダイソンは、15年間で5127台の試作品を作ったあと、ようやく1993年に最終的なデザインにたどり着いたという。偉大なアイデアの中には売るのに非常に苦労した例もある。カーネル・サンダースはケンタッキー・フライドチキンのレシピを1000回以上断られた末、ようやくあるレストランで受け入れてもらえたのだ。 *LW*

∩ 発明品の1つ、白熱電球を手にしたエジソン。

⊂ 研究室で研究中のトーマス・エジソンをイメージしたこのイラストは、イタリアの新聞社のイラストレーターによる作品だ。

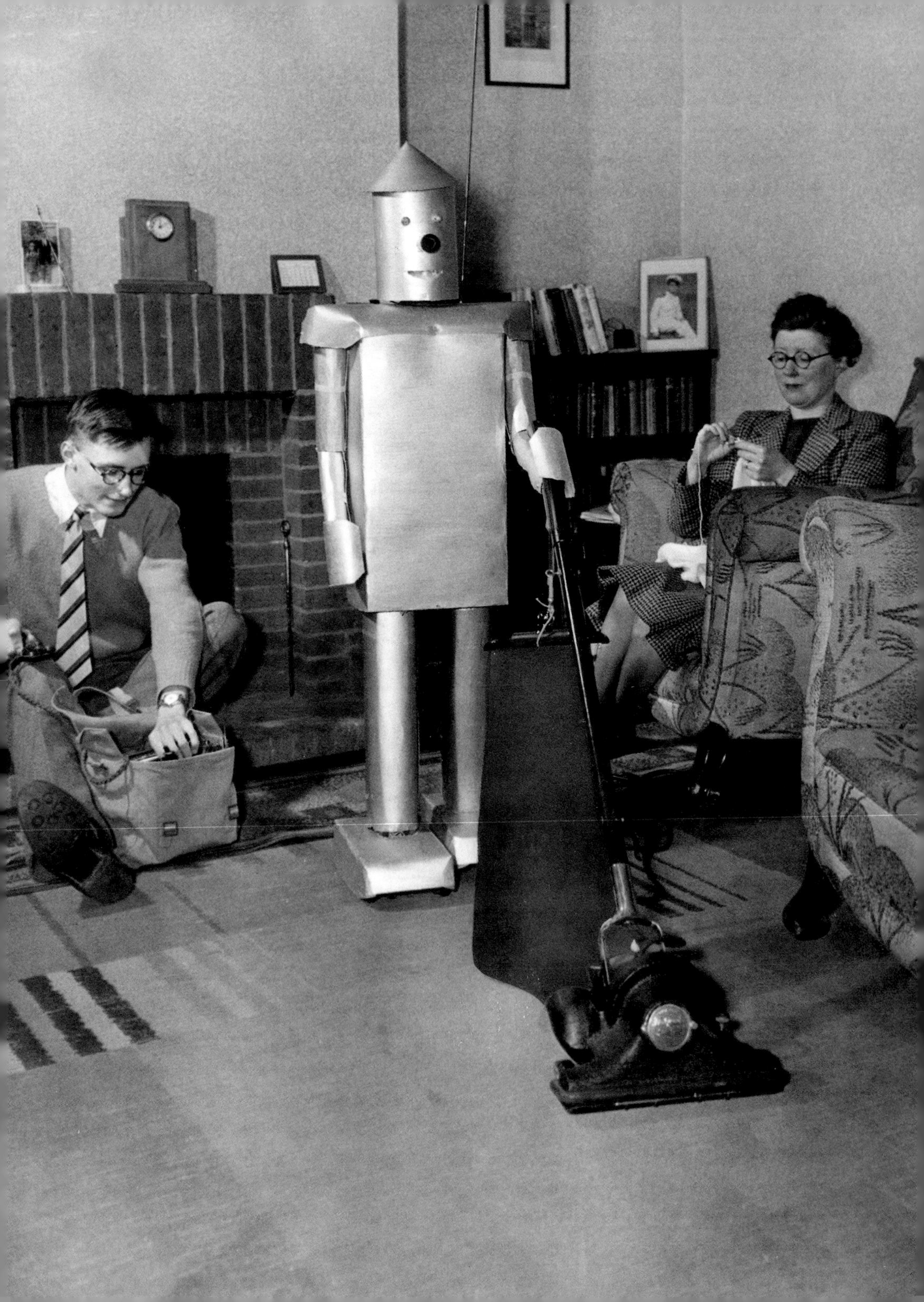

21世紀には、古代文明における奴隷の仕事をロボットが代行している。

ニコラ・テスラ
「戦争を終わらせる機械」
1935

1898年、ニコラ・ステラはニューヨークのマディソン・スクエア・ガーデンで行われた電気博覧会で、リモートコントロールできる船舶模型を発表した。彼の作品は博覧会に展示された数多くの発明品と未来予想図の1つで、そこには他にも複雑なメカニズムの機械から、初期のコンピュータに至るまでが展示されていた。そんな場で発表したからには、ロボットの発明者はテスラだと言って差し支えないのかもしれない。彼は、「人間が抱える問題を解決するには、機械を破壊するのではなく使いこなすことだ」と信じ、未来の職場はロボット工学に支配されると主張した。そうすれば、「人類はより高尚な大志を自由に追求できるようになる」という。大量生産の現場では機械化によって人間の職場が縮小されつつあることを考えれば、彼の主張もあながち間違ってはいない。

しかし人類が「より高尚な大志」を追求できるようになるかどうかについては、万国共通の実例を生み出してきたとは言えないだろう。さらに言えば、テスラの発明は人類を破滅させせかねない。職業生活のほぼ全域にわたって人間の活動が不必要になってしまうのだから。*IHS*

科学技術の進歩は、より効果的に後退する手段を我々に与えたにすぎない。

オルダス・ハクスリー
『目的と手段』
1937

戦争や愛国心から社会改革、宗教的慣習、倫理に至るまで、さまざまなトピックに関するエッセイ集『目的と手段』から抜粋した言葉ではあるが、オルダス・ハクスリーの5作目の小説『すばらしい新世界』(1932)に出てきてもおかしくない言葉である。どちらの作品も、産業化によって戦いが機械化された第一次世界大戦と、前代未聞の失業率を生んだ1929年の大恐慌後に書かれている。人類が科学技術に寄せた希望は、粉々に砕け散ったかに見えた。

科学技術の進歩は人間性を奪いかねないと考えたハクスリーは、平和主義者でもあったことから、軍事化の加速が社会を自滅に向かわせていると考えた。ニューメキシコに滞在中に執筆した『目的と手段』は、そんな懸念を表現したハクスリーの数多くの作品の1つにすぎない。彼はその懸念を放送波にも載せている。一番有名なのは1958年のインタビューだ。その中で彼は、人口過密、日々の生活の中で歯止めの利かない科学技術の発展、政治家の商品化等の危険について警告している。そのすべてが、1963年に彼が死亡して以来、ますます現実味を増している。*IHS*

⊂ 1940年代、ロンドンの住宅に掃除機をかける「ロボット」。

臆病者は家でくつろぎながら霧の中を山に向かって飛ぶパイロットを批判する。だが私にしてみればベッドより山腹で死ぬほうがよほどいい。

チャールズ・リンドバーグ
日誌
1938

∩ 有名な愛用機スピリット・オブ・セントルイス号の隣でポーズを取るチャールズ・リンドバーグ。

チャールズ・リンドバーグは、人生においても持論においても、とにかく極端だ。彼は1927年、ニューヨークのロングアイランドからフランスのパリへ、初めて大西洋単独無着陸飛行を成功させ、一躍有名になった。歯に衣着せぬ物言いをするアメリカの孤立主義者で、優生学を信じ、ドイツ軍国主義が1930年代にエスカレートする中での数々の発言により、反ユダヤ主義者と見なされるようになった。アメリカ大統領のフランクリン・D・ルーズベルトは、財務長官のヘンリー・モーゲンソウにこう語っている。「明日死んでしまうといけないのでこれだけは言っておくが、私はリンドバーグがナチだと確信している」。

上記の言葉からは、可能性の限界に挑戦してこそ人間だ、という彼の信念が感じられる。彼はこう問いかける。「冒険で命を落とす男を非難するほど、命というのは大切なものなのだろうか？それ以上の死に方があるのか？」

大西洋横断飛行は、リンドバーグが人生で達成した最高の偉業であり、彼はしばらくの間、アメリカで最も人気のある人物となった。伝記作家のA・スコット・バーグがこう書いている。人々は「リンドバーグが海の上空を飛んだのではなく海上を歩いたかのように反応している」。*IHS*

ライト兄弟は、不可能という名の煙幕を飛び抜けた。

チャールズ・ケタリング
推定・伝聞
1940

今日では空の旅はごく当たり前のものとなり、朝、シカゴで朝食を楽しんだ後、夜、北京で眠りにつくことも可能だ。空旅の手軽さが、我々の生活のあらゆる面に影響を及ぼしている——ビジネス、休暇、外交、一般的な世界観に至るまで。昔と比べると、地球は非常に小さくなった。今、我々が暮らしている世界は飛行機の旅なしには想像もつかないが、今ではごく普通のことが間違いなく不可能とされていた時代は、そう遠い昔のことではない。かつて、空を飛べるのは鳥だけだった。

オーヴィルとウィルバーのライト兄弟は、オハイオ州デイトン出身の独学のエンジニアだった。2人は不可能を可能にしようと模索していた。1903年12月17日、オーヴィルが兄弟で組み立てた空飛ぶ機械の操縦席に腰を下ろした。そして兄弟は、アメリカの発明家であり慈善家のチャールズ・ケタリングが「不可能という名の煙幕」と呼ぶものの向こうへ、人類を運んでみせたのだ。その先には、今我々が暮らす世界があった。

ライト兄弟は運輸の世界を大きく一歩前進させ、ケタリングはその偉業を表現するのに最適な言葉の組み合わせを見つけたのである。GD

∩ ユニオン・パシフィック鉄道の機関車の前でポーズを取るチャールズ・ケタリング（右）。

ATOMIC BOMB VICTI
KIKKAW
原爆

我々は原子爆弾を獲得し、それを使用した。

ハリー・S・トルーマン
ラジオ放送
1945

日本の広島と長崎に投下された原子爆弾により、何万という数の罪のない市民が殺され、焼かれ、放射線を浴びせられたことを考えると、このぶっきらぼうな宣言は無神経なものに思える。しかしアメリカ大統領ハリー・S・トルーマンは、同じ演説の中で原子爆弾の「悲劇的な重要性」について認めた後、「戦争の苦しみを長引かせない」ためだとしてその使用を正当化しようとした。1941年の真珠湾攻撃と日本人によるアメリカ捕虜兵への非人道的な扱いにも触れることで、トルーマンは報復の意味合いもほのめかした。

以来、原爆投下に対する戦略的、倫理的正当性について、ずっと議論がなされてきた。当時日本はすでに降伏寸前であり、従来の作戦を強化するだけで降伏を確実にできたはずだと論じる歴史家もいる。原爆を2つも投下する必要はなく、1つで十分だったと論じる者もいる。より重要なのは、いくら戦争を終わらせるためだからと言って、桁違いの死と苦悩を与えることがわかっていながらそれを行ったことを正当化できるのかという倫理的な問題だ。しかも相手は罪のない市民である。戦争終結のために、あれほど恐ろしい手段の使用を正当化できるものなのだろうか？ *TJ*

科学技術に拘束され、鎖でつながれている場所はどこでも、人間はそれを熱烈に支持するか、否定するかのどちらかだ。

マルティン・ハイデッガー
『技術への問い』
1954

この言葉からは、ドイツの哲学者マルティン・ハイデッガーが近代的な科学の進歩を非難しているように思えるかもしれないが、作家のマーン・オブライエンはこう指摘している。「これはよくある知識層の技術革新反対者による痛烈な非難とは違う」。ハイデッガーがここで表現しているのは観察に基づく二分法であり、絶対的な断言ではない。これは、科学技術には2つの定義――「目的のための手段」もしくは「人間の活動」――があるとする文脈の中での言葉なのだ。その2つは、正反対でもなければ互いに反発してもいない。むしろ、互いに欠かせないものだ。科学技術とは、その両方だと言っているのである。

ハイデッガーは分析の中で、科学技術の本質――彼に言わせれば現状の受け入れを拒むこと――と、我々が日々遭遇する科学技術、すなわち建物や飛行機等だけでなく、労働を省略する装置や情報を与えるアプリケーション等の科学技術とを区別している。彼は、自分たちが科学技術をコントロールしているわけではないと認めるまでは、人類が科学技術から解放されることはないと強調した。そして人類がその洞察を手に入れる唯一の方法は、芸術を実践し、鑑賞することだという。 *IHS*

⊂ 原子爆弾で破壊された広島の建物。

科学技術とは、それを体験しないですむよう世界を整えるコツだ。

マックス・フリッシュ
『アテネに死す』
1957

1968年に撮影されたマックス・フリッシュの写真。彼のトレードマークになった大きなパイプをくわえている。

スイスの作家マックス・フリッシュ著『アテネに死す』の原題は、「工作人」を意味する。物語の主人公のことでもあり、主人公が体現する人間の存在概念のことでもある。科学技術の優れた能力を駆使して、環境を自身の目的に叶(かな)うよう作り直す——それを可能にする尽きることのない才覚を備えた、創造主としての人間の理想である。

主人公ワルター・ファーベルは一流のエンジニアだ。完全にテクノロジカルな世界という空想に身を投じている。論理と科学的な根拠で自身の運命を征服できると信じ込んでいるのだ。彼が愛するのはハンナという美術を学ぶ学生で、彼女はまったく異なる見解の持ち主だ。彼女は、ワルターが世界を寄せつけずにいるために科学技術をごまかしとして利用していることを指摘する。予測も付かなければ手にも負えない不可思議な現実を体験したくないがために、ごまかしているだけだ、と。

ワルターの理想は摩擦のない世界だ。自身の意志に逆らうものから絶縁された世界である。しかし運命的な出会いと心穏やかならざる真実の暴露によって、理性の習得といううぬぼれが粉々に砕け散ったとき、そんな世界は不可能であることが証明されてしまう。彼は、人生を体験するには驚きを受け止めなければならないことを悟るのだ。GD

発明は、人の秘めた願いを映し出す。

ロレンス・ダレル
『マウントオリーヴ』
1958

『マウントオリーヴ』は、ダレルの4部作『アレキサンドリア四重奏』の第3部だ。最初の3つの作品では、第二次世界大戦前と最中のエジプトのアレキサンドリアで展開する恋愛について、3つの異なる視点で語られている。第4部となる『クレア』は、その6年後の物語だ。精神分析学と相対論を基に人間関係を形而上(けいじじょう)学的に掘り下げた作品として、「フロイトにどっぷり浸かり、アインシュタインをかじった詩人によって描かれた恋愛小説の4部作」と評されてきた。

『マウントオリーヴ』の主役は、イギリス大使のデイヴィッド・マウントオリーヴだ。大使館員としての出世が語られた後、最初の2つの小説の中の出来事へと遡り、そこでの関与が語られる。ある時点でマウントオリーヴは、同じように他の小説にも登場するクレアと会話を交わす。戦争の見通しについて話しているとき、彼女は「あの人たち、本当に首都を壊滅させることができるの? あの爆撃機というやつで?」と尋ねた後、爆撃機の発明はおそらく「実業家」の終わりを目撃したいという無意識の願望ではないかとほのめかす。それまで見知っていた世界を終わらせるのだ。そんなニヒリズムが戦争末期にヒトラーを駆り立てたことは間違いないだろう。*IHS*

∩ ロレンス・ダレルはコルフ島でボヘミアン的生活を送っていた。

十分に発達した科学技術は、魔法と見分けがつかない。

アーサー・C・クラーク
『未来のプロフィル』
1962

∩1981年、64歳のアーサー・C・クラーク。

イギリスの作家アーサー・C・クラークは、ロバート・ハインラインとアイザック・アシモフとともにサイエンス・フィクションの「ビッグ・スリー」として知られた人物である。クラークの感動的なまでの科学技術知識が、彼のSF小説で描かれる未来図の下敷きとなっている。最も有名な「前哨」は短編小説で、スタンリー・キューブリックの大作『2001年宇宙の旅』(1968)にインスピレーションを与えている。小説家としてのクラークの評判は、3つの主要作品によってすでに確立されていた――『幼年期の終り』(1953)、『都市と星』(1956)、『渇きの海』(1961)である。

上記の言葉は、クラークの3法則として知られるものの3番目の法則だ。1番目と2番目の法則は次の通り。「高名で年配の科学者が可能だと言った場合、その主張はほぼ間違いない。また不可能であると言った場合には、その主張はまず間違っている」。「可能性の限界を測る唯一の方法は、不可能であるとされることまでやってみることである」。どちらも、『未来のプロフィル』(1962)に収録された「予言、この危険を冒すもの――想像力の不足」というエッセーの中で述べられている。上記の3番目の法則は、同じエッセーの訂正版に登場する。**ME**

自分の持っている道具が金槌(かなづち)だけだと、すべての問題が釘(くぎ)に見えてしまう。

アブラハム・マズロー
『科学の心理』
1966

この簡潔で貴重な格言は、古代の西アフリカ、現在ガンビアと呼ばれる地域に伝わるものだとされているが、20世紀の重要な思想家数名とも関連づけられている。その中にはエイブラハム・カプラン(これを「道具の法則」と呼んだ)と心理学者アブラハム・マズロー(彼にちなんで「マズローの金槌」と呼ばれることもある)がいる。

人間は、初めて遭遇する問題に、異なる文脈の中で有効だった過去の手法を使いがちだ。しかし、今目の前にある問題には、その方法は適していないかもしれない。マズローは、心理学者たちが他の分野で数値化された手法がうまくいったことに気をよくして、人間の心を研究する際にも同じ手法を使おうとするのではないかと懸念していた。そうすることで、愛や共感といった、数値化が不可能な現象が見えなくなってしまうのではないか、と。

平たく言えば、自分の専門分野という狭い視野で世の中を見ていないかどうか注意しろという意味だ。たとえば生物学者なら、人体を遺伝子複製装置としてしか見ていないのではないか。化学者は愛を化学的な反応と見て、外科医はあらゆる障害にメスで切り込もうとするのではないか、と。
GD

∩ マズローは、ウクライナでの迫害を逃れてアメリカに渡ったユダヤ系移民にルーツを持つ心理学者だ。

科学技術は2種類の人間に支配されている——自分が扱えないものを理解している人間と、自分が理解できないことを扱う人間だ。

アーチボールド・パット
『パットの法則と成功する専門技術者』
1981

アーチボールド・パットというペンネームの人物によるユーモラスな経営本『パットの法則』は、ハイテク業界で働く人間にとってはカルト的古典である。科学技術業界で成功するコツに関する彼の皮肉な見解が初めて登場したのは、1970年代の「リサーチ＆デベロップメント」誌に連載されたある記事の中だった。改訂版が2006年に『情報化時代で勝つ方法』として出版されている。

パットの正体は今でも謎に包まれているが、多国籍企業で重要な役割を担う著名人ではないかと憶測が飛んでいる。著書の中で彼は、階層組織内にありがちな状況を正確に詳述しており、数十年前に書かれた本であるにもかかわらず、今でもその多くに真実味が感じられる。科学技術業界の人間タイプに関するパットの見解は、上司をはるかに超える知識を持つ低ポジションの人間の共感を呼ぶことは間違いない。パットはまた、「産業技術界の階層はすべて、いずれ能力の逆転へと発展する」と推測している。つまり、最新技術の能力のない人間がトップにのし上がるという意味だ。同書からよく引用される言葉をもう1つ。「決断は、強い信念とともに下されたかどうかで判断される」。HJ

錆(さ)び付いたモンキーレンチを手にした決意の固い人間のほうが、機械工場のあらゆる道具を持つ怠け者より多くを達成する。

ロバート・ヒューズ
推定・伝聞
1992

オーストラリアの美術評論家、作家、ドキュメンタリー製作者のロバート・ヒューズは、機知に富み、辛辣で、能弁で、短気だ。同世代の中では最も高く評価された批評家であり、まずはロンドンの「サンデー・タイムズ」紙で働いた後、アメリカの「タイム」誌に雇われた。ベストセラーであり、TVシリーズになった『ショック・オブ・ザ・ニュース』(1980)の中で、印象派からウォーホルに至るまでの現代美術について、専門用語を交えることなく、わかりやすく、楽しく解説している。1991年、彼はその本に、美術界で金と著名人の影響がどんどん増していることについての章を書き加えた。次のように皮肉な見方をしている。「美術品の新たな仕事は、壁に掛けられた状態でさらに値を吊(つ)り上げることだ」

上記の言葉からもわかるように、ヒューズは、美術の腕を磨くこと以上に大切なのは、自身のアイデアを伝えようという芸術家の能力と決意だと信じていた。美術評論家として知られたヒューズだが、18世紀にイギリスがオーストラリアを流刑地として植民化した話を描いた国際的なベストセラー『死の海岸』(1987)で、幅広い読者を獲得している。HJ

ↄ ロバート・ヒューズ。ニューヨークのソーホーにあるロフト・アパートメントにて。

覚えておくべきは、インターネットは新しい生活の形ではないということ。新しいアクティビティにすぎない。

エスター・ダイソン
「ニューヨーク・タイムズ」紙
1996

∩エスター・ダイソンはインターネット界の教祖的存在で、大きな反響を呼ぶブログの筆者だ。

インターネット文化の台頭は、グローバルなビジネスとそれを支配する人々を一変させた。起業したての企業から百万長者が生まれるようになったが、これはほんの数年前までは考えられなかったことだ。ビジネス・コミュニティ内での個々の正確な役割が、市場をリードする人物といえども把握しづらくなった。その代表的な例が、エスター・ダイソンだ。上記の言葉は、クローディア・ドレイファスがPCフォーラムでダイソンに行ったインタビューを締めくくるものだった。PCフォーラムというのは世界経済フォーラムのテクノロジー版のようなもので、1977年から2006年まで開催され、1980年代初めからダイソンが組織責任者を務めていた。

「作家、フューチャリスト、博愛主義者、投資家であり、コンピュータ業界において最も影響力のある人物、当然ながら女性としては最も影響力のある人物」と紹介されたダイソンは、トレンドを見極め、産業と社会全体を支える場を予測し、技術革新に勢いを付けた。彼女はインターネットの発展を人類進化の新たな一歩にすぎないと考えた。脅威と捉えるのではなく、好きに使うことのできる道具がまた1つ手に入っただけと考えるべきだ、と。*IHS*

大統領に就任したときは、ワールド・ワイド・ウェブなるものを一度でも耳にしたことがあるのは精力的な物理学者だけだった……それが今では、私の猫ですら自分のページを持っている。

ビル・クリントン
演説
1996

1996年10月10日、アメリカ大統領ビル・クリントンは次世代インターネット計画（NGI）を発進させた。インターネットの通信速度を大幅に上げ、あらゆる家庭や学校にまで行きわたらせようという政府プロジェクトだ。1億ドルが投じられるこの計画について、副大統領アル・ゴアを伴った大統領から発表されたのは、テネシー州ノックスビルでのことだった。クリントンは、未来に目を向ける重要性を強調した。「21世紀にはあらゆる家庭がインターネットに接続されているというゴールに到達しよう」と彼は述べ、「コンピュータが黒板と同じくらい学校の教室に備えられる」日を見たいとつけ加えた。

上記の猫に関する言葉はジョークではない。クリントンが大統領に就任する2年前の1991年、一家がまだアーカンソー州リトルロックで暮らしている時に、娘のチェルシーが野良猫を保護してソックスと名付けた。一家が1993年にホワイトハウスに移り住んだ時、ファースト・ファミリーのペットは、犬が加わる1997年までは、ソックスだけだった。その時期、ソックスは学校や病院を公式訪問する際に同行し、ホワイトハウスの子供向けサイトが始まった時は、その案内役を劇画化されたソックスが務めている。*ME*

∩ アーカンソー州知事時代に撮影された、未来のアメリカ大統領ビル・クリントン。

ELLER
Think different.
3580
HANMI BANK
WILSHIRE CENTER DENTAL GROUP
Ness Av
PYTKA

クレイジーな人たちへ——はみ出し者、反逆児、トラブルメーカー、四角い穴に丸い杭を打つ人たち、物事を違う目で見る人たち。

ロブ・シルタネン
アップル社のポスター
1997

アップル社のカルチャーのご多分にもれず、2002年にiMacG4が発売されるまで採用されていた伝説的な'Think Different'をスローガンとする広告は、スティーブ・ジョブズが考えたものだとされることが多かった。1984年にアップル・マッキントッシュの発売を告げた彼の広告と同様、'Think Different'広告キャンペーンも、販売ツールというよりは革新的なテクノロジーの到来を告げるファンファーレのようなものだった。'Think Different'のコンセプトは功を奏し、これにより世界的なテクノロジー現象としてアップル社の地位が確立された。

この広告の製作を依頼されたのは、広告代理店TBWA/Chiat/Dayだった。2011年にジョブズの伝記を出版したウォルター・アイザックソンによれば、リー・クロウ、ケン・シーガル、クレイグ・タニモトがアップル社の幹部とともに広告コピーの文面を考えたという。アイザックソンは、ジョブズも文面の多くに貢献していると述べている。たとえばコピーの一部、「彼らは人類を前進させる」というくだりだ。

TBWA/Chiat/Day社のクリエイティブ・ディレクターだったロブ・シルタネンは、のちに広告コピーの文面を主に作成したのは自分だったと主張し、それを証明する書類を引き合いに出した。*IHS*

∩ 彼が作った別のベンチャー企業であるピクサー社のシンボルの下にいるスティーブ・ジョブズ。

∩ アップル社の'Think Different'広告に登場した数多くの著名人の1人、マイルス・デイヴィス。

(インターネットは)遠くから鑑賞する彫刻ではなく、粘土のようであるべきだ。

ティム・バーナーズ=リー
PBSラジオのインタビュー
1999

∩ **2004年のイギリスの物理学者ティム・バーナーズ=リー。彼はコンピュータ科学を基にワールド・ワイド・ウェブの基盤を築いた。**

1989年、イギリスのコンピュータ科学者ティム・バーナーズ=リーは、自身の職場が保持する大量の情報を管理、共有する方法について、1枚の提案書を書いた。彼の職場はCERN——欧州原子核研究機構である。彼はすべての情報をリンクさせ、組織内のどのコンピュータからもアクセスできる方法として、ワールド・ワイド・ウェブを開発した。彼が思い描くウェブは、平和主義的なものだった——情報を共有したいと思う人なら、誰でも簡単に使えるシンプルなもの。彼はまた、そのシステムを世界に無料で提供すると決意していた——「共同作業と革新を育む開かれたプラットフォームにしようと思って作り上げた」。

各大学、各企業、そして個人がその潜在能力にすぐに気づき、WWWユーザーは急速に増加していった。2015年には世界中で30億人以上のユーザーがいる。バーナーズ=リーがウェブを粘土になぞらえたのは、それが有機的なものであり、どこかの会社や組織が制御するのではなく、誰もが自由に利用し、形づくることのできるものだからだ。自身の発明を守るため、バーナーズ=リーは2009年にウェブ基金を設立した。開かれたウェブを公共の利益として、そして万人の基本的な権利として促進させることを目指す団体だ。*HJ*

我々はテクノロジーを前にお手上げ状態だ。とにかく機能してくれるものさえあればいいというのに。

ダグラス・アダムズ
『疑念のサーモン』
2002

ダグラス・アダムズの〈銀河ヒッチハイク・ガイド〉シリーズは、5冊の本から成る三部作だ。彼は作家として、〈ダーク・ジェントリー〉シリーズも成功させている。また、ピンク・フロイドと一緒にステージでギターを演奏した経験を持つ。

2001年に本人が死亡した後で出版された『疑念のサーモン』には、科学技術に関する一連のエッセーと、本のタイトルにもなった未完の小説が含まれている。これはもともと〈ダーク・ジェントリー〉シリーズの3冊目になるはずだったのだが、アダムズは気を変えて〈銀河ヒッチハイク・ガイド〉シリーズの6冊目に据えることにした(5冊目の『ほとんど無害』はシリーズ最終作としてはあまりに暗かった)。上記の言葉は、科学技術はあらゆることの答えにはならないというアダムズの見解を反映している。彼は『疑念のサーモン』の中でこう考察している。「生まれたときからこの世にあったものは、何もかもが普通で自然に感じられる。15歳から35歳の間に発明されたものは何でも目新しく、革新的で、エキサイティングに感じられ、それを仕事にしたいと思うだろう。35歳以降に発明されたものは何であれ、物事の自然の法則に反している」。*IHS*

∩ 自身のスタジオにいるダグラス・アダムズ。背後からコンピュータ・ゲーム「宇宙船タイタニック」の宣伝ポスターに見下ろされている。

賢い人たちが働く部屋のドアの鍵は開いている。

スティーブ・ウォズニアック
演説
2004

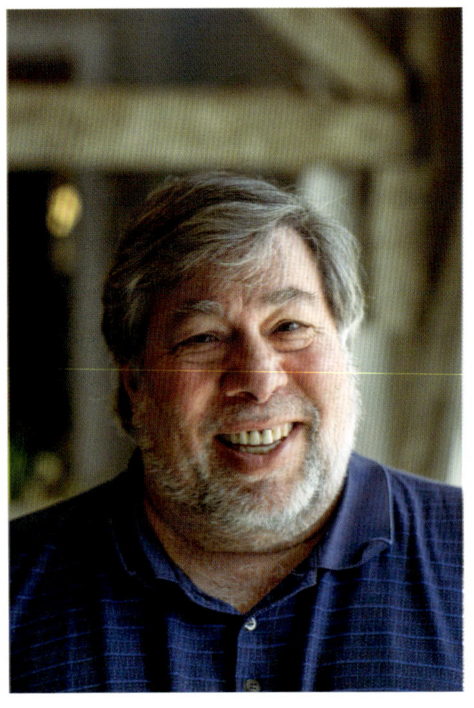

∩ 昔のパートナーの伝記映画『スティーブ・ジョブズ』(2013) 公開と時を同じくして行われたインタビューを受けるスティーブ・ウォズニアック。

アメリカのコンピュータ・エンジニア、スティーブ・ウォズニアックは、賢い人間とはどういうものかを知っている。彼は1976年にスティーブ・ジョブズと共同でアップル社を設立した人物だ。上記の言葉は、ニューヨークで開催された第5回HOPE (Hackers On Planet Earth) の会合でウォズニアックが行った基調講演からの抜粋である。その席では個人情報の盗用を防ぐ方法が話し合われたのだが、さらに幅広い問題として、革新と創造性を法律で規制して足を引っ張るのではなく、後押しする方法についても取り上げられた。ウォズニアックとしては、大いに気にかかる問題だった。彼は上記と同じ言葉を、タレント・アンリーシュド賞2015プログラムの中でも聴衆に語りかけている。

ウォズニアックは、生まれたてのコミュニティには賢い人間が必要だと考えていた。彼らの創造力を活かすため、ビジネス・リーダーや政府、企業は、優秀なアイデアが生まれ、可能なことについて気楽に話し合える環境を作る必要がある、と。彼はまた、単に金を稼ぐためだけでなく、よりよい世の中にするために全力を尽くそうとする人間の才能と意欲は、テクノロジーの国境を突破すべくドアを開け放つものだと信じている。**CK**

お願いです、どんなにテクノロジーが進歩しようと、本を見捨てないでください。

パティ・スミス
演説
2010

パンクのゴッドマザーと呼ばれるアメリカのシンガー・ソングライター、詩人、ヴィジュアル・アーティストのパティ・スミスは、2010年、『ジャスト・キッズ』で全米図書賞ノンフィクション部門を獲得した。1989年にエイズで死亡した、アーティストで写真家のロバート・メイプルソープとの思い出を綴（つづ）った作品だ。その受賞演説の中で、スミスはこう宣言した。「この物質世界で、本以上に美しいものはありません」。

紙の本の弁護としては絶妙なタイミングだった。インターネットの台頭で、その存続が危ぶまれていたのだから。人々はますますオンラインでものを読むようになり、その著しい変化は、多くの出版社の売上高が減少し、書店の数が減っていることに反映されている。

しかし紙の本の存在を喜ばしく思う人は多い。それに紙の本は、画面で見るより、今自分が物語のどのあたりにいるのかを把握しやすい。さらに重要なのは、インターネットの挑戦を受けて、各出版社がそれまで以上に美しい本を作り始めたことだ。それが心強い売上高に反映されつつあるところからして、インターネットや電子ブックの利用者も、多くの人が恐れているほどには伝統的な読書法に死刑宣告を突きつけているわけではないらしい。JP

∩ イタリアのミラノ・スカラ座で、
2015年のオペラ・シーズンの開幕に立ち会うパティ・スミス。

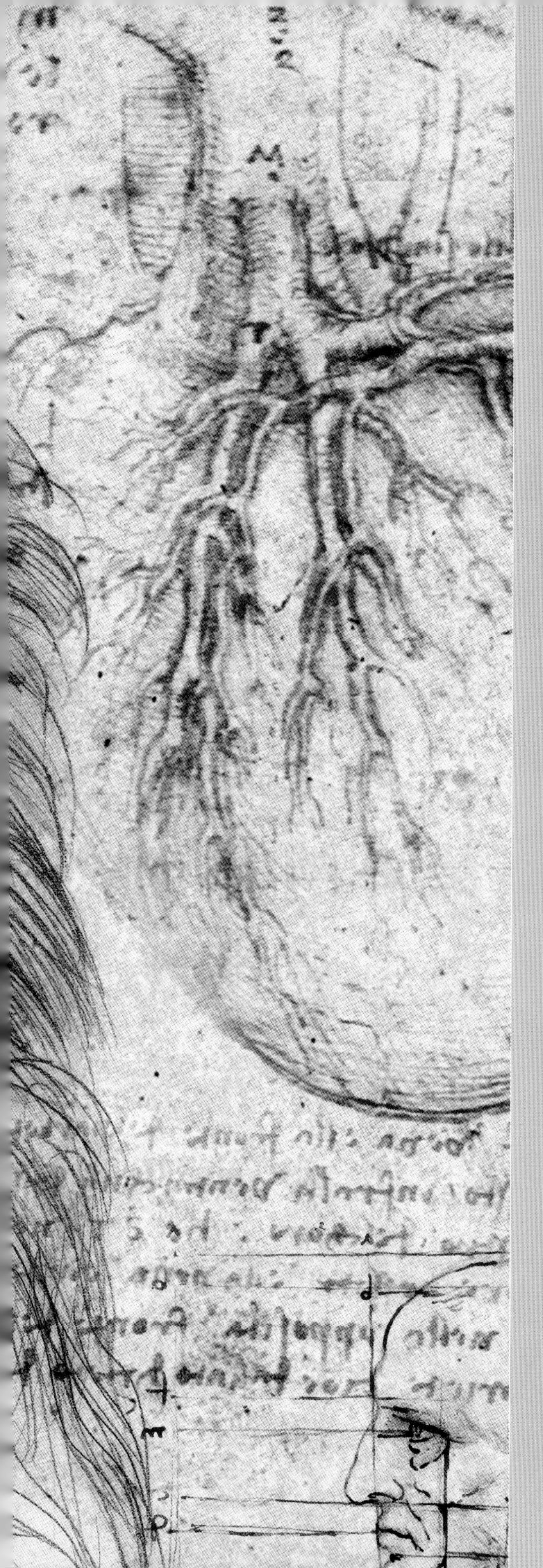

科学と自然

SCIENCE & NATURE

C レオナルド・ダ・ヴィンチは芸術家としてよく知られているが、
科学分野の知識にも大きく貢献をしている。

まず、何よりも害をなすことなかれ。

ヒポクラテス
推定・伝聞
紀元前400頃

∩製作年代不詳のイラストに描かれたコス島のヒポクラテス。

この言葉のラテン語「Primum non nocere」の出典ははっきりしていない。ギリシャの医師、コス島のヒポクラテスもしくは彼の弟子が書いたとされる「ヒポクラテスの誓い」から派生した言葉ではないかと考えられている。この誓いは、ある種の倫理基準に忠実であること、それを守ることを医者に求めるものだ。患者をさらに苦しめる危険を冒すより、何も治療せずにおくほうがよいという意味のこの言葉に一番近いのは、「害とわかっている治療法は選択しない」という誓いだろう。同じような意味の言葉が、ヒポクラテスに関連するギリシャの医学論文集『ヒポクラテス全集』にも登場する。第1集の11項目に、こんな記述があるのだ。「医者は……病気を2つの特別な観点から見る必要がある。すなわち、回復させること、もしくは害を与えないことだ」。

上記の言葉の歴史については数多くの研究が行われてきた。2002年、「ブリティッシュ・メディカル・ジャーナル」誌の記事によれば、この言葉が広まったのは19世紀だという。アメリカの外科医L・A・スティムソンが1879年と1906年の2回、この言葉を使っているのだ。そして20世紀になる頃には、医学界では一般的に使われるようになっていた。*IHS*

自然は真空を嫌う。

アリストテレス
『自然学』
紀元前 350 頃

◯16 世紀、ラファエロが描いた「アテナイの学堂」の中のアリストテレス。

アリストテレスは、自然界に真空は存在し得ないと考えていた。何もない空間もしくは不足しているものがあれば、自然がそれを満たしてしまうからだ。彼はさらにプラトンの教えに従い、虚空は無であり、無は存在できないと述べている。

アリストテレスの考えは、のちにフランス・ルネサンスの作家フランソワ・ラブレーによって支持された。とりわけ、高く評価されると同時に物議を醸したラブレーの5部作『ガルガンチュワ物語』、『パンダグリュエル物語』(1532-64)の中で、それが表明されている。ガリレオも、アリストテレスの推論に賛成した。しかしこの論理は、原子と虚空の存在を基盤にする原子論支持者によって誤りであることが証明された。アリストテレスの誤りはさらに暴かれる。天体物理学者ニール・ドグラース・タイソンが、地球には重力があるので真空の存在は難しいが、真空は宇宙全体に広く存在すると強調したのだ。

上記の言葉はアリストテレスと科学理論を超えて、人生でチャンスが差しだされたら、それが消えてしまう前に摑むべきだという考えを表すようになった。ラテン語の格言「カルペ・ディエム(その日を摘め)」と同様、機会を逃すなと促す際に引用される言葉となったのである。***IHS***

自然の法則は神の数学的思考である。

エウクレイデス
推定・伝聞
紀元前 300 頃

∩ エウクレイデスは、プトレマイオス 1 世の治世（紀元前 323-285）にアレクサンドリアで教鞭（きょうべん）を執っていたと考えられている。

⊃ 1482 年に出版されたエウクレイデスの幾何学論文『原論』の初版。ラテン語の文章と図形が印刷されている。

「幾何学の父」と呼ばれるアレクサンドリアのエウクレイデスは、紀元前 330 年から紀元前 265 年頃に活躍したギリシャの数学者である。何冊か書を著しており、そのほとんどが現存している。中でも注目すべきは『原論』で、そこで打ち出された数学の基本原理は、2000 年近くたっても変わっていない。1482 年、数学書として初めて出版された書籍の 1 冊である。

上記はエウクレイデスの発言だとされてはいるが、17 世紀の天文学者で数学者のヨハネス・ケプラーが作者ではないかと考える人もいる。ケプラーは神と数学について似たような言葉を口にしており、彼の研究は明らかに自然の法則と関わっていたからだ。宇宙が知性ある何かによって設計されたとするインテリジェント・デザインの考えは、理論物理学に再び登場する。宇宙を支える数学的・物理的な制約が「微調整」されていることがわかってくると、善意ある神の存在がよりもっともらしく思えてくるからだ。フョードル・ドストエフスキー著『カラマーゾフの兄弟』（1880）の中で、イヴァンがこう述べている。「もし神が存在して、本当にこの世を創ったのなら……エウクレイデスの幾何学に従ったのだろう」。*JF*

Preclarissimus liber elementorum Euclidis perspi/
cacissimi: in artem Geometrie incipit quã foelicissime:

Punctus est cuius ps nõ est. ¶ Linea est
lõgitudo sine latitudine cuiꝰ quidẽ ex/
tremitates sũt duo pũcta. ¶ Linea recta
ẽ ab vno pũcto ad aliũ breuissima extẽ/
sio ĩ extremitates suas vtrũqz eoꝝ reci
piens. ¶ Supficies ẽ q̃ lõgitudinẽ ⁊ lati
tudinẽ tñ hz: cuiꝰ termĩ quidẽ sũt linee.
¶ Supficies plana ẽ ab vna linea ad a/
liã extẽsio ĩ extremitates suas recipiẽs
¶ Angulus planus ẽ duarũ linearũ al/
ternus ꝯtactus: quaꝝ expãsio ẽ sup sup/
ficiẽ applicatioqz nõ directa. ¶ Quãdo aũt angulum ꝯtinẽt due
linee recte rectilineꝰ angulus noiat̃. ¶ Qñ recta linea sup rectã
steterit duoqz anguli vtrobiqz fuerit eq̃les: eoꝝ vterqz rectꝰ erit
¶ Lineaqz linee supstãs ei cui supstat ꝑpendicularis vocat̃. ¶ An
gulus vo qui recto maior ẽ obtusus dicit̃. ¶ Angulꝰ vo minor re
cto acutꝰ appellat̃. ¶ Terminꝰ ẽ qd vniuscuiusqz finis ẽ. ¶ Figura
ẽ q̃ t̃mino vl̃ termĩs ꝯtinet̃. ¶ Circulꝰ ẽ figura plana vna q̃dem li/
nea ꝯtẽta: q̃ circũferentia noiat̃: in cuiꝰ medio pũctꝰ ẽ: a quo oẽs
linee recte ad circũferẽtiã exeũtes sibiĩuicez sũt equales. Et hic
quidẽ pũctꝰ cẽtrũ circuli dr̃. ¶ Diameter circuli ẽ linea recta que
sup eiꝰ centꝝ trãsiens extremitatesqz suas circũferẽtie applicans
circulũ ĩ duo media diuidit. ¶ Semicirculus ẽ figura plana dia/
metro circuli ⁊ medietate circũferentie ꝯtenta. ¶ Portio circu/
li ẽ figura plana recta linea ⁊ parte circũferẽtie ꝯtẽta: semicircu/
lo quidẽ aut maior aut minor. ¶ Rectilinee figure sũt q̃ rectis li/
neis cõtinent̃ quarũ quedã trilatere q̃ tribꝰ rectis lineis: quedã
quadrilatere q̃ q̃tuor rectis lineis. q̃dã m̃tilatere que pluribus
q̃z quatuor rectis lineis continent̃. ¶ Figurarũ trilaterarũ: alia
est triangulus hñs tria latera equalia. Alia triangulus duo hñs
eq̃lia latera. Alia triangulus triũ inequalium laterũ. Haꝝ iterũ
alia est orthogoniũ: vnũ .s. rectum angulum habens. Alia ẽ am/
bligonium aliquem obtusum angulum habens. Alia est oxigoni
um: in qua tres anguli sunt acuti. ¶ Figurarũ autẽ quadrilateraꝝ
Alia est q̃dratum quod est equilaterũ atqz rectangulũ. Alia est
tetragonꝰ longꝰ: q̃ est figura rectangula: sed equilatera non est.
Alia est helmuaym: que est equilatera: sed rectangula non est.

De principijs p se notis: ⁊ p̃mo de diffini
tionibus earundem.

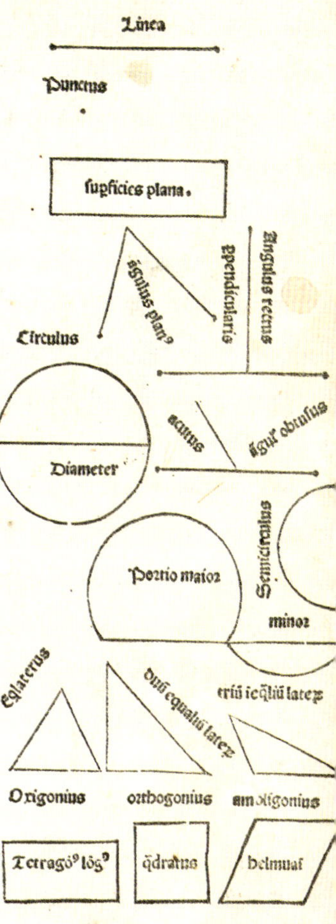

わかったぞ(ユリーカ)!

アルキメデス
推定・伝聞
紀元前 225

偶然の科学的発見例の中で、アルキメデスの入浴時のエピソード以上のものがあるだろうか?伝説によれば、シラクサの王ヒエロン2世は、王冠を作らせるために金細工職人に渡した金の一部が銀でごまかされているのではないかと疑った。真相を突き止めるよう命じられたのが、アルキメデスだった。風呂に入ろうと浴槽に身を沈め、自分の身体の分だけ湯面が上がるのを見たとき、アルキメデスの頭に解決策がひらめいた。水位が変化した分の水量は、その中に沈んだ物体の量と同じであることに気づいたのだ。その原理を使えば不純物の量を正確に測ることができる、と。その発見に興奮したアルキメデスは風呂から飛び出し、「ユリーカ!」と叫びながら通りを駆け抜けたという。

このエピソードはアルキメデスの著作には一切登場しない。しかし数世紀後、ウィトルウィウスが『建築について』(紀元前15頃)の中で触れている。この理論の正確性についてはイタリアの物理学者ガリレオが疑問を呈している。ガリレオは、王冠と同量の金塊を天秤(てんびん)に吊(つ)るし、それを水中に沈める実験のほうがより適切ではないかと示唆した。天秤のバランスが保たれなければ、王冠が純金製ではないことが明らかになる。*IHS*

(自然の)創造物には何一つ欠けるところがなく、何一つ過分なものがない。

レオナルド・ダ・ヴィンチ
『レオナルド・ダ・ヴィンチ手稿』
1500

レオナルド・ダ・ヴィンチは正式な教育をほとんど受けていないにもかかわらず、数学、科学、工学、哲学、音楽の分野の知識に大きく貢献をしている。何より、すばらしい芸術作品の作者として有名だ。また、実際に製造される半世紀も前に、空飛ぶ機械、ロボット、タンク等の発明品のスケッチを描いた。

ダ・ヴィンチは上記の言葉で自然と人間の創意工夫を対比している。「人間は同じ目的のためにさまざまな発明品を生み出すが、自然ほど美しくシンプルで、より目的に叶(かな)うものを考案することはできない」、言い換えれば、自然の発明はその目的に完璧に適合する一方、人間の発明は当てにはならないということだ。そうした考えには、自然を実在物とし、ほとんど人格化していた中世とルネサンス期の風潮が影響を与えている。近代の生物学者は、自然の法則にも欠陥があると指摘してきた。筆頭は、進化のメカニズムには残忍で無駄な部分があるとしたダーウィンだ。もっとも、メカニズムの欠陥と思われたものも、何か目的があったことがのちに科学者によって発見されることは多い。*JF*

↻ レオナルド・ダ・ヴィンチの自画像に文章が重ね書きされている。

自然は何を利用するにも最小限に留（とど）める。

ヨハネス・ケプラー
『宇宙の調和』
1619

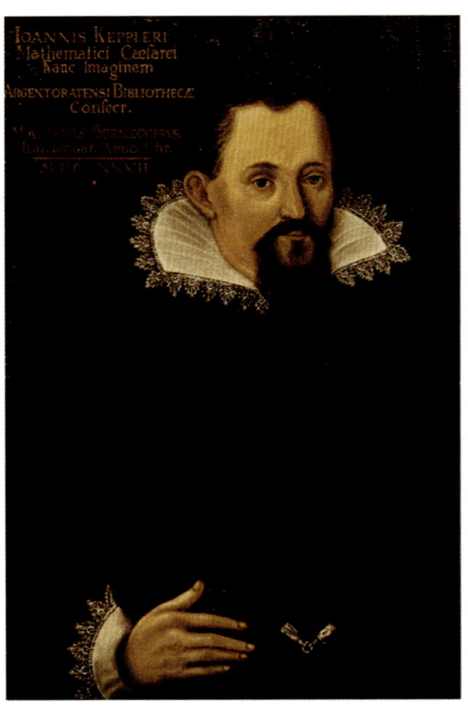

∩ 数学者、天文学者、占星術師のヨハネス・ケプラーは、17 世紀における科学理論の大家である。

ケプラーは、太陽の周囲を回る惑星の動きを描写した天体運動法則の発見で有名だ。著名な科学書『新天文学』(1609)、『宇宙の調和』(1619)、『コペルニクスの天文学大要』(1618-21) の著者でもある。『宇宙の調和』では、「創造主が全世界を装飾する際、幾何学が手本を与えた」ことを証明しようと試みた。言い換えれば、自身の科学理論というプリズムを通して自然界を検証しようとしたのだ。上記の言葉で彼は、自然は資源を無駄にせず、創作においてシンプルに徹することを示唆している。

ケプラーの当初の研究は、プトレマイオスの『ハルモニア論』と同じようなものだったが、のちに新たな天文学的発見のおかげで、新しい道が開けた。『宇宙の調和』では、自然界に見られる多角形から、音楽の調和的均衡、さらには惑星の動きの調和へと話題が移っていく。最後の話題は、ケプラーの第 3 法則の基本に据えられることになった——「惑星の軌道周期の二乗は、その軌道の長半径の三乗に比例する」。*IHS*

科学的な原理を否定すれば、いかなる逆説も主張できるだろう。

ガリレオ・ガリレイ
『天文対話』
1632

地球が宇宙の中心だという信念——少なくとも太陽が地球の周囲を回っているという信念——は、聖書のさまざまな誤った天文学的記述のために、何世紀にもわたって確固たる事実とされていた。太陽系では地球を含めた惑星が太陽の周りを回っているとする地動説は、物議を醸す考えだった。イタリアの天文学者、物理学者、工学者、数学者のガリレオ・ガリレイは、地動説を支持したがために異端者として極刑に処されかねなかった。

コペルニクス、ヨハネス・ケプラー、ティコ・ブラーエといった科学者が太陽系における天体の正しい順序について系統立てて述べるようになると、ガリレオはますます彼らを支持するようになった。しかし地動説は聖書を再解釈しようとする過ちだと決めつけていたヴァチカンにより、異端者として非難されてしまう。結局ガリレオはローマ・カトリック教会の許しを得て、新たに『天文対話』の執筆を任命された。その中で地動説への賛同や反論をバランスよく記述することになったのだ。しかし最終的にガリレオはその本で自説を主張することになった。科学原理を認めなければ、どんなことでも正しいと証明されかねないのだから。*IHS*

∩ガリレオは医学を学んだのち、数学に切り替え、イタリアのパドヴァ大学の教授になった。

それでも地球は動いている。

ガリレオ・ガリレイ
推定・伝聞
1633

イタリアの天文学者、物理学者、哲学者、工学者のガリレオ・ガリレイは、ルネサンス期の科学的発見において主導的な役割を担っていた。1609年、オランダで望遠鏡が発明されたと聞くや、自分でも望遠鏡を製作し、それを使って月面の山々やクレーター等、数多くのものを発見した。それにより、彼は太陽系の中心は太陽だとするコペルニクスの説を支持するようになった。しかしそれは、地球が中心だとするローマ・カトリック教会の見解とは異なるものだった。ガリレオは1615年、ローマで異端審問にかけられ、異端者として非難された。その審問で地動説は「愚かでばかげた」ものだと宣言され、ガリレオは地動説を教えたり支持したりすることを禁じられてしまう。1632年、彼は再び異端の告発を受ける。1633年に有罪となり終身刑を言い渡されるも、のちに永久的な自宅軟禁に減刑された。ガリレオは自身の主張を公の場で撤回するよう強要されたのだ。

1640年代に未知の画家によって描かれたガリレオの肖像画が1911年に修復されたとき、重ね塗りされた絵の具の下に「Eppur si muove（それでも地球は動いている）」と記されているのが見つかった。発言撤回を強要されたとき、ガリレオがつぶやいたとされる言葉である。*HJ*

書籍が学問に従うべく、学問が書籍に従うべからず。

フランシス・ベーコン
『蘇生』
1657

ベーコンはイギリスの哲学者、政治家、作家で、科学的思考に大きな影響を与えた人物だ。当時の科学のほとんどはアリストテレスの考えに基づいていたが——推論と論議を基に科学的探究を行っていた——彼は『ノヴム・オルガヌム——新機関』（1620）の中で、観察、経験、実験、そして証拠に関連した分析的なアプローチに基づくべきだと主張した。そうした見解が、ベーコンの書簡や演説を集めた書から抜粋した上記の言葉に要約されている。

ベーコンの考えから「科学的メソッド」が誕生し、それが何世代にもわたって哲学者と科学の思考に影響を与えてきた。自身の科学的アイデアを発展させるのに加えて、ベーコンは政治の世界にも進出した。イングランド王ジェームズ1世に法務長官に任命されたのち、1618年には大法官に昇進している。これは現地で最も権力ある地位の1つだ。しかしまもなく、彼は収賄の疑いで議会で糾弾され、本人も罪を認めた。ベーコンは投獄され、宮廷から追放されるが、執筆は続けた。*HJ*

⊃ ポール・ヴァン・ソマーによる
フランシス・ベーコンの肖像画（1617）。

私が遠くを見ることができたのは、巨人たちの肩に乗っていたからだ。

アイザック・ニュートン
ロバート・フックへの手紙
1676

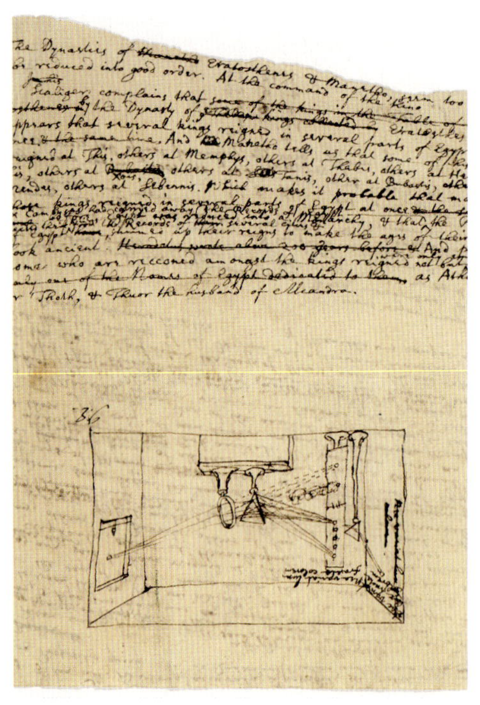

∩ プリズムを通した光の屈折を表したニュートンのスケッチ。

⊃ ゴドフリー・ネラーによるサー・アイザック・ニュートンの肖像画（1702）。

名言ではあるが、同じ言葉を口にした中で最も有名な人が作者にされた数多くの例の1つである。

12 世紀、イギリスの哲学者ソールズベリのジョンが、シャルトルのベルナルドゥスが「よく口にしていた」言葉だと記しているが、両者ともこの言葉の作者とはされず、重力の存在を明らかにしたニュートンのものとされた。

19 世紀、イギリスのロマン派詩人サミュエル・テイラー・コールリッジがこう書いている。「小人は巨人の肩に登れば、巨人より遠くを見ることができる」。しかしこれは盗作でもなければ、元々の言葉を引き合いに出したものでもない――偉大な人物は同じような考えを抱くというだけの話だ。

これがニュートンの言葉だというのは、1980 年代にイギリスの 2 ポンド硬貨の縁に刻まれたことで正式に宣言された（ニュートンはイギリス硬貨の製造を担当する王立造幣局の長官だった）。

肩を貸した巨人の負担については言及されていない。この言葉は単に、どんな進歩――とりわけ科学の進歩――も、先人たちの偉業があってこそ可能となることを意味している。突破口というのはどこからともなく現れるものではない。*JP*

SAAC NEWTON
ted by
Godfrey Kneller.
1702

医者とは、ほとんど知識を持ち合わせない薬を処方し、それ以上に知識を持ち合わせない病気を治療し、全く知識を持ち合わせない人間を健康にしようとする者のことだ。

ヴォルテール
推定・伝聞
1765 頃

これは少々奇妙な例だ。常に同じ人物が作者とされる有名な言葉でありながら、その出典が謎に包まれたままなのである。

そして似たような内容の名言が多い中にあって、この言葉と同じようなことを指摘する言葉は他に見当たらない。

もちろんこれは皮肉だ——ヴォルテールは辛辣(しんらつ)さを売りにしていた人物である。大げさではあるが、核心を突いていないわけではない。医者は薬理学者ではないので、薬の効用については、少なくともいくらかは信用に基づいて処方しているのだろう。あらゆることを学ぶほど長生きする者はいないのだから。

病気の治療は——少なくともある程度は——試行錯誤のくり返しであり、副作用を最小限に抑える薬を投与するのがコツだ。

医者は人間について無知だとするのが最も辛辣な部分だが、痛みを引き起こすとき、そして悪い報せを告げるとき、同情心のかけらもない医者がいるということなのだろう。寛大な解釈をすれば、医者は苦しみに慣れる必要がある。いちいち同情していたら、とても医者など続けてはいられない。
JP

事実以外は何も信じてはならない。事実は自然が差し出すもので、欺くことがない。

アントワーヌ・ラヴォアジエ
『化学のはじめ』
1789

フランスの偉大な化学者ラヴォアジエは、この簡潔な一文で科学と芸術の重要な違いを要約してみせた。

少なくとも、本人はそのつもりだったのだろう。上記の言葉には若干の偏向が感じられる。自然は確かに欺くことができないが、観察者も自然の一部であるにもかかわらず誤解する可能性が大いにあるという事実を無視しているからだ。だから化学は、少なくともある程度は実験によって立証すべきものである。化学が純粋な科学でないのは、数学と同じだ。

ラヴォアジエは 18 世紀末に化学を大きく発展させた人物だ。今日、彼は酸素の化学反応研究と、あらゆる物は土、空気、火、水から作られるという昔ながらの考えを、あらゆる物は元素と化合物でできているという近代的なシステムに訂正するのに一役買ったことでよく知られている。

ラヴォアジエは新度量衡法設立委員会の委員に任命されたが、恐怖政治時代のフランス革命の主導者たちと衝突したあげく、金銭的な不正行為を働いたとして罪に問われ、1794 年にギロチン刑に処されている。*JP*

⊃ ジャック=ルイ・ダヴィッドが描いたラヴォアジエとその妻(1788)。

確率とは、要するに数値的に算定された常識である。

ピエール＝シモン・ラプラス
『確率の解析的理論』
1812

∩ ピエール＝ナルシス・ゲランが描いた、フランスの数学者であり天文学者のラプラスの肖像画（1838）。本人死後の作品。

確率を科学的に研究し始めたのは、17 世紀のフランスの学者ブレーズ・パスカルとピエール・ド・フェルマーだった。同じくフランス人のピエール＝シモン・ラプラスは、のちにその 2 人の理論基盤を発展させ、あらゆる出来事と仮定の確率がどう算定できるのかを示した。上記の言葉の出典『確率論――確率の解析的理論』は、前半は確率メソッドの探求に割かれ、後半は統計的応用に割かれている。

確率を計算するための客観的な手段を与えてくれるのは、なじみ深いサイコロ等のゲームだ。ラプラスはそれが結局のところ常識の問題になることを示した。さらには、同じ常識が、誤った期待から誤った推測を引き出すことで判断を誤る可能性があることも指摘した。宝くじで、過去にまだ出ていないからといって、ある番号が出ることを期待するのもその一例だ。それでも、その間違いを訂正することで常識は継続的に改善されていく。たとえば、多くの病気に関する統計学的確率が、今では常識に基づいてより正確に理解されるようになった。*TJ*

普段食べているものを言ってくれれば、あなたがどんな人だか当ててみせよう。

アンテルム・ブリア＝サヴァラン
『美味礼讃（らいさん）』
1825

ブリア＝サヴァランはフランス革命時の恐怖政治から逃れ、スイスとアメリカに渡ったのち、ナポレオン治世のパリに戻って判事になった。しかし彼は法律家としてではなく、著名な美食本の作者として名声を手にしている。

『美味礼讃』は現代で言うところの料理本とは違い、機知に富んだ言葉や逸話がランダムに集められたものに時折レシピが挿入されている作品だ。ブリア＝サヴァランは何かと断言することの多い人だが、上記の言葉もその典型である。しかしこの言葉は、考えれば考えるほど無意味に思えてくる。たとえば私がファストフードしか食べないと言えば、相手は私についてどんな知識を得ると言うのか？　私には健康的な栄養の知識がないとか？　私は貧乏だとか？　あるいは、たまたま自宅にガスコンロがないとか？

ブリア＝サヴァランは、高級食材を使った豪華な食事を好んでいたわけではない。きちんと調理されている限り、シンプルな食事で十分だと考えていた。そして、消化不良を起こすのは無知な者だけだと信じていた。JP

∩ キッチンでシェフを監督するブリア＝サヴァラン（右上）を描いた版画。

結果はずいぶん前から
わかっているが、
そこにどうやって
たどり着けばいいのかが、
いまだにわからない。

カール・ガウス
推定・伝聞
1830頃

ガウスは「数学王」と呼ばれる人物だ。彼の関心事と著述はさまざまな分野に及ぶ——天文学、測地学、地球物理学、力学、行列理論、光学。画期的な著作『ガウス整数論』(1801)を完成させたのは、まだ21歳のときだった。フェルマー、オイラー、ラグランジュ、ルジャンドル等、先人たちの理論を踏襲しつつ、初等整数論と代数的整数論の分野の発展に貢献した作品である。

アグネス・アーバーが『心と目』(1954)の中でガウスの発言とした上記の言葉は、1つの理論にはすでに有力な結果もしくは答えがあるかもしれないが、それを理解する鍵は、その答えが得られる経緯にあると示唆している。ガウスも、すべてのことに答えがあるとは思っていなかった。彼はこうも述べている。「数学的な答え以上に重視すべき解決策はどれなのかという問題がある。たとえば倫理、神と人間の関係、運命や未来への懸念について。しかしそうしたものの解決策は人間を完璧に超えており、科学の領域外である」。***IHS***

すべての花は
自然界に咲く魂だ。

ジェラール・ド・ネルヴァル
「金の言葉」
1843

ジェラール・ド・ネルヴァルはジェラール・ラブリュニのペンネームで、フランスのロマン派詩人、小説家、エッセイストである。その著作でシュルレアリスムと象徴主義運動に影響を与えたことで知られるが、チボーという名前のロブスターを飼っていたことでも有名だ。彼はチボーに青いシルクのリボンを結び、パリの公園を散歩させていた。なぜかと問われると、彼はこう答えた。「犬や猫やガゼルやライオンを連れて歩くほどばからしいことがあるか？　私はロブスターが好きなんだ。ロブスターは静かだし真面目だし、海の神秘を知っている」。

ド・ネルヴァルは自然に深い親しみを覚えていた。上記の言葉は、古代ギリシャの哲学者ピタゴラスの金言集を思わせる「金の言葉」という詩の一節だ。彼はあらゆる生物と植物に魂が宿っていると信じていた。

彼の著作は常に高い評価を得たが、収入はほとんどなく、本人は心理的に大きなトラブルを抱えていた。何度か精神病院に入院したこともある。彼が熱を上げていた女優ジェニー・コロンが、他の男と結婚し、死亡した後は、とりわけ深刻だった。1855年、重度の発作を発症したのち、彼はパリで自殺した。***HJ***

偶然は備えあるところに訪れる。

ルイ・パスツール
講義
1854

ルイ・パスツールは、食品保存の科学と（彼の名前が冠された低温殺菌パスチャライゼーションが有名）ワクチン接種といった医療処置への貢献で知られる人物だ。彼は酵母菌の発酵、とりわけアルコールにおける発酵を観察することで細菌を研究していた。上記の言葉は、1854年にリール大学で行った講義中での発言だ。彼は、備えある心で偶然を摑(つか)み取るのが観察という分野だと指摘した。

歴史には、数多くの科学的・医学的発見が偶発的に行われてきたことが記録されている。純粋に偶然のなせる業だ、と。たとえばペニシリンの抗生効果、亜酸化窒素の麻酔作用、そして抗凝固物質ワルファリンの低毒性等。しかしそうした偶然の発見も、それに携わる研究者がチャンス到来と同時にそれを摑み取る心構えでいなければ、重要な科学的進歩につながらないケースがほとんどだった。

パスツールという人物の驚くべき一面は、彼が自身の研究から物質的な利益を求めなかったことだ。彼は教授としての給料で満足していた。JF

∩ フランス生まれのルイ・パスツールは、科学と医学の分野に大きく貢献した。

非常にシンプルだったものが、最も美しくて最もすばらしい、終わることのない形状へと、今までも、そして今でも進化し続けている。

チャールズ・ダーウィン
『種の起源』
1859

1880年に撮影されたイギリスの博物学者で地質学者のチャールズ・ダーウィン。死亡する2年前の姿だ。

これらのほ乳類の骨のスケッチは、ダーウィンが1832年から1836年までビーグル号で旅をしたときの観察を基に描かれている。

チャールズ・ダーウィンの明晰な文章にもかかわらず、原文が受動態（進化させられている）になっているために、自然選択の力が何かの物質に指図されているかのような印象を与えるとして批判する者もいた。天地創造説支持者によるこの解釈は、ダーウィンが人類の起源に関する支配的な宗教的見解との間にあえて波風を立てたがらなかったために、さらに勢いを増した。初版ではこの言葉の前に、「まずはいくつかの形状もしくは1つの形状に息を吹き込まれた」ことが生命のシンプルな始まりだという文章がある。しかしのちの版でダーウィンは修正を加え、「創造主によって息を吹きこまれた」としている。ただし彼はある手紙の中で、大衆の論争に応じてそう修正したのだと明かしている。

『種の起源』の全編を通じて、ダーウィンは自然選択そのものの作用で、そうした形状が「今までも、そして今でも進化し続けている」と明言している。進化生物学者の多くは、人類を取り巻く物理的、社会的環境の変化により、現代人は自然選択の影響から隔てられていると信じている。そうした見解に対し、最近、人類も変わらず「進化させられている」証拠があるとして、異議が申し立てられた。TJ

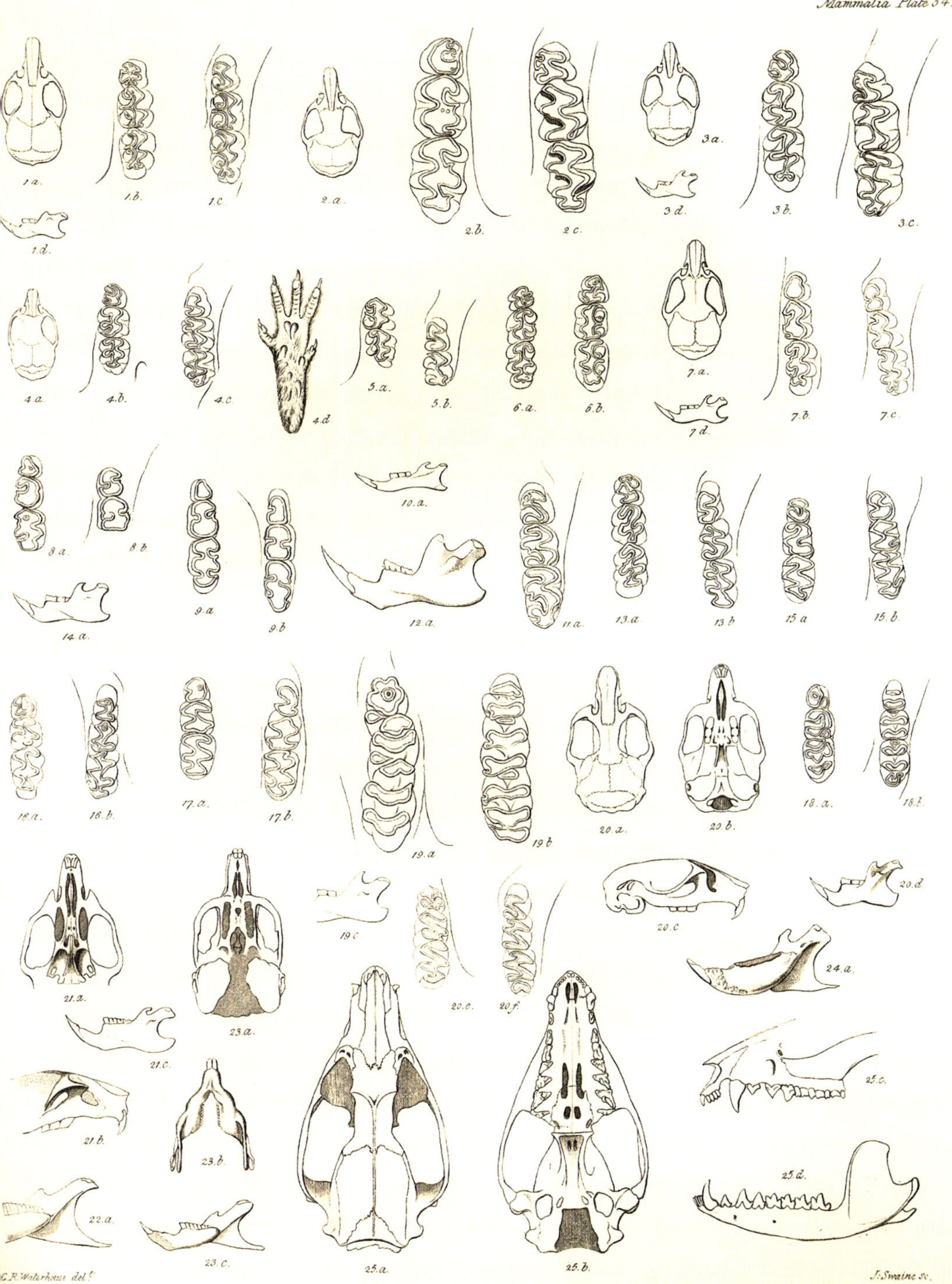

C. R. Waterhouse del.[t] J. Swaine sc.

芸術は「私」である。科学は「我々」である。

クロード・ベルナール
『実験医学序説』
1865

クロード・ベルナールは傑出したフランスの生理学者で、科学研究基盤の裾野を広げ、現代実験医学の基礎の多くを築いた人物だ。また、人間の肝臓と膵臓（すいぞう）についての理解を深めた。

上記の言葉は、ある意味、のちにイギリスの作家C・P・スノーが『二つの文化と科学革命』(1959) で論じた概念——個人的な印象（芸術）に対し、実証された普遍的な経験（科学）——の先駆けである。

しかし、それだけではない。この言葉は、19世紀半ばの哲学的・科学的思考の主流だった2つの理論を批判している。1つは生気論だ。生物には非生物にはない特別な力があるので、非生物を研究しても生物に有効活用できる情報は何も得られないとする考えである。

もう1つは非決定論だ。こちらは物事の因果関係を否定はしないものの、不可避の結果を持つものは1つもないという考えだ。非決定論は自由意志説と密接に関連している。つまり、自由意志が存在するなら、誰もが未来の道筋を変更する機会を持つとする説である。不可避なものは何もないのだ。

JP

我々は人間の法には果敢に立ち向かっても、自然の法則には抗（あらが）えない。

ジュール・ヴェルヌ
『海底二万里』
1870

フランス人作家ジュール・ヴェルヌはSF小説のパイオニアとして称賛されているが、本人は未来世界より自然界に興味があると主張していた。それでも彼の小説では——『地底旅行』(1864)、『月世界旅行』(1865)、そして『海底二万里』——その空想的な乗り物とそれを動かすテクノロジーばかりが注目されてきた。しかし〈驚異の旅〉シリーズとして出版された物語は、ヴェルヌの主張によれば、描かれる乗り物と同じくらい、冒険者が出会う動植物の物語でもあるのだという。

シリーズの中でも一番人気の『海底二万里』は、ネモ船長が指揮する巨大な潜水艦ノーチラス号の物語だ。ネモは自国政府から逃れ、誰に妨げられることなく新世界を探検するために、その潜水艦を建設した。上記はネモの言葉で、多くの意味でヴェルヌ自身の見解を反映している。人類の進歩は現在も未来も驚嘆すべきものかもしれないが、人間が作った法は破られても、自然とその法則のすばらしさは人間ごときに動じることはない。

ME

数学は必要な結論を引き出す科学である。

ベンジャミン・パース
『結合線型環』
1870

ベンジャミン・パースはハーバード大学で教鞭（きょうべん）を執った人物で、数論、代数学、数学の哲学の分野で秀でていた。プラグマティズムを創設した理論家の1人ともされている。プラグマティズムにおいては、思考は記述的もしくは表現主義的というよりも、問題解決と行動の道具として定義される。そうした考えが、『結合線型環』の冒頭に登場する上記の言葉の基盤となっている。

パースは数学の定義を広げ、こう述べている。「数学で法則は発見できない。数学は帰納的でないからだ。それに理論の枠組みを作ることもない。数学は仮説ではないからだ。しかし数学はその両者を判断する術であり、それぞれが訴え出るべき調停者である。そして数学の認可なくして、法則が支配することもできなければ、理論が説明することもできない」。

彼の息子チャールズ・パースは、エッセー『数学の本質』(1895)の中で、父のコメントは、「必要な結論」は「完璧な知識」でのみ引き出すことができるが、そんな知識はこの世にはありえず、「数学が仮説の内容を独占的に説明しなければならない」という考えに基づいているとした。これはパースがエッセーの草稿に書いた元々の文章と一致する。「数学は推測を引き出す科学である」。*IHS*

どこであれ、誰であれ、不十分な証拠を基に何かを信じるのは間違いだ。

W・K・クリフォード
「信念の倫理学」
1877

数学者で哲学者のウィリアム・キングドン・クリフォードは、この言葉を主張するに当たり、1つの物語を引き合いに出した。ある船主が大西洋横断旅行の切符を売るのだが、実はその船の安全性には問題があるとわかっている。しかし修理には金がかかるので、彼は懸念を振り払い、「自分の船は完璧に安全で航海に耐え得ると心から」信じ込む。切符は売れ、乗客は旅に出る。万が一「大西洋の真ん中で船が沈没して真相が闇に葬られた場合」、船主はこっそり保険金を手にする。クリフォードは、たとえ船が無事目的地に到着したとしても、船主は不十分な証拠に基づいて勝手な推論を立てたことになる、そもそもそれが間違いだ、と指摘する。

世俗主義者はクリフォードの認識論を道理の要請と考え、教会は宗教心を欠いていると見なした。しかし彼の原理は物質的な生活を否定していない。現実的な証拠を要求しているだけだ。オッカムの剃刀（かみそり）と同じである――「必要がない限り、多くを仮定すべきではない」。あるいはクリストファー・ヒッチェンズが述べたように、「証拠なしの断言は、証拠なしに却下されかねない」のである。*IHS*

間違いを正すことは、新たな真実もしくは事実を打ち立てるのと同じくらい、ときにはそれ以上に役に立つ。

チャールズ・ダーウィン
手紙
1879

1878年、チャールズ・ダーウィンは、ロシアの研究者から小麦の異種2種の標本を受け取った。先方の主張によれば、土に蒔いてから2年後に、その小麦が形質転換したのだという。ダーウィンは標本を植物学者のアレクサンダー・スティーヴン・ウィルソンに送ったが、ウィルソンは形質転換は行われなかったという結論に達した。片方の品種の高い繁殖力がもう片方を抹消させたことが、勘違いの主な原因だという。

ダーウィンは標本をウィルソンに送る前から、そのロシア人研究者の独特な観察は「愚者の実験」ではないかと書いている。ウィルソンの結論を知ったのち、彼は返信に上記の言葉を書いた。彼は、同じ環境内での異種の競合に関する自身の理論とウィルソンの結論が全面的に一致したことを知って喜んだ。しかし上記の言葉には、彼自身の経験も反映されている。ダーウィンも、のちに誤りだと判明した理論を基に仮説を打ち立てたことがあるのだ。間違いを消去した後で有用な発見の多くが行われることを指摘したのは、ダーウィンが初めてではない。*TJ*

∩ビーグル号で太平洋上に出ていたとき、ダーウィンが友人に宛てて書いた手紙の一部。

証拠がすべて揃わないうちに論を立てるのは大きな間違いだ。判断を歪めてしまう。

アーサー・コナン・ドイル
『緋色の研究』
1887

アーサー・コナン・ドイルが4つの長編と数多くの短編で描いた「諮問探偵」シャーロック・ホームズは、捜査技術を説いて聞かせるのが好きだ。容疑者のブーツに付着した土の実践的研究から、化学に関する研究論文に至るまで、ホームズは熟達した探偵である。上記の言葉はホームズと友人ジョン・ワトソン博士との間で交わされた会話の一部だが、ホームズの最初の短編『ボヘミアの醜聞』(1891)の中にも同じような記述がある。

コナン・ドイルは医学を学んだ経験があり、ヴィクトリア朝時代のファンタジーと似非治療が最高潮に達した時期に執筆していた。また当時は、警察の捜査と言えば「ユージュアル・サスペクト(いつもの容疑者)」を一斉検挙して尋問するのが常だった。ホームズの科学的な厳密さと捜査への知的アプローチが、雑な思考と根拠のない思い込みの風潮に鋭いメスを入れた。指紋や筆跡の分析といったホームズの手法は、科学捜査の発展を促した。とは言え、ホームズが推薦する別のテクニック——「仮説推論」——は、現実の捜査より架空の設定のほうが成功率が高いことが証明されている。*JF*

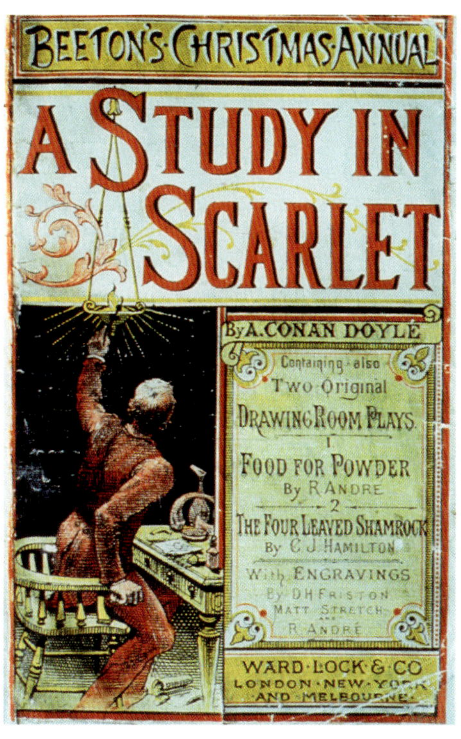

∩ シャーロック・ホームズは、1887年、当時人気を博したペーパーバック雑誌「ビートンのクリスマス年刊」誌上で初めて登場した。

地上に天国は存在しないが、その一部は存在する。

ジュール・ルナール
日記
1887頃

フランスの作家ジュール・ルナールは、簡潔で淡々とした名言で知られている。歳を取ることから――「今何歳かではなく、どう歳を重ねてきたかだ」――執筆について――「文章を書くのは、邪魔されずに話す1つの方法だ」――までと、ありとあらゆるトピックに関する名言を残している。作家、劇作家として高く評価され、その簡潔な文章スタイルはのちの作家、たとえばサミュエル・ベケットらに影響を与えた。ルナールの自伝的作品『にんじん』(1894)には、彼の悲惨な子供時代が描かれている。また、数多くの作品で自然と田園地方を取り上げている。『博物誌』(1896)では動物の生活を描き、『フィリップ一家の家風』(1907)、『村の無骨な仲間たち』(1908)、『ラゴット』(1908)では、田舎暮らしの現実と苦悩に焦点を当てた。

上記は、自然の美に対するルナールの審美眼から生まれた言葉で、そうした美は簡単には見つからないと示唆している。彼は1887年から1910年まで日記を付けており(1925年に出版)、そこから彼の執筆生活にまつわるユーモアと皮肉と温もりが読み取れる。イギリスの劇作家で小説家のW・サマセット・モームは、ルナールの日記を「ウィットに富み、繊細で、思慮深さが満ちあふれている」と評した。 *HJ*

∩1900年に撮影されたジュール・ルナールとその妻。フランスの著名人ポートレート集に収められた写真だ。

人間の心に対する最も重い罪は、証拠もなしに何かを信じることだ。

T・H・ハクスリー
「不可知論」
1889

定期刊行誌「19 世紀」と、信仰心をテーマにした作品が集められた『キリスト教と不可知論』に掲載されたエッセーからの抜粋だ。イギリスの植物学者ハクスリーは、チャールズ・ダーウィンの進化論を声高に支持していた。ハクスリーが 1860 年にオックスフォード大学でサミュエル・ウィルバーフォースと行った討論により、ダーウィンの説が公的な場に押し出されたのだ。その際ウィルバーフォースはハクスリーに、サルを祖先に持つのはあなたの祖母の血筋か、それとも祖父の血筋か、と尋ねたという。するとハクスリーは、豊かな知性を真実を覆い隠すのに使うような男より、サルを祖先に持つほうがましだと答えた。

ハクスリーも最初から進化論を信じていたわけではない。当初は懐疑的だったのだが、いったんダーウィンの説に納得するや、彼の忠実な仲間に加わった。科学と理性を信用していたハクスリーだが、だからといって宗教的な信念を除外していたわけではない。それでも不可知論（彼の造語）を基に、「何かの見解について客観的な真実を確信していると言うのは、その確信を論理的に正当化するだけの証拠を示さない限り間違っている」と論じた。*IHS*

∩ 進化論を堂々と擁護したことから、ハクスリーは「ダーウィンの番犬」の異名を取った。

科学は事実だ——家が石でできているように。

アンリ・ポアンカレ
『科学と仮説』
1902

∩ アンリ・マニュエルが撮影したアンリ・ポアンカレのこの写真は、フランスの週刊新聞「イリュストラシオン」の1912年7月20日号に掲載された。

アンリ・ポアンカレはフランスの数学者、科学哲学者、物理学者である。名家に生まれた——いとこのレーモンはフランス大統領だった——ポアンカレは、科学界で高く評価され、純粋数学と応用数学、そして物理学に多大な貢献をしている。上記の言葉の出典作品の中で、彼は一般読者に向けて科学的、数学的概念を説明しようと試みた。科学は絶対的真理に到達できないというのが彼の主張だった。数学と科学においては、直観が大きな役割を演じていると信じていたのだ。それが上記引用文の次の全文章に要約されている。「科学は事実だ——家が石でできているように、科学は事実でできている。しかし石を積み上げたからといって家にはならない。同じように、事実を集めたからといって科学になるとは限らない」。

1904年、彼は「ポアンカレ予想」を提出し、これは長年、未解決の数学問題とされてきたが、2002年、ロシアの数学者グレゴリー・ペレルマンが解決した。ポアンカレは生涯、数多くの数学賞を受賞し、1906年にはフランス科学アカデミーの会長に選出された。月のクレーターの1つには、彼の名前が付けられている。 *HJ*

喉元に指1本、直腸に指1本で、優秀な診断医となる。

ウィリアム・オスラー
推定・伝聞
1905頃

ウィリアム・オスラーはカナダの内科医、教育者、医学史家で、「現代医学の父」と評されてきた人物である。トロント、ベルリン、ウィーン、ロンドンの病院に勤務したのち、1889年、アメリカ・メリーランド州ボルチモアに新たに設立されたジョンズ・ホプキンス大学に移った。彼は医学生の教育法を大きく変え、初めて医学生を教室から病棟に連れ出した。患者を徹底的に診察し、その症状について患者と話し、患者の話に耳を傾けるよう促したのだ。彼はまた、医学生は実験室で過ごすべきだと主張した。

オスラーは遊び心も持ち合わせた人だった。上記の言葉は『ウィリアム・オスラー――臨床医学の教育と著者からの格言』(1950)からの抜粋だが、彼の言葉として最もよく引用されるのはこちらだろう――「本を読まずに医学を学ぶことは、海図を持たずに航海に出るのに等しく、患者を診ずに医学を学ぼうとするのは、全く航海に出ないのに等しい」。医学の勉強は理論だけでなく実践も重要だという彼の信念を要約した言葉である。彼は1500以上の医学論文を出版し、いくつかの病名や症候群に名前が冠されている。HJ

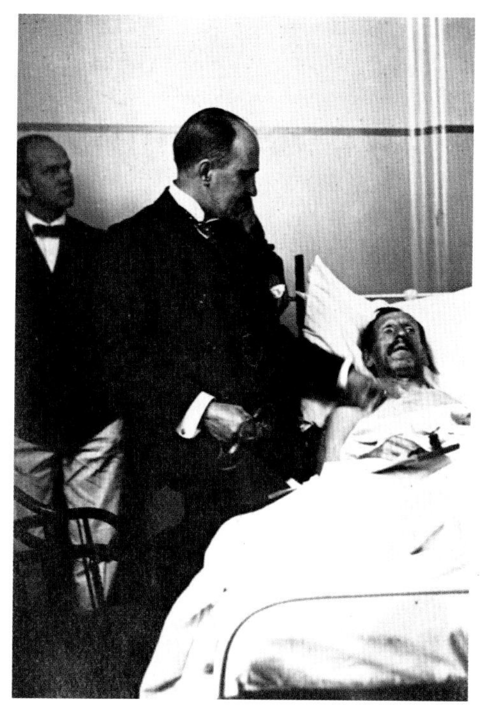

∩1903年に撮影されたこの写真から、ウィリアム・オスラーが自身の主張通り、入院患者に医者として正しく接していたのがわかる。

我々がみな、真実だとされているものを本当に真実だと仮定していたら、進歩などまず期待できない。

オーヴィル・ライト
ジョージ・A・スプラットへの手紙
1908

1903年12月17日、オーヴィルとウィルバーのライト兄弟は、2人で発明して組み立てた「空気より重い飛行機」の飛行に初めて成功し、歴史にその名を刻んだ。実験飛行が行われたのは、ノースカロライナ州キティホーク近くのキルデビルヒルズだった。その後の数年間で兄弟は、翼を固定させ、あらゆる動力飛行の基礎を築いた空力制御装置システムを用いて「空飛ぶ機械」の実用性を高めていった。

1948年にオーヴィルが死亡すると（ウィルバーは1912年没）、ライト家は兄弟の伝記作家フレッド・C・ケリーに彼らの手紙を読む許可を与えた。ケリーは、「現在、世界で手に入る未公開書簡の中でも最も重要だ。アメリカ大陸発見以来、世界に何より大きな影響を与えたテーマについて書かれている」手紙だと表現している。上記の言葉は、オーヴィルがジョージ・スプラットに宛てた手紙からの抜粋だ。スプラットは航空学に興味を抱いた若者で、キティホークの基地にライト兄弟を訪ねていた。オーヴィルはスプラットに、産業技術の進歩を追求するなら、間違いは避けられないと釘を刺している。ME

∩ オーヴィルはウィルバーより35年以上も長く生きた。

⊃ 1908年、ル・マンのレース場上空を飛ぶウィルバー・ライト。

科学では、人ではなく物事に興味を抱くべきだ。

マリ・キュリー
推定・伝聞
1920 頃

∩1925 年、実験室で作業するマリ・キュリー。ポロニウムという元素の名前は、彼女の故郷ポーランドにちなんで付けられた。

「科学」を「社会」に置き換えれば、この言葉はセレブに執拗につきまとう現代社会に通じるものがある。当時マリ・キュリーは 20 世紀の最も著名な科学者の仲間入りを果たそうとしていた。2 回ノーベル賞を受賞している——最初は夫ピエールとともに物理学と放射線の研究に対して共同受賞し、1911 年には「ラジウムとポロニウムの発見、ラジウムの分離、驚異的なラジウムの性質及びその化合物の研究によって、化学の進歩に大きく貢献した功績」を称(たた)えられて受賞した。しかし研究成果によってもたらされた名声は、彼女の私生活にメディアを侵入させることにもなった。1906 年に夫ピエールが亡くなったのに続き、既婚同僚とのスキャンダルが発覚したあとは、特にひどかった。

ヘンリー・トーマスとダナ・リー・トーマスは『科学の冒険』(1954) の中で、夫妻がブルターニュでバカンスを過ごしていたところへ、ある記者がピエール・キュリーを追いかけてきた話を引き合いに出している。マリを家政婦と勘違いした記者は、ピエールの居所を尋ねるが、次の警告とともにはねつけられたという。「人にかまけてばかりいないで、理論に好奇心を抱きなさい」。上記の言葉のバリエーションである。*IHS*

宗教は人に目的を抱かせ、科学はそれを達成するための力を与える。

ウィリアム・ブラッグ
『音の世界』
1920

イギリスの科学者で数学者のウィリアム・ヘンリー・ブラッグは、固体物理学のパイオニアだ。結晶構造解析に関する研究が評価され、息子のローレンスとともに1915年、ノーベル物理学賞を受賞している。（父と息子がともにその栄誉に浴したのは現在まで他に例がない）

上記の言葉は、1919年にサウス・オーストリア州アデレードの王立機関でウィリアム・ブラッグが行った6つの講義内容の出版物からの抜粋だ。科学と信仰が互いに排他的だという考えを正す言葉のように感じられる。実際ブラッグは、経験からそうではないと考えていた。伝記作家カー・グラントが『ウィリアム・ブラッグの人生と研究』（1952）を書くに当たって行ったインタビューの中で、彼はこう語っているのだ。「宗教と科学は正反対のものではないのかと訊(き)かれることがあるが、そうではない。私の親指と他の指の向きが違うのと同じで、物を摑(つか)むことができるよう、違う方向を向いているのだ」。

また、ブラッグは他人の解釈を信じて聖書を遠ざけたことがあると語っている。しかし自身で読んでみたところ、遠ざける理由はなにもなく、むしろ多くを学べることに気づいたという。*JP*

実験に統計が必要になったなら、よい実験を行ったということだ。

アーネスト・ラザフォード
推定・伝聞
1920頃

イギリスの物理学者アーネスト・ラザフォードは、「原子物理学の父」と称される人物だ。1894年にケンブリッジ大学でキャリアをスタートさせたのち、カナダのマギル大学で物理学教授になった。そのマギル大学で化学者フレデリック・ソディとともに、当時新たに発見された放射線現象の研究を行った。1908年、元素の崩壊及び放射性物質の化学的性質に関する研究で、ノーベル化学賞を受賞している。

デンマークの物理学者ニールス・ボーアも、原子模型の研究でラザフォードに協力している――「ラザフォードは頼りになる男だ。定期的に顔を見せてはごく些細(ささい)なことについてまで語り、あらゆる人の研究に心から興味を抱いていた」。ラザフォードは数多くの名言の作者としても知られている。「あらゆる科学は物理学か切手蒐集(しゅうしゅう)のどちらかだ」、「女性バーテンダーに自身が研究する物理学を説明できなければ、それはよい物理学とは言えない」等々。上記は、N・T・ベイリー著の『生物学と医学への数学的アプローチ』（1967）でラザフォードの言葉として紹介されている。実験そのものが理論を示すはずだという意味だ。*HJ*

神は
サイコロを振らない。

アルベルト・アインシュタイン
マックス・ボルンへの手紙
1926

アルベルト・アインシュタインは、似たような言葉をさまざまな機会に口にしているが、上記が一番最初に口にされた言葉である。これはドイツの物理学者ヴェルナー・ハイゼンベルクの主要な理論の1つに反応したコメントだった。ハイゼンベルクの不確定性原理によれば、ある物体の運動量を測定する精度が増せば、その物体の位置を決定する精度が逆に減るという。両者を逆転させてもパターンは同じだ。

また、亜原子粒子を測定する際に光を当てるのだが、それによって構成物が変化するという。変化は実験の間だけかもしれないが、それでも結果を絶対的なものから相対的なものに変えるのに十分な時間だ。

アインシュタインは、自然は本質的に無作為だという根本的な考えに反論していた。彼は、人間には認識できないのかもしれないが、そこには何らかの秩序があるに違いないと信じていた。

この文脈の中での「神」はあくまで比喩的だ。アインシュタインは自称無神論者で、ここでは数学的法則の代わりに「神」の名を使ったにすぎない。*JP*

C 1934年、カーネギー工科大学で講義するアインシュタイン。

自然界で最も美しい
存在である花も、
その根を大地と
肥料に刺している。

D・H・ロレンス
『三色すみれ』
1929

彼の最も有名な詩集（たびたび引用される「ブルジョアとは何と下品なのだろう」を収録）となる作品の序文の中で、D・H・ロレンスは、彼の生まれ故郷イギリスで当時行われていた検閲を痛烈に批判している。彼の版元ペンギン・ブックスが猥褻（わいせつ）罪で訴追され、無罪放免となった後の1960年、1928年に完成していたロレンスの小説『チャタレイ夫人の恋人』がついに堂々と刊行できるようになった。

ロレンスの作品には、当時、そして場所によっては現在も、猥褻と見なされる言葉の多用以上の価値がたっぷりあるのだが、一世紀たってもなおロレンスを有名にしているのは彼の露骨なセックス描写だ。とは言え、彼が初期のエッセーの中で論じているように、口にするのははばかられるとされる肉体の性的パーツとその機能──「その根を大地と肥料に刺している」に相当──は、絶対的に不可欠なものであり、話したり見たりすること、そして手や脳と同様、存在の一部なのだ。

出典の表題「三色すみれ（パンジー）」はスミレ属の中ではさほど人気の花ではないが、フランス語「pensées（思考）」を英語にしたものである（これを利用したのはロレンス以外おらず、ロレンスの中でもこの例に限られている）。*JP*

いいアイデアを得たいなら、アイデアをたくさん持つことだ。

ライナス・ポーリング
推定・伝聞
1930 頃

∩ **タンパク質の分子構造を表す木製模型を手にしたライナス・ポーリング。**

アメリカの科学者ライナス・ポーリングは、初めて異なる部門のノーベル賞を2つ受賞した人物だ。1954年に分子構造と化学結合の研究に対してノーベル化学賞を受賞し、その8年後に核実験反対運動に対してノーベル平和賞を受賞した。

上記の言葉は、1995年にオレゴン州立大学でフランシス・クリックが行った講演「分子生物学におけるライナス・ポーリングの影響」の中で引用された。クリックはジェームズ・ワトソンとともに1953年、デオキシリボ核酸(DNA)、すなわち「生命の神秘」の構造を発見した人物だ。上記の言葉の後には続きがある──「そのほとんどは間違ったアイデアだろうが、そこで学ぶべきは、捨てるべきアイデアの選択だ」。

その後クリックは、ポーリングのいいアイデア例──化学結合の強さ──と、間違ったアイデア例──その結合が埋め込まれる空洞の構造──を挙げてみせた。肝心なのは、ポーリングが自分でも確信できない未完成の理論を進んで論議の場に持ち込もうとした点だ。そこから議論が白熱し、正しい解釈が導き出されることになる。

ポーリングはのちに、ビタミンCを大量に摂取すると一般的な風邪やさらに深刻な病気を予防できると提案した。これはいいアイデアだろう。*JP*

科学とは、常に成功するあらゆるレシピの集合体を意味する。あとの残りは文学だ。

ポール・ヴァレリー
『モラリテ』
1932

ポール・ヴァレリーは詩人として有名だが、作品数は100篇(ぺん)にも満たない。21歳のとき、「存在の危機」と表現されたある出来事の後、彼は文学に背を向け(彼の文学に対する見解は上記の言葉に表れている)、本人が「知性の偶像」と呼ぶところのものに専念し始めた。彼の関心の広さを知るには、人生最後の50年間に産出した数々の作品テーマを見ればわかるかもしれない――政治、視覚芸術、哲学、生物、光学、数学、認識論。彼は書くのも速ければ書く量も豊富で、依頼されて書くことも多かった。「テスト氏(テストは頭の意)」という人格を使うこともあった。テスト氏は肉体を持たない知性のようなもので、知っているのは2つのことだけだ――何が可能で、何が不可能か。

詩を放棄したことで、ヴァレリーは象徴主義運動のかつての仲間たちから不興を買ったが、その仲間たちですら、彼の科学知識に対する洞察と、それについて書くスキルを認めていた。ヴァレリーは雄弁な演説者でもあり、きらびやかな社交イベントでの人気が高く、ヨーロッパ中を講演して回った。*JP*

∩アカデミー・フランセーズの制服である緑の礼服を身にまとい、自宅でポーズを取る作家ポール・ヴァレリー。

科学は刃（やいば）のある道具で、子供のように弄（もてあそ）べば指を切りかねない。

サー・アーサー・エディントン
推定・伝聞
1932

イギリスの科学者サー・アーサー・エディントンは、星の進化に関する研究により、20世紀の最も重要な天体物理学者とされている。1906年から1913年にかけて、ロンドンのグリニッジ天文台のチーフ・アシスタントを務めたのち、ケンブリッジ大学の名誉あるプルミアン教授職に就いた。敬虔（けいけん）なクエーカー教徒で、宗教と科学哲学を題材に広範囲にわたって執筆している。

上記の言葉がエディントンのものとして紹介されているのは、ロバート・L・ウェーバーの著書『科学のそぞろ歩き』(1982)の中だ。こんな文章の中の一節である――「科学と知恵は違う。科学は刃のある道具で、子供のように弄べば指を切りかねない。科学がもたらした結果に目を向ければ、その多くが有害なものだと気づくだろう。『爆発』という言葉1つとっても、どれほどの危険が潜んでいるのかがわかる。それがどんな危険なのか、古代の人々は何1つ知らなかった」。

1919年、エディントンはアフリカ西岸沖のプリンシペ島で野外実験を行った。その目的は、日食を観察してアインシュタインの相対性理論を検証することだった。晩年は一般大衆に向けて数多くの講義を行い、一般読者を教育するための科学本も執筆した。*HJ*

我々とこれまでの全世代との違いは、これだ――我々は原子を見た。

カール・K・ダロウ
『物理学のルネサンス』
1936

科学の偉大な普及者カール・ケルクナー・ダロウは、アメリカの物理学者で、ウエスタン・エレクトリック社とベル研究所で働いた経歴を持つ。4冊のベストセラー本の作者でもあり、上記の言葉はそのうちの1冊からの抜粋だ。『物理学のルネサンス』は一般読者向けの作品で、科学のごく初歩（琥珀（こはく）を布でこすると静電気が発生する）から、最新の知識（核分裂）に至るまでを、形式にとらわれない12の簡潔な章に分けて紹介している。ダロウは印象的な比較を用いることで文章に活気を与えた。たとえば失速すると中和されるα粒子を、放蕩（ほうとう）生活に飽きて家庭に落ち着く男になぞらえている。

イギリスの作家C・P・スノーは『二つの文化と科学革命』(1959)の中で、人々が2つのタイプに分裂しつつあると警告した――芸術しか知らないタイプと、科学しか知らないタイプだ。1982年にダロウが亡くなったときの死亡記事には、彼のような人がもっといればスノーもその本を書く必要がなかっただろうという記述も見られた。*JP*

⊃ 静電発電機を手入れするカール・ダロウ。

DANGER

反対者を徐々に口説き落とし、その考えを変えさせることで重要な科学革命が前進することはめったにない。サウロがパウロになることは、まずないのだ。

マックス・プランク
『物理学の哲学』
1936

ドイツの物理学者マックス・プランクは、量子論の創始者として有名だ。アインシュタインの相対性理論が空間と時間の概念を理解するのに重要であるのと同じように、彼の発見は原子と原子核内部のプロセスを理解するうえで欠かせない。プランクは1918年にノーベル物理学賞を受賞している。

上記の言葉がいわんとしているのは、科学者には、タルソスのサウロが経験したような突然のひらめきはないということだ。新約聖書の使徒言行録によれば、ユダヤ人のサウロはダマスコへと通じる道にいきなり「天からの光」が射すのを見て以来、熱心なキリスト教徒の聖パウロとなったという。しかしプランクは、科学理論は各世代が前世代の考えを再評価することで発展すると考えていた。芸術や文学の世界で、あらゆる「運動」がある反発を生み出すのと同じようなものだ。たとえば19世紀のロマン主義は、1700年代後期の古典主義への反発から誕生した。

プランク自身はヒトラーに猛反対していたものの、主要なドイツ人科学者の多くとは違い、ナチ時代を通じて生まれ故郷に留(とど)まった。彼の考えはプランクの原理として知られている。*JP*

我々科学者は賢い——賢すぎる——のに、なぜ満足しないのか？4平方マイルに1つの爆弾で十分では？人間は相変わらず考えている。どれくらいの規模が欲しいのか、とにかく教えてくれ！

リチャード・ファインマン
推定・伝聞
1942

リチャード・ファインマンはアメリカの科学者で、第二次世界大戦時、原子爆弾の開発に貢献した。1965年には、量子電磁力学の研究により、ジュリアン・シュウィンガーと朝永振一郎(ともながしんいちろう)とともにノーベル物理学賞を受賞している。彼はまた、1986年に起きたスペースシャトル・チャレンジャー号の悲惨な事故の調査委員会のメンバーでもある。

ファインマンは研究者として偉大というだけではない。科学を普及させるために絶え間なく努力した人物でもある。ファインマンの庶民性は、彼自身の出版物等でも証明されている。ナノテクノロジーについての講演は「底には空間がたっぷりある」というタイトルで、半自伝的な著作の題名は『ご冗談でしょう、ファインマンさん』だ。

彼は映画にもなり、『インフィニティ／無限の愛』(1996)では彼の役をマシュー・ブロデリックが演じ、BBCテレビの番組『チャレンジャー号73秒の真実』(2013)ではウィリアム・ハートが演じている。上記は、ジェームズ・グリック著『ファインマンさんの愉快な人生』(1992)の中で紹介された言葉だ。*JP*

⊃ リチャード・ファインマンは、科学の講演者として人気を博した。

情報は不確実性を除去する。

クロード・シャノン
推定・伝聞
1947

クロード・シャノンはアメリカの電気工学者で、「情報理論の父」と称されている。ベル研究所に勤めていたこともあるが、ころころと器用に勤め先を変えるのが彼なりの生活スタイルだった。

シャノンは通信科学の研究で知られてはいるものの、同時に、人々の注目を集める発明への熱意も抱いていた。たとえばチェスをするコンピュータ、モーター付きのポゴスティック、火炎放射トランペット等々を発明している。人工知能ファンにとっては、シャノンが考案したネズミ型ロボットが興味深いだろう。本物のネズミと同サイズのロボットで、迷路から脱出できるだけでなく、過去の道順をちゃんと記憶することができる。

しかし最も注目すべきはシャノンの「最終機械」だ。外側にスイッチが1つ付いただけの質素な箱なのだが、そのスイッチを入れると箱のふたが開き、機械式の手が現れてスイッチを切り、再び箱の中に戻ってふたを閉めるという代物だ。

シャノンはこうした装置すべて——単なるからくりではなく、新しいテクノロジーの可能性を提案する見本品——を、コンピュータが一般化する何年も前の1960年代に考案していた。彼はのちに記録的な速さでルービックキューブを完成させる機械も開発している。*JP*

相手に人間だと思い込ませることができるなら、コンピュータは知的と呼ぶにふさわしい。

アラン・チューリング
『計算機と知性』
1950

いつの日かコンピュータが人間と同程度の知性と能力を備える可能性があると聞き、多くの人々が恐怖を覚えた。1949年、イギリスの脳外科医ジェフリー・ジェファーソンが、「機械的な人の心」と題した講義の中で、人工知能のさらなる研究を非難した。

その1年後、アラン・チューリングが上記の言葉を含めた学術論文で反応した。第二次世界大戦中、チューリングはイギリスのブレッチリー・パークでドイツの暗号機エニグマを解読し、連合軍のナチスドイツに対する勝利に大きく貢献したMI6チームに加わっていた。

それ以前にもチューリングは「脳を作る」可能性について口にしていたが、知性の定義がかなり大まかであることから、「人間」コンピュータが満たすべく納得のいく基準が必要だと気づいた。今日、「チューリングテスト」として知られるテストに合格したものはすべて、「人間の反応と区別することができない初めてのコンピュータ」として10万ドルのローブナー賞を勝ち取ることができる。周囲を見回せばわかるように、コンピュータはチューリングの時代から大きく進歩してきたが、賞金はいまだに手つかずのままだ。*JP*

基礎研究とは、自分が何をしているのかわからないときにしている研究だ。

ヴェルナー・フォン・ブラウン
「ニューヨーク・タイムズ」紙
1957

発見は多くの場合、実験の副産物で、研究結果が可能性への道を切り開いてくれる。ヴェルナー・フォン・ブラウンの研究生活の大半は、研究結果から理解できる物が何か浮かび上がってくるのを期待する日々だった。彼の最も有名な研究成果は、人類の最も輝かしくも破壊的な傾向を象徴するものだった。ナチ党の一員だったフォン・ブラウンは、第二次世界大戦時にロンドン空襲に使われたV2ロケットを開発したのだ。V2ロケットがイギリスの首都に与えた衝撃を聞き及ぶと、彼はこう言ったという。「ロケットは完璧に機能した。ただし間違った星に落ちた」。風刺作家のモート・ザールがそのコメントを茶化すようにこう変えている。「私は星を狙っているのだが、ときどきロンドンに落ちてしまう」。

終戦時にアメリカ軍に投降した後、彼はアメリカの研究チームに加わった。1960年にはNASAのマーシャル宇宙飛行センターの初代所長に任命された。NASAで彼は、ソ連の宇宙計画に追いつくべく一連の実験を開始し、宇宙に人を送り、やがてそれを追い越して月面に着陸させた。研究のほとんどは試行錯誤の連続で、好ましい結果が出るたびに進歩への道が築かれていった。*IHS*

∩ロケットの予測される飛行軌道について説明するフォン・ブラウン。

我々はみな、君の理論がクレイジーだという点で一致している。それが正しくなる可能性を秘めたクレイジーさかどうかという点が、意見の分かれるところだ。

ニールス・ボーア
推定・伝聞
1958

∩ボーアは核爆弾を開発したマンハッタン計画に貢献した。

デンマークの科学者ニールス・ボーアは、イギリスで２人のイギリス人、J・J・トムソンとアーネスト・ラザフォードとともにラザフォードが発表した原子模型を研究し、のちにマックス・プランクとアルベルト・アインシュタインの量子論と組み合わせた人物だ。当初こそ論議を呼んだものの、他では説明をつけることのできない数多くの実験データを説明するボーアの新しい原子模型は、すぐに標準として採用された。ボーアは1922年にノーベル物理学賞を受賞している。

受賞の年、ボーアの研究室で働いていた２人の科学者——ハンガリー人のゲオルク・ヘヴェシーとオランダ人のディルク・コスター——が、ボーアが理論的に予測していた新しい元素を発見し、コペンハーゲンのラテン語読み「ハフニウム」と命名した。

第二次世界大戦勃発とともに故郷のデンマークから逃亡せざるを得なくなったボーアは、アメリカに身を落ち着けた。そのアメリカのコロンビア大学で、1958年、ヴォルフガング・パウリがヴェルナー・ハイゼンベルクと開発を進めてきた素粒子に関する理論を発表したあと、ボーアがパウリに上記の言葉を告げたのである。*JP*

今では、大切な理論が論破されることすら嬉しい。それも科学の成功なのだから。

ジョン・エックルス
推定・伝聞
1963

オーストラリアの神経生理学者ジョン・エックルスは、1963年、神経細胞間のコミュニケーションを可能にするシナプスは主に化学形態であることを発見した功績により、ノーベル生理学・医学賞を受賞した。しかしそれ以前に行った実験から、エックルスはシナプス伝達は完全に電気的なものだと思い込んでいた。当時の科学者は、間違いは真実の探究にとって無駄な障害物として拒絶するよう訓練されていた。しかし、仮説への反論に建設的な価値を見いだすカール・ポパーの哲学を知ったエックルスは、過去に間違った仮説を立てたからといって失望する理由はなにもないことに気づいた。上記の言葉はポパー著『推測と反駁(はんばく)――科学的知識の発展』(1963)の前書きからの抜粋だ。

エックルスも、多くの電気シナプスが存在するという元々の推測の誤りを完璧に立証したわけではなかった。これは、科学的な進歩はせいぜい真実に近づくことしかできないとするポパーの見解と一致している。ポパーによる科学的手法の見直しはほとんどの科学者に受け入れられなかったが、大切にされてきた理論の反証がより説得力のある新たな理論につながることに同意する科学者はいた。*TJ*

∩1963年、ベニスでゴンドラの船頭とともに写真に収まるサー・ジョン・エックルスとその妻。ノーベル賞を受賞した年だ。

科学者になるというのは、子供になることだ。

レイ・ブラッドベリ
推定・伝聞
1963

『刺青（いれずみ）の男』（1951）、『華氏451度』（1953）等の作品で知られるSF界の巨匠レイ・ブラッドベリだが、子供時代の驚きを思い返すのが好きだったという。『たんぽぽのお酒』（1957）や『何かが道をやってくる』（1962）といった半自伝的な小説には、イリノイ州で過ごした著者の子供時代が描かれている。彼は自分の「サイエンス」物語はサイエンス・フィクションではなくファンタジーだと主張していた。「私が書いたSFは1冊だけ、現実に基づいた『華氏451度』だけだ。このタイトルは、紙が発火する温度を表している。SFは現実の描写で、ファンタジーは非現実の描写だ」

若い頃からジュール・ヴェルヌやH・G・ウェルズの作品のファンだったブラッドベリは、そうした作品の空想力に驚嘆したことを決して忘れなかった。人類が月に降り立つ等、現実的な科学の偉業を目の当たりにしても、彼はそのとき感じた驚異の気持ちを生涯持ち続けた。1976年8月9日付けの「ロサンゼルス・タイムズ」紙上でブラッドベリの発言として引用された上記の言葉は、彼の名作『火星年代記』（1950）の題辞と似ている。「『驚嘆の気持ちを新たにするのはよいことだ』とその哲学者は言った。『宇宙の旅が我々全員を子供に戻してくれた』」。*ME*

我は死に神なり。世界の破壊者なり。

ロバート・オッペンハイマー
推定・伝聞
1965

アメリカの物理学者ロバート・オッペンハイマーは、「原爆の父」の1人として知られている。初めて核兵器を開発したマンハッタン計画（1939-46）に参加していたからだ。しかし彼はその後、この世の終わりのシナリオだとして核兵器競争に反対したことでも評価されている。マンハッタン計画はアメリカが率い、イギリスとカナダが協力していた。オッペンハイマーは実際の核爆弾を設計したロスアラモス国立研究所の所長だった。1945年7月、トリニティ実験として知られる初めての核実験が、ニューメキシコの砂漠で行われた。それから1カ月もしないうちに、日本の広島と長崎に原爆が投下され、21万の命が犠牲となった。

大戦後、オッペンハイマーは原子力委員会のスポークスマンとしての立場を利用して、核兵器拡散に反対するキャンペーンを展開した。「世界の破壊者」という言葉は、ヒンズー教の聖典『バガヴァッド・ギーター』からの引用で、トリニティ実験をドキュメントした『原爆投下の決断』（1965）に登場する。*ME*

⊃ 日本での爆発画像を解説するオッペンハイマー。

AMERIC

1人の人間にとっては小さな一歩だが、人類にとっては偉大な飛躍である。

ニール・アームストロング
声明
1969

おそらく20世紀で最も有名なこの言葉は、アメリカの宇宙飛行士ニール・アームストロングが人類として初めて月に降り立ったときに発したものだ。1969年7月20日、仲間のバズ・オルドリンとともに月面着陸を果たした直後のことである。アポロ11号のミッションにはもう1人の宇宙飛行士、マイケル・コリンズも参加していた。彼は2人の同僚が月面に降りている間、司令船で月の周りを回っていた。全世界に放映されたテレビの生中継を通じて、何百万という数の視聴者が、ざらついた白黒映像のアームストロングが月着陸船のはしごを下り、月面に着地し、いまや象徴となった言葉を口にする瞬間を共有した。全世界が実際耳にした言葉は、意図したものとは違っていた——「人間(man)」の前に不定冠詞の「a」が抜けていたのだ。本人は正確に言ったというが、とにかく聞き取ることはできなかった。

アームストロングは1962年にNASAの宇宙飛行士に仲間入りした。当時、アメリカとソ連の間で宇宙開発戦争が始まったばかりで、彼はNASAが1966年のジェミニ8号のミッションで宇宙に送り込んだ初めての民間人宇宙飛行士だった。アポロ11号の探査は、彼にとって2度目にして最後の宇宙飛行となった。 *ME*

∩ アームストロングは約2時間半にわたって月面に滞在し、標本を集め、実験を行った。

⊂ アームストロングは宇宙飛行士になる前はアメリカ海軍に在籍しており、海軍パイロット、そして航空宇宙エンジニアとして秀でていた。

宇宙を理解しようとする努力は、人の生活を茶番の水準からほんの少しだけ引き上げ、そこに悲劇の優雅さをわずかに添える希有(けう)なものの1つである。

スティーヴン・ワインバーグ
『宇宙創成はじめの三分間』
1977

∩1979年に撮影されたスティーヴン・ワインバーグ。シェルドン・グラショーとアブドゥッサラームとともにノーベル賞を受賞した年だ。

アメリカの理論物理学者スティーヴン・ワインバーグは、亜原子粒子間で機能する力の統一に関する研究により、1979年にノーベル物理学賞を共同受賞した。それ以前から、彼は著書『宇宙創成はじめの三分間』で科学界以外にも名を知られていた。これはビッグ・バンについて一般読者向けに解説を試みた作品である。宇宙創成の最初の1000分の1秒から3分までと、その後の46秒間について解説している――「宇宙はどんどん広がり続け、冷却されていくが、その後の70万年間はさほど興味深いことは起こらない」。

上記の言葉は、ワインバーグが飛行機から雲を見下ろしつつこの作品を書いているという記述の中に登場する。そこでは、耐えがたいほどの冷気と熱気のためにいずれ消滅する運命にある過酷な宇宙の中で、地球がほんの小さな一部にすぎないという驚嘆の気持ちも語られている。「宇宙を理解できると思えば思うほど、無意味に思えてくる……宇宙を理解しようとする努力は、人の生活を茶番の水準からほんの少しだけ引き上げ、そこに悲劇の優雅さをわずかに添える希有なものの1つである」。こうした驚嘆の感覚を持ち合わせていたからこそ、ワインバーグは一般大衆に科学を理解してもらいたいと願うようになった。*HJ*

何もないところから
アップルパイを作りたいなら、
まずは宇宙をこしらえなくてはならない。

カール・セーガン
『コスモス』
1980

カール・セーガンはアメリカの天文学者、宇宙学者、天体物理学者である。キャリアの大半をコーネル大学で過ごしたが、複雑な科学概念を一般大衆に説明するのを自身の使命と考え、初めての「セレブ科学者」となった。600 以上の科学論文を書いただけでなく、人気の科学本も執筆し、テレビ番組のプレゼンターも務めた。トークショーにも数多く出演し、科学と宇宙に対する熱意を人々と共有した。

上記の言葉の出典『コスモス』は、テレビの画期的な 13 回シリーズ番組『コスモス（宇宙）』(1980) の基となった。その中でセーガンは生命の起源を取り上げ、宇宙が創られなければ何もなかった、アップルパイですら、と語った。彼は宇宙の地球外生命体という考えに魅了され、その可能性について初めて真剣に論じた科学者の 1 人だった。火星をはじめとする惑星の探査を目的としたNASA のミッションにも関わり、彼の提案により、地球外生命体が発見された場合のために宇宙探査機ボイジャー号にメッセージが置かれることになった。メッセージにはさまざまな言語、鯨の鳴き声、90 分間の音楽が含まれている。*HJ*

∩ セーガンは、約 60 か国で 5 億人以上が視聴した番組『コスモス（宇宙）』のプレゼンターであり、共同脚本家だった。

神は美しい数式を利用して世界を創った。

ポール・ディラック
推定・伝聞
1982

量子物理学の発展における重要人物ポール・ディラックは、素粒子と自然の力による対称性が数式で表現できるという事実に感銘を受けた。H・R・パージェル著『量子の世界』(1982)の中でディラックの発言とされた上記の言葉では、その美を創ったのは超自然的な存在だとされているが、彼が物理学における未知の力を認識していただけのことかもしれない。いずれにしてもディラックは、物理的対称性における生来の美が、数式によって個々に明らかにできることに言及している。

複雑な数式がよりシンプルな数式から派生することがあるように、経済原理も美の一面と捉えることができる。ディラックが目を向けたのは量子レベルの自然界だが、フラクタル次元で見ると、自然界の数式的美が自己相似の対称性の中にさらに存在しているのがわかる。たとえばどこかの海岸線をよくよく調べてみれば、構造的に一致する似たような小さな形状から成っているはずだ。世界には、美しい数式によって明らかにされる神秘がまだまだ残っているようである。 *TJ*

宇宙はなぜ、存在するという面倒なことをするのか?

スティーヴン・ホーキング
『ホーキング、宇宙を語る』
1988

これは、イギリスの理論物理学者で宇宙学者のスティーヴン・ホーキングが、著書『ホーキング、宇宙を語る』の中で投げかけた主な疑問の1つである。1000万部以上を売り上げ、35の言語に翻訳されたこの作品で、ホーキングは一般読者に巨大な概念を説明しようと試みた。宇宙の始まり、ブラックホール、重力、タイムトラベルの可能性、そして宇宙の終わりについてが語られている。

ホーキングは昔から科学界、学術界で高く評価されてきたが、執筆作品により、世界的な名声とさらに幅広い一般的な読者を手にすることとなった。キャリアをスタートさせたのはケンブリッジ大学で、1979年から2009年まで、1669年にアイザック・ニュートンが就いた名誉あるルーカス教授職に就いていた。21歳の誕生日を迎えた直後、彼は運動ニューロン疾患の一種を発症する。そのため、身体の動きと話す能力を奪われてしまう。そんな病気にもかかわらず、ホーキングは精力的に旅をして回り、数多くの一般講演を行った。いつか宇宙に行きたいという夢を終生抱き続けていたという。 *HJ*

∩2008年、ワシントンDCで講演するホーキング。

Dragon

宇宙には1つの首尾一貫した計画があるが、それが何のための計画なのかはわからない。

フレッド・ホイル
推定・伝聞
1999

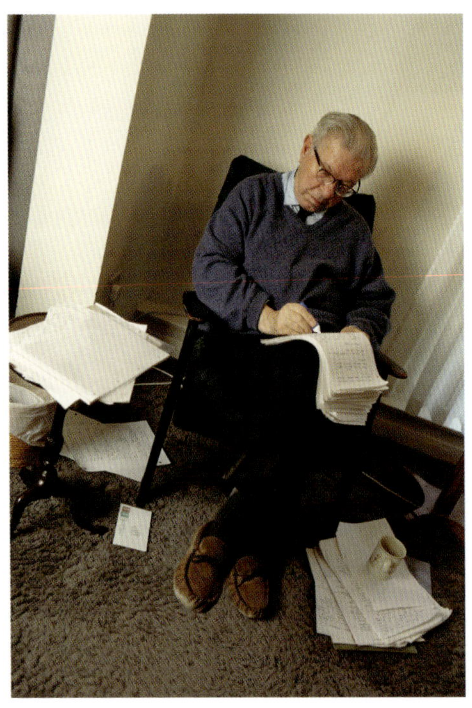

∩ ホイルはノーベル賞を受賞したことはないが、彼にはその資格があると考える人は多かった。

第二次世界大戦中、イギリスの天文学者で宇宙学者のフレッド・ホイルは、レーダーの開発とともに、核兵器研究に接していたことから、1950年代には、星の内部の核過程が化学元素を産出している可能性を研究することになった。1954年、生命が存在するためには炭素が特定のエネルギーレベルで存在する必要があると証明したホイルの説は、いわゆる知性体重視説に基づいている。これは、宇宙が生命創造――特に人類――を可能にするために微調整されていると論じる説だ。現在、物理学者たちが宇宙の重大な数式をさらに学んでいることから、この説の人気は高まっている。上記の言葉は、そうした流れにぴったり当てはまる。もっとも、ホイルがこの言葉を本当に言ったのか、いつ言ったのかについては、確かなことはわかっていない。「計画」と言うからには計画する者がいるということなのかもしれないが、ホイルは人生の大半を不可知論者で通していた。

ホイルの理論のおかげで天体物理学は大きく進歩したものの、彼は一貫してビッグ・バン理論を受け入れようとせず(ビッグ・バンという言葉を造ったのは彼だが)、宇宙は1点から爆発したわけではなく不変で定常的であるという昔からの定番の説を支持していた。*JF*

自然選択は、将来の世代から無知を淘汰（とうた）してはくれない。

リチャード・ドーキンス
「インデペンデント」紙
2006

生物学者のリチャード・ドーキンスは、著書『神は妄想である――宗教との決別』(2006)がベストセラーになったのを受けて、イギリスの新聞「インデペンデント」に招かれ、読者からの質問に答えることになった。ある読者が、インテリジェント・デザインを信じる人たちは「愚か」なのか、自然選択はそういう者を「将来の世代から淘汰する」のかどうかと質問した。それに対してドーキンスは、たいていの人は愚かなのではなく無知なだけだと答えた。上記の言葉からは、ドーキンスが無知者は治すことができないと考えているように読めるが、彼は自然選択にはできないことも教育ならできるかもしれないとつけ加えている。

ドーキンスは一般読者向けの進化生物学に関する書籍を数多く出版してきた。その多くで、自然選択の驚異的な影響が繰り返しテーマに据えられている。そして『神は妄想である』出版の30年前、ドーキンスは『利己的な遺伝子』(1976)の中で、宗教的信仰心の根強さの説明として「文化的選択」の理論を紹介した。そこで言及される「ミーム」は、遺伝子の相似物と取ることもできるが、幾世代にもわたって文化的複製を繰り返すことによって繁殖する考え、もしくは信仰を意味している。*TJ*

∩2014年、オーストラリアのシドニーにいるドーキンス。彼は定期的に公の場で自身の理論と研究内容を広めている。

SPORTS & LEISURE

スポーツと余暇

⊂ 1963 年、西ドイツとの試合に出場するブラジルのペレ。

暇人の手許は悪魔の仕事場。

旧約聖書
『箴言』
紀元前 700 頃

∩ジャン・ブルディションが 1503 年から 1508 年にかけて描いた「アンヌ・ド・ブルターニュの大時禱書」の縮小版。

この作品の正式な題名は『ソロモンの箴言』だが、紀元前 10 世紀のイスラエルの王ソロモンが中身を少しでも書いているのかと言えば、そうではない。大きな権力を握る聡明な支配者をこうした英知の発言者だとするのが、当時の伝統だったというだけの話だ。これは「知恵文学」として知られるジャンルである。

もともとヘブライ語で書かれ、のちに古代ギリシャ語、さらにはラテン語に訳され、やがて世界中の言語に翻訳されていった。上記の言葉のように、しばし立ち止まり、じっくり考えるよう促す言葉がいくつか集められている。一見したところ、「暇人」なら何もしないのではないか、何もしないのなら悪事に手を染めることもないのでは、と思うかもしれない。しかし最も一般的に用いられる世俗風バージョンには、その意図するところがはっきり表現されている――「悪魔は暇人に仕事を与える」。

上記の言葉（箴言 16 章 27 節）の後にはこう続いている――「その唇には燃えさかる火」。これも注釈が必要かもしれない。これは唇が怠惰だという意味ではなく、逆に唇の持ち主が噂話以外何もしていないという意味だ。噂話は悪であり、悪魔の仕業である。*HJ*

鳩の翼が私にあれば、飛び去って宿を求める。

旧約聖書
『詩篇(しへん)』
紀元前300頃

150の詩篇（その多くに音楽がつけられている）が集められた、旧約聖書の19番目の書『詩篇』の第55篇からの抜粋だ。善き人生を歩むための指示と、辛(つら)く悲しい時期を乗り越えるための励ましと慰めの言葉が記された書である。詩の多くは10世紀のイスラエルの王ダビデが主役だ。詩篇第55篇もダビデ王を詠んだ詩だと考えられている。当時ダビデは玉座を追われてひどく落ちこみ、砂漠をさまよっていた。

全体像はこうだ――「恐れとわななきが湧き起こり、戦慄(せんりつ)が私を覆い、私は言います。鳩の翼が私にあれば、飛び去って宿を求めます」。しかしこの後、ダビデが苦しみから解放される見通しが記され、神への感謝で終わっている。

詩篇の作者はダビデである、もしくはダビデを詠んだ詩である、あるいはその両方である、という推測には議論の余地があり、現代の聖書研究者の間では、ダビデの作ではなく、7世紀の間に次々と書き足されてきた作品だという点で意見が一致している。*HJ*

余暇なくして知恵はない。

古代ユダヤの格言
『ベン・シラの知恵』
紀元前200頃

「余暇なくして知恵はない」もしくは「学者の知恵は余暇があって初めて得られる」という格言は、通説では古代ユダヤの格言だとされているが、その正確な起源を実証するのは難しい。紀元前2世紀の初期に書かれた道徳書『ベン・シラの知恵』の中で、エルサレムのユダヤ人書記官ベン・シラは、「学者の知恵は、余暇があって初めて得られる。実務に煩わされない人は、知恵ある者となる」と書いている。

日々の雑務から解放されれば、勉強や研究のための時間ができる。ギリシャの哲学者アリストテレスも同じ考えの持ち主で、余暇（ギリシャ語でscholē）――言い換えれば仕事から解放された時間――は、政治に熱心に取り組むためだけでなく、より高尚な物事についてじっくり考える時間を確保するためにも、必要なものだと主張している。

詩人のW・B・イエーツは、1923年にアイルランド議会で行った演説の中でこう述べた。「我が国では、ある種の余暇階級を保つことが何より重要だ」。そして上記の言葉を引用したのである。

学者や哲学者が暇な時間にあれこれ考えることのできる自由は、昔からずっと尊重されてきたと同時に、脅かされてもきた。*HJ*

自身の魂の中ほど穏やかで煩わされることのない静養所はない。

マルクス・アウレリウス
『自省録』
170-180

∩ローマ皇帝、作家、哲学者だったマルクス・アウレリウスの大理石像。

この言葉の出典『自省録』には、高潔な理想とたゆまぬ自己鍛錬、そして倫理に基づいた統治について、ローマ皇帝アウレリウスの見解と省察がまとめられている。戦争、反乱、政治的内紛に悩まされる大きな政府を運営するに当たっての実用的な知恵がふんだんに含まれているのだ。また、名誉ある行為を推奨する言葉も多い。たとえばこんな言葉だ。「あたかも一万年も生きるかのように行動するな。不可避のものが君の上にかかっている。生きているうちに、許されている間に、善き人たれ」。

『自省録』は、ローマで流行したギリシャ思想の一派、ストア哲学に基づいている。心の平穏、逆境に耐える心、困難な時期に落ち着きを求める心を理想とする。ストア派の哲学者（中でも有名なのが小セネカとエピクテトスだ）によれば、愛、恐怖、妬みといった感情は誤った判断に基づいたもので、倫理の極致に達した人ならそうした感情は抱かなくなるという。もともとアウレリウスは『自省録』を人目に触れさせるつもりはなかったらしい。それゆえ、皇帝の個人的な考えを深く洞察できる貴重な書物である。*HJ*

私が猫と戯れているとき、ひょっとすると猫のほうが私を相手に遊んでいるのではないだろうか。

ミシェル・ド・モンテーニュ
『エセー』
1580

父親、兄弟、子供、親友の死を経験したのち、ミシェル・ド・モンテーニュは法官の職を辞し、フランスの城に引きこもって悲しみにふけった。その後間もなく、生と死、人間でいることの意味に関する一連の哲学エッセーの執筆を開始した。大きな悲しみへの対処、ブラジルからフランスに連れてこられた「人食い人種」との面会、好みのワイン、そして猫の知性についてと、さまざまなテーマを取り上げている。エッセーの最初の2巻が出版された後、彼は「私自身がこの本の内容だ」と書いたうえで、読者にこう警告している――「これほど取るに足らない無益な話題に余暇を費やそうと思うなど、ばかげている」。しかし読者の意見は違ったようで、『エセー』はベストセラーとなり、英語に翻訳された。長老政治家で科学者のフランシス・ベーコン、詩人のジョン・ダン、そしてウィリアム・シェイクスピアがモンテーニュの著書を愛読していたことはよく知られている。モンテーニュは人とは異なる視点から物事を見るのが好きだった。たとえばペニスが自分の意に反することや、猫の視点による人生観を話題にしている。エッセーの中でも一番有名な上記の言葉に、それが反映されている。 *HJ*

∩ モンテーニュの肖像画。
1657 年に刊行されたフランス語版『エセー』の口絵にされた。

もし一年中が遊び回れる休日なら、遊びも仕事と同じくらい退屈になる。

ウィリアム・シェイクスピア
『ヘンリー4世第1部』
1597

シェイクスピア作『ヘンリー4世第1部』では、若きハル王子（未来の王ヘンリー5世）が酔っ払いや自堕落な騎士たちと酒場で派手に酒盛りをする。そんなハル王子を見て、貴族の多くは、こんなことで彼は父であるヘンリー4世の後を立派に継げるのだろうか、と眉をひそめる。しかし劇の早い段階から、ハル王子は独白の中で、自分のこうした行為はあくまで演技であり、実は見せかけほど怠け者ではないことを明かす。

「もし一年中が遊び回れる休日なら、遊びも仕事と同じくらい退屈になる。しかしめったにないとなれば、休日は待ち遠しいものだ。めったにない出来事ほど嬉しいものはないからな」。

つまりハル王子は、すべての時間をのんびり過ごすつもりはないと言うのだ。だらだらしてばかりいると、それが仕事と同じくらい退屈になってしまうから、と。彼は、父親に自分は立派な王になるだけの資質があることを示してみせる、と決意している。ハルの狙いはこうだ——ここまでわがまま放題をしてきたのだから、ここで掌（てのひら）を返した態度をとれば、より劇的で、印象的に映るはずだ。そしてその機会はシュルーズベリーの戦いの場で訪れる。ハル王子は反逆者のハリー・ホットスパーを一騎打ちで討ち取ってみせるのだ。*HJ*

「隠居した余暇」は、その手入れの行き届いた庭が喜びだ。

ジョン・ミルトン
『沈思の人』
1631

ジョン・ミルトンは詩人、論客であり、イングランド内戦時にオリヴァー・クロムウェルを支持した人物だ。最も有名な作品は叙事詩『失楽園』で、『沈思の人』は、ミルトンが1625年から1632年までケンブリッジ大学の学生だった時期に書いた初期の作品である。

『沈思の人』は哀愁の本質をテーマにした176行の叙情詩で構成されている。哀愁はミルトンの詩神で、インスピレーションを与えてくれるという。彼はこの作品を補完する意味で、『快活な人』という田園詩も書いている。こちらには、浮かれ騒ぎや世俗の喜びが、異なる形で詩作のひらめきを与えてくれることが描かれている。

『沈思の人』の中でミルトンは、夜、木々の間を抜けて「哀愁」を訪ね、彼女の仲間「平和」「静けさ」「断食」「余暇」「黙考」を連れてきてひらめきを与えてもらいたい、と詠っている。

ミルトンは、詩人が最高傑作を生むにはそうしたものが必要だと考えていた。詩人で版画家のウィリアム・ブレイクは、この2つの詩をテーマに版画を製作し、「ミルトン」と名付けた壮大な叙情詩を書いている。現在、聖歌「エルサレム」の中の有名な一節となった「古代、あの足が」で始まる作品である。*HJ*

王族の気晴らしである狩りは、罪悪感を伴わない戦争のようなもの。

ウィリアム・サマーヴィル
『狩り』
1735

イギリスの偉大な詩人、エッセイスト、文芸評論家のサミュエル・ジョンソンいわく、ウィリアム・サマーヴィルは「ジェントルマンのわりには書くのがとても上手である」。イギリスのウォリックシャー出身の郷士サマーヴィルは野外活動を愛した人で、その情熱をもとに40代から執筆を開始した。自分がよく知るキツネ狩りやタカ狩りについて書いたのだが、ジョンソンはそれを「通常、表現するに当たってさして深い思考やエネルギーを必要としない」テーマだとしてはねつけている。しかし上記の一節は認められ、「王族の気晴らし」という言葉は、今では「競馬」の別名としてしばしば引用されている。出典の『狩り』は長い詩で、キツネ狩りに関するありとあらゆる助言と指示が含まれる。狩りの起源から猟犬の訓練法、さらには狩りの楽しみと危険についても詳述されている。馬とその騎手が死んだときの様子を「馬の拍車が彼の脇腹をずたずたにした」と描写する、おぞましいシーンもある。

この詩は当時非常に人気を博し、何度も版を重ねた。サマーヴィルは他にもタカ狩りをテーマにした「野外の娯楽」等、田園地帯での野外活動をテーマにした一連の詩を書いている。*HJ*

∩19世紀アメリカの石版画家ナサニエル・カリアーが描いたキツネ狩りの光景。

神に祝福された余暇は我々にとって呪いだ。カインの呪いのように、さまよい歩くはめになる。

エドワード・ヤング
「夜の瞑想（めいそう）」
1742

∩『クラブス歴史辞典』(1825) に挿入されたエドワード・ヤングの版画。

エドワード・ヤングはイギリスの詩人、劇作家、文芸評論家だ。いまではほぼ忘れ去られているが、当時は最も著名な詩人の1人だった。上記の一節を含むのは、死を題材に9部、すなわち9「夜」に分けて詠まれた不吉な長編詩――「人生、死、不死についての夜想」という副題付き――である。初版当時、英語で書かれた詩としては最も反響が大きく、広く読まれた作品で、商業的にも大きな成功を収めた。フランス語、スペイン語、ドイツ語等、さまざまな言語に翻訳されている。

この詩にインスピレーションを与えたのは、ヤングの義理の娘、妻、友人の死だった。悲嘆の本質を突き詰めた上記の一節には、暇な時間が多すぎるとかえって重荷になることが表現されている。しかし同作品中で最も有名で、最も頻繁に引用されるのは、「遅延は時間泥棒である」という一節だ。詩人で版画家のウィリム・ブレイクは1795年に『夜想』という新たな版の挿絵を依頼され、500枚以上の水彩画を描き始めた。しかしブレイクの挿絵を43枚含む第1巻はさっぱり売れず、プロジェクトは中止を余儀なくされた。 HJ

最も忙しい人が最も多くの時間を持つ。

イギリスの格言
未詳
1800 頃

∩ 城の使用人たちが食料と商品を保管している。マルチェッロ・フォゴリーノ作とされる16世紀のフレスコ画。

出版物に登場するこの言葉の最古バージョンは、イギリスのエッセイスト、ジャーナリスト、哲学者、政治評論家、伝記作家のウィリアム・ヘイズリットの作品中に見つかっている。人物描写集『時代の精神』(1825)の中で、彼はイギリスの改革派の政治家サー・フランシス・バーデットのことをこう表現しているのだ。「人はすればするほどできる。最も忙しい者が最も多くの時間を持つのだ」。

しかしこれは格言として一般的によく使われてきたという理由で、ヘイズリットが考えた言葉とはされていない。この考え方そのものが彼の発想でないことは確かだ。今日、これは経営管理理論の中でも最も頻繁に語られる原則である——今以上の仕事ができない人は、もともと仕事を十分にしていなかった人だけだ。逆によく働く人は幸福ホルモンが刺激され、さらなる活動が可能になると考える医者がいる。エネルギーがエネルギーを生むのだ。

上記の言葉の変形が、ジェームズ・ペインの小説に登場する。「経験から言うのだが、本当に忙しい人こそ、何をするにも一番時間的な余裕がある」。*HJ*

怠惰それ自体は
決して悪の根源ではない。
逆に、退屈さえしていなければ、
真に天与の生活となる。

セーレン・キルケゴール
『あれか、これか』
1843

∩デンマークの哲学者キルケゴールは、
実存主義の創始者として広く認められている。

キルケゴールは、皮肉めいた洞察力で社会的、倫理的な規範に挑むことが多かった。怠惰ではなく退屈こそが「悪の根源」だと示唆することで、自分では退屈していなくても他人を退屈させがちだと暗に言っているのである。自身が退屈していないということは、常にせわしなくしているということだ。その結果、他人にとって我慢ならないほど退屈な人間になるという逆の効果を生んでしまう。キルケゴールは、退屈しのぎにあくせくすることより、怠惰が生む自由と幸福を強調した。

キルケゴールの考えは、個々の人間は文明の発展において単なる操り人形だという考えを拒絶しているように見える。その点、怠惰の結果として幸福が生まれるという彼の観察は、個人の力を確約するものである。退屈を避けるだけのために「ビジネス」にいそしむより、個人の自由を有効活用するべきだ。働いたところで、個人が社会に貢献しているかどうかは怪しいものなのだから。この解放感あふれる思考は、現代においても十分意義深い。今は、失業が長引けばなぜか退屈していると見なされる世の中なのだから。*TJ*

人は常に仕事を求めるとは限らない。聖なる怠惰というものもある。

ジョージ・マクドナルド
『ウィルクリド・カンバーメード』
1872

マクドナルドはスコットランドの小説家、詩人、キリスト教聖職者である。大人向けのファンタジー——『ファンタステス』(1858)や『リリス』(1895)——や子供向けの『お姫さまとゴブリンの物語』(1872)のようなおとぎ話の作者として有名だ。彼の物語には宗教的な寓話(ぐうわ)が多い。たとえば『リリス』は、登場人物が眠っている間に若くなるという、子供のように無邪気な設定だ。その純真さこそが神に通じる道だとマクドナルドは信じていた。

マクドナルドは後続のファンタジー作家の多くに影響を与えている。『不思議の国のアリス』の作者ルイス・キャロル、『指輪物語』の作者J・R・R・トールキン、『ライオンと魔女』等のナルニア国物語シリーズを書いたC・S・ルイスはとりわけ、キリスト教のイメージをふんだんに使ったマクドナルドの手法に倣(なら)っている。マクドナルドは多作家だったが、たいした稼ぎは得ておらず、作家で芸術パトロンのジョン・ラスキンといった友人たちの助力に頼っていた。上記の言葉は、マクドナルドの今やほとんど忘れ去られた写実小説『ウィルクリド・カンバーメード』からの抜粋だ。マクドナルドは、静かに熟考しているとき、そして芸術と創造力を通じて、人は神に最も近づくことができると信じていた。*HJ*

∩ 友人のルイス・キャロルが撮影した、マクドナルドと彼の娘。

人は1つの労働から次の労働に取りかかることでしか、くつろぐことができないようにできている。

アナトール・フランス
『シルヴェストル・ボナールの罪』
1881

∩執筆中のアナトール・フランス。
これは筆名で、本名はジャック・アナトール・フランソワ・ティボーだ。

フランスの詩人、小説家、ジャーナリストのアナトール・フランスは、当時フランスの偉大な作家として知られ、1921年にノーベル文学賞を受賞している。父親が経営する書店で本を売る仕事から始め、その間、詩を書いたり新聞に記事を投稿したりしていた。有名になったのは、『シルヴェストル・ボナールの罪』(1881)の出版後だ。これは初恋の人の孫娘ジャンヌに出会った男の話で、男はジャンヌが保護者からひどい扱いを受けていることを知ると、彼女を誘拐する。その後、男は訴追を避け、蔵書を売り払って彼女の持参金を工面する。

この作品は、その優美な散文が評価されてアカデミー・フランセーズの賞を受賞した。上記は主人公シルヴェストル・ボナールが口にする言葉で、彼はジャンヌに、長年、書物を研究してきたが、70歳になったら、花と虫を研究しながらくつろぐつもりだと告げる。

1922年、カトリック教会はアナトール・フランスの全作品を禁書目録に載せた。フランス本人はこの有罪宣告を大いに喜び、彼の出版社も静かに喜んだという。*HJ*

口づけのように、怠惰は盗むと甘美になる。

ジェローム・K・ジェローム
『閑人閑話』
1886

ジェロームはイギリスの小説家、ジャーナリスト、エッセイスト、ユーモア作家で、小説『ボートの三人男』(1889)の作者としてよく知られている。3人の不運な友人たちが犬と一緒にテムズ川を進む愉快な小旅行の物語だ。しかし彼が初めて成功を手にした作品は『閑人閑話』である。こちらは、多岐にわたるトピックを題材にした一連の文章をまとめたもので、どれも怠惰であることの重要性を称(たた)えている。

ジェロームは、ただ怠惰にしているだけでは意味がなく、するべき仕事がたくさんある場合の方がうんと怠惰を楽しめると考えていた。このエッセー集の自嘲的な序文の中で、ジェロームはこう書いている。「本書は牛の地位を高めるものではない。どんなものであれ、有益な目的のために本書を薦めることはできない。私に言えるのは、『推薦図書100選』を読むのに飽き飽きしたら、30分ほど本書を手に取ってはどうかということだけだ。……気分転換になるだろう」。

この本の成功に続き、ジェロームは紳士のための風刺雑誌「アイドラー」を出版し、怠惰の喜びを称えた。マーク・トウェイン、サー・アーサー・コナン・ドイル、ラドヤード・キップリングというそうそうたる顔ぶれが記事を寄稿している。*HJ*

∩1893年、34歳当時のジェローム・K・ジェローム。

OLYMPIC GAMES
STOCKHOLM 1912

オリンピックの一番の意義は、勝つことではなく参加することだ。

ピエール・ド・クーベルタン男爵
国際オリンピック委員会
1908 頃

クーベルタン男爵はフランスの貴族、歴史家、教育者だ。スポーツ選手としても優秀で、ボート、ボクシング、フェンシングで抜きん出ていた。彼は、スポーツは肉体だけでなく精神にもいい影響を与え、フェアプレーを促すことができると信じていた。また、国際的なスポーツは平和促進において幅広い役割を持ち、国々の結束を固めると考えていた。1894 年、彼は古代オリンピック競技を復活させるべく国際オリンピック委員会（IOC）を設立した。その 2 年後、ギリシャのアテネで第 1 回近代オリンピックが開催された。

上記の言葉は今では世界中でクーベルタン男爵の発言だと思われているが、実は初めて口にしたのは彼ではなかった。クーベルタン男爵は、ペンシルベニア教区の主教エセルバート・タルボットが、ロンドン五輪が開催されていた 1908 年、説教の中で口にしたのを聞いたのだ。男爵はその言葉を非常に気に入り、たびたび口にするようになったため、事実とは違って彼がもともとの発言者だと一般に受け入れられるようになったのである。*HJ*

気にかかることが多くて、立ち止まってじっくり見つめるだけの時間がないなら、人生とはいったい何なのか？

W・H・デイヴィス
『喜びその他の歌』
1911

ウィリアム・ヘンリー・デイヴィスの詩「余暇」の冒頭文であり、今でも一番有名な一節だ。人気を博したこの詩は、現代生活の危険を表現している。うっかりしていると、人生の喜びを見失ってしまうと示唆しているのだ。「美人の視線に振り返り、その足元と、それが踊り動くさまに見とれる時間もないのなら」。

デイヴィスは成人すると、ほとんどの時間を旅行に費やした。イギリスと北米の間を行き来しながら、途中、単純作業に従事したり、しばらくホームレスとして過ごしたりした。1890 年代、彼は回顧録『放浪の達人の自伝』(1908) でその生活ぶりを記録している。

1905 年、デイヴィスは自費で詩集を出版した。数人の著名人に称賛されなければ、まったく印象を残さない作品となっただろう。その著名人の中には劇作家のジョージ・バーナード・ショーがおり、彼はデイヴィスの自伝に序文を寄せている。20 世紀初頭の著名イギリス人劇作家から支持を得たことにより、デイヴィスの運勢が上昇し始めた。『喜びその他の歌』が出版される頃には、成功と生涯にわたる心地よい暮らしを手に入れていた。*IHS*

⊂ 1912 年、ストックホルムで開催されたオリンピックのポスター。

浪費するのを楽しんだ時間は、浪費された時間ではない。

マーテ・トロリー＝カーティン
『結婚したフィリネット』
1912

フィリッピーノ・リッピによる「牢獄から解放される聖ペテロ」（1485 頃）に描かれた、任務中に居眠りする守衛。

シェイクスピアの『お気に召すまま』にこんな台詞がある――「美酒に蔦の飾りは要らない」。つまり最高級品に宣伝は必要ないという意味だ。ラベルなどなくとも勝負できる。しかし名言に関しては、そうとは言い切れない場合がある。本書にもたびたび例が挙がっているように、著名人の発言でないと、たとえ一流の格言といえども不十分だとされることは多い。

上記の言葉は、ジョン・レノンか哲学者のバートランド・ラッセルの名言とされることが多いが、この言葉を生みだしたのはその２人ではない。単なるミスかもしれないが、ポップスターと大物哲学者の発言とされたのは、本物の発言者の名前を誰も聞いたことがなかったからではないか。彼女は20世紀初頭のアメリカの小説家で、その作品はいまや絶版となり、ほぼ忘れ去られている。

トロリー＝カーティンがこの格言の作者とされない理由としてもう１つ考えられるのは、彼女もレノンやラッセルと同様、自らその言葉を考え出したわけではない場合だ――会話の中で使われるありふれた慣用表現を使ったにすぎない、と。それもまた、名言名句につきものの問題だ。その名言を最初から考えたのか、それともどこかで耳にしただけなのか？　*JP*

1人がスポーツマンシップを実践するほうが、それを100回教えるよりはるかに効果的だ。

クヌート・ロックニー
推定・伝聞
1920頃

ノルウェー系アメリカ人のクヌート・ロックニーは、アメリカのカレッジ・フットボール史上最高のコーチだと評されている。彼はショーマンでもあり、試合前、士気を高めるために刺激的な発言をすることでも知られていた。インディアナ州ノートルダムを拠点とし、「闘うアイルランド人」と呼ばれたノートルダム大学のチームに、「弱みを積み上げろ、それが強みに変わるまで」と語ったのは有名な話だ。ロッカールームでの発言には他にも有名なエピソードがある。選手たちに、いま入院している6歳の息子のためにも勝たなければならない、と発破をかけたのだが、実はそれは嘘(うそ)で、息子は家でぴんぴんしていたという。

チームの士気を高めるためなら真実にこだわらないロックニーだったが、上記の言葉からもわかるように、フェアプレーとスポーツマンシップを重視していた。そんな彼の励ましが功を奏したようで、ノートルダムを率いた13年間、5シーズンを無敗で過ごし、3度全国優勝を果たしている。

ロックニーは1931年に飛行機事故で亡くなり、彼の葬儀には10万人以上の弔問客が訪れた。1940年に製作された彼の伝記映画『クヌート・ロックニー・オール・アメリカン』は、のちのアメリカ大統領ロナルド・レーガンが主演している。*HJ*

∩インディアナ州サウスベンド近くで開催された試合で、率いるノートルダムの選手と戦略を練るロックニー。

そこに山があるから。

ジョージ・マロリー
「ニューヨーク・タイムズ」紙
1923

∩ ジョージ・マロリーはエベレスト山頂の征服に人生を賭けていた。

⊃ 1952年、アタックに失敗して下山する遠征隊。

「なぜエベレスト山に登ろうと思ったのですか？」という問いに対する答えである。マロリーは「ニューヨーク・タイムズ」紙のこのインタビューを受ける頃には、1921年と1922年の2回、世界最高峰への遠征隊に参加している。そんな彼の登山への情熱を要約したのが、上記の言葉だった。〔訳注：日本では「そこに山があるから」が定訳になっているが、質問者は「エベレスト山」に登る理由を尋ねており、本来は「そこにエベレストがあるから」と訳されるべきものだった。〕

マロリーが初めて高山への登山に挑戦したのは1910年のことだった。目標はアルプスのモン・ヴェランだ。翌年、彼はモン・ブランとモン・モディの前壁を制覇した。まもなく彼はエベレストに取り憑かれるようになり、1921年にイギリスの予備調査チームに加わった。1922年にはチャールズ・ブルース准将のチームに加わり、本格的に頂上を目指している。1924年、ブルース准将はマロリーが加わった別のチームを率いてエベレストに向かい、同年6月6日、マロリーと友人のアンドリュー・アーヴィンが頂上を目指して出発した。しかし2人は行方不明となり、6月9日には死亡したものとされた。マロリーの遺体は1999年に北壁で発見されている。 *IHS*

ストライクを取られるたびに、次のホームランに近づいていった。

ジョージ・ハーマン・〈ベーブ〉・ルース・ジュニア
推定・伝聞
1928

「打撃の帝王」の異名を取る〈ベーブ〉・ルースは、野球界に革命を起こしたプロ野球選手である。伝説となった彼のバッターボックスでの快挙は、スポーツ選手の偉業としてメディアに逐一記録されている。彼の人生訓はこうだ――「でっかく当たるか、でっかく外すか。できるだけでっかく生きたい」。1920年代までは、野球選手は慎重なプレーと戦略で細々と得点を重ねていくのが普通だったのだが、大胆で向こう見ずな強打者ルースは、リスクを恐れず、常にホームランを打つつもりでバットを振った。その結果、三振に終わることも多かった。空振りかファールになってしまうのだ。それまでこうしたスウィングはよしとされなかったのだが、ルースの一か八かのバッティングスタイルは試合の興奮とホームランの確率を高めた。ルースは1330三振の記録を持つ三振王となったが、同時にホームラン王となり、1シーズンに60本のホームランを叩(たた)き出した初めての選手となった。この記録は34年間破られることがなかった。上記の言葉は、ロバート・L・サットン著『なぜ、この人は次々と「いいアイデア」が出せるのか』(2002)で紹介されている。*HJ*

∩ニューヨーク・ヤンキースのストライプのユニフォームを着たルース。

⊂1921年、ニューヨークのポロ・グラウンズにて、試合前に打撃練習を行うルース。

貧しい人には余暇が必要だという考えは、昔から金持ちに衝撃を与えてきた。

バートランド・ラッセル
「ハーパーズ」誌
1932

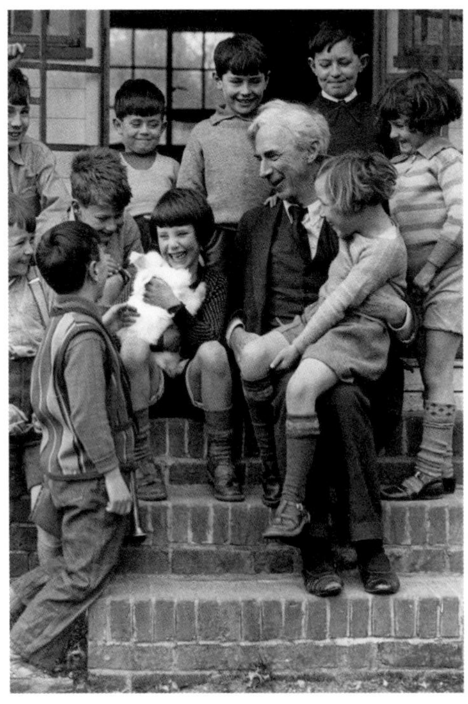

∩1935年頃、イングランドのハンプシャー州の実験学校で、幼い生徒に物語を聞かせるバートランド・ラッセル。

イギリスの哲学者バートランド・ラッセルは、『怠惰への讃歌（さんか）』というエッセーの中で、労働をほめそやす有害な風潮を嘆いた。これは大々的な産業化と科学技術の発展が多くの人々を単純作業から解放した時期に書かれたエッセーで、ラッセルは労働はそれ自体がいいことだという主張は無意味だと論じている。労働が相変わらず高く評価されている理由として、彼は労働者階級の労働のおかげで成り立つ土地と富を持つ人々をやり玉に挙げている。彼はそれを「奴隷制度的倫理」と呼び、激しく非難した。

ラッセルの考えによれば、以前より多く手に入るようになった余暇は、人々に公平に分配されることが社会的正義であるという。偉大な発明はすべて、教育を受けた有閑階級が自由時間を手にしたからこそ可能だった。となれば、世間一般の思い込みに反して、怠惰が無関心や損害を生むとは限らず、万人が余暇を手にすればそれだけ社会に利益をもたらす教育的、創造的追究の機会が増えることになる。労働に関連する筋の通らない道徳主義に対抗するラッセルの主張は、科学技術の進歩が留（とど）まるところを知らず、多くの単純作業を廃れさせていく世の中にあって、さらに重要性を増してきた。*TJ*

私は、自分を この世で最も幸せな男だと 思っている。

ルー・ゲーリック
送別の辞
1939

ニューヨークのヤンキースタジアムで観客の前に立ったヘンリー・ルイス・〈ルー〉・ゲーリックは、スポーツ史上最もすばらしいスピーチの中で上記の言葉を口にした。当時最も優秀なプロ野球選手だったゲーリックは、筋萎縮性側索硬化症（ALS）を患っていた。これは進行性の神経変性疾患で、脳内の神経細胞と脊髄に異常をきたす。この2年後、彼はその病のために37歳の若さで死亡した。

ヤンキースは「鉄の馬」と呼ばれたゲーリックのために、ルー・ゲーリック感謝デーを開催した。試合の合間にゲーリックが観客に挨拶をすべく呼ばれた。おとなしくて気取らないゲーリックは、決して口が達者なほうではなかったが、300語未満の言葉で、実に謙虚に、そして勇敢にスピーチを行った。自分は死にかけてはいるが、人生に感謝している、チームメイトに、ヤンキースのコーチに、グラウンドの管理人に、義理の母に、両親に、そして最後に妻に感謝している、と述べた。「想像もつかなかったほど勇敢な」妻だ、と。そしてこう締めくくった。「私は不運に見舞われたかもしれませんが、驚くほどたくさんの生きがいも与えられました」。胸が痛くなると同時に、励まされるスピーチである。*HJ*

∩1930年代に撮影された
ニューヨーク・ヤンキースの一塁手ルー・ゲーリック。

勝った負けたではなく、試合をどう戦ったかだ。

グラントランド・ライス
『フットボール同窓生』
1941

ヘンリー・グラントランド・ライスは、当時最も有名なアメリカ人スポーツライターだった。彼のコラムはアメリカ中の新聞に配信され、1930年代には「アメリカ人スポーツライターの長老」として知られるようになっていた。少々感傷的ではあるが、その壮大な文章スタイルが魅力だ。勝負の結果をただ伝えるのではなく、神話の戦いになぞらえて詳述したのだ。最も有名な例は、1924年、ノートルダム大学フットボールチームのバック陣を、「ヨハネの黙示録の4騎士」と描写したときだった。「いにしえの昔には飢餓、疫病、破壊、死と呼ばれた4騎士が再び勢揃(せいぞろ)いしました。ストゥールドレアー、ミラー、クロウリー、そしてライデンです」。ライスは詩も書いた――批評家の受けはよくなかったが。そして『フットボール同窓生』という詩の一節が、最も知られている。

「偉大な得点記録係が／あなたの名前の欄にこう記録する／勝った負けたではなく／試合をどう戦ったかだ」

これは詩の締めくくりの一節で、ビル・ジョーンズというフットボールのスター選手を詠んでいる。彼は試合で負けたものの、試合は人生と同じように諦めるのではなく挑戦することに意義がある、とコーチに慰められたという。*HJ*

最下位はナイスガイだらけだ。

レオ・ドローチャー
「ニューヨーク・ジャーナル・アメリカン」紙
1946

レオ・ドローチャーは、そのあけすけな物言いで有名な名監督だった。短気で、絶えず審判に文句を付け、何が何でも勝つという信念の持ち主として知られていた。1947年、ブルックリン・ドジャーズの監督だったとき、「野球に有害な行為を働いた」としてワンシーズン丸々出場停止を命じられた。彼をよく思わない球界のお偉方がでっち上げた、曖昧な容疑だった。

1946年、ブルックリン・ドジャーズを率いていたとき、ドローチャーは試合前に対戦相手のニューヨーク・ジャイアンツのことを記者と話していた。当時ジャイアンツはリーグの下位に停滞していた。ドローチャーはこう言った。「ジャイアンツのやつらは、この世で一番のナイスガイだ！　で、今やつらはどこにいる？　最下位だ！　俺はナイスガイじゃない。そして首位にいる。最下位はナイスガイだらけなのさ」。

そのときの記者は「レオはナイスガイがお好きでない」というヘッドラインで記事にした。それを読んだ他の記者たちが、ドローチャーの発言を「ナイスガイは最下位に終わる」と変えてしまった。事実とは違ってその言葉はすぐに彼の発言とされ、彼自身、1975年の自叙伝のタイトルにそれを利用している。*HJ*

ノックダウンされたかどうかではなく、そこから立ち上がるかどうかだ。

ヴィンセント・ロンバルディ
『チェイス』
1950

ヴィンセント・ロンバルディは、史上最も指導力のあるアメリカンフットボールのコーチとして認められている。若い頃は司祭職に就く予定だったのだが、4年間勉強したのちにその道を諦め、ニュージャージーの高校フットボールチームのコーチになった。その後フォーダム大学、ウエストポイント陸軍士官学校、そしてニューヨーク・ジャイアンツのコーチを歴任したのち、1959年、ウィスコンシンを拠点とするグリーンベイ・パッカーズのコーチ兼ジェネラル・マネージャーとして雇われた。パッカーズはそのシーズン、史上最悪の結果に終わったところだった。選手もファンもすっかり意気消沈し、チームの資金も乏しかった。ロンバルディはそこに新たな厳しいトレーニング・プログラムを導入した。ロンバルディは自身の価値観をチームに深く浸透させた――忍耐と強靭な精神力、勝利へのこだわり、諦めない気持ちだ。それらが上記の言葉にも反映されている。もう1つ、よく引用される彼の言葉がある。「情熱を燃やせないのなら、情熱を持って解雇されるだろう」。彼の手法は功を奏し、グリーンベイ・パッカーズは彼のもとでNFLチャンピオンシップを5度制し、1967年と1968年の第1回と第2回のスーパーボウルでも勝利を収めた。*HJ*

∩1967年、ダラス・カウボーイズに勝利してNFLチャンピオンシップを制したとき、グリーンベイ・パッカーズの選手たちに胴上げされるロンバルディ。

サッカーは大衆のバレエだ。

ドミートリイ・ショスターコヴィチ
推定・伝聞
1955

⊙1960年2月、ピアノの前で作曲しているとおぼしきドミートリイ・ショスターコヴィチ。

ロシアの作曲家でピアニストのドミートリイ・ショスターコヴィチは、20世紀のクラシック音楽界において最も重要な人物である。彼はサッカーの熱狂的なファンでもあり、地元チームのゼニト・レニングラードのサポーターだった。そしてスコア、試合内容、選手の各プレーを、取り憑(つ)かれたように記録していた。作家のマクシム・ゴーリキーは、ショスターコヴィチが試合を見ながら子供のように叫び、跳び上がっていたことを覚えている。チーム全員を自宅に招き、最新の未完成曲を聴かせたこともあるという。また、サッカーの審判の資格も有していた。彼は試合の優雅さや芸術性、動き、そして選手の技能について熱を込めて語ったという。サッカーは音楽のように感情を動かすことができると信じていたのだ。1930年、彼はその2つの情熱を組み合わせ、「黄金時代」というバレエ音楽を創作した。ソ連のサッカーチームが腐敗した西の資本主義社会の都市を訪れ、八百長試合と不当な投獄の犠牲者になるという風刺物語だ。チームのメンバーが牢獄(ろうごく)から解放されたのに続き、地元の労働者が暴動を起こし、最後は選手たちが勝利の踊りに加わるのだ。その実験的な楽譜と型にはまらない振り付けが問題視されてソ連当局の検閲が入り、興行は失敗に終わった。*HJ*

私に
人間の倫理と義務を
教えてくれたのは
スポーツだ。

アルベール・カミュ
「フランス・フットボール」誌
1957

カミュの文章は実存主義哲学と関連づけられることが多いが、本人はそういうレッテルを拒んでいる。それでも彼が考える「不条理」の概念と人間としての強い責任感は、実存主義の共通するテーマだ。そうした考えと、カミュが称賛するその他の人文主義的価値が、スポーツの中で発揮されるのは間違いない。上記の言葉は、インタビューの中でアルジェの高等中学校リセ＝ビジョーでゴールキーパーをしていたときのことを質問されたカミュの答えである。彼は強力な守備陣に何度も助けられたことをよく覚えており、勇気と団結の美徳は彼の文学作品にも多く登場する。また、「スポーツマンらしく」プレーすべしというチームの「黄金律」によって、勝利へのこだわりはある程度和らげられていたという。

カミュの「不条理」哲学は、道徳基準において客観的な権威を拒絶する。不条理とは、世界を明晰な理性で観察する際に現れる不合理性だという。しかしスポーツ競技のルールは、人間のシンプルな欲求からその重要性を導き出すことを暗に受け入れている。よって、カミュの言葉はスポーツの価値を再認識するものである一方、彼自身の哲学の核も明らかにしていることになる。*TJ*

私は空を飛び、世界を旅し、
ビジネスの中で
冒険してきた。
もっと身近な冒険もある……
冒険は心と魂でするものだ。

ジャクリーン・コクラン
推定・伝聞
1960

有名なアメリア・イアハートの陰に隠れがちなジャクリーン・〈ジャッキー〉・コクランは、議論の余地はあるものの、航空史――とりわけアメリカの航空史において、最も重要な女性パイロットである。第二次世界大戦中、彼女は米空軍女性パイロット部隊（WASP）の設立に協力した。また、女性飛行士としての国際的な働きが称（たた）えられ、ハーモン・トロフィーを5回受賞しており、1980年に死亡したときには、男女合わせたパイロットの中で一番の飛行記録を誇っていた。

彼女は生涯を通じて冒険心にあふれていた。10代のときは努力して美容師になり、ニューヨークの一流サロンに就職した。自身の美容ビジネスを拡大するに当たり、飛行機の操縦を学んだ。その事業をほぼ生涯持続させている。冒険心旺盛な彼女は、あらゆることをフルに経験しようとした。1つの機会が、また別の機会へとつながった。彼女の手によって多くのイベントが成功へと導かれた。戦争での努力、飛行士としての貢献、ビジネス、そして共和党員としての政治活動を通じて、どこにでも冒険を見つけようとする彼女のバイタリティに、多くの人がインスピレーションを得てきた。*AB*

たった10秒のために 生涯をトレーニングに費やす。

ジェシー・オーエンス
推定・伝聞
1963

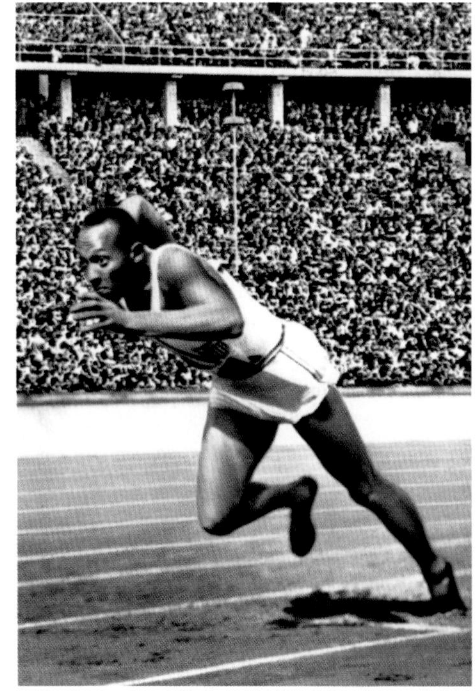

⌂1936年のベルリン五輪でスタートダッシュするジェシー・オーエンス。

ジェシー・オーエンスはアフリカ系アメリカ人の陸上選手で、陸上競技史上最も偉大な選手と見なされている。1935年のビッグ・テン・カンファレンスで、彼が1時間内に新記録3つとタイ記録1つを打ち立てたことは有名だ。最も有名なのは、1936年のベルリン五輪で4つの金メダルを獲得したことである——100m走、200m走、走り幅跳び、400mリレー。それがナチス政権下のドイツで開催された大会での勝利だったことは、ことさら重要だった。彼は勝つことで、ヒトラーの「アーリア人至上主義」信条の偽りを証明してみせたのだ。晩年、オーエンスは恵まれない子供たちとともに社会の差別と不当な扱いと闘った。

上記の言葉は、リチャード・ウィット編集による2012年刊行の本のタイトルとなり、「オリンピック選手の言葉」というサブタイトルが付けられている。オーエンスは四半世紀以上がたった後、当時の偉業を思い出しながらこの言葉を口にした。彼の慎み深さが表れたこの言葉に、ウディ・アレンの名言ににじむ感傷を思い出す人もいるかもしれない。「人生はみじめさ、孤独、苦しみにあふれている——そしてそれはあまりに早く終わってしまう」。**AB**

一度に1万種類のキックを練習する男は怖くないが、1つのキックを1万回練習する男は恐ろしい。

ブルース・リー
『アメリカの伝説――ブルース・リーの生涯』
1965 頃

『ドラゴン危機一発』(1971)、『燃えよドラゴン』(1973) 等の映画で、リーは北米の観客に武術を紹介し、ポップカルチャーの象徴的存在となった。さまざまな武術に精通していたリーだが、自ら武術を編み出してもいる――詠春拳(えいしゃんけん)に似た截拳道(ジークンドー)だ。この中で彼は格闘技を超えた人生の指針となる思想と精神構造にも焦点を当てており、そういう意味でリーは哲学者のようなものだった。

上記の言葉は、リーのストイックさを反映している。彼は悪名高いほど自身にも弟子にも厳しい人だった。弟子には、完璧な域に達するまで徹底的に技を磨くことを求めた。概してリーは、数多くの技(1万種類のキック)の基本を学ぶことにはさほど興味がなく、1つの技を極めることのほうに関心があった(1種類のキックを1万回)。彼が肉体トレーニングに熱狂的なまでに没頭していたことからもそれがわかる。激しいトレーニングの結果、彼は「ワン・インチ・パンチ」等の技で名声を手にしたのである。

俳優、哲学者、武術の指導者、詩人である男によって明言されたこのひたむきな言葉は、彼の人生のあらゆる側面の指針となった。*AB*

ブルース・リーは、中国の香港にルーツを持つサンフランシスコ生まれのアメリカ人だった。

みんな、もう終わったと思っているのですが……今終わりました。

ケネス・ウルステンホルム
BBCテレビ
1966

∩1966年のW杯の前、
ロンドンにあるBBCテレビジョン・センターの外でボールを蹴るウルステンホルム。

1966年、ロンドンのウエンブリー・スタジアムで開催されたFIFAサッカー・ワールドカップの決勝戦で、イングランドが延長戦の末、西ドイツを4対2で下したとき、BBCテレビのコメンテーター、ケネス・ウルステンホルムの口から飛び出した言葉である。試合は2対2の同点で延長戦に入ったのち、イングランドのストライカー、ジェフ・ハーストがその日2本目となるゴールを決め、地元チームを1点のリードに持ち込んだ。そして試合終了間際、ハーストが再び西ドイツのゴールに迫ると、すでに試合は終わったと思い込んで興奮した観客がピッチになだれ込んだ。「観客がピッチに入っています！　もう終わったと思っているのです！」とウルステンホルムが叫んだそのとき、ハーストが再びゴールを決めた。「今終わりました！　4点目が入りました！」

2002年に81歳で亡くなったウルステンホルムは、イギリスのポップカルチャーの一部となったこの言葉について曖昧な態度を貫いた。バンドのニュー・オーダーが1990年のFIFAワールドカップのキャンペーンソングの中でこの言葉を使ったことはともかく、1995年から始まったBBCテレビのスポーツクイズ番組に「もう終わりと思った」と題されたことは快く思っていなかったらしい。 **ME**

逆境に遭うと心を破かれる人もいれば、記録を破る人もいる。

ウィリアム・アーサー・ウォード
『信仰の泉』
1970

ウィリアム・アーサー・ウォードはアメリカの自己啓発本や宗教本の作者で、インスピレーションに満ちた数々の名言で有名だ。軍務を終えたのちにキリスト教関係の執筆を始め、リーダー的存在になった彼は、「リーダーズ・ダイジェスト」等の人気誌に数多くの記事を書いている。最も有名なのは上記の格言が含まれる著作だ。彼は晩年、メソジスト派のセントラル・テキサス・カンファレンスにおけるディレクターや、アメリカ赤十字とボーイスカウトの理事を務めている。

元陸軍大尉だったワードは、何かの目標に向かって努力すること、そしてただ生きていくことですら、ときに難しいことを理解していた。しかしそうした困難こそが、自己鍛錬の目標に到達するための肥やしとなるのだ。

敬虔(けいけん)なキリスト教徒として、ワードは新約聖書のテモテへの第二の手紙を常に念頭に置いていた。「私は戦いを立派に戦い抜き、決められた道を走り通し、信仰を守り抜きました。今や、義の栄冠を受けるばかりです」。要するに、美徳にはそのもの以上の報いがあるのだ。*AB*

チャンピオンとは、立ち上がれないときに立ち上がる人間のことだ。

ジャック・デンプシー
推定・伝聞
1970

ジャック・デンプシーは1919年から1926年まで、ボクシング世界ヘビー級の王者だった。ボクシング界初のスーパースターであり、ボクシングが金を生む可能性を世に知らしめた人物で、ハンマーのような拳の持ち主だった。その戦闘スタイルと重いパンチのおかげで大人気を博した。しかしその残忍なまでの力強さ以上に、デンプシーは成功への決意が固い男として有名だった。どんな苦難も乗り越え、成功に突き進もうとしたのだ。肉体的に消耗し切っていたときですら、彼にとって負けは選択肢に入っていなかった。

デンプシーが頭角を現し始めたのは1918年のことだった。その年、17試合を戦い、15勝を上げている。初の世界タイトルは、1919年7月4日、トリードでジェス・ウィラードから奪った。試合後に撮影された対戦相手の顔写真を見れば、デンプシーのパンチの威力がよくわかる。その試合で彼はスターとなり、防衛戦でも何度か勝利した。彼の試合は、スポーツ界で初めて総入場料100万ドルを超えた。1927年にジーン・タニーに敗れたのちも、デンプシーは公の場に留(とど)まった。第二次世界大戦ではさまざまな軍務に就き、自身の立場を利用して戦士の士気高揚に一役買っている。*IHS*

スポーツは人格を作らない、人格を照らし出すのだ。

ヘイウッド・ヘイル・ブルーン
「エームズ・デイリー・トリビューン」紙
1974

優秀なスポーツ・コメンテーターは、情報、評価、そしてエンターテインメント性のバランスが絶妙だ。それが紙面であろうとテレビやラジオの放送であろうと、試合もしくはイベントの興奮を伝え、その展開を描写したり、終了直後にじっくり評価したりできなければならない。一流のコメンテーターなら、イベントのさらに深い意味や、人の魂に与える影響についても見いだすことができる。スポーツ・コメンテーターは無作法をしがちなことで悪名高い。「白黒テレビをご覧の方にお伝えしますが、ピンクは緑の隣です」と視聴者に伝えたビリヤードのコメンテーター、テッド・ロウもいれば、数え切れないほどの失言をしたBBCのスポーツ記者デイヴィッド・コールマンもいる。

風変わりな上着姿と熱のこもった話し方で有名なヘイウッド・〈ウッディー〉・ヘイル・ブルーンは、スポーツを肉体の鍛錬以上のものと見ていた。スポーツには人間の魂のまさに本質があると考えていたのだ。そんなブルーンも、奇妙なばかげたコメントと無縁ではないが、上記の言葉はそれには含まれない。個人としても、人類としても、最高のものを引き出す一流のスポーツ選手に対する彼の見解を正確に反映している。*IHS*

人はみな、人生においてある種の技能を与えられている。私はたまたま、人を叩(たた)きのめす技能を与えられたにすぎない。

チャールズ・〈シュガー・レイ〉・レナード
演説
1976

シュガー・レイ・レナードは、ロベルト・デュラン、トーマス・ハーンズ、マーヴィン・ハグラーと並んで、1980年代、モハメド・アリ引退後のボクシング界を席巻した「ファビュラス・フォー（すばらしい4人）」の1人である。レナードはその時期、誰もが認めるウェルター級王者の座を含めた5階級で活躍したことを称(たた)えられ、「ボクサー・オブ・ザ・ディケード」を受賞している。

アマチュア時代は145勝5敗で、うち75回のノックアウト勝ちを記録し、1976年のオリンピックでは金メダルを獲得した。プロに転向したのは1977年で、1979年にラスベガスのシーザーズ・パレスでウィルフレド・ベニテスに判定勝ちし、初の世界タイトルを手にした。デュラン、ハーンズ、ハグラーはレナードの好敵手だった。「モントリオールの乱闘」と呼ばれた1980年の対デュラン戦、1981年の対ハーンズ戦「天王山」、そして1987年の対ハグラー戦「スーパー・ファイト」が、彼らの一番の名勝負と見なされている。最後の対ハグラー戦は、キャリアに一区切りを付けた最初の引退宣言の後に行われた。

レナードが上記の言葉を口にしたのは、ニューヨークのウォルドルフ・アストリア・ホテルで行われた多発性硬化症の慈善イベントの席だった。*IHS*

発明は
物ぐさや怠惰から生まれる。
面倒を避けるために。

アガサ・クリスティー
『アガサ・クリスティー自伝』
1977

アガサ・クリスティーは史上最高のベストセラー作家で、その発行部数は、聖書とウィリアム・シェイクスピア全集に続いて史上3位にランクインしている。一番の人気作は『そして誰もいなくなった』(1939)で、エルキュール・ポワロやミス・マープル等、人気キャラクターも生んだ。また、戯曲『ねずみとり』も執筆し、これは世界で最も長い連続上演を記録している。

さまざまな意味で、上記の言葉はクリスティーが作家になったいきさつに直接当てはめることができる。彼女を物ぐさ呼ばわりする人はまずいないだろうが、その伝説的なキャリアを築くきっかけは怠惰だった。他にすることが何もなかったため、彼女は5歳になる頃には本を読み始めていた。熱心なストーリーテラーで、暇さえあれば物語の筋を考えてばかりいた。彼女の作品として初めて出版された詩を書き始めたのは、病気でベッドに拘束されていたときのことだった。初めてミステリーを書いたのは、姉にけしかけられたのがきっかけだ。彼女は自分の関心が向く先に従いながら人生の大半を過ごしており、そういう意味で、真に自由な教育、つまり憶測するのも夢見るのも自由な教育が、最終的にはすばらしい想像と発明を生んだことになる。*AB*

∩書き物机の前で、国際的なベストセラーとなった著書に囲まれるアガサ・クリスティー。

これは単なる仕事だ。草は茂り、鳥は空を飛び、波は砂を洗う。それと同じように俺は人を殴る。

モハメド・アリ
「ニューヨーク・タイムズ」紙
1977

カシアス・クレイ（当時の名前）が、対戦相手を倒すラウンド数を予告し、その通りになった。

1964年に行われたヘビー級タイトルマッチで、ソニー・リストンにパンチを食らわせるモハメド・アリ。

カシアス・クレイとして生まれたモハメド・アリは、ボクシング史上最も偉大なヘビー級王者として認められている。キャリア絶頂期、リング上での優れた能力とほぼ変わらないくらい、名言を口にすることでも有名だった。

クレイがボクシングを始めたのは12歳のときで、1964年、22歳でチャールズ・〈ソニー〉・リストンを破り、世界ヘビー級王者の座を手にした。その数カ月後、彼はイスラム教への改宗と、物議を醸（かも）すネーション・オブ・イスラムに加わって名前をモハメド・アリに変えると発表した。リング上でもさらに勝ち続け、当時最も偉大なヘビー級王者としての評価を定着させたが、アメリカ陸軍への入隊を拒否し、ベトナム戦争を批判したことで、プロボクサーとしてのキャリアに傷が付いてしまう。彼は逮捕され、徴兵忌避の罪で有罪となり、1967年にタイトルを剝奪された。

1971年に最高裁判所によって彼の有罪判決が覆された後、アリは再びヘビー級の世界タイトルを奪取すべく挑戦した——1974年と1978年の2度にわたって。その頃には、アフリカ系アメリカ人のコミュニティだけでなく、アメリカ全土のリベラル派のほとんどから偶像視されるようになっていた。*ME*

EVERLAST
EVERLAST
EVERLAST
EVERLAST

勝ったときは何も言うな、負けたときはもっと言うな。

ポール・ブラウン
推定・伝聞
1980頃

∩1970年頃、NFLの試合前にウォーミングアップするシンシナティ・ベンガルズの選手を見つめるブラウン。

ポール・ブラウンは、アメリカンフットボールに大改革をもたらしたコーチだ。彼が最初にコーチを務めたチームには、クリーヴランド・ブラウンズと、彼の名前が冠された。ヘルメットにフェイスガードを付けること、クオーターバックのヘルメットに指示を出すための無線を付けること、敵と味方のプレーを確認するためにビデオ撮影すること等、彼のアメフト界への貢献は数多い。革新と知性に基づくコーチング・スタイルの持ち主で、フィールドだけでなく教室でも選手に同じだけのプレッシャーをかけていた。しかしブラウンズを何度か勝利に導いた後の1963年、——チャンピオンシップでの7回の勝利も含めて——彼は新チームオーナーのアート・モデルに解雇された。

モデルのブラウンに対する扱いを考えると、上記の言葉はとりわけ興味深い。クリーヴランドを離れた後、ブラウンはライバルチームのシンシナティ・ベンガルズの設立と指導に手を貸した。モデル率いる古巣チームによって最初の負けを経験したのち、ブラウン率いるベンガルズは、静かに堪え忍んだ結果、ついに相手を倒すことに成功する。ブラウンは試合に勝つことで、モデルの不当な扱いに応えたのだ。ブラウンの哲学は、言葉より行動で示すというストイックな不屈の精神である。**AB**

打たないシュートは100%外れる。

ウェイン・グレツキー
「ホッケー・ニューズ」誌
1983

ウェイン・グレツキーが史上最も傑出したアイスホッケー選手であることは、多くが認めるところだ。「グレート・ワン」と呼ばれた彼は、ワールド・ホッケー・アソシエーション(WHA)で瞬く間に名声をものにし、数々の記録を打ち破ったのち、規定の年齢に達するとナショナル・ホッケー・リーグ(NHL)に加わった。NHLの20年の間に、61の記録を樹立し、そのほとんどはいまだ破られていない。NHL在籍中だけでも、ゴール数は894回、アシスト数は1900回に達する。また、ハート記念賞(最も活躍した選手に贈られる)を9回受賞するという前人未踏の偉業も達成した。

NHLの基準から言えば体格も力も劣るグレツキーは、カナダのオンタリオ州ブラントフォードの地元リンクで、父親のウォルターに頭脳プレー、自信、積極性を促されつつ腕を磨いていった。

眼識のあるホッケー・ファンは、デビュー前からグレツキーに注目していた。「スポーツ・イラストレイテッド」誌の1978年2月号では、WHAと契約する3カ月前からグレツキーが氷上で最も賢く自信にあふれる選手だと紹介されている。グレツキーのアイスホッケーへのアプローチは、上記の言葉に要約されている——挑戦しないくらいなら失敗したほうがましだ。*AB*

∩ エドモントン・オイラーズの一員として、対ボストン・ブルーインズ戦の前にウォーミングアップするウェイン・グレツキー。

本当は対戦相手と闘っているわけじゃない。自分自身と、自身の最高基準と闘っているのだ。そして限界に達したときこそ、本当の喜びだ。

アーサー・アッシュ
『テニスするアーサー・アッシュ』
1985

1963年、アーサー・アッシュは国別対抗戦デビスカップのアメリカチームに黒人として初めて加わった。アメリカの公民権運動が世界中で報じられ始めた当時、彼は世界レベルのテニスプレイヤーというだけでなく、人種間平等の象徴的存在となった。1965年にはアメリカの国内ランキング3位となり、1968年にアメリカ・アマチュア・チャンピオンシップとオープン化時代初の全米オープンで優勝した。1969年にはデビスカップで優勝したアメリカチームの一員に加わっている。

1970年代に入ってもアッシュは活躍を続け、1970年には全豪オープン、そして1975年にはウィンブルドンの決勝でジミー・コナーズを降(くだ)して優勝している。どちらの大会も、黒人としては初の優勝者だ。ウィンブルドンでの勝利が、その後、数年ほど続いた彼のキャリアの頂点だった。35歳で驚異的な復活を遂げた後、彼は1980年に現役を引退した。その後、1983年に心臓発作に襲われ、その治療中に受けた輸血がもとでHIVウイルスに感染してしまう。1993年、彼は49年間の生涯を終えた。*IHS*

⊂ 1975年のウィンブルドンでプレーするアーサー・アッシュ。

スポーツのトレーニングは5つの「S」——スタミナ(stamina)、スピード(speed)、力(strength)、技能(skill)、そして気力(spirit)——だが、一番大切なのは気力だ。

ケン・ドハティ
『陸上競技オムニブック』
1985

ケン・ドハティは優秀な陸上選手で、1928年のアメリカのオリンピック選考大会で優勝し、同年に開催されたアムステルダム五輪の10種競技で銅メダルを獲得した。しかし彼はコーチとしてのほうが有名だ。ミシガン大学で教育心理学の博士号を取得し、同大学で長年コーチを務めており、のちに記録を破るチャンピオンを何人か育成している。

ドハティは、アメリカのコーチングに近代的な陸上技術を採り入れた最初のアスリートの1人だった。しかし上記の言葉でも明らかなように、技術と肉体が優れているだけでは、偉大な結果を残すのに十分ではないと固く信じていた。偉大な選手になるには、何よりも心と忍耐力とハングリー精神、すなわち「気力」が必要だと考えていた。心理学も専攻していたドハティは、古代ギリシャのプラトンにまで(おそらくはそれ以前まで)遡るいにしえの心理的、哲学的伝統に立って考えた。プラトンは、「国の守護者」は健康的な肉体のみならず、目標に到達するためにあふれんばかりの「テューモス(熱情)」を持つ必要があると論じた。上記の言葉は同時に、新約聖書に収められた使徒パウロがコリントの信徒に送った第一の手紙を彷彿(ほうふつ)とさせる。*AB*

好きなだけ
何もしないでいる時間は
いくらあっても足りない。

ビル・ワターソン
『カルビンとホッブス』
1988

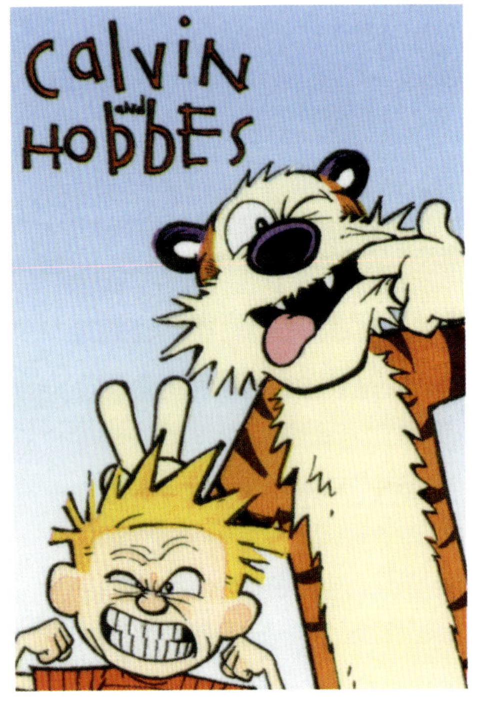

∩『カルビンとホッブス』は、連載開始から2年もたたないうちに国際的な人気を博すようになった。

ビル・ワターソンの人気連載漫画『カルビンとホッブス』は、1985年から1995年の10年間にわたって続いた。想像力豊かなませた6歳児のカルビンと、いつも一緒の擬人化されたトラのホッブスの冒険物語である。ホッブスはカルビン以外には単なるぬいぐるみにしか見えない。

1988年8月28日のエピソードは1コマだけで、カルビンとホッブスがカルビンの赤いワゴンに乗り込み、夏の終わりを惜しみながら森の中を猛スピードで進んでいくシーンが描かれている。

たいていの人は、用事をすべてこなす時間がないと嘆くものだが、カルビンは何もしないでいる時間をひたすら欲しがる。しかしこの漫画の愛読者ならおわかりだろうが、カルビンの「何もしない」時間は実に活動的だ。ただし、大人のように何かの目的に向かって忙殺されるのとは違う。カルビンの「何もしない」は、何もしないことに嬉々としてエネルギーを消費することなのだ。

勾配の急な道をワゴンでジグザグ進みながら、何もしないことを達成するカルビンだが、その時間は決して無駄ではない。そこから伝わるメッセージは、おそらく、我々もカルビンと同じ生き方をすれば、時間は決して無駄にはならないということだろう。*GD*

愛はこの世で一番大切だが、野球もなかなか捨てたものではない。

ヨギ・ベラ
推定・伝聞
1990 頃

ローレンス・〈ヨギ〉・ベラは球史において最も優れたキャッチャーとして認められ、1972 年に野球殿堂入りを果たした人物だ。アメリカン・リーグで 3 度も MVP を獲得し、史上 2 番目に MVP 票を多く獲得した選手である。

選手を引退したのちはコーチになったが、驚いたことにベラはそのすばらしい野球の才能よりも、数々の名言でより大きな名声を手にしている。彼の愉快な、ときに矛盾したコメントは、彼のイメージとして定着した。「終わるまでは終わらない」、「私は言ったことのすべては言っていない」、「私に関する彼らの嘘の半分は真実ではない」等々。こうした「ヨギイズム」はベラの人格を映し出している――陽気でひたむきな野球選手で、周囲を笑わせてばかりいる（もっとも、ハンナ・バーベラ・プロダクションは、許可なく彼らの漫画の熊に自分の名前を付けたと訴えられたことで、ベラの別の一面を目にしたはずだ。のちに彼は訴えを取り下げている）。

上記の言葉は、ベラの人生観そのものだ。彼は試合に熱くなりながらも魅力的なチームメイトであり、紳士的な選手であり、カトリック教徒であり、愛情深い夫だ。彼と妻カーメンの結婚生活は 65 年も続いた。*AB*

1950 年代、ポーズを取るヨギ・ベラ。1946 年から 1963 年まで、18 シーズンをニューヨーク・ヤンキースでプレーした。

2着になったときのことを覚えているのは妻と愛犬だけだ。

デーモン・ヒル
「サンデー・タイムズ」紙
1994

1998年、スパ・フランコルシャンで行われたベルギー・グランプリで勝利を祝うデーモン・ヒル。

デーモン・ヒルは自動車レース、フォーミュラー・ワン(F1)のドライバー、とりわけウィリアムズ・チームのドライバーとして有名だ。非常に負けず嫌いのレーサーで、一番のライバルはドイツのミヒャエル・シューマッハだった。シューマッハとは、1994年、オーストラリア・グランプリでのクラッシュが物議を醸したことがある。結果、ヒルは1ポイント差でタイトルを逃している。しかし1996年、ヒルは復帰し、日本グランプリの勝利によりタイトルを奪取した。引退後もモータースポーツ界に留まり、コメンテーターや、短い期間ではあるがブリティッシュ・レーシング・ドリバーズ・クラブの会長も務めている。

上記の言葉からはヒルの強い競争心が感じられる。2度F1チャンピオンに輝いたグラハム・ヒルの息子ながら、F1レーサーとしてのキャリアはテストドライバーから始まり、そこからのし上がっていった。インタビューの中でヒルはたびたびF1内にはびこる駆け引きについて触れ、罠にはまらずにいるには、自身がベストであることを証明することだけだと語っていた。ヒルは上記の言葉の前に、「勝つことがすべてだ」と語っている。ヒルが成功したのはそうした意気込みのおかげである。*AB*

コーチとしてのリーダーシップとは、相手の心と魂に訴えかけ、信頼を勝ち取ることだ。

エディー・ロビンソン
推定・伝聞
1995 頃

エディー・ロビンソンは、アメリカのカレッジ・フットボール史において最も成功を収めたコーチである。実に57年に及ぶキャリアの中で、彼が率いたチームは408勝を上げている。若い頃は人種差別に直面し、ルイジアナ州の黒人大学だったグランブリング大学でしかコーチすることができなかった。しかし彼は州や国に恨みを抱くことなく、生涯、自分は「誇り高きアメリカ人」だと口にしていた。彼が長いキャリアのほとんどを費やしたグランブリング大学には、現在、エディー・G・ロビンソン・ミュージアムが設立されている。

上記の言葉から、ロビンソンが選手の心身を気づかっていたことがよくわかる。彼は選手に対して厳格な個人的、教育的標準を課し、他のどのコーチよりも多く、教え子をナショナル・フットボール・リーグ（NFL）に送り込んだ。彼のチームの卒業率は80%近くで、これは全国平均より30%も高い数値だ。真のリーダーシップとは愛情を持って部下を支えることだとする儒学者のように、コーチとしてのロビンソンの手腕は、教え子の総合的な健全さに目を配り、選手たちの信頼と敬意を勝ち取る才能によって発揮された。 **AB**

∩ プレイリー・ビュー大学との試合中、渋い表情を浮かべるグランブリング州立大のコーチ、エディー・ロビンソン。

BULLS
23
MODELL'S SPORTING GOODS
Silo
S
EVERYTHING THAT TURNS YOU ON
PROVIDENT NATIONAL BANK
True Value
True Value
HARDWARE STORES
True Value
HARDWARE STORES

人生で何度も何度も失敗してきた。だから私は成功した。

マイケル・ジョーダン
『ナイキ文化——スウッシュ・マーク』
1998

マイケル・ジョーダンは、ナショナル・バスケットボール・アソシエーション（NBA）史において最も有名な選手である。その驚異的なキャリアの中で、オリンピックで2度（1984年と1992年）の金メダル獲得、新人王、5度のMVP賞獲得、シカゴ・ブルズで6度のNBA優勝、そしてレギュラー・シーズンにおける最高平均得点数を記録している。そして2003年、ついに現役を引退した。

上記の言葉は、今やすっかり有名になったナイキのエア・ジョーダンのCMからの抜粋だ。その中でジョーダンはいくつか失敗例を挙げている。ジョーダンはナイキの広告塔となり、すさまじい早さと効率で、ナイキとエア・ジョーダンのロゴをポップカルチャーに浸透させていった。現在でもエア・ジョーダンはベストセラーのバスケットボール・シューズ・ブランドである。

ジョーダンの成功は、不屈の努力の上に築かれた。数多くのことを達成したジョーダンだが、弱味も多かった。たとえば野球選手として（そして映画界で）は失敗している。そんな失敗にもかかわらず彼は前進し続け、その努力の結果、伝説的な存在となったのだ。 **AB**

⊂ 1991年5月、シカゴ・ブルズの試合でダンクシュートを決めるジョーダン。

ボクシングは、脳が揺さぶられ、金が奪われ、葬儀屋に名前がリストアップされる唯一のスポーツだ。

ジョー・フレイザー
インタビュー
1999

ジョセフ・〈スモーキン・ジョー〉・フレイザーは、1960年代と1970年代に活躍した偉大なヘビー級ボクサーである。その人気において、彼に匹敵するのは長年のライバル、モハメド・アリくらいのものだろう。1971年に有名な「世紀の一戦」でアリに勝利したとき、彼はすでに誰もが認めるチャンピオンだった。しかしその王座も、1975年にアリに敗北したときに奪われた。翌年、ジョージ・フォアマンに敗れた後、彼は引退した。

最も記憶に残る彼の試合は、当然ながらアリとの対戦だろう。リング内外での彼らの対決は伝説になっている。名言の分野ではアリに及ばなかったフレイザーは、アリからのたび重なる辛辣なコメントを快く思っていなかった。実直で威厳のある男だったフレイザーは、一度顔をしかめてこうコメントしたことがある。「アリの侮蔑は、やつのパンチをはるかに超えて私を傷つけた」。そしてこうつけ加えた。「アリは昔から、彼がいなければ私は何者でもなかったと言ってきた。だがそれなら、私がいなかったらあいつは何者だったんだ？」ボクシングの試合の本質を突いた上記の皮肉めいた言葉は、そんなふうにずば抜けて思慮深い男の口から出たものなのだ。この世界ではめったに見かけない資質である。 **ME**

厳しい戦いであればあるほど、勝ったときの喜びは大きい。

ペレ
推定・伝聞
1999

∩ リオデジャネイロで1992年に開催された地球サミットでのペレ。

⊃ 1963年、ブラジル代表として西ドイツとの試合で活躍するペレ。

当時最も偉大なサッカー選手だったブラジルのペレは、20年間で1200ゴールという驚異的な記録の持ち主である。オリンピックに出場したことはないものの、1999年、国際オリンピック委員会はペレをアスリート・オブ・ザ・センチュリーに選出した（15歳からプロとして活躍していたペレは、そんな自分を出場させなかったためにブラジルが金メダルを逃したと非難した）。

エドソン・アランテス・ド・ナシメントとして生まれたペレの人生は、悲惨な貧困から始まった。子供の頃からサッカーの才能を見せていたが、本物のサッカーボールを買うことができず、靴下に新聞紙を詰めたものを使っていた。しかしブラジル代表チームに加わり、FIFAワールドカップで3度勝利した（1958年、1962年、1970年）ことで、彼の人生は劇的に変化した。

誰でも困難に直面するものだが、若きペレほどの困難に遭うとは限らない。しかし彼は、人生における勝利は、そこに到達するまでの障害があるからこそ、いっそう甘くなることを知っていた。幸せになりたいなら、困難から逃げてはだめだ。むしろ困難を受け入れるべきなのだ。最大級の苦悩が、最大級の報酬をもたらすことは多いのだから。*GD*

困難を乗り越えるには、自分のスポーツを心から愛する必要がある。

ナンシー・グリーン
「バンクーバー・サン」紙
1999

∩ ナンシー・グリーンは、1968年にフランスのグルノーブルで行われた冬季五輪の大回転で金メダルを獲得した。

カナダ上院の保守党議員ナンシー・キャサリン・グリーンは、スキー選手としてのキャリアがよく知られている。1960年、16歳のとき、初めてオリンピックに出場し、1968年の冬季オリンピックでは回転で銀メダル、大回転で金メダルを獲得している。24歳で現役を引退した後は広告業界で成功し、のちに政治活動を開始した。1999年11月、彼女はカナダの新聞が行った投票により、20世紀を代表するカナダ人女性アスリートに選出された。

若くして選手生活から退いたグリーンだが、スキーへの愛は生涯持ち続けた。スキー・レーサーとして活躍した9年間で、12個のタイトルを獲得している（アメリカで3個、カナダで9個）。スキー競技の促進にも努め、ウィスラー山がスキー客に人気のスポットになったのは、彼女のおかげでもある。上記の言葉からも、現役であろうがなかろうが、グリーンがスキーというスポーツに献身していたことがわかる。上院議員になった後の2010年のバンクーバー冬季五輪では、聖火ランナーを務めた。**AB**

勝つという意欲も重要だが、覚悟を固めることは必須だ。

ジョー・パターノ
推定・伝聞
2000

カレッジ・フットボールのコーチ、ジョー・パターノの名声は、ペンシルベニア州で起きた児童への性的虐待スキャンダルのために永遠に汚された。パターノは、アシスタント・コーチのジェリー・サンダスキーが、問題を抱えた若者のためのプログラムの少年たちを犠牲にしたことを隠蔽(いんぺい)したとして、非難されたのだ。しかし2011年11月にそのスキャンダルが明るみに出る前、パターノは(当時)史上最も成功したカレッジ・フットボールのコーチとして知られていた。45年にわたり、ペンシルベニア州立大学のチーム、ニタニー・ライオンズを409回勝利に導いたのだ。

それだけの勝利記録を達成するには、勝ってみせるという意欲以上のものが必要だった。どんなに勝ちたいと思っても、勝利への道で直面するあらゆる困難に立ち向かうだけの覚悟が整っていなければ、勝てないものだ。

どんなことでも成功するには、準備が必要である――勉強、練習、リハーサル。準備もせずに成功すると思うのは甘い。それでも、勝利を追い求めるために高潔さを失ったり、人の信頼を裏切ったりするようなことは、絶対にあってはならないことだ。*GD*

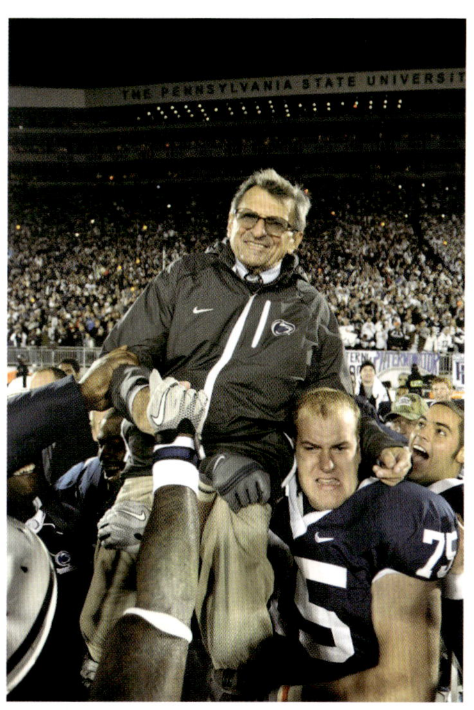

∩ スキャンダルのせいでパターノは人生の後半を台無しにしたが、人生を通じた彼の功績は記録に残すだけの価値がある。

NFLは人生と同じく、愚か者であふれている。

ランディ・クロス
TVのスポーツコーナー
2000

∩1985年10月13日、対シカゴ・ベアーズ戦の前に
ウォーミングアップする、サンフランシスコ49ersのランディ・クロス。

ランディ・クロスのかつてのナショナル・フットボール・リーグ（NFL）仲間は、元オフェンシブラインマンとして活躍した彼に知性をけなされ、腹を立てた。クロスのコメントは、腕力ばかりで脳みそがないバカなスポーツ選手という昔からのステレオタイプを後押しするものだった。

そんなステレオタイプには公正さが欠けているが、NFL選手の愚かな発言や行いの例を挙げろと言われれば簡単だ。「俺がチームメイトとそりが合わないなんて言うな」とワイドレシーバーのテレル・オーウェンスが言ったことがある。「チームの数人とそりが合わないだけだ」。ユージン・ロビンソンは倫理面で模範的なNFL選手としてバート・スター賞を受賞したその夜、売春婦を買おうとして逮捕された。

しかしプロのアメリカンフットボール選手として活躍するには、とてつもない技能と勇気と体力が必要とされる。たとえ天才でなくとも、スポーツのヒーローなら許されてもいいのではないか。「フットボール選手が天才である必要はない」。NFLのクオーターバック、ジョー・タイズマンがかつて謙虚にこう断言した。「天才とは、ノーマン・アインシュタインのような男だ」。*GD*

女性ならいつも周りにいるが、ワールドカップは4年に一度きりだ。

ピーター・オスグッド
インタビュー
2003

4年に一度開催されるFIFAサッカー・ワールドカップほど、大きな国際的関心と熱狂を呼ぶスポーツイベントはない。世界のありとあらゆる場所から集まったスポーツ・ファンを熱狂させ、1つに結集させる。2014年の大会は世界中で10億人以上もの観衆がテレビ観戦した。FIFAワールドカップを戦うことは、サッカーに打ちこむ選手にしてみれば至高の目標であり、自国チームが決勝トーナメントに進めば誇らしく名誉に思うものだ。

ピーター・オスグッドは1970年のワールドカップに出場したイングランド・チームのメンバーだ。しかしその4年前の1966年、イングランドがW杯で優勝したとき、彼は惜しくもチームから外されてしまった。オスグッドは颯爽(さっそう)とした優雅なファッションが自慢の男で、自信たっぷりの態度と目立つ長いもみあげ、そしてパーティ好きで知られていた。

そんなオスグッドなのだから、いつも女性に囲まれ、フィールド外での「プレー」をいくらでも差しだしてもらえただろう。しかし上記の言葉で表現されているように、FIFAワールドカップのこととなれば、どこに優先順位を置くべきなのか、彼はちゃんと心得ていた。 *GD*

∩1971年、チェルシー・フットボール・クラブの試合前にリフティングを練習するピーター・オスグッド。

我々が征服するのは山ではなく自分自身だ。

エドモンド・ヒラリー
ボニー・ルイーズ・キュヒラー『それが人生』
2003

∩1953年、世界最高峰エベレスト山を初制覇しに行くヒラリー。

テンジン・ノルゲイとともに人類初のエベレスト登頂を成し遂げたエドモンド・ヒラリーが、その後で受けたインタビューの中で、ヒマラヤ山脈の過酷さに耐えるための肉体トレーニングより、目標達成のための考え方のほうに焦点を当てているという事実は、注目に値する。

第二次世界大戦中、ニュージーランド空軍の航空士を務めた後、ヒラリーは1951年にイギリスの予備調査隊の一員として初めてヒマラヤ山脈を訪れた。エベレスト登頂のためのルートを調べるのが任務だった。チベットが国境を封鎖していたためにチームは足止めを食らったが、ネパール政府が再び国境を開いて最適なルートを計画する機会を与えてくれた。翌年、ヒラリーはエベレストの西に位置する、世界で6番目に高いチョ・オユーの頂上を目指すも失敗した。しかし1年後の1953年5月29日、ヒラリーとノルゲイは世界の屋根に立っていた。それから数年後に受けたインタビューの中で、ヒラリーは自身の哲学をこうまとめている。「達成するとわかりきっていることを目標に据えて、何の意味がある？　どこにチャレンジする意味がある？」 *IHS*

辛抱が失敗を桁外れの成果に変える。

マーヴ・レヴィー
『他に行きたい場所はあるか?』
2004

マーヴ・レヴィーは、カナディアン・フットボール・リーグとナショナル・フットボール・リーグ(NFL)の両方で活躍したコーチである。1986年から1997年まで率いたバッファロー・ビルズのヘッドコーチ時代が一番有名だ。バッファロー・ビルズを他のどのコーチよりも多く勝利に導き、4年連続してスーパーボウルに連れて行った。もっとも、スーパーボウルでは一度も勝っていない。コーチを引退した4年後の2001年、レヴィーはプロフットボール殿堂入りを果たしている。以来、彼は自伝から詩集に至るまで、数多くの本を出版してきた。

上記の言葉から、コーチのキャリアを通じてレヴィーを導いた精神が見えてくる。スーパーボウルでの4年連続の敗北は、彼の真の功績を考えれば些細(ささい)なことだ。真の功績、それはすなわち、そもそもビルズをそこまで到達させたことである。負けるたび、チームは落胆し、レヴィー自身傷ついたが、それでも彼は、自身の、そしてチームの意気を消沈させることを許さなかった。何度くじけても、戦い続けた。その粘り強さが、桁外れのNFL人としての地位を固めたのである。ここで忘れてならないのは、不屈の闘志が不可能を可能にすることもある、ということだ。*AB*

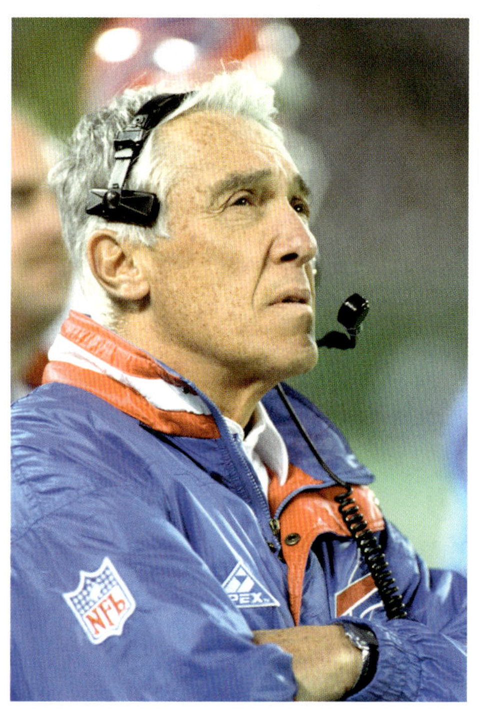

○1994年、ニューヨーク・ジェッツと対戦するバッファロー・ビルズを見守るマーヴ・レヴィー。

何もかもが
コントロールできていたら、
まだスピードが足りないということだ。

マリオ・アンドレッティ
「サクセス」誌
2009

∩1970年のイギリス・グランプリ、レース会場となったブランズ・ハッチでくつろぐマリオ・アンドレッティ。

マリオ・アンドレッティと言えばスピードと同義語だ。自動車レース場に名誉を添えた史上最も成功したアメリカのレーシング・ドライバーで、フルタイムのカーレーサーを引退した1994年までには、111レースでの勝利という空前の記録を樹立していた。そこには、インディアナポリス500、デイトナ500、F1、パイクスピーク・インターナショナル・ヒルクライム等のレースが含まれる。また、ミシガン500でクローズドコースにおける時速376キロという平均ラップ記録を叩(たた)き出している。

上記の言葉が飛び出したインタビューで、アンドレッティは勝利の哲学を簡潔に述べている——成功の秘訣(ひけつ)は、安全なプレーをしないこと。リスク回避は高速自動車レースと両立しない。

周囲の世界が目もくらむほどの速さで過ぎていくスピードで運転していると、生きていることをひしひしと感じるのだという。だが同時に、完璧な制御はもはや不可能となる恐怖ゾーンに入る。しかしリスクが大きければ大きいほど、報われる見込みも大きくなる。自分を取り巻く世界すべてが簡単に落ち着くようなら、まだ十分に自分を追いつめていない証拠なのかもしれない。GD

銅メダルや銀メダルにこだわる者はいない。

エドウィン・〈バズ〉・オルドリン・ジュニア
「ヴァニティ・フェア」誌
2010

1969年7月16日、NASAのサターンV型ロケットがフロリダのケネディ宇宙センターから打ち上げられた。乗務員は月を周回する司令船操縦士のマイケル・コリンズと、月面に降り立つ予定のニール・アームストロングとオルドリン。7月20日20:18協定世界時、月着陸船イーグルが「静かの海」に着陸した。イーグルの階段を最初に下りたのはアームストロングで、彼は階段から月に降り立ち、こう言った――「これは1人の人間にとっては小さな一歩だが、人類にとっては偉大な飛躍だ」。12分後、オルドリンもアームストロングに続いて月面に立った。月面を表現した彼の言葉――「壮大な荒野だ」――も名言ではあるが、時代を定義づけたアームストロングの印象的な宣言の陰にずっと隠れてきた。

一時、オルドリンがイーグルを最初に離れる宇宙飛行士になるという話も出た。しかしアームストロングのほうが年長であることと、船内の2人のポジションとイーグルのハッチとの位置関係から、アームストロングに軍配が上がったのだ。当時のオルドリンの感情を、コリンズが次のコメントでうまくまとめている。「彼は月に最初に立つ男になり損ねたことに、2番目に立つ男になった喜び以上にこだわっていたと思う」。**IHS**

スポーツは、男たちが切望する流血の欠如によって生まれた原始的な喪失感を埋めるための、芝居じみたイベントだ。

ミミ・ジーン・パンフォロフ
『マーマン』
2015

この小説の表紙には、険しい顔をした筋骨隆々の男が海から立ち上がる姿が描かれている。彼は「マーマン」すなわち男の人魚で、人里離れた島に暮らす、血に飢えた原始的な種族である。彼は、人類が生まれた自然界の衝突や虐殺についてあれこれ考える中で、スポーツの起源を上記のように推測してみせる。

つまり、スポーツは暴力に対する人間の原始的な欲望のはけ口だというのか？　スポーツ界のヒーローやその熱狂的なファンのそういう姿を想像するのは、あまり嬉しいことではない。しかし、大人の男たちがぶつかり合い、奇妙な形をしたボールを投げ合うのを見て熱狂することの説明にはなるのかもしれない。

古代世界では格闘技が肉体トレーニングとして重要視されていた。戦争のために身体を鍛え、戦闘技能を叩き込むのだ。それより以前、人間が小さな集団で暮らしていた時代、他の集団を定期的に急襲していたことが、おそらくのちに生まれたあらゆるチームスポーツの原型なのだろう。かつて、生き残るために虐殺が常習的に行われていたことを踏まえれば、我々の血への渇望を害のない楽しみやゲームに差し向けるのは、賢いことなのかもしれない。**GD**

エンターテインメント

ENTERTAINMENT

⊂ 『モダン・タイムス』(1936)のチャーリー・チャップリン。

ユーモアの秘訣(ひけつ)は驚きだ。

アリストテレス
推定・伝聞
紀元前335頃

偉大な哲学者なら、存在の計り知れなさについて理論を打ち立てるのは当然だろう。中でもユーモアは、最も計り知れない部類に入る。ユーモアは筆舌に尽くせず、捉えどころがなく、底知れない。特定の瞬間のある文脈の中ではユーモラスなことが、別の瞬間の別の文脈の中ではおもしろくもなんともないことがある。どうしてそうなるのか、確かなことは誰にもわからない。そして疑念は常に思惑を生む。ユーモアは、我々の予測の境界線を弄(もてあそ)ぶ。教会で誰かが派手に放屁(ほうひ)するのを聞いて笑う人々がいたとしても、その人たちが笑う理由は他にもいろいろあり、そのすべてを完全に理解するのは不可能だ。

ユーモアの秘訣は、無害な不道徳にあるのか？ジークムント・フロイトは、笑いは緊張を和らげるものだとした。一方トマス・ホッブズは、笑いは優越感という内的感情の表出だと考えた。

喜劇はどれもユーモラスだが、ユーモラスなことすべてが喜劇とは限らない。喜劇は人を笑わせようとする。それに対してユーモアは、意外なところに転がっていることが多く、ある出来事に対する人の理解を変化させ、精神の高揚すなわち笑いを生む。**LW**

この世は舞台。男も女もみな役者にすぎない。

ウィリアム・シェイクスピア
『お気に召すまま』
1599

シェイクスピア劇の最も有名な台詞の1つだ。芝居は、兄公爵とアーデンの森に暮らす貴族ジェイクイーズの独白で幕を開ける。彼は、「1人の男は生きている間に多くの役を演じる」というテーマで語り続ける。人の成長を7場に分けて語るくだりは、当時の観客もさぞかし共感したことだろう。シェイクスピアが言わんとしているのは人生の短さであり、未来に何が待ち受けているのかわからないということだ——幕は上がっても筋書きはわからず、一場面ごとに明かされていく。

人生を舞台にたとえ、人にも「登場と退場」があるというのは、暗に生死をほのめかしているだけではない。シェイクスピアは巧みな演出技法を用いた。舞台上の役柄を強調しながらも、自身がその役を当て書きして演技をつけた俳優本人にもセリフを当てはめているのだ。シェイクスピアはその瞬間すべてを見通す神のような存在で、劇を創作し、演技をつけ、それがどういう結果を生むのか、ちゃんと心得ていた。観客を楽しませ、操ることのできる人物なのだ。**CK**

⊃ 1849年に描かれたイギリスの劇作家ウィリアム・シェイクスピア。

風刺文学は笑みを浮かべながら服の下に短剣を隠していた。雷電で修辞学だと見分けがつき、仮面で喜劇だとわかった。

ジョゼフ・アディソン
「スペクテイター」紙
1711

アディソンが書いているのは夢のことで、その中で彼は文学作品や各ジャンルが人格化された地域を次々と訪れたという。最後に訪れたのは「機知」と「真実」の地域で、彼はそこで「英雄詩」、「悲劇」、「風刺文学」、「修辞学」、「喜劇」、そして「風刺詩」の魂と出会う。

「喜劇」がかぶっていたのは、おそらく古代ギリシャ喜劇で使われた劇画風のにやけ顔の仮面だ(一方「悲劇」は仮面をかぶっておらず、代わりに悲しみと血まみれのローブを意味する糸杉の冠をつけている)。

「修辞学」を雷電で見分けたというのは、ギリシャ文学とラテン文学の古典では修辞学がしばしば雷鳴と雷光にたとえられていたことがアディソンの念頭にあったためだろう(他の箇所で彼は聖パウロがアテネの哲学者に向かって「美辞麗句の雷を注いでいる」と述べている)。

「風刺文学」はこの3ジャンルの中では一番複雑で、女っぽい微笑みで人を引きつけておきながら、隠した武器で襲いかかる。さらにアディソンは標準的なギリシャ古典文学の伝統的なイメージから大きく外れ、「風刺文学」を、顔から仮面を外すモーモスという男性キャラクターで描写している。**GB**

この世は考える者にとっては喜劇で、感じる者にとっては悲劇だ。

ホレス・ウォルポール
ホレス・マンへの手紙
1769

上記の言葉は、イギリスの作家で政治家の第4代オーフォード伯爵ことホレス・ウォルポールが、フィレンツェのトスカーナ宮廷にイギリス使節として派遣されていたホレス・マンに宛てて書いた1769年12月31日付けの手紙からの抜粋だ。両者は遠縁にあたり、40年以上にわたってやりとりした手紙がのちに本として出版されている。

ウォルポールは暮れつつあるその年に起きた政治的な出来事について書きながら、世界情勢を嘆いている。手紙はさらに「デモクリトスが笑い、ヘラクレイトスが泣く理由の答え」へと続く。古代ギリシャの2人の哲学者、デモクリトスとヘラクレイトスの対照的な視点の比較は、少なくとも古代ギリシャの風刺作家ルキアノスまで遡る。以来、その真理は多くの哲学者たちの共感を呼んできた。

ウォルポールが言わんとしているのは、無限大という観点からすれば人間の行為など意味がなく、空しく、エネルギーを発散させているにすぎないということだ。人間の経験は恥ずべき苦々しいものである一方、空虚で愚かである。

上記の言葉は、感情の嵐と理性の冷静な目で彩られる人生の多義性を要約している。

ウォルポールは、『オトラント城奇譚(きたん)』(1764)の作者でもある。**LW**

道化師が釘(くぎ)で、そこにサーカスがぶら下がっているようなものだ。

P・T・バーナム
推定・伝聞
1880 頃

道化師あってのサーカスという意味合いの言葉は、アメリカの偉大な興行師フィニアス・テイラー・バーナムの口癖であり、上記の言葉は『ビッグ・ショーへの道のり――テクスター・フェローズの人生』(1936)で初めて印刷されたものだ。これはデクスター・フェローズの自叙伝で(アンドリュー・A・フリーマンとの共著)、彼はバーナム&ベイリー・サーカスも含め、多種多様な旅巡業の広告エージェントとして有名だった。フェローズは「地上最大のショー」というスローガンを生み出した人物とされている。

フェローズがバーナムとの仕事の話を本に書いたのは、バーナムが1891年に死亡してから半世紀近くがたってからだった。だたしそれは彼が遠慮していたからではなく、他のことに忙殺されていたからだ。広告エージェントと実業家として成功した者の生活には、過去を振り返って執筆する時間的余裕などほとんどなかった。

バーナムが口にしたとされるしゃれた言葉の数々の中には作り話も多く、中でも「毎分のようにだまされやすい人間が生まれている」というおどけた言葉が一番有名だ。**GB**

∩ 地上最大のショーを謳(うた)う広告ポスター。

ダンスは詩で、それぞれの動きは言葉。

マタ・ハリ
スクラップブック
1905

「マタ・ハリ」の芸名を持つマルガレータ・ツェレは、魔性の女として、そしてスパイ容疑がかけられたことで有名だ。第一次世界大戦中、彼女はドイツのスパイとして1917年にフランスの銃殺隊に処刑された。しかしもともとはストリップショーの踊り子として名を上げた女性だった。キャリアの初めからスクラップブックを手もとに置き、そこに切り抜き記事や写真、手紙、メモなどを貼りつけていた。パリのギメ東洋美術館でデビュー公演を行ったとき、さらに長い文章を残したと伝えられている。「私の踊りは聖なる詩で、それぞれの動きが言葉、それぞれの言葉が音楽によって強調されている」。

マタ・ハリの意図したところは定かではないが、伝記作家によれば、東洋的な謎めいた信仰を思わせる言葉でステージ上でのイメージを造りあげようとしていたのだという。本人は自分をインド人ダンサーだと言っていたが、実際はオランダ人で、オランダ植民地軍の将校と結婚している。離婚ののち、ステージで踊り始めたのだ。**GB**

C スパイだとされたストリップ・ダンサー、マタ・ハリ。

劇作家の望みは、自分の思い通りにすることだけだ。

ヘンリー・ジェイムズ
『アスパンの恋文』
1908

ヘンリー・ジェイムズ作『アスパンの恋文』(1888)は、名もない語り手がいまは亡き詩人ジェフリー・アスパンのかつての恋人を探し出そうとベニスに向かう物語だ。そしてアスパンの恋文を手に入れるため、彼女の姪(めい)に接近する。1908年、この作品が再版された際の序文の中で、ジェイムズは作品のインスピレーショについて述べている——バイロン卿(きょう)の元恋人クレア・クレアモントにヒントを得たのだという。パーシー・ビッシュ・シェリーの思い出の品を所有していたクレアモントは、その作品と同じような状況を経験している。しかしジェイムズは、それ以上の事実をかき集めたとしても意味はなかった、ともつけ加えている。「実際に利用する以上の記録を求めたがる」歴史家なら過去の情報はいくらあっても足りないだろうが、歴史的な出来事を架空の物語に脚色する劇作家にとって、情報は常に多すぎるのだ。

物語に弾みを付けるためにたびたび「事実」を題材にしたジェイムズだが(彼の序文にはその点に触れたり、それができなかったことへの謝罪がよく含まれる)事実に圧倒されるのは好まなかった。しかし小説家には逆の例もある。たとえば『冷血』(1965)の著者トルーマン・カポーティのような、いわゆるノンフィクション・ノヴェルの作家に多い。**GB**

人は常軌を逸したものを好む。だからみんな私を放っておいてくれるだろう、私は狂った道化師だと言って。

ヴァーツラフ・ニジンスキー
『ニジンスキーの手記』
1919

1909 年、「アルミードの館」を踊るヴァーツラフ・ニジンスキー。

レオン・バクストが「牧神の午後」で牧神を演じるニジンスキーのためにデザインした衣裳。

1889 年生まれのロシア・バレエ界のスターで振付師のヴァーツラフ・ニジンスキーは、20 世紀における最も偉大な男性バレエダンサーである。1907 年にサンクトペテルブルグの帝国バレエ学校を卒業したのち、1909 年にセルゲイ・ディアギレフが設立したバレエ・リュスに入団し、パリを初めとする西洋の都市で公演を行った際、一大センセーションを巻き起こした。重力に逆らうかのような彼の跳躍は伝説的で、新作オリジナルの振り付けはモダンバレエの最先端を行っていた。

世界的なスターだったニジンスキーだが、1917 年の南米巡業ののちに精神に異常をきたすようになり、1919 年に統合失調症と診断されて精神病院に入れられた。その後、公の場で踊ることは一度もなかったが、1919 年に 6 週間にわたって日記を書き綴(つづ)っている。精神を患い始めた大物芸術家の日々の記録として、異彩を放つ日記だ。楽観的な記述もあるが、自分が狂気の世界に入りつつあることに絶望する内容もある。兄が精神病院に入っていたことから、狂気がどういうものか、本人にはよくわかっていた。それでも最初は、名声を手にした自分は兄と同じ運命にはならない、と決めつけていた。世間は不世出の踊り手である「狂った道化師」を敬愛しているのだから、と。 ***ME***

"L'APRES MIDI D'U
(NIJINSKY)
7me Saison
des
Ballets
Russe
BAKST

(ダンサーの)肉体はその魂が光となって表出しただけのもの。

イサドラ・ダンカン
『舞踏芸術』
1920

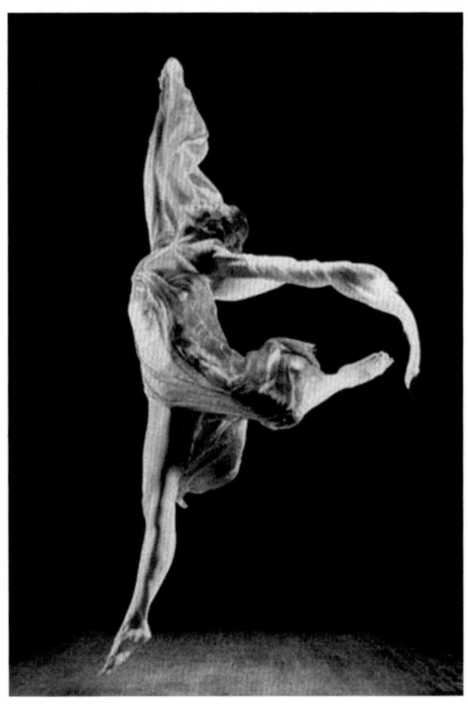

∩1918年に撮影された、スカーフとともに舞うイサドラ・ダンカン。

モダンダンスの祖イサドラ・ダンカンによる上記の言葉は、誤解されることが多い。まず第一に、この言葉はあらゆるダンサーについて語ったことだとされがちだ。しかし彼女が言及しているのは「真に創造的なダンサー」のことであり、「じっくりと学び、祈り、インスピレーションを得たダンサーは、肉体はその魂が光となって表出しただけのものという理解に達する」のである。彼女は自伝『魂の燃ゆるままに』(1927)の中で、伝統的なバレエの厳密さと、自身が好む自然主義的なアプローチとを対比させている。「私は、体内の経路に流れ込み、身体に光の波動を満たす魂の表現の源を捜し求めた」。そしてもう1つの誤解は、ダンカンが自身の表現として自然発生的なダンスを勧めているかのように紹介されがちなことだ。しかし彼女は、自身を越えて卓越の域に達した「真に創造的なダンサー」は、「自分自身から、そしてあらゆる存在を超えた偉大な何かから、動きを通じて語りかける」と考えていた。

観念論と神智(しんち)学の影響を受けたダンカンにとって、光は比喩的な表現とは限らない。しかしモダンダンスにおける彼女の影響があまりに大きかったことから、その表現が比喩的に解釈されたまま現在も広まり続けている。*GB*

大衆が見たいのは銃と女の子だ。

D・W・グリフィス
「シャドウランド」誌のインタビュー
1922

上記の言葉はフランスの映画監督ジャン＝リュック・ゴダールのものだと誤解されることが多いが、ゴダール自身、映画の父D・W・グリフィスの言葉を引用したと強調している。ゴダールが最初にこの言葉を口にしたのは、1964年に『はなればなれに』を宣伝するインタビューを受けていたときのことだった。グリフィス本人も、ジャーナリストのフレデリック・ジェームズ・スミスによるインタビューの中で、自作品『恐怖の一夜』(1922)を売り込んでいるときに口にしている。

グリフィスの名を上げたのは無声映画の大作『ベッスリアの女王』(1915)と『イントレランス』(1916)だが、アメリカ南北戦争と戦後を描いた大ヒット作『國民の創生』(1915)の監督として最も人々の記憶に残っている。この作品は技術的な革新に満ちていた——マルチアングル・ショット、並行アクション、そしてフェードアウト。しかし恥ずかしげもなく人種差別を容認し、KKKをアメリカの価値を守る団体として描いている。この露骨な差別からグリフィスの評判が回復することはなかった。上記コメントの全容はこうだ——「この先、もっと現実に密着したテーマを描くことはなさそうだ。大衆が受け付けないだろう。大衆が見たいのは銃と女の子なのだから」。*ME*

∩1934年、他の監督のセットにいるD・W・グリフィス。最後の作品を監督した3年後だ。

舞台人生では
幸せを見つけられないかもしれないけれど、
いったんその果実を味わったら、
誰もそれを手放したいとは思わなくなる。

アンナ・パヴロワ
『私の人生の夏』
1922

∩1909年に撮影されたロシアのバレエ・ダンサー、ヴァーツラフ・ニジンスキーとアンナ・パヴロワ。

ロシアのプリマバレリーナ、アンナ・パヴロワは、自伝の中で、10歳でバレエ学校に入り、もはや後戻りができないと気づいたときの母の悲しみを描写する際、上記の言葉を書いている。しかしパヴロワ自身、キャリアを振り返り、今後を予測していた。彼女はバレリーナとして厳しいトレーニングと絶え間ない巡業に耐え、大きな成功を手にした女性だった。そして、舞台にこだわった劇的な人生を歩むことになる。1931年、彼女は踊れなくなるからという理由で、肺から水を抜く手術を拒んだ。その際、こう言ったとされている。「踊れないのなら、死んだほうがましよ」。

結局、彼女は肋膜炎（ろくまくえん）で亡くなった。最期の言葉はこう伝えられている――「白鳥の衣裳（いしょう）を用意して」。彼女が創作し、演じた「瀕死（ひんし）の白鳥」のことを言っていたのだろう。

バレエの肉体的な要求は過酷なため、たとえ本人はそうしたくなくとも、ダンサーの多くは比較的若い時期に引退を余儀なくされる。20世紀が生んだアメリカの舞踏家で振付師のマーサ・グレアムは、こう言ったという――「ダンサーは2度死ぬ――1度目は踊るのを辞めたとき。この最初の死のほうがずっとつらい」。***GB***

教会ですら、大衆心理に応えようとする態勢は映画会社ほどには整っていない。

ウィリアム・モールトン・マーストン
「ニューヨーク・ユニバーシティ・ニューズ」誌
1929

マーストンは、1941年に登場したワンダー・ウーマンの生みの親としてよく知られているが、もともとは学術分野の出身だ。法律を学んだのち、1921年にハーバード大学で心理学の博士号を取得している。彼の研究分野は人間の意識、感情、そして行動だ。4つの異なる特色をもとに行動を判断するDISCメソッドを提案し、嘘（うそ）発見器の基盤となる収縮期血圧テストを発明した人物である。

1929年にカリフォルニアのユニバーサル映画の顧問心理学者となったのち、マーストンの数多くのスキルが映画界で発揮されることとなった。彼はパブリックサービス部長として1年を過ごし、自身の理論を現実世界に適応させながら、無声映画からトーキーに移行する会社を支えた。

そうしたいきさつの中で、上記の言葉がハリウッドに向かう大学教授を取り上げた記事に掲載された。記事の中で彼は、教会が信者に応える方法と、発生間もない映画産業が映画館に足を運ぶ大衆の要求に応える方法とを比較したのである。**CK**

人が悲劇を弄（もてあそ）ぶのは、文明世界に真の悲劇など存在しないと信じているからだ。

ホセ・オルテガ・イ・ガセット
『大衆の反逆』
1930

表面的には、演劇だろうが文学だろうが、悲劇的な作品を創ったり、演じたり、楽しんだりするのは、悲惨な出来事からの逃避、さらにはそれを否定することだとも読める言葉である。少なくとも、アメリカの作家ジョン・クラカワーがオルテガのこの言葉を『空へ―エヴェレストの悲劇はなぜ起きたか』(1997)の題辞にしたのは、そういう解釈に基づいてのことだろう。これは1996年にエベレスト登頂を目指した際の悲劇を題材にした彼のベストセラー作品だ。

しかし前後の文脈を考えると、オルテガの言葉の意味は違ってくる。彼は、悲劇には現実的な悲劇と、演じられた見せかけの悲劇があるという。見せかけの悲劇は、親元でいたずらをする子供のように、自分の行為が取り返しのつかない事態にはならないとわかっているがゆえに演じられるものだ。たとえば現代ヨーロッパと民主主義は強く結びついている。それがわかっているからこそ、ファシストや共産主義者は安心して民主主義を攻撃するのだ。そうした行為は「悲劇」を弄ぶことに他ならない、本当に民主主義が覆ると思っていたら、そんなことはできないだろう、とオルテガは論じた。**GB**

前に出て、
自身に拍手喝采を
送ることができるビジネスは、
映画だけだ。

ウィル・ロジャース
推定・伝聞
1930

∩ 出演映画の宣伝写真のためにカウボーイ姿でポーズを取るウィル・ロジャース。

ウィル・ロジャースは究極のよろず屋だった。ボードビルのスター、ユーモア作家、ジャーナリスト、舞台俳優、映画俳優、そして社会評論家として、大戦の合間にメディアで大いに活躍している。

ネイティブ・アメリカンの血を引くオクラホマ生まれのロジャースは、20世紀初頭にはカウボーイとして働いていたが、やがて投げ縄と馬乗りのスキルで稼ぐようになった。まずは巡業サーカス団で、その後はボードビルの舞台で。人気が高まってくると、彼はショーに会話の要素を入れ、観衆——とりわけ大都会の観衆は、田舎くさい中西部のアクセントで語られる彼の気さくなユーモアに夢中になった。

1918年、彼はハリウッドに見いだされた。機知に富んだトークを得意とした彼にしてみれば、無声映画は最良の活躍の場ではなかったが、それでも映画界での仕事を楽しみ、スクリーンに映し出される自身の姿を見ては喜んでいたという。

ラジオ、ジャーナリズム、政治解説等、さまざまな分野で活躍したロジャースの発言や文章の中には、上記の言葉のような茶目っ気のあるものの見方がにじみ出ている。1928年にはふざけて大統領選にも出馬したロジャーだが、1935年、55歳のときに飛行機事故で死亡した。 **ME**

おそらく、時間をやり過ごすことが喜劇の本質だ。悲劇の本質が永遠をやり過ごすことであるように。

ミゲル・デ・ウナムーノ
『殉教者、聖マヌエル・ブエノ』
1931

スペインの実存主義の哲学者であり作家のミゲル・デ・ウナムーノは、作品の中で感情と理性、信念と知性の間の緊張を考察している。上記の言葉は、最後の傑作『殉教者、聖マヌエル・ブエノ』のプロローグからの抜粋だ。善人ながら不信心な田舎の司祭マヌエルの物語である。

デ・ウナムーノの言葉を理解するには、この世には時間を超越した領域があることを受け入れる必要がある。

喜劇は、そうでなければ悶々(もんもん)と過ごしたかもしれない時間を、笑みを浮かべてやり過ごすことを可能にしてくれる。アイルランドの作家サミュエル・ベケットは戯曲『ゴドーを待ちながら』(1953)の中で、ウラジミールにこう言わせている——「そのおかげで時間が過ぎた」。

それに対し、エストラゴンがこう応じる。「どちらにしても、時間は過ぎただろう」。

確かにその通りだが、肝心なのはどうやって時間が経過したかである。デ・ウナムーノの言葉は、永遠が本当に存在するかしないかはともかく、悲劇の場合は永遠は存在するかもしれないと言って人々を絶望させ、喜劇の場合は永遠は存在しないかもしれないと言って人々を慰めるという点を見抜いている。*LW*

∩スペインのエッセイスト、小説家、詩人、劇作家、哲学者のミゲル・デ・ウナムーノ。

脚光を浴びた舞台で、ほんのひととき観客を魅了する俳優も、幕が下りれば永遠に消え去る。

ダフネ・デュ・モーリア
『レベッカの覚書』
1938

∩40年にわたるキャリアの中で、ダフネ・デュ・モーリアは20冊以上の作品を執筆した。

この言葉は、イギリスの小説家ダフネ・デュ・モーリアが、自身の人気ミステリー『レベッカ』(1938)の裏話をしたためたエッセー集からの抜粋だ。エッセーの中でデュ・モーリアは、この作品を書いたきっかけやストーリーの発展方法、そしてもともとのあらすじとエピローグについて紹介している。『レベッカ』は初版でベストセラーとなり、1940年にアルフレッド・ヒッチコックによって映画化された作品がアカデミー賞を受賞したことで、永続的な人気を手にした。

モーリアがそのエッセー集に書いたのは、自作品のことだけではない。自身の人生についても断片的に明かしている。上記の言葉は、舞台人生がテーマの文章の中に登場する。映画俳優は何度もその姿を見せることで、そして作家は世代を超えて作品を読んでもらうことで人々の記憶に残るが、映像が残らない舞台は観客に思い出してもらうことしかできない。多くの観客が舞台を忘れたり死んだりすれば、俳優の仕事も永遠に忘れ去られてしまう。

俳優で舞台主任だったデュ・モーリアの父ジェラルドがその4年前に亡くなっていることを考えると、彼女の思いはいっそう胸を突く。**CK**

大衆が欲する物を与えれば、大衆はむこうからやって来る。

ジョージ・ジェッセル
「ワシントン・ポスト」紙
1941

この言葉の出所についてはさまざまな説があるが、上記がオリジナルのバージョンであると思われ最もよく知られている。これが名言とされるのは、その文脈ゆえだ。俳優でコメディアンのジョージ・ジェッセルが、ショービズ界の大物ながら嫌われ者だった人物の葬式を見たときのことを、この言葉で語ったのである。教会には群衆が列をなして入っていった。誰の葬式だったのかは、最後まで明かされていない。

その後、この文章は同じような状況下でさまざまな人たちが利用している。たとえば1958年、ロンドンの演劇評論家ケネス・タイナンは、ハリウッドの道化者グルーチョ・マルクスがこのふざけた言葉を口にしたと伝えている。対象は1957年に亡くなった伝説的なプロデューサー、ルイス・B・メイヤーだったらしい。

1958年、ハリウッドの別の大物、コロムビア映画のハリー・コーンの葬式について、プロデューサーのジェリー・ウォルドが業界紙のインタビューで似た言葉を口にしている。その2日後、コメディアンのレッド・スケルトンがCBSの自身の番組でこの辛辣（しんらつ）な言葉を口にしたため、彼こそがもともとの発言者だとされがちだが、実際はその20年も前に誕生した言葉だった。*ME*

∩ ニューヨークのブロードウェイで上演されたミュージカル喜劇『ラッキー・ボーイ』（1928）のセットにいるジョージ・ジェッセル。

エレガンスは、決して色褪せることのない唯一の美。

オードリー・ヘップバーン
推定・伝聞
1953

∩ **『ローマの休日』(1953)のオードリー・ヘップバーン。**

⊃ **『マイ・フェア・レディ』(1964)のオードリー・ヘップバーン。年月がたってもその美しさは損なわれていない。**

オードリー・ヘップバーンは、最も美しい映画スターの1人である。その完璧な姿勢は5歳のときに始めたバレエ・レッスンの賜物で、そのスレンダーな体格は第二次世界大戦中にオランダで過ごした子供時代に栄養失調に陥った結果だ。彼女が好んだシンプルで控え目な服装は、ユベール・ド・ジバンシィによる最新のデザインだった。ジバンシィがヘップバーンと初めて手を組んだのは、彼女が大きく躍進した映画『麗しのサブリナ』(1954)でのことだ。「彼の簡素なスタイルが大好きなの」。ヘップバーンは生涯を通じて身につけることになるシンプルなデザインについて、そう語っていた。一方のジバンシィもヘップバーンの虜となり、インスピレーションを得たという。

やせっぽちのヘップバーンは、1950年代のハリウッドを席巻したエリザベス・テイラーやマリリン・モンローといった肉感的なスターとは正反対のタイプだった。彼女の生来の美しさと控え目なファッション・センスは1993年に63歳で亡くなるまで変わらず、その流行が廃れることは一度もなかった。ここまで特定のルックスで人々の記憶に長く留まるスターはめったにいない。だからこそ上記の言葉は、彼女を象徴するエレガンスと同様、大きな魅力を保っているのだ。***EP***

テレビは映画の墓場だ。

ボブ・ホープ
アカデミー賞授賞式
1953

∩ボブ・ホープが毒舌の標的にした媒体が、彼が話しているまさにその瞬間、その言葉を全米中に流していた。

その昔、映画は観客が映画館で金を払って見続けてくれる限り、上映されていた。シネコンの時代が到来する前は、スクリーンが1つきりの映画館が同じ作品を（たいていはB級作品とメイン作品の2本立て）2週間、ときには数か月にわたって上映していたのである。そうやってプロデューサーや配給会社がめいっぱい利益を回収したのち、副次権がテレビ会社に売られ、テレビ会社はその作品を放送枠内で繰り返し放映することで有名だった（悪名高かったとも言える）。

コメディアンであり、ビング・クロスビー、ドロシー・ラムーアとともに「珍道中」シリーズに出演していたボブ・ホープが、第25回アカデミー賞授賞式の中で言及したのは、当時広く採用されていたその習慣のことだ。この授賞式は記念的なイベントだった。テレビで初めて生中継されただけでなく、アメリカの東海岸と西海岸で同時に開催されたのだ。ホープはハリウッドで司会を務め、ニューヨークでは1932年に『ジキル博士とハイド氏』、1947年には『我等の生涯の最良の日』でアカデミー賞最優秀主演男優賞を受賞したフレドリック・マーチが仕切っていた。キャスターは、無声映画のスター、コンラッド・ネイジェルだった。**ME**

永遠の命があるつもりで夢を抱け。今日限りの命と思って生きろ。

ジェームズ・ディーン
『ジェームズ・ディーン――本人の言葉で語る』
1953

この人生論を語ったとき、ディーンは短いキャリアの絶頂期にいた。同じような言葉を、ムハンマド、デジデリウス・エラスムス、マハトマ・ガンジーなどが口にしたと言われているが、このカリスマ的な若手スターが口にしたことで、最も息の長い名言として残ることになった。

『エデンの東』、『理由なき反抗』(ともに 1955)、『ジャイアンツ』(1956) で見せたディーンのくすぶるような魅力は、愛車ポルシェ 550 スパイダーで 1955 年に早すぎる死を迎えたのち、伝説となった。まだ 24 歳という若さだった。ディーンの卓越した成功と悲劇的な夭折(ようせつ)のために、この言葉には予言めいた不気味さが感じられる。実際、彼の人生を代表する名言とされ、2005 年、インディアナ州マリオンで開催されたジェームズ・ディーン祭で、彼の死から 50 年目を記念するモットーとしてファンに選ばれている。

彼の人生に対する胸を打つアプローチは、仲間の俳優の心にも刻まれている。「もう昔の話だが、ニューヨークで演技を学んでいるとき、こう言われていたものだ。マーロン・ブランドが人々の行動を変えたとしたなら、ジェームズ・ディーンは人々の生き方を変えた、と」とマーティン・シーンは語った。*EP*

∩『エデンの東』(1955) のジェームズ・ディーン。出演した 3 作品のうちの 1 本。

喜劇が許容する唯一の規則はセンスで、唯一の制約は誹謗(ひぼう)中傷だ。

ジェームズ・サーバー
『公爵夫人と虫たち』
1953

アメリカの漫画家、作家、才人のジェームズ・サーバーは、自分より大柄で威圧的な女性に支配される小心で無能な男性主人公を描くことが多い。彼の描写には、昔ながらの優しさがほぼ一貫して表現されている。彼は風刺家というよりは皮肉屋だった。最も有名な『虹を摑(つか)む男』は、一番サーバーらしい作品だ。この短編は、1947年にはダニー・ケイ主演で、2013年にはベン・スティラー主演で、2度映画化されている。

上記の言葉はそれとは別の短編に登場する。こちらも、無作法を認めず、故意に人を傷つけてはならないという、サーバーの核となる価値観を反映している。その点で、彼は同時代と現代の主流ユーモア作家の多くとは一線を画している。

こうした世界観を抱くようになったヒントは、彼の家庭的な背景と子供時代の出来事にあるのかもしれない。彼の父親は事務員で、役者になることを夢見て、仕事が長続きしない人だった。一方の母親は悪ふざけばかりしていた。サーバーは兄弟でゲームをしているとき、矢が刺さって片目の視力を失っている。視力を損なわれた人間は幻覚を見ることがあると言うが、サーバーの漫画に非現実的な傾向が見られるのはそのためではないかと推測する分析家もいる。 *LW*

あそこで私は人生最良の年月を無駄にしたの。

グレタ・ガルボ
推定・伝聞
1955

グレタ・グスタフソンは、生まれ故郷スウェーデンのストックホルムの店で働いているとき、映画監督エーリック・ペチュレルに見いだされた。名前をガルボと変え、アメリカに渡ったのち、ハリウッド史上最も有名な映画スターとなった。

しかしガルボは、名声を渇望する通常の若手スターとは違っていた。一切宣伝を拒んだのだ。世界中の雑誌に引っ張りだこだったというのに、メディアを疑い、インタビューを拒み、公衆の場には出ようとせず、サインも拒んだ。公私ともに謎に包まれていたために、記者たちから「スウェーデンのスフィンクス」と呼ばれ、皮肉にもその結果、世界で最も注目を浴びる女性となった。

ガルボで有名なのは、「私は1人でいたい。ただ1人でいたいだけ」という言葉だが、これは彼女自身の言葉ではなく、1932年の映画『グランド・ホテル』で彼女が口にした台詞だった。それでも、ガルボというスクリーンの女神の象徴的な言葉となった。彼女は1941年に『奥様は顔が二つ』に出演したのち、映画界を引退した。

上記は、彼女がハリウッドについて友人に語った言葉だ。彼女はマンハッタンで余生を過ごし、1990年、84歳でこの世を去った。 *ME*

劇場とは、人々の問題に時間を割く場所であり、彼らが職を求めて訪ねれば、ドアのありかを指し示すような場所だ。

テネシー・ウィリアムズ
推定・伝聞
1956

「プレイボーイ」誌の1964年版に掲載された評論家ケネス・タイナンの記事によれば、トマス・ラニアー・〈テネシー〉・ウィリアムズ3世が1956年に上記の言葉を口にしたという。1950年代半ばには、テネシー・ウィリアムズは劇作家として一連の成功を収めていた。突破口を求めて何年か苦しんだのち、ブロードウェイの舞台『ガラスの動物園』(1944)で最初の勝利を摑(つか)んだのだ。その後、ヒット作が続いた。『欲望という名の電車』(1947)、『熱いトタン屋根の猫』(1955)等々。生まれ故郷の南部が典型的な舞台となる彼の作品は、アメリカ社会の苦悩に満ちた暗部を表現している。単なるヒーローや悪人ではなく、欠点だらけの人間くさい人物が描かれている。

彼の主要作品の多くは映画化されて成功を収め、演技学校で学んだ若い俳優が役を演じるというアメリカ映画の新スタイルの先駆けとなった。たとえばマーロン・ブランド(『欲望と〜』のオリジナル舞台と1951年の映画版に出演)や、ポール・ニューマン(1958年の『熱いトタン屋根の猫』でエリザベス・テイラーの相手役を演じた)、そしてウィリアムズの『地獄のオルフェウス』(1957)の映画版『蛇皮の服を着た男』(1960)でブランドと共演したジョアン・ウッドワードなどである。**ME**

ドラマとは、退屈な部分がカットされた人生だ。

アルフレッド・ヒッチコック
「ニューズウィーク」誌
1956

イギリス生まれのアメリカ人アルフレッド・ヒッチコックは、1922年〜29年に約11本の無声映画を撮ったのち、トーキーへ見事に跳躍した。その後『恐喝』(1929)を皮切りに48本の作品を撮り、卓越したキャリアを築き上げた。

1956年には、ハリウッドの「サスペンスの巨匠」の地位を確固たるものにしていた。ジェームズ・スチュアート主演の『知りすぎていた男』の封切り直後には、高い興行成績と批評家の絶賛を連続してものにしていた——『ダイヤルMを廻(まわ)せ!』、『裏窓』(ともに1954)、『泥棒成金』(1955)等々。記者たちはヒッチコックからさまざまな見解を聞き出そうと押しかけた。そんなヒッチコックが記者たちを落胆させることはめったになく、上記のような名言の数々を披露していった。

丸々とした体格、ロンドン訛(なま)り、悲しげな仕草、そしてブラックユーモアを口にするヒッチコックは、30分間のテレビシリーズ『ヒッチコック劇場』への出演と、自作品すべてにセリフのない役でカメオ出演することで、自身の自嘲的なイメージを作り上げた。

イギリス映画に多大な影響を与えたヒッチコックのスリラー映画は、強迫観念を抱く登場人物が関わる意外なプロットが特徴的だった。**ME**

教育と娯楽の区別をつけようとする人間は、どちらについても肝心なことを知らない。

マーシャル・マクルーハン
「エクスプロレーションズ」誌
1957

明快なビジョンを持つ現代の思想家マーシャル・マクルーハンは、カナダの哲学者、社会理論家で、1950年代、60年代のメディア研究の発展に欠かせない人物だった。また、インターネットが登場する30年も前から、その出現と影響を予測していたと言われている。

マクルーハンが最初に放ったコミュニケーション論の傑作は『機械の花嫁』(1951)だ。広告の社会的、文化的影響について研究した作品である。1950年代を通じて、彼は人類学者エドマンド・カーペンターとともに影響力の大きな「エクスプロレーションズ」誌を発行しており、上記の言葉はそこに初めて登場した。

最初こそ風変わりでうさんくさいとされたマクルーハンの理論は、1960年代には広く受け入れられるようになり、「メディアはメッセージだ」や「グローバル・ヴィレッジ」といった彼の言葉が業界用語の仲間入りを果たしていった。当時の彼の著作『メディア論』(1964)や『メディアはマッサージである――影響の目録』(1967)は、どんなメッセージもそれを伝える媒体の文脈においてのみ正確に理解される、という考えを展開した作品だ。そこから、娯楽と教育は切っても切り離せないという考えにつながっていった。**ME**

映画は娯楽のためのもので、メッセージはウエスタンユニオンで送ればいい。

サミュエル・ゴールドウィン
推定・伝聞
1960頃

サミュエル・ゴールドウィンは映画界の典型的な成功者だ。本名はシュムエル・ゲルブフィッシュで、1879年にポーランドのワルシャワで生まれた。イギリス、カナダと移住したのち、ニューヨークで世界的なビジネスを立ち上げて成功させる。そこからカリフォルニアに移って1913年に義理の兄ジェシー・L・ラスキーとセシル・B・デミルと一緒に映画製作会社を設立し、ハリウッド初の長編映画となる無声西部劇『スコウ・マン』(1914)を製作した。

さらにパラマウント・ピクチャーズ、ゴールドウィン・ピクチャーズ、MGM、そしてサム・ゴールドウィン・プロダクションズの創設に関わった。ハリウッドの主要な映画会社ばかりである。サム・ゴールドウィン・プロダクションズの代表作としては、『嵐が丘』(1939)、『我等の生涯の最良の年』(1946)、『野郎どもと女たち』(1956)などが挙げられる。

ゴールドウィンは一風変わった不条理な演説をすることで有名で、記憶に残る短いジョークの数々を生んでいる。たとえば「2語で説明しよう――impossible(不可能だ)」、「僕を含めて除外してくれ」、そして「死んでからでないと自伝など書くべきではないと思う」等々。**ME**

写真は真実だ。映画は秒速24回の真実だ。

ジャン=リュック・ゴダール
『小さな兵隊』
1960

1960年、フランスの巨匠ジャン=リュック・ゴダールは、一番の傑作となった『勝手にしやがれ』に続き、さらにノワール色の強い『小さな兵隊』を製作した。当時激しさを増していたアルジェリア独立戦争が舞台のスパイものである。拷問やテロリズムに焦点が当てられていたことから、1963年までフランスの検閲によって上映が禁じられ、その政治的な影響は現在にまで及んでいる。

ミヘル・シュボール演じる「小さな兵士」ブリュノ・フォルスティィエは、心の葛藤を解決できず、対立する者たちの狭間に捕らえられてしまう。相反する信念と感情を彼なりに処理していくさまが作品の核をなしており、脚本も担当した監督本人をまさに投影した役どころだ。

この作品の目玉は、ゴダールが当時無名だったデンマーク系フランス人の女優アンナ・カリーナを起用したことだった。その後彼女はゴダールのミューズとなり、彼の主要作品何本かに出演している。『小さな兵隊』の鍵となるシーンの1つで、カリーナ演じるヴェロニカがブリュノの指示で撮影されることになる。ブリュノは彼女の周囲をめぐりながら、彼女をおだて、上記の名言で彼女を安心させようとするのだ。 **ME**

∩ フィルムを確認するジャン=リュック・ゴダール。1960年代、彼の作品はフランスの知的映画の重要な部分を占めていた。

もしあなたが私の最悪のときにきちんと扱ってくれないなら、私の最高の瞬間を一緒に過ごす資格はない。

マリリン・モンロー
推定・伝聞
1960 頃

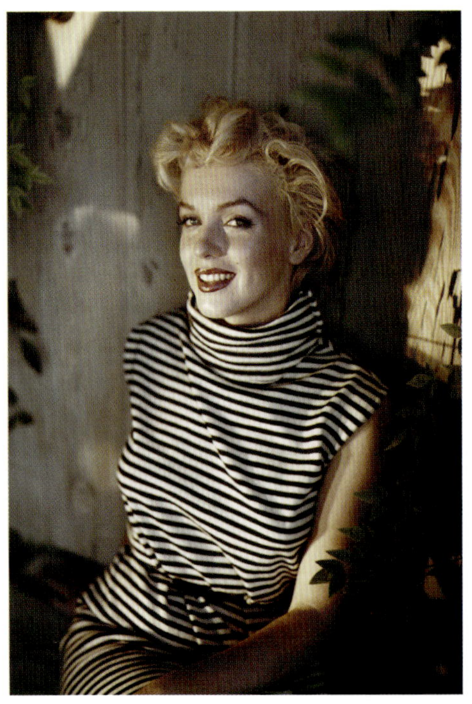

∩1954 年に撮影されたスクリーンのアイドル、マリリン・モンロー。プロ野球選手ジョー・ディマジオと結婚した年だ。

無数のウェブサイトやオンライン・プロファイルで根拠なくマリリン・モンローの言葉とされる数多くの例の 1 つだが、そのフルバージョンがこれだ――「私はわがままでせっかちで少し不安定。ミスを犯すし、自分をコントロールできないときもあれば、扱いにくいときもある。でももしあなたが私の最悪のときにきちんと扱ってくれないなら、私の最高の瞬間を一緒に過ごす資格はない」。

これをモンローの発言とするのは、彼女の偶像を作りあげるうえで間違いなく役立っただろう。彼女が個人的に苦悩していたという記録とぴったり一致するのだから。男性との別れや仕事の不運にひどく落ちこみ、自暴自棄になって薬やアルコールに逃避した非常に神経質なスター、モンローなら、いかにも口にしそうなことだ。まさにハリウッドの女神にふさわしい。

モンローが 1962 年に 36 歳の若さでこの世を去ったことを考えると、この言葉にはさらに暗い意味があるように思えてくる。公式には自殺とされた彼女の死の状況からして、まるで墓場からの簡潔な別れの言葉に聞こえてしまう。スクリーンのアイドルを壇上に上げ、そのあまりに人間くさい欠点を基に公の場で引きずり下ろすことにどんな危険が伴うのか、思い出させてくれる。*EP*

二流の他人ではなく、一流の自分自身を目指すべき。

ジュディ・ガーランド
NBCテレビのインタビュー
1961

「アンディ・ハーディ」シリーズのごく普通の女の子であれ、『オズの魔法使』(1939)の目を見開いたドロシーであれ、どんなに役柄になりきろうと、スクリーンには必ずジュディ・ガーランドらしさがにじみ出ていた。彼女は芸能界で育ったようなもので、まずは姉たちと一緒に舞台に立ち、その後、独り立ちすることになった。まもなく映画界入りを果たし、当時のスターのご多分にもれず、過酷な撮影スケジュールの間は目を覚まし、都合のいいときに眠れるよう、薬を処方された。結果、薬物中毒に陥り、それもあって47歳という若さで亡くなってしまう。しかしプロに徹していた彼女は、どんなにストレスを感じていようと、画面やパフォーマンスでそれを感じさせることはまずなかった。当初、天使の美声を誇っていた彼女は、いかにも清純な役柄を与えられ、ドロシー役で一躍ビッグスターの座に躍り出た。その名声は観客とハリウッドの間で1940年代を通じて高まり続けた。ガーランドは『若草の頃』(1944)を監督したヴィンセント・ミネリと結婚している。上記の名言を最も象徴しているのが、『スタア誕生』(1954)の中の彼女だ。本人と演じた役の区別がわからなくなるほどの名演だった。 ***IHS***

∩1944年のジュディ・ガーランド。
大ヒット作『若草の頃』に出演した年だ。

性的魅力が私の売り物であり、商売道具なの。

マレーネ・ディートリヒ
『マレーネ・ディートリヒのABC』
1962

∩『真珠の頸飾(くびかざり)』のマレーネ・ディートリヒ。この作品でゲイリー・クーパーと共演した。

ハリウッドが最も栄えた時代の基準からしても、マレーネ・ディートリヒはグラマラスな女優だった。映画スターの性的魅力を具現化した存在で、それを観客への売りにしていた。彼女はいわゆる美人とは違う。本人もそれを自覚しており、自分の魅力を半減させるアングルからの撮影はことごとく拒んだ。

彼女の成功の鍵は、映画監督ジョセフ・フォン・スタンバーグとの関係だった。1930年、スタンバーグはドイツで『嘆きの天使』を撮影した際、無名のディートリヒを起用した。その作品が彼女をスターダムに押し上げたのだ。2人はその後の5年間でさらに6本の映画を撮っている——『モロッコ』(1930)、『間諜(かんちょう)X27』(1931)、『上海(シャンハイ)特急』(1932)、『ブロンド・ヴィナス』(1932)、『恋のページェント』(1934)、『西班牙狂想曲(すぺいんきょうそうきょく)』(1935)。

エキゾチックで大胆なところが魅力のディートリヒだったが、彼女を映画界の魅惑的な偶像へと押し上げたのは、彼女のスタイル——身につける服とその着こなし——だった。『砂塵』(1939)のような西部劇、あるいはずっと後のオーソン・ウェルズ監督作『黒い罠(わな)』(1958)でも、彼女の個性は光っている。それに対抗できる女優は、他にはまずいなかった。*IHS*

私はライバルを作ってきたことを後悔していない。ライバルになるだけの度胸がない役者は、この業界を去るべきだ。

ベティ・デイヴィス
「ブックス・アンド・ブックメン」誌
1962

ベティ・デイヴィスは強い女を演じた女優だ。2度、女王エリザベス1世を演じている。最初はエロール・フリンの相手役だった『女王エリザベス』(1939)で、2回目はリチャード・トッドと共演した『ヴァージン・クイーン』(1955)で。『偽りの花園』(1941)では夫の死を見守った。デイヴィスのファンは彼女が辛辣な女性を演じることを期待し、映画監督のアーヴィング・ラパーは『情熱の航路』(1942)でその期待に応えた。作品の冒頭では支配的な家族に対して卑屈で従順だった女主人公が、最後には豹変(ひょうへん)するのだ。

役者は役柄を実生活にまで引きずらないものだが、デイヴィスにはスクリーンの中でも外でもその気骨ぶりを示す逸話がたっぷり残っている。『風と共に去りぬ』(1939)のスカーレット・オハラ役をヴィヴィアン・リーに奪われたことに激昂(げきこう)した彼女は、ワーナー・ブラザーズの『黒蘭(こくらん)の女』(1938)で、リーを選んだMGMに見せつけるかのように、わがままで気の強い女を演じきった。

ライバルといえば、デイヴィスと犬猿の仲だった映画スターとしてジョーン・クロフォードが有名だ。2人が『何がジェーンに起ったか?』(1962)の撮影現場で飛ばした火花は、もはや伝説となっている。 IHS

人を教育して楽しんでもらうことを期待するよりも、人を楽しませてそこからなにかを学んでくれることを期待したい。

ウォルト・ディズニー
推定・伝聞
1963

映画プロデューサーで多才な実業家ウォルト・ディズニーは、何よりも娯楽を優先させた。彼のアニメーション製作会社の作品にとって、教育的側面は、重要性が低いというよりは、副産物だった。ディズニー社のアニメーション作品は無類の娯楽作品であり、製作面においても描かれ方においても、抜きんでた職人技の産物だ。脚本家が教訓めいたことを書きたいとしても、各キャラクターがそれを許さない。教訓メッセージは物語の背後に隠れている。たとえば『ピノキオ』(1940)は友情と忠誠心が物語の核をなすが、それがはっきり言葉で表されることはない。操り人形から人間の少年になったピノキオとジミニー・クリケットとの関係から、そして父親代わりのゼペットとの関係から、観客はそれをくみ取るのだ。

ウォルト・ディズニーは1966年に亡くなったが、彼の会社はあいかわらず栄え、ディズニーの根本原則を守り続けている。たとえば『アナと雪の女王』(2013)はきょうだい間で自然に芽生えるライバル意識と愛がテーマだが、それが物語のスピーディーな流れを邪魔することは許されない。ストーリーが最優先なのだ。 IHS

バレエでは
複雑なストーリーは語れない……
同義語を踊りで伝えることはできない。

ジョージ・バランシン
「ライフ」誌
1965

⋂1950年、バランシン（中央）が、ダンサーのデイヴィッド・ブレアにパドドゥの見本を示している。

アメリカ・バレエの父として知られるロシア系アメリカ人の振付師ジョージ・バランシンが上記の言葉を口にしたのは、「今、誰もが舞台を目指している」というタイトルのインタビューの中だった。彼は自身の芸術をミケランジェロの絵画になぞらえている。初めて目にしたときは特に強い印象を抱かないか、ともすれば無関心だったりするかもしれない。ところが吟味してみると、深みとニュアンスが見えてくる。バレエも同じだ。そのバレエを指揮するのがバランシンである。本人が別の機会に語っているように、彼は「あまり多くのことは考えない。巧みに処理するだけ」だ。

ゲオルギイ・メリトノヴィチ・バランチヴァーゼとしてサンクトペテルブルグで生まれたバランシンは、セルゲイ・ディアギレフのバレエ・リュスで振付師として初めて名声を手にした。1924年～29年、彼はセルゲイ・プロコフィエフとクロード・ドビュッシーの新曲に振りを付けている。彼の最も有名な作品は、イーゴリ・ストラヴィンスキーと組んだジャズ風の革新的な「ミューズを率いるアポロ」(1928)だ。

1955年初演の傑作「ジョージ・バランシンのくるみ割り人形」は、以降、ニューヨークで毎年クリスマスに上演されている。***IHS***

誰でも 15分間なら有名になれる、そんな時代が来るだろう。

アンディ・ウォーホル
「タイム」誌
1967

「15 分間の名声」と略されることの多いこの言葉は、慌ただしいエンターテインメント界の隠語となった。もともとはアート界の商業化について 1967 年にウォーホルが発した言葉だ。当時、アメリカの雑誌「タイム」がこう書いている。「絵画の新しい流派がこぞって特急列車の勢いでアートシーンを突進する昨今について、ポップアーティストのアンディ・ウォーホルは、『誰でも 15 分間なら有名になれる』時代が来ると予測する」。

1960 年代、ポップカルチャーに巧みに手を加えることで名声をものにしたウォーホルは、この言葉の効果を知りつくしていた。1968 年にストックホルム近代美術館で開催した自身の展覧会のカタログに、編集を加えた上記の言葉を掲載している。

これは、リアリティ TV 番組や口コミ動画、ポッドキャスト、ソーシャルメディア・スターなどの氾濫で成長を続けるメディアの時代を、不気味なほど予言した言葉となった。あまりに有名になったため、2006 年にイギリスのアーティスト、バンクシーが、テレビを使ったアートでこんなパロディ文章を発表している。「誰でも 15 分間は無名になれる、そんな時代が来るだろう」。*EP*

∩1975 年のアンディ・ウォーホル。
さまざまな大金持ちのパトロンを惹きつけていた時代だ。

野心は V8エンジンを備えた 夢だ。

エルヴィス・プレスリー
推定・伝聞
1967

1967年には、エルヴィス・プレスリーのキャリアは失速していた。1950年代にヒットチャートを賑(にぎ)わせたヒット曲からはほど遠い、いかにもハリウッド的で精彩を欠いた歌とダンスが売りの映画に立て続けに出演した後のことだった。プレスリーが先駆者となり、1950年代に大人気を博したロックンロールは、ビートルズ、ローリング・ストーンズ、ボブ・ディランといった歌手たちに引き継がれていった。

そんな停滞期、プレスリーはそれまでの人生を振り返り、ミシシッピの田舎で貧しい小作農民の子供として過ごした頃を思い出した。そして、当時人気だった高燃費車を欲しいと思ったのが成功を夢見たきっかけだったのに、いつの間にかその夢から大きく外れていたことに気づく。

結局、彼は念願の車を多く所有することになった。そのうちの15台以上が、かつて彼が住居としていたテネシー州メンフィスにあるグレイスランドのエルビス・プレスリー自動車博物館に保存されている。目玉は、ピンク・キャデラック、1975年型フェラーリ・ディーノ、そして1973年型スタッツ・ブラックホークだ。 **ME**

⊂ 1958年、のちに封印することになる表情を浮かべるエルヴィス。

俳優に与えられた仕事——人の心に己の知識を教える——以上によいものを、私は知らない。

ローレンス・オリヴィエ
「ルック」誌
1970

イギリスの俳優、映画監督、映画スターだったオリヴィエが、アメリカの人気雑誌のインタビューで語った言葉だ。当時彼はイギリスのナショナル・シアターの創設ディレクターを務め、すでにナイトの称号を授与されていた——その名誉を受けたのは、俳優としては史上最年少の弱冠40歳のときだった。このインタビューの5か月後、彼は貴族に叙された初めての俳優となる。大ヒットを飛ばした反戦ミュージカル映画『素晴らしき戦争』に出演したばかりのことだった。

当時オリヴィエはすでに名声を手にし、キャリアの絶頂期にいた。だから、人に知識を与え、違う自分になれる俳優という職業について語ったこの言葉には、彼の謙虚な気持ちと俳優業への感謝が表れている。オリヴィエは、大好きなことで生活費を稼げるだけでなく、役になりきるためにあれこれ模索する中で心の旅ができることを特権だと感じていた。オリヴィエはまた、金やスターの地位以上に演じることを愛していた。ハリウッドで高い報酬を要求できる立場にありながら、比較的安い給料で故郷のナショナル・シアター創設ディレクターを引き受けたことが、それを証明している。 **CK**

テレビは、
自宅リビングにいながら、
家に招きたくない人物のもてなしを
受けることのできる発明品だ。

デイヴィッド・フロスト
「デイヴィッド・フロスト・レビュー」
1971

∩晩年のデイヴィッド・フロスト。
ロンドンのナイツブリッジにあるアルジャジーラ TV のスタジオにて。

コメディアンでテレビ司会者のフロストは、CBS の番組でユーモアたっぷりに自身を非難している最中、上記の言葉を発した。

しかしイギリス人 TV パーソナリティの彼は、プラトンの『国家』にまで遡り、役者がいかがわしい職業だという伝統的な考えもほのめかしている。役者の演技は見せかけと感情に関わることなので、不道徳で危険だとされることが多かった。16 世紀のプロテスタントのフランス人神学者ジョン・カルヴァンは、芝居は学のない者を惑わせ、学のある者ない者双方の情熱を呼び覚まし、偽善行為を助長するとして非難している。18 世紀のフランスの哲学者ジャン＝ジャック・ルソーが、スイスのジュネーブにおける劇場禁止令を支持したことは有名だ。

現代ヨーロッパでの扱いはもっとひどい。役者は旅巡業に出ることが多いというだけで、その機会に泥棒や売春などの犯罪に関わっていると疑ってかかるのだ。役者が不道徳者だという考えは、うっかり曖昧な表現をしてしまったときに使う「変な意味で言ったのではなく（As the actress said to the bishop / As the bishop said to the actress）」などの表現にも残っている。**GB**

ドラマを勘違いしていた。俳優が泣いたときがドラマなのだと思っていたが、実は観客が泣いたときがドラマなのだ。

フランク・キャプラ
『タイトルを超えた名前』
1971

キャプラはハリウッド黄金期に活躍した大物映画監督である。最盛期には、コメディ要素と悲哀の絶妙なバランスを得意としていた。さまざまなスターから完璧な演技を引き出し、それぞれが生まれ持つ魅力を理解させ、物語に共感を呼ぶ感情を吹きこんだ。『当りっ子ハリー』(1926)のハリー・ラングドンに代表されるように、初期の無声映画ではドタバタコメディのスキルを披露した。トーキーの最高傑作では、登場人物の感情を表現するために、彼らの能力もしくは無能力を楽しく探求している。

キャプラはセックス・シンボルだったゲイリー・クーパーを、『オペラハット』(1936)や『群衆』(1941)といった作品で田舎の無骨者に仕立て上げ、観客の感情を惹きつけるべく役者としての幅を広げさせた。キャプラ風ヒーローの典型はおそらくジェームズ・スチュアートだ。彼が演じた役柄が、観客動員数増加の公式であることを証明している。『我が家の楽園』(1938)の不運な主人公だろうが、『スミス都へ行く』(1939)の理想的な政治家だろうが、『素晴らしき哉、人生！』(1946)の信じる心を取り戻す男だろうが、スチュアートは、感動させるべき相手を理解したキャプラの狙いを完璧に体現してみせた。*IHS*

∩ フランク・キャプラは、鼻につくいやらしさのない感傷的な映画を作ることにかけては大家だった。

これが私の主義だ。もし君が気に入らないというのなら……そうだね、主義を曲げることとしよう。

グルーチョ・マルクス
『グルーチョ好き』
1976

∩ マルクス兄弟の11作目『マルクス兄弟珍サーカス』(1939)のグルーチョ・マルクスとマーガレット・デュモン。

⊃ 兄のチコ(左)とハーポに挟まれるグルーチョ・マルクス。

この偉大なコメディアンの人生を挿絵入りで紹介した本からの抜粋だ。マルクス自身の手で編集、執筆されたこの作品は、1959年刊の自伝『グルーチョと私』の内容を更新したヴィジュアル付きの手引き書である。

ジュリアス・〈グルーチョ〉・マルクスは、2人の兄レナード(チコ)とアドルフ(ハーポ)と一緒に舞台に立って名声を手にした。当初マルクス兄弟には他の2人の兄弟、ミルトン(ガンモ)とハーバート(ゼッポ)も加わっていたのだが、2人とも劇場エージェントになるために脱退した。マルクス兄弟はブロードウェイで一連のヒットを飛ばしている。デビューはグルーチョが戯曲を共同執筆した「アイル・セイ・シー・イズ」(1924)だ。その後「ココナッツ」(1925)、「けだもの組合」(1928)と続き、どちらも1927年にトーキーの到来とともに映画化された。3兄弟は1930年代を通じて世界中で成功を収めている。『我輩はカモである』(1933)、『オペラは踊る』(1935)、『マルクス一番乗り』(1937)など。どれも派手なスラップスティック・コメディと非現実的なプロット、そしてグルーチョのマシンガントークが売りの作品だ。

トリオ解散後も、グルーチョはスクリーンの内外でウィットを武器に人気を博し続けた。**ME**

人生は クローズアップで見れば 悲劇だが、 ロングショットで見れば 喜劇だ。

チャーリー・チャップリン
「ガーディアン」紙
1977

この言葉は、「距離は風景に魅力を添える」という有名な言い回しの変形だ。おそらくチャップリンは、喜劇役者は真剣さが欠けているので成功には限界があるという批判に反応したのだろう。

チャップリンの全作品を通じて、ユーモアはたびたび悲哀の顔となる。たとえば彼の初の長編『キッド』(1921)だ。孤児が警察に連れて行かれると、チャップリンは彼を救おうとあたふたし、大きな笑いを引き起こす。しかしやがて観客はクローズアップされた孤児の動揺した顔を見つめる。クローズアップによってドタバタも喜劇ではなくなっていく。彼は必死の形相を浮かべている——2人で一緒にいるために、全力で戦っているのだ。『街の灯』(1931)のチャップリンは愛すべき放浪者だ。彼が厄介事に巻きこまれれば、観客は笑い飛ばす。しかし結末で、観客はロングショットでは見逃していたものを目の当たりにする——愛を見つけた孤独な男の姿だ。喜劇では悲しみにスポットライトが当てられることはないかもしれないが、だからと言ってそこに悲しみがまったく存在しないわけではない。*IHS*

C 『モダン・タイムス』(1936)のチャーリー・チャップリン。

パフォーマーの 究極の罪は、 観客を 軽視することだ。

レスター・バングス
「ヴィレッジ・ヴォイス」誌
1977

ジャーナリストのレスター・バングスは、アメリカの最も偉大なロックンロール・ライターとして称賛されてきた。ポピュラー音楽にはおべっかを使うのが主流の世にあって、辛辣(しんらつ)さが売りのコラムで容赦なく評判に疑問を呈し、相手の自尊心を傷つけた人物である。

1977年8月16日にエルヴィス・プレスリーが自宅のバスルームで死亡したとき、世界中のメディアが「ロックンロール王」の死にこぞって哀悼の意を表した。ところがバンクスはそこに鋭く斬りこんだ。1956年、テレビに初登場したとき、激しく腰を振って全米をショックに陥れた昔のエルヴィスと、1970年代半ばのコンサートでおざなりに腰を振る丸々と太った「ラスベガス」のプレスリーを、意地悪く比較したのだ。

バングスは、他の何百万というロック・ファンと同様、音楽業界をひっくり返したエルヴィスに憧れて育った。エルヴィスは、性を解放する新たな「水門をほとんど自力で開いた」人物だった。バングスは、最期は薬漬けで疲労困憊(こんぱい)し、パフォーマンスも三流なら、金を払って観に来てくれた人を軽視しているようにすら見えるこの男が、かつてのエルヴィスと同一人物なのか、と嘆いてみせたのである。*ME*

成功の80%は、その場に現れること。

ウディ・アレン
「ニューヨーク・タイムズ」誌
1977

∩ウディ・アレンは、『ウディ・アレンの誰でも知りたがっているくせにちょっと聞きにくいSEXのすべてについて教えましょう』(1972) を監督し、主演した。

1977年8月、「ニューヨーク・タイムズ」誌のスーザン・ブラウディは、ウディ・アレンと、その年の4月に公開されて好評を博した『アニー・ホール』の共同脚本家マーシャル・ブリックマンのインタビューを行った。

のちにアレンは、この映画が映画製作のターニングポイントになったと認めている。それまでの非現実的なスクリューボール・コメディから、人間関係やジェンダー政策、そして人間心理といったシリアスな作風に変化したのだという。『アニー・ホール』はアカデミー賞の最優秀作品賞、主演女優賞(ダイアン・キートン)、監督賞、脚本賞を受賞した。

ブラウディとのインタビューの最中、ブリックマンが上記の言葉の出所はアレンであることを請け合った。

「1つ学んだことがある。ウディが言うように、『現れることが人生の80%だ』とね。自宅のベッドに隠れているほうが簡単なこともある。私はどちらも経験済みだ」。

のちにアレンは、それが自分の発言であることを認めたが、自分は「人生」ではなく「成功」と言ったのだと主張した——顔さえ出しておけば、まず失敗することはない。*ME*

セックスと
テレビ出演の機会は
逃してはならない。

ゴア・ヴィダル
「ハーパーズ・マガジン」誌
1978

1968年のアメリカ大統領選の準備期間中、ABCテレビに出演したゴア・ヴィダルを目にした者なら、『マイラ』の作者である彼が論客であることをまず否定しないだろう。共和党のウィリアム・F・バックリー・ジュニアとともに繰り広げた政治的論争は、伝説になっている。

ヴィダルが上記の言葉を実践していたかどうかはわからないし、実証する術はない。彼の人生を振り返れば、ことセックスに関しては実証も論駁も難しいことがよくわかる。性愛小説家のアナイス・ニンは、ヴィダルと肉体関係を持っていたと主張した。しかしヴィダルのほうは彼女との関係を一切否定している。しかし両者の死後、ある研究者がヴィダルがニンに宛てた手紙を発見し、それによればヴィダルの証言に疑念が生じる可能性があるという。

ヴィダルは映画女優のダイアナ・リンと肉体関係にあったと主張している。1950年代後半には、ジョアン・ウッドワードと婚約したという噂が流れたが、本人は、あれは彼女がのちに結婚することになるポール・ニューマンの気を惹くための売名行為だったと主張している。ヴィダルは亡くなるまでの53年間、広告コピーライターのハワード・オースティンと一緒に暮らしていた。*IHS*

1960年の作品『ザ・ベスト・マン』の映画化に当たり、1964年に撮影されたゴア・ヴィダルの写真。

ぴったりの 靴を与えられた女の子は、 世界を征服できる。

ベット・ミドラー
インタビュー
1980

∩ **エミー賞を受賞した『オル・レッド・ヘアー・イズ・バック』(1977)のベット・ミドラー。彼女にとって初めての特別番組だった。**

アメリカの新聞コラム「自分で訊いてみよう」の中で一般人からの質問に答えることに同意したミドラーに、こんな質問が寄せられた――「靴が大好きだというのは本当ですか？　どんなタイプの靴がお好きですか？」

質問そのものは真面目でも、ここで真面目に答えてしまえば靴マニアだと思われてしまう。そこでミドラーはこんな答えを返した。

「ピンヒールね……ぴったりの靴を履けば世界を征服できると固く信じているの。世界にしてみればありがたいことだろうけれど、まだその目標を達成できるような靴は見つかっていない。でも国中の靴屋が、そうした私の真摯で弛まぬ努力を後押ししてくれてもかまわないわ」

靴と権力の結びつきは、太古の昔から存在する、もしくは存在すると推測されてきた。たとえばハイヒールを履いて目線が高くなると、自分が優位に立った気になる人は多い。しかし現代においては、靴の高さは値段の高さほど重要ではなくなっている。高価な靴と言えば、キャンディス・ブシュネルの1997年の小説『セックスとニューヨーク』の語り手キャリー・ブラッドショーの執着が有名だ。のちにこの小説はHBOのTVシリーズ『セックス・アンド・ザ・シティ』として放映された。*IHS*

時々、
映画を観ていると
レイプされた気分になる。

ルイス・ブニュエル
『私の最後のため息』
1983

前衛映画の巨匠ルイス・ブニュエルは、人に生理的嫌悪感を抱かせるほどショッキングな作品を数多く作った監督だ。上記のレイプのたとえを初めて口にしたのは1939年だったが、1983年の自伝にも挿入している。彼にとって、これは人の注目を浴びるためというよりも、使命記述書のようなものだった。

監督としてのデビューもまたセンセーショナルだ。同じスペイン人でシュールリアリストの画家サルバドール・ダリと共同で製作した16分間の短編『アンダルシアの犬』(1929)は、冒頭から女性の目をカミソリで斬(き)りつける映像で観客を驚愕(きょうがく)させ、強い嫌悪感を抱かせた。それに続く『黄金時代』(1930)では、反カトリックという挑戦的なスタンスでさらに怒りを買った。結果、ファシスト団体が上映初日にインクを投げつけ、パリ警察が上映を禁じる騒ぎにまで発展した。

キャリアを通じてブニュエルは、『小間使の日記』(1964)や『皆殺しの天使』(1962)から、『ブルジョワジーの秘(ひそ)かな愉(たの)しみ』(1972)、『欲望のあいまいな対象』(1977)に至るまで、非現実、官能、そして政治意識を刺激する題材で観客を動揺させ続けた。**ME**

∩ルイス・ブニュエルは厳格なカトリックとして育てられたことへの反発から、20世紀最大の因習打破主義者へと成長した。

パントマイムにしゃべらせるな。止まらなくなるから。

マルセル・マルソー
「U.S. ニューズ & ワールド・レポート」誌
1987

史上最も有名なフランスのパントマイム・アーティスト、マルセル・マルソーは、昔からの格言「行為は言葉よりも雄弁」を地で行くことが自身のキャリアだと考えていた。

マルソーは、ワンマンショーや彼のために作られた特別作品、そしてジャック・プレヴェール、ニコライ・ゴーゴリ、アルベール・カミュ、フランツ・カフカといったそうそうたる顔ぶれの翻案作品に出演している。最も有名なのは道化師ビップで、2007年に84歳で亡くなるまでの長いキャリアを通じて演じ続けた。ビップは顔を白塗りにした伝統的なフランスのピエロと、チャーリー・チャップリン演じる放浪者を合体させたキャラクターだ。

マルソーは、動き、音楽、表情を組み合わせてドラマを生み出し、ほんのかすかな動きだけでたびたび笑いや悲哀を表現した。彼はこう述べている。「静寂を通じたコミュニケーションは、人の思いをつなげる輪だ」。

ときに騒音のジャングルとも思える世の中で、たった1つの仕草で多くの言葉より大切なことを伝えられることもある。*IHS*

∩ マルセル・マルソー。1987年、フランスの自宅にて。

どんなパフォーマーでもアーティストでも、成功と同じくらい派手に失敗するのが本質的な事実だと思う。

ニック・ケイヴ
『キング・インク』
1988

この言葉は、こんな文章の後に続いている——「観客の多くは、我々がかつてないほど最高にも最低にもなれることを知っている」。いかにもニック・ケイヴ・アンド・ザ・バッド・シーズらしい言葉だ。このバンドはステージ上で頂点を極めることもあれば、崩壊して燃え尽きることもあった。

オーストラリア人のケイヴが最初のバンド、ボーイズ・ネクスト・ドアのメンバーと出会ったのは、16歳のときだった。彼らはのちに新しく結成されたバーズデイ・パーティというバンドに合流する。ワイルドなバンドで、パフォーマンスも挑発的だった。1984年に結成したバッド・シーズは、そこから派生したグラインダーマンと並び、現代音楽シーンで最も独創性に富んだバンドだと評された。

ケイヴは作家、俳優、脚本家でもある。ウォーレン・エリスとともに映画のサウンドトラック音楽も手がけている。実験を愛し、失敗を恐れないケイヴの心は、『ニック・ケイヴ 20,000 デイズ・オン・アース』(2014)を観ればよくわかる。これは事実とフィクションの境目が曖昧な作品で、ケイヴが自身の人生を利用してまで芸術の本質を探究しようとしていることが描かれている。*IHS*

すべてのいいアイデアは、悪いアイデアとしてスタートする。だから長い時間がかかってしまう。

スティーヴン・スピルバーグ
推定・伝聞
1990 頃

016 本目の作品『ジュラシック・パーク』(1993) を監督するスティーヴン・スピルバーグ。

スティーヴン・スピルバーグは、昔ながらのアドベンチャー映画シリーズをモデルにした1人の考古学者の物語について、映画スタジオの企画会議で話し合った内容を公表した。そこにはジョージ・ルーカスとローレンス・カスダンも同席していた。それは1978年のことで、スピルバーグは『ジョーズ』(1975)や『未知との遭遇』(1977)を製作したばかりの話題の新人監督だった。ルーカスもまた『スター・ウォーズ エピソード4／新たなる希望』(1977)の公開とともにハリウッドの成層圏入りを果たそうとしていた。カスダンものちに、まずは脚本家として、その後『白いドレスの女』(1981)や『再会の時』(1983)の監督として成功を収めている。

3人の男はハワイで合流し、1本の映画についてアイデアを出し合った。それがのちに『レイダース／失われたアーク《聖櫃》』(1981)として実現する。まだ若かった3人は、あらゆる慣習を無視し、ヒーローや彼の探検についてさまざまな意見を交わした。現在のスピルバーグやルーカスのガードの固さを考えると、多くのアイデアがダメ出しされた率直な意見交換の様子は、実に新鮮だ。その結果、ストーリーが形になり、歴史に残る大ヒット作が誕生したのである。 *IHS*

すべての規則に従っていたら、すべての楽しみを逃してしまう。

キャサリン・ヘプバーン
推定・伝聞
1991

ヘプバーンはハリウッドでも最も偉大なスターとなったが、彼女が金ぴかの町ハリウッドの不摂生に対して東海岸流の皮肉を保っていたことも、そこまで登りつめた理由の1つだった。また、扇動者や反乱分子の一面を持ち、常に自分の生きたいように生きた人だった。こんなエピソードがある。ヘンリーとジェーンのフォンダ親子が出演した家庭ドラマ『黄昏』(1981)の撮影初日、ヘプバーンは役柄や作品の雰囲気にまったくそぐわない派手なワンピース姿でセットに現れた。監督のマーク・ライデルは彼女の選択が理解できず、彼女を問いただした。議論が勃発し、最終的にはヘプバーンが折れてもっとふさわしい服に着替えることになった。ライデルはまもなく、彼女が彼の気骨のほどを試していたことを知った。ヘプバーンにはそういう強さがあり、それが彼女の役柄にもにじみ出ていた。ケーリー・グラントの相手役を演じた『赤ちゃん教育』(1938)から始まり、『アフリカの女王』(1951)のハンフリー・ボガート、『オレゴン魂』(1975)のジョン・ウェイン、そして数多くの映画で共演したスペンサー・トレイシーを相手に、一歩も引けを取らない女優だった。一方で、それを常に楽しんでいた──彼女は人生を愛していたのだ。**IHS**

∩ CBSのテレビ映画『上の階の男』(1992)の宣伝写真のキャサリン・ヘプバーン。

役者はうまくすれば詩人となり、最低でもエンターテイナーだ。

マーロン・ブランド
推定・伝聞
1991

∩『欲望という名の電車』(1951)の宣伝写真のマーロン・ブランド。テネシー・ウィリアムズの戯曲をエリア・カザンが映画化した作品だ。

グラハム・マッカンは1991年に執筆した『反抗する男たち』の中で、1950年代に最も人気を博した映画スター3人——モンゴメリー・クリフト、マーロン・ブランド、ジェームズ・ディーン——に共通するさまざまな特徴を挙げている。全員が中西部の出身で(クリフトとブランドはネブラスカ州で、ディーンはインディアナ州)、全員がキャリアの選択をめぐって父親と衝突し、全員がニューヨークのアクターズ・スタジオでメソッド演技を学んだハリウッド初の俳優だ。マッカンいわく、3人とも自分にはバイセクシャル的な一面があると感じていた。

特にブランドは、その人目を引く魅力的な外見を生かして、「マッチョ」な役柄を専門に演じていた。初期には、『欲望という名の電車』(1951)の粗野なスタンリー・コワルスキーや、『革命児サパタ』(1952)のメキシコの革命リーダー、『乱暴者(あばれもの)』(1953)のバイク集団のリーダー、そして『波止場』(1954)の元ボクサーなどで成功している。しかしどの役柄も、男らしさの中にも疑念や不安が見え隠れしている。役者の役割は単なるビッグスクリーン上のエンターテイナーというより、もっと「詩的」なものだという上記の言葉から、俳優業に対するブランドの真摯な態度がうかがえる。*ME*

バイオレンスは、見るには最高のお楽しみだ。

クエンティン・タランティーノ
カンヌ国際映画祭
1994

1963年にテネシー州ノックスビルで生まれたクエンティン・タランティーノは、1990年代初め、映画界に颯爽（さっそう）と登場した。突破口は1992年製作の『レザボア・ドッグス』だった。激しいアクションと露骨なバイオレンスとダークな皮肉という彼のスタイルが、この作品で確立された。

1994年、タランティーノは最高傑作『パルプ・フィクション』を公開した。1940年代と50年代の低俗な雑誌やハードボイルド小説を基にした作品で、激しいロックやポップスを背景に、いつとも知れない近過去の雰囲気を見事に表現している。

どちらの作品でも、タランティーノは暴力を楽しんでいるように見える。これが批判の嵐を巻き起こした。それに対してタランティーノは、カンヌ国際映画祭で『パルプ・フィクション』がパルムドールを受賞した際、上記の言葉で応じたのだ。タランティーノはスクリーンと現実の間はきっちり線引きされていると主張した。映画の中の暴力は「クール」だが、現実の暴力は「アメリカの最悪の一面」だとしている。**ME**

映画の記憶は人の寿命と同じだ。我々はそれを生かし続けなければならない。

マーティン・スコセッシ
『マーティン・スコセッシ 私のアメリカ映画旅行』
1995

マーティン・スコセッシは評価の高い名監督で、20本以上の大作を手がけている――『タクシードライバー』(1976)、『レイジング・ブル』(1980)、『ウルフ・オブ・ウォールストリート』(2013)等々。彼はまた、名作映画の保存にも熱心だ。1990年には監督仲間のクリント・イーストウッド、ジョージ・ルーカス、スタンリー・キューブリック、スティーヴン・スピルバーグ、ウディ・アレン等、映画界の大物と一緒に映画基金を設立している。1950年以前に製作されたアメリカ映画の半数以上が、フィルムの劣化や色褪（あ）せによって失われているというショッキングな統計に触発され、同基金はアーカイブ保存プロジェクトに資金を提供することで、600本以上の映画を救ってきた。また、アメリカの芸術遺産の1つとして映画の重要性を説明するための教育プログラムにも出資している。2007年、スコセッシは映画基金の幅広い目標と課題を維持しながらも、映画の保存を世界規模で行うために世界映画基金を新たに設立した。

上記の言葉は、スコセッシ自身がプレゼンターを務める225分間のドキュメンタリー映画『マーティン・スコセッシ 私のアメリカ映画旅行』からの抜粋だ。**ME**

僕は卓越と完璧を混同しないようにしている。卓越のレベルには手が届くが、完璧は神の業だ。

マイケル・J・フォックス
『私が知る最も大切なもの』
1997

カナダ系アメリカ人俳優マイケル・J・フォックス（1985年、89年、90年の『バック・トゥ・ザ・フューチャー』シリーズが代表作）が、ある本に寄せた言葉である。仕事にインスピレーションを与える「リーダーシップ、卓越さ、そして（あるいは）奉仕」について、著名人のコメントがまとめられた本だ。同じ意味でより簡潔な表現が、アメリカの作家H・ジャクソン・ブラウン・ジュニアの『明日を生きる言葉』（1991）に登場する――「努力して求めるべきは卓越さであって、完璧ではない」。

ブラウンは論拠を何も示していないが、フォックスのほうは、本気かどうかはともかく、神学的な論拠をほのめかしている。神に対抗しようとするのは危険だ、とはよく聞く話である。たとえば古代の神話では、機織り工のアラクネが試合で女神アテネを負かした結果、クモに姿を変えられてしまう。『創世記』の11章1～9節では、バベルの人々が天に届く塔を造ったために、神の罰を受ける。20世紀のアメリカの物理学者リチャード・ファインマンは、日本のとある門について述べている。その門はわずかに左右非対称なのだが、なぜかと言えば、完璧に作って神の怒りを買わないためなのだという。*GB*

∩『バック・トゥ・ザ・フューチャー』でタイムトラベルするマーティ・マクフライ役のマイケル・J・フォックス。

ダンサーは舞台で十分裸にされている。彼らについてすでに与えられている以上のことを知る必要はない。

ミハイル・バリシニコフ
「ニューヨーク・オブザーバー」紙
1998

ロシア系アメリカ人ダンサー、振付師、俳優のミハイル・バリシニコフは、大衆がなぜ自分の私生活を知りたがるのか理解できない、と言いたかったのだ。また彼は、私生活を知ればパフォーマンスを鑑賞するときの魔法が解けてしまうと考えていたようだ。彼は上記の言葉の後にこう続けている。「僕は人の踊りを見たい。そしてその人がどんな人なのか、想像を働かせるだろう……でもその人が食べたパスタのレシピなど、知りたいとは思わない」。

しかし進化心理学者によれば、史上最高のバレエ・ダンサーであるバリシニコフのような著名人に魅了されるのは、人間にとってごく自然なことなのだという。人類が進化してきた社会環境では、社会的地位が高い者——たとえば狩りや採集の名手——の行動を観察し、まねることで得をした。だから人間の心はそうするよう発達してきたのだ。しかし現代の社会環境では、それはもはや必要な適応能力ではないし、著名人の行動を観察してまねようとしたところで、なにも得はしない。となれば、著名人に執着する現代人は、世間にとっては不健康で、著名人にとっては迷惑千万な話なのかもしれない。**GB**

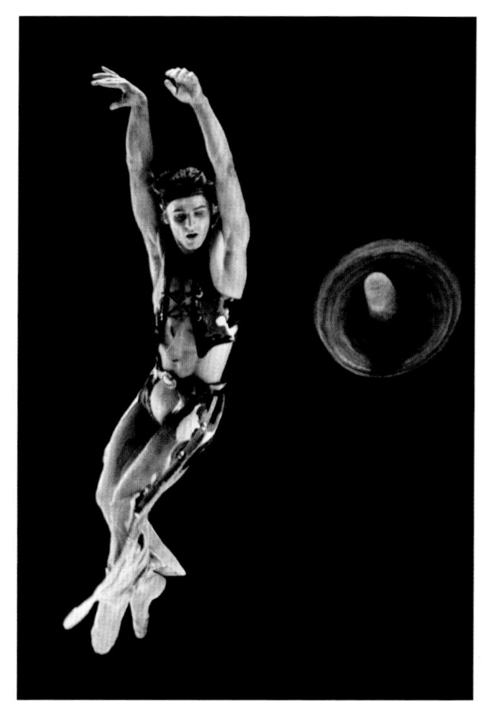

∩1978 年のニューヨーク、エリオット・フェルドが振り付けた「サンタ・フェ・サガ」(1956)で飛翔するミハイル・バリシニコフ。

我々がいるのは情報化時代ではなく、エンターテインメント時代だ。

トニー・ロビンズ
推定・伝聞
1998

新たなコミュニケーション・テクノロジーが導入されると、たいてい情報拡散のスピードが増す点が宣伝されるが、結局、有害もしくは軽率だと非難される運命にある。それは現在も3000年前も同じだ。たとえばプラトンの『パイドロス』の中で、ソクラテスがあるエジプト人の話を語っている。文字を発明した神テウトが、神タモスに、文字があれば人々はもっと賢くなって記憶力も向上する、と語る。それに対してタモスは、もしエジプト人が書き言葉に頼るようになれば、記憶力は衰え、賢くなった顔をするだけだ、と反論する。彼らは書かれていることの何を信じるべきか、判断する力を失ってしまうからだという。

1990年代、新たなテクノロジーの勝利宣言に対し、上記の言葉のような反応が起きた。発言者はアメリカの自己啓発の教祖的存在、トニー・ロビンズだとされている。ライフコーチ、講演者、そして国際的なベストセラー本『一瞬で自分を変える法』(1987)などの著者である。ロビンズがこの言葉を実際に口にしたか書いたかを示す証拠があるわけではないが、以来、彼の言葉だと広く認識されてきた。**GB**

私が成功したのは他のみんなが考えていることを口にしたからだ。

ジョーン・リバーズ
「ファニー・レディース」
2001

「真実を語らなければ。コメディはそれがすべてなのだから」とは、PBSのドキュメンタリー番組「ファニー・レディース」に出演したジョーン・リバーズの主張である。

リバーズは1960年代初め、ニューヨーク、シカゴ、ロサンゼルスのダウンタウンのコメディ・クラブで、毒舌と自虐的なスタンダップ・ギャグに磨きをかけた。当時、そうした場は冗談好きの男たちに支配されており、カミソリのように鋭いジョーンのウィットに憧れる男性などいなかった。

しかし、1960年代のテレビで新分野を開拓するのは簡単なことではなかった。リバースによれば、「粗野で品がなさすぎる。女性が口にすべきではないことを口にする」と言って、プロデューサーたちに何年間も避けられたという。

確かに、彼女の自信満々の態度は少々おこがましいし、実際、失言もある。それでもリバースが妥協したり謝罪したりしたことは一度もない。彼女にとってタブーは存在しないのだ。自身もジョークのネタにされたことがあるアメリカ大統領のバラク・オバマですら、彼女が2014年に81歳で亡くなったとき、追悼の言葉を述べている。「彼女は我々を笑わせてくれただけでなく、考えさせてくれた」。**EP**

学術研究は映画を殺す。情熱とは正反対のものだから。映画は学者の芸術ではなく、無教養人の芸術だ。

ヴェルナー・ヘルツォーク
『ヘルツォーク・オン・ヘルツォーク』
2002

ヴェルナー・ヘルツォークが主催するローグ・フィルム・スクールの推薦図書には、映画に関する本は含まれていない。リストアップされているのは、ウェルギリウスの『農耕詩』、ヘミングウェイの『フランシス・マカンバーの短い幸福な生涯』、そしてJ・A・ベイカーの『ペレグリン』だ。ジョン・F・ケネディ大統領暗殺に関するウォーレン委員会報告書も、ヘルツォークが最も偉大なフィクションの1つと考えていることから、推薦されている。映画の教科書、脚本、理論的分析等の学術的な図書は1冊もない。推薦映画の中のハリウッド映画は『黄金』(1948) 1本のみだ。他は、ジッロ・ポンテコルヴォ、サタジット・レイ、アッバス・キアロスタミの作品が選ばれている。ヘルツォークはせっかちだし、撮影現場では支配的な監督かもしれないが、直観に従うタイプだ。彼がいちいち時間をかけてじっくり考えていたら、『アギーレ/神の怒り』(1972)、『ラ・スフリュール』(1977)、『フィッツカラルド』(1982)、『問いかける焦土』(1992)、『戦場からの脱出』(2006)などの傑作は生まれていなかっただろう。上記の言葉には、彼が考える映画の本質が表れている。映画は知的な芸術ではなく、人生の今この瞬間を記録する芸術だ。切迫感に満ち、存在の危うさが捉えられているのである。 *IHS*

∩ 『戦場からの脱出』(2006)のタイのロケ地でクリスチャン・ベールに演技を指示するヴェルナー・ヘルツォーク(左)。

役者を苦しめるのは楽しいことではないが、それを楽しむ役者もいる。

アン・リー
「ガーディアン」紙
2003

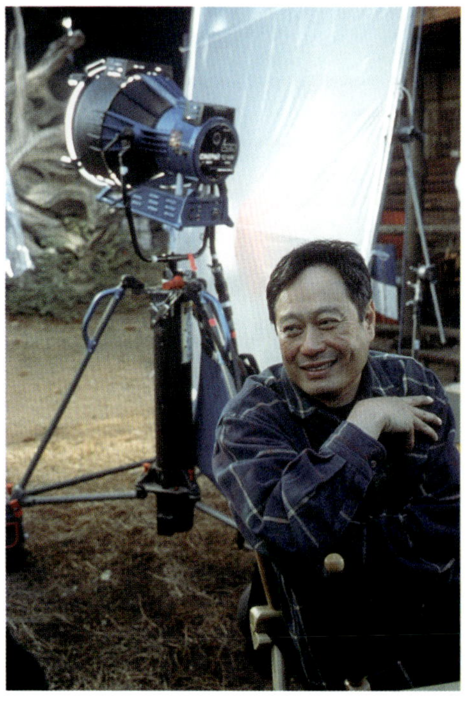

∩ 『グリーン・デスティニー』公開の翌年、2001年のアン・リー。

映画監督のアン・リーは、きちょうめんで、考えられないほど無理な注文をつけることで有名だ。彼の評判作、ジェイン・オースティン原作の『いつか晴れた日に』(1995)に出演したヒュー・グラントは、彼を「人でなし」呼ばわりした。しかしリーの作品中のグラントは、めったにないほどの名演を披露している。リーは、『アイス・ストーム』(1997)でシガニー・ウィーバー、ケヴィン・クライン、トビー・マグワイアからも見事な演技を引き出した。『ブロークバック・マウンテン』(2005)でカウボーイの恋人に扮(ふん)したヒース・レジャーの演技も最高だった。さらにリーは『グリーン・デスティニー』(2000)で起用したアクション・スターのチョウ・ユンファから、それまで見られなかった感情的な一面を引き出している。「私は俳優は家畜だと言ったらしいが……私が言いたかったのは、俳優は家畜のように扱われるべきだという意味だろう」という発言で知られるアルフレッド・ヒッチコックとは違い、リーの監督としての才能は、役になりきらせるためには役者をどこまで追いつめることができるか、特定の役者をどこまで追いつめる必要があるか、を見極める目にある。
IHS

舞台芸術は、他では不可能な形で人々を1つにする。

デイヴィッド・M・ルーベンスタイン
「ワシントン・ポスト」紙
2010

投資家で博愛主義者の億万長者デイヴィッド・M・ルーベンスタインは、舞台芸術のためのジョン・F・ケネディ・センターの理事長に選出されると、舞台芸術への思いを次の言葉で説明した。「この世は複雑だ。人々はさまざまに分裂している」それに続き、上記の言葉を口にした。元議員のバーバラ・ジョーダンは、彼に先駆けて同じようなことを発言したという。1993年の講演でこう問いかけたのだ。「意見の根深い不一致としぶとい分裂を超越させられるものが、何かあるでしょうか？」そして答えた。「芸術です……芸術には人々を1つにする可能性があります」。

ルーベンスタインの言葉は反論を招く。人々を1つにできるのは舞台芸術だけなのか？　他の芸術は？　あるいは芸術とは言えないパフォーマンスはどうなのか？　たとえば各国の文学に敬意を払うことで国々を1つするというのも、いかにもありそうな話だ。地元チームが勝つことで、街が1つにまとまる例もある。それに、舞台芸術は人々を1つにするだけなのか？　逆に分裂させることはないのか？　舞台芸術はしばしば物議を醸(かも)す政治的、性的、宗教的考えを表現する。それに物議を醸す信念もしくは習慣を持つ人々によって創作され、上演されることも稀(まれ)ではない。*GB*

エンターテインメントは物事があるべき姿を描き、芸術は物事のありのままの姿を描く。

ロジャー・イーバート
レビュー
2010

アメリカの映画評論家ロジャー・イーバートのコメントは、これ以上ないというくらい明快だ。この言葉が登場するのは、映画『明日は来らず』(1937)を熱く評したレビューの中だった。それはレオ・マッケリー監督の作品で、マッケリーは、マルクス兄弟の『我輩はカモである』(1933)、W・C・フィールズ出演の『ヒョットコ六人組』(1934)、そして同年メイ・ウエスト出演の『罪ぢゃないわよ』も監督している。その後『新婚道中記』(1937)でスクリューボール・コメディにも手を広げ、『我が道を往く』(1944)ではシリアス路線に転向した。どちらの作品でもアカデミー賞監督賞を受賞している。その後1957年にハリウッド一のお涙ちょうだい映画『めぐり逢(あ)い』の脚本を書き、監督した。彼の1939年の作品『邂逅(めぐりあい)』のリメイク版である。

マッケリーはハリウッド黄金時代の偉大なエンターテイナーだった。しかし彼が『明日は来らず』で描いた、大恐慌の深みでもがきながら生きる老夫婦の物語は、エンターテインメントの枠を超えている。イーバートも指摘しているように、小津安二郎はこの映画に触発されて、芸術とエンターテインメントの境目を曖昧にした『東京物語』(1953)を撮ったのだ。まさしく名作と呼ぶにふさわしい作品である。*IHS*

自信は10%の努力と90%の思い込み。

ティナ・フェイ
「ヴォーグ」誌
2010

⊙2008年の「サタデー・ナイト・ライブ」で、サラ・ペイリンとヒラリー・クリントンに扮(ふん)するフェイ（左）とエイミー・ポーラー。

アメリカのコメディエンヌ、ティナ・フェイは、「ティナ・フェイ――ミス・ティナ・リグレッツ（後悔）」と題された「ヴォーグ」誌のプロフィール記事のため、写真撮影付きのインタビュー取材を受けた。そのときビデオ撮影も行われ、それが同誌のサイトにアップされた。その中でフェイは上記の言葉を発している。

「天才は1%のひらめきと99%の努力」（トーマス・A・エジソン）や「人生は出来事が10%で、それにどう対応するかが90%だ」（チャールズ・R・スウィンドル牧師）などの言い回しをもじった言葉である。1970年代に有能な成功者に見られるある症状を表すためにつくり出された言葉「インポスター症候群」を思わせる。これは女性に多く見られる症候群で、成功の理由が自分の有能さにあるとは信じられず、詐欺師の気分になる症状だ。そういう人は、自信たっぷりに見せかけるために不安を抑え込んで自分の気持ちをごまかす必要があると思い込んでしまうという。2010年にイギリスの新聞「インデペンデント」紙のインタビューを受けた際、フェイは「極端なほど自己中心的なときと、『私は詐欺師だ！』としか思えないとき」との間で常に揺れ動いていると認めている。

GB

映画では たいてい、語らないことのほうが 語ることよりも重要だ。

ヒュー・ジャックマン
インタビュー
2011

アルフレッド・ヒッチコックが、同じことをより簡潔に述べている――「見せろ、語るな！」。詳しい解説は偉大なドラマを殺しかねない。さらに言えば、映画には情報を視覚的に伝える手段があるので、意図的なものでない限り、小説的な手法は重荷となる。映画は間違いなく「秘するが花」だ。ヒュー・ジャックマンが上記の言葉を口にしたのはCollider.comのオンライン・インタビューを受けたときのことだった。舞台ミュージカルを映画化した『レ・ミゼラブル』（2013）でジャン・バルジャンを演じたことについて訊かれた彼は、舞台の演技と映画の演技を比較してこう答えた。

「この世界に舞台から入ったことに心から感謝している。舞台から技術を引き出すほうが、うんと簡単だと思うから。『映画に多少手を加えよう』というわけにはいかないんだ。舞台では、本物の体力が必要になる。映画ではそれほどではないけれど」。

舞台では大げさな演技が必要とされる一方、映画ではクローズアップでごく細かな部分にスポットライトを当てることができる。しかし、『ウルヴァリン：X-MEN ZERO』（2009）などの映画で彼が見せた仰々しい演技についていえば、「秘さずが花」であることは明白だ。*IHS*

ダンスシューズから 足音が奪われるたびに、世界が 静寂の空間に なってしまうようだ。

シャー・アサド・リズヴィ
ソーシャルメディア
2012

アラブ首長国連邦ドバイの詩人で作家のシャー・アサド・リズヴィは、自身の独創的な考えを、フェイスブック、ツイッター、インスタグラムなどのソーシャルメディアに投稿している。上記の言葉も含めて多くがダンスに関連したもので、ダンス愛好家やダンス・カンパニーによって拡散されている。2015年7月、サウスカロライナ州のコロンビア市立バレエ団が、自身のフェイスブック・ページにリズヴィの言葉を投稿した。それに続き、所属ダンサーが必要とする「年間18～25足のトゥシューズ」のための寄付金を積極的に募った。

原文には冠詞が欠けていることもあり、洗練されているとは言いがたい。それでも十分効果的なのは、「静寂の空間」という言葉、さらには空っぽの靴のイメージが「死」を思わせるからだ。

主を失った靴が、人命が奪われたことに抗議するさまざまな追悼行事で利用されてきた。ある軍葬では、騎手のいない馬のあぶみに、かつて騎手が履いていたブーツが逆さに結びつけられていた。アーネスト・ヘミングウェイの作品だと広く誤解されている短編もその一例だ――『売ります。赤ん坊の靴。未使用』。ダンスのない世界が死を意味するなら、ダンスは命そのものである。*GB*

舞台は、想像力を刺激するうえに判断力を否定しない世界へ誘ってくれるので、よりいっそう喜ばしい。

ナセールディン・シャー
『そしてある日のこと――あるメモワール』
2014

ナセールディン・シャーは1949年にインドのウッタルプラデシ州で誕生し、1971年にアリーガル・ムスリム大学で芸術学の学位を取得したのち、デリーのナショナル・スクール・オブ・ドラマで学んだ。妻と3人の子供、それに甥や姪の数名も、ボリウッドのスターだ。シャー自身、何本か作品を監督している。国際舞台では、『リーグ・オブ・レジェンド／時空を超えた戦い』(2003)でネモ船長役を演じた。

シャーは舞台と映画の両方に関わり、『そしてある日のこと――あるメモワール』の中で舞台と映画の観客の経験を比較した。映画についてはこう語っている。「映画はあらゆるものをワンプレートで提供する……観客は夢を見ているようなものだ」。

舞台ではドラマ性が高まる。衣裳を身につけてメーキャップを施した「生身の」役者が同じ空間にいるため、風景やセットの中を歩く役者をスクリーン越しに見るのとは違い、その場にいる観客は独特な親近感を覚える。絵に描かれた背景や小道具が置かれた舞台上の物理的現実を、ドラマが展開する各シーンへと頭の中で翻訳するにつれ、観る者の想像力が刺激されていく。*JF*

∩ ナセールディン・シャーは映画、舞台、監督、テレビの世界で活躍している。

⊂ シャーは、ショーン・コネリーらと一緒にハリウッド大作『リーグ・オブ・レジェンド／時空を超えた戦い』に出演した。

Music

音楽

C ジャズサックス奏者チャーリー・パーカーはビバップのパイオニアだ。

厳しい勝負が決したとき、祝賀の声が最高の医者となり、歌――詩歌女神(ムーサ)の賢き娘たち――が、その手で触れて癒やしてくれる。

ピンダロス
『ネメア祝勝歌第4歌』
紀元前450頃

古代ギリシャの偉大な抒情(じょじょう)詩人ピンダロスは、多作家として知られているものの、完璧な形で現存する著作は4冊だけだ。それぞれがギリシャの古典競技祭に捧(ささ)げられている――オリンピュア、ピューティア、イストミア、ネメア。

上記はネメア競技祭の祝勝歌の一節で、熱戦がくり広げられたスポーツ競技の後、平穏をもたらす音楽の力を称(たた)えている。

これは決して目新しい表現ではないが、西洋文学の中で初めて記された例である。後続作品の中で最も有名なのは、ウィリアム・コングリーヴによる『喪服の花嫁』(1697)の「音楽は怒りを鎮める魔法だ」という冒頭の一節だろう。

さらに有名な例として、ウィリアム・シェイクスピアの『十二夜』(1601頃)の冒頭も挙げられる。「音楽が恋の糧ならば、続けてくれ」。

歌声入りかどうかにかかわらず、音楽を癒やしに利用するのは可能だが、だからと言ってあらゆる音楽に鎮静効果があるわけではない。たとえば軍歌は士気を高める音楽だ。ロンドンの地下鉄駅の中には、反社会的行為を減らすためにクラシック音楽を流しているところもある。*JP*

明日はもっと甘い声で歌おう。

テオクリトス
『牧歌』
紀元前270頃

テオクリトスは、現在イタリアに含まれるシチリアで生まれ育ったギリシャ人だ。彼の人生についてはほとんど知られておらず、その作品の中から情報を集めるしかない。彼は田園詩の巨匠である――その生みの親とすら言える。このジャンルは今日まで脈々と受け継がれてきた。ウェルギリウスの『牧歌』、エドマンド・スペンサーの『羊飼いの暦』、ジョン・ミルトンの『リシダス』、パーシー・ビッシュ・シェリーの『アドネイス』などの作品は、テオクリトスの『牧歌』なくして、現在の形には仕上がっていなかっただろう。

テオクリトスは散文ロマンスの伝統を生んだ人物でもある。16世紀から17世紀初頭にかけて、ヨーロッパで人気を博したジャンルだ。

ヨーロッパのロマン主義時代の過剰な田園詩は、質が劣り、過度に上品ぶる傾向にあるが、テオクリトスは田園生活にそうした感傷は持ち合わせていなかった。過酷な生活ながらも、それを理解し、愛し、田園生活の真髄をしっかりと捉えていた。

上記の言葉には、何事も思い描いていた通りにはいかないことに対する野心と認識もかすかに感じられる。最高の域に達したと思っても、そこには必ず改善の余地があるのだ。*JP*

詩篇（しへん）と賛歌と霊的な歌によって語り合いなさい。

聖パウロ
推定・伝聞
55

何年もの間、新約聖書の一書であるエフェソの信徒への手紙は、聖パウロによって書かれたものだと考えられてきた。しかし現代の研究者によれば、彼の弟子の作品ではないかという。上記の言葉の基となったその手紙の筆者は、現在のトルコ南岸にあった古代の町エフェソの人々に、マタイ、マルコ、ルカ、ヨハネの福音書はイエス・キリストの神性を物語るものとして何より信頼のおける書であると説明している。皆が永遠の命を得るために自らの息子を送りこんで死なせた唯一神を信じる者にとって、それらの福音書は救済が必ず行われることを示している、と。

さらには、キリスト教徒として正しい行動をとり、悪魔の誘惑に屈しないための助言も含まれている。上記の言葉は、音楽を通じて信仰を共有するための活動を促したものだ。聖パウロ（もしくは彼の弟子）は、コロサイの信徒への手紙（コロサイはエフェソ近くの小さな町）でも同じテーマを繰り返した。そちらには同じテーマが違う言葉で表現されている。「詩と賛美と霊の歌を、神への感謝を胸に秘めて」歌うよう促しているのだ。
JP

∩ ヤンとフーベルトのファン・エイク兄弟によって1432 年に完成されたヘントの祭壇画の一部。歌う天使が描かれている。

音楽という気高い芸術は、神の言葉に次いで、この世で最もすばらしい宝である。

マルティン・ルター
推定・伝聞
1538

∩ルーカス・クラナッハ（父）が1529年に描いたマルティン・ルターの肖像画。

1517年、ドイツの神学者で宗教改革者のマルティン・ルターは、ヴィッテンベルクの城教会の扉に「95か条の論題」を掲示し、宗教改革をスタートさせた。彼は教会の腐敗、とりわけ贖宥状（しょくゆうじょう）（免罪符）の販売に抗議すると同時に、カトリック教会の高位の思想家との論争をくり広げた。

ルターは、より簡素な集会礼拝と、ラテン語ではなく自国語での信仰を支持した。「真の信仰」は、神の言葉である聖書に耳を傾け、賛美歌や合唱でともに礼拝を行うものだ、と。賛美歌の多くは世俗的な音楽の借用だった。ルターは感謝の典礼にも集会礼拝を含めようとした。ルターが考える音楽は、上記の言葉に集約されている。これは、ヴィッテンベルクで活動していたドイツの印刷業者で作曲家のゲオルグ・ラウが編集した音楽集『シンフォニエ・ユクンデ』の序文からの抜粋である。印刷業者としてのラウの支援は、ルターの成功に欠かせなかった。ラウはプロテスタント教会のためにいち早く楽譜を出版した人物なのだ。ルター自身、リュートとフルートを奏で、賛美歌と合唱音楽を書いている。*JF*

この歌が歌われ、過去のものになったそのときは、我がリュートよ、静まれ、もう終わったのだ。

トマス・ワイアット
「マイ・リュート・アウェイク！」
1557

イングランドのヘンリー8世の宮廷では、その犠牲になることなく大虐殺を目撃しようとして、多くの人々が断頭台に送られた。トマス・ワイアットも一度ならず投獄されたが、極刑は免れた。彼は自分の経験について多くを語れただろうが、上記の言葉の出典であり、1540年頃に書かれた「マイ・リュート・アウェイク！」を含めた彼の作品のほとんどは、本人とヘンリーの死後の1557年になって、イギリス詩のアンソロジーとして初めて出版された『歌とソネット――トテル詩歌選』の中でようやく日の目を見ることになった。

ワイアットは、恋愛を無情で気まぐれだと表現した最初のイギリス詩人の1人である。この作品のもう1つの題名がその証拠だ――「つれない恋の恨み節」。ワイアットは、妻のエリザベス・ブルックに浮気されて別れたあげく、もう1人の恋人アン・ブーリンは王に独占されてしまった。

ワイアットの舌鋒が誰に向けられたかは明らかにされていないが（自分の助言を受け入れようとしない王への批判だとする者もいる）、メッセージは明白だ。詩のテーマは、拒絶されてくよくよ考えるのはやめようという誓いから始まって、美（もしくは権力）は一時的で、腐敗は避けられないという恨み言へと続いている。*CB*

∩ トマス・ワイアットは200篇（へん）ほど詩を書いており、その多くがリュートによる演奏を想定されていた。

私の歌で、激しい戦と誠の愛の寓話(ぐうわ)を語り聞かせよう。

エドマンド・スペンサー
『妖精の女王』
1590

これはスペンサーの最も有名な作品の冒頭からの抜粋だ。慣例通り、叙事詩を歌で描いており、Arma virumque cano（私は武力と戦士を謳(うた)う）で始まる『アエネーイス』を書いたウェルギリウスを手本としている。

原文（Fierce wars and faithful loves shall moralize my song）は、現代人には誤解されかねない。現代は動詞の前に主語が来て、その後に目的語が続くからだ。スペンサーの時代と比べ、今の文法はより厳密化されている。しかし上記の詩の場合、動詞 moralize の主語は my song であり、Fierce wars 〜ではない。

「moralize」という単語自体、難しく感じるかもしれない。16 世紀以降、その意味は変化してきた。スペンサーは、彼がこれから描こうとしている出来事を、文字通りにではなく、寓喩を使って語ろうと言っているのだ。

そのあたりを念頭に置けば、期待すべきものが見えてくる。『妖精の女王』は少なくとも 3 つのテーマを含んでいる。悲嘆する乙女が登場する騎士と鬼の対決活劇であり、善と悪がせめぎ合うキリスト教的物語であり、著者と同時代を生きた有名人、たとえばエリザベス 1 世などがふんだんに登場する物語でもある。*JP*

音楽が恋の糧(かて)ならば、続けてくれ。

ウィリアム・シェイクスピア
『十二夜』
1601 頃

上記の台詞とともにウィリアム・シェイクスピアの恋愛喜劇『十二夜』が幕を開ける。初演は 1601 年、ロンドンのホワイトホールの宮廷で十二夜を祝う伝統的な席でのことだった。冒頭、オーシーノ公爵がキューリオたち貴族とともに、楽師たちに伴われて登場する。恋に目がくらんだオーシーノ公爵が開口一番、オリビアへの想いを語る。続く台詞はこうだ。「多すぎるほど奏じてくれ。飽き飽きするほどに。そうすれば食べすぎて、渇望は消え去るだろう」。狂おしいほどの情熱にさいなまれた彼は、楽師に過剰なまでの音楽を要求し、満腹になることを期待したのだ。

シェイクスピアは、軽い息抜きとして、哀歌として、芝居中で音楽を利用した。当時の流行歌を使ったこともある。この芝居では、オーシーノ公爵の心理を表すために音楽が使われている。シェイクスピアは、恋は強欲であり貪るほどの食欲であり、いったんそれに襲われたら最後、道徳心など太刀打ちできないと言っている。恋の行方がおもしろおかしく描かれてようやく恋が成就し、音楽が静かに背景に消えていく。同時にシェイクスピアは、オーシーノ公爵にはこの先、人違いや女性の男装、そして恋の三角関係が待ち受けていることもほのめかしている。*LW*

音楽は
怒りを鎮める魔法だ。

ウィリアム・コングリーヴ
『喪服の花嫁』
1697

アイルランドで教育を受けたイギリス人コングリーヴが描いた、唯一の悲劇の冒頭の言葉である。彼を有名にしたのは4つの喜劇だった――『老独身者』『二枚舌』『愛には愛を』『世の習い』。物語の語り手は、グラナダの王女アルメリアだ。舞台はスペイン。悲劇はアルメリア――タイトルにある喪服の花嫁――の運命に襲いかかる。音楽とともに幕が開き、喪服に身を包んだアルメリアが語り始める。ヴァレンシアの今は亡き国王アンセルモの運命を嘆くのだ。アンセルモは捕虜として死に、グラナダの地に埋葬された。彼女の父親は、彼女がアンセルモの死を悼んでいることも知らなければ、海で行方不明になり死亡したとされる彼の息子アルフォンソを悼んでいることも知らない。実はアンセルモは彼女の義父だった。というのも、彼女はこっそりアルフォンソと結婚していたのだ。アルメリアは、音楽が人の心を慰めることに言及するが、音楽に喜びも慰めも見いだせないほど、彼女の悲しみは深い。

激しい情熱が描かれたこの芝居は、さらに有名な名言を生んだ――天国には愛が憎しみに変わるほどの激情はなく、地獄には蔑まれた女ほどの憤怒はない。*TH*

∩ ウィリアム・コングリーヴは当時の有名女優たちと親交があり、彼女たちに女性の役柄を当て書きしていた。

おお、ハーモニーよ！我らはそなたに歌い、聖なる詩でそなたに感謝の賛辞を贈る。

ウィリアム・コングリーヴ
聖セシリアの祝日を祝う頌歌（しょうか）
1701

ウィリアム・コングリーヴは、劇作家として、とりわけ評判の高い4本の喜劇の作者として知られている。しかし当時のフリーランス・ライターのご多分にもれず、台本や歌詞も書いていた。彼の歌詞は自身の芝居や他の作家の作品中で歌われると同時に、当時の人気作曲家に採用されることもあった。中には自身の歌として上演した者もいる。

上記の詩は作曲家が曲を付けた部類からの抜粋で、毎年行われる音楽の守護聖人セシリアの祝祭を祝うために書かれた頌歌の冒頭だ。当時この祝祭は11月22日に音楽とともに祝われる習慣だった。その時代、毎年恒例のこの祝祭に曲を作っていたのは、他にもヘンリー・パーセル、ゲオルク・フリードリヒ・ヘンデルなどの作曲家、詩人のアレキサンダー・ポープやジョン・ドライデンがいる。この祝祭のために、コングリーヴの詩に当時最も著名な舞台作曲家のジョン・エクルズが曲を付けている。

この詩の中で、コングリーヴは聖セシリアをハーモニーそのものに見立てて呼びかけ、音楽的な調和と社会的調和とをかけている。聖セシリアは18世紀のイギリスの観衆にとって、理想的な女性の肉体と精神を体現していたのだ。 *CK*

楽器の演奏は簡単だ。それなりの瞬間にそれなりのキーに触れるだけで、楽器が自ら演奏してくれるのだから。

J・S・バッハ
推定・伝聞
1735

ヨハン・セバスティアン・バッハは、ドイツの教会と宮廷でオルガン奏者を務め、演奏だけでなく、宗教音楽から世俗音楽に至るまで、あらゆるジャンルの音楽を作曲した。それなりの瞬間にそれなりのキーに触れるのには努力が必要なことは、本人もわかっていたはずだ。いかにもバッハらしい謙虚な発言は他にもある――「私は勤勉でなければならなかった。同じくらい勤勉な人なら誰でも、同じくらいの成功を手にできる」。この言葉に同意する人は多くはないだろう。バッハは50年以上にわたって声楽曲、交響曲、そしてあらゆる独奏楽器のための名曲を生み出したが、現存するのはその約半数だけだ。史上最も偉大な作曲家でありながら、本人は自身の才能を認識していなかったのかもしれない。

上記の言葉はオルガンを習っているある生徒への助言だったようだが、より頻繁に引用される（記録は怪しいが）バージョンはこう始まっている――「どんな楽器でも、演奏するのは簡単だ」。楽器の演奏を必死に学んでいる者なら誰しもこの名言には疑問を抱くだろうが、J・S・バッハほどの天才はめったにいないのだから仕方がない。 *JF*

⊃ エリアス・ゴットロープ・ハウスマンが描いたヨハン・セバスティアン・バッハ（1746）。

Canon triplex a 6 V

みんなを楽しませただけなら残念だ。私はみんなをより善い人にしたいのだが。

ゲオルク・フリードリヒ・ヘンデル
推定・伝聞
1743

ヘンデルはドイツ生まれの作曲家で、1727年にイギリスに帰化している。当時イギリスは安定した民主政権と盛んな貿易のおかげで、非常に繁栄していた。それはつまり、新たな中産階級層がオペラハウスや劇場を訪れるようになったということだ。イギリスはヨーロッパの音楽の中心地になろうとしていた。ヘンデルはそうした聴衆に向けた演奏を心から楽しみ、音楽には人を啓発し、自信を持たせる力があると信じていた。さらに彼は、聴衆の多くは自身の社会的地位を主張するために彼の演奏を聴きに来ていることにも気づいていた。

ヘンデルが上記の言葉を口にしたとする典拠は、スコットランドの哲学者ジェームズ・ビーティの1780年5月25日付けの手紙である。ヘンデルは1743年、ロンドンでオラトリオ「メサイア」を初めて演奏した後、知人であるキノールのヘイ卿(きょう)に対してこの言葉を発したのだという。ヘイ卿がロンドン公演を褒め称(たた)えたところ、ヘンデルが上記の偽善的な言葉で応じたのだ。おそらく、宗教的なテーマの作品が非宗教的な劇場で演奏されたことに動揺する者がいたためだろう。**TH**

他人の賞賛や非難など一切気にしない……自分自身の感性に従うのみだ。

ヴォルフガング・アマデウス・モーツァルト
父に宛てた手紙
1781

オーストリアの作曲家ヴォルフガング・アマデウス・モーツァルトは神童で、やはり若い頃から作曲家として活動していた父レオポルトとともにヨーロッパ中を巡業して回っていた。モーツァルトにとって父の支援は大きく、レオポルトが1787年に亡くなるまで定期的な手紙のやりとりが続いた。しかし両者の関係は複雑で、モーツァルトは常に父の助言に従っていたわけではない。父の意に反する相手と結婚したことがその証拠だ。モーツァルトが自身を天才と信じていたことは間違いない。若い頃、父にこう書き送っている。「僕がまだ未熟で若く、偉大さも熟練さも備わっていないと思っているのでしょうが、今に見ていてください」。

上記の言葉からは強い独立心がうかがえる。この手紙は、パトロンだった伯爵夫人にコンサートについてたっぷり賞賛された後で書かれたものだ。彼はレオポルトに、賞賛も批判も気にしない、少なくとも「聴衆が僕の作品すべてを耳にするまでは」としたためた。もっとも、こうも書き添えられている。「(伯爵夫人が)あそこまで力説するからには、さぞかし楽しんでくれたのだろう」。**JF**

私が心から幸せを感じるのは、静かな喝采だ！――このオペラの高まる人気が肌で感じられる。

ヴォルフガング・アマデウス・モーツァルト
妻に宛てた手紙
1791

モーツァルトは、1791年10月7日付けの妻コンスタンツェへの手紙に、この言葉をしたためている。9月30日にウィーンで初日を迎えたオペラ『魔笛』の公演後のことだ。この作品はすぐに大成功を収め、モーツァルトはその高まる人気について書いている。

これは、彼がバーデンで姉妹と一緒にいる妻に書き送った手紙の中でも、最後のほうの1通である。その中でモーツァルトは、オペラハウスが大入り満員だったと報告している。また、聴衆からアンコールを求められた曲についても列挙している。しかし彼が何より喜んだのは、「静かな」喝采だ。おそらく聴衆が彼の独創的な音楽にうっとりと聴き惚（ほ）れ、静かに集中して耳を傾けていたことを言っているのだろう。

モーツァルトはその数週間前にプラハで病に倒れている。聴衆の反応が彼をそこまで熱狂させ、彼に元気を与えたのだと思うと、とりわけ胸が痛む。悲しいことにその約2か月後の12月5日、彼はこの世を去った。上記の言葉には、最後の成功に対する喜びと、聴衆を楽しませることができたという満足感がうかがえる。**CK**

∩1783年頃のこのモーツァルトの肖像画は、オーストリアの画家ヨーゼフ・グラッシによって描かれた。

近くには私を惑わせたり不愉快にさせたりする者がいなかったので、私は独創的にならざるを得なかったのだ。

ヨーゼフ・ハイドン
推定・伝聞
1800頃

ドイツの外交官ゲオルグ・アウグスト・フォン・グリージンガーは、1799年にウィーンに赴任したのち、オーストリアの作曲家ヨーゼフ・ハイドンと親交を深めた。フォン・グリージンガーはハイドンとの会話を記録し、1810年に伝記として出版した。その本の中で、ハイドンの上記の言葉を紹介している。ハイドンがハンガリーのエステルハージ家に雇われていた時期の発言だという。

ハイドンは1761年にパウル・エステルハージ王子に雇われ、その後継者である彼の弟ニコラウス王子のもとでも働いた。そのおかげで彼は30年にわたって経済的な支援を受けることができた。エステルハージ一族は彼のすばらしい才能を認め、彼に自由を与えることで独創性を促した。しかしニコラウス王子がウィーンの南61キロに位置するアイゼンシュタットにエステルハージ宮殿を建設すると、ハイドンも宮廷ごと引っ越すはめになった。田園地帯で他の音楽家たちから切り離されたハイドンは、独創的にならざるを得なかった。ハイドンは、当初は「不運」に思われた自身の境遇について不平をもらすこともあったが、のちに隔離の恩恵と、常設されたオーケストラと劇場がいつでも利用できる贅沢に気づいた。この時期、ハイドンは最高傑作を創作している。*TH*

音楽はあらゆる知恵と哲学以上の啓示だ。

ルードヴィヒ・ヴァン・ベートーヴェン
推定・伝聞
1810

ドイツの作曲家ルードヴィヒ・ヴァン・ベートーヴェンが言ったとされる言葉である。出所は彼のミューズだったベッティーナ・ブレンターノ（のちのフォン・アルニム）で、彼女がウィーンからヨハン・ヴォルフガング・フォン・ゲーテに宛てた1810年5月28日付けの手紙に記述されている。

1832年にゲーテが亡くなると、ブレンターノは彼に宛てた自分の手紙を取り戻し、書簡集として出版した。その中にベートーヴェンに関するこの手紙が含まれているのだが、彼が一語一句この通りに語ったのかどうか、あるいは本当にこれが彼の言葉なのかどうかについては、疑問に思う者もいる。

それでも、ベートーヴェンの本質的な精神を捉えた言葉であることは確かだ。彼にとって、音楽は言葉で表現できる以上の真実を伝えられるものだった。知恵や哲学は意味を捉えるために言葉に頼らざるを得ず、言葉が構文と文化の制限を受けるのは避けられない。一方、音楽はその荘厳な形を通じて、他の方法では表現できない感情と考えを伝え、刺激することができる。*LW*

⊃ ヨーゼフ・カール・シュティーラーが描いた1820年のルードヴィヒ・ヴァン・ベートーヴェン。

あらゆる楽園が開かれる！やわらかな音楽に耳を傾けつつ、ホオジロを食べながら死なせてくれ！

ベンジャミン・ディズレーリ
『若き公爵』
1831

◐1878 年。トレードマークのフロックコートに身を包んでカメラに収まるベンジャミン・ディズレーリ。イギリス首相として 2 期目を務めている頃だ。

ベンジャミン・ディズレーリの小説『若き公爵』からの抜粋だ。ディズレーリはイギリスの首相を2度務めた人物である。投資で失敗し、債権者への支払いに迫られた彼は、稼ぐために執筆を始めた。『若き公爵』は彼の2作目で、匿名で出版している。「屈託のない道徳的な物語」として売り出され、当時「シルバー・フォーク・フィクション」として知られたジャンルに属していた。これは貴族の生活を描写する小説ジャンルで、貴族に憧れる中産階級の読者に人気だった。

物語に登場する若きセント・ジェームズ公爵ことゲオルグ・アウグスタス・フリードリヒは、贅沢品に囲まれており、それがもとで身を持ち崩す――「この時間から、彼は実に身勝手だ」。公爵の趣味は贅沢だ。ホオジロはヨーロッパの小さな鳴き鳥で、ディズレーリの時代、捕らえられて太らされたあげくに調理され、高価なごちそうとして丸ごと食べられていた。公爵が宗教音楽や祝勝曲でなく「やわらかな音楽」を求めているところも、快楽主義を思わせる。無力感と道徳心のなさの表れであり、ディズレーリはそんな彼から語り手として距離を置いている。*TH*

最も古く、最も忠実で、最も美しい音楽器官であり、音楽が唯一その存在に恩恵を被っているのは、人間の声である。

リヒャルト・ワーグナー
『オペラとドラマ』
1851

ドイツのオペラ作家リヒャルト・ワーグナーは、物議を醸(かも)す人物として今でもその名を残している。彼はオペラに対する強い信念の持ち主で、反ユダヤ主義者だった。その人生は波瀾(はらん)万丈だ。借金を抱え、共和制政策に関与し、スイスに亡命を余儀なくされた。上記の言葉は、彼がチューリッヒで執筆したエッセーからの抜粋だ。その中で彼は当時のオペラを批判し、作曲家のジョアキーノ・ロッシーニとジャコモ・マイアベーアを扇情主義に迎合したとしてこき下ろしている。ワーグナーは、歌手よりも作曲家と脚本家の地位を高めようとする動きに反発していた。エッセーの中で彼は、管楽器、弦楽器、オルガン、そしてクラビコードの流行を嘆いている。そのどれとして、人間の声の調子や表現を再現できない、と。

彼はさまざまなエッセーの中で総合芸術を支持している。すなわち、演出、詩、踊り、ドラマ、そして音楽を合わせた総合的な芸術だ。そして革新的な音楽舞台劇である「楽劇」を提案した。彼の最も有名な作品であり、完成に20年以上を費やした音楽劇4部作『ニーベルングの指環』の中で、ワーグナーはそのコンセプトを実現している。
TH

∩ リヒャルト・ワーグナー――その人種差別的な考えのために、作品にケチをつけられた偉大な作曲家だ。

人の心の暗闇に灯りをともす——それが芸術家の義務だ。

ロベルト・シューマン
推定・伝聞
1855頃

∩ ドイツの作曲家ロベルト・シューマンの音楽は、彼自身の精神生活を表現するのに一役買っていた。

1855年4月14日付けの「ドワイツ・ジャーナル・オブ・ミュージック」誌で、評論家アレグザンダー・ウィーロック・セイヤーが、ドイツの作曲家で音楽評論家のロベルト・シューマンの言葉として紹介している。

シューマンの言葉からは、あらゆる芸術家には周囲の人々が抱える人生の悲しみすべてを和らげるという、重要な、ほとんど神聖な義務があるという考えが伝わってくる。「人の心の暗闇」という言い回しには、非常に個人的な響きが感じられる。シューマンは重い鬱病に苦しんだ経験があり、1854年に自殺未遂を起こした後、自ら精神病院に入院している。その2年後、46歳で亡くなったとき、脳の下部に腫瘍が見つかった。

シューマンの言葉が有名になったのは、ロシアの抽象画家ワシリー・カンディンスキーが1912年のエッセー『芸術の精神について』の中で触れたことがきっかけだった。そのエッセーの中でカンディンスキーは抽象絵画につながるコンセプトを説明し、音楽と絵画は関連していると述べている。シューマンと同様、カンディンスキーも芸術は人の魂にとって予言的で洞察力に富み、気高く高揚感を生むものだと信じていた。*TH*

音楽は、人間が言葉で言えない事柄、しかも黙ってはいられない事柄を表現する。

ヴィクトル・ユゴー
『ウィリアム・シェイクスピア』
1864

ヴィクトル・ユゴーはフランスの小説家、劇作家、詩人である。上記の言葉は、もともと末の息子フランソワ＝ヴィクトルによるウィリアム・シェイクスピアのフランス語翻訳劇の前書きとなるべく書いた文章からの抜粋だ。ヴィクトルが偉大なドイツ芸術について論じる箇所に登場する。その中で彼は、音楽は「ドイツの偉大な言葉」だとする一方、シェイクスピアは「偉大なイギリス人」だとしている。そしてルードヴィヒ・ヴァン・ベートーヴェンは「偉大なドイツ人」だ。

ユゴーによれば、音楽はむきだしの情熱のはけ口であり、深い感情が放出され、表現される排出口だという。音楽は昔からユゴーにとって重要だった。彼自身は音楽家ではないものの、クリストフ・ヴィリバルト・グルックやカール・マリア・フォン・ウェーバーの作品を聴いては楽しんでいた。また、小説『レ・ミゼラブル』(1862)の中で、ウェーバー作のオペラ「オイリアンテ」のすばらしさに触れている。さらにはベートーヴェンを絶賛し、エクトル・ベルリオーズとフランツ・リストを友人と見なしていた。ベルリオーズとリストは、ユゴーの詩に曲を付けている。*TH*

ワーグナーには愛すべき瞬間もあるが、短いながらも非常に不愉快なときもある。

ジョキアーノ・ロッシーニ
エミル・ナウマンへの手紙
1867

この機知に富んだ鋭い言葉は、ドイツの作曲家リヒャルト・ワーグナーを話題にした手紙からの抜粋だ。書いたのはイタリアの作曲家ジョアキーノ・ロッシーニで、宛先はドイツの学者であり作曲家のエミル・ナウマンだった。

ロッシーニは39のオペラを書いたことで有名だが、ピアニストとしても成功している。上記の言葉は、同業者ワーグナーに対する長年のライバル意識から出たものだ。かつてワーグナーは、ロッシーニの作品を「麻薬のようなメロディーで構成された発明品」と評した。ロッシーニのしっぺ返しにも少なからず真実が含まれており、この2人の作曲家が互いの欠点を見抜くだけの資質に恵まれていたのは間違いない。

とはいえ、両者は音楽家としては正反対のタイプだ。ワーグナーは1つのオペラ作品を仕上げるのに何年もかけたのに対し、ロッシーニは2つの劇場に対して1年に1つオペラ作品を書くと約束し、それを実行している。最も有名な「セビリアの理髪師」は1816年に3週間で書き上げたと言われている。ワーグナーの音楽はロッシーニにしてみれば異質であり、彼やヴォルフガング・アマデウス・モーツァルトのような作曲家が普及させたベルカント方式とは一線を画している。*TH*

シンプルなメロディーと、バラエティに富んだリズムで。

ジョアキーノ・ロッシーニ
フィリッポ・フィリッピへの手紙
1868

∩イタリアのオペラ作家ジョアキーノ・ロッシーニは、そのメロディーと華やかなベルカント唱法を発展させたことで知られている。

ロッシーニは多作で知られるイタリア人作曲家だ。オペラ、宗教音楽、歌曲、そして室内重奏楽を作曲し、そのほとんどが商業的に成功している。しかし37歳で「ウィリアム・テル」(1829)を完成させると、これ以上オペラは書かないと決意した。その理由は憶測の域を出ない——創造力が尽きた、敵意ある批判に異議を申し立てた、はたまた単に怠慢だっただけだ、等々。人生半ば過ぎには、1832年の「スターバト・マーテル」、1864年作曲のミサ曲、未発表曲を数曲と、声楽曲を少々書いているだけだ。

上記の言葉は、ロッシーニがイタリアの音楽評論家フィリッポ・フィリッピに送った手紙からの抜粋である。その手紙でロッシーニは、イタリア音楽界の現状について意見を述べている。イタリアの若い作曲家たちが慣習の殻を打ち破り、シンプルなメロディーとバラエティに富んだリズムというイタリア音楽の伝統に立ち返ることを期待している、と。ロッシーニは、イタリア音楽は表現が豊かなのだから、若い作曲家たちは音楽で感情を伝える重要性を認識すべきだと感じていた。当時、イタリアが統一国家を目指す運動の最中だったことは、注目に値する。*JF*

我らは音楽を紡ぐ者、
そして我らは夢を紡ぐ者、
ひとたび波が
打ちよせれば放浪し、
寂れた小川の縁に
腰を下ろす。

アーサー・オショーネシー
「頌歌（オード）」
1873

イギリスの詩人アーサー・オショーネシーの詩「オード」の冒頭だ。1873年、文芸誌「アテナエウム」誌上で発表されたのち、オショーネシーの詩歌集『音楽と月光』(1874)に収められた。

オショーネシーはロンドンの大英博物館で、最初は書記として、のちに動物学者として働いていた。しかし文学に対する興味のほうがはるかに強く、詩を書きはじめ、1870年に『女の叙事詩』、1872年に『フランスのレー』、そして1874年に『音楽と月光』を出版した。遺作『ある労働者の歌』は死後の1881年に出版されている。

「オード」には何度か曲が付けられており、1912年にエドワード・エルガーが「ミュージック・メイカーズ」で付けたのが有名だ。その際、「詩人——音楽と夢を紡ぐ者——こそが人間とその行いの真の創造主であり、霊感の源だという考え」がモチーフとして描写されている。

オショーネシーの言葉は頻繁に引用されてきた。たとえば映画『夢のチョコレート工場』(1971)の中で、ウィリー・ウォンカが疑り深いベルーカ・ソルトにこう語っている。「おれたちは音楽を紡ぐ者。そして夢を紡ぐ者なのさ」。*TH*

何もかもが
過去のものとなり、
世界は滅びるだろうが、
交響曲第9番だけは
残るだろう。

ミハイル・バクーニン
推定・伝聞
1875頃

ルードヴィヒ・ヴァン・ベートーヴェンの「交響曲第9番」(1824)は、19世紀におけるヨーロッパ音楽の最高傑作だ。ロシアの革命家で無政府主義者のミハイル・アレクサンドロヴィチ・バクーニンは、ベートーヴェンの音楽に大きな感動を覚えたという。上記の言葉は、アメリカの批評家で歴史家のエドマンド・ウィルソンが、ロシア革命政策について書いた『フィンランド駅へ——革命の世紀の群像』(1940)の中で紹介している。

バクーニンは晩年、病を患い、スイスで過ごした。数カ月入院したのち、ベルンで亡くなっている。ウィルソンによれば、ある晩バクーニンが病院から友人を訪ねていったという。そのとき友人がピアノでベートーヴェンを演奏したのを聴いて、バクーニンは感動し、上記の言葉でベートーヴェンを称（たた）えたのだ。当時、バクーニンに死期が迫っていたことは注目に値する。彼は大衆の無気力に絶望した後、生涯を通じて身を捧（ささ）げた政治の世界から身を引いたばかりだった。(彼の考えによれば)大衆は抑圧者に反発して奴隷の束縛をかなぐり捨てるために立ち上がろうとしなかったのだ。*JF*

正直なところ、音楽がなかったら頭がおかしくなっていたと思う。

ピョートル・イリイチ・チャイコフスキー
ナジェンダ・フォン・メックへの手紙
1877

ロシアのクラシック音楽作曲家ピョートル・イリイチ・チャイコフスキーは、5歳でピアノを弾き始めた。母親が恋しくてたまらなかった寄宿学校での年月も含め、苦しいときは音楽への情熱が心の支えだった。母親は1854年、チャイコフスキーが14歳のときにコレラでこの世を去った。最初のワルツは、母を思い出しながら書いたという。

上記の言葉から、チャイコフスキーは音楽への愛ゆえに悲しみに屈せずにすんだことがわかる。これは1877年、裕福な友人でありパトロンでもあった未亡人ナジェジダ・フォン・メックに書き送った手紙からの抜粋だ。その手紙で彼は母の死に触れ、自分にとって信仰心が大事なこと、そして母の死から23年が過ぎてもなお激しい悲しみに襲われることをしたためている。

チャイコフスキーは、信仰も哲学も、心の安らぎをもたらしてはくれないとしている。彼の救いは昔からずっと音楽であり、音楽は「天から授かった最高の贈り物」だという。「音楽だけが人の心を清らかにし、調和し、安らぎを与えてくれる」。

彼にとって音楽は「忠実な友人であり、守護者であり、癒やしの源」だった。他の数多くの名言と同様、この言葉も音楽が人の感性に他にはない独特な効果を与えることを示している。 *TH*

ピアニストを撃つな。彼は最善を尽くしているのだから。

オスカー・ワイルド
『アメリカの印象』
1882

1881年、ギルバート＆サリヴァンはコミック・オペラ「ペイシェンス」をイギリスで大ヒットさせた。芸術の世界で当時人気だった耽美主義運動をやんわりと揶揄した作品だ。興行主のリチャード・ドイリー・カートはこの作品をアメリカに持ち込もうと考え、その宣伝役として、まだほとんど無名だった詩人オスカー・ワイルドを雇った。彼に北米を講演して回らせ、耽美(たんび)主義の福音を広めさせることにしたのだ。ワイルドは1882年1月にニューヨークに到着した。そのとき税関吏に、自分には才能以外何も申告すべきものはない、と本当に言ったかどうかは議論を呼ぶところだ。

しかしこの巡業が商業的に成功したことは疑いようのない事実である。もともと4カ月の予定だったのが、結局1年近く続いたのだから。巡業は都市部だけでなく、荒くれた大西部でも行われた。そして当時のコロラド州レッドビルのバーで、ワイルドはいまや伝説となった上記の注意書きを目にした。彼はそのことを、旅の愉快な思い出として記録している。「質の悪い芸術が死に値すると知り、驚愕(きょうがく)した。音楽芸術にリボルバーが適用されることが当たり前のこの人里離れた町では、私の使徒としての役目はうんと単純なものになると感じたが、実際その通りだった」。 *CB*

私はさまよえる吟遊詩人――バラッドでも歌でも小唄でも、切れ端でも断片でも、夢見心地の子守歌も歌います！

W・S・ギルバート
『ミカド』
1885

『ミカド』は脚本家ウィリアム・シュウェンク・ギルバートと作曲家アーサー・サリヴァンによる2幕の喜歌劇だ。舞台は日本。架空の町ティティプーに暮らす人々の物語である。上記は第1幕の2番目の歌「さまよう吟遊詩人」の一節だ。歌うのは恋する主人公ナンキ・プーで、実は彼はミカドすなわち天皇の息子ながら吟遊詩人に身をやつしている。貴族に取り囲まれたとき、ナンキ・プーはこの歌で自己紹介し、愛と冒険に富む愉快な物語を印象づける。

この歌はポップカルチャーの中で何度も引用されている――映画、テレビ番組、そしてブロードウェイ・ミュージカルで。テレビのアニメシリーズ「ドラ猫大将」の「早合点は損」(1961)のエピソードでは、ニューヨークの警官ディブル・ダブルがドラ猫大将に自分の美声を披露しようとこの歌を歌う。テレビ版「バットマン」の「吟遊詩人のゆすり」(1966)のエピソードでは、悪党がこの歌を歌って自分は吟遊詩人だと自己紹介する。メル・ブルックスの映画『プロデューサーズ』(1968)では、ミュージカル「ヒトラーの春」のオーディションを受ける登場人物がこの歌でオーディションに落ちるという設定だ。**TH**

音楽のない人生は間違っている。

フリードリヒ・ニーチェ
『偶像の黄昏』
1888

今日、哲学書で知られるフリードリヒ・ニーチェは、ドイツで生まれ育ち、スイスのバーゼル大学で古典文学と言語の教授を務めた。

第1作『悲劇の誕生』(1872)の中で、苦しいときも音楽に慰められ、インスピレーションを与えられてきたとして、音楽への理解と賞賛を述べている。彼は偏頭痛をはじめとしてさまざまな痛みと無気力を引き起こす数々の病気を患ったのち、1889年に精神を病んでしまう。しかしそのほんの1年前、彼はのちに『偶像の黄昏(たそがれ)』として出版されることになる作品を仕上げていた。上記の言葉はその作品に収められた格言の一部で、こう始まっている。「喜びをもたらすのに必要なのは、なんと些細(ささい)なことか！　バグパイプの音だけだ」。

ニーチェがたびたび苦痛を覚えたのは、古代ギリシャの活力と官能性について、哲学的思考を重ねてばかりいたせいかもしれない。彼の初期の音楽概念はより学究的なもので、生まれながらの本能と官能のディオニソス的喜びと、理性と自己鍛錬のアポロン的美徳とを対比させている。ニーチェは、音楽は人間の持つディオニソス的性質を常に思い出させるのに欠かせないと信じ、その性質を抑え込んでコントロールしようとする力に対する健全な治療薬だと考えていた。**TJ**

交響曲は、世界のようにすべてを抱擁しなければならない。

グスタフ・マーラー
フィンランドのヘルシンキにいるジャン・シベリウスに
1907

マーラーにとって、交響曲は単に一番大きなチャレンジというだけでなく、世界観の要約だった。音楽という形をした哲学論文なのだ。根本的かつ複雑、微妙かつ不穏、感情を高めながらも瞑想的でなければならない。「交響曲第1番」のオープニングにおいて、彼の野心は明らかだ。1889年、この作品は聴衆を愕然とさせた。ヴァイオリンのフラジオレットで持続されるA音を低弦が支え、短いファンファーレが挿入される。インヴェンションのレベルと曲調の変化が、その後1時間にわたって限界点まで押し上げられる。長調と短調という従来のシステムを使った彼の実験は、一部のセクションの調性を放棄している。アルノルト・シェーンベルクなど、オーストリアの他の作曲家によって行われていた急進的な実験と足並みを合わせたのだ。

完成された9つの交響曲と、未完で終わった最後の交響曲は、マーラーの人生の3つの主要な創作期間にまたがっている（4作品は1880～1901年の第1期に、4作品は第2期に、第9と未完の第10は第3期に）。各交響曲には彼を悩ませた悲劇が吹き込まれているが、個人を超越した驚異の感覚を喚起させる。*IHS*

芸術作品はルールを作るが、ルールは芸術作品を作らない。

クロード・ドビュッシー
推定・伝聞
1910頃

イギリスの音楽教育家で作曲家のジョン・ペインターによる『現代音楽思考の手引き』（1992）の中で、上記の言葉がフランスの作曲家クロード・ドビュッシーのものとして紹介されている。ドビュッシーは、芸術作品がルールを作ることはあっても——他の芸術家に影響を与えたり、新しいタイプの芸術を生み出したり——ルールによって芸術作品が生まれることはない、ルールがあるからこそ芸術作品が作られるというパターンはない、と信じていた。ドビュッシーにとって芸術家であるということは、自由な意志を持つことであり、周囲の物事からインスピレーションを得るということだった。

ドビュッシーはピアニストとしての才能ゆえに、まだほんの10歳だった1872年にパリ音楽院への入学を許可された。彼の好奇心、芸術的信念、即興演奏、そして独立心旺盛な考えは、教師や生徒たちの注目を集めた。彼は早くから個性的な音楽スタイルを発展させ、アカデミックと言うよりは革新的なハーモニーを生み出している。

パリ音楽院で11年間学んだものの、彼は生涯にわたって革新的な作曲手法を開発し、他者の成功の結果もしくはそれに基づいたルールに縛られることを拒み続けた。*TH*

すばらしいピアノ演奏には、必ずひらめきがある。

セルゲイ・ラフマニノフ
『偉大なピアニストの演奏』
1913

アメリカのピアニスト、作曲家、作家のジェームズ・フランシス・クックが、著名ピアニストのインタビューを基に書いた本で紹介された言葉だ。クックは各ピアニストに、技術、自分なりの演奏、スタイル、そして表現についての考えを訊(き)いている。彼がインタビューした中に、ロシアのクラシック音楽作曲家で名ピアニストのセルゲイ・ラフマニノフが含まれていた。上記の言葉は、クックのこんな質問に対する答えの一部だ――「ピアノ演奏に欠かせないひらめきとは？」

ラフマニノフは、自分にとってそれは「最高傑作に息吹を吹きこむものだ」と答えている。演奏にひらめきを与えるものの定義――精彩を欠いた冴(さ)えない演奏と見事な演奏とを区別するもの――については議論の余地がある。ラフマニノフは、「それはインスピレーションとして知られる驚くべきもの」ではないかという。ピアニストが、その作品の作曲者にインスピレーションを与えたのと同じ喜びに到達したとき、演奏に新しい何かが入り込むのだ。聴衆もそのインスピレーションを認識し、演奏技術の未熟さがあったとしても、それを無視するほどにポジティブな反応を見せるという。**CK**

∩20世紀に描かれたピアノを弾くセルゲイ・ラフマニノフ。イギリスのイラストレーター、アンドリュー・ホワットの作品。

その歌に言葉はなく、歌は決して終わらない。

ジークフリート・サスーン
『誰もが歌った』
1919

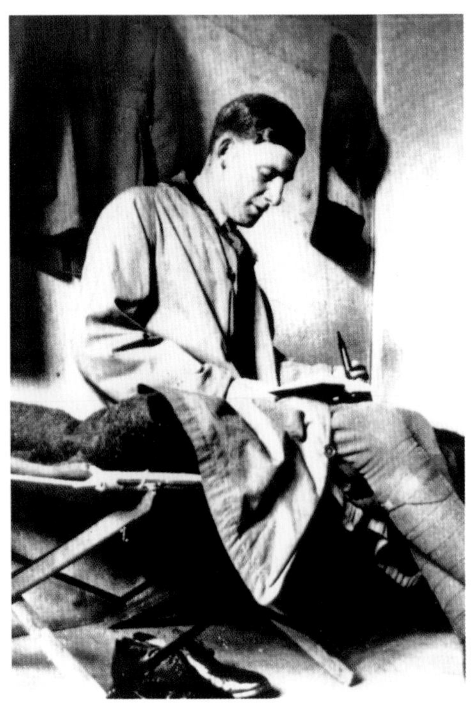

∩ イギリスの詩人で兵士のジークフリート・サスーンは、第一次世界大戦中、西部戦線での勇敢な戦いぶりに対して勲章を授与された。

『誰もが歌った』は、サスーンの戦争詩の中でも最も有名な作品だろう。歌う喜びを、自由を得た籠の中の鳥になぞらえている。言葉のない喜びの歌で、心を飛び立たせるのだ。第一次世界大戦の終戦へとつながった、1918年の休戦を祝う詩である。万人が感じた安堵(あんど)を詠(うた)った詩だと考える人は多い。勇敢さゆえに勲章を授与された前線の兵士サスーンだが、1917年、投獄を覚悟で、政府高官は塹壕(ざんごう)線の地獄を理解していない、すぐさま戦いを終わらせるべきだ、と公言した。

彼にこの詩のインスピレーションを与えたのが何だったのか、正確なところは誰にもわからない。キャンプファイアを囲みながらいつしか賛美歌を合唱したことや、爆撃の小休止の間に隊の中からわき起こった大衆音楽を思い出していたのかもしれない。そんなとき、ふと気持ちが高揚し、戦場にかかっては消えていく霧のごとく「恐怖が霧散」したのか。しかしこの詩の最後の1行は、人の精神の回復力を称(たた)えている。荒廃のただ中、塹壕という地獄の中ですら、人は歌うことができるのだ。決して終わることのない歌声である。*JF*

音楽で表現する価値のあるものは、他の方法では表現できないというだけのことだ。

フレデリック・ディーリアス
「交差する道で」
1920

イギリスの作曲家フレデリック・ディーリアスのこの言葉は、イギリスの音楽雑誌「サックバット」に掲載された、現代音楽についての彼のエッセーの中に登場する。ディーリアスは音楽をより高尚な力と考えていたようで、彼が考える音楽の重要性が言葉からにじみ出ている。

ディーリアスは商人の家に生まれ、家業を継ぐことを期待されていた。子供時代にはピアノとヴァイオリンを習っていたが、両親は彼がプロの音楽家になることを望まなかった。彼はオレンジのプランテーション農場を運営するため、父の出費でフロリダ州のソラノ・グローヴに送られた。しかし結局、音楽と恋に落ちてしまう。とりわけアフリカ系アメリカ人労働者の歌に魅せられた。それが彼ののちの管弦楽組曲「フロリダ」(1886-87)に影響を与えている。

アメリカ滞在ののちドイツに移り住んだディーリアスは、ようやく音楽の勉強を許され、ライプツィヒ音楽院で学び始めた。その地でノルウェーの作曲家エドヴァルド・グリーグと親交を深め、彼に背中を押される形でプロの音楽家を目指し始めた。その後パリに移り住み、1901年、歌劇の傑作「村のロメオとジュリエット」を完成させた。*TH*

∩イギリスの作曲家フレデリック・ディーリアス作「海流」(1903-04)には、アメリカの詩人ウォルト・ホイットマンの詩が使われている。

金管楽器奏者に そそのかすような視線を向けてはならない。重要な合図を送るために ちらりと目をやるに留（とど）めること。

リヒャルト・シュトラウス
『若き指揮者のための10の黄金律』
1922頃

∩ 作曲家リヒャルト・シュトラウスを描いた漫画。
彼はすばやいテンポを維持することで知られた優秀な指揮者でもあった。

ドイツの作曲家で指揮者のリヒャルト・シュトラウスによる『若き指揮者のための10の黄金律』の中の4番目のルールだ。これはふざけ半分の作品で、たとえば2番目のルールは、「指揮をしている間は汗をかいてはならない。身体が火照っていいのは聴衆だけだ」である。しかし多少の真実も含まれている。たとえば金管楽器の奏者をあまりその気にさせてしまうと、オーケストラの残りの音を簡単に飲みこんでしまうというのは本当だ。さらに5番目のルールでは、指揮者はホルンと木管楽器から目を離すなと助言している。「彼らの音が聞こえるようなら、音が大きすぎるということだから」。そして6番目のルールは、「金管楽器奏者にやる気がないと思ったら、ほんの少しだけ音量を下げさせてみる」。とはいえ、シュトラウスはオーケストラの金管楽器パートを高く評価し、彼らのためにすばらしい音楽を書いている。交響詩、オペラ、音詩、そして管弦楽曲すべてにおいて、金管楽器をかなり重要視しているのだ。

晩年、シュトラウスはナチ政権とひと悶着あったが、彼らもシュトラウスほどの人気者を糾弾するのはさすがに慎重だった。彼は生き延び、いかにも彼らしい皮肉なユーモアを交えつつドイツで作曲を続けた。*JF*

安っぽい音楽の効き目は桁外れ。

ノエル・カワード
「私生活」
1930

著名なイギリスの劇作家、作曲家、俳優、そして歌手のノエル・カワードは、チャーミングで機知に富み、何かと派手なスタイルで知られていた。特に舞台劇での活躍が有名で、50本以上を製作したが、その多くが――「陽気な幽霊」(1941)や1930年の風俗喜劇「私生活」など――軽妙な舞台劇の古典として風化することなく生き延びている。

「私生活」は、スコットランドのエジンバラにあるキングズ劇場で、1930年8月18日に上演初日を迎えた。離婚した夫婦エリオット・チェイスとアマンダ・プリンが主役の3幕ものだ。2人はそれぞれ新しい相手とのハネムーン先で、偶然にも同じホテルの隣同士の部屋に宿泊する。初演時はカワード自身がガートルード・ローレンスの相手役として主役を演じている。

カワードは最も有名な楽曲「いつか君を見つける」を作品の目玉として書いた。この歌をロマンチックにデュエットすることで、2人の主人公はお互いへの新たな愛に気づくのだ。チェイスがこの歌を「しつこくてひどい曲だ」と嘲笑うのは有名だが、それに応じてプリンが上記のセリフでこの歌の力を認めるのである。カワード本人も、同じ感傷を抱いていたのかもしれない。 ***ME***

∩1930年の初演時、エリオット・チェイスを演じるノエル・カワード。

彼らが言った。「きみは青いギターを持っているが、
物事をありのままには弾いていない」
男が答えた。「ありのままの物事が、
この青いギターにかかると変わるんだ」

ウォレス・スティーヴンズ
「青いギターを持つ男」
1937

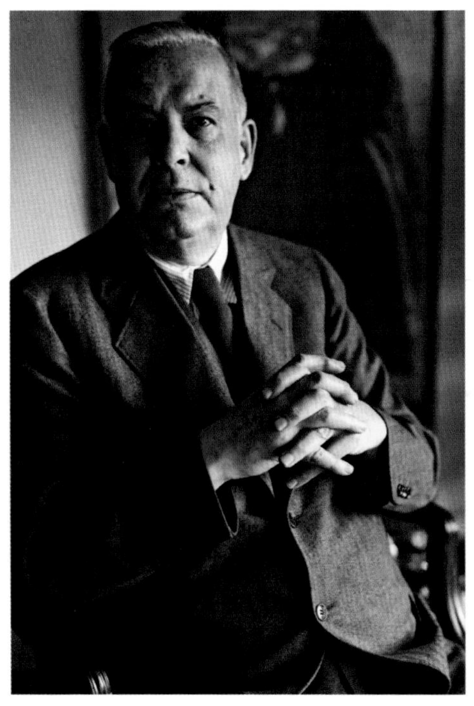

∩ アメリカの詩人ウォレス・スティーヴンズは、同時代の芸術家による絵画作品に着想を得て作品を創作した。

アメリカのモダニスト、ウォレス・スティーヴンズが、スペインの画家パブロ・ピカソが青の時代に描いた「老いたギター弾き」(1903-04)に着想を得て書いた詩の一節である。ピカソの絵には、みすぼらしい服を着た盲目の老人がバルセロナの通りでギターをつま弾く姿が描かれている。スティーヴンズがこの絵を目にしたのは、1934年、コネチカット州ハートフォードのワズワース・アテネウム美術館に展示されていたときのことだった。彼はピカソだけでなく、ポール・セザンヌやパウル・クレーの絵にも影響を受けている。

この詩は33篇(ぺん)で構成されており、絵の中の人物と想像上の会話を交わす形式で描かれている。芸術の本質、パフォーマンス、想像力に関する瞑想として広く受け入れられた作品だ。また、芸術も音楽も詩も、あらゆる解釈に門戸が開かれているというスティーヴンズの考えが反映されている。演奏家は楽譜を見ればその曲を演奏できるが、それを自分なりに解釈して自分なりの方法で演奏することも可能だ。同じように、音楽を聴く側もそこから違う意味を引き出し、芸術作品を鑑賞する側もそれぞれ違った見方ができる。*TH*

生命は生者のもの。死は死者のもの。人生は音楽のように、そして死は口にされない音符にしよう。

ラングストン・ヒューズ
「音楽の覚書」
1937

アフリカ系アメリカ人の詩人、小説家、ジャーナリストのラングストン・ヒューズの詩「音楽の覚書」の全文である。1902年にミズーリ州ジョプリンで生まれたヒューズは、1920年代、アフリカ系アメリカ文学、芸術、音楽等の文化を盛り上げたハーレム・ルネサンスの指導者だった。この詩は初め、アメリカの黒人向け雑誌「オポチュニティ」に掲載された。「黒人の桂冠(けいかん)詩人」「ハーレムの桂冠詩人」と呼ばれたヒューズは、都会に住むアフリカ系アメリカ人の経験に焦点を当て、アメリカの人種差別を、ウィットに富んだ、ときに冷笑的な表現で語ったことで称賛された。

最初の詩集『おんぼろブルース』が1926年に出版されたのを受けて、ペンシルベニア州のリンカーン大学への奨学金を手にしたヒューズは、1929年に文学士を取得した。最初の詩集のタイトルからもわかるように、彼の作品はジャズやブルースの言葉、リズム、陰影に影響を受けている。その詩の多くはブルースの歌詞のようで、黒人ゴスペル音楽の「応答」形式を採用し、初期の作品は奴隷時代に根ざしている。***ME***

∩1954年のラングストン・ヒューズ。小説『妻を迎えたシンプル』でアニスフィールド・ウルフ賞を受賞した年だ。

あなたなりの方法で
バッハを弾き続けなさい。
私は彼の方法で弾くから。

ワンダ・ランドフスカ
推定・伝聞
1941

∩ポーランドの演奏家ワンダ・ランドフスカは、ピアノの前身であるチェンバロを世に広めた。

ワンダ・ランドフスカは20世紀にチェンバロを復活させた人物だ。鍵盤を弾く神童だった彼女は、生まれ故郷のポーランドで演奏活動に入ったのち、1900年にパリに移住し、その地でチェンバロのデザインや初期の演奏についての調査を開始した。自身のピアノリサイタルにチェンバロを採り入れ、1905年に「J・S・バッハのチェンバロ作品の解釈について」という記事を書いている。

大戦間の20年〜30年代に、ランドフスカはチェンバロ数台を持参して鍵盤奏者として海外を旅して回った。1933年、バッハの「ゴルトベルク変奏曲」を20世紀に初めてチェンバロで演奏している。

1940年、パリにナチスが侵攻すると、ユダヤの血を引くランドフスカは危険を避けてフランス南部に逃げた。そしてバニュルス＝シュル＝メールでの会話の中で、上記の言葉が飛び出したのだ。それはスペインのチェロ奏者パブロ・カザルスがランドフスカを訪ねたときのことだったという。カザルスとランドフスカの間でバッハの曲の解釈について軽い議論が交わされ、最後にランドフスカが冗談交じりに言い返したのが上記の言葉だった。同じ年、彼女はフランスを去ってアメリカに向かっている。*JF*

子供にモーツァルトを演奏させるのは音符の少なさゆえで、大人がモーツァルトを避けるのは音符の質の高さゆえだ。

アルトゥル・シュナーベル
『私の人生と音楽』
1945

オーストリアのクラシック・ピアニスト、作曲家、そして教師だったアルトゥル・シュナーベルが、ヴォルフガング・アマデウス・モーツァルトの曲に関して語った上記のコメントは、彼の自叙伝とされる『私の人生と音楽』の中に登場する。本人が死亡してから10年後の1961年に出版された作品だ。シュナーベルが1945年にシカゴ大学の音楽を学ぶ学生に向けて行った12の講演内容で構成されている。

各講演の後で、シュナーベルは聴衆から音楽一般に関する質問を募り、それに答えていった。そのときのQ&Aが本に収録されており、上記の言葉もそこからの抜粋である。シュナーベルが、好んで演奏する作曲家とそうでない作曲家について説明する箇所だ。

ピアニストとしてのシュナーベルは、ヨーロッパの選り抜きの作曲家の作品に専念することで知られていた。その1人がモーツァルトで、彼のレパートリーの大部分を占めていた。彼はモーツァルト作品を知り尽くし、難しい演奏への挑戦を楽しんだ。上記の言葉で彼は、モーツァルト作品は子供でもすぐに把握できる直截(ちょくせつ)的で極めて大きな効果を持つ一方、大人にはそれを適切に表現できる技能が求められることに言及している。*TH*

∩オーストリアのピアニストで作曲家のアルトゥル・シュナーベル。1947年、スコットランドのエジンバラ・フェスティバルでモーツァルトの協奏曲を演奏しているところ。

現実は美しいのと同じほどに醜い。私は、美しい朝について歌うのはスラム街について語るのと同じくらい重要だと考えている。

オスカー・ハマースタイン２世
「サタデー・イヴニング・ポスト」誌
1947

作曲家リチャード・ロジャースとのコンビで有名な舞台ミュージカルの大物オスカー・ハマースタイン２世は、ブロードウェイ・ミュージカルの黄金期に「オクラホマ！」(1943)、「南太平洋」(1949) などの大ヒット作を生んだ。

1927年という早い時期から、ジェローム・カーンと組んだ「ショウボート」で成功していたハマースタインだが、ミュージカル界に１つの基準を設けたのは「オクラホマ！」だった。それまでのようにときおり音楽を中断して短い語りを入れるのではなく、プロットに沿って歌とダンスで物語を発展させていくスタイルを生み出したのだ。「オクラホマ！」は殺人未遂の話で、「南太平洋」は第二次世界大戦時の軍事基地が舞台だ。

「ニューヨーク・タイムズ」紙は、「オクラホマ！」のオープニング・ソング「美しい朝」が舞台ミュージカルの歴史を変えたと報じた。そしてハマースタインの「美しい朝について歌う」ことに関する上記のコメントは、初期の陳腐なミュージカルと比べると深刻なテーマが多いものの、自分の作品には現実逃避の要素もあり、それが成功の鍵だったという事実に言及したものだ。それに続く彼の言葉がすべてを物語っている――「そこに希望がなければ、私は何も書けなかった」。*ME*

音楽には境界線があると教わるが、芸術に境界線などない。

チャーリー・パーカー
「ダウンビート」誌
1949

トランペット奏者のディジー・ガレスピー、ドラマーのマックス・ローチ、そしてピアニストのバド・パウエルとともに、サックス奏者チャーリー・〈バード〉・パーカーは、1940年代にジャズに革命を起こしたビバップ・ムーヴメントの第一人者だ。パーカーの猛烈な演奏テクニックは、激しいリズムとトリッキーなコード進行という複雑なビバップにぴったりだった。今ではパーカーは、史上最も偉大なジャズサックス奏者として広く認められている。パーカー自身は、「クリーンに演奏して、きれいな音符を探す」のが自分の音楽だと謙虚に語っている。ディジー・ガレスピーとの共作で、ジョージ・ガーシュインの「アイ・ガット・リズム」のコード進行を使ったパーカーの「アンスロポロジー」は、ジャズのスタンダードになった。

上記の発言は、1949年に「ダウンビート」誌上に掲載されたインタビュー記事からの抜粋だ。その中でも触れられているように、パーカーは現代のクラシック音楽作曲家についての知識を披露することで、それまでの常識を覆し、ジャズを娯楽以上の位置にまで引き上げてみせた。*ME*

⊃ ジャズサックス奏者チャーリー・パーカーはビバップのパイオニアだ。

作曲家にまっ先に求められるのが死であることは、疑いの余地がない。

アルテュール・オネゲル
『わたしは作曲家である』
1951

クラシック音楽の作曲家アルテュール・オネゲルは、フランスで生まれ育ったスイス人だ。上記の皮肉な言葉は、彼が自身の音楽論を展開した著書『わたしは作曲家である』からの抜粋である。彼が心臓発作に襲われた4年後の1951年に書かれた作品であり、上記の言葉は、活動を縮小せざるを得ないことからくる憂鬱、作曲の苦悩、そして悪化する健康を反映している。

オネゲルの言葉は、創造力の境界線を突破しようと存命の作曲家が四苦八苦するのに対し、すでに死亡した作曲家の作品は受け入れられ、人気を得ていることを暗にほのめかしているようだ。第二次世界大戦中、彼はあえてナチス占領下のパリに留(とど)まることを選択した。ナチスがリヒャルト・ワーグナーのようにすでに死亡したドイツの作曲家を好んでいた時期にあって、彼は当時のフランス音楽を支持したのである。

オネゲルの心情は多少大げさではあるものの、そこにはいくらかの真実も含まれている。たしかに作曲家の作品は、本人が死んで初めて評価されることがある。流行が変化した場合もあるだろうし、単に作者の死後にその作品が発見されたという場合もある。*TH*

私の音楽を一番理解しているのは子供と動物だ。

イーゴリ・ストラヴィンスキー
「オブザーヴァー」紙
1961

ロシア人のイーゴリ・ストラヴィンスキーは、「火の鳥」(1910)、「春の祭典」(1913)など、セルゲイ・ディアギレフ率いるバレエ・リュスに音楽を書いたことで有名だ。

彼はそうした形象芸術作品を書きながらも、1930年代には、音楽は何も表現しないという考えに至っていた。1936年に刊行した自叙伝の中で、音楽は抽象の最も純粋な形ではないかとしている。「音楽には本来、何かを表現するだけの力はない。それが感情だろうと、考え方だろうと、心境だろうと、自然現象だろうと」。上記の言葉は「オブザーヴァー」紙のインタビューの中で飛び出したものだが、その中でストラヴィンスキーは、自分の音楽は「子供と動物」という無垢なものに一番評価されると強調した。

1920年代から1950年代にかけての彼の音楽は、新古典主義時代と特徴づけられて、古代世界のテーマと古典音楽の影響を受けている。1960年代には、彼の曲作りはさらに激しく変化していた。アルノルト・シェーンベルクが開発した、十二音技法を使った実験的な作曲法を採り入れるようになったのだ。*ME*

⊃ ストラヴィンスキーの「火の鳥」(1910)のためにレオン・バクストが描いた絵。

HOTEL
HOTEL

彼の音楽に対する耳はファン・ゴッホ並みだ。

ビリー・ワイルダー
推定・伝聞
1964

1940年代と50年代のハリウッド黄金期が生んだ最も著名な映画監督ビリー・ワイルダーは、彼自身が大いに愛したコメディの台詞のごとく痛烈で現実的なウィットの持ち主だったという。

オーストリア生まれのワイルダーは、1930年代初めにナチスから逃れてアメリカに渡り、フィルム・ノワールの古典『深夜の告白』(1944)で監督としての地位を築いた。『失われた週末』(1945)や大絶賛された『サンセット大通り』(1950)のような骨太作品で高い評価を受けたものの、1950年代後半と60年代は、『七年目の浮気』(1955)、『お熱いのがお好き』(1959)、『アパートの鍵貸します』(1960)、『恋人よ帰れ！　我が胸に』(1966)などのコメディで知られるようになった。

『恋人よ帰れ！　我が胸に』に、「音楽に対する耳はファン・ゴッホ並み」の人物が登場する。ワイルダーのコメディ3作――『あなただけ今晩は』(1963)、『ねえ！　キスしてよ』(1964)、『フロント・ページ』(1974)――にも出演した性格俳優、クリフ・オズモンドだ。トム・ウッド著の伝記『まずはビリー・ワイルダーの明るい一面を』(1969)で紹介されているところによれば、オズモンドが『ねえ！　キスしてよ』で歌を歌うのを聴いたとき、ワイルダーがこの言葉を発したのだという。 *ME*

∩ 『お熱いのがお好き』(1959)の撮影リハーサルで、ジャック・レモンに演技をつけるビリー・ワイルダー。

⊂ 『あなただけ今晩は』(1963)のセットにいるワイルダー。

ふくれっ面はやめよう、紳士諸君。音が悪くなる。

デューク・エリントン
推定・伝聞
1965

1899年生まれのエドワード・ケネディ・〈デューク〉・エリントンは、スイング時代のバンドリーダーから、1965年には一流のジャズ・オーケストラ作曲家にまで登りつめていた。ハーレムの有名なコットン・クラブで過ごした初期の頃から、「クレオール・ラヴ・コール」(1927)といったエリントンのブルース調の音楽は即興ジャズの古典とされていた。エリントンの功績もあって、当時はミリオンセラーも出るジャズ・エイジだった。

彼はその才能を映画音楽にも広げ、「クレオール・ラプソディ」(1931)を皮切りにテーマ音楽も作曲した。『或る殺人』(1959)のサウンドトラック盤など、さまざまな野心的プロジェクトにおいて、プロに徹した作曲家として称賛されている。

それでもエリントンは常にルーツを忘れなかった。キャリアを通じてスター勢揃(せいぞろ)いのビッグバンドを率い、彼らのリーダーとして活躍した。上記の冗談めいた言葉からもそれがわかる。1965年に初めて「宗教音楽コンサート」をレコーディングする際、彼は勤勉なバンドメンバーにふくれっ面をするのはやめようと呼びかけた。*ME*

我々が演奏しているのは人生だ。

ルイ・アームストロング
推定・伝聞
1970

偉大なトランペット奏者マイルス・デイヴィスがかつて、ジャズは4つの単語で定義できるとコメントした。「ルイ、アームストロング、チャーリー、パーカー」だ。アームストロングほどポップス史に大きな影響を与えた人物はいない。彼はまた、音楽に関する歯切れのいい名句を口にするのが好きだった。

1901年にニューオーリンズで生まれたアームストロングは、若い頃からコルネットとトランペットの一流奏者として注目を浴びていた。1925年～28年、ホット・ファイヴとホット・セブンのメンバーとともに一連のレコーディングを行い、それまでは目新しいポップスと見なされていたジャズを、即興演奏とヴォーカルの芸術に仕立て上げた。

ラグタイムとブルースも同じように採り入れた彼の革新は、後に続いたクラシック以外の音楽形式――スイングからビバップ、ロックンロールからヒップホップ――に衝撃を与えた。サッチモというあだ名で呼ばれ、1920年代末から亡くなる1971年まで世界的なスターの座を保っていた。1964年のUSビルボード・チャートのトップからビートルズを蹴落とすほどの人気者だった。*ME*

⊂ デューク・エリントンは、何をするにもブルースの役割を心得ていた。

セックスとドラッグとロックンロール。

イアン・デューリー
「セックス＆ドラッグス＆ロック＆ロール」
1977

∩ シンガーソングライターのイアン・デューリーは、言葉遊びで有名になった名作詞家だ。

イアン・デューリーは、イギリス・ロック音楽界のパンク全盛期に世に出たアーティストだ。1942年生まれで、1971年にカンタベリー芸術学術院で教師をしつつ結成したパブロック・バンドのキルバーン＆ザ・ハイローズを率いていた。このバンドでアルバムを2枚リリースしたものの、デューリーが本当の意味で成功を手にしたのは、1977年から開始したザ・ブロックヘッズでの活動だ。ザ・ブロックヘッズはパンクに続くニューウェーブのバンドだった。ジャズとレゲエの影響を思わせる音楽に乗せたデューリーのシュールな歌詞が、そっけないブラックユーモアを際立たせている。

「セックス＆ドラッグス＆ロック＆ロール」は、デューリーが1977年8月26日にスティッフ・レコードからリリースした初のシングルだ。参加アーティストは、デューリー本人と、ザ・ブロックヘッズからはギタリストのチャズ・ジャンケルとサックス奏者のデイヴィー・ペインの2名のみ。当時はパンク全盛期で、この歌はロックンロールの不摂生を称賛する歌だと誤解されることが多いが、デューリーは昔から、9時から5時までの型にはまった生活だけが人生ではないとアドバイスしているだけだと主張していた。***ME***

ロック・ジャーナリズムとは、
書く力のない人間が、
話す力のない人間にインタビューして、
読む力のない人間に記事を提供することだ。

フランク・ザッパ
「トロント・スター」紙
1977

フランク・ザッパは30年のキャリアの中で、ロックバンドとソロを合わせて60枚以上のアルバムをリリースしている。モダン・クラシックからリズム＆ブルースを幅広く採り入れた、折衷主義的趣向のアーティストだ。ザ・マザーズ・オブ・インヴェンションとしてのデビューアルバム「フリーク・アウト！」(1966)から、最後の作品「イエロー・シャーク」(1993)に至るまで、彼はレコーディング・スタジオでどこまで可能か、その境界線を押し広げようとした。ロック、ジャズ、オーケストラ音楽、実験的電子音楽と、あれこれ取り混ぜている。歌詞の中では、芸術のわく組を外し、言論の自由を熱烈に支持している。

上記の有名な言葉は、「ローリングストーン」誌のリンダ・ボッツが編集した1980年の名言集からの抜粋だが、もともとはその3年前にザッパがカナダのジャーナリストによるインタビューの中で口にした言葉だった。前後の文脈から切り離され、冒頭についていた「大半の」という言葉が取り払われたために、言葉の強烈さが増してしまい、その分、発言者本人のもともとの意図から離れてしまった。ザッパは決してロック・ジャーナリズム全体のことを言っていたわけではないのだ。 ***ME***

∩1979年、星条旗模様の山高帽をかぶり、ポーズをとるミュージシャンで作曲家のフランク・ザッパ。

格好つけるくらいなら死んだほうがましだ。

カート・コバーン
「ステイ・アウェイ」
1991

∩ 娘のフランシス・ビーンを抱くカート・コバーン。
アウトサイダーの視線を自身の音楽の心と魂にしていたアーティストだ。

アメリカのロックバンド、ニルヴァーナの楽曲「ステイ・アウェイ」の反体制的な歌詞の一節である。大ヒットを飛ばしたセカンドアルバム「ネヴァーマインド」に収録された曲だ。バンドのカリスマ的なリードヴォーカル、カート・コバーンによる作詞だが、デモ版だった「ペイ・トゥ・プレイ」という楽曲を本人が1991年に改定したとき、この歌詞がつけ加えられた。

「ネヴァーランド」が商業的に大成功を収めたために、コバーンは本人の意思に反して、瞬く間に不満を抱く若者たちによるジェネレーションXグランジ・ムーヴメントの象徴に祭り上げられてしまう。しかし音楽シーンの主流に乗り、宣伝に振り回されるのは、コバーンにとって極めて不快なことだった。ヘロイン中毒のために衰弱した彼は、孤独を求め、リハビリ施設を出た数日後の1994年4月8日、シアトルの自宅で死んでいるところを発見された。頭部には銃創が1つ残っていた。

公に自殺と発表された27歳のコバーンの死は、彼の苦悩の真実をファンに突きつけた。成功のまっただ中で自らの命を絶つことで、コバーンは上記の暗い言葉を現実のものとし、不満を抱く若者たちにとっての悲劇的な桂冠（けいかん）詩人となったのだ。**EP**

人からどうやって音楽を作っているのかと尋ねられる。僕は、音楽の中に足を踏み入れるだけだと答える。川に足を踏み入れて、流れに身を任せるようなものだ。

マイケル・ジャクソン
『ダンシング・ザ・ドリーム』
1992

20世紀の最も偉大なミュージシャン、マイケル・ジャクソンは、「キング・オブ・ポップ」として世界に名をとどろかせた。1960年代、子供のときにジャクソン5の一員として名声を手にしたのち、1971年にソロ活動を開始した。音楽を川にたとえたのは、幼い頃から音楽に囲まれて育ってきた彼にとって、音楽は強要されるものではなくごく自然に入ってくるものだからだろう。曲作りのエネルギーにただ身を任せるだけで、自ずと音楽が誕生するのだ。

上記の言葉は、ジャクソンの詩や思いをまとめた『ダンシング・ザ・ドリーム』からの抜粋だ。その本の中で彼は創造の精神性について論じている。ジャクソンが川をたとえにしたのは、その本の大半が環境に関連した内容だからだ。ジャクソンはさらに、歌を書くのは自然と1つになることだと論じ、こんな説明をしている。「川には常に歌がある……聴くたびに違う歌だ。森を散歩していると、パチパチという軽快な歌が聞こえてくる。木の葉が風にざわめき、小鳥がぺちゃくちゃおしゃべりし、リスが賑(にぎ)やかな声を上げ、足もとで小枝がぱりぱりと音を立てる」。*TH*

∩ポップ・スターのマイケル・ジャクソンは、7歳のときから曲作りを始めたという。

とても悲しい曲 ——ショパン——は その悲しみを 楽しめばいい。

ウンベルト・エーコ
「インデペンデント」紙
1995

イタリアの哲学者、エッセイスト、文芸評論家、小説家のウンベルト・エーコは、革新的な歴史小説『薔薇の名前』(1980)の著者として知られる人物だ。他にも『フーコーの振り子』(1988)、『前日島』(1994)などの傑作を生んでいる。どれも自身の中世と文学一般の歴史的背景研究を基にした作品である。記号学に関する研究により、彼はポストモダニズム美学における指導者として認められてきた。

上記は、ジャーナリストのブライアン・アップルヤードがイギリスの新聞「インデペンデント」のためにインタビューを行った際、飛び出した言葉である。当時エーコは、『前日島』の宣伝のためにロンドンに滞在していた。自身の作品を読むべき理由について問われたエーコは、開口一番、クラシック音楽の作曲家フレデリック・ショパンに言及した。「とても悲しい曲がある」。インタビューの中でエーコは、音楽(むしろ彼の場合、文章だろうが)が表現する感情そのものを楽しむというテーマで話を展開していった。たとえその感情(たとえば後悔、孤独、悲しみ)自体は、喜ばしいものではないとしても。 **ME**

ポップスは 何もかもがオーケーだと言い、 逆にロックンロールは オーケーじゃないと言うが、 それはあなたが変えられる。

ボノ
第54回国家朝餐祈禱会での演説
2006

アイルランドのスーパーグループU2の看板スター、サングラス姿の優雅なボノは、世界的な名声を手にした後、人気を博した印象的なロック賛歌の数々をはるかに超えたものにまで、その力強い声を役立たせてきた。1960年にポール・デイヴィッド・ヒューソンとして生まれたボノは、アイルランド教会のキリスト教信者に囲まれて育った。そのため、自身の音楽で繰り返しテーマに据えている精神性を基盤に、その知名度を利用して社会的、政治的不正を糾弾してきた。

「ロック音楽には、朝ベッドから出る気にさせるだけの反逆精神がある」という信念のもと、ボノは自身のクリエイティブなエネルギーとビジネスの才覚を幅広い大義、たとえばアフリカのエイズ危機、第三世界の負債、世界的な貧困等に差し向けている。「ライヴエイド」のようなチャリティ・コンサートに出演したり、政治的な求心力のある「ワン・キャンペーン」などの慈善活動を後押ししているのだ。

上記の演説の中で彼は、信仰を超えて、アフリカの貧困、飢餓、感染病の流行に取り組むべく行動を起こそう、と熱心に呼びかけている。同じ年、彼のスピーチは『オン・ザ・ムーヴ』というタイトルで出版された。その収益は「ワン・キャンペーン」に寄付される。 **EP**

音楽は、それまで個人的に見知っていた出来事や人々や場所とはまったく違う世界を呼び覚ますことがある。

オリバー・サックス
『音楽嗜好症（ミュージコフィリア）』
2007

サックスは世界的に著名な神経学者で、症例を紹介した書籍で高く評価されている。ベストセラーになった作品もあれば、舞台や映画に翻案されてヒットしたものもある。人間の脳研究に情熱を注ぐ姿から、「現代医学の桂冠（けいかん）詩人」と称されるようになった。彼が描く患者の物語は、臨床的な記述の枠を超えている。中でも、彼の著作を原作とした映画『レナードの朝』(1990)は大ヒットし、オスカー候補にもなった。嗜眠（しみん）性脳炎の患者を回復させようとしたサックスの働きが描かれた作品だ。

『音楽嗜好症』は、音楽が独特な感情エリアに到達し、凍結した神経プロセスを臨床実践レベルで生き返らせることを探求した作品である。他の刺激要因ではなかなか接続できない感情反応を、音楽なら引き出すことができるという。同書では、抽象的な芸術の一形態として音楽の役割が詳しく解説されている。上記の言葉からもわかるように、音楽は医者と患者の通常のコミュニケーションを超えて、はるかに奥深い精神にまで到達することができるのだ。*ME*

ロックンロールは、黒人音楽を演奏しようとして見事に失敗した白人の子供だった。

スティーヴン・ヴァン・ザント
ブルームバーグのウェブサイト上のインタビュー
2009

1950年生まれのギタリスト、スティーヴン・ヴァン・ザントは、ブルース・スプリングスティーンのバックを務めるEストリート・バンドの大黒柱だ。ロックンロール誕生時はまだ幼い子供だったが、10代に成長した1960年代には、ロックの爆発的な人気を目の当たりにしている。7歳からニュージャージーで育ち、1975年には多大な影響力を持つサウスサイド・ジョニー＆ジ・アズベリー・ジュークスの結成メンバーになっていた。それがのちにスプリングスティーンと彼のEストリート・バンドの登場につながった。

2007年、彼はロックンロール・フォーエバー基金を設立し、アメリカの教育カリキュラムの一環としてロック音楽の歴史を保存、発展させることに尽力した。その基金の声明文とも言える上記の言葉は、アメリカの若者たちにロックの歴史に目を向けるよう促そうとしての発言だった——1950年代、エルヴィス・プレスリー、ジェリー・リー・ルイス、バディ・ホリーといったロックのパイオニアたちは、実際、黒人のR&Bをまねようとした白人だった。途中、失敗することもあったろうが、最終的には世界を一変させるすばらしい結果を生み出している。*ME*

人名索引

アーノルド、マシュー
宗教が真に意味するのは単なる道徳ではなく、感情に訴える道徳である。507
アームストロング、ニール
1人の人間にとっては小さな一歩だが、人類にとっては偉大な飛躍である。777
アームストロング、ルイ
我々が演奏しているのは人生だ。939
アーレント、ハンナ
確かに犯罪と犯罪者だけが、根本悪という難問を我々に突きつける。だが、本当に芯から腐っているのは偽善者だけだ。414
アインシュタイン、アルベルト
神はサイコロを振らない。763
想像力は知識より大切だ。559
満足を得るために、人は自らの知力や芸術的な力を磨く機会を持たなくてはならない。612
アウレリウス、マルクス
時間のあらゆる瞬間は、永遠の一部である。297
自身の魂の中ほど穏やかで煩わされることのない静養所はない。788
アガトーン
神でさえ、過去は変えられない。291
アクトン卿
権力は腐敗する、絶対的権力は必ずや腐敗する。392
アゲシラオス2世
立派な行為かそうでないかは、礼儀正しさゆえかただ従っているだけかで決まる。532
アダムズ、ダグラス
我々はテクノロジーを前にお手上げ状態だ。とにかく機能してくれるものさえあればいいというのに。725
アダムズ、フィリップ
最も辛辣ないがみ合いは政党間ではなく、政党内に存在する。430
アダムズ、ヘンリー・ブルックス
教育の中で惰性の事実という形で蓄積している無知の量ほど驚くべきものはない。607
実際の政治は事実を無視することで成り立っている。393
アッシュ、アーサー
本当は対戦相手と闘っているわけじゃない。自分自身と、自身の最高基準と闘っているのだ。そして限界に達したときこそ、本当の喜びだ。823
アッシュ、メアリー・ケイ
会社の良し悪しは人材で決まる。678
アディソン、ジョゼフ
風刺文学は笑みを浮かべながら服の下に短剣を隠していた。雷電で修辞学だと見分けがつき、仮面で喜劇だとわかった。844
アトウッド、マーガレット
セックスがなくても誰も死なない。死ぬのは愛を失ったとき。146
アドラー、アルフレッド
事実はしばしば、攻撃における脅威の武器になる。事実を武器にすれば嘘をつくことも、さらには殺人を犯すこともできる。470
アバークロンビー、ジョー
私は多くの過ちからあらゆることを学んできた。どうしても学べないのは、過ちを犯さずにいる方法だ。627
アフリカの格言
最高の彫刻家は曲がった木でわかる。231
勝利した時よりも敗北した時のほうがはるかに多くのことを学べる。592
アベラール、ピエール
書く病にかからぬよう予防が必要だ。書くことは危険で、伝染しやすい病だから。152
アマルリック、アルノー
皆殺しだ。神が見分けるだろう。300
アミエル、アンリ・フレデリック
精神生活を持たない人は、環境の奴隷である。552
アリ、モハメド
これは単なる仕事だ。草は茂り、鳥は空を飛び、波は砂を洗う。それと同じように俺は人を殴る。818
アリストテレス
教養は順境においては飾り、逆境においては避難所、老境においては蓄えである。581
自然は真空を嫌う。731
真の友とは2つの肉体に宿る1つの魂である。69
賃金が支払われる仕事はすべて精神を奪い、堕落させる。632
ツバメ1羽で夏にはならない。1日の晴天もしかりだ。同様に、幸せな1日やつかの間の幸せで、人が完全に幸せになれるわけではない。533
人間は生まれながらにして政治的な動物である。353
人に従うことを知らない者は、よき指導者になり得ない。353
ユーモアの秘訣は驚きだ。842
アリストパネス
馬のところに戻ってもらいたい。578
アルキメデス
わかったぞ(ユリーカ)! 734
私に支点を与えよ。そうすれば地球を動かしてみせよう。693
アルトー、アントナン
私たちは自分から文学を洗い落とさなければならない。何よりも人に、人間になりたいのだから。191
アレン、ウディ
成功の80%は、その場に現れること。880
アレン、ジェームズ
人はその人の思考そのものである。464
アンジェロウ、マヤ
創造力は使い切れません。使えば使うほど、あふれてくるのです。211
アンシェン、ルース・ナンダ
言語構造は思考だけでなく、現実そのものも決定する。474
アンドレッティ、マリオ
何もかもがコントロールできていたら、まだスピードが足りないということだ。838
アンリ4世
わが王国に、毎週日曜日の食卓に鶏肉を出せぬほど貧しき農民がいてはならぬ。361
イーヴリン、ジョン
友情は世界中の心を結ぶ黄金の糸。102
イーバート、ロジャー
エンターテインメントは物事があるべき姿を描き、芸術は物事のありのままの姿を描く。895
イエーツ、W・B
事物がばらばらになり、中心は持ちこたえられない。45
そっと歩んでください、夢の上なのだから。187
イギリスの格言
老いたる犬に新たな芸を教えることはできない。590
帽子が大きければ大きいほど、資産は少ない。366
最も忙しい人が最も多くの時間を持つ。793
イギリスの有罪判決にまつわる格言
法律は共有地からガチョウを盗んだ者を拘留し、ガチョウから共有地を盗んだ極悪人を野放しにする。367
イソップ
親切な行いはどんなに小さくても、決して無駄にはならない。66
井原西鶴
何事をもうちばにかまへて、人の跡につきて利を得る事かたし。642
イプセン、ヘンリック
思想には散文を、想像には韻文を。181
イブン=アリ=タービブ、アリー
千人の友がいても不要な友などいないが、1人の敵がいれば、至る所で出会うだろう。80
インゲ、ウィリアム・ラルフ
教育の目的は事実についてではなく、価値について知ることである。609
インドの格言
アーチは眠らず。224
ヴァザーリ、ジョルジョ
天才は、一番仕事をしていないとき、一番多くを成し遂げる。694
ヴァレリー、ポール
科学とは、常に成功するあらゆるレシピの集合体を意味する。あとの残りは文学だ。765
詩は完成されず、放置されるのみ。194
ヴィーゼル、エリ
我々は常にどちらか一方を支持しなければならない。中立は抑圧者を支援するだけで、被抑圧者の助けには決してならない。426
ヴィダル、ゴア
セックスとテレビ出演の機会は逃してはならない。881
ウィッテントン、ロバート
時の求めに応じ、奇跡のようにすばらしいこともあれば、浮かれ騒ぐ陽気な男になることもあり、ときには悲しく厳粛で──すべての季節に向く人なのだ。302
ヴィトゲンシュタイン、ルートヴィヒ
語り得ぬものについては、沈黙しなければならない。468
ウィトルウィウス
教育なしの天賦の才からも、天賦の才のない教育からも、完璧な芸術家は生まれない。226
ウィリアムズ、テネシー
劇場とは、人々の問題に時間を割く場所であり、彼らが職を求めて訪ねれば、ドアのありかを指し示すような場所だ。863
ウィリアムソン、マリアン
皮肉なことに、私たちは肉体ではなく魂と一体となった時に、物質界で最も力を発揮するのです。573
ウィルソン、ハロルド
政治の世界で1週間は長い期間だ。418
ウィルモット、ジョン
人と人の違いは、人と獣の違いより大きい。451
ウィンフリー、オプラ
間違いなく言えるのは、愛は至るところにあるということ。147
ウエスト、レベッカ
真の芸術作品は、芸術家と鑑賞者の議論から始まらなければならない。274
ウェスパシアヌス
金は臭わない。638
ウェルギリウス
愛はすべてを征服する。愛に屈服せよ。73
ウェルズ、H・G
人類の歴史はますます教育と大惨事の競い合いになっている。331
ウェルズ、オーソン
芸術家は常に時代遅れ。272
ウェルチ、ジャック
製造過程においては各製品の差をなくそうと努力する。だが人間が相手のときは、差こそがすべてだ。686
ヴェルヌ、ジュール
我々は人間の法には果敢に立ち向かっても、自然の法則には抗えない。750
ウォー、イーヴリン
時間厳守は退屈な者たちの美徳だ。570
ウォーカー、アリス
人が持てる力を放棄するのは、たいてい自分には力がないと思うからだ。429
ウォード、ウィリアム・アーサー
逆境に遭うと心を破かれる人もいれば、記録を破る人もいる。815
ウォーホル、アンディ
金を稼ぐのはアートだ、働くこともアートだ、ビジネスの成功は最高のアートだ。674
誰でも15分間なら有名になれる、そんな時代が来るだろう。871
ウォズニアック、スティーブ
賢い人たちが働く部屋のドアの鍵は開いている。726
ヴォルテール
医者とは、ほとんど知識を持ち合わせない薬を処方し、それ以上に知識を持ち合わせない病気を治療し、全く知識を持ち合わせない人間を健康にしようとする者のことだ。742

この国では、時々提督を処刑したほうが後進が育ちやすくなる。376
もし神が存在しないのならば、神を創造する必要がある。500
ウォルトン、サム
ボスは1人だけ。客だ。客は他の店で買い物をすることで、会社の会長以下全員をクビにできる。682
ウォルポール、ホレス
この世は考える者にとっては喜劇で、感じる者にとっては悲劇だ。844
ウッドハウス、P・G
文芸における同じ好みほど、美しい友情の礎として確実なものはない。195
ウッドマン、マリオン
自らの過去を断ち切り、1人で立つのはとても勇気のいることです。344
ウナムーノ、ミゲル・デ
おそらく、時間をやり過ごすことが喜劇の本質だ。悲劇の本質が永遠をやり過ごすことであるように。855
ウルステンホルム、ケネス
みんな、もう終わったと思っているのですが……今終わりました。814
ウルストンクラフト、メアリ
女性は論理的に考えるよりもむしろ感じるように創られている、という世にはびこる考えによって、どれほど多くの惨めさ、気苦労、悲しみに突き落とされているか、そのすべてをたどることは果てしのない仕事だろう。382
ウルフ、ヴァージニア
男性の女性解放に対する反対の歴史は、おそらく女性解放そのものの話よりも興味深いでしょう。332
ウルリック、ローレル・サッチャー
行儀のいい女性に歴史はまず作れない。424
英語の格言
下手な職人は道具のせいにする。695
エイミス、マーティン
作家はみな自分の人生がある意味では手本であり、普遍的なものになると期待し、図々しくも思い込んでいる。214
エヴェレット、エドワード
自由にとって、教育は常備軍よりも頼りになる護衛だ。602
エウクレイデス
自然の法則は神の数学的思考である。732
エウリピデス
舌は誓ったが、心は誓っていない。530
若い頃に学ばなかった者は過去を失い、未来のために死ぬ。291
エーコ、ウンベルト
とても悲しい曲——ショパン——は、その悲しみを楽しめばいい。944
エジソン、トーマス
天才とは1%のひらめきと99%の努力である。707
私は失敗したことがない。1万通りのうまくいかない方法を見つけただけだ。700
エチエンヌ、シャルル=ギヨーム
物事を正しく成し遂げたいなら、自分ですることだ。649
エックルス、ジョン
今では、大切な理論が論破されることすら嬉しい。それも科学の成功なのだから。773
エディントン、サー・アーサー
科学は刃のある道具で、子供のように弄べば指を切りかねない。766
エマーソン、ラルフ・ウォルドー
一貫性など、偉大な魂とは何も関係ない。36
今の時代は深刻で災いばかりだが、いつの時代も本質的には似たようなものだ。人生がある限り、危険はつきものなのだ。321
どんな芸術家も最初は素人だった。240
エラスムス
目が見えぬ者たちの国では、片目の見える者が王になる。357
エリオット、ジョージ
冗談に対する感覚の違いは、情愛にとって大きな重荷である。127
エリオット、T・S
こんなふうに世界は終わる。爆発ではなく、すすり泣きで。46
人間は多くの真実には耐えられない。48
エリザベス1世
私はか弱い肉体を持つ女です。でも国王の心と勇気を持っています。358
エリス、ハヴロック
哲学において、重要なのは目標の達成ではない。重要なのはその過程で発見するさまざまな事象だ。469
エリュアール、ポール
希望は埃ひとつ立てない。562
エリントン、デューク
ふくれっ面はやめよう、紳士諸君。音が悪くなる。939
エルンスト、マックス
芸術に趣味は関係ない。芸術は趣味に合うかどうかを試すためにあるわけではない。256
エンゲルス、フリードリヒ
しかしながらすべての宗教は、人間の日常生活を支配する外力に対し人間の心が示す異様な反応にすぎない。508
エンニウス
幸運は勇者に味方する。23
オウィディウス
神が存在するのは都合のいいことだ。都合がいいのだから、神は存在すると信じよう。486
時、事物を貪るもの。296
オーウェル、ジョージ
4月のよく晴れた寒い日で、時計が13時の鐘を鳴らした。200
すべての動物は平等である。だが一部の動物は他よりもっと平等だ。404
人を破滅させるのに最も効果的な方法は、その人の歴史解釈を否定し、抹消することだ。336
歴史は勝者によって書かれる。335
オーエン、ウィルフレッド
祖国のために死すは甘美にして名誉なり。330
オーエンス、ジェシー
たった10秒のために生涯をトレーニングに費やす。812
オースティン、ジェイン
財産がある独身男なら、妻を求めているに違いないというのが世間一般の相場である。114
本がうまく書けていると、決まって短すぎるように感じる。166
オーデン、W・H
芸術は恥から生まれる。266
時計をすべて止めろ、電話を切れ。49
私も大衆も知っている、どんな生徒も、悪をなされた人はその報復として悪をなすことを学ぶものだ。402
オキーフ、ジョージア
抽象的な感覚でよくなければ、具象画はよくない。280
オショーネシー、アーサー
我らは音楽を紡ぐ者、そして我らは夢を紡ぐ者、ひとたび波が打ちよせれば放浪し、寂れた小川の縁に腰を下ろす。919
オスグッド、ピーター
女性ならいつも周りにいるが、ワールドカップは4年に一度きりだ。835
オスラー、ウィリアム
喉元に指1本、直腸に指1本で、優秀な診断医となる。757
オッカムのウィリアム
存在物は無用に増やすべきではない。445
オッペンハイマー、ロバート
我は死に神なり。世界の破壊者なり。774
オナシス、アリストテレス
ビジネスの秘訣は、誰も知らないことを知ることだ。679
オネゲル、アルテュール
作曲家にまっ先に求められるのが死であることは、疑いの余地がない。934
オバマ、ミシェル
恐怖に基づいて決断してはいけません。希望と可能性に基づいて決断してください。起きるはずのないことではなく、起きるはずのことに基づいて決断してください。572
オリヴィエ、ローレンス
俳優に与えられた仕事——人の心に己の知識を教える——以上によいものを、私は知らない。873
オルコット、エイモス・ブロンソン
賢明で適切な引用をするには、賢明な読者になることである。183
オルテガ・イ・ガセット、ホセ
人が悲劇を弄ぶのは、文明世界に真の悲劇など存在しないと信じているからだ。853
オルドリン・ジュニア、エドウィン・〈バズ〉
銅メダルや銀メダルにこだわる者はいない。839
カーソン、ベン
企業が商売をするのは福祉のためではなく、金を儲けるためだ。688
カーソン、レイチェル
すべてのものは最後には海へ帰ってゆく……始まりであるとともに終わりである海へ。339
カーネギー、デール
人に何かをさせるための唯一の方法は、人が望むものを差し出すことだ。661
カーハン、エイブラハム
ビジネスの世界には、能なしの成功者が大勢いる。654
カーライル、トーマス
過去に価値があったことは決してなくならない。人間が気づいた真実や善は決して死なず、この先も死ぬことはあり得ない。314
人間は道具を使う動物である。道具なしでは無であり、道具があるとすべてである。698
ガーランド、ジュディ
二流の他人ではなく、一流の自分自身を目指すべき。867
カール5世
神に話しかけるときはスペイン語、女にはイタリア語、男にはフランス語、そして馬には——ドイツ語で話す。84
ガウス、カール
結果はずいぶん前からわかっているが、そこにどうやってたどり着けばいいのかが、いまだにわからない。746
カウティリヤ
敵の敵は友。70
カウフマン、ベアトリーチェ
お金持ちの時もあったし、貧乏の時もあったけれど、お金持ちの時のほうがよかった。664
カウリー、エイブラハム
愛することは大きな苦しみ、恋しさが募る苦しみ。けれども、どんな苦しみより苦しいのは愛しても実らない愛。95
カエサル、ユリウス
来た、見た、勝った。294
格言
偉人は皆同じように考える。540
1ペニーの節約は、1ペニーの稼ぎ。639
買い手に必要なのは100の目で、売り手に必要なのは1つの目。640
手の中の1羽の鳥は藪の中の2羽に値する。638
慣れすぎは侮りのもと。79
本当に幸せな人とは、遠回りをしている間も景色を楽しめる人のことだ。564
見知らぬ悪魔より馴染みの悪魔のほうがいい。495
目は心の鏡である。539
持ち主を奴隷化する富は、富ではない。641
カサノヴァ、ジャコモ
(結婚とは)愛の墓場である。112
カストロ、フィデル
革命とは未来と過去のはざまにある命を賭した戦い

である。409
カズンズ、ノーマン
自由意志と決定論はカードゲームのようなものだ。配られたカードは決定論を示し、カードをどう切るかは自由意志を示す。405
カッツ、バーナード
宗教組織——世界最大の無限連鎖講。525
カフカ、フランツ
本は私たちの中にある凍りついた海を割る斧でなければならない。188
私にとって、愛とはナイフであるあなたを、私の中でひねるようなもの。132
カマラ、エルデル
貧しい人に食べ物を施すと、彼らは私を聖人と呼ぶ。どうして貧しいのかと問うと、彼らは私を社会主義者と呼ぶ。421
カミュ、アルベール
人間は現在の自分を拒絶する唯一の生き物である。471
私に人間の倫理と義務を教えてくれたのはスポーツだ。811
カリグラ
ローマの人々の首が1つならいいのに。296
ガリバルディ、ジュゼッペ
私がきみたちに与えられるのは、飢えと渇きと強行軍と戦闘、そして死だけだ。国を愛する者よ、私について来るがいい。387
ガリレイ、ガリレオ
科学的な原理を否定すれば、いかなる逆説も主張できるだろう。737
それでも地球は動いている。738
カルヴィーノ、イタロ
古典とは言うべきことを言い、決して読み終わらない本である。210
私は次から次へと話したが、聞き手が覚えるのは予想した言葉だけ。物語を左右するのは声ではない。耳なのだ。207
カルウェル、アーサー
嘘をついて勝利するより、信条を貫いて敗北するほうがいい。408
ガルシア=マルケス、ガブリエル
ビターアーモンドのにおいがすると、この恋も報われなかったのだと思ってしまうが、これぱかりはどうしようもなかった。145
カルデロン・デ・ラ・バルカ、ペドロ
裏切りは終わった。裏切り者はもう必要ない。303
恋が狂気でないなら、そもそもそれは恋ではない。96
ガルボ、グレタ
あそこで私は人生最良の年月を無駄にしたの。862
カレンス、スタビー
努力する前に成功を見つけられる場所は辞書の中だけだ。660
カワード、ノエル
安っぽい音楽の効き目は桁外れ。927
ガンジー、マハトマ
あなたがこの世で見たいと願う変化に、あなたがなりなさい。397
他の人たちが簡素に生きられるように、簡素に生きよ。401
「目には目を」という考え方は、世界中の目をつぶしてしまう。424
管仲
魚を与えれば、1日食べていける。魚の取り方を教えれば、一生食べていける。577
カンディンスキー、ワシリー
芸術家は楽しい人生に生まれついていない。無為に生きてはいけない。やるべき苦役があるのだから……。257
カント、イマヌエル
自分のあらゆる行いが、普遍的な法則になるかのように生きよ。456
もし神が実際に人間に語りかけたとしても、人間にはそれが神の声だとは決してわからない。501
キーツ、ジョン
美しきものは永遠の喜び。35
霧と豊かな実りの季節よ！ 171
美は真実なり、真実は美なり、この世で知ることはそれだけであり、知るべきことはそれだけである。170
キケロ
生まれる以前に起きたことを無視するのは、子供のままでいるようなものだ。294
哲学者がまだ述べていないことで、不条理なものは何1つない。440
庭と図書館があれば、必要なものはすべてそろっている。151
ギボン、エドワード
歴史とは……人類の犯罪、愚行、災難の記録にすぎない。305
キャップ、アル
抽象画は才能のない者が描き、節操のない者が売り、すっかり途方に暮れた者が買う。278
キャプラ、フランク
ドラマを勘違いしていた。俳優が泣いたときがドラマなのだと思っていたが、実は観客が泣いたときがドラマなのだ。875
キャベル、エディス
私の愛国心は十分ではないとわかっています。誰に対しても恨みや憎しみを抱いてはならないのです。329
キャメロン、W・B
数えられることすべてが重要なわけではなく、重要なことすべてが数えられるわけでもない。58
キャロル、ルイス
辞書とは何と安らげるものか！ 187
旧約聖書
食事をするのは笑うため。酒は人生を楽しむため。銀はすべてに応えてくれる。632
知恵が深まれば悩みも深まり、知識が増せば痛みも増す。439
鳩の翼が私にあれば、飛び去って宿を求める。787
暇人の手許は悪魔の仕事場。786
無知な者も黙っていれば知恵があると思われ、唇を閉じれば聡明だと思われる。65
キュリー、マリ
科学では、人ではなく物事に興味を抱くべきだ。760
キュレネのカリマコス
大いなる書物は、大いなる悪。150
キリスト、イエス
金持ちが神の国に入るよりも、ラクダが針の穴を通るほうがまだ易しい。486
神は何でもできる。487
友のために自分の命を捨てること、これ以上に大きな愛はない。75
キルケゴール、セーレン
怠惰それ自体は決して悪の根源ではない。逆に、退屈さえしていなければ、真に天与の生活となる。794
ギルバート、W・S
私はさまよえる吟遊詩人——バラッドでも歌でも小唄でも、切れ端でも断片でも、夢見心地の子守歌も歌います！ 921
キング、スティーブン
本は完璧な娯楽だ。コマーシャルもないし、電源もいらないし、1ドルで何時間も楽しめる。220
キング・ジュニア、マーティン・ルーサー
私には夢がある。それは、いつの日か、私の4人の幼い子供たちが肌の色によってではなく、人格そのものによって評価される国に住むという夢である。416
ギンズバーグ、ルース・ベイダー
障害だと思ったものが大きな幸運に変わることは、人生でよく起こります。61
クインティリアヌス
心というのは胃のようなものだ。食べるものが変わると刺激を受け、種類の豊富さが新たな食欲をかき立てる。535
クーパー、ウィリアム
各地を放浪したことのある劣等生が、母国を出たことのない劣等生よりどれほど優れているというのか。598
クーパー、ジェイムズ・フェニモア
歴史は英雄を、恋人のように理想の光で包みがちだ。313
クーベルタン男爵、ピエール・ド
オリンピックの一番の意義は、勝つことではなく参加することだ。799
クーリッジ、カルビン
アメリカ人の一番の関心事は、ビジネスだ。657
クセノパネス
もし雄牛や馬や獅子に手があれば……馬は神の姿を馬に似せて描き、雄牛は雄牛に似せて描くだろう。483
クラーク、アーサー・C
十分に発達した科学技術は、魔法と見分けがつかない。716
クラウス、カール
民主主義はすべての人を奴隷にする。423
クラウゼヴィッツ、カール・フォン
戦争とは他の手段をもってする政治の継続にすぎない。385
グラス、ギュンター
市民の務めは声をあげ続けることだ。409
グラティアヌス
絵画は俗人の聖書である。227
グリア、ジャーメイン
革命とは抑圧された人たちの祭りです。420
グリーン、グレアム
人間関係では、優しさと嘘は千の真実に値する。141
人は自分に苦しみを与えたものを、実に簡単に忘れてしまう。561
グリーン、ジョン
あなたが金持ちの場合、金持ちのままでいられないのは愚かな証拠だ。あなたが貧しい場合、金持ちになるにはよほど頭がよくなければならない。687
グリーン、ナンシー
困難を乗り越えるには、自分のスポーツを心から愛する必要がある。832
グリーン、ロバート
学問と法律にとって、何も知らないことほど恐ろしい敵はいない。591
グリスウォルド、アルフレッド・ホイットニー
独創的なアイデアは集団からは湧きません。個から湧くのです。205
クリスティー、アガサ
発明は物ぐささや怠惰から生まれる。面倒を避けるために。817
グリフィス、D・W
大衆が見たいのは銃と女の子だ。851
クリフォード、W・K
どこであれ、誰であれ、不十分な証拠を基に何かを信じるのは間違いだ。751
クリントン、ビル
大統領に就任したときは、ワールド・ワイド・ウェブなるものを一度でも耳にしたことがあるのは精力的な物理学者だけだった……それが今では、私の猫ですら自分のページを持っている。721
グレイ、トマス
無知は至福である。596
クレー、パウル
素描とは勝手に歩く線にすぎない。255
グレーヴス、ロバート
完璧な詩などあり得ない。そんなものが書かれたら、世界は終わりを迎えるだろう。207
グレツキー、ウェイン
打たないシュートは100%外れる。821
クレルヴォーの聖ベルナール
本の中よりも森の中のほうがより多くの発見があるだろう。木や石は教師からは決して学べないことを教えてくれる。588
クロウリー、アレイスター
新聞を読むということは、価値あるものを読むのをやめることである。192
クロス、ランディ
NFLは人生と同じく、愚か者であふれている。834
クロフォード、ジョーン
私はお金を信じている。稼いだお金はすべて使うの！

666
クロムウェル、オリバー
必要の前に法律はない。371
クンデラ、ミラン
過去は生命に満ち、私たちをいら立たせ、挑発し、侮辱し、その過去を破壊するか書き直すかしたいと思わせる。343
ゲイ、ジョン
勉学によって得た知識に勝るものはない。知識は決して子から子へと受け継がせることはできない。594
ケイヴ、ニック
どんなパフォーマーでもアーティストでも、成功と同じくらい派手に失敗するのが本質的な事実だと思う。885
ゲイツ、ビル
あなたの顧客の中で、一番不満を持っている客こそ、あなたにとって一番の学習源なのだ。684
ゲーテ、ヨハン・ヴォルフガング・フォン
芸術以上にこの世から解放してくれるものはなく、芸術以上にこの世との確かな絆を築いてくれるものはない。235
ゲーリー、フランク
建築は時代と場所を語りながら、不朽を求めるべきである。285
ゲーリック、ルー
私は、自分をこの世で最も幸せな男だと思っている。807
ケタリング、チャールズ
ライト兄弟は、不可能という名の煙幕を飛び抜けた。711
ゲティ、J・ポール
人に順応してばかりいたら、ビジネスにおいて持続する本物の成功、すなわち「豊かになること」はできない。667
ケネディ、ジョン・F
多くを与えられた者は多くを求められる。412
統率力と学識は、切り離せない関係にある。415
わが同胞であるアメリカ国民の皆さん、国があなたのために何をしてくれるかを問うのではなく、あなたが国のために何ができるのかを問うてください。410
ゲバラ、チェ
革命は熟して落ちるりんごではない。りんごが落ちるようにしなければならないのだ。419
ケプラー、ヨハネス
自然は何を利用するにも最小限に留める。736
ケラー、ヘレン
かの国は富裕層や企業、銀行家、土地の投機家、労働搾取をする人たちが有利になるよう統治されています。394
教育の最高の成果は寛容である。605
人生は果敢な冒険か、無のどちらかだ。52
ゲルホーン、マーサ
女は母親を嫌う男と結婚すべきでないことは、嫌というほどわかっている。143
ケンピス、トマス・ア
人は行為を見て判断するが、神は真意をはかる。494
孔子
己に如かざる者を友とすることなかれ。68
仁者は難きを先にし獲るを後にす、仁と謂うべし。631
ゴーギャン、ポール
芸術に関して、人間は2種類しかいない。革命者と盗作者だ。246
ゴーチエ、テオフィル
芸術とは美であり、細部の絶え間ない創作であり、言葉の選択であり、繊細な心遣いがされた演技である。236
ゴールドウィン、サミュエル
映画は娯楽のためのもので、メッセージはウエスタンユニオンで送ればいい。864
ゴールドスミス、オリバー
私たちにとって最高の誉れは決して倒れないことではなく、倒れてもそのたびに起きあがることだ。377
コールリッジ、サミュエル・テイラー
友情は雨宿りの木。116
コクトー、ジャン
詩人にとって最大の悲劇は、誤解されて称賛されることだ。190
コクラン、ジャクリーン
私は空を飛び、世界を旅し、ビジネスの中で冒険してきた。もっと身近な冒険もある……冒険は心と魂でするものだ。811
ゴス、エドマンド
過去は葬儀のように過ぎ去り、未来は招かれざる客のようにやって来る。327
ゴダール、ジャン=リュック
写真は真実だ。映画は秒速24回の真実だ。865
古代ギリシャの格言
食事をするなら親戚と、仕事をするなら他人と。634
古代ユダヤの格言
余暇なくして知恵はない。787
ゴッホ、フィンセント・ファン
詩はどこにでもあるが、紙に描くことは、見た目ほど簡単ではない。243
コナン・ドイル、アーサー
証拠がすべて揃わないうちに論を立てるのは大きな間違いだ。判断を歪めてしまう。753
コバーン、カート
格好つけるくらいなら死んだほうがましだ。942
コリンズ、ジョン・チャートン
真理は哲学の対象だが、必ずしも哲学者の対象とは限らない。463
コリンズ、マーベル
生徒の準備ができた時に、教師は現れる。604
ゴンクール、エドモンド・ド
美術館の絵は世界の何よりもおかしな意見を耳にしている。244
コングリーヴ、ウィリアム
おお、ハーモニーよ！　我らはそなたに歌い、聖なる詩でそなたに感謝の賛辞を贈る。908
音楽は怒りを鎮める魔法だ。907
天国には愛が憎しみに変わったような怒りはなく、地獄にも蔑まれた女ほどの憤怒はない。106
コンラッド、ジョゼフ
人の心は何でもできる――すべての過去も、すべての未来も、すべてその中にあるからだ。555
サーヴィス、ロバート・W
もう一度だけやってみよう。死ぬのはとても簡単で、難しいのは生き続けることなのだから。43
サージェント、ジョン・シンガー
私は肖像画を描くたびに、友人を失う。248
サーバー、ジェームズ
喜劇が許容する唯一の規則はセンスで、唯一の制約は誹謗中傷だ。862
サーロー卿、エドワード
会社には罪に問われるべき肉体もなければ、地獄に堕とされるべき魂もない。646
サウジー、ロバート
愛は死ぬと言う者は罪深い。他の情熱はすべて人生から消え去る。他の情熱など、すべて虚飾にすぎないが。114
死人に囲まれている日々は過ぎ、まわりには寛いだ視線が向けられ、老人たちの強い心がある。308
サスーン、ジークフリート
その歌に言葉はなく、歌は決して終わらない。924
サッカレー、ウィリアム・メイクピース
何であれ、よい人間であるよう努力しなさい。41
サックス、オリバー
音楽は、それまで個人的に見知っていた出来事や人々や場所とはまったく違う世界を呼び覚ますことがある。945
サッチャー、マーガレット
政治の世界では、何か言ってもらいたいなら男性に頼みなさい、何かしてもらいたいなら女性に頼みなさい。418
ザッパ、フランク
ロック・ジャーナリズムとは、書く力のない人間が、話す力のない人間にインタビューして、読む力のない人間に記事を提供することだ。941
サド、マルキ・ド
あなたの体は崇拝されるよう自然が願った教会なのです。112
サマーヴィル、ウィリアム
王族の気晴らしである狩りは、罪悪感を伴わない戦争のようなもの。791
ザミャーチン、エヴゲーニイ
人間の思考の均一化を治せる苦い薬となれるのは、異端者だけだ。516
サルスティウス
1つのものを1人は好きになり1人は嫌いになる、これこそまさに真の友情である。72
サルトル、ジャン=ポール
地獄とは他人のことだ。140
人間は自由の刑に処せられている。470
サン=テグジュペリ、アントワーヌ・ド
経験は、愛とは互いに見つめ合うことではなく、ともに同じ方向を見つめることだと教えてくれる。139
ザングウィル、イズレイル
キリスト教徒を引っかいてみろ。そこにいるのは異端者――甘やかされた異端者だ。511
サンタナ、カルロス
意味もない丘をめぐって争うネアンデルタール人だ。431
サンタヤーナ、ジョージ
過去を記憶できない者は、過去を繰り返す運命にある。325
ザント、スティーヴン・ヴァン
ロックンロールは、黒人音楽を演奏しようとして見事に失敗した白人の子供だった。945
シーン司教、フルトン・J
無神論者とは、目に見えない証明の手段を持たない人のことだ。521
シェイクスピア、ウィリアム
あの王妃は大げさに誓いすぎているように思う。153
生きるべきか死ぬべきか、それが問題だ。446
己に誠実であれ。26
音楽が恋の糧ならば、続けてくれ。906
きみを夏の日と比べようか。93
この世は舞台。男も女もみな役者にすぎない。842
人生はうろつきまわる影法師、哀れな役者にすぎぬ。舞台の上で大仰に見栄を切っても、芝居が終われば、もう何も聞こえぬ。447
真の愛の道は決して平坦ではない。90
すべてを愛し、わずかな人を信じ、誰も不当に扱わないこと。92
それは白痴が語る物語で、響きと怒りは騒がしいが、何の意味もない。154
バラと呼ばれる花は、他の名前で呼んでも、甘く香ることでしょう。88
もし一年中が遊び回れる休日なら、遊びも仕事と同じくらい退屈になる。790
わが友、ローマ人諸君、わが同胞よ、どうか耳を貸してくれ。361
ジェイムズ、ヘンリー
劇作家の望みは、自分の思い通りにすることだけだ。847
ジェームズ、ウィリアム
哲学者に任せてもらいたいことが1つだけある……哲学者は他の哲学者と意見を戦わせる。465
ジェームズ1世
私は公共の意志ではなく公共の福利に基づいて国を治める。364
ジェッセル、ジョージ
大衆が欲する物を与えれば、大衆はむこうからやって来る。857
ジェファーソン、トーマス
事をなすときは、世界中に見られているかのように行いなさい。33
仕事の欠如を恐れるな。求めに応じられるだけの資質を備えた人間なら、仕事にあぶれることはない。647
新聞を読まない人は、読む人より真実に近い。168
シェフィールド、ジョン、バッキンガム=ノーマンビー公賢者が勝る芸術の中で、造物主の第一の傑作は見事な文章である。**161**
シェリー、パーシー・ビッシュ
世界は過去にうんざりしている。ああ、それが死ぬか、休むかすればいいのに！ **312**
全能の神よ、私の偉業を見よ、そして絶望せよ。**309**
シェリー、メアリー
創作とは無からではなく混沌から生まれるものだと、謙虚に認めざるを得ない。**697**
シェリダン、リチャード・ブリンズリー
教養を見せつけたければ気楽に書けばいいが、気楽に書いたものは読みづらい。**163**
シェリング、フリードリヒ・フォン
建築は空間の音楽、凍りついた音楽のようだ。**234**
ジェローム、ジェローム・K
口づけのように、怠惰は盗むと甘美になる。**797**
恋ははしかのようなもの。1度はかからなければならない。**130**
シドニー、フィリップ
鐘を鳴らせ！　哀悼を広めろ。愛は死んだのだ！ **88**
シナトラ、フランク
傷を隠すな。その傷がいまのあなたをつくっているのだから。**55**
司馬遷
良薬口に苦し。忠言耳に逆らう。**354**
シバナンダ、スワミ
尊敬の念をもって、すべての人に接しなさい。平等な目をもって、あらゆるものを見なさい。**523**
ジブラーン、ハリール
愛のない人生は、花も実もない木のようなものである。**134**
詩篇23篇
死の陰の谷を行く時も、私は災いを恐れない。あなたが私とともにいてくださる。**480**
詩篇46篇
力を捨てよ、知れ、私は神。**478**
詩篇57篇
災いの過ぎ去るまで、あなたの翼の陰を避けどころとします。**478**
シャー、ナセールディン
舞台は、想像力を刺激するうえに判断力を否定しない世界へ誘ってくれるので、よりいっそう喜ばしい。**899**
釈迦
過ちを指摘し訓戒してくれる人に会ったならば、秘宝のありかを教えてくれる人につき従うように、その賢人につき従え。**529**
過去にとらわれてはいけない、未来を夢見てはいけない、今この瞬間に集中しなさい。**530**
生は苦、老いは苦、病は苦、死は苦である。**481**
シャガール、マルク
偉大な芸術は、自然の終わりから始まる。**283**
ジャクソン、マイケル
人からどうやって音楽を作っているのかと尋ねられる。僕は、音楽の中に足を踏み入れるだけだと答える。川に足を踏み入れて、流れに身を任せるようなものだ。**943**
ジャックマン、ヒュー
映画ではたいてい、語らないことのほうが語ることよりも重要だ。**897**
シャトーブリアン、フランソワ=ルネ・ド
アキレウスはホメロスの手によってのみ存在する。この世から文学が消えたら、栄光も消えてしまうだろう。**172**
シャノン、クロード
情報は不確実性を除去する。**770**
シュヴィッタース、クルト
芸術は人間の精神機能であり、人生の混沌からの解放を目的としている。**262**
シューマッハー、E・F
小さいことはすばらしい。**674**
シューマン、ロベルト
人の心の暗闇に灯りをともす――それが芸術家の義務だ。**916**
シュトラウス、リヒャルト
金管楽器奏者にそそのかすような視線を向けてはならない。重要な合図を送るためにちらりと目をやるに留めること。**926**
シュナーベル、アルトゥル
子供にモーツァルトを演奏させるのは音符の少なさゆえで、大人がモーツァルトを避けるのは音符の質の高さゆえだ。**931**
シュルス、プブリリウス
教育を軽蔑するのは無学者だけである。**586**
繁栄は友をつくり、逆境は友を試す。**73**
荀子
学の追求は人間のなせる業であり、それを放棄するのは獣のなせる業だ。**583**
ジョイス、ジェイムズ
天才は過ちを犯さない。天才の過ちは意図したものであり、発見への入口である。**557**
小セネカ
我々は学校のために学ぶのではない、人生のために学ぶのだ。**584**
ショー、ジョージ・バーナード
成功の秘訣は最大多数に逆らうことだ。**405**
ジョーダン、マイケル
人生で何度も何度も失敗してきた。だから私は成功した。**829**
ショーペンハウアー、アルトゥール
あらゆる真実は3つの段階を経ている。第1に、嘲笑の的になる。第2に、断固として反対される。第3に、自明の理として受け入れられる。**457**
人は誰しも自分の視野の限界を、世界の限界だと思っている。**546**
ショスターコヴィチ、ドミートリイ
サッカーは大衆のバレエだ。**810**
初代ウェリントン公爵、アーサー・ウェルズリー
負け戦の次に最悪なのは、勝ち戦だ。**384**
ジョルソン、アル
お楽しみはこれからだ。**704**
ジョンソン、サミュエル
愛国心はならず者たちの最後の避難所である。**380**
人生を生きていくなかで、新しい知人をつくらずにいると、まもなく孤独になるだろう。友情は常に手入れをすることだ。**109**
誰でもほめる人は、誰もほめていない。**111**
ロンドンに飽きてしまった者は、人生に飽きてしまった者だ。**165**
ジョンソン、ジェラルド・ホワイト
過去ほど常に変化しているものはない。なぜなら、我々の生活に影響を及ぼす過去にあるのは、実際に起きたことではなく、人が起きたと信じていることだからだ。**335**
ジョンソン、フィリップ
芸術について話してはいけない。芸術はやるものなのだ。**273**
ジョンソン、ベン
シェイクスピアは一時代の人にあらず、万代の人である。**157**
シラ、ベン
実務に煩わされない人は、知恵ある者となる。**635**
シルタネン、ロブ
クレイジーな人たちへ――はみ出し者、反逆児、トラブルメーカー、四角い穴に丸い杭を打つ人たち、物事を違う目で見る人たち。**723**
シンクレア、アプトン
理解しないでいることに対して給料を支払われる人間に、何かを理解させようとするのは難しい。**660**
新約聖書
金銭の欲は、すべての悪の根だ。**637**
スウィフト、ジョナサン
風刺とは本人以外のすべての人々の顔が映る鏡のようなものである。**161**
スース、ドクター
ナンセンスは脳細胞を目覚めさせる。**570**
スキナー、B・F
学習したことをすべて忘れた時に残っているものが教育だ。**618**
スコセッシ、マーティン
映画の記憶は人の寿命と同じだ。我々はそれを生かし続けなければならない。**889**
スコット、ウォルター
振り返り、過ぎ去った危機にほほ笑もう！ **308**
スターリン、ヨシフ
思想は銃より強い。我らが敵に銃を持たせる気はない。ましてや、どうして思想を持たせなくてはならない？ **406**
スターン、ローレンス
書くことは、正しく扱えば……会話の別名にすぎない。**163**
スタイネム、グロリア
過去にしがみつくことが問いで、変化を抱擁することが答えなのです。**347**
スタイン、ガートルード
バラはバラであってバラである。**192**
スタンダール
神にできる唯一の弁明は、神が存在しないということだけだ。**503**
美は幸福の約束でしかない。**234**
スタンリー、ベシー・アンダーソン
成功者とはよく生き、よく笑い、よく愛した人のことだ。**556**
スティーヴンズ、ウォレス
彼らが言った。「きみは青いギターを持っているが、物事をありのままには弾いていない」男が答えた。「ありのままの物事が、この青いギターにかかると変わるんだ」**928**
スティーブンソン、ロバート・ルイス
結婚は人生に似ている……戦場であって、バラ園ではない。**130**
自分の仕事と呼ぶものに絶え間なく身を投じてしまえば、他の数多くの物事を絶え間なく無視することになる。**653**
ストラヴィンスキー、イーゴリ
私の音楽を一番理解しているのは子供と動物だ。**934**
スピノザ、ベネディクトゥス
人は生まれながらにして自由だとすれば、その人は自由でいる限り、善悪の概念を持たない。**450**
スピルバーグ、スティーヴン
すべてのいいアイデアは、悪いアイデアとしてスタートする。だから長い時間がかかってしまう。**886**
スペンサー、エドマンド
高潔な心は高潔な行いでわかる。人間の品性は何よりもその物腰に見えるからだ。**90**
私の歌で、激しい戦と誠の愛の寓話を語り聞かせよう。**906**
スペンサー、ハーバート
時間――人が常に潰そうとするものであるが、結局は人を殺すもの。**464**
スミス、アダム
我々が夕食にありつけるのは、肉屋や酒屋やパン屋の善意のおかげではなく、彼らが利益を追求したおかげだ。**645**
スミス、シドニー
現在をけなして過去を称賛したら、老いの兆候だ。**319**
スミス、パティ
お願いです、どんなにテクノロジーが進歩しようと、本を見捨てないでください。**727**
スミス、ロイ・L
ライバルに先駆けて仕事の問題点を見つけられる者こそが成功者となる。**669**
聖アウグスティヌス
私に貞潔さと堅固さをお与えください。ですが、今すぐにではなく。**484**
聖トマス・アクィナス
友のために為すこと、友のために耐えること、それらすべてが喜びだ。愛が喜びの主たる要因なのだから。**537**
哲学は神学の侍女である。**445**
聖パウロ

愛は忍耐強い。愛は情け深い。ねたまない。愛は自慢せず、高ぶらない。77
幼子だった時、私は幼子のように話し、幼子のように思い、幼子のように考えていた。成人した今、幼子のことを捨てた。534
詩篇と賛歌と霊的な歌によって語り合いなさい。903
聖ヒエロニムス
愛は売り買いされるものではなく、愛情に値札は付いていない。79
終えることのできる友情は本物ではなかった。78
セヴィニエ公爵夫人マリー・ド・ラビュタン=シャンタル
本物の友情は決して穏やかではありません。101
セーガン、カール
何もないところからアップルパイを作りたいなら、まずは宇宙をこしらえなくてはならない。779
セネカ
大いなる富は、大いなる奴隷状態だ。636
セルデン、ジョン
哲学は思慮深さにほかならない。451
セルバンテス、ミゲル・デ
眠りを作り出した者に祝福あれ。540
ペンは魂の舌である。154
荘子
大いなる知恵は寛大であり、浅はかな知恵は争いを好む。440
ソクラテス
学習とはすべて想起である。578
吟味されざる生に、生きる価値はない。438
私には何かを教えることはできない。できるのは、考えさせることだけだ。436
私は自分が何も知らないということを知っている。438
ソフォクレス
隠しごとをしてはならない。時がすべてを見聞きし、すべてが明らかになる。290
何よりもまず生まれてこないことが一番だ。531
ゾラ、エミール
退屈で死ぬより情熱で死にたい。39
ソルジェニーツィン、アレクサンドル
善と悪の境界線はすべての人の心の中にある。568
ソロー、ヘンリー・デイヴィッド
自分のことに集中し、最善を尽くしてあるがままの姿で生きよう。387
孫子
百戦百勝は善の善なるものに非ず。戦わずして人の兵を屈するは善の善なるものなり。350
ダ・ヴィンチ、レオナルド
絵は見えるが聞こえない詩であり、詩は聞こえるが見えない絵である。229
議論で権威を盾にする人が用いているのは、知力ではなく記憶力だ。538
(自然の)創造物には何一つ欠けるところがなく、何一つ過分なものがない。734
ダーウィン、チャールズ
非常にシンプルだったものが、最も美しくて最もすばらしい、終わることのない形状へと、今までも、そして今でも進化し続けている。748
間違いを正すことは、新たな真実もしくは事実を打ち立てるのと同じくらい、ときにはそれ以上に役に立つ。752
ターナー、テッド
人生はゲームだ……点数は金で稼ぐ。676
ダイソン、エスター
覚えておくべきは、インターネットは新しい生活の形ではないということ。新しいアクティビティにすぎない。720
大ヒレル
自分がいやだと思うことを、人にしてはならない。これがトーラーのすべてだ。あとは注釈だ。先へ進み、学びなさい。485
「暇になったら勉強する」と言ってはならない。暇な時間など決してないかもしれない。584
ダウ、ロレンゾ
やってもだめだ——やらなくてもだめだ。502
タキトゥス
傷つけた相手を憎むのも人間の性である。77
タックマン、バーバラ・W
本は文明を伝える。本がなければ、歴史と文学は沈黙し、科学は無能になり、思考と推測は停滞する。210
ダナ、ジョン・コットン
あえて教える道を選んだ者は、決して学ぶことをやめてはならない。609
タランティーノ、クエンティン
バイオレンスは、見るには最高のお楽しみだ。889
ダラント、ウィル
勉強とは自らの無知を徐々に発見していくことである。619
ダリ、サルバドール
デッサンは芸術の誠意だ。ごまかしが入りこむ余地はない。よいか悪いかだけだ。282
ダレル、ロレンス
発明は、人の秘めた願いを映し出す。715
ダロウ、カール・K
我々とこれまでの全世代との違いは、これだ——我々は原子を見た。766
ダロウ、クラレンス
子供に疑いを持たぬよう教えた場合の悲劇を考えてみたまえ。610
ダン、ジョン
行け、流れ星をつかまえろ。マンドレークの根を孕ませろ。過ぎ去った年月がどこへ行ったのか、誰が悪魔の足を裂いたのか、教えてくれ。303
死はみなに等しく訪れ、その訪れでみなを等しくする。28
人は誰1人として孤立した島ではない。543
ダンカン、イサドラ
(ダンサーの)肉体はその魂が光となって表出しただけのもの。850
ダンテ・アリギエーリ
ここに入らんとする者は一切の希望を捨てよ!493
チェーホフ、アントン
作家は菓子職人でも、化粧品屋でも、芸人でもない。良心と責務との契約書に署名した者である。185
チェスターフィールド伯爵
私が思うに、耳に届く笑い声ほど狭量で粗野なものはない。373
チェスタトン、G・K
文学は贅沢、小説は必需品。188
倫理と同様に、芸術はどこかに線を引くことで成立する。267
チャーチル、ウィンストン
地獄の真っただ中にいるのなら、そのまま突き進め。50
私たちが建物をつくり、そのあと建物が私たちをつくります。269
私に提供できるのは血と労苦と涙と汗だけだ。403
チャイコフスキー、ピョートル・イリイチ
正直なところ、音楽がなかったら頭がおかしくなっていたと思う。920
チャップリン、チャーリー
人生はクローズアップで見れば悲劇だが、ロングショットで見れば喜劇だ。879
チャニング、ウィリアム・エラリー
本を与えてくださった神に感謝いたします。本は遠く離れた人々やすでに亡くなった人々の声であり、私たちに過ぎ去った時代の崇高な人生を与えてくれるものです。173
チャンドラー、レイモンド
迷ったら、男に銃を持たせてドアを通せ。202
中国の格言
教師は扉を開けてくれるが、中に入るのはあなた自身だ。583
チューリング、アラン
相手に人間だと思い込ませることができるなら、コンピュータは知的と呼ぶにふさわしい。770
チョーサー、ジェフリー
愛とは自由な魂のようなもの。82
知恵より優れているのは? 女だ。それでは、よい女より優れているのは? 何もない。80
チリングワース、ウィリアム
針の上で天使は何人踊れるか? 496
ツキディデス
空想が欠けているせいで、私の歴史書はいくぶんおもしろみに欠けるのではないかと心配だ。290
ツルゲーネフ、イワン
私は誰の意見にも与しない。私には私の意見がある。551
ディートリヒ、マレーネ
性的魅力が私の売り物であり、商売道具なの。868
ディーリアス、フレデリック
音楽で表現する価値のあるものは、他の方法では表現できないというだけのことだ。925
ディーン、ジェームズ
永遠の命があるつもりで夢を抱け。今日限りの命と思って生きろ。861
デイヴィス、W・H
気にかかることが多くて、立ち止まってじっくり見つめるだけの時間がないなら、人生とはいったい何なのか? 799
デイヴィス、ジョン
技能が身につくのは遅く、人生は飛ぶように速い。人はわずかしか学ばず、多くを忘れる。591
デイヴィス、ベティ
私はライバルを作ってきたことを後悔していない。ライバルになるだけの度胸がない役者は、この業界を去るべきだ。869
ディキンソン、エミリー
1人の心が壊れるのを止めることができれば、私の人生は無駄ではないのでしょう。180
私が「死」のために立ち止まれなかったので、「死」がやさしく私のために立ち止まってくれた。39
ディケンズ、チャールズ
頑なにならない心を持ち、疲れを知らない気性を持ち、人を傷つけない感覚を持っている。127
それは最良の時代でもあり、最悪の時代でもあった。179
取り引きのルールを教えよう。「相手をだますこと。相手もあなたをだますだろうから」これこそが商売の真の教訓だ。650
ディズニー、ウォルト
男は仕事のために家族を犠牲にしてはならない。670
人を教育して楽しんでもらうことを期待するよりも、人を楽しませてそこからなにかを学んでくれることを期待したい。869
物事をスタートさせるには、話すのをやめて、とにかくやり始めること。58
ディズレーリ、ベンジャミン
あらゆる楽園が開かれる! やわらかな音楽に耳を傾けつつ、ホオジロを食べながら死なせてくれ! 914
政治に最終決定という言葉はない。390
ティチアーノ
人物を美しく見せるのは鮮やかな色ではなく、素描のうまさである。230
ディック、フィリップ・K
否定された現実は、舞い戻ってその人につきまとう。569
ティッチボーン、チディオック
1日は去ったが、まだ太陽は見ず。いま命あるも、わが人生は終わる。302
ディドロ、ドゥニ
人は最後の王が最後の司祭の腸で絞殺されて初めて自由を得る。379
テイラー、バート・レストン
退屈な人間とは、どんな調子かと尋ねられて、語り始める人のことだ。134
テイラー、ベイヤード
生きるために学べ、学ぶために生きよ。無知は炎のごとく燃える。勉学なくして大きな実りはない。602
ディラック、ポール
神は美しい数式を利用して世界を創った。780
テオクリトス
明日はもっと甘い声で歌おう。902

デカルト、ルネ
よき書物を読むことは、過去の優れた人々と会話するようなものである。**159**
我思う、ゆえに我あり。**448**
テスラ、ニコラ
21 世紀には、古代文明における奴隷の仕事をロボットが代行している。**709**
テニスン、アルフレッド
愛して失っても、まったく愛さないよりいい。**121**
努力し、求め、探し、屈服することはない。**37**
デフォー、ダニエル
喜びは商売にとって盗っ人だ。**643**
デモクリトス
教育は裕福な人にとっては飾りであり、恵まれない人にとっては避難所である。**580**
デモステネス
有利な過去はすべて、結果で判断される。**292**
デューリー、イアン
セックスとドラッグとロックンロール。**940**
デュシャン、マルセル
衝撃を与えない絵なら、描く価値はない。**274**
デュマ・フィス、アレクサンドル(小デュマ)
商売？　極めて単純だ。他人の金のことだから。**652**
デリダ、ジャック
テクストの外には何も存在しない。**206**
テルトゥリアヌス
殉教者の血は教会の種である。**489**
デンプシー、ジャック
チャンピオンとは、立ち上がれないときに立ち上がる人間のことだ。**815**
ド・クインシー、トマス
人は一度殺人に手を染め出すと、じきに窃盗をなんとも思わなくなる。窃盗を始めたら、次に飲酒や安息日違反をするようになり、さらにそこから無礼を働くようになる。**547**
トウェイン、マーク
いわゆるキリスト教国はどこよりも文明が開け、進歩している……だが、宗教があるにもかかわらず、その要因は宗教にはない。
学校教育に、私の勉学のじゃまはさせない。**607**
よい気候を求めるなら天国へ行け、仲間を求めるなら地獄へ行け。**513**
歴史は繰り返さないが、韻を踏む。**321**
ドーキンス、リチャード
自然選択は、将来の世代から無知を淘汰してはくれない。**783**
トーニー、R・H
政治はビジネスの車輪の潤滑油だ。**669**
トールキン、J・R・R
放浪する者すべてが迷う者ではない。**54**
トクヴィル、アレクシ・ド
過去がもはや未来を照らさなくなったら、精神は闇の中を進むだろう。**315**
ドストエフスキー、フョードル
美しさとは神秘的で恐ろしくもある。神と悪魔が戦っている戦場とは、人間の心だ。**184**
「だが、そうなったら人間はどうなる？」とやつに聞いてやった。「神もいない、来世もないとなったら？」**508**
ドハティ、ケン
スポーツのトレーニングは5つの「S」――スタミナ(stamina)、スピード(speed)、力(strength)、技能(skill)、そして気力(spirit)――だが、一番大切なのは気力だ。**823**
ドビュッシー、クロード
芸術作品はルールを作るが、ルールは芸術作品を作らない。**922**
トマス、ディラン
あの穏やかな夜の中へおとなしく流されてはいけない。**53**
トラークル、ゲオルク
私は森の泉から神の沈黙を飲んだ。**516**
ドライデン、ジョン
教育によって、ほとんどの人が誤った道に導かれている。**592**
天さえ、過去には力をふるえない。それでも、過去がずっと、ずっとあったから、私の時間があるのだ。**304**
ドラクロワ、ウジェーヌ
すべてにおいて完璧を目指す芸術家は、何事においても完璧になれない。**237**
トラシュマコス
つまり「正義」とは強者の利益になることにほかならない。**352**
ドラッカー、ピーター
自由企業はビジネスのために正当化することはできない。正当化できるのは、社会のためになる場合のみだ。**668**
ドリル、ジャック
親族は運命が選び、友人は己が選ぶ。**113**
トルーマン、ハリー・S
我々は原子爆弾を獲得し、それを使用した。**713**
トルストイ、レフ
幸せな家庭はみな似ているが、不幸な家庭はそれぞれ違う形で不幸である。**128**
トレヴェリアン、G・M
教育は、本は読めるが読むに値する本がどれかわからぬ人を、大量に作り出した。**614**
ドローチャー、レオ
最下位はナイスガイだらけだ。**808**
トロツキー、レフ
芸術は鏡ではなくハンマーである。映すのではなく、形をつくる。**264**
目的は、目的を正当化するものがある限り正当化され得る。**400**
トロリー=カーティン、マーテ
浪費するのを楽しんだ時間は、浪費された時間ではない。**800**
ナイジェリアの格言
危機に際して賢者は橋を築き、愚者はダムを建設する。**368**
ナッシュ、オグデン
かつて進歩は喜ばしいものだったかもしれないが、あまりにも長い間進み続けてしまった。**341**
キャンディーはダンディー、でも酒肴のほうが即効。**46**
ナボコフ、ウラジミール
作家は詩人の正確さと科学者の想像力を持つべきである。**208**
ナポレオン・ボナパルト
愛において、唯一の勝利は逃げることである。**117**
軍隊の進軍は腹次第。**310**
敵が間違いを犯している時は邪魔をしてはならぬ。**383**
歴史は合意された嘘のかたまり。**313**
ニーチェ、フリードリヒ
音楽のない人生は間違っている。**921**
「神がどこに行ったかだって？」と彼は叫んだ。「教えてやる。俺たちが神を殺したのだ――おまえたちと俺が。俺たちはみんな、神の殺害者なのだ」**510**
我々を殺さないものが、我々を強くする。**463**
ニーバー、ラインホルド
主よ、変えることができないものを受け入れる平静さと、変えることができるものを変える勇気と、この両者の違いを見極める知恵を私にお与えください。**520**
ニール、A・S
よき教師というのは、ただ子供を理解するにとどまらない。彼らは子供を認める。**611**
ニジンスキー、ヴァーツラフ
人は常軌を逸したものを好む。だからみんな私を放っておいてくれるだろう、私は狂った道化師だと言って。**848**
ニュートン、アイザック
如才なさとは、敵をつくらずに主張する技である。**98**
私が遠くを見ることができたのは、巨人たちの肩に乗っていたからだ。**740**
ニン、アナイス
実のところ、私たちが運命と呼ぶものは気質である。その気質は変えることができる。**560**
人生は勇気に比例して縮小もすれば拡大もする。**50**
ネズパース族のジョセフ族長
私はもう疲れた……私の心は病んで悲しみに暮れている。今この瞬間から、私は永遠に二度と戦うことはない。**391**
ネメロフ、ハワード
知っていることを書け。そうすれば、自由な時間が多くなる。**213**
ネルヴァル、ジェラール・ド
すべての花は自然界に咲く魂だ。**746**
ネルーダ、パブロ
私は問題を解決するために来たのではない。歌うために、あなたに一緒に歌ってもらうために来たのだ。**199**
ネルソン提督、ホレーショ
イギリスは各員がその義務を果たすことを期待する。**306**
ノリッチのジュリアン
すべてうまくいく、すべてうまくいく、あらゆる事がうまくいく。**494**
バー、アーロン
私の人生の鉄則は、仕事を喜びとし、喜びを仕事にすることだ。**648**
パーカー、セオドア
道徳的な世界を理解しているつもりはないし、アーチは長い……。だが見たところ、アーチは正義の方へ曲がっているようだ。**318**
パーカー、チャーリー
音楽には境界線があると教わるが、芸術に境界線などない。**932**
パーキンソン、C・ノースコート
仕事の量は、完成のために与えられた時間を満たすまで膨らんでいく。**668**
バーク、エドマンド
悪が勝利するのに唯一必要なことは、善人が何もしないことである。**382**
過去によって未来をもくろんではならない。**306**
パークス、ローザ
私が席を譲らなかったのは疲れていたからだと人は言いますが、そうではありません……いえ、そう、私は疲れきっていました、屈することに疲れていたのです。**428**
バークリー、ジョージ
我々は知識と観念以外に何を知覚するのか？ **453**
バージェス、アントニイ
本を所有することが、読むことの代わりになっている。**209**
パース、ベンジャミン
数学は必要な結論を引き出す科学である。**751**
ハーディ、トマス
私たち2人は家の切り盛りをした、過去と私……私が家事をしている間、過去はあたりをさまよい、決して私を1人にはしてくれなかった。**328**
ハートリー、L・P
過去は異国の地だ。過去はそこで別のことをする。**339**
バーナーズ=リー、ティム
(インターネットは)遠くから鑑賞する彫刻ではなく、粘土のようであるべきだ。**724**
バーナード、フレッド・R
1枚の絵は千の言葉に値する。**266**
バーナム、P・T
道化師が釘で、そこにサーカスがぶら下がっているようなものだ。**845**
ハーバート、ジョージ
幸せに生きることこそが最大の復讐。**29**
汝の隣人を愛せ、だが垣根は取り払うな。**365**
パーマー、トマス・H
1度で成功しなければ、何度も何度も繰り返し挑戦しなさい。**547**
バーンズ、ピーター
クレア：どうしてあなたは自分が神だとわかるの？ガーニー伯爵：簡単だ。神に祈ると、私が自分に語りかけているのがわかるからだ。**524**
ハイデッガー、マルティン

科学技術に拘束され、鎖でつながれている場所はどこでも、人間はそれを熱烈に支持するか、否定するかのどちらかだ。**713**

ハイドン、ヨーゼフ
近くには私を惑わせたり不愉快にさせたりする者がいなかったので、私は独創的にならざるを得なかったのだ。**912**

ハイネ、ハインリヒ
神は私を赦してくれるだろう。それが神の仕事だ。**506**
2人はとても愛し合っていた。女は娼婦で、男は泥棒だった。**123**

ハイヤーム、ウマル
きょう起こっていることを理解したいときや、明日何が起こるのかを決定したいときには、過去を振り返る。**299**

ハイレ・セラシエ1世
教育とは人類の進歩にも破壊にも利用できる諸刃の剣だ。**621**

バイロン卿
最良の未来の予言者は過去である。**312**

ハヴェル、ヴァーツラフ
真実とは我々が考えていることだけでなく、なぜ、誰に、どういった状況でその考えを口にしたかをも含む。**426**

パヴロワ、アンナ
舞台人生では幸せを見つけられないかもしれないけれど、いったんその果実を味わったら、誰もそれを手放したいとは思わなくなる。**852**

パウンド、エズラ
文学は新しくあり続けるニュースである。**196**

バカン、ジョン
我々は未来に借金を負わせることでしか、過去に負うている借金を返すことができない。**334**

バクーニン、ミハイル
何もかもが過去のものとなり、世界は滅びるだろうが、交響曲第9番だけは残るだろう。**919**
不動で不変な権威など存在しない。だが、相互的かつ一時的で、そして何よりも自発的な権威と従属の交替は何度も繰り返される。**461**

莫言
酒を嗜まない者に文学は語れない。**217**

ハクスリー、オルダス
科学技術の進歩は、より効果的に後退する手段を我々に与えたにすぎない。**709**
人は歴史の教訓からさほど多くを学ばないということは、歴史が教えるべき最も重要な教訓だ。**340**

ハクスリー、T・H
最悪の困難は、したいことを自由にできるようになった時に始まる。**553**
人間の心に対する最も重い罪は、証拠もなしに何かを信じることだ。**755**

バジョット、ウォルター
良書が非常に少ないのは、書けるほど何かを知っている人が非常に少ないからだ。**178**

パス、オクタビオ
機知は創作し、インスピレーションは浮き上がらせる。**212**

パスカル、ブレーズ
勝てば、すべてを得られる。たとえ負けても、何も失わない。だから迷いなく、神は存在するというほうに賭けよ。**497**
神を感じるのは心であって理性ではない。**498**

パスツール、ルイ
偶然は備えあるところに訪れる。**747**

パステルナーク、ボリス
悪い人間は優れた詩人になれない。**205**

パターノ、ジョー
勝つという意欲も重要だが、覚悟を固めることは必須だ。**833**

パット、アーチボールド
科学技術は2種類の人間に支配されている――自分が扱えないものを理解している人間と、自分が理解できないことを扱う人間だ。**718**

バッハ、J・S
楽器の演奏は簡単だ。それなりの瞬間にそれなりのキーに触れるだけで、楽器が自ら演奏してくれるのだから。**908**

バティスタ、オルランド・A
過ちはそれを正すことを拒否しない限り、間違いにはならない。**617**

バトラー、サミュエル
人生とは、不十分な前提から十分な結論を引き出す技術である。**465**

バトラー、ラブ
教育制度だけでは国の未来の構造すべてを形づくることはできないが、よりよい市民を作ることはできる。**616**

ハバード、エルバート
普通の人たち50人分の仕事は機械1台でこなせるだろうが、優秀な人材1人分の仕事をこなせる機械はない。**701**

バフェット、ウォーレン
ビジネスの世界では、いつもフロントガラスよりバックミラーのほうがよく見える。**683**

ハマースタイン2世、オスカー
現実は美しいのと同じほどに醜い。私は、美しい朝について歌うのはスラム街について語るのと同じくらい重要だと考えている。**932**

ハミルトン、ユージーン・リー
過ぎ去ったことだけが永遠に残る。現在はすぐに刈りとられる草にしかすぎない。過去は石であり、永遠に立っている。**324**

パラニューク、チャック
人類は何を生み出したかではなく、何を破壊したかで記憶される。**347**

バランシン、ジョージ
バレエでは複雑なストーリーは語れない……同義語を踊りで伝えることはできない。**870**

ハリ、マタ
ダンスは詩で、それぞれの動きは言葉。**847**

バリシニコフ、ミハイル
ダンサーは舞台で十分裸にされている。彼らについてすでに与えられている以上のことを知る必要はない。**891**

バルー、ホージア
教育は母親の膝で始まる。幼い子供の耳に入る言葉すべてが、人格の形成につながる。**603**

バルザック、オノレ・ド
孤独はすばらしいが、孤独はすばらしいと言ってくれる人が必要だ。**548**

ハンガーフォード、マーガレット・ウルフ
美は見る人の目の中にある。**461**

バングス、レスター
パフォーマーの究極の罪は、観客を軽視することだ。**879**

パンクハースト、エメリン
正義と裁判はしばしば嘘をついて世界を分断させる。**394**

パンフォロフ、ミミ・ジーン
スポーツは、男たちが切望する流血の欠如によって生まれた原始的な喪失感を埋めるための、芝居じみたイベントだ。**839**

ピアジェ、ジャン
教育の第1の目標は違う世代の人たちがしたことをただ繰り返すのではなく、新たなことができる人を育てることであるべきだ。**610**

ピーコック、トマス・ラブ
古代の彫刻は慎み深さを教えてくれる。だが、ギリシャ人が慎み深いのに対し、我々はもったいぶっている。**235**

ピーター、ローレンス・J
経営陣は無能のレベルまで昇進する。**672**

ビーチャー、ヘンリー・ウォード
画家はみな絵筆を自らの魂に浸し、絵に本性を塗りこめる。**243**

ピーチャム、ヘンリー
決して読まないのに多くの本を所有したがるのは、寝ている間も蠟燭をつけておきたがる子供のようなものだ。**156**

ピカソ、パブロ
優れた芸術家は模倣し、偉大な芸術家は盗む。**279**
ラファエロのように描くのに4年かかったが、子供のように描くには一生かかるだろう。**273**

ビジンツェー、スティーブン
奇妙に思えるが、いくら知識があっても愚かさは治せないし、高等教育は愚かさを確実に助長する。**624**

ビスマルク、オットー・フォン
政治とは可能なことをする技術だ。**391**

ヒッチェンズ、クリストファー
誰もが自分の中に1冊の本を抱えているが、たいていは外に出さないほうがいい。**221**

ヒッチコック、アルフレッド
ドラマとは、退屈な部分がカットされた人生だ。**863**

ヒポクラテス
人生はあまりにも短く、術の道はあまりにも長い。**580**
まず、何よりも害をなすことなかれ。**730**

ヒューズ、チャールズ・エヴァンズ
学問の歴史は意見の相違の記録だ。**608**

ヒューズ、ラングストン
生命は生者のもの。死は死者のもの。人生は音楽のように、そして死は口にされない音符にしよう。**929**

ヒューズ、ロバート
錆び付いたモンキーレンチを手にした決意の固い人間のほうが、機械工場のあらゆる道具を持つ怠け者より多くを達成する。**718**

ヒューム、デイヴィッド
賢者は自らの信念を証拠と調和させる。**455**

ビュッシー伯爵ロジェ・ド・ラビュタン
神は小隊ではなく大隊に味方する。**372**

ヒュパティア
考える権利を保持しなさい。なぜなら、たとえ考えを誤ったとしても、何も考えないよりはましだからだ。**442**

ビュフォン伯ジョルジュ・ルイ・ルクレール
人間は動物すべてを合わせた以上の肉を消費し、胃に収めている。人間は最大の破壊者であり、必要からではなく虐待によってその度合いを強めている。**374**

ヒラリー、エドモンド
我々が征服するのは山ではなく自分自身だ。**836**

ヒル、デーモン
2着になったときのことを覚えているのは妻と愛犬だけだ。**826**

ピンダロス
厳しい勝負が決したとき、祝賀の声が最高の医者となり、歌――詩歌女神の賢き娘たち――が、その手で触れて癒やしてくれる。**902**

ファインマン、リチャード
我々科学者は賢い――賢すぎる――のに、なぜ満足しないのか？　4平方マイルに1つの爆弾で十分では？　人間は相変わらず考えている。どれくらいの規模が欲しいのか、とにかく教えてくれ！**768**

ファエドルス
物事は必ずしも見かけ通りとは限らない。**441**

ファステンバーグ、ダイアン・フォン
寛大さはまさに最高の投資だ。**688**

フィールド、マーシャル
客は常に正しい。**653**

フィッツジェラルド、F・スコット
これはすべての文学の美の1つだ。あなたの切望は誰もが持っているものであり、あなたは孤独でもなければ、孤立もしていないとわかる。**197**
ヒーローを連れておいで。私が悲劇を書いてあげよう。**198**

フィリップス、ウェンデル
戦争にとっての火薬と同じものを、印刷機は人の心に与えてきた。**699**

フィンケルクロート、アラン
文明人は傲慢さを捨て、謙虚な姿勢で自分たちも在来種であることを認識すべきだ。**427**

フーコー、ミシェル
魂は政治解剖の成果であり道具である。魂は肉体の監獄だ。**473**

プーシキン、アレクサンドル
私の中で燃え盛る炎をあなたが知ってくれたら、私は分別で消そうとするでしょう。**171**
プール、メアリー・ペティボーン
人の言ったことを繰り返すには教育が必要だ。人の意見に反駁するには知力が必要だ。**611**
フェイ、ティナ
自信は10%の努力と90%の思い込み。**896**
フォア、ジョナサン・サフラン
能動的な忘却者でいるよりひどい苦痛をともなうのはただ1つ、無気力な回顧者でいることだ。**571**
フォイエルバッハ、ルートヴィヒ
人は自分が食べたものそのものである。**458**
フォークス、ガイ
手に負えない病には荒療治が必要だ。**362**
フォード、ヘンリー
金しか生まないビジネスは粗悪なビジネスだ。**655**
賢明な人は頭がよく現実的すぎるがゆえ、常になぜそれができないのかを的確に見抜いている。いつも限界を把握している。**558**
人々に何が欲しいかを尋ねたら、みんな、もっと速い馬が欲しいと答えただろう。**703**
フォーブス、B・C
ビジネスを回さなければビジネスから弾き出されてしまう。**665**
フォーブス、マルコム
教育の目的は、空っぽの心と開かれた心を入れ替えることだ。**626**
フォックス、マイケル・J
僕は卓越と完璧を混同しないようにしている。卓越のレベルには手が届くが、完璧は神の業だ。**890**
フクヤマ、フランシス
我々が目撃しているであろうものは冷戦の終わりだけではなく歴史の終わりでもある。**345**
伏羲
優れた者は自らの品性を高めるために、昔の格言や過去の行いに通じている。**288**
ブニュエル、ルイス
時々、映画を観ているとレイプされた気分になる。**883**
フラー、トーマス
夜明け前が一番暗い。**28**
フラー、リチャード・バックミンスター
あなたの家の重さはどのくらいだろうか？ **281**
フライ、クリストファー
詩とは人間が自らの驚きを探る言語である。**201**
プラウトゥス
友人の家で3日たっても疎んじられない客はいない。**71**
ブラウニング、エリザベス・バレット
あなたをどんなふうに愛しているか？　数えあげてみましょうか。**123**
ブラウニング、ロバート
我が務めは自分を改造することではなく、神が創りたもうたものを最大限に生かすことだ。**550**
ブラウン、ヴェルナー・フォン
基礎研究とは、自分が何をしているのかわからないときにしている研究だ。**771**
ブラウン、ポール
勝ったときは何も言うな、負けたときはもっと言うな。**820**
ブラウン・ジュニア、H・ジャクソン
あなたの知識を分け与えなさい。そうすれば不死が達成できる。**627**
今から20年後、あなたはやったことより、やらなかったことを後悔するでしょう。**60**
プラス、シルヴィア
誰にも何も期待しなければ、落胆することはない。**142**
プラチェット、テリー
想像力あふれる物語は、想像力のない人々を混乱させる。**217**
ブラッグ、ウィリアム
宗教は人に目的を抱かせ、科学はそれを達成するための力を与える。**761**
ブラッドベリ、レイ
科学者になるというのは、子供になることだ。**774**
誰かを政治問題で悩ませたくないなら、1つの問題に2つの側面があるとは言うな。1つだけ教えてやればいい。もっといいのは、何も教えないことだ。**407**
プラトン
教育の目的は、美しいものを愛する心を教えることだ。**581**
真の創造者は必要性だ。必要は発明の母である。**692**
プランク、マックス
反対者を徐々に口説き落とし、その考えを変えさせることで重要な科学革命が前進することはめったにない。サウロがパウロになることは、まずないのだ。**768**
フランクファーター、フェリックス
歴史を集約すれば、さほど善人ではない人の関わる論争において自由は固く擁護されてきたと言えよう。**338**
フランクリン、ベンジャミン
教育のない天才は、鉱山の中に埋まっている銀のようなものだ。**597**
時は金なり。**645**
フランス、アナトール
人は1つの労働から次の労働に取りかかることでしか、くつろぐことができないようにできている。**796**
フランスの格言
卵を割らずにオムレツは作れない。**32**
ブランソン、リチャード
ビジネスを1つ成功させられるなら、どんなビジネスでも成功できる。**685**
ブランド、マーロン
役者はうまくすれば詩人となり、最低でもエンターテイナーだ。**888**
ブリア=サヴァラン、アンテルム
普段食べているものを言ってくれれば、あなたがどんな人だか当ててみせよう。**745**
フリーダン、ベティ
男性は敵ではなく、女性と同じく犠牲者です。本当の敵は、女性自らの自己に対する過小評価なのです。**419**
フリードリヒ大王
偏見はドアから追い出しても、窓から戻ってくる。**109**
フリッシュ、マックス
科学技術とは、それを体験しないですむよう世界を整えるコツだ。**714**
ブルーム卿、ヘンリー
教育は国民を先導しやすく、後ろから追い立てにくくする。つまり統治しやすく、奴隷にするのが不可能になる。**600**
ブルーン、ヘイウッド・ヘイル
神はいないと主張する人ほど、神の話ばかりしている人はいない。**520**
スポーツは人格を作らない、人格を照らし出すのだ。**816**
プルタルコス
正直さや美徳の源は良質な教育にある。**585**
脳とは満たされるべき器ではなく、燃やされるべき炎である。**535**
私が変わると変わり、うなずくとうなずく友はいらない。それなら影のほうがずっとうまい。**78**
ブルワー=リットン、エドワード
ペンは剣より強し。**174**
ブレイク、ウィリアム
改善はまっすぐな道を作るが、改善なき曲がった道が天才の道である。**599**
フレイザー、ジョー
ボクシングは、脳が揺さぶられ、金が奪われ、葬儀屋に名前がリストアップされる唯一のスポーツだ。**829**
プレスリー、エルヴィス
野心はV8エンジンを備えた夢だ。**873**
ブレナン、ジェラルド
歴史を書くことで真実にはたどり着けない。それができるのは小説家だけだ。**214**
ブレヒト、ベルトルト
戦争は愛みたいなものだ、いつだって抜け道を見つけていく。**401**
プロイセン王フリードリヒ2世
わが臣民と私は双方が満足する合意に達した。臣民は言いたいことを言い、私はしたいことをすることができる。**381**
フロイト、ジークムント
解答の出せない大きな問題は、「女性が何を求めているか」だ。**137**
フローベール、ギュスターヴ
愚かであること、利己的であること、健康であること、それが幸せのための3つの条件だ。だが愚かでなければ、すべてが失われる。**549**
フロスト、デイヴィッド
テレビは、自宅リビングにいながら、家に招きたくない人物のもてなしを受けることのできる発明品だ。**874**
フロスト、ロバート
詩は人生の首根っこをつかむようなもの。**206**
森の中で道が2つに分かれていた。そして、私は──私は人があまり通っていない道を選んだ。それですべてが変わったのだ。**44**
プロタゴラス
人間は万物の尺度である。**437**
ブロック、クリストファー
死と税金以外に確かなものは何もない。**30**
プロペルティウス、セクストゥス
離れていることで、愛しさが募る。**75**
ブロムフィールド、レジナルド
建築は職業の一番下ではなく、芸術の一番上にあるべきだ。**245**
ブロンテ、シャーロット
その日は、とても散歩などできそうになかった。**176**
ヘイウッド、イライザ
寛容である前に公正であれ。**108**
ヘイウッド、ジョン
結婚とはベッドに裸の脚が4本並ぶだけのものではない。**86**
ベイリー、フィリップ・ジェームズ
無よりも、地獄のほうが耐えられる。**503**
ペイン、トマス
政府は最良の状態であっても必要悪でしかなく、最悪の状態では耐えがたい悪だ。**380**
私は困難の中でほほえむことができ、苦しみから力を集め、非難から勇気を育てられる人が好きだ。**110**
ヘーゲル、ゲオルク
理性的なものはすべて現実的であり、現実的であるものはすべて理性的である。**458**
ベーコン、フランシス
書籍が学問に従うべく、学問が書籍に従うべからず。**738**
沈黙は愚者の美徳である。**543**
読むことで人は豊かになり、話すことで準備ができ、書くことで厳正になる。**158**
ベーダ
歴史が善人の善行を記録すれば、思慮深い聞き手は善行をまねするだろう。**298**
ベートーヴェン、ルードヴィヒ・ヴァン
音楽はあらゆる知恵と哲学以上の啓示だ。**912**
ベーン、アフラ
恋は秘密でなくなったとき、楽しみでなくなる。**103**
ベガ、フェリクス・ロペ・デ
愛に勝る至福はなく、嫉妬に勝る罰はない **94**
ベケット、サミュエル
何度も挑んだ。何度も失敗した。かまわない。また挑め。また失敗しろ。次はもっとうまく失敗しろ。**213**
ペソア、フェルナンド
文学は日常を無視するのに最も望ましい方法である。**196**
ヘッセ、ヘルマン
言葉もなく、記述もなく、書物もなければ歴史は存在しない。人間性という概念は存在し得ない。**327**
ヘップバーン、オードリー
エレガンスは、決して色褪せることのない唯一の美。**858**
ヘプバーン、キャサリン
すべての規則に従っていたら、すべての楽しみを逃してしまう。**887**
ヘミングウェイ、アーネスト
勇者は、もし頭がよければ2000回だって死ぬだろう。ただそれを口にしないだけだ。**558**
ベラ、ヨギ
愛はこの世で一番大切だが、野球もなかなか捨てたものではない。**825**
ヘラクレイトス
いくら勉強して知識を得たとしても、ただそれだけでは英知は身につかない。**577**
同じ川に2度は入れない。**288**
ペリクレス
名をなした者は全世界の人々の記憶に生き続ける。**351**
ヘリック、ロバート
美しい水仙よ、私たちは涙する。きみがそれほど急ぐのを目にして。**97**
ベルクソン、アンリ
現在は過去にあった以上のものをいっさい含んでいない。そして結果の中に見られるものは、すでに原因の中にあったものである。**326**
ヘルツォーク、ヴェルナー
学術研究は映画を殺す。情熱とは正反対のものだから。映画は学者の芸術ではなく、無教養人の芸術だ。**893**
ヘルツォーク、ジャック
都市の建築は常にそこで暮らす人々の心理を組み立てたものに少し似ている。**285**
ベルナール、クロード
芸術は「私」である。科学は「我々」である。**750**
ペレ
厳しい戦いであればあるほど、勝ったときの喜びは大きい。**830**
ヘロドトス
急ぎは失敗の母である。**631**
ヘンデル、ゲオルク・フリードリヒ
みんなを楽しませただけなら残念だ。私はみんなをより善い人にしたいのだが。**910**
ベンヤミン、ヴァルター
我々が抱く幸福のイメージは歴史の問題である過去のイメージと固く結びつけられている。**334**
ヘンリー2世
あの乱心した司祭を排除してくれる者はおらぬのか？**357**
ポアンカレ、アンリ
科学は事実だ——家が石でできているように。**756**
ホイットマン、ウォルト
芸術の技、表現の栄光、文学の陽光とは単純さである。**239**
ぼくは、ぼくを祝福する。**178**
ホイル、フレッド
宇宙には1つの首尾一貫した計画があるが、それが何のための計画なのかはわからない。**782**
ボヴィー、クリスチャン・ネステル
以前は戦争が大金を生んだ、戦争がビジネスだった。しかし大金を生むのがビジネスだけになった今、ビジネスこそが戦争だ！**652**
ボエティウス
今あなたをみじめにしているものも、いつかは消え去るという見込みに、慰めを見いだすことができる。**442**
ポー、エドガー・アラン
私たちは愛を超える愛で愛しあった。**119**
ボーア、ニールス
我々はみな、君の理論がクレイジーだという点で一致している。それが正しくなる可能性を秘めたクレイジーさかどうかという点が、意見の分かれるところだ。**772**
ボーヴォワール、シモーヌ・ド
社会が大切にするのは利益を生む個人だけだ。**673**
ホーキング、スティーヴン
宇宙はなぜ、存在するという面倒なことをするのか？**780**
ホーソーン、ナサニエル
時は私たちを飛び越えていくが、その影は残る。**320**
最も親しい友とは、最悪の部分を見せる相手ではなく、最良の部分を見せる相手である。**120**
ポープ、アレキサンダー
過つは人の常、許すは神の業。**107**
希望は人の内に永遠に湧きあがる。**544**
浅学ほど危険なものはない。**594**
友人を笑って友人が怒れば、なおさらけっこう、さらに笑える。**108**
ホープ、ボブ
テレビは映画の墓場だ。**860**
ポーリング、ライナス
いいアイデアを得たいなら、アイデアをたくさん持つことだ。**764**
ポストマンとウェインガートナー
子供は疑問符然として入学し、句点となって卒業する。**620**
ホッパー、エドワード
言葉で言えるなら、絵に描く必要はない。**272**
ホッブズ、トマス
そのような状態では勤労の余地はない。なぜなら勤労の成果が確実ではないからである。人間の生活は孤独で貧しく、つらく残忍で短い。**369**
人間は人間にとって狼である **366**
ボノ
ポップスは何もかもがオーケーだと言い、逆にロックンロールはオーケーじゃないと言うが、それはあなたが変えられる。**944**
ホメロス
この世のあらゆる人間の中で、吟遊詩人こそが栄誉と尊敬を得るべき者である。なぜなら詩神に歌うことを教えられ、愛されているのだから。**150**
ホラティウス
画家と詩人はどちらも等しく大胆に創作する自由を得ている。**226**
その日を摘め。**24**
できれば誠実な方法で、あるいはそうでなくとも、とにかく金を稼げ。**635**
人は概して、財を使い尽くすように生まれついている。**355**
ボリュステネスのビオン
彼が富を所有しているのではなく、富が彼を所有している。**634**
ポリュビオス
人の心に宿る良心ほど、恐ろしい目撃者や手厳しい告発人はいない。**534**
ボルヘス、ホルヘ・ルイス
人生はそれ自体が引用だ。**215**
ホワイトヘッド、アルフレッド・ノース
青春の最深の定義は、まだ悲劇に触れたことのない生命である。**138**
ポワチエ、シドニー
人間は成長するために、本来の自分を変える必要はない。**61**
本田宗一郎
きみたちの理解できる人間だけを採用したら、きみたち以上には出ないんだよ。**677**
ポンパドゥール夫人
わが亡きあとに洪水よ来たれ。**374**
マーシャル、サーグッド
国の偉大さの尺度となるのは、危機に際して慈悲心を保てる能力だ。**422**
マーストン、ウィリアム・モールトン
教会ですら、大衆心理に応えようとする態勢は映画会社ほどには整っていない。**853**
マードック、ルパート
理事が大勢いると会社を強くすることはできない……自分自身で決断できる環境でなければならない。**681**
マーラー、グスタフ
交響曲は、世界のようにすべてを抱擁しなければならない。**922**
マーリー、ボブ
世界を手に入れて、魂を失うな。叡智は金銀より尊い。**625**
マーロウ、クリストファー
真の恋をする者は、みな一目で恋をする。**91**
マキャヴェリ、ニッコロ
人間は財産や名誉を奪われない限り、不満を持たない。**358**
愛されるより恐れられるほうが……安全である。**82**
他者が強大になる原因をつくった者は、自らを滅ぼす。**301**
マクドナルド、ジョージ
人は常に仕事を求めるとは限らない。聖なる怠惰というものもある。**795**
マクラーレン、アレキサンダー
天国は無限の達成感をともなう果てしのない願望——幸運であることへの願望、命あることへの願望だ。**512**
マクルーハン、マーシャル
教育と娯楽の区別をつけようとする人間は、どちらについても肝心なことを知らない。**864**
マコーリー
過去について正しい情報を与えられた者は、決して陰鬱な気分になったり、現在を悲観したりしないだろう。**316**
マザー・テレサ
昨日はもう過ぎた。明日はまだ来ない。私たちにあるのは今日だけ。さあ、始めましょう。**59**
マズロー、アブラハム
自分の持っている道具が金槌だけだと、すべての問題が釘に見えてしまう。**717**
マチス、アンリ
私が夢見ているのはバランスのよい芸術、純粋でのどかな芸術……質のよいひじ掛け椅子のようなものだ。**253**
松尾芭蕉
月日は百代の過客にして、行かふ年も又旅人也。**30**
マヌティウス、アルドゥス
仕事の話以外はするな、そしてその仕事をさっさと片づけろ。**639**
マネ、エドゥアール
芸術における簡潔さは重要かつ、洗練の極みである。言葉が簡潔な人は、饒舌な人を退屈に見せる。**240**
マヤコフスキー、ウラジミール
芸術は博物館という死んだ寺に集めてはならない。すべての場所に広げるべきなのだ。**261**
マルクス、カール
宗教は大衆のアヘンである。**504**
歴史は繰り返す。1度目は悲劇として、2度目は喜劇として。**316**
マルクス、グルーチョ
これが私の主義だ。もし君が気に入らないというのなら……そうだね、主義を曲げることとしよう。**876**
マルクスとエンゲルス
賃金労働者が失うものといえば、自分をつないでいる鎖だけだ。**386**
マルコムX
自由のために死ぬ覚悟がないなら、己の辞書から「自由」という言葉を削除せよ。**413**
マルソー、マルセル
パントマイムにしゃべらせるな。止まらなくなるから。**885**
マルティアリス
高潔は私たちの日々を広げる。過去を楽しめる人は、人生を2倍生きている。**297**
マロリー、ジョージ
そこに山があるから。**802**
マン、トーマス
健康的な感情、強烈な感情は、どれも味わいに欠ける。芸術家が人間になってそんなものを感じ始めたら、芸術家としては終わりだ。**250**
マンスフィールド、キャサリン
これは手紙ではありません。少しの間、あなたを抱きしめている腕なのです。**131**
ミース・ファン・デル・ローエ、ルートヴィヒ
より少ないことは、より豊かなこと。**270**
ミケランジェロ
私は大理石の中に天使を見て、自由にするために彫った。**227**
ミシュレ、ジュール

政治の第1義は何か？　教育だ。第2義は？　教育だ。では第3義は？　教育だ。**601**
未詳
大水も愛を消すことはできない。洪水もそれを押し流すことはできない。**64**
最後に笑う者が最も笑う。**92**
主よ、私をあなたの平和の道具としてください。憎しみのあるところに、愛の種を蒔かせてください。**515**
生は死に通じ、死は生に通ずる。**483**
人は皆、自分独自の悟りへの道を歩まなければならない。**528**
ミドラー、ベット
ぴったりの靴を与えられた女の子は、世界を征服できる。**882**
ミル、ジョン・スチュアート
公教育は国民全員を1つの型に当てはめて、一様にしようとする試みにほかならない。**603**
満足な豚であるより不満足な人間であるほうがいい。同様に、満足な愚者であるより不満足なソクラテスであるほうがいい。**460**
自ら戦ってでも勝ち得たいものがない人は……みじめな動物である。そういった人に自由になれる機会はない。**390**
ミルク、ハーヴェイ
希望は決して沈黙しない。**422**
ミルトン、ジョン
「隠居した余暇」は、その手入れの行き届いた庭が喜びだ。**790**
書物は決して死んでいるのではなく、それを生み出した精神と同じくらい生き生きとした生命力を内包している。**159**
立って待つだけの者も奉仕しているのだ。**29**
ムッソリーニ、ベニート
民主主義は理論的にはすばらしいが、実際的にはまやかしだ。**396**
ムハンマド
親切は信仰の証だ。親切心を持たない者は信仰を持たない。**489**
よいことが起きれば、それは神の恩恵である。悪いことが起きれば、それは汝の仕業である。**490**
メルヴィル、ハーマン
私のことはイシュメールと呼んでくれ。**176**
メンケン、H・L
私の知る限り、この世には、凡人の集団的知性を過小評価したために金を失った者はいない。**656**
孟子
友たる者はその徳を友とするなり。以て挟むことあるべからず。**70**
毛沢東
自由主義は革命的な共同体に甚大な害をもたらす。統一をむしばみ、団結心をほころばせ、無関心を促し、不和を生み出す腐食剤だ。**400**
モーザー、サー・クラウス
教育には金がかかる。しかし無知にも金はかかる。**626**
モーツァルト、ヴォルフガング・アマデウス
他人の賞賛や非難など一切気にしない……自分自身の感性に従うのみだ。**910**
私が心から幸せを感じるのは、静かな喝采だ！――このオペラの高まる人気が肌で感じられる。**911**
モーム、ウィリアム・サマセット
愛と芸術を求めるには、人生は短すぎる。**261**
恋の悲劇は無関心である。**133**
モーリア、ダフネ・デュ
脚光を浴びた舞台で、ほんのひとときの観客を魅了する俳優も、幕が下りれば永遠に消え去る。**856**
モーロワ、アンドレ
中世に人間にとって最悪のものが2つ発明された――恋愛と火薬だ。**702**
モネ、クロード
偉大な画家はみな、多かれ少なかれ印象派である。たいていは直感の問題なのだ。**254**
モリエール
人間は友人を愛すれば愛するほど、追従は言わなくなる。本当の愛は欠点を仮借しない場合に表れてくる。**99**
盛田昭夫
判断がすべて経営幹部にのみ集中している会社は発展しない。**681**
モンタギュー、C・E
読んだものをおもしろがること――それが楽しい引用の大いなる源泉となる。**194**
モンタギュー、メアリー・ウォートリー
読書ほど安価な娯楽はなく、長く続く快楽はありません。**162**
モンテーニュ、ミシェル・ド
私が猫と戯れているとき、ひょっとすると猫のほうが私を相手に遊んでいるのではないだろうか。**789**
モンテスキュー
我々は人の死ではなく、誕生を嘆くべきだ。**454**
モンドリアン、ピエト
芸術家の地位は低い。要するに、管なのだ。**258**
モンロー、マリリン
もしあなたが私の最悪のときにきちんと扱ってくれないなら、私の最高の瞬間を一緒に過ごす資格はない。**866**
ヤング、エドワード
神に祝福された余暇は我々にとって呪いだ。カインの呪いのように、さまよい歩くはめになる。**792**
ヤング・ジュニア、アンドリュー・ジャクソン
100人のビジネスマンがすると決めたことは、何であれ合法とされてしまう。**676**
ユウェナリス
誰もが学びたいと望んでいるが、誰もその対価を払いたがらない。**585**
ユゴー、ヴィクトル
愛には中間がない。壊すか、救うかのどちらかだ。**125**
音楽は、人間が言葉で言えない事柄、しかも黙ってはいられない事柄を表現する。**917**
ユスフザイ、マララ
肌の色、言語、信仰する宗教は問題ではありません。人間として互いに尊重しあうべきです。**432**
ユング、C・G
人には困難が必要である。困難は健康のために不可欠だ。**556**
ユングとヤッフェ
心の振り子は善と悪ではなく、意識と無意識の間を行き来する。**566**
ヨーロッパの格言
逆境は思わぬ仲間をつくる。**91**
ヨブ記
主はその後のヨブを以前にも増して祝福された。**22**
ラ・ブリュイエール、ジャン・ド
歳月によって、友情の絆は強まるが、愛情の絆は弱くなる。**104**
ラ・ロシュフコー公爵
恋心を抱いているときに隠そうとしても長くはごまかせず、恋心がないときに抱いているふりをしても長くはごまかせない。**101**
哲学は過去の悪や未来の悪にはたやすく打ち勝つが、現在の悪は哲学を凌駕する。**450**
ラーキン、フィリップ
きみは台無しにされちまう、ママとパパに。ママたちに悪気はないかもしれないが、そうなるんだ。2人の欠点を受け継がされて、きみだけの欠点もおまけに付けられて。**143**
ライス、グラントランド
勝った負けたではなく、試合をどう戦ったかだ。**808**
ライト、オーヴィル
我々がみな、真実だとされているものを本当に真実だと仮定していたら、進歩などまず期待できない。**758**
ライド、サリー
無重力は偉大な平衡装置よ。**425**
ライト、フランク・ロイド
気高い人生には、気高い人たちが、気高い目的で使う、気高い建築が必要だ。**276**
私は神の存在を信じている……ただし、私はそれを「自然」と綴る。**523**
ライプニッツ、ゴットフリート
あたうる限り最善の世界で、万事しかるべく最善である。**452**
ラヴェル、ジェイムズ
ヒューストン、問題が発生した。**343**
ラヴォアジエ、アントワーヌ
事実以外は何も信じてはならない。事実は自然が差し出すもので、欺くことがない。**742**
ラエルティオス、ディオゲネス
いかなる国家も土台となるのは若者の教育だ。**588**
ラザフォード、アーネスト
実験に統計が必要になったなら、よい実験を行ったということだ。**761**
ラシーヌ、ジャン
時が暴かない秘密はない。**100**
ラジニーシ、バグワン・シュリ
人はロボットのごとく生きている。機械のように有能だが、気づきがない。**525**
ラスキン、ジョン
装飾は建築の主要な部分で、美術の主題のようなものだ。**238**
ラッシュ、ノーマン
文学とは自らに語りかける人間性である。**219**
ラッセル、バートランド
平然と残虐なふるまいをするのは道徳主義者の喜びだ。だから、彼らは地獄を創ったのだ。**519**
貧しい人には余暇が必要だという考えは、昔から金持ちに衝撃を与えてきた。**806**
ラビ・シャニナ
私は師から多くのことを学んだ、大学からさらに多くのことを学んだ、そして生徒から最も多くのことを学んだ。**586**
ラファエロ
時は過去の美しさを奪う意地悪な追いはぎである。**26**
ラフマニノフ、セルゲイ
すばらしいピアノ演奏には、必ずひらめきがある。**923**
ラプラス、ピエール=シモン
確率とは、要するに数値的に算定された常識である。**744**
ラブレー、フランソワ
恋において、仕草は言葉など比較にならないほど魅力的で、効果的で、価値がある。**85**
ラボック、ジョン
花が太陽によって色づくように、人生は芸術によって色づく。**244**
ラマー、ミラボー・ボナパルテ
教育は民主主義を守る天才だ。自由人が唯一認めるのは独裁者であり、自由人が唯一求めるは支配者だ。**600**
ラマルティーヌ、アルフォンス・ド
愛されるために愛するのは人間的だが、愛するために愛するのは天使的である。**119**
ラム、キャロライン
いかれていて、不良で、近づくと危険。**169**
ラングレー、ノエル
淑女が心変わりすることを選んでも、紳士はそれをまさしく淑女の特権だと考え、問いつめたりはしない。**138**
ランゲ、クリスティアン・ロウス
テクノロジーは有用な召使いだが、主人にしたら危険だ。**702**
ランド、アイン
人間と同様に、家も誠実になれるが、やはり同様にまれである。**268**
ランドフスカ、ワンダ
あなたなりの方法でバッハを弾き続けなさい。私は彼の方法で弾くから。**930**
ランペドゥーサ、ジュゼッペ・トマージ・ディ
物事があるがままであってほしいなら、物事が変わらなければならない。**472**
ランボー、アルチュール
あらゆるものに縛られた怠惰な青春よ、あまりに繊細だったせいで、ぼくは人生をふいにした。**182**
リー、アン
役者を苦しめるのは楽しいことではないが、それを楽しむ役者もいる。**894**
リー、ブルース
一度に1万種類のキックを練習する男は怖くないが、1つのキックを1万回練習する男は恐ろしい。**813**
リー、ロバート・E
何よりも、本当の自分ではない姿を人に見せてはならない。**124**
リーヒー、フランク
状況が苦しくなると、タフな奴が活躍する。**563**
リグレー・ジュニア、ウィリアム
仕事仲間の2人が常に合意するなら、片方は必要ない。**659**
リズヴィ、シャー・アサド
ダンスシューズから足音が奪われるたびに、世界が静寂の空間になってしまうようだ。**897**
リバーズ、ジョーン
私が成功したのは他のみんなが考えていることを口にしたからだ。**892**
リリー、ジョン
恋愛と戦争では手段を選ばない。**86**
リルケ、ライナー・マリア
人生で起きることをそのまま受け入れなさい。私を信じて。人生は常に正しいところにある。**555**
リンカーン、エイブラハム
すべての人を一時だますことはできる。何人かの人をだまし続けることもできる。だが、すべての人をだまし続けることはできない。**388**
リンドバーグ、チャールズ
臆病者は家でくつろぎながら霧の中を山に向かって飛ぶパイロットを批判する。だが私にしてみればベッドより山腹で死ぬほうがよほどいい。**710**
ル・コルビュジエ
住宅は住むための機械である。**264**
ルーウィン、ロジャー
我々は子供に解決すべき問題よりも、覚えるべき答えを与えすぎる。**622**
ルース、アイリーン・L
向こう見ずに生き、若くして死に、美しい亡骸を残す。**45**
ルース・ジュニア、ジョージ・ハーマン・〈ベーブ〉
ストライクを取られるたびに、次のホームランに近づいていった。**805**
ルーズベルト、エリノア
自分にはできないと思うことをやる。**56**
あなたの同意なしに、誰もあなたに劣等感を抱かせることはできない。**565**
ルーズベルト、セオドア
棍棒を持って、穏やかに話せ。**43**
自分はできると信じなさい。そうすれば目標は半ば達成される。**557**
ルーズベルト、フランクリン・D
我々が恐れるべきはただ1つ、恐れそのものだ。**398**
ルーベンスタイン、デイヴィッド・M
舞台芸術は、他では不可能な形で人々を1つにする。**895**
ルーミー
人間は宿である。毎朝、新たな訪れがある。喜び、憂鬱、卑しさ、一瞬の気づきが予期せぬ客としてやって来る。そのすべてを歓迎し、もてなしなさい。**538**
ルクレティウス
甲の薬は乙の毒。**24**
短い間に生物の世代は移り変わり、走者のように命の聖火をリレーする。**293**
ルシュド、イブン(アンダルシアのアヴェロエス)
神は自分が持ち上げることができないほど重い石を作ることができるか？ **492**
ルソー、ジャン=ジャック
人間は生まれながらにして自由であるが、至るところで鎖につながれている。**379**
ルター、マルティン
音楽という気高い芸術は、神の言葉に次いで、この世で最もすばらしい宝である。**904**
ルナール、ジュール
神が存在するかどうかはわからないが、存在しないとしたほうが神の評判のためにはいいだろう。**513**
地上に天国は存在しないが、その一部は存在する。**754**
ルノワール、ピエール=オーギュスト
私はあそこで描く。**262**
ルワンダの格言
家を建てているときに釘が折れたら、家を建てるのをやめる？　それとも釘を交換する？ **700**
レイン、R・D
人生には数えきれないほどの苦しみがある。おそらく、唯一避けることのできない苦しみは、苦しみを避けようとすることから生じる苦しみだ。**474**
レヴィー、マーヴ
辛抱が失敗を桁外れの成果に変える。**837**
レーガン、ロナルド
最高の頭脳を持つ者は政府内にはいない。いれば民間企業がとっくに雇っている。**677**
自由というものは一世代で潰える運命にある。**412**
レーニン、ウラジーミル
何度もつかれる嘘は真実になる。**467**
レダラー、エッピー
教育にはお金がかかると思っているならば、無知でいてごらんなさい。**622**
レナード、チャールズ・〈シュガー・レイ〉
人はみな、人生においてある種の技能を与えられている。私はたまたま、人を叩きのめす技能を与えられたにすぎない。**816**
レノン、ジョン
愛と平和を訴えるのは最も乱暴な人間なのさ。**145**
人生とは、忙しくあれこれ計画しているときに、突然何かが起こるもの。**60**
レン、クリストファー
建築は永遠を志す。**233**
レンブラント
絵は神の影を描けたときに完成する。**233**
老子
言葉による慈しみは自信を生む。考えによる慈しみは心の深みを生む。行いによる慈しみは愛を生む。**66**
千里の道も一歩から。**436**
人はただ自分自身でいることに満足し、他人と比べたり競ったりしなければ、すべての人から尊重される。**528**
ロース、アドルフ
装飾からの解放は、精神の強さのしるしである。**251**
ローゼンバック、A・S・W
書籍の収集は恋愛の次に爽快な娯楽である。**197**
ローマ教皇グレゴリウス7世
私は正義を愛し、不公正を憎む。それゆえ、私は追放の身で死ぬのだ。**537**
ローリング、J・K
私は書きたかったものを書いているだけ。私にとっておもしろいものを書いています。完全に自分のために。**219**
ロジャース、ウィル
前に出て、自身に拍手喝采を送ることができるビジネスは、映画だけだ。**854**
ロセッティ、ダンテ・ゲイブリエル
無神論者にとって最悪の瞬間は、心底ありがたく思っているのに、感謝する相手がいない時だ。**507**
ロダン、オーギュスト
私は自然に従い、決して命じようとは思わない。芸術の第1の原則は、見たものを写すことだ。**253**
ロック、ジョン
人の心に観念をもたらすのは経験だけである。**544**
理知は自然の啓示である。**499**
ロックニー、クヌート
1人がスポーツマンシップを実践するほうが、それを100回教えるよりはるかに効果的だ。**801**
ロックフェラー、ジョン・D
ビジネスに基づく友情のほうが、友情に基づくビジネスよりもいい。**663**
ロッシーニ、ジョキアーノ
シンプルなメロディーと、バラエティに富んだリズムで。**918**
ワーグナーには愛すべき瞬間もあるが、短いながらも非常に不愉快なときもある。**917**
ロビンズ、トニー
我々がいるのは情報化時代ではなく、エンターテインメント時代だ。**892**
ロビンソン、エディー
コーチとしてのリーダーシップとは、相手の心と魂に訴えかけ、信頼を勝ち取ることだ。**827**
ロレンス、D・H
自然界で最も美しい存在である花も、その根を大地と肥料に刺している。**763**
ロンバルディ、ヴィンセント
ノックダウンされたかどうかではなく、そこから立ち上がるかどうかだ。**809**
ワーグナー、リヒャルト
最も古く、最も忠実で、最も美しい音楽器官であり、音楽が唯一その存在に恩恵を被っているのは、人間の声である。**915**
ワーズワース、ウィリアム
現在から利益を得るために過去から学び、将来よい暮らしをするために現在から学ぶこと。**314**
子供は大人の父である。**34**
夢と本は別々の世界であり、本は純粋ですばらしい、充実した世界。**167**
私は雲のように、ひとりさまよい歩いた。**167**
ワイアット、トマス
この歌が歌われ、過去のものになったそのときは、我がリュートよ、静まれ、もう終わったのだ。**905**
ワイルダー、ビリー
彼の音楽に対する耳はファン・ゴッホ並みだ。**937**
ワイルド、オスカー
芸術はこの世で唯一真剣なものである。そして芸術家は真剣ではない唯一の人間である。**245**
人間は生涯に1度はキリストと共にエマオへ歩むものだ。**40**
ピアニストを撃つな。彼は最善を尽くしているのだから。**920**
私には才能しか申告するものがない。**184**
我々は皆、溝に落ちているが、星を仰いでいる者もいる。**323**
ワインバーグ、スティーヴン
宇宙を理解しようとする努力は、人の生活を茶番の水準からほんの少しだけ引き上げ、そこに悲劇の優雅さをわずかに添える希有なものの1つである。**778**
ワシントン、ブッカー・T
人をつくるのは環境ではなく、品性である。**40**
ワターソン、ビル
好きなだけ何もしないでいる時間はいくらあっても足りない。**824**
ワトソン卿
独創的な思想家であるよい教師は、大人数のクラスでも少人数のクラスでも一瞬のうちに聴衆の心をつかむ。**604**

執筆者一覧

KBJ **Kimberly Baltzer-Jaray キンバリー・バルツァー＝ヤーライ**■PhD。現象学、実存主義、哲学史、タトゥー文化の研究者。カナダ・ウエスタン大学キングス校の講師、初期現象学北米会の会長、「カミュ・スタディ」誌の副編集長、タトゥー歴史・文化センター理事、「シングス＆インク」誌のライター。学術誌に記事を寄稿し、初期現象学研究、タトゥー文化、ポップカルチャーに関する書籍を出版している。

AB **Adam Barkman アダム・バークマン**■PhD。カナダのレディーマー・ユニバーシティ大学の准教授。主に倫理学、美学、世界宗教を題材にした9冊の書籍の著者であり共同編集者。

GB **Glenn Branch グレン・ブランチ**■米ブランダイス大学とカリフォルニア大学で哲学を専攻。進化論と気候変動の教育を擁護する非営利団体、米国立科学教育センターの副所長。

CB **Chris Bryans クリス・ブライアンズ**■「タイムアウト」誌、「ラジオ・タイムズ」誌、「オブザーバー」紙に寄稿。1001 Before You Die シリーズのその他の作品でも執筆を担当。お気に入りの名言は、映画『ベイブ』の心優しき農夫ホゲットの台詞「それでいいんだ、よくやったな」。

CRD **Christopher Donohue クリストファー・ドノヒュー**■PhD。米メリーランド州ベテスダの国立衛生研究所内ヒトゲノム研究所の歴史家。ヒトゲノム・プロジェクトとそれに続くゲノム解析計画の歴史に焦点を当てた「ジャーナル・オブ・ザ・ヒストリー・オブ・バイオロジー」誌 2017 年特集号の編集長。

JD **Jeffrey Dueck ジェフリー・デュエック**■PhD。米ニューヨークのニャック・カレッジの哲学准教授。さまざまなクラスで教鞭を執り、主に宗教と芸術の分野における実存主義的、実用主義的テーマに焦点を当てた執筆活動を行う。

GD **George A. Dunn ジョージ・A・ダン**■米インディアナポリス大学、中国の浙江大学宁波理工学院と浙江大学で哲学と宗教を教えている。哲学、ポップカルチャー、異文化をテーマにした数多くの書籍の編集、もしくは執筆を担当。

ME **Mike Evans マイク・エヴァンズ**■ミュージシャン、音楽ジャーナリスト。音楽、映画、ファッション、芸術、ポップカルチャー全般に関する書籍をプロデュース、編集。Elvis: A Celebration（2002）、The Blues: A Visual History（2014）、Vinyl: The Art of Making Records（2015）等のベストセラー本を始めとする 20 冊以上の作品を執筆している。

JE **Jeff Ewing ジェフ・ユーイング**■米オレゴン大学の社会学の博士号取得候補生。学術書の他、ポップカルチャーと哲学に関する数多くの作品を執筆。最近ではケヴィン・S・デッカーと Alien and Philosophy を共同編集している。

JF **Janey Fisher ジェイニー・フィッシャー**■教育本、子供と大人向けフィクション、時事問題ブログ View from Trevadlock Cross を執筆。1001 Ideas that Changed the Way We Think（2013）でも執筆を担当。他の作者の作品の編集や索引作成にも携わる。

GG **Gretchen Goodman グレッチェン・グッドマン**■米カンザス大学特別教育学部の博士号課程の学生。幼少教育と生涯学習に 20 年間携わってきた。主な研究テーマは教師の福利。

TH **Tamara Hinson タマラ・ヒンソン**■英国を拠点に活動するフリー・ジャーナリスト。旅行、健康、テクノロジー等の記事を執筆し、中でも旅行に夢中。北朝鮮、フェロー諸島、アイスランドのヘイマエイ島、トーゴ等、めずらしい土地を訪れている。

SH **Susie Hodge スージー・ホッジ**■MA、FRSA。100 冊以上の本を出版する歴史家、作家、アーティスト。雑誌記事、美術館やギャラリーのサイト記事も執筆し、世界中で講義活動を行っている。ラジオやテレビのニュース番組やドキュメンタリー番組にも定期的に協力している。

TJ **Thomas Johnson トマス・ジョンソン**■2005 年にオーストラリアのメルボルン大学で哲学博士号課程を修了。以来、哲学を教え、哲学書の批評に携わる。1001 Ideas that Changed the Way We Think（2013）でもさまざまな記事を執筆している。

HJ **Helen Jones ヘレン・ジョーンズ**■ジャーナリスト、編集者。アメリカやオーストラリアの新聞に加え、イギリスやヨーロッパの報道機関にも記事を寄稿している。政治家や企業リーダーのためにスピーチ原稿も執筆する。

CK **Carol King キャロル・キング**■ライター、編集者。本を数冊執筆し、雑誌や新聞にも記事を書いている。扱う題材は、芸術、旅行、そして彼女が愛してやまないシチリア島だ。

MK **Maria Kingsbury マリア・キングズベリー**■米サウスウエスト・ミネソタ州立大学図書館の准教授、テキサス工科大学で技術通信学と修辞学の博士号取得候補生。さまざまなトピックについて書き、リサーチするが、現在は2つの課題に没頭している――人気歌手の歌唱力不足に関する論文と、まだ幼いわが子を心優しく思慮深い人間に育てるための、夫との共同プロジェクトだ。

DK **David Koepsell デイヴィッド・ケプセル**■米バッファローの大学で哲学博士号と法律学位を取得。数多くの学術書と記事を執筆し、法律家として活動し、オランダで准教授を務めたのちメキシコの国家生命倫理委員会の戦略構想局長となる。サイトは davidkoepsell.com。

EP **Eloise Parker エロイーズ・パーカー**■米ニューヨークを拠点に活動するライター。イギリスとアメリカのテレビ番組に定期的に出演中。「プレス・アソシエーション」、「ニューヨーク・デイリー・ニューズ」紙、「ピープル」誌等への執筆を通じて国際的に活躍する。

JP **Jake Primley ジェイク・プリムリー**■数多くの本や記事を執筆しているが、通常、ペンネームを使うか、無記名だ。

IHS **Ian Haydn Smith イアン・ハイドン・スミス**■英ロンドンを拠点に活動するライター。New British Cinema: From Submarine to 12 Years a Slave（2015）の共著者、1001 Movies You Must See Before You Die（2016）と Movie Star Chronicles（2015）のコミショニング・エディター、「カーゾン」と「英国映画協会フィルムメーカー」誌の編集者。

BDS **Barry Stone バリー・ストーン**■世捨て人、帆船時代の暴動、第一次大戦中の中東におけるオーストラリアの軍事行動等、多岐にわたるトピックについて 10 冊の本を執筆。現在はアメリカ西部劇の歴史についての本を執筆中。オーストラリアの一流旅行ライターとして半遊牧民的な一面も持ち合わせ、シドニーから車で南に1時間の静かな土地での生活に満足している。

MT **Mark Theoharis マーク・セオハリス**■米カンザス在住のライター、元弁護士。法律事務所、企業、法律知識のない読者をターゲットにした出版社のために法的問題を監督。

LW **Lucy Weir ルーシー・ウィアー**■リサーチャー、ヨガ講師、画家のモデルとして働いた経歴を持つ。現在、チーズ屋のキャリアを模索中。オックスフォード大学で強制移住について学び、昨年、環境哲学の博士号課程を修了。アイルランドのウィックロー在住。感情と行動に問題を抱える青少年とともに活動し、執筆活動を行っている。

訳者紹介

大野晶子（おおの・あきこ）

翻訳家。主な訳書にアルボム『天国からの電話』、コーンウェル『切り裂きジャックを追いかけて』、スパークス『メッセージ・イン・ア・ボトル』など、共訳書に『世界シネマ大事典』などがある。

高橋知子（たかはし・ともこ）

翻訳家。主な訳書にシュワルビ『さよならまでの読書会』、サンドロリーニ『愛しき女に最後の一杯を』など、共訳書に『世界アート鑑賞図鑑』『世界シネマ大事典』などがある。

寺尾まち子（てらお・まちこ）

翻訳家。主な訳書にヒュームズ『リンカーンのように立ち、チャーチルのように語れ』、ディレイニー『クリスマスも営業中？』など、共訳書に『世界アート鑑賞図鑑』『世界シネマ大事典』などがある。

出典一覧

20–21 © Mirrorpix/Bridgeman Images 22 Library of Congress/Corbis/VCG via Getty Images 23 Fine Art Images/Heritage Images/Getty Images 25 The Art Archive/H. M. Herget/NGS Image Collection 27 Private Collection/© Look and Learn/Bridgeman Images 31 Photo by Ann Ronan Pictures/Print Collector/Getty Images 32 © Scottish National Gallery, Edinburgh/ Bridgeman Images 33 © GL Archive/Alamy Stock Photo 34 © The Print Collector/Corbis 35 The Art Archive/DeA Picture Library 36 Bettmann/Getty Images 37 akg-images 38 The Art Archive/Musée d'Orsay Paris/Collection Dagli Orti 41 Universal History Archive/UIG via Getty Images 42 IAM/akg-images 44 © Keystone Pictures USA/Alamy Stock Photo 47 Underwood Archives/Getty Images 48 © Everett Collection Historical/Alamy Stock Photo 49 Jerry Cooke/The LIFE Picture Collection/Getty Images 51 © Mirrorpix/Bridgeman Images 52 FPG/Archive Photos/Getty Images 53 Francis Reiss/Picture Post/Getty Images 54 AF archive/Alamy Stock Photo 55 © Pictorial Press Ltd/Alamy Stock Photo
56 Fred Stein Archive/Archive Photos/Getty Images 57 Bettmann/Getty Images 59 © Tim Graham/Alamy Stock Photo 62–63 © RA/Lebrecht Music & Arts 64 akg-images
65 © Keystone Pictures USA/Alamy Stock Photo 67 Fine Art Images/Heritage Images/Getty Images 68 © TAO Images Limited/Alamy Stock Photo 69 Ann Ronan Pictures/Print Collector/Getty Images 71 Prisma/UIG via Getty Images 72 akg-images/ullstein bild 74 De Agostini/Getty Images 76 akg-images/Erich Lessing 81 Universal History Archive/Getty Images 83 © GL Archive/Alamy Stock Photo 84 © World History Archive/Alamy Stock Photo 85 Culture Club/Getty Images 87 Paramount/The Kobal Collection 89 © Leemage/Corbis
93 Private Collection/© Look and Learn/Bridgeman Images 94 De Agostini/Getty Images 95 © British Library Board. All Rights Reserved/Bridgeman Images 96 The Art Archive/DeA Picture Library 97 Universal History Archive/Getty Images 98 ullstein bild/ullstein bild via Getty Images 99 Apic/Getty Images 102 SSPL/Getty Images 100 E Leyden Louvre Statues/ Alamy Stock Photo 103 © liszt collection/Alamy Stock Photo 104 Leemage/Getty Images 105 SuperStock/Alamy Stock Photo 106 The Art Archive/Civiche Racc d'Arte Pavia Italy/ Collection Dagli Orti 107 The Art Archive/Superstock 110 © World History Archive/Alamy Stock Photo 111 © Ivy Close Images/Alamy Stock Photo 113 © Heritage Image Partnership Ltd/Alamy Stock Photo 115 akg-images/British Library 116 © Chronicle/Alamy Stock Photo 117 © Heritage Image Partnership Ltd/Alamy Stock Photo 118 The Art Archive/DeA Picture Library 120 The Art Archive/Culver Pictures 121 De Agostini/Getty Images 122 Stock Montage/Getty Images 124 Mathew Brady/US Library of Congress via Getty Images 125 Apic/ Getty Images 126 De Agostini/Getty Images 128 © AF archive/Alamy Stock Photo 129 akg-images 131 ullstein bild/ullstein bild via Getty Images 132 ullstein bild/ullstein bild via Getty Images 133 Eric Schaal/The LIFE Images Collection/Getty Images 135 © Granger, NYC/Alamy Stock Photo 136 © RA/Lebrecht Music & Arts 137 © RA/Lebrecht Music & Arts 139 © Saint-Exupéry/Morgan/Splash/Splash News/Corbis 140 akg-images/TT News Agency 141 Kurt Hutton/Getty Images 142 Everett Collection/REX/Shutterstock 144 © Mirrorpix/ Bridgeman Images 146 Keith Beaty/Toronto Star via Getty Images 147 Brendon Thorne/Getty Images 148–49 akg-images/ullstein bild 151 © Ivy Close Images/Alamy Stock Photo 152 DEA/G. Daglia Orti/De Agostini/Getty Images 153 De Agostini Picture Library/Bridgeman Images 156 © Lebrecht Music & Arts Photo Library/Alamy Stock Photo 157 © Classic Image/ Alamy Stock Photo 158 De Agostini/Getty Images 160 © Courtesy of the Warden and Scholars of New College, Oxford/Bridgeman Images
162 © Sotheby's/akg-images 164 © Lebrecht Authors 165 De Agostini/Getty Images 166 Stock Montage/Stock Montage/Getty Images 168 The Art Archive/Musée Carnavalet Paris/ Gianni Dagli Orti 169 © Devonshire Collection, Chatsworth/Reproduced by permission of Chatsworth Settlement Trustees/Bridgeman Images 170 Culture Club/Getty Images
172 Archiv Gerstenberg/ullstein bild via Getty Images 173 © Chronicle/Alamy Stock Photo 174 © Georgios Kollidas/Alamy Stock Photo 175 Yale Joel/The LIFE Picture Collection/Getty Images 177 De Agostini/Getty Images 179 © Christie's Images/Bridgeman Images 180 © Lebrecht 181 AF archive/Alamy Stock Photo 182 © leemage/Lebrecht Music & Arts 183 World History Archive/Alamy Stock Photo 185 ullstein bild/ullstein bild via Getty Images 186 Bridgeman Images 189 The Art Archive/DeA Picture Library 190 Everett Collection Historical/Alamy Stock Photo 191 Lipnitzki/ Roger Viollet/Getty Images 193 Keystone/Getty Images 195 Michael Brennan/Getty Images 198 © Photofest/Lebrecht Music & Arts
199 CTK/Alamy Stock Photo 200 ullstein bild/ullstein bild via Getty Images 201 © Photofest/Lebrecht 202 age fotostock/Alamy Stock Photo 203 Warner Bros./The Kobal Collection 204 akg-images/ullstein bild 208 Heritage Image Partnership Ltd/Alamy Stock Photo 209 Jean-Regis Rouston/Roger Viollet/Getty Images 211 Adrian Sherratt/Alamy Stock Photo 212 akg-images/ullstein bild 215 Christopher Pillitz/Getty Images 216 Fred R. Conrad/New York Times Co./Getty Images 218 Marco Secchi/Alamy Stock Photo 220 Aurora Photos/Alamy Stock Photo 221 © Brooks Kraft/Corbis 222–23 © Derek Bayes/Lebrecht Music & Arts 224 © Historical Picture Archive/Corbis 225 Steve Allen Travel Photography/Alamy Stock Photo 228 The Art Archive/Alamy Stock Photo 229 leemage/Lebrecht Music & Arts 230 © culture-images/Lebrecht 231 LAMB/Alamy Stock Photo 232 The Bearstead Collection/National Trust Photographic Library/Angelo Hornak/Bridgeman Images 236 Henry Guttmann/Getty Images 237 Heritage Image Partnership Ltd/Alamy Stock Photo 238 Bridgeman Images 239 Pictorial Press Ltd/Alamy Stock Photo 241 © Derek Bayes/Lebrecht Music & Arts 242 © Electa/Leemage/Lebrecht 244 Guildhall Library & Art Gallery/Heritage Images/Getty mages 246 © Stapleton Collection/Corbis 247 Heritage Image Partnership Ltd/Alamy Stock Photo 248 Bettmann/Getty Images 249 © Scottish National Gallery, Edinburgh/Bridgeman Images 250 The Art Archive/Mondadori Portfolio/Federico Patellani 251 Mondadori Portfolio/Archivio Fabrizio Carraro/Fabrizio Carraro/Bridgeman Images
252 © Condé Nast Archive/Corbis 254 Peter Barritt/Alamy Stock Photo 255 © Walter Henggeler/Keystone/Corbis 256 akg-images/picture-alliance/Fred Stein 257 The Art Archive/ Granger Collection 258 ullstein bild/ullstein bild via Getty Images 259 The Art Archive/Galleria d'arte moderna Rome/Mondadori Portfolio/Electa 260 Lebrecht Music & Arts Photo Library/Alamy Stock Photo 263 © Christie's Images/Bridgeman Images 265 akg-images/Archive Photos 267 Keystone/Getty Images 268 Oscar White/Corbis/VCG via Getty Images 269 akg-images/Imagno/Austrian Archives (S) 270 Frank Scherschel/The LIFE Picture Collection/Getty Images 271 Arcaid Images/Alamy Stock Photo 275 Pictorial Press Ltd/Alamy Stock Photo 276 akg-images/Tony Vaccaro 277 De Agostini Picture Library/L. Romano/Bridgeman Images 278 Pictorial Press Ltd/Alamy Stock Photo 279 Popperfoto/Getty Images 280 Photo Researchers/Alamy Stock Photo 281 Lewton Cole/Alamy Stock Photo 282 Pictorial Press Ltd/Alamy Stock Photo 283 akg-images/IMAGNO/Franz Hubmann 284 © View Pictures Ltd./Lebrecht 286–87 © Walker Art Gallery, National Museums Liverpool/Bridgeman Images 289 akg-images 292 The Art Archive/Museo Nazionale Palazzo Altemps Rome/Gianni Dagli Orti 293 © Alfredo Dagli Orti/The Art Archive/Corbis 295 Bridgeman Images 298 The Art Archive/British Library 299 akg-images/Pictures From History 300 RA/Lebrecht Music & Arts 301 Hulton Archive/Getty Images 304 Lebrecht Music & Arts Photo Library/Alamy Stock Photo 305 The Art Archive/Galleria Nazionale Parma/Collection Dagli Orti
307 © Walker Art Gallery, National Museums Liverpool/Bridgeman Images 309 akg-images/Album/Oronoz 310 De Agostini/Getty Images 311 © Christie's Images/Bridgeman Images 315 Fine Art Images/Heritage Images/Getty Images 317 C. and M. History Pictures/Alamy Stock Photo 318 Kristoffer Tripplaar/Alamy Stock Photo 319 Hulton Archive/Getty Images 320 The Art Archive/Musée des Beaux Arts Lille/Gianni Dagli Ort 322 akg-images/Pictures From History 323 Scott Hortop Images/Alamy Stock Photo 324 The Art Archive/Gianni Dagli Orti 325 George Silk/The LIFE Picture Collection/Getty Images 326 leemage/Lebrecht Music & Arts 328 Culture Club/Getty Images 329 Pictorial Press Ltd/Alamy Stock Photo 330 The Art Archive/Alamy Stock Photo 331 MGM/The Kobal Collection 332 Heritage Image Partnership Ltd/Alamy Stock Photo 333 akg-images/Imagno 336 © Ullstein bild/Lebrecht Music & Arts 337 Columbia/The Kobal Collection 338 Everett Collection Historical/Alamy Stock Photo 340 age fotostock/Alamy Stock Photo 341 Everett Collection Historical/Alamy Stock Photo 342 The Art Archive/Granger Collection 344 Keith Beaty/Toronto Star via Getty Images 345 Martin Lengemann/ullstein bild via Getty Images
346 Catrina Genovese/Getty Images 348–49 The Art Archive/Granger Collection 350 Bridgeman Images 351 Ann Ronan Pictures/Print Collector/Getty Images 352 The Art Archive/ Musée Archéologique Naples/Gianni Dagli Orti 354 The Art Archive/Bibliothèque Nationale Paris/CCI 355 © Electa/Leemage/Lebrecht 356 © Lambeth Palace Library, London, UK/ Bridgeman Images 359 Ann Ronan Pictures/Print Collector/Getty Images 360 The Art Archive/Musée Condé Chantilly/Gianni Dagli Orti 362 Fototeca Gilardi/Getty Images
363 © Lambeth Palace Library, London, UK/Bridgeman Images 364 GL Archive/Alamy Stock Photo 365 PHAS/UIG via Getty Images 367 Universal History Archive/UIG/Bridgeman Images 368 Middle Temple Library/Science Photo Library 369 © Lebrecht Authors 370 Guildhall Library & Art Gallery/Heritage Images/Getty Images 371 Museum of London/Heritage Images/Getty Images 372 Bridgeman Images 373 © Christie's Images/Corbis 375 Painting/Alamy Stock Photo 376 © Leemage/Lebrecht Music & Arts 377 Classic Image/Alamy Stock Photo 378 Bridgeman Images 381 Pictorial Press Ltd/Alamy Stock Photo 383 Universal History Archive/Getty Images 384 GL Archive/Alamy Stock Photo
385 VintageCorner/Alamy Stock Photo 386 Roger Viollet/Getty Images 388 British Library/Science Photo Library 389 Bridgeman Images 392 Hulton Archive/Getty Images
393 Culture Club/Getty Images 395 Alfred Groß/ullstein bild via Getty Images 396 Glasshouse Images/Alamy Stock Photo 397 © Lebrecht Authors 398 Hulton Archive/Getty Images 399 Imagno/Getty Images 402 Pictorial Press Ltd/Alamy Stock Photo 403 Bettmann/Getty Images 404 Granger, NYC/Alamy Stock Photo 406 Heritage Image Partnership Ltd/Alamy Stock Photo 407 Anglo Enterprise/Vineyard/The Kobal Collection 408 Fairfax Media/Fairfax Media via Getty Images 410 Bridgeman Images 411 George Silk/The LIFE Images Collection/Getty Images 413 Michael Ochs Archives/Getty Images 414 dpa picture alliance/Alamy Stock Photo 415 Bridgeman Images 416 The Art Archive/Granger Collection
417 AFP/Getty Images 420 Terence Spencer/The LIFE Picture Collection/Getty Images 421 Boris Spremo/Toronto Star via Getty Images 423 Bettmann/Getty Images 425 The Art Archive/Granger Collection 427 © Jerome de Perlinghi /Corbis 428 World History Archive/Alamy Stock Photo 429 BEI/Shutterstock 430 Fairfax Media/Fairfax Media via Getty Images
431 Robert Knight Archive/Redferns 432 Chandan Khanna/AFP/Getty Images 433 © Heiko Junge/epa/Corbis 434–35 Buyenlarge/Getty Images 437 akg-images/Sputnik 438 © Lebrecht 441 © Electa/Leemage/Lebrecht 443 Photo © Tarker/Bridgeman Images 444 The Art Archive/Musée du Louvre Paris/Gianni Dagli Orti 446 © Christie's Images/Bridgeman Images 447 © Lebrecht Authors 448 GL Archive/Alamy Stock Photo 449 Dr. Jeremy Burgess/Science Photo Library 452 Lebrecht Music and Arts Photo Library/Alamy Stock Photo 453 Pictorial Press Ltd/Alamy Stock Photo 454 Chris Hellier/Alamy Stock Photo 455 National Galleries of Scotland/Getty Images 456 © Lebrecht Authors 457 Time Life Pictures/Mansell/ The LIFE Picture Collection/Getty Images 459 The Art Archive/Collection Claude Goumain Paris/Gianni Dagli Orti 460 Chronicle/Alamy Stock Photo 462 akg-images 466 Buyenlarge/ Getty Images 467 Universal History Archive/Getty Images 468 Prismatic Pictures/Bridgeman Images 469 © Hulton-Deutsch Collection/Corbis 471 Kurt Hutton/Picture Post/Getty Images 472 © Lebrecht Authors 473 Jean Pierre Fouchet/RAPHO/Gamma-Rapho via Getty Images 475 Keystone Pictures USA/Alamy Stock Photo
476–77 De Agostini/Getty Images 479 © Z. Radovan/Lebrecht 480 The Art Archive/Jewish Museum, New York/Superstock 481 Pornpisanu Poomdee/Getty Images 482 Godong/UIG/ Getty Images 484 INTERFOTO/Alamy Stock Photo 485 www.BibleLandPictures.com/Alamy Stock Photo 487 Bridgeman Images 488 © Electa/Leemage/Lebrecht 490 Veneranda Biblioteca Ambrosiana/De Agostini Picture Library/Getty Images 491 © Lebrecht 492 akg-images/Erich Lessing 493 De Agostini/Getty Images 495 © Lebrecht 496 © Lebrecht Authors 497 Prisma Archivo/Alamy Stock Photo 498 © Lebrecht Authors 499 Fine Art Images/Heritage Images/Getty Images 500 Culture Club/Getty Images 501 World History Archive/Alamy

Stock Photo 502 The Art Archive/Granger Collection 503 Culture Club/Getty Images 504 © Dennis Gilbert/Bridgeman Images 505 © culture-images/Lebrecht
506 Popperfoto/Getty Images 509 Fine Art Images/Heritage Images/Getty Images 510 Hulton Archive/Getty Images 511 Mary Evans Picture Library/Alamy Stock Photo 512 © Look and Learn/Elgar Collection/Bridgeman Images 514 FPG/Getty Images 515 Tim Graham/Alamy Stock Photo 517 Bridgeman Images 518 The Art Archive/Museum of London
519 ullstein bild/ullstein bild via Getty Images 521 © P Nutt/Demotix/Corbis 522 Kent Kobersteen/National Geographic Creative/Bridgeman Images 524 United Artists/The Kobal Collection 526–27 The Stapleton Collection/Bridgeman Images 529 Godong/Universal Images Group via Getty Images 531 World History Archive/Alamy Stock Photo 532 The Stapleton Collection/Bridgeman Images 533 De Agostini/Lebrecht Music & Arts 536 Dea/Veneranda Biblioteca Ambrosiana/De Agostini/Getty Images 539 GL Archive/Alamy Stock Photo 541 Bridgeman Images 542 © The Gallery Collection/Corbis 545 © Lebrecht Authors/Lebrecht Music & Arts/Corbis 546 Culture Club/Getty Images 548 DEA/G. DAGLI ORTI./ Getty Images 549 © RA/Lebrecht Music & Arts 550 Pictorial Press Ltd/Alamy Stock Photo 551 Fine Art Images/Heritage Images/Getty Images 552 Martin Shields/Alamy Stock Photo 553 De Agostini/Getty Images 554 Bettmann/Getty Images 559 The Art Archive/National Archives, Washington, DC 560 Annette Lederer/ullstein bild via Getty Images 561 Everett Collection Historical/Alamy Stock Photo 562 Martinie/Roger Viollet/Getty Images 563 ZUMA Press, Inc./Alamy Stock Photo 564 The Art Archive/Global Book Publishing 565 Everett Collection Historical/Alamy Stock Photo 566 567 Pictorial Press Ltd/Alamy Stock Photo 568 ITAR-TASS Photo Agency/Alamy Stock Photo 569 Photo © DILTZ/Bridgeman Images
571 AF archive/Alamy Stock Photo 572 Chip Somodevilla/Getty Images 573 WENN Ltd/Alamy Stock Photo 574–75 Bettmann/Getty Images 576 © Selva/Leemage/Lebrecht Music & Arts 579 The Art Archive/DeA Picture Library 582 Bridgeman Images 587 © Leemage/Bridgeman Images 589 The Art Archive/Musée Condé Chantilly/Gianni Dagli Orti 590 The Art Archive/Museo del Prado Madrid/Collection Dagli Orti 593 National Trust Photographic Library/Bridgeman Images 595 The Art Archive/National Gallery London/HarperCollins Publishers 596 © Lebrecht Authors 597 The Art Archive/DeA Picture Library 598 Universal History Archive/UIG via Getty Images 599 The Art Archive/British Library 601 © Leemage/ Lebrecht Music & Arts 605 The Art Archive/Culver Pictures 606 © Lebrecht Authors 608 Everett Collection Historical/Alamy Stock Photo 609 The Art Archive/National Archives, Washington, DC 612 Werner Forman Archive/Bridgeman Images 613 Bettmann/Getty Images 614 akg-images/Imagno 615 Pictorial Press Ltd/Alamy Stock Photo 616 Everett Collection Historical/Alamy Stock Photo 617 Underwood Archives/Getty Images 618 Everett Collection Historical/Alamy Stock Photo 619 Ken Danvers/Keystone/Getty Images
620 Rudolf Dietrich/ullstein bild via Getty Images 621 The Art Archive/W. Robert Moore/NGS Image Collection 623 © Kevin Horan/Corbis 624 Popperfoto/Getty Images
625 Pictorial Press Ltd/Alamy Stock Photo 628–29 Chicago History Museum/Getty Images 630 akg-images/British Library 633 Bridgeman Images 636 Ken Welsh/Alamy Stock Photo
637 akg-images/Erich Lessing 640 © Staatliche Kunstsammlungen Dresden/Bridgeman Images 641 Werner Forman/Universal Images Group/Getty Images 642 National Trust Photographic Library/Derrick E. Witty/Bridgeman Images 643 GL Archive/Alamy Stock Photo 644 GraphicaArtis/Getty Images 646 Chronicle/Alamy Stock Photo 647 dbimages/Alamy Stock Photo 648 Hulton Archive/Getty Images 649 akg-images 650 Culture Club/Getty Images 651 John & Charles Watkins/Hulton Archive/Getty Images 655 Interim Archives/Getty Images 656 George Karger/The LIFE Images Collection/Getty Images 657 Archive Pics/Alamy Stock Photo 658 Stock Montage/Getty Images 659 Chicago History Museum/Getty Images 661 akg-images/ullstein bild 662 LCDM Universal History Archive/Getty Images 663 Archive Pics/Alamy Stock Photo 664 Everett Collection Historical/Alamy Stock Photo 665 Keystone Pictures USA/Alamy Stock Photo 666 John Kobal Foundation/Getty Images 667 Keystone Pictures USA/Alamy Stock Photo 670 Bettmann/Getty Images 671 Apic/Getty Images 672 Vernon Merritt III/The LIFE Picture Collection/Getty Images 673 Simone de Beauvoir by Serge Hambourg/Opale2/Lebrecht Author Pictures
675 Popperfoto/Getty Images 678 Barry Lewis/Alamy Stock Photo 679 ZUMA Press, Inc./Alamy Stock Photo 680 Olivier Martel/Getty Images 682 © Louie Psihoyos/Corbis 683 Rob Kinmonth/The LIFE Images Collection/Getty Images 684 ES Imagery/Alamy Stock Photo 685 Bryn Colton/Getty Images 686 Joe McNally/Getty Images 687 ton koene/Alamy Stock Photo 689 Bryan Bedder/Getty Images for American Express 690–91 David Farrell/Getty Images 692 Bettmann/Getty Images 693 bilwissedition Ltd. & Co. KG/Alamy Stock Photo 694 © Summerfield Press/Corbis 695 akg-images 696 © RA/Lebrecht Music & Arts 697 © Rue des Archives/Tal RA/Lebrecht 698 Hulton Archive/Getty Images 699 Everett Collection Historical/Alamy Stock Photo 701 Everett Collection Historical/Alamy Stock Photo 702 Mary Evans Picture Library/Alamy Stock Photo 703 Apic/Getty Images 705 Archive Pics/Alamy Stock Photo 706 The Art Archive/Domenica del Corriere/Gianni Dagli Orti 707 Mondadori Portfolio via Getty Images 708 Popperfoto/Getty Images 710 NY Daily News Archive via Getty Images 711 Everett Collection Historical/Alamy Stock Photo 712 © RA/Lebrecht Music & Arts 714 Hyzdal von Miserony/ullstein bild via Getty Images 716 David Farrell/Getty Images 717 © RA/Lebrecht Music & Arts 719 David Corio/Redferns 720 © Eleanor Bentall/Corbis 721 Aurora Photos/Alamy Stock Photo 722 Gilles Mingasson/Liaison 723 © Louie Psihoyos/ Corbis 724 Catrina Genovese/WireImage 725 robert wallis/Corbis via Getty Images 726 David Paul Morris/Bloomberg via Getty Images 727 Pietro D'aprano/Getty Images 728–29 John Daugherty/Science Photo Library 730 bilwissedition Ltd. & Co. KG/Alamy Stock Photo 731 Fine Art Images/Heritage Images/Getty Images
732 bilwissedition Ltd. & Co. KG/Alamy Stock Photo 733 Royal Astronomical Society/Science Photo Library 735 John Daughterty/Science Photo Library 736 Imagno/Getty Images
737 Science Source/Science Photo Library 739 De Agostini/Getty Images 740 © Courtesy of the Warden and Scholars of New College, Oxford/Bridgeman Images 741 Bridgeman Images 743 © De Agostini/Lebrecht Music & Arts 744 De Agostini/Getty Images 745 © Fototeca/Leemage/Lebrecht Music & Arts 747 Photo Researchers/Alamy Stock Photo
748 © adoc-photos/Lebrecht Music & Arts 749 © Leemage/Lebrecht Music & Arts 752 Peter Macdiarmid/Getty Images 753 Georges De Keerle/Getty Images 754 The Print Collector/ Alamy Stock Photo 755 Chronicle/Alamy Stock Photo 756 Mary Evans Picture Library/Alamy Stock Photo 757 Bettmann/Getty Images 758 GL Archive/Alamy Stock Photo 759 © RA/ Lebrecht Music & Arts 760 ullstein bild via Getty Images 762 SSPL/Getty Images 764 Ralph Morse/The LIFE Picture Collection/Getty Images 765 Harlingue/Roger Viollet/Getty Images 767 Emilio Segre Visual Archives/American Institute of Physics/Science Photo Library 769 Physics Today Collection/American Institute of Physics/Science Photo Library
771 akg-images/picture-alliance/dpa 772 Lawrence Berkeley Laboratory/Science Photo Library 773 Keystone/Hulton Archive/Getty Images 775 Bettmann/Getty Images 776 akg-images/Imagno 777 World History Archive/Alamy Stock Photo 778 Bettmann/Getty Images 779 NASA Photo/Alamy Stock Photo 781 Paul. E. Alers/NASA via Getty Images 782 David Levenson/Getty Images 783 Don Arnold/Getty Images 784–85 akg-images/picture-alliance/dpa 786 PHAS/UIG via Getty Images 788 Dea/G. Daglia Orti/De Agostini/Getty Images 789 De Agostini/Getty Images 791 The Art Archive/Granger Collection 792 Universal History Archive/UIG via Getty Images 793 The Art Archive/DeA Picture Library 794 leemage/Lebrecht Music & Arts 795 © Lebrecht Authors 796 © Lebrecht Authors 797 The Print Collector/Alamy Stock Photo 798 The Art Archive/Kharbine-Tapabor 800 The Art Archive/Brancacci Chapel Florence/Mondadori Portfolio/Electa 801 PhotoQuest/Getty Images 802 Roger-Viollet/REX/Shutterstock 803 Mondadori Portfolio via Getty Images
804 Transcendental Graphics/Getty Images 805 Archive Pics/Alamy Stock Photo 806 Imagno/Getty Images 807 Pictorial Parade/Getty Images 809 Bettmann/Getty Images
810 © Sputnik/Lebrecht 812 © Hulton-Deutsch Collection/Corbis 813 MARKA/Alamy Stock Photo 814 George Freston/Fox Photos/Getty Images 817 Popperfoto/Getty Images
818 Kent Gavin/Keystone/Getty Images 819 Focus on Sport/Getty Images 820 Focus on Sport/Getty Images 821 Steve Babineau/NHLI via Getty Images 822 Offside Rex/Shutterstock
824 StampCollection/Alamy Stock Photo 825 Rogers Photo Archive/Getty images 826 akg-images/picture-alliance/dpa 827 William Snyder/The LIFE Images Collection/Getty Images
828 Manny Millan/Sports Illustrated/Getty Images 830 © Najlah Feanny/Corbis SABA 831 akg-images/picture-alliance/dpa 832 Keystone Pictures USA/Alamy Stock Photo 833 Keystone USA - Zuma/Rex Shutterstock 834 David Madison/Getty Images 835 Central Press/Getty Images 836 Popperfoto/Getty Images 837 Tom Berg/Getty Images 838 A. Jones/ Express/Getty Images 840–41 Bridgeman Images 843 GL Archive/Alamy Stock Photo 845 GL Archive/Alamy Stock Photo 846 leemage/Lebrecht Music & Arts 848 Fine Art Images/ Heritage Images/Getty Images 849 The Art Archive/Private Collection Paris/Gianni Dagli Orti 850 culture-images/Lebrecht 851 D. W. Griffith Productions/The Kobal Collection 852 © PVDE/Bridgeman Images 854 Bettmann/Getty Images 855 World History Archive/Alamy Stock Photo 856 ullstein bild/ullstein bild via Getty Images
857 The Kobal Collection 858 Paramount/The Kobal Collection/Colour By Paul Faherty 859 © DILTZ/Bridgeman Images 860 J. R. Eyerman/The LIFE Picture Collection/Getty Images
861 World History Archive/Alamy Stock Photo 865 akg-images/Album 866 Baron/Getty Imageson/Getty Images 867 akg-images 868 Bridgeman Images 870 Bettmann/Getty Images
871 Picade LLC/Alamy Stock Photo 872 ScreenProd/Photononstop/Alamy Stock Photo 874 Jeff Gilbert/Alamy Stock Photo 875 Moviestore Collection Ltd/Alamy Stock Photo 876 MGM/The Kobal Collection 877 The Kobal Collection 878 Bridgeman Images 880 United Artists/Rollins-Joffe/The Kobal Collection 881 Everett Collection Historical/Alamy Stock Photo 882 NBC-TV/The Kobal Collection 883 RDA/Getty Images 884 Jean Guichard/Gamma-Rapho via Getty Images 886 Murray Close/Getty Images 887 John Bryson/The LIFE Images Collection/Getty Images 888 Warner Bros/Getty Images 889 Ted Thai/The LIFE Images Collection/Getty Images 890 Amblin Entertainment/Universal Pictures/The Kobal Collection 891 Bettmann/Getty Images 893 Top Gun Productions/The Kobal Collection 894 Universal/Marvel Entertainment/The Kobal Collection/Peter Sorel 896 NBC-TV/The Kobal Collection/Dana Edelson 898 akg-images/Album/Columbia Pictures 900–01 © RA/Lebrecht Music & Arts 903 akg-images 904 Photo12/UIG/Getty Images 905 Hulton Archive/Getty Images 907 De Agostini/Getty Images 909 Ann Ronan Pictures/Print Collector/Getty Images 911 Fine Art Images/Heritage Images/Getty Images 913 Röhnert/ullstein bild via Getty Images 914 Bob Thomas/Popperfoto/Getty Images 915 Roger Viollet/Getty Images 916 © Lebrecht Music & Arts 918 © Lebrecht Music & Arts 923 © Look and Learn/Bridgeman Images 924 The Art Archive/Alamy Stock Photo 925 © Lebrecht Music & Arts 926 Archives Charmet/Bridgeman Images 927 Sasha/Getty Images 928 Bettmann/Getty Images 929 dpa picture alliance/ Alamy Stock Photo 930 Lipnitzki/Roger Viollet/Getty Images 931 Gerti Deutsch/Picture Post/Getty Images 933 © RA/Lebrecht Music & Arts 935 akg-images/ullstein bild 936 Billy Wilder/Bridgeman Images 937 United Artists/The Kobal Collection 938 James Kriegsmann/Michael Ochs Archives/Getty Images 940 Lewton Cole/Alamy Stock Photo 941 Michael Ochs Archives/Getty Images 942 Stephen Sweet/Rex Shutterstock 943 Phil Dent/Redferns/Getty Images